Julius Theodor Zenker

Türkisch-Arabisch-Persisches Handwörterbuch

Julius Theodor Zenker

Türkisch-Arabisch-Persisches Handwörterbuch

ISBN/EAN: 9783741136412

Manufactured in Europe, USA, Canada, Australia, Japa

Cover: Foto ©Andreas Hilbeck / pixelio.de

Manufactured and distributed by brebook publishing software
(www.brebook.com)

Julius Theodor Zenker

Türkisch-Arabisch-Persisches Handwörterbuch

TÜRKISCH-ARABISCH-PERSISCHES

HANDWÖRTERBUCH

von

Dr. JULIUS THEODOR ZENKER.

ERSTER BAND.

ا elif — ع ain.

LEIPZIG,

VERLAG VON WILHELM ENGELMANN

1866.

DICTIONNAIRE

TURC-ARABE-PERSAN

PAR

JULES THÉODORE ZENKER,
DOCTEUR EN PHILOSOPHIE, MEMBRE DE LA SOCIÉTÉ ORIENTALE DE LEIPZIG ET HALLE

TOME PREMIER

LEIPZIG,
WILHELM ENGELMANN, LIBRAIRE-EDITEUR
1866

PRÉFACE

L'œuvre que je publie a pour but de servir de guide pour l'intelligence de la littérature turque, tant ancienne que moderne, ainsi que de la langue de la conversation.

Bien que je me sois efforcé d'y introduire autant que possible tous les mots que renferme la langue turque, soit propres, soit originaires, ainsi que ceux empruntés aux langues étrangères, et que je croie avoir atteint une plus grande intégralité que les lexicographes qui m'ont précédé dans cette voie, sans toutefois vouloir déprécier leurs travaux, attendu que je dois reconnaître que, si je n'avais eu l'aide de leurs dictionnaires, je serais peut-être resté bien au-dessous d'eux, je n'oserais néanmoins pas affirmer que mon œuvre a atteint un degré de complexité absolue. Un semblable résultat n'est possible que lorsqu'il s'agit d'une langue morte dont les limites du langage et de la littérature sont déterminées, mais non pour une langue vivante et surtout le turc qui renferme en lui-même tous les éléments de progrès et de développement, ainsi qu'une facilité toute particulière à s'approprier les mots étrangers; car il s'est enrichi par des emprunts faits non seulement à l'arabe et au persan, mais encore à l'arménien, au grec, au hongrois, au slave, au rouman et aux autres langues européennes; ces emprunts se continuent encore de nos jours et sont soumis aux transformations nécessitées par la prononciation toute particulière de cette langue et en forment une classe toute spéciale. La tâche de reproduire dans un dictionnaire tous ces éléments étrangers ne me semble pas possible à remplir, ni nécessaire, car toutes les fois qu'ils se rencontreront dans un ouvrage turc, ils seront pour tous faciles à reconnaître; de plus l'orthographe turque de ces mots étrangers est souvent incertaine et même facultative; je me suis donc restreint à ceux que j'ai trouvés reproduits avec l'orthographe vraiment turque, soit dans d'autres dictionnaires soit dans des ouvrages modernes. On peut du reste retrouver une nomenclature complète de cette sorte de mots étrangers en consultant les ouvrages lexicographiques de la société des savants arméniens Méchitaristes.

J'ai cru devoir adopter un tout autre principe pour les mots d'origine arabe et persane. Le nombre de ces mots qui sont entièrement naturalisés, pour ainsi dire, dans la langue turque, n'est pas très-considérable, mais ils se rencontrent très-fréquemment dans la langue littéraire, qui n'a point de bornes pour l'emploi de ces mots étrangers. Il m'a donc paru convenable de ne pas m'astreindre à des limites trop étroites pour leur admission dans mon dictionnaire. J'y ai donc introduit non seulement les expressions techniques pour les diverses sciences, empruntées à l'arabe et qui sont tombées en quelque sorte dans le domaine public de tout l'orient mahométan, et je pense l'avoir fait aussi complétement que possible, autant que le permettaient les sources que j'ai pu me procurer, mais encore les autres mots qui se rencontrent chez les poëtes et les prosateurs, nommément les substantifs verbaux, les infinitifs et les participes d'origine arabe. L'admission de semblables mots m'a paru d'autant plus nécessaire que parfois la signification dans laquelle ils sont employés diffère souvent essentiellement de leur racine et sont précisément le moins indiqués dans les dictionnaires arabes. Si je dois m'être étendu sous ce rapport plus que ne l'exige la langue turque elle-même, cela ne saurait être un défaut pour l'utilité de mon dictionnaire. Il m'a paru également nécessaire de donner autant d'extension que possible à l'admission des mots d'origine persane, car il est positif qu'il existe peu de mots de la langue vivante des [illegible] qui n'aient été admis dans celle littéraire des Turcs. Il arrive en plus que le persan possède un grand nombre de mots qui ne se rencontrent que rarement chez les auteurs, qui ne se trouvent peut-être [illegible] que dans les dictionnaires et qui pourtant portent évidemment une empreinte turque. J'ai admis de semblables mots en m'appuyant sur l'autorité de mes sources turc-orientales et les ai désignés par le signe *(to)*, tandis que ceux qui n'existent que dans des dictionnaires persans sont indiqués par le signe *(p)*. Ce sont, d'après mon opinion, des mots d'origine turque qui ont été, dans les temps les plus reculés, admis dans le persan; opinion qui pourrait se justifier par les rapports qui existaient autrefois déjà entre les pays iraniens et touraniens. Une étude approfondie de la langue persane fera nécessairement reconnaître qu'une grande partie des mots persans ont une racine primitivement turque, et qu'il existe une grande similitude entre bon nombre d'étymologies persanes et turques.

Une admission complète des dialectes turc-orientaux et tatares, ne pouvait entrer dans le cadre que je me suis proposé pour mon dictionnaire, en raison de ce qu'elle est à peu près impossible, attendu que les sources qui existent jusqu'à ce jour, se réduisent à quelques vocabulaires très-incomplets, et que la littérature des races turques du levant et du nord nous est presque inconnue. Je prie donc que, sous ce rapport, mon travail ne soit considéré que comme une tentative qui n'a d'autre but que de reproduire ce que m'ont offert mes sources restreintes, et d'être peut-être de quelque utilité aux futurs auteurs d'un dictionnaire turc-oriental.

La langue turque possède, en raison de la formation particulière de ses racines et des ses formes grammaticales, une facilité extraordinaire pour employer les éléments qu'elle s'approprie, et pour former de nouveaux mots suivant le besoin du moment, partie à l'aide de composition, partie, et surtout par l'adjonction et l'insertion de la syllabe de formation que l'on connait. Il n'était donc pas possible d'arriver, sous ce rapport, à une parfaite intégralité, parce qu'il se forme toujours de nouveaux mots et de nouvelles compositions, que le lexicographe est privé de toute possibilité de les découvrir et qu'il n'a pas la faculté de former lui-même de semblables compositions; j'ai néanmoins tâché de donner à cette partie de mon œuvre toute l'extension possible, et ai aussi admis les mots dont la signification était conforme à celle de l'étymologie; car ce n'est que par ce moyen qu'il est possible d'avoir une idée de l'extension donnée aux origines particulières de ces formations de mots et des bornes qu'elle doit avoir. Les verbes de seconde formation peuvent être également rangés dans cette catégorie et je les ai placés, pour plus grande facilité, au-dessous de ceux primitifs; il ne m'a pourtant pas paru nécessaire d'admettre toutes les formes passives et celles négatives, que l'on peut à volonté donner à tous les verbes; je me suis borné en général à ceux dont la signification dans ces deux formes diffère de celle primitive.

Pour donner un aperçu des racines turques et des mots qui en sont dérivés, ainsi que du développement des diverses significations, il aurait fallu admettre l'ordre des racines et étymologies d'après lesquelles sont formés les mots dérivés et ceux composés. Si déjà tout l'ensemble des racines et étymologies turques et des mots qui en sont dérivés était connu et si la langue s'était conservée pure de toute immixtion étrangère, j'aurais sans doute donné la préférence à cet ordre; il n'aurait présenté aucune difficulté à ceux qui connaissent cette langue et aurait facilité la comparaison de la langue turque avec celles qui lui sont parentes; d'autant plus qu'un pareil ordre est plus facile à suivre pour la langue turque que pour toute autre, parce qu'elle n'a point de préfixes et que la racine elle-même reste toujours invariable.

Cependant, pour pouvoir suivre un pareil ordre, il aurait fallu avoir égard aux langues parentes du turc, comme le mongol, le hongrois, le finois, etc.; l'étude approfondie de la grande famille des langues

Ural-Altaïques auxquelles appartient le turc, n'est encore qu'imparfaite; les résultats en sont encore trop peu positifs pour pouvoir servir de base à un dictionnaire; il faut donc abandonner aux recherches futures sur les étymologies en particulier, la tâche d'établir une nomenclature des racines et des étymologies. Les mots tirés de l'arabe, du persan et autres idiomes étrangers ne sauraient être classés d'après des racines turques. J'ai donc dû conserver l'ordre ordinaire alphabétique, sans avoir égard à l'étymologie, lequel, dans tous les cas présente l'avantage de la sûreté et de la promptitude dans l'emploi, ce qui est le point essentiel pour les recherches à faire. Seulement, dans le but de gagner de l'espace, je me suis décidé à ajouter au-dessous des mots primitifs les dérivés, soit substantifs, soit adjectifs (relativa abstracta et relativa concreta) avec l'addition de la forme LYK et LY, et je continuerai à l'avenir à employer ce mode pour les substantifs qui sont terminés par la syllabe dï (nomina agentis), puis de n'en donner la signification que lorsqu'elle ne dérivera pas régulièrement du mot primitif. Pour la même raison j'ai également introduit beaucoup de composés persans dans l'article du mot primitif persan ou arabe et je le ferai encore fréquemment; également, pour les participes arabes (Nomina agentis), j'omettrai souvent dans la suite leur signification et je la donnerai à l'infinitif (nomen actionis).

L'incertitude et la variabilité de l'orthographe turque présentaient une difficulté particulière. Dans les mots proprement turcs les voyelles ا . و . ى sont à volonté écrites ou omises, les consonnes présentant un son égal ou semblable sont tout aussi arbitrairement échangées, quelques mots se rencontrent tantôt avec une consonne à voyelle aiguë, tantôt avec une consonne à voyelle ouverte. Il résulte de cette incertitude un inconvénient pour l'ordre orthographique, particulièrement la nécessité de renvoyer d'une orthographe à l'autre, ainsi que la répétition d'un seul et même mot; inconvenients qui ne sont pas à éviter. Pour un grand nombre de mots j'ai indiqué les variations d'orthographe que j'ai trouvées moi-même, mais il n'était pas possible ni nécessaire de les indiquer toutes.

D'après mon plan primitif, j'avais l'intention de donner en allemand seul les explications des mots et d'y ajouter en français seulement leur signification primitive. Néanmoins plusieurs motifs m'ont engagé à donner en français la signification aussi complète que possible; bien que généralement la traduction des locutions soit donnée seulement en allemand. Je l'ai fait non seulement en vue de la plus grande publicité de mon œuvre, mais aussi parce que pour la signification de quelques mots le français possède des expressions plus convenables et par contre l'allemand pour d'autres, de sorte que dans beaucoup de cas l'explication se complète par l'une ou l'autre de ces deux langues. Souvent, il est vrai, ni l'un ni l'autre de ces idiomes ne possède la signification parfaitement correspondante et alors il m'a paru utile en beaucoup de cas d'y ajouter le synonyme turc, arabe ou persan, ainsi que l'explication que j'ai trouvée dans mes sources orientales que j'indiquerai plus loin. L'extension que dans le principe je m'étais proposé de donner à cette œuvre, s'est, il est vrai, trouvée un peu dépassée, mais par contre elle a, par cela même, gagné sous quelques rapports; cependant je me propose à l'avenir d'être un peu plus sobre de ces synonymes et explications.

J'ai ajouté à chaque mot une transcription indiquant la prononciation: quant à cette dernière j'aurais dû préférer, il est vrai, pour les mots arabes et persans, l'emploi des points-voyelles, si ce mode n'avait présenté des difficultés techniques pour l'impression: attendu que ces points-voyelles sont toujours placés au-dessus ou au-dessous d'une lettre et auraient nécessité un interligne. La prononciation ne saurait jamais être représentée qu'approximativement par les lettres d'un alphabet étranger, puisque des caractères complètement phoniques n'ont pas encore été découverts. Du reste, dans un dictionnaire, il ne doit être question que de la prononciation grammaticale. Comme il m'a paru nécessaire de représenter chaque consonne par une consonne unique pour éviter une fatigante profusion de lettres, j'ai dû avoir recours à des signes particuliers que je n'ai pas cru utile de multiplier, puisque les Turcs eux-mêmes ne prononcent pas les consonnes que j'ai rendues à l'aide d'une seule lettre, aussi distinctement ni aussi exactement que les Arabes et les Persans. En général je me suis attaché à représenter la prononciation des mots arabes et persans telle qu'elle est dans la bouche des Turcs. Pour être plus facilement compris je crois devoir donner ici l'alphabet turc avec la prononciation de chaque consonne ainsi que la désignation des voyelles.

Consonnes.

Lettres.	Représentation.	Prononciation. allemande.	Prononciation. française.
ا	—	—	—
ب	b	b	b
پ	p	p	p
ت	t	t	t
ث	s̱	s	s
ج	ǧ	dsch	dj
چ	č	tsch	tch
ح	ḥ	ch	h (fortement aspiré)
خ	ḫ	kh	kh
د	d	d	d
ذ	ẕ	s (doux)	z
ر	r	r	r
ز	z	s (doux)	z
ژ	ž	j (français)	j
س	s	s	s
ش	š	sch	ch
ص	ṣ	s	s
ض	ż	s (doux)	z
ط	ṭ	t	t
ظ	ẓ	s (doux)	z
ع	ʿ	—	—
غ	ġ	g	g (dur), — entre deux voyelles comme un h non aspiré.
ف	f	f	f
ق	ḳ	k	k qu
ك (arabe)	k	kj	ky
ك (persan)	g	g	g (dur), — entre deux voyelles comme i ou y.
ڭ	ñ	ng	n (nasal)
ل	l	l	l
م	m	m	m
ن	n	n	n
و	w	w	v
ه	h	h	h (aspiré)
ى	j	j	y

Voyelles.

ـَ	a, e	français à, è (ai)
ـِ	y, i	français e (muet), i
ـُ	o, u; ö, ü	français o, ou; eu, u

Je n'ai pas cru nécessaire d'indiquer l'intonation des syllabes. Le turc n'a point de syllabe dominante, seulement on appuie un peu plus fortement sur la dernière syllabe, mais le ton ne s'y arrête pas et varie avec les changements que le mot subit soit par la flexion grammaticale soit par sa position dans la phrase. Dans un dictionnaire on ne pouvait avoir égard qu'à l'intonation des mots isolés, mais comme celle-ci est très-uniforme, il ne m'a pas paru nécessaire de l'indiquer particulièrement; néanmoins j'ai cru indispensable d'indiquer par ـ les voyelles longues des mots arabes et persans.

Des exemples et des citations tirés des auteurs, des locutions qui servent à faire mieux connaître la signification d'un mot, sont certainement très-utiles dans un dictionnaire et je dois regretter de n'en pas avoir donné plus que je ne l'ai fait, mais mon œuvre aurait atteint par là une trop grande extension. Le but que je me suis plus particulièrement proposé, a été de donner un ensemble aussi complet que possible pour faciliter la recherche des mots, je devais donc ne pas trop m'étendre sur la phraséologie et les citations; je les ai indiquées seulement dans les cas où cela m'a paru nécessaire pour rendre plus claires la construction particulière et la signification des mots.

Un dictionnaire ne peut être fait qu'à l'aide de travaux antérieurs; j'ai donc puisé dans tous les ouvrages qu'il m'a été possible de me procurer, émanant de savants européens et d'auteurs orientaux. Parmi les premiers je citerai en première ligne Meninski, puis Kieffer et Bianchi, Hindoglu, Redhouse, ensuite la traduction du dictionnaire de l'académie par Handjéri, les divers dictionnaires qui ont été publiés par les savants Méchitaristes, surtout le dictionnaire arménien-turc du P. Sérapion Eminian et plusieurs petits vocabulaires comme celui turc-grec moderne de Demetrios Alexandrides. Pour l'arabe, j'ai consulté surtout Golius, Freytag, Kazimirski-Biberstein; pour le persan Vullers et le dictionnaire hindoustani de Shakspeare; parmi les œuvres orientales je citerai particulièrement les traductions turques du KAMUS et du BURHÂN-I-KÂTI', le LEHDJET EL-LUGHAT, MOKADDIMET-UL-EDEB, AKHTERI-KEBIR, KITÂB TA'RIFÂT. Pour le turc-oriental j'ai eu pour sources le LUGHAT-I-TURKI, paru à Calcutta, le manuscrit du Vocabularium linguae Igurieae et Giagataicae de la bibliothèque de l'université de Leipzig, provenant de la succession de M. de Hammer Purgstall, la traduction de l'ABUSHKA, par Mr. Vambéry, les collections de Quatremère qui ont été mises à ma disposition par la direction de la bibliothèque de la cour et de l'état à Munich, avec une obligeance pour laquelle je dois beaucoup de reconnaissance, enfin un manuscrit de la bibliothèque impériale de Paris, qui a pour titre HOLÂSAT-I-ABBÂSI et qui est un abrégé du fameux dictionnaire turc-oriental composé par Mirza Mehdi Khân sous le titre de SENK-I-LÂKH, que je n'ai pu malheureusement me procurer qu'alors que la plus grande partie de la lettre ZAL était déjà imprimée.

J'ai également trouvé quelques mots turcs orientaux dans le glossaire persan qui est ajouté à l'édition de l'histoire de Wassaf, parue à Bombay. J'ai aussi fait emploi des vocabulaires russe-tatares de Giganoff, Mahmudoff, Kukljascheff, etc., mais seulement partiellement, parce que le dialecte sibérien s'éloigne par trop du but de mon œuvre. Les notes de la collection manuscrite de Quatremère, bien qu'elles ne soient en général que des citations d'Abulgazi et de quelques passages de Mir Ali Schir, m'ont été néanmoins très-précieuses parce qu'elles rendent plus facile l'intelligence des explications par trop courtes du LUGHAT-I-TURKI et du SENK-I-LÂKH, que dans beaucoup de passages il ne m'a pas été possible de traduire et que j'ai données telles que je les ai trouvées.

J'ai obtenu pour mon travail un secours que je ne saurais trop apprécier et qui mérite la reconnaissance de tous ceux qui feront usage de mon dictionnaire, dans la complaisance sans bornes de M. le professeur Fleischer, qui a mis à ma disposition ses propres notes lexicographiques et m'a assisté avec la plus grande bienveillance de ses bons conseils et de ses grandes connaissances.

Je sais parfaitement que, malgré toutes les peines que je me suis données, mon œuvre n'est pas exempte de fautes et d'omissions, aussi je prie instamment tous les savants orientalistes qui les découvriront, de me mettre à même de les indiquer aussi complètement que possible par un supplément qui paraîtra à la fin de mon dictionnaire.

Il me reste enfin à témoigner ma reconnaissance pour le soutien qui m'a été accordé par le Ministre des Cultes et de l'Instruction publique en Saxe, pour pouvoir parvenir à faire imprimer mon œuvre, ainsi que pour la bienveillance avec laquelle le Ministre des Affaires étrangères en Saxe a donné sa propre garantie pour qu'il me soit permis d'avoir à ma disposition des manuscrits appartenant à des bibliothèques étrangères.

Leipzig, Septembre 1866.

Dr. J. Th. Zenker.

ABRÉVIATIONS.

a arabe.
a p arabe-persan.
a t arabe-turc.
AB. ABUSKA
Adj. num. Adjectif numéral.
Adv. Adverbe.
AH. [illegible]
Aor. Aoriste.
BN. [illegible]
Collect. collectif.
Compar. comparatif.
Compos. composé.
Conj. Conjonction.
Deriv. Dérivé.
Dimin. Diminutif.
Fém. Féminin.
FW. FERHENG-I-WASSAF (Vocabulaire à la suite de l'édition de l'histoire de Wassaf qui a paru à Bombay).
gr. grec.
Interj. Interjection.
it. italien.
Kam. KAMÛS.
lat. latin.
LL. LEHDJÈT UL LOGAT.
LT. LOGATI-TURKI.
Nom. pr. Nom propre.
Nom. ag. Nomen agentis.
Nom. unit. Nomen unitatis.
p persan.
p t persan-turc.
Pl. Pluriel.
Q. Quadrupède.
Rad. Radix.
Rel. abstr. Relativum abstractum.
Rel. concr. Relativum concretum.
Subst. Substantif.
SL. SANG-I-LAKH.
t turc.
tat. tatare.
t o turc-oriental.
hongr. hongrois.
Vb. Verbe.
Vb. act. Verbe actif.
Vb. caus. Verbe causatif.
Vb. intr. Verbe intransitif.
Vb. récipr. Verbe réciproque.
Vb. pass. Verbe passif.
Vb. refl. Verbe réfléchi.
VL. Vocabularium linguae Iguricae et Dschagataicae.
vulg. Vulgairement.

ا

ا [illegible] vgl. [illegible] *première lettre de l'alphabet*; [illegible] | erster Buchstabe des Alphabets; Zahlwerth 1 vgl. [illegible]

[illegible] 1. Postp. *oui, certainement.* | ja, gewiss, allerdings. Fr. Bist du da gewesen? Antw. [illegible] oder [illegible] [illegible], allerdings bin ich da gewesen.

[illegible] Interj. praep. *o! ah! écoutez!* | o! holla! sieh doch! höre doch! [illegible] [illegible], o, mein Herr, vgl. [illegible]

[illegible] Interj. postp. *donc,* doch [illegible] oder [illegible] [illegible], sieh doch! [illegible] [illegible] auf! herrab! [illegible] [illegible]; komm doch! [illegible] [illegible], sieh doch!

[illegible] [illegible] Vb. act. *souffler* | blasen, vgl. [illegible] Vb. caus. [illegible] [illegible], *faire souffler* | blasen lassen.

[illegible] [illegible] Sbst. [illegible] *tumeur.* | das Anschwellen, der Glanz.

[illegible] [illegible] Sbst. Plur. [illegible] und [illegible] [illegible] *père; origine, commencement, principe.* | 1. Vater 2. Ursprung, Ursache, Anfang, Princip. vgl. [illegible]

p [illegible] Sbst. [illegible] 1. *eau; pluie, liqueur, larme* 2. *splendeur, lustre, éclat.* 3. *beauté, dignité, rang.* | 1. Wasser; alle Flüssige, Regen. [illegible] [illegible]. Wasser oder Regen und Luft, d. i. die Witterung, Temperatur, Klima eines Landes; 2. Wein, Getränk, Saft. [illegible] [illegible]. Gefrorenes, Gerinnsel, Gallerte; [illegible] [illegible]. Thränen; [illegible] [illegible] Wasser oder Quelle der Unsterblichkeit; [illegible] [illegible]. Quelle des Lebens, der Ewigkeit. [illegible] [illegible], der [illegible]. 2. Glanz, Glätte und Reinheit, Wasser und Glanz, von Edelsteinen, seidenen Stoffen, blank [illegible] Metall, daher auch die Härte des Stahles, der Klinge u. s. w. 3. Lauterkeit, Schönheit, Anmuth; Würde, Rang. [illegible] [illegible] Anmuth der Maria, d. i. Ehrbarkeit, Keuschheit.

p [illegible] Sbst. *le mois d'Août.* | Der Monat August.

p [illegible] [illegible] Part. praep. *placé devant les adjectifs soit pour leur donner une plus grande extension.* | Verstärkungspartikel vor Adjectiven. [illegible] *bien large,* ganz weit. [illegible] [illegible] [illegible] *tout entièrement* | ganz gänzlich.

[illegible] [illegible]

[illegible] [illegible] Sbst. [Tebrîz [illegible]] *sorte de vêtement d'une étoffe grossière.* | ein Mantel von grobem Wollenzeuch.

[illegible] [illegible] Sbst. Pl. v. [illegible] oder [illegible] *pères, ancêtres.* | Väter, Vorfahren.

[illegible] [illegible] Sbst. [illegible] *père.* | Vater.

[illegible] [illegible] Sbst. *sorte paternel* | Oheim von Vaters Seite.

[illegible] [illegible] oder [illegible] Sbst. *soeur aînée.* | die ältere Schwester.

p [illegible] Interj. *ah! ah!*

[illegible] [illegible] [[illegible] IV.] Sbst. [illegible] *action de refuser, de rejeter, de s'abstenir; aversion* | Verweigerung, Widerwille, Abneigung. — [illegible] Vb. [illegible] mit dem Ablativ, sich einer Sache enthalten, Widerwillen empfinden, verabscheuen. — Vb. act. mit dem Accus. etwas abschlagen, verweigern.

[illegible] [illegible] Sbst. [illegible] *vague, flot, torrent.* | Woge, Wasserstrom.

[illegible] [illegible] Sbst. *outarde; troupe.* | 1. Im Koran, die Vögel welche Gott gegen das Heer des Abraha schickte, nach den Auslegern Trappen oder Schwalben; daher [illegible] d. Trappe 2. Tebrîz von [illegible] Schaaren von Kameelen, daher Schaaren überhaupt, alles was in grosser Menge kommt.

[illegible] [illegible] [[illegible] IV.] Sbst. [illegible] *passer la nuit* | Übernachtung. — [illegible] übernachten, die Nacht an einem Orte zubringen.

[illegible] [illegible] Sbst. Pl. v. [illegible]

[illegible] [illegible] [[illegible] IV.] Sbst. [illegible] [illegible] *licence, permission.* | Freigebung, Preisgebung einer Sache; Erlaubniss. — [illegible] freigeben, erlauben, gestatten.

[illegible] [illegible] [[illegible] IV.] Sbst. [illegible] *action d'éteindre.* | Auslöschung. — [illegible] auslöschen.

[illegible] [illegible] Sbst. Pl. von [illegible]

p [illegible] [illegible] Adj. *habité, cultivé; heureux.* | bewohnt, bebaut, urbar (v. einer Gegend). — [illegible] bebauen, bevölkern; wieder bevölkern, wieder herstellen.

p [illegible] [illegible] Sbst. *lieu cultivé.* | bewohnter Ort, Stadt, Wohnort, Ansiedlung.

p [illegible] [illegible] — [illegible] Adj. *cultivé, habité, peuplé, heureux* | bewohnt, bebaut, vollkommen; gut, schön. — [illegible] bebauen, urbar machen, bevölkern. [illegible] [illegible] ein gutes Buch [illegible] [illegible] ein guter, achtbarer Mann. [illegible] Sbst. [Gegentheil von [illegible]] bebautes, urbar gemachtes Land; vollkommene Gegend [illegible] herrlich!

[illegible] [illegible] [illegible] Sbst. *culture, population; lieu cultivé.* | Anbau, Bevölkerung, u. d. Folg.

p [illegible] [illegible] Sbst. — [illegible] bebauter, bevölkerter Ort, Wohnung, Bevölkerung, Anbau: glücklicher Zustand eines Landes oder einer Gegend.

p [illegible] [illegible] Vb. act. *cultiver, peupler; embellir, [illegible].* | bebauen, bevölkern, verschönern; bebaut werden.

p [illegible] [illegible] Vb. act. u. pass. [illegible], *être [illegible].* | [illegible], gebaut werden.

p [illegible] — [illegible]

p [illegible] [illegible] oder [illegible] [illegible] Sbst. *papier de soie lisse.* | glattes Seidenpapier, eine Art feines Schreibpapier.

[illegible] [illegible] Sbst. Pl. v. [illegible] *pointe.* | Dornen.

[illegible] [illegible] Sbst. *pincé* | Biss.

[illegible] [illegible] Sbst. Pl. v. [illegible]

[illegible] [illegible] Sbst. [illegible] *marchand ou fabricant d'aiguilles.* | Nadler, Nadelhändler.

p [illegible] Sbst. *origan.* | Dost, Wohlgemuth; Thymian, der wilde Meiran, Pfefferkraut (Origanum vulgare, Thymus vulgaris).

[illegible] [illegible] [illegible] Vb. act. [illegible] [illegible] *porter, emporter, conduire* | bringen, wegtragen, fortführen. [illegible] [illegible] [illegible] einen Angriff machen. Dorfbendname.

[illegible] [illegible] Sbst. Pl. v. [illegible]

[illegible] [illegible] Sbst. Pl. v. [illegible]

p [illegible] [illegible] Sbst. *foule, populace.* | Menschenmenge, Gesindel; zusammengelaufenes Volk, Janhagel.

[illegible] Subst. [illegible] premier jour [illegible] [illegible]

[illegible]

[illegible] action de commencer [illegible] | das Anfangen, Beginnen [illegible]

[illegible] [VIII] Subst. [illegible]

[illegible] Adj. und Subst. [illegible]

[illegible] [VIII] Subst. [illegible]

[illegible] Adj. [illegible] qui n'a pas de [illegible]

[illegible]

[illegible] [VIII] Subst. [illegible] action de [illegible]

[illegible] Adj. construit, fondé | [illegible]

[illegible] Adv. [illegible]

[illegible] [VIII] Subst. [illegible]

[illegible] [VIII] Subst. [illegible]

[illegible]

[illegible] Wasserträger, Wasserschenke [illegible] *fontaine* Trinkschale, Brunnen, Quelle [illegible] | Wasserwerfer [illegible] | Wasser [illegible]

p [illegible] Subst. [illegible] | Wasserspritze [illegible] Anforderung, Verpflegung.

p [illegible] Adj [illegible]

a [illegible] Subst [illegible] *temps infini, éternité* | unendliche Zeit, Ewigkeit in der Zukunft [illegible] in alle Ewigkeit [illegible] von Ewigkeit zu Ewigkeit. [illegible] Jahrhundert, Zeitalter.

a [illegible] *il s'en est fait dorer* [illegible] er hat dauern lassen [illegible] erhalte in Ewigkeit!

a [illegible] Adj [illegible] *éternel* [illegible] immer, ewig, in Ewigkeit

a [illegible] Subst. [illegible] *action de produire* [illegible] Hervorbringung, Erschaffung, Erfindung, Beginn

p [illegible] Adj 1. [illegible] *plein d'eau* [illegible] wässerig, saftig, frisch (von Früchten). 2. [illegible] glänzend (von Stahl, Waffen, Edelsteinen etc.) [illegible]

[illegible]

p [illegible] Subst. [illegible] *ce qui fait venir l'eau dans la bouche* [illegible] | [illegible] Sprichwort; etwas, wovon einem der Mund wässert; [illegible] Art Zuckerwerk. 2. Schwäche, Furcht. 3. Weinen der Zähne.

p [illegible] Adj [illegible] *faible* [illegible] | schwach, gebrechlich, kraftlos, ohne Kraft und Saft; untauglich.

a [illegible] Subst. *chose extraordinaire* [illegible] | ungewöhnliche Begebenheit; ein schwer anzusprechendes Wort; Fabel, Geschichte, Schwank; [illegible]

[illegible]

[illegible] Verfassung (von Documenten) [illegible] vortragen [illegible] erklären [illegible]

a [illegible]

a [illegible]

a [illegible]

a [illegible] Subst. [illegible] *action de* [illegible] [illegible] Wolkenbrechen [illegible]

a [illegible] Vb [illegible]

a [illegible] Subst. [illegible] *action d'* [illegible] Übertragung, Zuträglichkeit [illegible]

[illegible] Vb [illegible] *déchirer* [illegible] zerreissen, sich [illegible] (ein Kleid) [illegible]

[illegible]

[illegible] de fil de soie, [illegible] | [illegible] (der mit [illegible] Seide handelt [illegible]

a [illegible] Adj. [illegible] | [illegible]

p [illegible] Sbst. [illegible] des Bodens mit Wasser

a [illegible] Adj. und Sbst. [illegible] | schwarz und weiss [illegible]

p [illegible] Sbst. [illegible] éponge. Schwamm.

p [illegible] Sbst. petit nuage. | Wölkchen [illegible]

p [illegible] oder [illegible] und [illegible] Sbst. [illegible] d'araignée. | Spinngewebe.

p [illegible] Sbst. sorte de [illegible] eine Art Kaftan, [illegible]

p [illegible] Pl. [illegible] Sbst. [illegible] | Augenbraue.

p [illegible] Sbst. [illegible] 1. [illegible] 2. honneur, dignité, réputation | Ehre, guter Name, [illegible] la gloire de l'armée, c. à d. le général; der Ruhm des Heeres, d. i. der Führer des Heeres. [illegible] (Atropa mandragora).

[illegible] Adj. und Sbst. [illegible] | marmorfarbig, [illegible]

p [illegible] Sbst. [illegible] | die Hyacinthe.

[illegible] Vb. act. [illegible]

p [illegible] Adj. [illegible]

p [illegible] Sbst. [illegible] Trappe [illegible]

p [illegible] Sbst. [illegible] Metall [illegible] Silber.

p [illegible] oder [illegible] Sbst. [illegible] | [illegible] für die vorgeschriebenen Waschungen; [illegible]

p [illegible]

a [illegible] Sbst. [illegible] | [illegible] Waschung [illegible]

[illegible] Sbst. [illegible] | [illegible]

[illegible] Sbst. [illegible] | der April.

[illegible] Vb. act. [illegible] durch die Nase einen Ton von sich geben, durch die Nase sprechen, [illegible]

[illegible] Vb. intr. [illegible]

a [illegible] vulg. [illegible] Sbst. Pl. v. [illegible] aromates, graines aromatiques que l'on jette dans la marmite comme condiment. | Zum Kochen nöthiges Gewürz und Zuthat wie Pfeffer, Ingwer, Kümmel etc. | Gewürze.

a p [illegible] vulg. [illegible] [illegible] Gewürzhändler.

p [illegible] Sbst. [illegible] | [illegible]

p [illegible] Sbst. [illegible] distillation.

p [illegible] Sbst. [illegible] jardin, vigne. Garten, Weinberg.

p [illegible] Sbst. bracelet. | Armband.

p [illegible] Adj. [illegible] grosse, [illegible] schwanger, trächtig (von Menschen und Thieren).

p [illegible] Sbst. [illegible] Trinkgefäss, Becher, [illegible]

p [illegible] Sbst. [illegible]

p [illegible] Sbst. [illegible] | [illegible]

p [illegible] Sbst. [illegible] | [illegible]

p [illegible] Sbst. [illegible] gélatine, gelée. Gallerte.

p [illegible] oder [illegible] Sbst. [illegible] | [illegible]

p [illegible] Sbst. [illegible] in der Luft [illegible] Wasser.

[illegible] Adj. [illegible] tranquille, qui se tait | still, schweigend, ruhig [illegible] cheval calme. | ein ruhiges sanftes Thier (Pferd).

p [illegible] Sbst. [illegible] Thräne.

[illegible] Adj. petit, jeune | klein, jung. [illegible]

[illegible] Sbst. [illegible] | der Raum oder Winkel zwischen den Beinen, [illegible] die Beine weit auseinander, spreizen, grosse Schritte machen. vgl. [illegible]

p [illegible] Sbst. [illegible] des Wassers.

a [illegible] Sbst. [illegible] | gute Nachricht, frohe Botschaft. Freude (über eine gute Nachricht), heitere Laune.

[illegible] Adj. écarquillant les jambes. | breitbeinig, mit gespreizten Beinen, mit vorwärts gebogenen Füssen. vgl. [illegible]

[illegible] Sbst. [illegible] | Breitbeinigkeit, das mit gespreizten Beinen stehen.

p [illegible] oder [illegible] v. act.

[illegible] cacher qch. | verborgen halten.

p [illegible] v. [illegible]

[illegible] oder [illegible] Sbst. écarquillement. | das Gespreizen. Adj. [illegible] breitbeinig.

[illegible] oder [illegible] Sbst. épaux, épouse. | Gemahl, masc. u. fem.

[illegible] Adj. écarquillant les jambes | breitbeinig.

p [illegible] Sbst. [illegible] coque de ver à soie; le rebut de la soie | Seidenpuppe; Abfall der Seide; [illegible]

[illegible] oder [illegible] nach [illegible] Aor. [illegible] 1. Vb. intr. écarter les jambes, faire de grands pas | die Beine aus einander breiten, spreizen, beim Gehen, Sitzen oder Stehen; weit ausschreiten. vgl. [illegible] 2. Vb. act. distribuer, partager; répartir. | aus einander breiten; vertheilen, [illegible]

p [illegible] Sbst. [illegible]

a [illegible] Sbst. Pl. v. [illegible] | [illegible]

[illegible] Sbst. [illegible] ein [illegible] Mensch, Vielfrass.

[illegible] manger trop. [illegible] essen und trinken; sich überfressen.

a [illegible] Sbst. Pl. [illegible] siècle, éternité. | Jahrhundert, Ewigkeit.

a [illegible] Sbst. Pl. [illegible] | Arbeit, Arbeitsfähle.

[illegible] v. [illegible]

a [illegible] Sbst. Pl. v. [illegible] | [illegible] als Singular. ein [illegible] Kerl; von Pferden, ein gutes, sanftes Thier.

a [illegible] Sbst. [illegible] IV. [illegible] | [illegible] faire des discours futiles, [illegible] | [illegible] Reden oder Geschwätz; [illegible] Arbeitslosigkeit, Müssiggang; [illegible]

a [illegible] Sbst. [illegible] Nachlässigkeit, [illegible] Müssiggang [illegible]

a [illegible] Sbst. Pl. v. [illegible] parties intérieures du ventre, intestins. | die innere Theile des Unterleibs.

a [illegible] Sbst. Pl. v. [illegible] distances. Entfernungen. [illegible] die äussersten Ausdehnungen des Raumes.

a [illegible] Sbst. [illegible] IV. [illegible] éloignement, action d'éloigner. | Entfernung [illegible]

a [illegible] IV. [illegible] Hass, Feindschaft. [illegible]

a [illegible] Adj. [illegible] schwarz und weiss gefleckt; [illegible] Sbst. [illegible] | [illegible] Boden, sandiges Ufergrund.

[illegible] Adj. laid, difforme, | verhasst, verbindet.

p [illegible] Āqyār oder [illegible] Āvārī. Subst. [illegible] | ein [illegible] Kleidungsstück, Lappen, Lumpen.

a [illegible] Subst. esclave fugitif, marron. | ein entlaufener Sclave.

t p [illegible] Subst. s. [illegible]

a [illegible] [IV.] Subst. [illegible] action de faire [illegible], de confirmer, de [illegible] | [illegible] lassen; unbeschädigt, unverletzt erhalten; bekennen, bes. [illegible] oder in einer Würde bestätigen.

a [illegible] Subst. Pl. v. [illegible] pierres de [illegible] | Kinder, Kindeskinder.

a [illegible] Interj. qu'il [illegible] | [illegible] wie [illegible] lange?

p [illegible] oder [illegible] Subst. [illegible] | Glockenblume.

t [illegible] s. [illegible]

a [illegible] [IV.] [illegible] faire pleurer | weinen machen, [illegible] machen.

a [illegible] Subst. Pl. v. [illegible] vierges, jeunes filles | Jungfrauen, junge Mädchen, Mägde.

p [illegible] Subst. [illegible] | Wasserbehälter, Pfützen, Lacken, Teiche, Cisterne.

p [illegible] oder [illegible] Subst. [illegible] | [illegible] s. [illegible]

p [illegible] Subst. [illegible] d'eau, fossé | Wasserleitung, Graben, Bassin.

p [illegible] oder [illegible] s. [illegible]

p [illegible] oder [illegible] Subst. [illegible] source d'eau [illegible] | [illegible] Quelle.

p [illegible] Subst. [illegible] porteur d'eau | Wasserträger, Wasserverkäufer.

a [illegible] Adj. [illegible] | [illegible]

p [illegible] oder [illegible] Subst. [illegible] | Flussbett.

[illegible]

[illegible]

[illegible]

a ابو الطبو [illegible]. Sbst. [illegible] | die Cyther, Laute.

a ابو الهول [illegible]. Sbst. Sphinx.

a ابوی [illegible]. Sbst. Pl. v. [illegible]

a ابوت [illegible]. Sbst. [illegible] paternité, état de père. | Vaterschaft.

[illegible]

| die Cyther, Laute. [illegible]

[illegible] Vb. [illegible] | [illegible]

[illegible] oder [illegible] Sbst. qui se [illegible] | [illegible] vgl. [illegible]

[illegible] Adj. [illegible] | [illegible]

[illegible] Sbst. état de père. | Vaterschaft. — [illegible]

[illegible] Sbst. von [illegible] tuteur, instituteur. | Vormund, Erzieher.

[illegible] und [illegible] 1. von [illegible] état de père; beau-père, tuteur, gouverneur. | Vaterschaft, väterliche Liebe; einer der Vaterstelle vertritt, Stiefvater, Vormund, Erzieher. Adj. paternel, väterlich. 2. v. [illegible] | Reiter. s. [illegible] 3. v. [illegible] qui a un nom, renommé, célèbre | mit Namen begabt, bekannt, berühmt. s. [illegible]

[illegible] Sbst. [illegible] potage. | Suppe, Brühe.

[illegible] Sbst. u. Adj. italien | Italiener, italisch. — [illegible] die italienische Sprache.

[illegible] v. [illegible] oder [illegible] Gerund. [illegible] Aor. [illegible] 1. donner [illegible] | einen Namen geben, benennen. 2. donner en mariage. | zur Ehe geben. [illegible] er gab ihm seine Tochter zur Frau. [illegible]

[illegible] Sbst. [illegible] tribut, [illegible] | Tribut, Geschenk; Geschenk das man dem Richter als Bestechung bringt.

[illegible] Sbst. [illegible] étranger, voyageur, pèlerin. | Fremder, Wanderer, Pilger.

[illegible] und [illegible] [[illegible] IV. und VIII.] Sbst. 1. [illegible] action de défendre, d'interdire. | Verbot. 2. [illegible] action de séparer. | Trennung, Scheidung. — [illegible] défendre, séparer. | verbieten, trennen.

[illegible] [[illegible] VIII.] Sbst. [illegible] | [illegible] vgl. [illegible]

[illegible] Sbst. Pl. v. [illegible] domestiques, clients. | Gefolge, Dienerschaft, Clienten.

[illegible] [[illegible] IV.] Sbst. action de faire suivre une chose par une autre. | das Folgen, die Folge; Rhetorik: adjonction d'un mot de la même signification à un autre. | Verbindung gleichlautender und gleichbedeutender Wörter, wie [illegible]

[illegible] [[illegible] VIII.] Sbst. [illegible] | Folgeleistung, [illegible] — [illegible] suivre q. qu., obéir. | Folge leisten, sich richten nach, nachfolgen, gehorchen. [illegible] ein Befehl, dem Folge zu leisten ist.

[illegible] Adv. [illegible] mot de la même signification. | mit gleichbedeutenden Worte verbunden. vgl. [illegible]

[illegible] s. [illegible]

[illegible] [[illegible] VIII.] Sbst. [illegible] commerce. | Handel. — [illegible] négocier, faire du commerce, trafiquer. | Handel treiben.

[illegible] [[illegible] VIII.] Sbst. [illegible] action de prendre un médicament. | Einnehmen von Arznei.

[illegible] Sbst. Dim. v. [illegible] petit cheval. | Pferdchen.

[illegible] Sbst. Dim. v. [illegible] petit morceau de viande. | kleines Stück Fleisch.

[illegible] Sbst. Dim. v. [illegible] petit chien. | kleiner Hund.

[illegible] [[illegible] VIII.] Sbst. [illegible] union, concorde. | Vereinigung, Eintracht. [illegible] Eintracht und Freundschaft. [illegible] vereinigt, in Freundschaft, einträchtig. Theol.: Die Lehre der Sufi, dass Gott mit dem erleuchteten Wesen Eins sei, Vereinbarung. — [illegible] s'unir. | sich einigen, einträchtig sein.

[illegible] Sbst. Eine Sorte der Sufi, welche den [illegible] lehren. s. d. W.

[illegible] [[illegible] IV.] Sbst. [illegible] don, offrande. | Geschenk, Gabe. — [illegible] offrir, présenter, donner. | geben, schenken, darbringen (mit Hochachtung).

[illegible] [[illegible] VIII.] Sbst. [illegible] action de prendre en choisissant entre plusieurs. | Annahme, Auswahl, Beilegung. — [illegible] prendre, choisir; arranger. | nehmen, annehmen, für sich nehmen, sich etwas auswählen, sich etwas verschaffen, machen, erwählt werden. [illegible] als Vorwand nehmen. Pass. — [illegible] genommen werden, erwählt werden.

[illegible] Adv. après-demain. | Übermorgen.

[illegible] s. [illegible]

[illegible] s. [illegible]

[illegible] Sbst. Pl. v. [illegible]

[illegible] Sbst. Pl. v. [illegible]

[illegible] [[illegible] IV.] Sbst. [illegible] Anfüllung. — [illegible] remplir, anfüllen.

[illegible] Sbst. Pl. v. [illegible]

[illegible] [[illegible] IV.] Sbst. [illegible] — [illegible] laisser, abandonner, délaisser. | verlassen, sich zurückziehen, eine Sache aufgeben.

[illegible] Sbst. Pl. v. [illegible]

[illegible] und [illegible] oder [illegible] Sbst. [illegible] citron. | Zitrone.

[illegible] Adj. couleur de citron. | zitronengelb.

[illegible] s. [illegible]

[illegible] Vb. [illegible] | [illegible] — [illegible]

[illegible] s. [illegible]

[illegible] s. [illegible]

[illegible] Adv. [illegible] en face, vis-à-vis. [illegible] | gegenüber. [illegible]

[illegible] Sbst. Name einer kleinen Flasche, auch [illegible] genannt. arab. [illegible]

[illegible] [[illegible] VIII.] Sbst. [illegible] extension, dilatation. | Erweiterung, Ausdehnung; [illegible] verschiedener Auslegung fähige Ausdrucksweise. — [illegible] se dilater. | sich ausdehnen, sich erweitern, verschiedene Auslegung zulassen.

[illegible] [[illegible] VIII.] Sbst. arrangement. | Aufstellung in Reih und Glied, Ordnung. — [illegible] se ranger, être rangé, s'attrouper, être complet. | sich in Ordnung, in Reih und Glied stellen, sich versammeln, in Ordnung sein, sich vervollständigen, vollständig sein.

[illegible] [[illegible] VIII.] Sbst. Kennzeichnung, das sich unterscheiden einer Sache. — [illegible] se marquer d'un signe, se distinguer. | sich ein Kennzeichen machen, sich durch etwas auszeichnen.

[illegible] Adj. v. [illegible] maigre. | [illegible] | [illegible] ziemlich mager.

[illegible] Sbst. jet, coup. | Wurf, Schuss. vgl. [illegible]

[illegible] Sbst. [illegible] feu, flamme, inflammation, ardeur, [illegible]; chose inflammable, passion. | Feuer, Flamme, Brand, Feuersbrunst; [illegible], Zunder, Entzündung; entzündete Leidenschaft. [illegible] Sbst. qui allume le feu. | Feueranzünder, Brandstifter, Zunder. [illegible] Adj. qui excite le feu. | feueranfachend. [illegible] Adj. u. Sbst. qui répand des flammes; brûlant. Feuer ausstrahlend, [illegible]; das Feuerzeug. [illegible] Sbst. étincelle; ver luisant. | Feuerfunken, vgl. [illegible]; Leuchtwurm. Adj. ardent, passionné. | feurig, hitzig, leidenschaftlich — [illegible] Sbst. artificier, bombardier; [illegible] | Feuerwerker; der Blitz. [illegible] und [illegible] Sbst. pyrotechnie | Feuerwerkerei, Kunst mit Feuerwaffen zu hantieren; Pulverbereitung. [illegible] Sbst. [illegible], mage. | Feueranbeter. [illegible] Sbst. ver luisant. | Leuchtkäfer. [illegible] Sbst. qui allume le feu; fourneau. | Feueranmacher, Brennofen, Schmelzofen. [illegible] Sbst. chaleur. | Hitze, Glut. [illegible] — [illegible] Sbst. temple des mages. | Feuertempel. [illegible] Sbst. foyer, réchaud | Herd, Kamin, Kohlenpfanne. [illegible] Sbst. petit à feu [illegible] inflammable, réchaud. | Feuerschaufel, Kohlenbecken, Zunder.

[illegible] s. [illegible]

[illegible] s. [illegible]

[illegible] Sbst. [illegible] foyer, réchaud. | Herd, Kamin, Kohlenbecken.

[illegible] Vb. [illegible] prendre feu, s'échauffer; se procurer du feu. | Feuer fangen, sich entzünden, entbrennen (in Zorn); sich Feuer verschaffen.

[illegible] Adj. ardent, brillant; rouge. | feurig, brennend; roth (von Haar). [illegible] — feurige Augen, f. Blicke. [illegible] — Feuerrohr.

[illegible] s. [illegible]

[illegible] s. [illegible]

[illegible] Adj. ardent, enflammé, chaud. | entzündet, hitzig, heiss, brennend.

[illegible]

T. m. [illegible] AYLATMAK. Vb intr. *monter à cheval.* | das Pferd besteigen, reiten. LT.

T. [illegible] AYYLMAK. Vb pass. von [illegible].

T. m. [illegible] YYLAMAK. Vb act. *demander;* | bitten, fordern, verlangen. LT.

T. m. [illegible] YYLAMAK. vgl. [illegible] 1. Vb act. *gueller* ; weinen. 2. Vb intr. *pousser le cri de détresse* | schreien, klagen. Denis. [illegible] AYLATMAK. Vb trans. 1. *faire pleurer*; weinen lassen. 2. *faire pousser le cri de détresse* | wehklagen machen.

T. [illegible] ATLY. Adj. u. Sbst. v. [illegible] *être à cheval, cavalier.* Pl. [illegible] — [illegible] *cavaliers.* | beritten, ein Reiter, Cavallerist. Plur. die Reiter. [illegible] *officier de cavalerie* | Cavallerieoffizier. [illegible] *dragon.* | Dragoner, Cavallerist. [illegible] *grande Tournée.* | die Rennbahn. (formera betreibern)

T. [illegible] Adj. v. [illegible] *corpulent, charnu.* | [illegible], beleibt.

T. m. [illegible] Adj. u. Sbst. [illegible] *cavalier.* | Reiter.

T. m. [illegible] Adj. u. Sbst. [illegible] *qui a un nom, nommé, célèbre.* | mit einem Namen begabt, benannt; einer der einen Namen hat, genannt, berühmt.

T. [illegible] Sbst. vgl. [illegible] *partie;* Wurf, Wurfweite, Schussweite. [illegible] ein Steinwurf, so weit ein Stein fliegen kann.

T. [illegible] Sbst. 1. [illegible] *délai, retardement.* | Aufschub, Verzögerung. 2. [illegible] *liberté.* | Freiheit, Schlechtigkeit.

a. [illegible] [illegible IV] Sbst. [illegible] *action de faire, d'achever* | Vollendung [illegible] vollenden, fertig machen, beendigen, ein Geschäft abmachen.

T. [illegible]

T. [illegible] Sbst. *épervier.* | der Sperber. (astur nisus. L.)

T. [illegible] Aor. [illegible] Pron. [illegible] Vb act. 1. *jeter, lancer, tirer, rejeter; courber (du coton); battre (le coton); rejeter la faute sur qlqu., l'écraser sur qlqu.* | werfen, schleudern, z. B. einen Pfeil, daher [illegible], die Gewehr abfeuern; wegwerfen, umwerfen, ausspeien; das Schlechte abwerfen, z. B. den Schmutz von der Wolle, daher [illegible] vom Wasser, Schmutz und Schaum am Ufer absetzen; die Spuren vom Getreide [illegible]; von sich abwälzen (die Schuld), auf einen andern schieben; einem etwas vorwerfen: [illegible] — [illegible] auf sich nehmen. (Canticum leistete) sich bewegen, schlagen (d. Herz, d. Puls). — [illegible] Schritte werfen, schreiten [vgl. jedoch [illegible]]. [illegible] kleine Schritte machen, trippeln — [illegible] Anker werfen. — [illegible] Blicke werfen, Blicke zuwerfen. — [illegible] schlechte, [illegible] Reden führen, durch Reden beleidigen. — [illegible] Feuer schwatzen. — [illegible] kommen [illegible], [illegible] (vom Schiffe), sprichwörtl. Bankerott machen, und [illegible] de miladen en tomuer sur soi même (was du selbst gethan). [illegible] sich zu Zeug werfen, sich brüsten. 2. Vb intr. *blêmir, pâlir, changer de couleur; poindre, se faire jour.* | verschiessen, verbleichen (von Farben), sich entfärben, erbleichen (das Gesicht, vor Angst, Schreck, im Tode u. s. w.), grauen, hell werden [illegible] bei Anbruch des Tages. [illegible] oder [illegible] mit Anbruch des Tages, vom Morgen an. Ali Sebir II. 3. Vb impers [illegible] AYAR. *il s'agit de ...* es handelt sich um ... Uschr. f. [illegible] AYTMISH. Aor. [illegible] Vb tr. *faire lancer, — tirer etc.* | werfen lassen, schiessen lassen u. s. w. II. [illegible] vor [illegible] Vb recipr. *tirer l'un sur l'autre; s'attaquer l'un l'autre.* | einander werfen, bewerfen, beschiessen, einander angreifen [illegible] einander mit Pfeilen beschiessen. III. [illegible] Vb. recipr. trans. *faire attaquer, faire tirer l'un sur l'autre* | gegenseitig bewerfen oder beschiessen lassen; zum Angriff commandiren. IV. [illegible] Vb. recipr. trans. pass. *être lancé etc. l'un sur l'autre* | gegenseitig beworfen u. s. w. werden. V. [illegible] oder [illegible] AYYLMAK. Aor. [illegible] Vb pass. 1. *être lancé, être tiré etc.* | geworfen werden, geschleudert werden u. s. w. [illegible] ein abgeworfenes Pferd. 2. *être lancé de haut en bas, tomber,* | von oben herab geworfen werden, fallen, herabstürzen [illegible] mit starkem Falle stürzen. 3. *être lancé de bas en haut, sauter.* | von unten hinauf geworfen werden, aufspringen, sprengen [illegible] sich auf einen stürzen, zu hauptsächlich [illegible] auf einen [illegible]. 4. Vb act. *se gonfler, s'arquer (du bas), s'immerger (le lieu)* | sich werfen, sich krümmen (vom Holze), stumpf oder schartig werden (ein Schwert, Messer)

T. [illegible] s. [illegible]

T. [illegible] vulg. [illegible] und [illegible] vgl. [illegible] Sbst. *pain, nourriture* | Brod, Nahrungsmittel, Lebensunterhalt, das tägliche Brod. [illegible] Brodrinde [illegible] Brosame. [illegible] Brodsack.

T. [illegible] vulg. [illegible] Sbst. *boulanger.* | der Bäcker.

T. [illegible] Sbst. art. ou *état de boulanger* | Bäckerei, Bäckerhandwerk.

T. [illegible] Sbst. vgl. [illegible] *jet. corp.* Wurf. Schuss [illegible] Probe [illegible] *(tiste [illegible])*. | [illegible] vgl. [illegible]

T. [illegible] s. [illegible]

T. [illegible] s. [illegible]

a. [illegible] oder [illegible] [illegible IV. u. VIII.] Sbst. [illegible] *accusation (fausse), imputation, soupçon.* | Beschuldigung, Verdächtigung, Verdacht. — [illegible] beschuldigen (m. d. Abl.)

a. [illegible] [illegible IV.] u. [illegible] *action de faire périr, dissipation.* | Vernichtung, Vergeudung. [illegible] sein Vermögen vergeuden, sein Geld nutzlos verwenden.

a. [illegible] Sbst. Pl. von [illegible] *persiens.* | Leibdiener, Leibeswachen.

p. [illegible] Sbst. [illegible] *ermite; moine.* | Mönch, Einsiedler.

T. m. [illegible] Vb. act. [illegible]

T. m. [illegible] Num. *trente* | dreissig. LT.

T. m. [illegible] Sbst. *interruption, pause* | Ferbung, Unterbrechung. LT.

p. [illegible] Sbst. [illegible] *la gouvernante dans le harem* | Aufseherin und Lehrerin im Harem; *matrone; membrane qui enveloppe le fœtus* | Mutter (matrix, uterus).

T. m. [illegible] Sbst. *coutellerie; [illegible]* | [illegible]. LT. [illegible]

a. [illegible] Adj. [illegible] *qui vient, qui va venir, futur.* | kommend, künftig. [illegible] unten zu erwähnen, [illegible] unten den Wörter.

a. [illegible] [illegible VIII.] Sbst. [illegible] *désespoir.* | Hoffnungslosigkeit, Verzweiflung. — [illegible] verzweifeln.

a. [illegible] Sbst. [illegible] 1. [illegible] *venue, arrivée.* | Ankunft. [illegible] Geburt eines Kindes. 2. [illegible] *citation, confirmation.* | Erwähnung, Bestätigung. — [illegible] anführen, erwähnen, bestätigen.

T. [illegible] Sbst. vgl. [illegible] *qui jette, tire, lance, carde.* | einer der wirft, Schleuderer, Schütze, Krempler u. s. w.

T. [illegible] Vb pass. von [illegible]

a. [illegible] Adj. [illegible] *fier, hautain, [illegible]* | stolz, [illegible].

a. [illegible] [illegible IV.] Sbst. [illegible] *circonspection, expérimentation.* | Wiedervergeltung, Gleiches mit Gleichem.

a. [illegible] Sbst. Pl. [illegible] *cérémonies, effets* | Hausgeräth, Geräthschaften.

a. [illegible] Sbst. Pl. v. [illegible]

a. [illegible] Sbst. Pl. v. [illegible] u. [illegible]

a. [illegible] [illegible IV] Sbst. [illegible] *action de remuer, d'exciter.* | Aufrührung, Aufwühlung, Anfregung, Aufwiegelung. — [illegible] aufwühlen (d. Boden), Staub u. dgl. erregen; anfregen, aufwiegeln, aufwiegeln.

a. [illegible] oder [illegible] Sbst. [illegible] *grandeur, gloire.* | Grösse, Adel, Vortrefflichkeit, Ruhm.

a. [illegible] Sbst. Pl. von [illegible]

a. [illegible] Sbst. 1. [illegible] *péché, culpabilité* | Verbrechen, Schuld (gegen das Gesetz). 2. [illegible] *pécheur, criminel.* | Verbrecher, Sünder. 3. [illegible] *peine encourue par le péché.* | Vergeltung der Sünde, Strafe. 4. *nom d'une rivière dans l'enfer, l'enfer.* | Name eines Flusses in der Hölle, die Hölle.

a. [illegible] [illegible IV.] Sbst. [illegible] *condamnation; preuve, démonstration, argumentation, conviction.* | Befestigung, Bestätigung, sichere Kenntniss, Beweis, Ueberführung (vor Gericht durch Zeugenaussage oder Geständniss), Beweisführung durch Argumente.

[illegible] changement, [illegible]; Abänderung, indem man etwas wegnimmt und dafür etwas anderes setzt, in [illegible] Schriften etc. — [illegible], [illegible], bewegen; abändern, [illegible].

[illegible] Pl. [illegible] und [illegible] Sbst. [illegible] 1. trace, vestige, [illegible], marque; Spur, Zeichen; [illegible] oder Abdruck, [illegible] [illegible] la direction de la [illegible]; [illegible] auch [illegible] genannt. Marke. [illegible] 2. [illegible]; Denkmal. [illegible] fondations [illegible]; [illegible] 3. action ne fait [illegible]; [illegible] Begebenheit, Handlung; That. 4. histoire de faits [illegible]; Erzählung [illegible] Begebenheiten, [illegible]. [illegible] [illegible]; [illegible] historiographe; [illegible] Geschichtsschreiber. [illegible] 5. effet; conséquence. Wirkung, Folge. Pl. [illegible] [illegible] Mahomet; die [illegible] Ueberlieferungen und [illegible] des Propheten Ueberlieferungen, Sagen.

[illegible] Sbst. [illegible] 1. marque, signe, trace, vestige. Spur, Zeichen. 2. Adv. [illegible] derrière, après. Hinten, nach. [illegible] après cela, nach diesem, hierauf.

[illegible] Pl. [illegible] [illegible] Glanz.

[illegible] Sbst. [illegible], pouvoir [illegible]; [illegible] Macht und Ansehen.

[illegible] Adj. und Sbst. [illegible] [illegible], [illegible], [illegible]; bekannt mit einer Sache, [illegible], mitschuldig.

[illegible] Sbst. [illegible] [illegible]

[illegible] Adj. [illegible] [illegible], [illegible] [illegible] [illegible]; [illegible], [illegible], gefärbt [illegible].

[illegible] Adj. = [illegible]

[illegible] Sbst. Pl. v. [illegible]

[illegible] **Adj. comp.** [illegible] [illegible].

[illegible] Sbst. [illegible] sorte de [illegible]; eine Art Tanzmusik.

[illegible] Adj. und Sbst. [illegible] [illegible] criminel; pécheur. [illegible] Verbrecher, Missethäter, Sünder. — [illegible] schuldig sein.

[illegible] Sbst. [illegible] [illegible], [illegible]; [illegible], [illegible], [illegible].

[illegible] Sbst. Pl. v. [illegible]

[illegible] Sbst. Pl. v. [illegible]

[illegible] Adj. comp. [illegible] [illegible]; [illegible] [illegible], [illegible].

[illegible] 1. [illegible] [illegible] Mitte [illegible] [illegible] [illegible] au milieu; entre, pendant. In der Mitte; zwischen, während. [illegible] [illegible] während den [illegible] [illegible] [illegible] [illegible]

[illegible] Sbst. Pl. [illegible] qualité, [illegible]; [illegible] Eigenschaften.

[illegible] Sbst. [illegible] Pl. [illegible] action de se [illegible]; [illegible], leben.

[illegible] Adj. Fem. [illegible] [illegible]

[illegible] Adj. Num. [illegible] [illegible]; zwölf.

[illegible] Adj. Num. [illegible] [illegible] le second jour de la semaine; [illegible]; Montag.

[illegible] Sbst. [illegible] [illegible], duplicité; ambiguïté, [illegible]; Doppelheit, Zweideutigkeit, Zweifelhaftigkeit, [illegible].

[illegible] Sbst. Pl. [illegible] [illegible], [illegible], [illegible]; [illegible], [illegible].

[illegible] Sbst. Pl. v. [illegible] Vulg. [illegible] [illegible], [illegible], marchandises; Kleider, Werkzeuge, [illegible], Waaren.

[illegible] Sbst. Pl. v. [illegible]

[illegible] Sbst. Pl. v. [illegible]

[illegible] Adj. u. Sbst. [illegible] criminel, pécheur, coupable; [illegible]; verbrecherisch, schuldig. Verbrecher, der Schuldige.

[illegible] Sbst. [illegible] action de [illegible]; Reihe. — [illegible] [illegible]; sich reihen.

[illegible] Sbst. [illegible] [illegible], [illegible]; der [illegible], [illegible], [illegible]; [illegible] [illegible], der [illegible]. [illegible].

[illegible] Adj. qui [illegible], qui [illegible]; [illegible], [illegible], [illegible], [illegible]. Sbst. [illegible]; der [illegible], [illegible].

[illegible] Sbst. [illegible] [illegible], [illegible], [illegible]; [illegible], [illegible], [illegible].

[illegible] Adj. [illegible] [illegible] [illegible] [illegible]; [illegible] [illegible] [illegible] [illegible]; [illegible] [illegible] [illegible].

[illegible] Sbst. [illegible] [illegible]

[illegible] Pl. [illegible]

[illegible] Pl. [illegible]

[illegible] Adj. Sbst. [illegible]; Mutter.

[illegible] Sbst. [illegible] [illegible], acceptation, [illegible], [illegible]; [illegible], [illegible] [illegible] oder Einladung, [illegible] [illegible] [illegible] [illegible] [illegible]. **das Volk der Gemeinde** [illegible] [illegible].

[illegible] Vb. comp. [illegible] [illegible]

[illegible] Adj. u. Sbst. [illegible] [illegible]; [illegible], [illegible], [illegible] Geschwister.

[illegible] Sbst. [illegible] [illegible] action de donner [illegible]; [illegible] [illegible]; [illegible], [illegible], [illegible] Ausführung.

[illegible] Sbst. Pl. v. [illegible]

[illegible] Sbst. [illegible] [illegible], [illegible]; Frische, Kraft.

[illegible] Sbst. [illegible] [illegible] [illegible]; [illegible] [illegible] [illegible] [illegible] Oberfläche des Bodens.

[illegible] Sbst. [illegible] [illegible], [illegible], [illegible] [illegible]; Miethe, Pacht, Pachtgeld, Vermiethung, Miethvertrag; [illegible] [illegible] [illegible] [illegible] [illegible] [illegible] [illegible] Nutzen und Vortheil [illegible] [illegible] [illegible] [illegible] [illegible] [illegible] [illegible] Lohngeld bei Uebergabe eines Grundstücks; [illegible] [illegible] [illegible] [illegible] monatliche Pachtgeld.

[illegible] Sbst. [illegible] permission; [illegible], [illegible]; Erlaubniss, [illegible], Bewilligung, Bestätigung; Diplom oder Ermächtigung zu einem Lehramte. [illegible] [illegible] [illegible] [illegible]; Erlaubniss geben, [illegible], [illegible].

[illegible] Adj. u. Sbst. qui [illegible]; [illegible] [illegible] [illegible] [illegible].

[illegible] Adj. [illegible] [illegible]

[illegible] Vb. act. [illegible]

[illegible] **Vulg.** [illegible] Sbst. [illegible]; eine **Art Pflaume** [illegible]

[illegible] Sbst. [illegible] [illegible]

[illegible] Sbst. [illegible] [illegible] [illegible] [illegible]

[illegible] Sbst. [illegible] [illegible]

[illegible] Sbst. Pl. v. [illegible]

[illegible] Sbst. [illegible] [illegible] [illegible] Umwickelung, Windung. [illegible] [illegible] [illegible] [illegible] [illegible] [illegible] [illegible] [illegible] [illegible].

[illegible] **[illegible] Sbst. Pl.** [illegible]

[illegible] **Sbst. Pl. v.** [illegible]

[illegible] Adj. [illegible] [illegible] [illegible] [illegible] [illegible] [illegible]

[illegible] Sbst. Pl. v. [illegible]

[illegible] Sbst. [illegible]

[illegible] ein grosses [illegible] [illegible] Krug.

[illegible] IV. Subst. [illegible] action de [illegible]. | Gewalt, Zwang. — [illegible] forcé, contraint. | Gewalt [illegible] mit Gewalt.

[illegible] Adj. [illegible] | mit Gewalt [illegible] Willen [illegible].

[illegible]

[illegible] Subst. Pl. v. [illegible] montagnes, chaîne de montagnes. | Gebirge, Bergkette, Gebirgsland.

[illegible] VIII. Subst. [illegible] Wahl, Auswahl. — [illegible] choisir, discerner. | wählen, auswählen, unterscheiden.

[illegible] VIII. Subst. [illegible] courage. | der Wagen, Kühnheit, Muth; Wagniss. — [illegible] oser, risquer. | [illegible] den Muth zu etwas haben.

[illegible] VIII. Subst. [illegible] 1. action de gagner [illegible] 2. action de [illegible]. 1. Verdienst [illegible] 2. Verwendung.

[illegible] VIII. Subst. [illegible] — [illegible] tirer, extraire; [illegible] hin und her, bleiben, durchziehen, [illegible].

[illegible] VIII. Subst. [illegible] | Begehen eines Verbrechens, Vergehen, Verschuldung.

[illegible] VIII. Subst. [illegible] recherche, exploration, enquête. | Nachforschung, Untersuchung, Verhör.

[illegible] VIII. [illegible] Erwerbung; Aneignung. — [illegible] | [illegible].

[illegible] VIII. Subst. [illegible] réunion, rassemblement, accord. | Vereinigung, Versammlung, Zusammenkunft, Uebereinstimmung [illegible] der Religion u. s. w.) — [illegible] se réunir, être d'accord. | sich vereinigen, einig sein, übereinstimmen.

[illegible] v. [illegible]

[illegible] v. [illegible]

[illegible] VIII. Subst. [illegible] des Flickens, [illegible] — [illegible] | flicken, [illegible] vgl. [illegible]

[illegible] VIII. Subst. [illegible] Vermeidung, Abwendung. [illegible] — [illegible] eine Sache [illegible] sich hüten vor, sich enthalten.

[illegible] VIII. Subst. Versammlung beim Gebet, bei welcher [illegible] auf den [illegible] mit den Händen des Andern [illegible] — [illegible]

u. s. w. | sich neigen, versuchen, zu etwas geneigt sein.

[illegible] VIII. Subst. [illegible] | Nachbarschaft, benachbart sein, Nähe.

[illegible] VIII. Subst. application, assiduité, zèle, effort; étude [illegible] interprétation de [illegible] religieux [illegible] pour la religion. | 1. Anstrengung, Mühe, Eifer bei der Arbeit. 2. [illegible] nach Wissenschaft, gründliches Studium der [illegible] [illegible] in Dingen der Religion. 3. der heilige Krieg zur Vertheidigung und Ausbreitung der Religion.

[illegible] VIII. Subst. [illegible] publicité, publication. | Veröffentlichung, öffentliches Erscheinen.

[illegible] VIII Subst. [illegible] action de [illegible]; [illegible] | Umdrehung, Beschreibung eines Kreises.

[illegible] Pl. [illegible] IV. Subst. [illegible] oppression. | Bedrückung, Gewaltthätigkeit, [illegible] gegen Andere.

[illegible] Subst. Pl. v. [illegible]

[illegible] Subst. Pl. v. [illegible]

[illegible] Subst. [illegible] [illegible] Dinge.

[illegible]

[illegible] mit Ausführung [illegible] einem Gebrauch [illegible].

[illegible] Subst. Pl. v. [illegible]

[illegible] IV. [illegible] — [illegible] différer, prolonger [illegible] [illegible].

[illegible] Subst. Pl. v. [illegible]

[illegible] Subst. Pl. v. [illegible]

[illegible] Subst. Pl. v. [illegible]

[illegible] oder [illegible] Subst. [illegible] salaire, loyer. | Lohn für Arbeit (im [illegible] und Naturalien), Miethe, Pacht. [illegible] Miethe, [illegible] [illegible] [illegible] vermiethen, verpachten.

[illegible] Adj. gratis, gratuitement; [illegible] unentgeltlich, [illegible] freiwillig, wohlwollend.

[illegible] v. [illegible]

[illegible] Subst. [illegible] IV.

[illegible] Adj. [illegible] | kahl, ohne Haar oder [illegible], ohne [illegible], ohne [illegible] oder [illegible]

[illegible]

[illegible], Lassen seiner Gewohnheit. — [illegible] (Vb. act. [illegible]) *désaccoutumer*, *perdre une habitude*, *s'abstenir*. | abgewöhnen, sich enthalten, sich abgewöhnen, u. d. Abl.

a [illegible] [illegible] [[illegible] IV.] Sbst. [illegible] — [illegible] *se hâter*. | eilen, eilig gehen.

a [illegible] [illegible]. Sbst. Pl. v. [illegible] [illegible].

a [illegible] [illegible] Sbst. [illegible] *multitude*, *foule* | Menge, Gedränge, Heer.

a [illegible] [illegible] Adv. *en foule* | in Menge, in Masse.

a [illegible] [illegible] Adv. *tous ensemble*, *sans exception*. | Alle, ohne Ausnahme, gesammt.

a [illegible] [illegible] Adj. [illegible] *timide*, *peureux*. | furchtsam, scheu.

t [illegible] [illegible] Adj. v. [illegible] *qui jeûne*, *affamé*, *insatiable*. | hungrig, nüchtern, gierig, unersättlich.

t [illegible] [illegible] Adj. *ouvert*, *découvert*; *clair*. | 1. offen, geöffnet, unverschlossen (eine Thüre, die Hand), [illegible] mit offener Hand, freigebig. 2. unbedeckt, [illegible] barhäuptig, mit blossem Kopfe. 3. [illegible], [illegible] [illegible]. [illegible] weit von einander abstehend, [illegible] mit weit [illegible] Augenbrauen. 4. geräumig [illegible] ein offener Raum, Öffnung oder freier Raum zwischen zwei Bergen, [illegible] offene Ebene. 5. deutlich, klar, allgemein und öffentlich bekannt, [illegible] offenbar sein, deutlich vorliegen, [illegible] offen, [illegible] [illegible] die [illegible] Landstrasse. 6. offen, heiter, hell (Witterung, Gesicht), [illegible] ein heiterer heller Tag. 7. hell (v. Farben), [illegible] falb, hellbraun, Falbe [illegible] 8. offen (von Charakter) frei, [illegible] [illegible] offenherzig. Sbst. das Offene, die offene See; ein freier Platz. [illegible] die Mitte des Weges — [illegible]

t [illegible]

[illegible] Vb. pass. [illegible] werden. LT.

[illegible] Vb. trans. [illegible] LT.

t [illegible] Sbst. [illegible] *ouverture*, *franchise* [illegible] | Öffnung, Zwischenraum, Spalte, Lücke; Offenheit (des Charakters); öffentliche Bekanntheit, Berühmtheit. Helle der Farbe, des Himmels, heiteres Wetter, Glanz. vgl. [illegible] und [illegible]

t [illegible] Adv. [illegible] Pers. [illegible] Vb. act. *ouvrir*; *éclaircir*; *publier*, *rendre public* | öffnen, eröffnen; offenbar, deutlich, allgemein bekannt machen, aufhellen.

t [illegible] Adv. [illegible] Vb. [illegible] *avoir faim*. | hungern, fasten, darben [illegible] ich bin hungrig. Deriv. [illegible] und [illegible]

Vb. trans. *faire jeûner*, *f. souffrir la faim*. | hungern, fasten, darben lassen. || [illegible] [illegible]. Vb. pass. auf schmale Kost gesetzt werden.

[illegible] [illegible] s. [illegible]

t [illegible] [illegible] und [illegible] [illegible], s. [illegible]

p [illegible] [illegible]. Sbst. [illegible] *ref.* | Hülse.

a [illegible] [illegible]. Adj. u. Sbst. *qui diffère*, *qui temporise*; *qui accorde un délai*; *futur*. [illegible], Zauderer, der die Erfüllung eines [illegible] [illegible], einen Aufschub gestattet; künftig, zukünftig, aufgeschoben (auf bessere Zeiten). [illegible] *la vie future* | das künftige Leben.

a [illegible] [illegible]. Sbst. *cause*, *raison*. | Ursache, Grund. Adv. *à cause* | wegen. [illegible] wegen dieser Ursache, demnach, weil.

a [illegible] [illegible]. Pl. [illegible] und [illegible] [illegible]. Sbst. *terme*, *époque fixée d'avance*; [illegible]

[illegible]

poire d'une bête féroce. | Gesträuch, Gestrüpp, Lager eines wilden Thieres.

a [illegible] [illegible] Sbst. [illegible] *colère*, *courroux*. | Zorn, Grimm.

a [illegible] [illegible] Sbst. Pl. v. [illegible] [illegible].

t [illegible] und [illegible] [illegible] Adj. u. Sbst. Gegentheil von [illegible] [Negat. v. [illegible]] *fermé*, *caché*, *ce qui est dans l'obscurité*. | ungeöffnet, dunkel; Sbst. verdeckter Sinn [illegible] oder [illegible] *dissimuler*. eine Sache im Dunkeln lassen, bemänteln, sich verstellen. [illegible] *sans se découvrir*. | unverdeckt, ohne sich zu erkennen zu geben, [illegible].

t [illegible] und [illegible] [illegible]. Sbst. *dissimulation*. | [illegible], Verstellung.

a [illegible] [illegible]. [[illegible] IV.] Sbst. [illegible] *action de rassembler*, *rassemblement*, *conversation*, *réunion*; *assemblée*, [illegible] | Vereinigung, Versammlung; [illegible], Collegium; [illegible]

[illegible]

Thür öffnen. — يول einen Weg bahnen. — شهر eine Stadt erobern. — قلم eine Feder öffnen, d. i. eine neue Feder schneiden. — سوز oder لاقردی ein Gespräch eröffnen. — اوروج oder روزه das Fasten öffnen, d. i. brechen, aufhören zu fasten. — [illegible] den Schleier lüften. — يلكن die Segel öffnen, d. i. absegeln. — بيراق die Fahne entfalten, d. i. sich für eine Partei erklären. — [illegible] die Blätter öffnen, aufschlagen. — [illegible] — [illegible] den Teig mit dem Rollholze auseinanderbreiten. روزكار قولى [illegible] der Wind hat den Himmel geöffnet, d. i. aufgeheitert. — [illegible] den Säbel vom Roste reinigen, d. i. glänzend machen, poliren. 2. [illegible]

[illegible]

ZENKER Türk.-Arab.-Pers. Handwörterbuch. [illegible]

[illegible] [IV. [illegible]] Subst. [illegible] commission, consignation. | Beauftragung, Auftrag, Anweisung zu Besorgung einer Arbeit. — [illegible] donner commission, charger, donner mandat. | beauftragen, einem etwas übergeben, [illegible].

[illegible] [IV. [illegible]] Subst. [illegible] valer. | [illegible]. — [illegible] [illegible], geler, [illegible]. | [illegible].

[illegible] [Adj. Comp. v. [illegible]] plus cher, très-cher, [illegible]. | lieber, [illegible], sehr lieb, werth, [illegible].

[illegible] Subst. Pl. les favoris du prince, courtisans. | Günstlinge des Fürsten, Höflinge.

[illegible] Pl. v. [illegible].

[illegible] Adj. amant, amoureux, aimé, cher à q. qn. | geliebt [auch als Plur. von [illegible]].

[illegible] Subst. Pl. les docteurs des juifs. | die Schriftgelehrten der Juden. vgl. [illegible].

[illegible] Subst. Pl. 1. v. [illegible] [illegible]. 2. v. [illegible] [illegible].

[illegible] [IV. [illegible]] [illegible] faire une fondation pieuse. | [illegible] der Einkünfte eines Grundstücks zu frommen Zwecken.

[illegible] [IV. [illegible]] [illegible] — [illegible] rendre inutile, rendre vain. | [illegible], unnöthig, vergeblich machen.

[illegible] [IV. [illegible]] [illegible] rendre enceinte. | Schwängerung.

[illegible] [VIII. [illegible]] Subst. [illegible] action d'arrêter, de retenir, de se retenir, garantir soi-même. | [illegible], Zurückhaltung, [illegible]. — [illegible] retenir, enfermer; se retenir, être enfermé. | zurückhalten, festhalten, [illegible]; an sich halten, sich [illegible], sich enthalten.

[illegible] [VIII. [illegible]] Subst. [illegible] [illegible], [illegible]. | Verwechslung, Verdrehung, [illegible]. Theol. Subst. Verirrung der Spekulation. Rhetorik. das [illegible] verschiedener Ausdrücke in den Theilen einer Rede.

[illegible] [VIII. [illegible]] [illegible] se dérober aux yeux (en parlant du voile), se retirer. | Verschleierung, Verbergung, Zurückziehen von der Welt.

[illegible] [VIII. [illegible]] Subst. [illegible] [illegible] alléguer des preuves, des arguments, alléguer pour excuse, pour [illegible]. | Anführung von Gründen, [illegible], Vorwand. — [illegible] Gründe anführen, [illegible]. [illegible] triftig, als Entschuldigung geltend.

[illegible] [VIII. [illegible]] Subst. [illegible] application des ventouses. | Schröpfung.

[illegible] [VIII. [illegible]] Subst. [illegible] devenir tranchant, se mettre en colère. | scharf werden, in Zorn gerathen.

[illegible] [VIII. [illegible]] Subst. [illegible] circonspection. | Vorsicht. — [illegible] prendre garde, se préserver, éviter. | sich hüten, sich in Acht nehmen, eine Sache vermeiden (m. d. Ablat.)

[illegible] [VIII. [illegible]] Subst. [illegible] Beklagung. — [illegible] se battre, [illegible] beklagen, sich schlagen, sich [illegible].

[illegible] [VIII. [illegible]] Subst. [illegible] culture du sol, labourage. | Ackerbau, Anbau und Bearbeitung der Felder.

[illegible] [VIII. [illegible]] Subst. [illegible] circonspection. | Vorsicht. — [illegible] prendre garde, se précautionner. | sich hüten, auf der Hut sein, sich in Acht nehmen, sich enthalten. (m. d. Ablat.)

[illegible] [VIII. [illegible]] Subst. [illegible] Vorsicht. — [illegible] prendre garde, se préserver. | sich hüten, sich in Acht nehmen. (m. d. Ablat.)

[illegible] [VIII. [illegible]] Subst. [illegible] cupidité, avidité | Habgier, Gierigkeit an sich reissen.

[illegible] [VIII. [illegible]] Subst. [illegible] [illegible], exercer un métier, une profession etc. | Meisterschaft. Kunst, Handwerk, Wissenschaft. Betreibung einer Kunst u. s. w.

[illegible] [VIII. [illegible]] Subst. [illegible] ardeur, [illegible], Brand, Brunst, Feuer, Eifer, [illegible].

[illegible] [VIII. [illegible]] Subst. [illegible] honneur, respect. | Ehre, Achtung, Ehrenerweisung, Verehrung. — [illegible] faire honneur. | einem Ehrerbietung erweisen (m. d. Dativ).

[illegible] [VIII. [illegible]] Subst. commiration, [illegible] droit, impôt, charge [illegible]. | [illegible], Abschätzung, Ab[illegible], von Waaren u. s. w., Amt des [illegible]. [illegible] oder [illegible] [illegible] der Polizei, Marktmeister, [illegible].

[illegible] Subst. droit, impôt. | Accise, Abgabe, welche der [illegible] erhebt, Marktgeld. (s. d. Vorig.)

[illegible] [VIII. [illegible]] Subst. [illegible] rassemblement. | Zusammenschaarung, Zusammenrottung. [illegible] — se rassembler, sich [illegible], sich haufenweise zusammenziehen.

[illegible] [VIII. [illegible]] Subst. [illegible] grandeur, majesté, pompe, cortège (formes [illegible] et grand cortège); grand nombre de domestiques; timidité en face de quelqu'un. | Aufwand, Prunk, Haben eines grossen Gefolges; Schüchternheit (vor einem Mächtigen). [illegible] Ruhm und Ehre.

[illegible] [VIII. [illegible]] Subst. [illegible] action de se présenter chez quelqu'un; apparation; approche de la mort. | das Erscheinen, Eintreten, Zugegensein bei Jemand; Eintritt der Todesstunde, Todesnähe. [illegible] er liegt in den letzten Zügen.

[illegible] [VIII. [illegible]] Subst. [illegible] jouissance, plaisir, bonheur, joie, allégresse. | Wohlbefinden, Glück, Freude, Heiterkeit, Befriedigung, Zufriedenheit.

[illegible] [VIII. [illegible]] Subst.

[illegible] [VIII. [illegible]] Subst. [illegible] action de couvrir, [illegible]. | Ausbreitung. — [illegible] couvrir. | [illegible].

[illegible] [VIII. [illegible]] Subst. action de garder, de se garder. | Bewahrung. — [illegible] garder, prendre garde; prendre q. ch. et le garder; prendre q. ch. en mauvaise part, s'irriter, se venger. [illegible] [illegible] bewahren, sich bewahren vor etwas, sich in Acht nehmen; [illegible] für sich bewahren, für sich nehmen, sich aneignen; [illegible] etwas übel aufnehmen, sich ereifern, in Zorn gerathen, Rache nehmen.

[illegible] [VIII. [illegible]] Subst. [illegible] [illegible], dédain, [illegible]. | Geringschätzung, Verachtung, Niedrigkeit (der Gesinnung), [illegible]. — [illegible] mépriser, dédaigner, geringschätzen, verachten.

[illegible] [VIII. [illegible]] Subst. [illegible] action de se disputer sur le droit qu'on a. | Behauptung seiner Ansprüche, Rechthaberei. — [illegible] se disputer sur le droit qu'on a.; sein Recht fordern.

[illegible] [VIII. [illegible]] Subst. lavement, clystère. | Anwendung eines Clystiers. [illegible] ein Clystir nehmen. [illegible] — einem Andern ein Clystir geben.

[illegible] [VIII. [illegible]] Subst. accaparement (des grains). | Aufkauf von Getreide und anderen Lebensmitteln, Zurückhalten der Vorräthe in den Magazinen, um den Preis zu steigern. Steigerung des Preises. Kornwucher.

[illegible] [VIII. [illegible]] Subst. frottement, friction. | Reibung.

[illegible] [VIII. [illegible]] Subst. [illegible] colère, indignation. | Zorn, Entrüstung.

[illegible] [VIII. [illegible]] Subst. [illegible] [illegible] das [illegible]. — [illegible] se raser, sich rasiren.

[illegible] [VIII. [illegible]] [illegible] pollution nocturne. nächtliche Samenergiessung. — [illegible] rêver. | träumen.

[illegible] [VIII. [illegible]] Subst. [illegible] abstinence, tempérance. | Enthaltung von etwas, Enthaltsamkeit, Nüchternheit.

[illegible] [VIII. [illegible]] Subst. [illegible] colère, emportement. | Zorn, zornig werden.

[illegible] [VIII. [illegible]] Subst. [illegible] action de charger, de supporter, possibilité, probabilité, difficulté, [illegible]. | Beladung, Belastung; Schwierigkeit, Zweifelhaftigkeit, Möglichkeit, Wahrscheinlichkeit, Zulässigkeit. — [illegible] charger, supporter, endurer. | beladen, belasten, auf sich nehmen, ertragen. [illegible] es ist möglich, dass ... [illegible] es ist möglich, dass ...

[illegible] [VIII. [illegible]] Subst. [illegible] action de rassembler, de contenir, de renfermer. | das Zusammenfassen, in sich fassen, in sich enthalten; [illegible] [illegible] (einer Sache etc.) Inhalt genau. — [illegible] comprendre q. ch., être maître de q. ch. | eine Sache innehaben, einer Sache mächtig sein, sich einer Sache bemächtigen.

[illegible] einen Process gewinnen. — [illegible] sich oder einem Andern Recht verschaffen, [illegible] Rechtsprechen, einen Streit schlichten; einem sein Recht zukommen lassen.

[illegible] Adj. [Comp. v. [illegible]] [illegible] | schwach, gering, [illegible].

[illegible] Subst. Pl. v. [illegible].

[illegible] [illegible IV.] [illegible] Befestigung, Consolidirung, Kräftigung. — [illegible] rendre ferme, fortifier. | befestigen, stärken, kräftigen.

[illegible] Adj. [Compar. von [illegible]] plus sage, le plus sage. | sehr klug, sehr weise, [illegible] der [illegible] Richter, d. i. Gott.

[illegible] oder [illegible] Adj. [Compar. v. [illegible]] bien doux, agréable au goût. | sehr süss, wohlschmeckend.

[illegible] [illegible] Subst. [illegible] action de rendre doux. | Versüssung.

[illegible] Subst. [illegible IV.] [illegible] — [illegible] se mettre en colère, faire en colère. | sich erzürnen, sich erhitzen, in Eifer und Zorn gerathen oder bringen.

[illegible] [illegible IV.] Subst. [illegible] action de prêter serment. | Eides-leistung, Schwur.

[illegible] [illegible IV.] Subst. [illegible] donner l'hospitalité, permettre. | Beherbergung; gastliche Aufnahme; Erlaubniss.

[illegible] Subst. Pl. v. [illegible].

[illegible] Adj. [illegible], rouge brun. | braunroth.

[illegible] v. [illegible].

[illegible] Subst. Pl. v. [illegible].

[illegible] [illegible IV.] Subst. [illegible] Belastung, Beladung. — [illegible] charger. | beladen, belasten, [illegible], eine Last auf-laden heissen.

[illegible] Adj. [Compar. v. [illegible]] plus digne d'éloge, plus glorieux. | sehr lobens-würdig, ruhmreich. N. prop. Ahmed, auch einer von den Namen Mohammeds.

[illegible] Adj. [illegible] rouge. | roth, dunkelroth. [illegible], [illegible] [illegible].

[illegible] [illegible IX.] Subst. [illegible] rougeur. | Röthe; rothe Farbe (z. B. [illegible]).

[illegible] Subst. Dual. les deux rouges, c.-à-d. le vin et la viande ou le sang. | die beiden rothen Dinge, d. i. Wein oder Fleisch und Wein.

[illegible] Subst. [illegible] (rougeur) [illegible]. Röthe, s. [illegible].

[illegible] Adj. u. Subst. [illegible]. [illegible], [illegible] dumm, albern.

[illegible] Subst. [illegible] sottise, bêtise. | Dummheit, Albernheit.

[illegible] v. [illegible].

[illegible] Subst. Pl. v. [illegible].

[illegible] [illegible IV.] Subst. [illegible] irriter, mettre en colère. | Erzürnen.

[illegible] Pl. [illegible] Subst. [illegible] cellier, [illegible]. | [illegible], Haus, [illegible].

[illegible] Adj. [illegible] à angle obtique; qui a les pieds contournés. | schiefwinkelig, krummbeinig, mit einwärtsgehenden Füssen.

[illegible] [illegible IV.] Subst. [illegible] action d'appauvrir. | Bewahrung, Zu-grunderichtung eines Anderen, so dass er verarmt.

[illegible] Subst. Pl. v. [illegible].

[illegible] Subst. Pl. v. [illegible].

[illegible] Adj. [illegible] qui a plus besoin qu'un autre, pauvre. | bedürftig, arm, sehr arm.

[illegible] Adj. qui renferme, qui comprend. | umfassend, viel in sich begreifend.

[illegible] Adj. u. Subst. [illegible] louche; schielend, schielaugig. Subst. ein Schielender, ein schielendes Auge.

[illegible] Subst. Pl. v. [illegible].

[illegible] [illegible IV.] Subst. [illegible] action de rappeler à la vie; résurrection; action de vivifier (la terre ou le contenu fertile) etc. de renaître. | Belebung, Wiederbelebung, Auferweckung; Belebung; Bevölkerung, Belebung eines Gewerbes. — [illegible] vivifier, ranimer; rétablir la fortune de q. qn. | beleben, aufleben machen; erheitern, erfrischen, neue Kraft geben; wieder beleben, wieder in Ordnung bringen, eine Gegend oder Stadt wieder bevölkern, wieder aufbauen; jemand aus Noth und Bedrängniss retten. — [illegible] oder [illegible] die Nacht [illegible] ohne arbeiten, [illegible], veiller. | wieder auf-[illegible].

[illegible] Subst. Pl. v. [illegible].

[illegible] Subst. Pl. v. [illegible].

[illegible] Adv. [illegible] [illegible] quelquefois, de temps à autre. | zu Zeiten, zuweilen, von Zeit zu Zeit.

[illegible] Interj. [illegible] | ah! [illegible] [illegible] ach, Bruder, warum hörst Du nicht!

[illegible] Subst. [illegible] frère, ami, compagnon; au fig. semblable, pareil. | Bruder, Freund, Gefährte; der Gleiche, Kamerad, Gleichgesinnter; das was einem andern gleich ist. [illegible] [illegible] oder [illegible] [illegible]; die übrigen auch Pluralformen sind im Türkischen nicht gebräuchlich. [illegible] [illegible] les contemporains. | die Zeitgenossen.

[illegible] oder [illegible] Subst. Pl. von [illegible] [illegible].

[illegible] v. [illegible].

[illegible] Subst. [illegible] choses [illegible], [illegible] etc. | [illegible] Ding, das man [illegible], Schutt, Kehricht, Abfall von einer [illegible].

[illegible] [illegible IV.] Subst. [illegible] action d'intimider; menace. | Einschüchterung, Bedrohung. — [illegible] intimider, épouvanter, Furcht einjagen, erschrecken, drohen.

[illegible] oder [illegible] Subst. choses [illegible]. | [illegible] Zeug, das man wegwirft. vgl. [illegible].

[illegible] Subst. [illegible] und [illegible] imagination, illusion. | Vorstellung, Einbildung, Vorspiegelung.

[illegible] [illegible IV.] Subst. [illegible] Löschung (des Feuers). — [illegible] éteindre, étouffer le feu. | löschen, auslöschen.

[illegible] [illegible IV.] Subst. action de gâter, de [illegible]; [illegible] | Verschlimmerung, [illegible] (der Person).

[illegible] Subst. Pl. v. [illegible].

[illegible] [illegible IV.] Subst. [illegible] | Kundmachung, Benachrichtigung, Mittheilung einer Neuigkeit. — [illegible] [illegible], faire part. | benachrichtigen. [illegible] [illegible] geben Sie uns Nachricht von Ihrer Gesundheit.

[illegible] Subst. u. Adj. [illegible] [illegible] dans les traditions; qui a rapport aux traditions, aux miracles etc. | Christian, [illegible], Kenner der Tradition; auf die Tradition Bezug habend; auf Nachrichten beruhend, [illegible]. vgl. [illegible].

[illegible] Adj. Compar. v. [illegible] très-[illegible], [illegible]. | sehr [illegible].

[illegible] Subst. Dual. (gewöhnlich mit dem arabischen Artikel) les deux choses les plus dégradantes. | die beiden Gemeinheiten, wie Koth und Urin, Wortkampf mit einander, verbunden [illegible] Dinge; z. B. Huren und Schmutz, Herabsetzen und Schlüpfrigkeit u. dgl.

[illegible] Subst. Pl. v. [illegible].

[illegible] oder [illegible] Subst. [illegible] [illegible], ami, compagne; au fig. semblable, pareille. | Schwester, Freundin, Gefährtin; [illegible], das was einer Sache gleicht. vgl. [illegible] Bruder.

[illegible] Subst. Pl. v. [illegible].

[illegible] [illegible] und [illegible], s. [illegible].

[illegible] [illegible VIII.] action d'interroger. | Nachforschung durch Fragen um etwas zu erfahren. — [illegible] interroger, se faire renseigner q. ch. | fragen, ausfragen, sich etwas erzählen lassen.

[illegible] oder [illegible] Subst. [illegible] [illegible] de poisson. | [illegible], [illegible].

[illegible] [illegible VIII.] Subst. [illegible] achèvement, conclusion, fin, terme. | Vollendung, Beendigung, Ende, Schluss. — [illegible] achever, [illegible], être fini. | vollendet sein oder werden. [illegible] [illegible] | [illegible] [illegible].

[illegible] [illegible VIII.] Subst. action de se faire circoncire; fête et solennité de la circoncision. | Beschneidung, Festlichkeit bei der Beschneidung.

[illegible] [illegible] Vb. act. vgl. [illegible] und [illegible] chauffer. | erwärmen, [illegible]. [illegible] Vb. pass. u. refl. être chauffé, se chauffer. | erwärmt werden oder sein, sich erwärmen.

[illegible] [illegible VIII.] Subst. [illegible] und [illegible] action de tromper, de se tromper. | Täuschung, Betrug.

p [illegible] aqṭar. Sbst. [illegible] astre; constellation, destinée, horoscope. | Stern, Gestirn, Constellation, Schicksal, Horoscop. [illegible] unter gutem Stern geboren, glücklich. [illegible] oder [illegible] Anzeichen, Wahrsager.

a [illegible] iqṭirâǵ. [[illegible] VIII.] Sbst. action de faire sortir, d'extraire. | das Herausziehen. [illegible]

a [illegible] iqṭirâ'. [[illegible] VIII.] Sbst. [illegible] action d'inventer, invention, découverte, innovation. | Erfindung, Entdeckung, Erneuerung. — etmek. inventer, produire q. ch. d'extraordinaire. | erfinden, etwas neues, ausserordentliches hervorbringen.

a [illegible] iqṭirâq. [[illegible] VIII.] Sbst. [illegible] lacération. Zerfleischung.

[illegible] s. [illegible]

[illegible] s. [illegible]

a [illegible] iqṭišâ'. [[illegible] VIII.] Sbst. [illegible] soumission, humiliation. | Unterwürfigkeit, Demuth.

a [illegible] iqṭifâ. [[illegible] VIII.] Sbst. [illegible] action de se châtrer. | Castration (an sich selbst).

a [illegible] iqṭiṣâr. [[illegible] VIII.] Sbst. [illegible] abréviation. Abkürzung, Verkürzung. — etmek abréger. | abkürzen, einen Auszug (aus einem Buche) machen.

a [illegible] iqṭiṣâṣ. [[illegible] VIII.] Sbst. [illegible] propriété, qualité propre d'une chose; dévouement; intimité. | Eigenthümlichkeit, Besonderheit; besondere Ergebenheit, Anhänglichkeit, Zuneigung, Freundschaft. Vertraute, specielle Relation. — etmek s'adonner à une chose, être propre. | einer Sache oder Person ganz ergeben sein, sich hingeben, ganz zu eigen sein, ganz eigenthümlich sein, sich aneignen oder zueignen. [illegible] ganz besonders, ganz ergeben.

a [illegible] iqṭiṣâm. [[illegible] VIII.] Sbst. [illegible] inimitié mutuelle. gegenseitige Feindschaft; Streit. — etmek. disputer entre soi | sich einander etwas streitig machen, zanken, streiten.

a [illegible] iqṭiḍâr. [[illegible] VIII.] Sbst. [illegible] être coupé encore vert; au fig. mourir dans la fleur de l'âge. | Frühzeitiges Abgeschnittenwerden des Grases, des Getreides von der Erde. bildl. frühzeitiger Tod.

a [illegible] iqṭiḍâ'. [[illegible] VIII.] Sbst. [illegible] soumission, humiliation. Unterwürfigkeit, Demuth.

a [illegible] iqṭiṭâb. [[illegible] VIII.] Sbst. [illegible] action de dire le prône. | Gebet der Khutba [s. [illegible]] — etmek prononcer le prône; demander une femme en mariage | die Khutba beten; um eine Frau werben, anhalten (für sich oder für einen Andern); besonders zur Heirath verabreden.

a [illegible] iqṭiṭâṭ. [[illegible] VIII.] Sbst. [illegible] action de tracer les limites d'une terre, occupation d'une terre, d'un pays; poil follet. duvet. | Bezeichnung der Grenzen, Abgrenzung einer Grundstücke, Besitznahme eines (noch unbebauten) Grundstücks, eines (noch unbewohnten) Landes; — erste Linie des Bartes, Milchbärtigkeit. Wachsen des Bartes bei einem jungen Menschen. vgl. [illegible]

a [illegible] iqṭiṭâf. [[illegible] VIII.] Sbst. [illegible] saisir, prendre par force. | wegnehmen, fortführen.

a [illegible] iqṭiṭâfen. Adv. par violence; mit Gewalt, durch Raub.

a [illegible] iqṭifâ. [[illegible] VIII.] Sbst. [illegible] action de se cacher. | Verbergung. — etmek oder [illegible] olmak. se cacher; sich verbergen, verstecken, unsichtbar werden, sich nicht sehen lassen.

a [illegible] iqṭilâ. [[illegible] VIII.] Sbst. [illegible] action de se retirer; être seul; das sich Zurückziehen, Zurückgezogenheit, Alleinsein. — etmek. se retirer, être seul; se trouver tête à tête avec q. qn. | sich an einem Orte allein befinden, sich wohin zurückziehen, mit Jemand allein sein; unter vier Augen sein.

a [illegible] iqṭilâǵ. [[illegible] VIII.] Sbst. [illegible] action de palpiter, tremblement convulsif (des membres, des yeux, des paupières.) | Zittern, krampfhafte oder zuckende Bewegung der Glieder, der Augen.

a [illegible] iqṭilâs. [[illegible] VIII.] Sbst. [illegible] action de dérober, d'escamoter. | wegnehmen, an sich reissen (durch Raub oder List); heimlich wegnehmen, entziehen. [illegible] auf versteckte Weise, heimlich.

a [illegible] iqṭilâṭ. [[illegible] VIII.] Sbst. [illegible] mélange, confusion; commerce, liaison avec q. qn. | Vermischung, Vermischung, Verwirrung (in Geschäften, im Umgange mit anderen), Anstoss (an etwas), Umgang oder Verkehr mit Jemand. — etmek. mêler, embrouiller; se mêler; avoir affaire avec quelqu'un. — intr. sich mengen, mischen in etwas; Umgang mit Jemand haben, mit Jemand zu thun haben. vgl. Verwirrung anstiften.

a [illegible] iqṭilâ'. [[illegible] VIII.] Sbst. divorce | Scheidung von der Frau, auf Wunsch der letzteren (Rechtsspr.)

a [illegible] iqṭilâf. [[illegible] VIII] Sbst. [illegible] diversité, discorde; différence d'opinions. | Verschiedenheit der Meinung, Uneinigkeit. — [illegible] — etmek. différer d'opinions; se différencier. verschiedener Ansicht sein; widersprechen; sich unterscheiden, von einander abweichen. Plur. [illegible] iqṭilâfât. discordes, dissensions; différends, disputes. | Zwistigkeiten, Misshelligkeiten, Missverständnisse (unter Freunden). [illegible] die Parallaxe. (Astron.)

a [illegible] iqṭilâfsyz. Adj. sans inconvénient. [illegible] | ohne Anstoss, glatteweg.

a [illegible] iqṭilâq. [[illegible] VIII.] développement des qualités naturelles, du caractère. | Entwickelung und Hervortreten des Charakters, der natürlichen Anlagen u. s. w.

a [illegible] iqṭilâl. [[illegible] VIII] Sbst. [illegible] altération, confusion, trouble. | Störung, Unterbrechung der gewöhnlichen Ordnung.

Veränderung; Umwälzung, Verwirrung, Aufruhr. [illegible] Störung der Gesundheit, Unpässlichkeit. [illegible] Störung der öffentlichen Ruhe.

p [illegible] aqṭan. Ak. [illegible] dégainer, extraire, tirer, extraire le sabre, se dégainer; les testicules, — châtrer; diriger la lance contre q. qn., sortir, aller à la guerre, faire irruption; avancer (lentement); [illegible]; appréhender, s'exercer. | ziehen, herausziehen, z. B. das Schwert, die Lanze ziehen; die Hoden ausziehen, castriren; ausziehen, zum Kriege, einen feindlichen Einfall machen; — langsam weiter gehen, [illegible], Fortschritte machen, lernen, üben, Uebung erhalten.

a [illegible] iqṭinâq. [[illegible] VIII.] Sbst. [illegible] suffocation, étranglement. | Erstickung, ersticken, erwürgt werden.

p [illegible] aqṭa. Particip. v. [illegible] châtré cheval châtré. [illegible] aqṭaṇaṇ. Sbst. écurie. | Pferdestall. Q.

a [illegible] iqṭiyâr. [[illegible] VIII.] Sbst. [illegible] choix, option, libre arbitre | 1. Auswahl, Erwählung, freie Wahl, freier Wille; Billigung, Zustimmung. — etmek. choisir, approuver. auswählen, erwählen, billigen, zustimmen. 2. vieux, ancien, sage; der Alte, Bejahrte, Greis; alt an Verstand, erfahren, bewährt. Plur. [illegible] les ancêtres; les anciens du peuple | die Vorfahren; die Aeltesten, Angesehensten des Volks; [illegible] die von den Vorfahren überlieferte Vorschrift, alte Verordnung. 2. antique, vieilli. | das Althergebrachte, Veraltete.

a t [illegible] iqṭiyârlyq. Sbst. [illegible] vieillesse | das Alter.

a t [illegible] iqṭiyârlanmaq. vieillir, | altern, veralten.

a [illegible] iqṭiyârî Adj. volontaire, arbitraire | nach eigener Wahl, freiwillig, erwählt; erworben, nicht angeboren. [Gegentheil von [illegible]]

a [illegible] iqṭiyâl. [[illegible] VIII] Sbst. [illegible] arrogance, présomption. | Stolz, Anmassung. — etmek. marcher avec fierté, être fier. | stolz einherschreiten, sich brüsten, stolz sein, stolz thun.

a [illegible] iqṭiyân. [[illegible] VIII.] Sbst. [illegible] action de tromper, perfidie, trahison; ingratitude. | Treulosigkeit. Verrätherei. Undankbarkeit.

a [illegible] aqṭaś. Adj. u. Sbst. qui a le nez aplati; le lion; sabre à lame émoussée | stumpfnasig; der Stumpfnasige, d. i. der Löwe; stumpfes, [illegible] Schwert.

a [illegible] iqǵâl. [[illegible] IV.] Sbst. [illegible] Beschämung. — etmek. faire rougir q. qn. | einen erröthen machen, in Verlegenheit setzen; beschämen.

p [illegible] aqǵuwân Sbst. [illegible] de la perle; nom d'une fleur. | 1. [illegible] 2. Name einer rothen Blume, dieselbe wie [illegible]

1. [illegible] aq'a. s. [illegible]

a [illegible] aqlâ'. Sbst. Pl. v. [illegible]

a [illegible] aqṭam. Adj. [illegible] sombre, obscur, | dunkel vom Farbe.

[illegible] v. [illegible]

[illegible] [illegible] [VIII.] Sbst. [illegible] *[illegible]* | Anspruch, [illegible], Bestehen auf seiner Aussage, auf seinem Rechte. — [illegible], *prétendre.* | [illegible], behaupten, [illegible], sich [illegible].

[illegible] Sbst. Pl. v. [illegible]

[illegible] [IV.] Sbst. *assimilation, redoublement d'une lettre.* | Gramm.: Assimilation, Verdoppelung einer Buchstaben.

[illegible] [VIII.] s. d. [illegible]

[illegible] Sbst. Pl. v. [illegible]

[illegible] Adj. Compar. v. [illegible] *qui [illegible] avec force* | sehr heftig [illegible]. — [illegible] stark [illegible] Arznei.

[illegible] Adj. Compar. v. [illegible] *très-fin, mince, subtil.* | sehr fein, dünn, [illegible]; schwer zu verstehen, spitzfindig.

[illegible] [IV.] Sbst. *action de broyer.* | Zermalmung. — [illegible] *broyer, piler, réduire en poudre.* | zermalmen, zerreiben, in kleine Stücke zerbrechen, klar und fein machen.

[illegible] oder [illegible] Sbst. *sorte de [illegible].* | eine Art Gürtel wie die Frauen tragen; wie [illegible]

[illegible] [VIII.] Sbst. *action de se rappeler q. ch.* | Erinnerung, sich erinnern.

[illegible] [IV.] Sbst. *action de faire descendre.* | das Herablassen, an einem Seile, z. B. des Eimers in den Brunnen.

[illegible]

Mann, für den Mann. [illegible] — einen als Menschen erkennen, [illegible] — [illegible] *la mandragore.* | die Alraunwurzel.

[illegible] Sbst. Pl. v. [illegible]

[illegible] [IV.] Sbst. *action de se priver [illegible].* | [illegible], gegenseitige Zerstörung. Rhetor.: [illegible] eines [illegible] durch einen Andern (vgl. v. Mehren Rhetorik der Araber S. 1[illegible]). Metrik: Vertheilung eines Wortes auf zwei Halbverse, so dass, bei arabischen Worten, der Artikel des ersten Halbverses [illegible].

[illegible] [VIII.] Sbst. *[illegible] de se trouver enchevêtré l'un dans l'autre.* | gegenseitiges fest Ineinander [illegible].

[illegible] [IV.] Sbst. *action de faire entrer une chose dans une autre.* | Einfügung, Einreihung (einer Reihe u. dgl.).

[illegible]

[illegible] Adj. *plus vil, plus chétif, le plus vil; plus proche, le plus près; moindre, le moindre.* | sehr gering; das Geringste, Mindeste, d. Nächste. Pl. [illegible] *les inférieurs.* | die Geringen, Niedrigen.

[illegible] s. [illegible]

[illegible] Sbst. Pl. v. [illegible]

[illegible] Sbst. Pl. v. [illegible] *vases, instruments.* | Gerätschaften, s. [illegible]

[illegible] Adj. *dégoûté, vide [illegible]* | leer, ohne Alles.

[illegible] Sbst. Pl. v. [illegible] *[illegible], cercle,* v. [illegible] und Pl. v. [illegible] *demeure,* s. [illegible]

[illegible] Adj. Compar. v. [illegible] *très-bas, inférieur, vil.* | sehr schlecht, niedrig, gering.

[illegible] Sbst. Pl. v. [illegible] *médicaments.* | Arzneimittel, [illegible] die Arzneikunde.

[illegible]

1 آدیم oder آدم ADYM. Sbst. pas; trace; mesure de trois pieds. Schritt, Spur, Fussstapfe; Mass von drei Fuss Länge. ADYM ADYM. Schritt für Schritt. — [illegible] oder [illegible] schreiten. s. v. a. [illegible]

a t [illegible] und [illegible] s. [illegible]

t [illegible] oder [illegible] ADYMLAMAK. Anz. [illegible] oder [illegible] ADYMLAK. Vb. act. faire des pas, marcher, mesurer par des pas, passer, traverser. | schreiten, mit Schritten messen, hinüberschreiten.

t [illegible] ADYMLY. Adj. qui fait des pas, qui marche bien. Schritte machend, gut schreitend (von Pferden).

a [illegible] ADEN. Sbst. Pl. v. [illegible]

p [illegible] ADEME. Sbst. l'art en ciel | der Regenbogen.

a [illegible] und [illegible] Adv. quand, lorsque | wann, als, da.

a [illegible] Sbst. injustice, cruauté; tort. Bedrückung, ungerechte und unwürdige Behandlung. Plackerei; Schade, den man Jemand zufügt.

a [illegible] [IV.] Sbst. action de fondre | das Schmelzen. — ETMEK fondre, dissoudre | schmelzen, in Fluss bringen.

a [illegible] Sbst. tort, injustice. Schaden, Unrecht, Verderben. s. [illegible]

a [illegible] Sbst. le mois de Mars | der Märzmonat des syrischen Jahres.

t [illegible] Sbst. selle. | Sattel. — [illegible] oder [illegible]

a [illegible] [IV.] Sbst. action de divulguer; | Ausrufung, Verbreitung einer Nachricht, Bekanntmachung. — ETMEK divulguer q. ch. | ein Gerücht verbreiten, etwas bekannt machen.

t a [illegible] Sbst. pied. | Fuss — [illegible]

a [illegible] [IV.] Sbst. action de donner à goûter, donner peu d'une chose, donner (un peu) à boire; | kosten lassen, wenig von einer Sache geben, ein wenig zu trinken geben. Gramm. [illegible]

a [illegible] [IV.] Sbst. avilissement, abaissement, mépris; Erniedrigung, [illegible]

a [illegible] Sbst. Pl. v. [illegible]

a [illegible] Sbst. invitation à la prière. der Ruf zum Gebete (vom Thurme der Moschee herab). — appeler à la prière. zum Gebete rufen.

t [illegible] s. [illegible]

a [illegible] Sbst. Pl. v. [illegible]

a [illegible] Sbst. Pl. v. [illegible]

a [illegible] [IV.] Sbst. action d'[illegible] | Anfeindung. — ETMEK [illegible]

p [illegible] Sbst. le feu. | das Feuer.

t [illegible] Adj. grand. | gross.

a [illegible] [IV.] Sbst. action de [illegible] | [illegible]

der Hitze. — ETMEK. mesurer. | messen, ermessen.

p [illegible] Sbst. adorateur du feu, mage | Feueranbeter.

p [illegible] Sbst. tonnerre, foudre, pierre de tonnerre. | der Donner, Blitz, Donnerstein.

p [illegible] Sbst. salamandre | Salamander.

p [illegible] Adj. couleur de feu, rouge | feuerfarben, feuerroth. Sbst. chrysanthème | Goldblume, rothe Aranante (Chrysanthemum [illegible]).

a [illegible] [IV.] Sbst. action de forcer, de traverser. | Gewaltanthuung, Zwang, Nachstellung. — ETMEK. forcer, traverser. | zwingen, quälen.

a [illegible] [IV.] Sbst. [illegible] intelligence; confidence. | Gehorsam, Unterwerfung; [illegible] Urtheil; Vertrauen, Glaube. [illegible] — ETMEK obéir, comprendre | gehorchen, [illegible]

a [illegible] Adj. [illegible]

a [illegible] Adj. obéissant. | gehorsam.

a [illegible] Sbst. Pl. v. [illegible]

a [illegible] und [illegible] Adj. Compar. v. [illegible] doué de sagacité, très-vif, très-pénétrant; spirituel, ingénieux. | sehr scharfsinnig, klug, lebhaft, geistreich, witzig.

a [illegible] Sbst. Pl. v. [illegible] und [illegible]

a [illegible] [IV.] Sbst. mention spéciale. | Erinnerung, Erwähnung. — ETMEK. faire mention. | etwas erwähnen.

a [illegible] [VIII.] Sbst. mention, souvenir. | Erinnerung. — ETMEK. se rappeler q. ch. | sich an etwas erinnern.

a [illegible] s. [illegible]

a [illegible] Sbst. Pl. v. [illegible]

a [illegible] Adj. Compar. v. [illegible] vil. | schlecht, gemein, niedrig.

a [illegible] Sbst. Pl. v. [illegible]

a [illegible] [IV.] Sbst. avilissement, calomnie, diffamation; mépris. | Erniedrigung, Verläumdung, Lästerung, Verachtung. — ETMEK. calomnier, diffamer; mépriser. | verläumden, lästern; verachten.

a [illegible] Adj. Pl. v. [illegible]

a [illegible] und [illegible] Sbst. permission, congé | Erlaubniss, Urlaub, Entlassung. — donner la permission, congédier. | erlauben, verabschieden, entlassen. [illegible] mit Ihrer Erlaubniss. [illegible] sans permission, ohne Erlaubniss.

a [illegible] Plur. [illegible] und [illegible] Sbst. [illegible] | Ohr, Henkel.

a [illegible] Sbst. Pl. v. [illegible]

a [illegible] Sbst. Pl. v. [illegible]

p [illegible] Adv. ainsi, de cette façon. | so, auf diese Weise.

a [illegible] [IV.] Sbst. [illegible] action de renvoyer, de faire aller | [illegible], gehen lassen.

a [illegible] (Bruch v. [illegible]) Sbst. action de danser. | Verzeihung.

a [illegible] [IV.] Sbst. action de faire oublier, oubli. das Vergessenlassen, Vergessen.

a [illegible] Sbst. Pl. v. [illegible]

a [illegible] Adj. qui fait du mal à q. qu.; qui souffre, lésé | betrübend, beleidigend; duldend, bedrückt, betrübt.

a [illegible] Sbst. mal, dommage, tort fait à q. qu. | Schaden, Verlust, den man Jemand zufügt; Beschwerung.

a [illegible] Sbst. Pl. v. [illegible]

a [illegible] Sbst. dommage, mal causé à q. qu., vexation; prise, tort (preuve) | Schaden und Unrecht, das man Jemand zufügt, oder das man erduldet, schlechte Behandlung, Bedrückung; Qual; das was einen drückt oder quält, Leiden. — ETMEK — WERMEK faire tort à q. qu., vexer, opprimer, tourmenter q. qu. | einen bedrücken, beleidigen, belästigen, einem Unrecht oder Gewalt anthun, ungerechter Weise etwas von Jemand verlangen.

p [illegible] Sbst. ornement; ciselure, couleur. | Zier, Schmuck, festliches Gepränge; Herkommen, Gewohnheit.

a [illegible] Sbst. appel à la prière; le Muezzin, crieur qui appelle à la prière. | der Ruf zum Gebet; der Muezzin.

p [illegible] Sbst. jour de fête, vendredi | Festtag, Feiertag, Freitag.

t [illegible] Sbst. Tahsil v. [illegible] honte, sentiment de pudeur. | Scham, [illegible] impudent, éhonté. | unverschämt, schamlos.

t [illegible] Sbst. homme, mari. | Mann, Gatte. [illegible] einem Manne zur Ehe geben.

[illegible] Hauptmann, Rädelsführer. [illegible] Beamteter, Vorsteher, Anführer. [illegible] Militärbeamter. [illegible] Civilbeamter.

t [illegible] Conj. s. [illegible] Graue.

t [illegible] Adv. s. [illegible]

t [illegible] Sbst. s. [illegible] Grenzung.

p [illegible] Adj. [v. [illegible]] en compos. qui orne, ornant; | in Zusammens. schmückend, zierend. [illegible] qui orne le monde, universel, sublime. | die Welt zierend, vortrefflich, ausgezeichnet, herrlich. [illegible] qui orne le lieu de réunion, qui orne le festin. das Gastmahl schmückend, das Fest zierend.

t [illegible] Sbst. Pl. v. [illegible]

t [illegible] Imperat. v. [illegible]

t [illegible] Sbst. milieu, intervalle, lieu. | Mitte, Zwischenraum; Ort, Stelle. Adv. entre, parmi | zwischen. [illegible] in der Mitte, zwischen. ARADA... ARADA... bald... bald, bald da, bald dort. [illegible] oder ARASYNA hier, an dieser Stelle, darwischen, zuweilen. [illegible] in der Mitte, dazwischen, zuweilen. [illegible] ARAYA, ARAYA, bisher, an diese Stelle.

[illegible]

ser de travailler, s'asseoir, s'établir. | ruhen, sich ausruhen, aufhören zu arbeiten, sich niederlassen, sich in einer Gegend niederlassen.

p آرامیده ârâmîde (Partic. d. Vbs.) Adj. qui se repose, tranquille, calme; | ausruhend, ruhig, beruhigt.

t آرپا arpa. Sbst. orge, grain d'orge. | Gerste, Gerstenkorn; als Gewicht — 6 [illegible] oder 1 [illegible] Kum. [illegible] arpa-emini. l'intendant des fourrages pour les écuries de l'empereur. | Gerstenaufseher, Titel des obersten Verwalters der Vorräthe der kaiserl. Marställe. [illegible] — arpalyk [illegible] | Gerstengeld, d. i. [illegible] oder [illegible] sorte de grains, eine Art Graupen aus Gerste oder Weizen, [illegible] arab. oder [illegible], pers. [illegible], Kam. LL.

t آرپه‌جق arpadjyk. Sbst. orgelet, mèr. | Gerstenkorn am Auge; Tiefkorn am Gewehr.

t آرپه‌جی arpadjy. Sbst. devin qui prédit l'avenir au moyen de l'orge | eine Art Wahrsager, die sich zu ihrer Kunst der Gerste bedienen.

t آرپه‌جیلق arpadjylyk. Sbst. l'art de prédire l'avenir au moyen de l'orge. | die Kunst des Arpadjy, s. d. Vbs.

t آرپه‌لق arpalyk. Sbst. (ségrie) revenu additionnel accordé aux gouverneurs de quelques provinces; pension. | Gerstengeld, d. i. ein Lehen oder Bezirk, dessen Einkommen einigen Statthaltern der Provinzen, ausgetretenen Mollah's der ersten Classe, den Beglerbeis [illegible] und einigen Würdenträgern als Beilage zu ihren Einkünften gegeben wird. Handgeld, Pension. [illegible] — arpalykdji, Verwalter des Arpalyk.

t آرپه‌لنمق arpalanmak. Vb. intr. manger trop d'orge et en tomber malade; [illegible] | zu viel Gerste fressen und in Folge dessen krank werden (v. Pferden); [illegible]

p آرتو artu oder آرتوق artuk Sbst. [illegible]

t آرتورمق arturmak oder آرتیرمق artyrmak. Vb. act. [illegible]

p آرتوق artuk Tabelle [illegible] Sbst. arrhes, [illegible] | Handgeld, Aufgeld.

t آرتدرمق artdyrmak. Vb. act. dire la bonne aventure. | wahrsagen.

t آرتمق artmak. Vb. act. excéder, [illegible] | [illegible]

t آرتق art. s. [illegible]

p آرت [illegible] Sbst. croupe | Rücken.

t آرتمق artmak. s. [illegible]

t [illegible] s. [illegible]

a آرتیاد [illegible] Sbst. — [illegible] [illegible] un doigt d'un fil pour se souvenir de q. qch.; se faire remarquer. | den Finger mit einem Faden umwickeln, um sich an etwas zu erinnern, sich ein Zeichen machen, um sich etwas zu merken.

t آرتمق artmak s. آرتق artmak.

a ارتباط irtibât. [ربط VIII.] Sbst. lien, l. de l'amitié, du rang. | Bande, Bande der Freundschaft, des Blutes etc. — [illegible] [illegible] et lier, faire amitié. | sich verbinden, [illegible] Bande des Blutes u. s. w. Freundschaft schliessen.

a ارتباك [illegible] Sbst. tumulte. | Verbot.

t ارتجال [illegible] Vb. refl. s'accoutumer. | sich gewöhnen.

a ارتجی [illegible] s. [illegible]

p ارتدن [illegible] s. [illegible]

p آرایش ârâîsch. Sbst. action d'orner, d'arranger; ornement, embellissement. | Verzierung, Verschönerung; Zierde, Schmuck. — [illegible] orner, embellir. | zieren, schmücken; in Ordnung bringen. vgl. آراستن

t آرسلامق arsylamak. Vb. act. raccourcir. | abkürzen. (Bindegl.)

a آرضه [illegible] Sbst. Pl. v. [illegible] [illegible]

p آراسته ârâste. Adj. [illegible] orné, embelli. | geziert, [illegible]

p آرایی ârâî. Sbst. [illegible] ornement, arrangement, décoration. | Zierde, Schmuck, Ordnung, Verzierung.

p آراستن ârâsten. Vb. act. [illegible] orner, arranger. | schmücken, zieren, in Ordnung bringen.

p آراسته ârâste. Adj. orné, arrangé. | geschmückt, geordnet [illegible] — [illegible] orner, arranger. | schmücken, in Ordnung bringen. vgl. آراستن

a [illegible] Sbst. [illegible] | der Verwandte.

a آرب [illegible] Sbst. indigence, misère. | Armuth, Elend.

a آرب [illegible] Sbst. astuce, ruse, finesse. | Schlauheit, List. Verstand. vgl. آرب

a [illegible] Sbst. malheur, adversité. | Unglück, Widerwärtigkeit.

a ارباح [illegible] [ربح IV.] [illegible] action d'augmenter. | Vermehrung. — [illegible] augmenter, multiplier; excéder la mesure; exercer l'usure. | vermehren, über das Maass vergrössern; Wucher treiben [illegible] sein Kapital vermehren.

t [illegible] s. [illegible]

a [illegible] Sbst. Pl. v. [illegible]

t [illegible] Sbst. rechenmeister. [illegible]

a [illegible] Sbst. [illegible] nœud. | knoten, Schlinge.

a [illegible] Num. Fem. [illegible] quatre. | vier.

a [illegible] Sbst. [illegible] mercredi. | Mittwoch.

a اربعین erba'în. [illegible] Num. quarante. | vierzig.

a [illegible] Num. Masc. [illegible] quatorze. | vierzehn.

a اربعین erba'în. Num. s. Sbst. les quarante jours du 9 Kanun au 17 du Kanun sani; la quarantaine jour après les noces ou après l'enterrement. | die vierzig Tage vom 9ten des Monats Kanûn al auwel bis zum 17ten des folgenden Monats; der vierzigste Tag nach der Hochzeit, der vierzigste Tag der Trauer, nach dem Begräbnisse.

t e ارتی [illegible] s. [illegible]

t e [illegible] Sbst. conte, fable. | Mährchen, Erzählung, Fabel.

a ارتجاء irtidjâ. [رجی VIII.] Sbst. [illegible] espoir, crainte. | Hoffnung, Erwartung, Wunsch, Befürchtung.

a ارتجاج irtidjâdj. [رج VIII.] Sbst. [illegible] perturbation, agitation forte. | Erregung, starke Bewegung, Aufregung.

a ارتجاف irtidjâf. [رجف VIII.] Sbst. [illegible] tremblement. | leichtes Zittern.

a ارتجال irtidjâl. [رجل VIII.] Sbst. improvisation — [illegible] parler sans préparation, improviser; parler immédiatement; avoir la répartie facile. | aus dem Stegreife sprechen, unüberlegt sprechen; die Antwort sogleich bei der Hand haben.

a ارتجالا irtidjâlan. Adv. sans préparation, [illegible] | aus dem Stegreife, unvorbereitet, unüberlegt.

a ارتجاع [illegible] Sbst. [illegible] retour. [illegible]

a ارتحاض irtihâr. [رحض VIII.] Sbst. outrage, affront. | Schande, Beschimpfung [illegible]

a ارتحال irtihâl. [رحل VIII.] Sbst. [illegible] émigration; la mort. | Auswanderung, Auszug, Abgang aus dieser Welt, Tod. — [illegible] der Eingang in die Ewigkeit. — [illegible] émigrer, passer, mourir. | auswandern, ausziehen, hinübergehen, sterben.

a ارتخاص irtikhâs. [رخص VIII.] Sbst. [illegible] le bon marché. | Wohlfeilheit.

a ارتداء irtidâ. [ردی VIII.] Sbst. action de s'envelopper d'un manteau, d'un voile qui couvre la tête et le corps jusqu'à la ceinture. | sich in einen Mantel hüllen [vgl. ردا], sich vom Kopfe bis zu dem Gürtel verschleiern.

a ارتداد irtidâd. [رد VIII.] Sbst. [illegible] apostasie. | Abtrünnigkeit, Abfall von der Religion. — [illegible] apostasier. | abtrünnig werden, vom Glauben abfallen.

a ارتداف irtidâf. [ردف VIII.] Sbst. action de monter en croupe. | das Hintenaufsitzen mit einem Andern auf einem Pferde. — [illegible] accompagner q. qn en croupe; suivre q. qn | einen begleiten (als dessen Reitknecht); Jemandes Reisegefährte sein. vgl. [illegible]

t e آرتورمق arturmak oder آرتیرمق artyrmak und ارتیلمق artylmak. s. ارتمق

t e آرتیرجی und آرتورجی artyrydjy, s. ارتیرمق Sbst. u. Adj. qui accroît, qui augmente. | der Mehrer, Vermehrer, Zunehmer, vermehrend, zunehmend.

a ارتزاق irtizâk. [رزق VIII.] Sbst. [illegible] [illegible] gagner sa vie. | [illegible] action de gagner son nécessaire. | gute Auskommen, Verdienen des Unterhalts.

a ارتسال irtisâl. [رسل VIII.] Sbst. [illegible] publicité, notoriété. | allgemeine Verbreitung (eines Gerüchtes u. Ähnliches), Bekanntheit.

a ارتسام irtisâm. [رسم VIII.] Sbst. [illegible] désignation, en compos.: ayant la qualité désignée par le mot précédent.

[illegible], [illegible], [illegible] [illegible] zu [illegible] des [illegible] einer [illegible]: [illegible] ارتشا [illegible]. | durch [illegible], d. i. [illegible] ارتشا [illegible]. | durch Freundschaft [illegible]. — [illegible] recevoir en ordre et y [illegible], [illegible] Dieu, mettre sa confiance en Dieu. | einem Befehle Folge leisten; Gott [illegible] (mit den Worten ALLAH AKBAR); sein Vertrauen auf Gott setzen.

a ارتشاء IRTIŠÂ. [رشی VIII.] Sbst. corruption, action de céder à une corruption; de se laisser gagner. | Annahme einer Bestechung. vgl. رشوا

a ارتشاف IRTIŠÂF [رشف VIII.] Sbst. [illegible] action [illegible]. | [illegible]

a ارتضاء IRTIZÂ. [رضی VIII.] Sbst. [illegible] acquiescement, consentement. | Billigung, Zustimmung.

a ارتضاع IRTIZÂ. [رضع VIII.] Sbst. [illegible] action de s'exténuer. [illegible]

a ارتضاع IRTIZÂ'. [رضع VIII.] Sbst. [illegible] action de teter [illegible] an der Brust.

a ارتعاء IRTIÂ'. [رعی VIII.] Sbst. [illegible] action de paître. | das Weiden (von Thieren).

a ارتعاب IRTIÂB [رعب VIII] Sbst. [illegible] terreur, effroi, alarme. | [illegible], Schreck, Furcht.

a ارتعاش IRTIÂŠ. [رعش VIII.] Sbst. [illegible] action de trembler, tremblement, peur. | Zittern, Beben, Furcht.

a ارتعاد IRTIÂD. [رعد VIII.] Sbst. [illegible] action de trembler, état d'être agité, agitation, forte [illegible], peur. | Zittern; Aufregung, [illegible] Bewegung. Furcht.

a ارتعاس IRTIÂS. [رعس VIII.] Sbst. [illegible] action de trembler, tremblement. | Zittern, Beben.

a ارتعاش IRTIÂŠ. [رعش VIII.] Sbst. [illegible] action de trembler, tremblement. | Zittern, Beben.

a ارتغاب IRTIĠÂB. [رغب VIII.] Sbst. [illegible] désir. | Wünschen, Wollen.

t e ارتقا ARTKA. par derrière. | hinten, nach hinten. s. ارد

t ارتقراق ARTYKRAK. Adv. ارتق en peu plus. | ein wenig mehr, etwas mehr.

a ارتفاد IRTIFÂD [رفد VIII.] Sbst. [illegible] action de gagner, travail pour gagner de quoi vivre. | Gewinn, Verdienst, Arbeit um Brod.

a ارتفاص IRTIFÂS. [رفص VIII.] Sbst. [illegible] enchérissement des vivres | Theuerung der Lebensmittel.

a ارتفاع IRTIFÂ' [رفع VIII.] Sbst. [illegible] élévation, exhaussement, hauteur. | Erhebung, Erhöhung, Emporhebung; Anhäufung, Emporsteigen, Höhe. [illegible] revenu, [illegible] de produit. [illegible] | Erhebung der [illegible]. — [illegible] élever, enlever. | erheben, erhöhen. — [illegible] être élevé, monter. | [illegible]

haben werden, sich erheben. [illegible] hauteur du soleil, élévation du pôle. | Sonnenhöhe, Polhöhe. — [illegible] prendre hauteur. | die Sonnen- oder Polhöhe messen. [illegible] hauteur [illegible] du soleil. | Mittagshöhe d. Sonne. [illegible] sich in der [illegible] (Parallele) einer [illegible] befinden (auf der See). [illegible] ارتفاع [illegible] témoignage [illegible], irrécusable. Unverdächtigkeit der Zeugen. — In Compos. [illegible] la hauteur, l'élévation de q. qch. | hoch [illegible] erheben wie. ارتفاع [illegible]

t ارتق ARTYK, ARTYK, auch [illegible]. 1. Sbst. s. [illegible] ce qui est de plus, ce qui est ajouté, surcroît, le restant, reste | das Mehr, Zugefügte, Zuwachs; was über die Zahl oder das Maass ist, das Ueberflüssige, Uebrige, Uebrest. 2. Adj. u. Adv. plus, plus grand, davantage, plus fort, [illegible], principalement; au reste, de reste. | mehr, grösser, noch mehr, übrig, mit Negation: ne-plus, [illegible]. | nicht mehr, nicht wieder. 3. Conjunct. enfin, [illegible], pourtant, du moins, dans de telles circonstances. | doch, endlich, [illegible], unter solchen Umständen, mit einem Worte. [illegible] jedoch [illegible]. — [illegible] durch die Betonung. ARTYK, plus, mehr, nicht mehr, und ARTYK, [illegible] übrig, z. B. [illegible] mehr [illegible] etwas mehr; dagegen [illegible] es ist kein ... mehr übrig.

a ارتقاء IRTIKÂ. [رقی VIII.] Sbst. [illegible] action de monter ou de faire monter plus haut; [illegible], promotion, addition, augmentation. | das Emporsteigen, Höhersteigen, (Beförderung im Amte, Rang u. s. w.), Zugabe, Wachsthum. — [illegible] s'accroître, s'élever, monter, s'augmenter. | höher steigen, [illegible] Ziele [illegible] gelangen, sich vermehren.

a ارتقاب IRTIKÂB. [رقب VIII.] Sbst. attente, espoir, entreprise. | Erwartung, Hoffen auf [illegible]; in Erwartung sein. Unternehmen.

t e ارتقرو ARTKARU. Adv. par derrière. | von hinten. s. ارد

a ارتكاش IRTIKÂŠ. [رکش VIII.] Sbst. [illegible] engagement (au combat), mêlée. | Handgemenge. (Handgelo).

t ارتقلق ARTYKLYK. Sbst. s. ارتق ce qui excède, addition, augmentation. | Zusatz, Zugabe, Vermehrung, Ueberfluss.

t ارتقلمق ARTYKLAMAK. Vb. act. donner par dessus, ajouter. | zugeben, zufügen.

t ارتقلمه ARTYKLAMA. Sbst. surplus, surcroît; feuille complémentaire. | Zugabe; Ergänzungsbogen. [illegible] supplément. | Übergänge. (Handgeld).

t e ارتقی ARTKY. Sbst. s. ارد celui qui est derrière. | der Hintere, Hinterste.

a ارتكاب IRTIKÂB. [رکب VIII.] Sbst. [illegible] confiance. | Vertrauen, Zuversicht, Zutrauen. — [illegible] se fier, mettre sa confiance, s'appuyer. | vertrauen, Zutrauen haben, sich auf etwas verlassen, [illegible] stützen.

a ارتكاب IRTIKÂB [رکب VIII.] Sbst. [illegible] action de commettre un crime, une faute etc. action de s'adonner à q. qch. | Begehung (einer Sünde etc.). | [illegible]

gehen, Kreuzbelagerung. — [illegible] commettre q. qch., s'adonner à, prendre sur soi, daigner (avec le Dat.). | etwas begehen, sich an einer Handlung [illegible]; etwas auf sich nehmen, sich etwas vornehmen (m. d. Dat.) [illegible] eine schlechte Handlung begehen. [illegible] er hat sich diese schlechte That zu [illegible] [illegible] sich der Mühe unterziehen.

a ارتكاض IRTIKÂZ. [رکض VIII.] Sbst. [illegible] battement d'artères; état d'être [illegible]. | Schlagen des Pulses; [illegible] an einer Stelle.

a ارتكاض IRTIKÂZ. [رکض VIII.] Sbst. [illegible] action de se mouvoir, de s'agiter, (se dit du foetus dans le sein de sa mère). | heftige Bewegung (des Kindes im Mutterleibe). — [illegible] se donner beaucoup de mouvement, se remuer pour une affaire. | sich heftig bewegen, heftig bewegt, aufgeregt, unruhig sein; sich [illegible] rühren.

t ارتلمق ARTYLMAK. s. ارتق

t ارتلمه IRTILAMA. s. [illegible]

t ارتم ARTYM. Sbst. accroissement, augmentation. | Zunahme, Vermehrung. s. ارتق

a ارتماس IRTIMÂS. [رمس VIII.] Sbst. [illegible] action de se jeter, de se lancer. (réciproquement). | gegenseitiges Bewerfen, beschiessen.

a ارتماس IRTIMÂS [رمس VIII.] Sbst. [illegible] Untertauchung. — [illegible] être plongé dans l'eau. | sich unter dem Wasser befinden.

a ارتماض IRTIMÂZ. [رمض VIII.] Sbst. — [illegible] 1. [illegible] faire courir (le cheval). | schnell [illegible] (das Pferd). — 2. [illegible] se chagriner, se soucier. | betroffen, betrübt sein, [illegible] Kummer bringen. [illegible] avoir pitié, compatir. [illegible] haben.

t e ارتن ARTUN. Sbst. vêtement sur [illegible] Kleidungsstück.

t ارتمق ARTMAK. Aor. ارتار ARTAR. Imper. ارت ART. Vb. act. u. intr. ajouter, augmenter; croître, s'augmenter, être grand | zufügen, vermehren, mehren; wachsen, zunehmen, sich vermehren, [illegible] einen grösseren Umfang gewinnen (z. B. ein Schwamm im Wasser). [illegible] sich mehren, nachsam, zunehmen. Deriv. I. ارتلمق ARTYLMAK. Aor. ارتلور ARTYLUR. Vb. pass. être ajouté, être augmenté, s'augmenter, croître. | zugefügt werden, zunehmen, sich mehren, daran [illegible] Zunahme, Vermehrung. II. ارتورمق oder ارتورمق ARTURMAK. t e ارتوره Aor. ارتورر oder ارتورور ARTURUR. Imperat. ارتور oder ارتر ARTUR. t e ارتورو ARTYRU. Vb. trans. faire croître, faire augmenter; augmenter, enchérir. | [illegible] lassen, wachsen, vermehren, vergrössern, steigern, mehr bieten [illegible]. [illegible] ARTYRAN. [illegible] le plus offrant. | der Meistbietende. III. [illegible] ARTYRYLMAK. Aor. ارتریلور ARTYRYLYR. Vb. trans. recipr. [illegible]. | einander überbieten (in der Auction). IV. [illegible] ARTYRYLMAK. Aor. [illegible] ARTYRYLYR. Vb. trans. pass. être augmenté. | [illegible]

 7

[illegible] werden. [illegible] ARTYRYLMYŠ. augmenté, grand, considérable. | vergrössert, gross, bedeutend.

[illegible] oder [illegible] ARTAMAK. Vb. intr. v. ارد rester. | zurückbleiben; [illegible], übrig bleiben, hinter sich lassen. [illegible] nachdem er das Gebirge hinter sich hatte, marschirte er auf dem Wege nach [illegible] weiter. Ichenderename. [illegible] ARTAKYŠ. restant; ce qui manque. | das übrig Bleibende, Uebrige, das was noch fehlt an einer Sache. [illegible] ARTAK. restant, de reste. | übrig.

[illegible] ARTADAK oder [illegible] ARTYRAK — ARTMAK. I.T. Deriv. [illegible] ARTYRMAK. Vb. trans. — [illegible]

[illegible] ARTMAK u. die Deriv. s. [illegible]

[illegible] ARTMAK. Vb. act. und Deriv. [illegible] ARTYRMAK. v. [illegible]

[illegible] ARTMAKLYK. Sbst. v. [illegible] accroissement, addition. | Zunahme, Zugabe.

[illegible] oder [illegible] [illegible] Adv. [illegible] [illegible]. Vb. trans. v. [illegible]

[illegible] ARTYŠ. Sbst. v. [illegible] augmentation, crue. | Vermehrung, Zunahme, Zuwachs.

[illegible] oder [illegible] ARTAK. Sbst. u. Adj. (Partic. v. ARTAMAK), restant, reste, qui excède, dépasse | das Uebrige, übrig Bleibende, Rest; was noch darüber.

[illegible] ARTENNA. Sbst. (v. ital. Antenna) vergue. | Rahe, Segelstange.

[illegible] [illegible]. Sbst. [illegible] | [illegible] (Schleuder)? LT. [illegible]

[illegible] ARTUČ und [illegible] ARTUŠ = [illegible]

[illegible] ARTUK und [illegible] 1. = [illegible] 2. von [illegible] ARTMAK. Adj. pur. | rein.

[illegible] ARTURAK. Adj. u. Sbst. [illegible] der Aeltere.

[illegible] ARTYKLAMAK. Vb. intr. v. [illegible] se rendre. | gross thun, wichtig thun.

[illegible] [illegible]. s. [illegible]

[illegible] ARTA. Sbst. 1. v. ARTAMAK. le restant, reste. | das Uebrige, Rest. 2. v. ARTMAK augmentation, crue. | Zunahme, Vermehrung. [illegible] ARTA'-KALMAK. rester, échapper. | übrig bleiben, [illegible], entgehen, mit dem Ablat. [illegible] s'augmenter, croître; [illegible] | erwachsen, sich mehren; vermehrt werden.

[illegible] [illegible] oder [illegible]. s. [illegible]

[illegible] [illegible] [[illegible] VIII] Sbst. [illegible] mélange. | Vermischung, Gemenge, das unter einander vermischt sein.

[illegible] [illegible] [[illegible] VIII] Sbst. [illegible] relâchement; état d'être détendu, lâcheté, peur. | Schlaffheit, Feigheit, Furcht. — [illegible]. être lâche, trembler (de peur). | schlaff sein, feige sein, sich fürchten, zittern, vibriren wie eine [illegible] Saite oder Bogensehne.

[illegible] [illegible] [[illegible] VIII.] Sbst. [illegible] action de se faire donner un gage | Annahme eines Unterpfandes.

[illegible] [illegible] [[illegible] VIII.] Sbst. [illegible] action de considérer q. qch. avec examen soigneux, soin. | Bewegung, Beachtung, vorsichtige Prüfung. — [illegible] considérer avec soin, voir, regarder. | vorsichtig betrachten, prüfen, [illegible], sich umsehen.

[illegible] [illegible] [[illegible] VIII.] Sbst. [illegible] doute, soupçon, incertitude. — [illegible]. douter, soupçonner. | zweifeln, bezweifeln, unsicher sein, Verdacht haben. [illegible] [illegible] [illegible]. | zweifelhaft, auf zweifelhafte Weise, unsicher.

[illegible] [illegible] [[illegible] VIII] Sbst. [illegible] guérir. | [illegible], [illegible], [illegible].

[illegible] [illegible] [[illegible] VIII.] Sbst. [illegible] Verlangen, Begehren, Ersuchen. — [illegible]. désirer, demander. | verlangen, bitten.

[illegible] [illegible] [[illegible] VIII.] Sbst. [illegible] de sa position. | Veränderung seiner Umstände.

[illegible] [illegible] [[illegible] VIII] Sbst. [illegible] exercice continuel, efforts qu'on fait pour se maîtriser, pratiques de dévotion, exercice de l'esprit par une étude continuelle. | fortwährende Uebung, Bemühung (seiner Begierden), Selbstbeherrschung, Selbstunterricht (durch Uebung), geistliche Uebung.

[illegible] [illegible] [[illegible] VIII] Sbst. [illegible] peur, frayeur. | Furcht.

[illegible] [illegible] [v. [illegible]] Sbst. héritage; [illegible] des ancêtres. | Erbschaft, etwas Ererbtes, ein altes Gebrauch. [illegible] durch Erbschaft.

[illegible] [illegible] [illegible]. Adv. par héritage. | erblich, durch Erbschaft u. d. Vbg.

[illegible] [illegible] [[illegible] IV.] Sbst. [illegible] [illegible]. — [illegible]. [illegible]. | [illegible] (ein Kleid). — [illegible], être vieux, usé, [illegible] | alt, abgenutzt, [illegible] sein.

[illegible] [illegible] [illegible]. Adj. reçu ou transmis par héritage. | ererbt, durch Erbschaft auf Jemand übergegangen.

[illegible] [illegible] Sbst. [illegible] prix, valeur. | Preis, Werth.

[illegible] [illegible] [illegible]. Sbst. Pl. v. [illegible] [illegible].

[illegible] [illegible] [[illegible] IV.] Sbst. [illegible] action de différer. | Aufschub, Verzögerung. — [illegible]. différer, remettre. | aufschieben.

[illegible] [illegible] [[illegible] IV.] Sbst. [illegible] action de trembler de peur. | Zittern vor Furcht. — [illegible]. faire trembler. | Zittern machen, in Furcht jagen.

[illegible] [illegible] [[illegible] IV] Sbst. [illegible] action de retourner. | Umkehr, Umwendung. — [illegible]. retourner, revenir, convertir, [illegible]; tourner la main, c. à d. faire un signe pour demander l'aumône. | [illegible], umkehren, umdrehen, die Hand umdrehen, als Zeichen, dass man um ein Almosen bittet.

[illegible] [illegible] [[illegible] IV.] Pl. [illegible] [illegible]. Sbst. [illegible] agitation, excitation de troubles par des propos séditieux, bruits alarmants, [illegible], rumeurs. | Aufregung; beunruhigendes falsches Gerücht, Lärm, Klatschereien, [illegible] Reden.

[illegible] [illegible] [illegible]. Adj. excellent, parfait. | vortrefflich, vorzüglich.

[illegible] [illegible] [illegible]. Adj. Compar. plus ou très parfait, [illegible]; qui a un gros pied ou de grosses jambes; marqué d'une tache blanche sur l'un des pieds de derrière (se dit des chevaux); [illegible] les pieds, [illegible] et [illegible] | [illegible]; dickbeinig; mit weissem Flecke an einem Hinterfusse (von Pferden); das Thau [illegible], hart, rauh, [illegible] (vom Wege).

[illegible] [illegible] [illegible]. Sbst. [illegible] infanterie. | Fussvolk.

[illegible] [illegible] [illegible]. Adj. [illegible] précieux, distingué, [illegible], illustre. | werthvoll, [illegible], ausgezeichnet, trefflich, erleucht.

[illegible] [illegible] [illegible]. Sbst. [illegible] van à vanner, fourche en bois pour enlever le foin ou la paille. | Wurfschaufel oder Schwinge zum Reinigen des Getreides; hölzerne Heugabel oder Strohgabel.

[illegible] [illegible] [illegible] und [illegible] [illegible] [illegible] s. [illegible] und [illegible] [illegible]

[illegible] [illegible] [illegible]. Sbst. [illegible] balançoire. | Schaukel, Wippe.

[illegible] [illegible] [illegible]. Sbst. morceau de poésie dans le mètre Redjez. | ein im Versmaass Redjez abgefasstes Gedicht.

[illegible] [illegible] [illegible] [illegible] s. [illegible]

[illegible] [illegible] [illegible], (Egyptier?) s. [illegible]

[illegible] [illegible] [illegible]. Vb. act. [illegible] | reinigen.

[illegible] [illegible]. Sbst. die Reinigung; vgl. [illegible]

[illegible] [illegible] [illegible]. Sbst. Pl. v. [illegible]

[illegible] [illegible] [illegible]. Adj. Compar. v. [illegible] très le plus miséricordieux. | sehr erbarmend, allbarmherzig. [illegible] der Erbarmendste unter den Erbarmenden, d. i. Gott.

[illegible] [illegible]

[illegible] [illegible] [illegible]. [illegible] action de lâcher, relâchement | Lockerung. — [illegible]. lâcher; laisser aller (le cheval); locker lassen, auflösen (eine Schlinge), dem Pferde die Zügel lassen. [illegible] oder [illegible] dem Pferde die Zügel abschiessen, oder die Zügel lassen, aufbrechen, sich auf den Weg machen.

[illegible] [illegible] [illegible] [[illegible] IV.] Sbst. [illegible] action d'acheter une chose à bas prix. | wohlfeiler Einkauf. — [illegible]. acheter à bon marché, faire diminuer le prix, la valeur, le nombre d'une chose | wohlfeil kaufen, Sinken des Preises oder Verminderung der Zahl bewirken.

[illegible] [illegible] [illegible]. Adv. pressé, en foule. | gedrängt, in Menge, in Masse.

[illegible] [illegible] [illegible]. Compar. v. [illegible] qui est à très-bon marché. | sehr wohlfeil, vgl. [illegible]

[illegible] [illegible] [illegible] Sbst. époque, ère, date, [illegible]. | Epoche, Aera, Datum einer Begebenheit.

[illegible] ارد ARD und [illegible] und [illegible] ART. Sbst. derrière, à la suite, après. | das Hintere, Rückseite, Hintertheil, das was hinter oder nach einer Sache ist, sowohl dem Raume als der Zeit nach. [illegible] Hinterseite. [illegible] Hinterthür. [illegible] verkehrt, das Hinterste [illegible] ardından von hinten. [illegible] hinter mir, nach mir. [illegible] hinter uns. ardı sıra unmittelbar hinter einer Sache; unmittelbar hinter einander. [illegible] in [illegible] Gefolge sein. [illegible] folgen, nachfolgen, verfolgen. [illegible] nach hinten, hinten zu.

p آرد [illegible] Shst. [illegible] farine. | Mehl.

p ارد [illegible] Adj. semblable, égal. | ähnlich, gleich.

p ارداك [illegible] Shst. [illegible] trompeur. | Betrüger.

a ارداف [illegible] [ردف IV] Shst. action de suivre; de prendre q. qu'on en croupe. | Nachfolge, Begleitung. — [illegible] suivre, mettre en croupe. | einem folgen, ihn begleiten, einen hinten auf einem lassen. vgl. [illegible] und ردیف Rhetor. der Gebrauch eines Ausdrucks, der dem zu bezeichnenden Begriffe ganz nahe liegt, und als gleichbedeutend mit dem eigentlichen Worte gelten kann. v. Mehren, Rhetor. 176.

a اردب ardeb. Shst. mesure de grains d'environ 5 boisseaux. | der ägyptische Scheffel — 150 Oka.

p [illegible] ardebišt s. [illegible]

p اردهر ardahir. Shst. [illegible] farine, [illegible] | Mehlteig.

p [illegible] oder [illegible] [illegible] ارتوچ und ارتوش Shst. genévrier. | der Wachholderstrauch. [illegible] [illegible] — [illegible] arab. Platane, Ahorn, Wachholderbaum (?) [illegible] arab. [illegible] — [illegible] die Wachholderbeere. [illegible] Wachholderbranntwein.

t [illegible] s. [illegible]

p ارتشیر ardešir. N. pr. Artaxerxes

t [illegible] [illegible] Adj. [illegible] | [illegible] gereinigt, gesäubert. s. [illegible]

t [illegible] [illegible] Shst. von [illegible] supplément, surcroît, comble; sorte de caparaçon. | Zusatz, Ergänzung, Ueberschuss; Bündel auf dem Maulesel. vgl. [illegible] Persic. 2. eine Art Pferdedecke, Schabracke.

t [illegible] [illegible] Adj. qui ne s'informe pas, ignorant. | unwissend, ungebildet, unerfahren. s. d. Fig.

t [illegible] [illegible] Vb. act. demander des renseignements, s'informer, s'instruire. | sich erkundigen, fragen, ausfragen, sich unterrichten; davon das Neg. [illegible]

a اردن [illegible] oder اردن [illegible] N. pr. le Jourdain. | der Jordan.

p اردن [illegible] Shst. [illegible] | der Weinbeerstrauch.

t اردن s. اردن

t o [illegible] [illegible] Shst. femelle du chameau | das weibliche Kameel.

t اردو s. اردو

p ارده [illegible] Shst. bavin, [illegible] | Gebüschholz.

p اردی [illegible] Shst. le mois de Septembre d'Septembre. [illegible] [illegible] le mois d'Avril. | der April im alten persischen Jahre.

t [illegible] s. [illegible]

t [illegible] s. [illegible]

t o [illegible] s. [illegible]

t [illegible] oder [illegible] [illegible] [von آرد [illegible]] Adv. en arrière, à reculons. | zurück. [illegible] rückwärts gehen.

a [illegible] [illegible] Shst. Pl. v. [illegible] [illegible]

a ارذال [illegible] Pl. v. رذل [illegible]

a ارذل [illegible] Adj. Compar. v. رذیل plus vil, méprisable. | sehr schlecht, geringgeschätzt, verächtlich.

p ارز [illegible] Shst. — ارج prix, valeur, dignité. | Preis, Werth, Würde.

t o ارز [illegible] Shst. pain, nourriture, subsistance. | Brod, Nahrung. LT. روزی vgl. [illegible]

p t o [illegible] [illegible] Vb. intr. devenir bon marché. | wohlfeil werden.

a ارزاق [illegible] Shst. Pl. v. رزق [illegible]

p ارزان [illegible] Adj. [illegible] [illegible] à bon marché; digne, convenable. | wohlfeil, preiswürdig; würdig, passend, werth. [illegible] — für werth halten, preiswürdig finden [illegible] — für werth halten, einem etwas zugestehen.

p ارزانی [illegible] Shst. u. Adj. [illegible] [illegible] le bon marché; convenable, dignité. Wohlfeilheit, Preiswürdigkeit; Würdigkeit; an Würdigen, würdig, werth (einer Sache, einer Wohlthat, zu einem Amte u. s. w.) — [illegible] — [illegible] — [illegible] — [illegible] daigner, trouver digne, accorder, donner. | für werth achten, würdigen einer Sache, einem eine Gnade erweisen, etwas schenken (m. d. Dat.).

p [illegible] [illegible] Vb. intr. être digne, valoir. | werth sein, den Preis verdienen, nicht zu theuer gekauft sein.

p [illegible] [illegible] Vb. act. rendre digne, faire valoir; faire bon marché. | werth machen, gelten lassen; wohlfeil machen.

a [illegible] [illegible] Adj. court, bref, gros, grossier. | kurz, dick, kurz und dick; grob, unförmlich.

a [illegible] [illegible] Shst. instrument avec lequel on écrase les mottes de terre. | Klöpfel zum Zerschlagen der Erdschollen.

a [illegible] [illegible] [für [illegible]] Adj. azur, bleu. | blau, himmelblau.

[illegible] LT. [illegible] روزی der seine Nahrung, sein Auskommen hat. vgl. ارز

p ارزن [illegible] Shst. [illegible] millet, [illegible] Hirse.

p ارزنی [illegible] Adj. u. Shst. ce qui est fait de millet, pain de millet. | aus Hirse gemacht, Hirsebrod.

p آرزو [illegible] Shst. [illegible] désir, souhait, convoitise, volonté, appétit. | Begierde, Verlangen, Sehnsucht, Wunsch. — [illegible] désirer q. qch., convoiter. | verlangen nach etwas, sich sehnen. — [illegible] être désiré. | erwünscht, ersehnt sein.

p [illegible] [illegible] Vb. act. [illegible] [illegible] désirer, convoiter. | verlangen, ersehnen, lüstern sein.

p [illegible] [illegible] Adj. [illegible] [illegible] qui désire, désireux, avide. | verlangend, sehnend, begierig.

p t آرزولو [illegible] Adj. qui désire. | verlangend u. d. Vbg.

p t [illegible] [illegible] Vb. act. [آرزو [illegible]] désirer, souhaiter, convoiter. | verlangen nach etwas, wünschen, sich sehnen nach ... lüstern sein nach etwas. Deriv. [illegible] [illegible] Vb. pass. être désiré. | erwünscht sein. [illegible] [illegible] désiré | erwünscht, ersehnt, verlangt.

p [illegible] [illegible] Adj. — آرزولو

p [illegible] [illegible] Shst. désir. Wunsch, Verlangen. vgl. آرزو

p [illegible] [illegible] Vb. intr. valoir, valoir son prix. | werth sein.

p [illegible] [illegible] und [illegible] [illegible] Shst. étain. Zinn.

t o [illegible] — [illegible] [illegible] LT.

p ارزش [illegible] Shst. valeur, prix, dignité. | Werth, Preis, Würde.

t o [illegible] s. [illegible] Shst. u. Adj. [illegible] | [illegible]

a ارساخ [illegible] [رسخ IV.] Shst. action de se tenir ferme; immobilité, fermeté, solidité, constance. | das Feststehen, Feststehen, Unbeweglichkeit, Festigkeit seines Körpers oder des Charakters); fester Vorsatz. — [illegible] être ferme, immobile; être ancré quelque part. | fest, unbeweglich sein, vor Anker liegen. — [illegible] raffermir, établir solidement, jeter l'ancre; se proposer fermement. | befestigen, zum Feststehen bringen, Anker werfen; sich fest vornehmen.

a ارسام [illegible] [رسم IV] Shst. action de raffermir. | Befestigung. — [illegible] raffermir, planter solidement. fest machen, zum Feststehen bringen, fest einrammen.

a ارسال [illegible] [رسل IV.] Shst [illegible] [illegible] action d'envoyer | Sendung. — [illegible] envoyer, expédier. | schicken, senden.

p [illegible] und [illegible] s. [illegible] und [illegible]

p [illegible] [illegible] Shst. hirondelle | Schwalbe

a t [illegible] [illegible] für [illegible] s. [illegible] imprudent, effronté. | unverschämt.

a t [illegible] [illegible] Shst. impudence | Unverschämtheit.

a [illegible] [illegible] N. pr. Aristoteles.

[illegible] [illegible] Shst. Aristolochia. Name einer Pflanze — p. [illegible]

t ارسلان [illegible] Vulg. [illegible] Shst. le lion. | der Löwe. [illegible] — s. [illegible] la lionne. | die Löwin. [illegible] — s. [illegible] courageux. | löwenherzig, beherzt, muthig, tapfer.

t ارسلانلو [illegible] oder ارسلانلی [illegible] Adj. courageux. | löwenhaft, beherzt, muthig. Shst. Piastre de 40 paras, Löwenpiaster, eine alte Münze im Werthe von 40 Para. s. غروش

t ارسلانلنمق [illegible] Vb. intr.

[illegible]

[illegible]

[illegible]

T a ارغوانجى ARGHAWÂNY. Shet. [illegible] Schlinge. LT. [illegible]

T a ارغنون ARGHANÛN. s. ارغنون

P ارغن ARGHAN. s. ارغنون

T ارغون ARGHŪN. N. pr. tribu de Mongols. | Name eines mongolischen Stammes.

P ارغند ARGHAND. Adj. colère; brave. | zornig; tapfer.

P a ارغنون Shet. orgue. | die Orgel.

P ارغوان ARGHAWÂN, u ارغوان ERGHUWÂN, Shet. l'arbre de Judée (Cercis siliquastrum Lin.) Vulg. — [illegible] od. [illegible] lilas, fleur du lilas, couleur lilas; rouge: vin rouge. | spanischer Hollunder, Blüthe des spanischen Hollunders und Farbe dieser Blüthe; roth; rother Wein.

P ارغواني ARGHAWÂNY. Adj. [illegible] couleur du lilas | lilafarbig, s. d. Vlg.

T a ارغوجان ARGHUJÂN. Shet. [illegible] de [illegible] | Mühlstein. p. [illegible] LT.

T a ارغوجى ARGHUJY. Shet. criminel. Verbrecher.

P ارغيدن ERGHÎDEN. Vb intr. s'échauffer; entrer en fureur, se disputer; se dessécher | sich erhitzen, in Hitze gerathen, sich heftig streiten; vertrocknen in Folge der Hitze.

T a ارغيجان ARGHYJÂN, s. ارغشتان [illegible]

a ارف ORAF. Shet. Pl. v. ارفه

a ارفاث IRFÂTH. [رفث IV.] Shet. — [illegible] dire des obscénités: cohabiter avec une femme. | unzüchtig reden, den Beischlaf vollziehen.

a ارفاد IRFÂD. [رفد IV.] Shet. [illegible] action de s'entr'aider. | gegenseitiger Beistand. — [illegible] einer dem andern helfen.

a ارفاغ IRFÂGH. [رفغ IV.] Shet. [illegible] luxure, intempérance; excès, débauche. | Üppigkeit, übermässiger Hang zu sinnlichen Genüssen, Unmässigkeit.

a ارفاق IRFÂK. [رفق IV.] Shet. action de s'entr'aider. | gegenseitiger Beistand, — [illegible] vivre les uns avec les autres, être bien envers q. qu. | beistehen, freundschaftlich mit einander leben, gut und freundlich gegen Jemand sein.

a ارفاه IRFÂH. [رفه IV.] Shet. [illegible] — [illegible] reposer, faire reposer; vivre dans l'aisance. | ruhen, ruhen lassen, Bequemlichkeiten verschaffen.

a ارفع ARFA', ERFA'. Adj. Compar. v. رفيع plus haut; sublime. | sehr hoch, höher, erhaben.

P ارفند ARFEND. s. ارفند

a ارفه URFET. Shet. limite, borne | Grenze. Pl. ارف URAF. les limites entre le paradis et l'enfer. | die Scheidewand zwischen Paradies und Hölle; für الاعراف

P ارق ARK. s. ارغ fossé. | Graben.

T ارق ARYK (LT.), auch ارق [illegible] ارق und ارغ (Ali Schir.) ارق (Abulgasi). Adj. maigre, pauvre; mince. | mager, arm, dünn, schlank.

a ارق ARAK. Adj. Compar. v. رقيق très-fin, mince; délicat, doux. | sehr dünn, fein; zart (von Gliedern des menschlichen Körpers, vom Glanze der Farben u. dgl.), sanft (von der Musik).

T a ارق YRAK. s. ايراق

T ارق YRK. Shet. bonheur. | Glück. — ارقلو (Hindoglu).

T a ارقا ARKA. Shet. vgl. ارقه dos, épine dorsale. | Rücken, Rückgrat. LT. [illegible]

T a ارقا Shet. génération, siècle. | Menschenalter, Jahrhundert. Abulg. p. [illegible] (i).

a ارقاء ARKÂ oder ارقاء ARWÂA. Shet. Pl. v. رقيق

a ارقاء IRKÂ. [رقأ IV.] Shet. action d'arrêter les larmes ou le sang, d'arrêter la transpiration. | Stillung des Blutes, der Thränen, Erregung des Schweisses.

T ارقاج ARKAÇ. Shet. versant ou pied d'une montagne. | Sanfter Bergabhang, unterer Abhang od. Fuss eines Berges, — [illegible] oder [illegible] Kow.

a ارقاف IRKÂF. [رقف IV.] Shet. [illegible] action de trembler, de frissonner. | Zittern, Frieren.

a ارقاق IRKÂK. [رق IV.] Shet. [illegible] action de rendre fin, délicat ou mince; devenir fin etc. | Verdünnung, Verfeinerung.

a ارقام ERKÂM. Shet. Pl. v. رقم

a ارقان IRKÂN. Shet. nom d'une plante dont on fait la poudre rouge appelée ordinairement Hénna; Safran. | Name einer Pflanze, aus der man den Henna bereitet, (Lawsonia inermis); Safranpflanze.

T a ارقاى ARKAY. Shet. le dos, der Rücken. s. ارقا

T ارقداش ARKADASH. s. ارقداش

T ارقرو ARKURU. s. ارقورى

a ارقش ARKASH. Adj. [illegible] bigarré. | schwarz und weiss gefleckt.

T a ارقش ARKYSH. Shet. caravane. | Karawane.

T ارقلق ARYKLYK. T a ارقلو, ارقصى od. ارقلق vgl. ارق maigreur, [illegible] Magerkeit, Dünnheit.

T ارقلمق oder ارقلمق ARYKLAMAK. T a ارقلمق AQU. ARYKLAMAK. Vb. act. u. intr. amaigrir; maigrir, devenir mince. | mager machen, mager werden, abmagern; verschmachten, schlank und dünn werden. Deriv. I. ارقلنمق ARYKLANMAK. Vb. refl. u. pass. maigrir, être rendu maigre ou mince. | abmagern, mager, dünn, schlank gemacht werden oder sein, davon ارقلنمش ARYKLANMYSH. amaigri. | mager, abgemagert. II ارقلندرمق ARYKLANDYRMAK. Vb. refl. trans. faire maigrir, faire devenir mince. | abmagern lassen, dünn werden lassen. III ارقلتمق ARYKLATMAK. T a ارقلتمق Vb. trans. amaigrir, rendre maigre, rendre mince. | mager machen.

T a ارقلنمق ARKALANMAK. Vb. refl. von ارقه tourner le dos, se retourner. | den Rücken wenden, sich umdrehen.

T a ارقلق oder ارقلق ARKYLYK od. T ارقورى ARKURY. ارقلق يوره passage, ruelle. | Durchgang, Seitenweg.

T a ارقولوق ARKULUK LT [illegible]

T ارقورى ARKURU, vulg. ARKURY; auch ارقورو oder ارقرو Shet. côté. | Seite. [illegible] ارقوريله [illegible] mit der Seite der Hand, d. i. mit der flachen Hand schlagen. Adj. u. Adv. de côté, de travers; biaisement, obliquement; détourné; seitwärts, quer, in die Quere, schief, vom geraden Wege abweichend; widersinnig. ارقورى [illegible] ARKURY GITMEK, biaiser, aller de travers. | schief gehen, die Quere gehen.

ارقوشى ARKUSHY oder ARKUSH. Shet. gerfaut, gerfaut. | Steinvogel, Gerfalke. s. ارى

T ارقه ARKA. T a ارقا und ارقه Shet. dos, revers, croupe; dossier, appui, support; protection; protecteur. | Rücken, Rückseite; Rücklehne, Lehne, Stütze; Schutz; Beschützer. [illegible] ارقه [illegible] tourner le dos à; se fier à. | einer Sache den Rücken wenden. [illegible] ارقه [illegible] er wandte d. Flucht d. Rücken. Abulg. (i). sich den Rücken frei halten, sich auf Jemandes Gunst stützen, sich auf Jemand verlassen (mit dem Dativ). ارقه الماق oder [illegible] — être l'appui de quelqu'un, protéger, défendre q. qu. | Jemandem als Stütze dienen, ihn beschützen, vertheidigen, ihm günstig sein (mit dem Dativ). [illegible] ارقه [illegible] er vertraute sich auf einen Berge. Abulg. 171 (i). [illegible] — den Rücken wenden. [illegible] ارقه [illegible] vor sich her treiben. ارقه سى [illegible] der Hinterrücken. [illegible] ارقه سى Vorarbeiten [illegible] ارقه سى [illegible] Hinterrücken. ارقه سى [illegible] Abulg. 151, als altes Namen. (i). [illegible] ARKA [illegible] (!) Abulg. [illegible] (i).

T ارقداش ARKADASH od. ارقداش Shet. camarade, compagnon. | Gefährte, Begleiter, Genosse (wörtl. Rückengenosse), Reisegenosse.

T ارقه لو ARKALY. Adj. qui a le dos large; carré des épaules; bien membré, bien appuyé, bien protégé. | breitrückig, breitschultrig; gut gestützt, gut beschützt, wohlbegünstigt. Shet. courrier à large dos. Mensch mit breitem Rücken.

P ارك ERK und ERG. Shet. château d'une cité. | Königsburg. T a ارگ oder ارگ

T a ارك ERK. Shet. [illegible] créneau, embrasure. | Schiessscharte, Schiessloch; das Loch in der Mauer, wodurch welches Steine auf den Feind geworfen werden. Ferhed VI.

T ارك ERK oder ارك T a ارك ERK. Shet. pouv. Pflanze ارك [illegible] pouvoir. Pflanzenkraft. [illegible] — [illegible] oder ارك قورى [illegible] pouvoir. | gewordene Pflanze [illegible] — [illegible] Pflanzenname ارك [illegible] [illegible] ارك [illegible] oder ارك [illegible] (u. ارك [illegible]) [illegible] Pflanze ارك [illegible] Eierpflanze. [illegible] ارك [illegible] oder ارك [illegible] grüne Pflanze. ارك [illegible] Orleanspflanze. ارك [illegible] Damascenerpflanze.

T a ارك IRIK. LT. oder [illegible] Adj. épais, dur. | rauh, hart, [illegible] rauhe Worte. Ali Schir.

p [illegible] N. pr. [illegible] Armenien.

p ارمنى [illegible] Sbst. arménien. | Armenier. [illegible] Armenien.

a [illegible] N. pr. Armenien.

p t ارمود [illegible] Sbst. p. [illegible] poire. | Birne. [illegible] — Birnbaum. [illegible] — [illegible] ein mit Perlen verziertes Schmuckstück, in Gestalt einer Birne, welches Frauen und Kinder am Halsbande oder am Kopfputze tragen. [illegible] birnförmige Perle. [illegible] — Bittersüss. [illegible] die Apothekerbirne oder Pfundbirne. [illegible] Weinbirne.

p [illegible] Sbst. [illegible] arrhes. | Handgeld, Angeld.

[illegible] oder [illegible] Sbst. [illegible] les armes, armoiries; agrès, cordages d'un navire. | Wappen, Rüstung; Takelwerk eines Schiffes.

a [illegible] N. pr. Arménie. | die Provinz Armenien.

p [illegible] v. [illegible]

p [illegible] oder [illegible] Sbst. repos; [illegible] Ruhe; Bewegungslosigkeit.

p [illegible] Sbst. Abkürzung v. [illegible]

t [illegible] oder [illegible] Sbst. lèvre | Lippe. vgl. [illegible]

t [illegible] Sbst. [illegible] Wasser. vgl. [illegible] LT. [illegible]

t [illegible] Adj. [illegible] | [illegible] vgl. [illegible] LT. [illegible]

[illegible] Sbst. (Partic. v. [illegible] adepte, [illegible] d'un ordre, [illegible] homme d'honneur. | ein Adept, einer der zur Erkenntniss (der Wahrheit) gelangt, Adept, Eingeweihter (in die Geheimnisse eines Ordens); ein Mann, Mann von Wort.

a [illegible] [IV.] Sbst. [illegible] action de [illegible] | das [illegible] — [illegible] produire un son. | [illegible] einen Schall oder Klang geben (z. B. eine Saite oder [illegible] ein [illegible]

t [illegible] od. [illegible] Sbst. [illegible] Armoise. | Artemisia, Albaraque. [illegible] Albaraque. [illegible] — eine Art [illegible] oder [illegible]. [illegible] — eine Art Thymian. arab. [illegible]

t [illegible] N. pr. — [illegible] Albanien.

a [illegible] Sbst. [illegible] | d. Haar.

p [illegible] Sbst. [illegible] | [illegible] Arm.

t [illegible] LT. [illegible]

t [illegible] v. [illegible]

p [illegible] Sbst. [illegible] | Träger, der etwas bringt.

p [illegible] und [illegible] Sbst. vgl. [illegible] contenir, [illegible] forme, [illegible] en compos. [illegible] 6. | Farbe, Art und Weise, Gestalt, Art; in Zusammensetzungen: ähnlich, gleich. [illegible] verschiedenartig.

t [illegible] v. [illegible]

t [illegible] v. [illegible]

t [illegible] Vb. intr. ([illegible] — [illegible] Vb. refl. u. pass. v. [illegible]). [illegible] od. [illegible] (?) LT. [illegible]

[illegible] Vb. [illegible] LT. [illegible]

[illegible] Vb. pass. trans. [illegible] LT.

t [illegible] v. [illegible]

t [illegible] v. [illegible]

t [illegible] Adj. [illegible] | ziemlich gut, leidlich.

t [illegible] Sbst. ce qui est assez bon. | das Leidliche.

a [illegible] [IV.] Sbst. 1. [illegible] action d'arroser, d'abreuver abondamment. | Bewässerung (des Bodens durch Regen), reichliches Begiessen, reichl. zu trinken geben. 2. [illegible] action de rapporter les paroles d'un autre | Wiedererzählung des Gehörten. vgl. [illegible]

a [illegible] Sbst. 1. Pl. v. [illegible] — 2. Pl. v. [illegible]

t [illegible] Fehlerhafte Schreibart für das Vlg

a [illegible] Sbst. Pl. v. [illegible] les grecs, les habitants de la Roumélie. | die Griechen, die Bewohner der europäischen Türkei.

t [illegible] oder [illegible] Sbst. femme. | Frau, Weib. vgl. [illegible]

a [illegible] Sbst. Pl. v. [illegible]

p [illegible] oder [illegible] Sbst. [illegible] | Wilpe, Gibbon.

t [illegible] v. [illegible] | [illegible]

t [illegible] v. [illegible] maigre. | mager.

p [illegible] Sbst. [illegible] | 1. [illegible] 2. der [illegible]

t [illegible] Adj. u. Sbst. [illegible]

t [illegible] v. [illegible] maigre. | mager.

t [illegible] Sbst. maigreur. | Magerkeit.

t [illegible] v. [illegible]

t [illegible] [illegible] (Hindogia.)

t [illegible] Adj. gros, épais. | gross, dick. vgl. [illegible]

t [illegible] Vb. act. v. [illegible] | lehren.

t [illegible] Sbst. [illegible] | [illegible] Zeichen von guter oder schlechter Vorbedeutung.

t [illegible] v. [illegible]

p [illegible] Adj. [illegible] | reichen, zum Zorne geneigt.

p [illegible] Sbst. [illegible] | der Tambourin.

t [illegible] v. [illegible]

p [illegible] Vb. intr. [illegible] être lâche, paresseux. | schlaff, träge sein.

p [illegible] Sbst. expérience, épreuve. | Erfahrung, Probe.

p [illegible] Sbst. [illegible] la mer, le Tigre; désir, souhait; magnificence, majesté; le mont Elvend. | 1. Wasser; das Meer, der Fluss Tigris. 2. Verlangen, Sehnsucht. 3. Grossartigkeit, Majestät. 4. der Berg Elvend.

p [illegible] oder [illegible] Sbst. [illegible] | Säge, Feile. [illegible] Sägemühle. [illegible] Holzsäger.

a [illegible] [IV.] Sbst. [illegible] manière d'agir avec douceur. | [illegible] Milde.

a [illegible] [IV.] Sbst. [illegible] action d'effrayer. — [illegible] effrayer. | in Furcht setzen, erschrecken.

a [illegible] [IV] Sbst. préméditation | Vorbedacht — [illegible] préméditer; faire pressentir (Dieu l'homme). | vorbedacht vorsehen, einen zu glückliche Umstände setzen (Gott den Menschen).

a [illegible] und Pl. [illegible] Sbst. signes qui annoncent la venue d'un prophète | Wunderzeichen, welche die Sendung eines Propheten begleiten.

a [illegible] [IV.] Sbst. [illegible] action d'aiguiser (une lame). | Abwetzung, Abschleifung (einer Klinge). — [illegible] aiguiser. | wetzen, schleifen, schärfen.

a [illegible] [IV.] Sbst. action de [illegible] | einem Schwierigkeiten, Verdruss bereiten.

a [illegible] [IV.] Sbst. [illegible] action de mettre en gage. | Verpfändung.

t [illegible] v. [illegible]

t [illegible] Sbst. opinion. | Meinung, Ansicht.

t [illegible] v. [illegible]

p t [illegible] oder [illegible] Sbst. abeille, guêpe. | Biene, Wespe. [illegible] Honigbiene. [illegible] Wespe, Hummel, Drohne. [illegible] Bremse. [illegible] Wespe, Hornisse. [illegible] der Bienenvogel; [illegible] (Merops Apiaster). [illegible] die Bienenkönigin, Weisel. [illegible] Bienenkraut; Fingerhut (Digitalis oder Campanula rotundifolia?). [illegible] oder [illegible] Wespennest. [illegible] Bienenschwarm.

t [illegible] p. [illegible] Panther(?) LT.

p [illegible] Part. affirm. oui, certainement. | ja, freilich.

t [illegible] Adj. [illegible] propre; [illegible] | [illegible] heilig. [illegible]

t [illegible] Adv. [illegible] de l'autre côté. | dort, jenseits, hinüber. [illegible] bisher und darüber. [illegible] an der andern Seite [illegible] آري ARY. [illegible] | [illegible]

[illegible] اري [illegible] Adj. u. Sbst. [illegible]

[illegible] ارنج [illegible] Sbst. Pl. [illegible]

[illegible] ارمغ [illegible] Sbst. [illegible]

[illegible] آريب [illegible] Adj. habile, intelligent; fin, rusé. | [illegible]

[illegible] Adj. [illegible] large, ample, spacieux. | weit, geräumig.

[illegible]

[illegible] Reinheit, [illegible] Heiligkeit, Reinigung.

[illegible] ARYLMAK. Vb. intr. [illegible] Aor. [illegible] être pur. | rein sein. Deriv. I. [illegible] ARYLMAK. Vb. pass. être purifié, nettoyé. | gereinigt werden oder sein, rein sein. II. [illegible] ARYTMAK. Vb. trans. Aor. [illegible] nettoyer, purifier. | reinigen, säubern. vgl. [illegible] III. [illegible] Vb. trans. pass. être nettoyé, purifié. | gereinigt werden. [illegible] nettoyé, propre. | gereinigt, rein, sauber. IV. [illegible] Vb. refl. und pass. Aor. [illegible] se purifier, être nettoyé. | sich reinigen, sich säubern, gereinigt werden. [illegible] propre. | rein, sauber.

[illegible] ARYMAK. Vb. intr. être [illegible] se fatiguer. | [illegible] müde werden, sich [illegible]

[illegible] ARYMAK Vb. intr. se joindre à q. qn. | sich anschliessen an Jemand.

[illegible]

[illegible] Adj. intelligent, [illegible] | verständig, [illegible]

[illegible] Sbst. [illegible] | Lebensunterhalt; Lage oder Stellung; das Gegenüber, etwas gegenüber Befindliches.

[illegible] ARAYTMAK Vb. intr. être peu [illegible] | wenig [illegible]

[illegible] ARAGEK Adv. Dim. v. [illegible] peu, un petit peu. | wenig, ein klein wenig.

[illegible] Sbst. action d'éloigner, d'écarter, [illegible] d'une chose; action de terminer une affaire. | Entfernung, Wegnahme, Beseitigung [illegible]

[illegible] ÂZÂD. Sbst. u. Adj. libre, affranchi [illegible] | frei, ein Freier, Freigelassener; [illegible] der sich von den Banden der Welt befreit hat, [illegible] Cypresse.

[illegible]

[illegible] | [illegible], Sorge, Verdruss, [illegible], Kummer, Schmerz, [illegible], Beleidigung, Tadel, [illegible] Zuruf, Ruf, wodurch man Jemand [illegible] oder verjagen will. — [illegible]. — ازارلمق [illegible], [illegible], [illegible], reprendre. | [illegible] fallen, belästigen, beleidigen, hindern, tadeln, schelten, durch einen Zuruf (wie [illegible]) [illegible] oder [illegible], z. B. einen Hund — ازار [illegible] — ازار [illegible] sich [illegible]. 2. Partic. v. ازاردن [illegible] qui afflige, qui [illegible] de la [illegible], offensant etc. | beleidigend, beleidigend, Beleidiger. In Compos. [illegible], [illegible], beunruhigend. دل ازار herzbetrübend.

• ازار [illegible] Sbst. pièce de monnaie, drachme. Goldstück, [illegible].

• ازار izār Pl. ازره [illegible] u. ازارلر [illegible] Sbst. espèce de voile ou vêtement de dessus, que portent les femmes par dessus leurs autres vêtements; tablier; [illegible]; jupon; femme; chasteté, [illegible] | eine Art Ueberwurf, welchen die Frauen über den übrigen Kleidern tragen, gewöhnlich von Baumwollenzeuge; er wird am Kopfe durch ein Band befestigt und fällt zu beiden Seiten bis zu den Füssen herab, so dass nur ein Stück des Gesichtes [illegible] sichtbar ist. Schürze, [illegible], Unterrock; Frauenzimmer; Keuschheit. ازار بند [illegible] ruban de tablier. | Schürzenband.

p ازاردن [illegible] Vb. act. troubler, offenser, [illegible], outrager | beunruhigen, beleidigen, Sorge oder Betrübniss verursachen, tadeln, schelten, beleidigen.

p ازارديده [illegible] Adj. compos. vgl. ازار éprouvé par l'adversité. | einer der Kummer gesehen, d. i. erfahren hat, geprüft.

p ازاررسان [illegible] Adj. compos. vgl. ازار [illegible], pénible | Sorgen erregend, Widerwillen erregend, [illegible], ärgerlich.

p ازارپیشه [illegible] Adj. compos. vgl. ازار affligé, attristé | einer den Schmerz, Kummer u. s. w. getroffen hat, betrübt, bekümmert.

p ازارش [illegible] Sbst. offense, action de [illegible]. Beleidigung, Beleidigung.

p t ازارلامق [illegible] Vb. act. [illegible], affliger, injurier, gronder, beleidigen, schelten, tadeln. vgl. [illegible] ازار

p ازارنده [illegible] Adj. affligé, troublé, offensé. | betrübt, beunruhigt, bekümmert, beleidigt.

p ازارنده [illegible] Adj. affligeant. | bekümmernd. vgl. ازردن

p ازرو [illegible] Sbst. trouble, peine; [illegible], maladie; [illegible], [illegible]. | 1. Kummer, Sorge, Beschwerde — ازار. 2 ein Kränklicher, ein Kranker. 3. einer der [illegible], ein [illegible], unverbesserlicher Mensch.

p ازردن [illegible] Vb. act. troubler, [illegible]. | belästigen. s. ازاردن

t o ازار [illegible] Sbst. [illegible]. | der [illegible]. LT. [illegible]. Vgl. [illegible]

a ازال [illegible] Sbst. Pl. v. [illegible].

a ازاله [illegible] [illegible] action d'éloigner, d'écarter, de faire cesser q. ch. | das von seinem Orte entfernen, verschwinden lassen, Vertilgung, Ausrottung, Vernichtung, Verwischung. Gramm. [illegible] eines Buchstabens oder Vokals. Theol. [illegible] die Entfernung alles [illegible], vor dem Beginn des Gebets — [illegible] éloigner, écarter, faire disparaître, faire cesser, [illegible], chasser, dissiper | entfernen, wegschaffen, vertilgen, verwischen, [illegible], vernichten, [illegible].

t ازالمق [illegible] Vb. intr. être diminué, se diminuer, décroître; maigrir | kleiner, geringer, weniger werden, abnehmen, am Werthe verlieren, schwächer, mager werden (vom menschlichen Körper) [illegible] ازالتمق [illegible] Vb. trans. diminuer, amoindrir, retrancher, rabaisser | vermindern, verringern, [illegible] — [illegible] den Preis verringern, abschlagen. — [illegible] sich kurz ausdrücken, wenig Worte machen. — [illegible] wenig geben.

a ازاهیر [illegible] Sbst. Pl. v. زهره fleurs | Blumen.

t o ازبتمق [illegible] Vb. act. — [illegible]

[illegible]

[illegible] peu | ganz allmählig, nach u. nach [illegible] — ganz allmählig, langsam, Schritt vor Schritt weiter gehen.

a ازدجار [illegible] [زجر VIII] Sbst. action d'éloigner, d'empêcher; interdiction, défense, prohibition. | Verhinderung, Verwehrung, [illegible], verhindern, verwehren. — [illegible] منع [illegible] oder [illegible] نهي [illegible]

a ازدحام [illegible] [زحم VIII.] Sbst. action de se presser en foule; concours, foule; Gedränge, Menschengedränge, Zusammendrängung.

p ازدر [illegible] Adj. digne. | würdig.

p ازدر [illegible] Sbst. dragon. | der Drache. s. ازدرها

a ازدراء [illegible] [زری VIII.] Sbst. [illegible] action de mépriser, mépris, dédain, indignation | Verachtung, Geringschätzung.

a ازدراع [illegible] [زرع VIII.] Sbst. [illegible] action de semer, de cultiver la terre | Besäung, Ackerbestellung.

t ازدرمق [illegible] Vb. trans. u. [illegible] Vb. trans. pass. v. [illegible]

t [illegible] Vb. trans. v. [illegible]

[illegible]

p آزر Azer. Sbst. feu, [illegible] | Feuer [illegible] Macht, Stärke, [illegible]

[illegible] oder [illegible] und آزر [illegible]

[illegible] Adj. u. Adv. Compar. v. [illegible] moins, plus petit. | weniger, geringer, [illegible] gering.

p [illegible] Sbst. [illegible] | die Farbe.

p آزردن [illegible] Vb. act. [illegible] offenser, [illegible], [illegible]. | Schmerz verursachen, einen beleidigen, einem [illegible] fallen, verletzen, durch Worte oder Handlungen, [illegible]

p آزرده [illegible] Adj. (Partic. d. Vbg.) [illegible], [illegible], offensé, [illegible] [illegible] | 1. verletzt, beleidigt, [illegible], betrübt, [illegible] oder [illegible] niedergeschlagen, traurig. 2. Schmerz verursachend, schmerzlich, beleidigend, betrübend. — [illegible] faire mal à quelqu'un, [illegible] | Schmerz verursachen, [illegible], [illegible], beleidigen, betrüben.

p [illegible] oder [illegible] [illegible] Sbst. s. d. Vbgs.

p [illegible] [illegible] Sbst. affliction, [illegible], chagrin. | Verdruss, Betrübniss, Kummer, Schmerz. vgl. آزردن und آزرده

[illegible] [illegible] s'affliger. | sich betrüben. [illegible] LT.

a [illegible] Adj. [illegible] bleu, azuré, qui a les yeux bleus. | blau, [illegible], [illegible]. [illegible] das [illegible]

p [illegible] [illegible] Adj. couleur de feu, rouge. Feuerfarben, feuerroth.

p [illegible] [illegible] und [illegible] Sbst. [illegible] [illegible], pudeur, [illegible]; respect, honneur; dignité, gravité. | Wohlanständigkeit, [illegible], Scheu, [illegible], Achtung und Ehre vor [illegible]; [illegible] und vornehmen Wesen.

p [illegible] [illegible] Vb. act. honorer, respecter, estimer quelqu'un. | Ehre erweisen, ehren, achten.

p [illegible] [illegible] Sbst. adversité, malheur. Widerwärtigkeit, Unglück.

[illegible] [illegible] v. [illegible] Sbst. peu de chose. | wenig, ein wenig. [illegible] [illegible]

a [illegible] [illegible] IV.] Sbst. [illegible] action de [illegible] — [illegible], [illegible] quelqu'un; arracher violemment [illegible] de sa place. | fortnehmen, fortjagen, wegwerfen, wegreissen, [illegible]

a [illegible] [illegible] [illegible] IV.] Sbst. action de [illegible] d'une mort [illegible] | plötzlicher Ueberfall und Tödtung, Ermordung.

a [illegible] [illegible] [illegible] IV.] Sbst. action d'appeler, de crier à quelqu'un, pour [illegible] [illegible] | [illegible], um [illegible] oder [illegible]. — [illegible] faire venir quelqu'un [illegible] | [illegible], Jemand rufen oder rufen lassen.

p [illegible] [illegible] Adj. [illegible] [illegible], [illegible] [illegible] gewesen, geizig

[illegible] und [illegible] [illegible] Vb. recipr. se [illegible], se [illegible], [illegible] [illegible], se [illegible], se [illegible]. ; sich [illegible], mit einander schmollen, in Unfrieden leben (von Eheg[illegible]), sich [illegible]

[illegible] [illegible] Adv. — [illegible] [illegible] wenig

[illegible] oder [illegible] und [illegible] [illegible] Adj. v. [illegible] égaré, [illegible], débauché, [illegible] [illegible] | verirrt, in Irrthum befangen; [illegible], [illegible], moralisch verdorben, entartet, widerspenstig, gegen Ordnung und Gesetz sich auflehnend; [illegible], wild (von Thieren). [illegible] zu Aufruhr verführen, aufwiegeln.

[illegible] oder [illegible] [illegible] Sbst. égarement, dépravation; [illegible], révolte. Verirrung, Verderbtheit, [illegible], Widerspenstigkeit, [illegible], Aufruhr. [illegible] das Abkommen vom rechten Wege, Verirrung.

a [illegible] [illegible] IV.] [illegible] action de [illegible]; de conduire l'épouse chez elle. | [illegible] Heimführung der Braut (in ihre neue Wohnung).

p [illegible] [illegible] Sbst. [illegible] l'arc en ciel. | der Regenbogen.

[illegible] Adj. v. Sbst. v. [illegible] frais, [illegible]; [illegible] | [illegible], [illegible], gebrechlich, Quetschung.

[illegible] oder [illegible] und [illegible] [illegible] Sbst. [illegible] provisions, les vivres. | Vorrath, Lebensmittel. [illegible] Wegzehrung. [illegible] Speisevorrath. [illegible] sich verproviantiren. [illegible] — [illegible] seinen Lebensunterhalt gewinnen. [illegible] oder [illegible] [illegible] Futtervorrath.

[illegible] [illegible] Vb. intr. gagner sa vie, chercher son pain; avoir de quoi vivre. | seinen Lebensunterhalt gewinnen, sein Auskommen haben, sich mit Lebensmitteln versorgen. Deriv. [illegible] [illegible] Vb. trans. [illegible] q. qu. | mit Lebensmitteln versorgen, einen unterhalten.

[illegible] [illegible] Adj. [illegible] des provisions; [illegible] | Vorrath habend, vorräthig.

a [illegible] [illegible] Sbst. Pl. v. [illegible] les [illegible] d'une ville | die Gassen.

a [illegible] [illegible] Adj. = [illegible]

a [illegible] [illegible] [illegible] IV.] Sbst. — [illegible] [illegible] | Erkenntniss [illegible]

p [illegible] [illegible] und [illegible] [illegible] Sbst. tristesse, chagrin. | Traurigkeit, Betrübniss.

a [illegible] [illegible] [illegible] IV.] Sbst. [illegible], avis | [illegible], das Erfahren einer Nachricht, Erwerbung einer Kenntniss, Mittheilung einer Nachricht oder Kenntniss. — [illegible] [illegible] avis. | Nachricht geben.

[illegible] [illegible] Sbst. Name eines [illegible], auch [illegible] genannt; arab. [illegible]

[illegible] [illegible] Adj. [illegible], [illegible] sehr roth, [illegible]

[illegible] [illegible] Sbst. = [illegible] [illegible], [illegible] de [illegible], [illegible]. | [illegible] des [illegible], [illegible] [illegible] oder [illegible] [illegible] [illegible] [illegible] [illegible]

a [illegible] [illegible] Sbst. Pl. v. [illegible] les jours, les [illegible] | die Zeiten, Tageszeiten.

a ازل [illegible] Sbst. Pl. آزال éternité qui n'a pas eu de commencement. | Ewigkeit, in der Vergangenheit, die keinen Anfang hat [Gegensatz von [illegible]], uranfängliche Zeit [illegible] oder [illegible] von aller Ewigkeit her.

a [illegible] [illegible] [illegible] IV.] Sbst. action de faire trébucher. — [illegible] faire glisser; faire trébucher q. qu. | einen [illegible] lassen, einen Fehltritt begehen lassen.

a [illegible] [illegible] Sbst. Pl. v. [illegible] [illegible] [illegible] flèches non garnies de plumes; les destins. | Pfeile, [illegible] oder unbefiederte Pfeile, deren sich die alten Araber zum Loosen bedienten, daher auch die Loose, die Geschicke.

[illegible] [illegible] [illegible] s. [illegible] Deriv.

[illegible] [illegible] [illegible] s. [illegible]

[illegible] oder [illegible] [illegible] Sbst. v. [illegible] petite quantité, quantité peu considérable. | Wenigkeit, Seltenheit, Kleinigkeit, geringes Quantum. — differentiae. Abulg. p. [illegible] Q.

[illegible] [illegible] [illegible] s. [illegible]

[illegible] [illegible] [illegible] Vb. intr. [illegible] | [illegible] LT [illegible]

[illegible] [illegible] [illegible] [illegible] s. [illegible]

[illegible] [illegible] [illegible] Vb. pass. v. [illegible]

[illegible] [illegible] [illegible] s. [illegible]

a [illegible] [illegible] Adj. v. ازل éternel, de toute éternité. | ewig, von Anfang an, von Ewigkeit her bestehend.

a [illegible] [illegible] Sbst. éternité | Ewigkeit, Bestehen von Ewigkeit her

[illegible] [illegible] [illegible] Sbst. = [illegible]

[illegible] [illegible] [illegible] [p [illegible] [illegible]] Sbst. fils, race, lignée. | Sohn, Nachkomme, Geschlecht.

p [illegible] [illegible] Adj. [Partic. v. [illegible]] en compos. éprouvé, expérimenté, [illegible] in Zusammensetzungen: versucht, [illegible], erfahren, gewohnt.

a [illegible] [illegible] Sbst. Pl. v. [illegible] les temps; époques. | Zeiten, Zeiträume. vgl. [illegible]

[illegible] [illegible] [illegible] Adj. [illegible], [illegible]. grün, [illegible] [illegible], über alle Maassen grün.

p [illegible] [illegible] Sbst. [illegible] le [illegible] [illegible] | [illegible], [illegible], [illegible]

p [illegible] [illegible] Sbst. expérience | Erfahrung

p [illegible] [illegible] Vb. intr. expérimenter. | [illegible]

p [illegible] [illegible] Sbst. expérience, épreuve | Erfahrung, Erfahrenheit; Versuch, Probe.

[illegible] [illegible] [illegible] oder [illegible] Sbst. [illegible] | der [illegible], — [illegible], — [illegible]

a [illegible] [illegible] oder [illegible] disette, [illegible] stérile. | Theuerung der Lebensmittel, unfruchtbares Jahr.

p [illegible] [illegible] Adj. [illegible], [illegible] | geizig, [illegible]

p [illegible] [illegible] Sbst. la planète de Jupiter. | der Planet Jupiter. vgl. [illegible]

ازمق [illegible] Aor. [illegible] Vb [illegible] s'égarer, se corrompre, [illegible]. être [illegible], se débaucher, [illegible] les bornes, devenir très grand; se révolter, se mutiner; devenir furieux, devenir sauvage. | sich verirren, die Ordnung überschreiten, [illegible], verderben (physisch und moralisch); über alle Maassen anwachsen, gross werden; aus allen Schranken kommen, ausschweifen, sich gegen Gesetz und Ordnung auflehnen, wüthend werden, wild werden, verwildern. [illegible] ازمق oder [illegible] oder [illegible] vom Wege abkommen, sich verirren, irre gehen. [illegible] die Wunde ist ganz schlimm geworden. [illegible] ازمق [illegible] u. a. [illegible] d'abidirette. ازمش [illegible] vieil, corrompu [illegible]. | verirrt, [illegible], ausschweifend. [illegible] égarement, débauche. — Deriv. I. [illegible] Aor. [illegible] Vb. trans. pervertir, [illegible], troubler. | verführen, verwirren, in Unordnung bringen, stören. [illegible] sich verirren. [illegible] eine wieder aufgebrochene Wunde. [illegible] Kam. [illegible] perverti, troublé. | gestört, in Unordnung gebracht. II. [illegible] Aor. [illegible] Vb. caus. pervertir, séduire, égarer, effaroucher. | in die Irre führen, verwirren, verderben, versuchen, in Versuchung führen, verlocken (vom Teufel), verführen (ein Mädchen); [illegible], zum Aufruhr verführen, aufwiegeln, [illegible]. [illegible] sich verirren. III. [illegible] Vb. caus. pass. être perverti, [illegible] | irregeführt, verderbt werden u. s. w. [illegible] vom Wege abgekommen sein.

[illegible] und die Deriv. [illegible] und [illegible] u. [illegible]

[illegible] ad. [illegible] Vb. neut. [illegible] | [illegible]. — [illegible]

[illegible] u. [illegible]

[illegible] Sbst. égarement, [illegible], [illegible]. | Verirrung, Verführung, Aufstand. vgl. [illegible]

[illegible] Aor. [illegible] Vb. neut. [illegible], [illegible] | [illegible], [illegible], verschmelzen, [illegible], [illegible]. Deriv. I. [illegible] Aor. [illegible] Vb. pass. être [illegible] etc., [illegible]. | [illegible] u. s. w. werden, kleiner werden, abnehmen, sich entfalten. II. [illegible] Vb. caus. faire [illegible] etc. | [illegible] u. s. w. lassen.

[illegible] Sbst. Pl. v. [illegible]

p [illegible] Adj. [illegible] avare, avide. | geizig, gierig

p [illegible] Vb. act. [illegible] éprouver, expérimenter. | prüfen, versuchen.

p [illegible] Partic. des Vbs. éprouvé, expérimenté. en compos. instruit, informé de q. ch. | geprüft, in Zusammens. kundig, erfahren, geübt in einer Sache.

p [illegible] oder [illegible] Sbst. [illegible] expérience. | Erfahrung.

p [illegible] Sbst. expérience, essai. | Erfahrung, Versuch.

[illegible] Sbst. Pl. v. [illegible]

[illegible] Sbst. égarement débauche. Verführung, Verirrung, Ausschweifung. Adj. égaré, débauché. | verführt, ausschweifend. vgl. ازمق

[illegible] Sbst. [illegible] | [illegible] LT. [illegible] Druckfehler für [illegible] vgl. [illegible]

[illegible] Sbst. le tambour. | der Trommelschläger.

[illegible] Vb. compos. [illegible] Kam. [illegible]

[illegible] u. [illegible]

[illegible] u. [illegible]

[illegible] auch [illegible] Sbst. dent [illegible], dent canine; défense (du sanglier etc.). | Augenzahn, Spitzzahn; Fangzahn (wilder Thiere).

[illegible] Sbst. v. [illegible] les époux; die Gatten (beiderlei Geschlechts), Paare.

[illegible] Sbst. myrrhe | Myrrhe. [illegible] Kam.

p [illegible] Adj. [illegible], perplexe. | [illegible]

p [illegible] Adj. avare, avide. | geizig, gierig

p [illegible] Sbst. [illegible] | Herr.

p [illegible] Sbst. [illegible] | [illegible]

[illegible] und p [illegible] u. [illegible] u. [illegible]

[illegible] Adj. v. [illegible] [illegible] (une bête). | mit Fangzähnen versehen. [illegible] ein reissendes, fleischfressendes Thier.

[illegible] Sbst. Pl. v. [illegible] fleurs. | Blumen. [illegible] bouquet de fleurs. | Blumenstrauss.

[illegible] Adj. [illegible], [illegible] blanc, brillant. | weiss, glänzend.

[illegible] u. [illegible]

[illegible] [[illegible] IV.] Sbst. [illegible] action d'orner. | Schmückung, Verzierung. — [illegible] orner, embellir. | [illegible], verzieren, verschönern.

[illegible] [[illegible] VIII.] Sbst. [illegible] action de s'orner, de se parer. | Schmückung (seiner selbst). — [illegible] se parer. | sich putzen.

p [illegible] u. [illegible]

p [illegible] Sbst. [illegible] [illegible] | [illegible]

[illegible] u. [illegible]

[illegible] oder [illegible] N. pr. pays et peuple du Kiptschak. | Name einer Gegend und eines Volkes im Kiptschak, die Osseten.

[illegible] Imperat. v. [illegible]

[illegible] Sbst. [illegible] Myrthe.

p [illegible] Adj. [illegible] [illegible] en torcher,

[illegible] | [illegible] Sbst. [illegible] [illegible] | Hermelin. [illegible]

[illegible] oder [illegible] u. [illegible]

[illegible] Sbst. esprit, intelligence. | Geist, Verstand LT. [illegible]

[illegible] Sbst. maître, [illegible]. | Herr, Besitzer [illegible] oder [illegible] [illegible] herrschen.

[illegible] Pl. [illegible] Sbst. fondement, base, racine, principe. | Grund, Grundbau, Basis; Ursprung, Wurzel. Algebr. Wurzel einer Zahl. Der Plur. [illegible] als Singul. gebraucht, fondement, principe | Grund, Grundlage eines Gebäudes, Grundwahrheit, Grundsatz, Grundlehre, Grundlage der Wissenschaft. [illegible] den Grund legen.

p [illegible] Sbst. [illegible] [illegible] | [illegible]

p [illegible] Sbst. [illegible] [illegible] | das [illegible]. [illegible] [illegible]. | [illegible].

p [illegible] oder [illegible] Partik. in pers. Compos. [illegible], semblable à. | ähnlich [illegible], gerade oder schlank wie ein [illegible] [illegible], [illegible].

[illegible] Sbst. Pl. v. [illegible]

[illegible] Sbst. Pl. Tahrif von [illegible] [illegible] | [illegible]

[illegible] Sbst. Pl. v. [illegible]

[illegible] u. [illegible]

[illegible] und [illegible] Sbst. Pl. v. [illegible] [illegible]

[illegible] Sbst. Pl. v. [illegible]

[illegible] Sbst. Pl. v. [illegible]

[illegible] Pl. [illegible] Sbst. lion, [illegible], courage. | [illegible], [illegible], [illegible].

[illegible] und [illegible] Sbst. Pl. v. [illegible]

p [illegible] Sbst. [illegible] calcul, compt. | Berechnung, Zusammenrechnung.

[illegible] oder [illegible] Sbst. [illegible] | [illegible] (Asarum).

[illegible] Sbst. Pl. v. [illegible] (Pl. v. [illegible]) [illegible], [illegible] | die Linien auf der flachen Hand, der Stirn und im Gesicht, die Gesichtszüge

[illegible] Sbst. Pl. v. [illegible] fondement, principe. | Grundlage u. [illegible]

[illegible] Sbst. Pl. v. [illegible]

[illegible] Sbst. Pl. v. [illegible]

[illegible] [[illegible] IV.] Sbst. négligence, [illegible]. | Nachlässigkeit, Vernachlässigung.

[illegible] Sbst. Pl. v. [illegible]

[illegible] [[illegible] IV.] Sbst. [illegible] action de [illegible], de [illegible]. | das [illegible], [illegible].

p [illegible] Sbst. fondement, base, [illegible]. | Grundlage, Gebäude

[illegible] Sbst. Pl. qualités, vertus, talents, connaissances. | Eigenschaften, [illegible], Tugenden, Talente, Kenntnisse.

[illegible] des [illegible] von Constantinopel. [illegible] das Bureau der [illegible] von Constantinopel. (v. Hammer, [illegible] Reichs.)

[illegible]

[illegible] die [illegible]

[illegible] croix, [illegible] de croix. | Kreuz, Kreuzchen, Zeichen des Kreuzes.

[illegible] action de regarder comme permis, das für erlaubt halten.

[illegible]

[illegible] (Ueber die Ableitung des Wortes vgl. Kam.).

[illegible] Adj. [illegible]

[illegible] Sbst. [illegible] d'une bonne nouvelle | Freude über eine gute Nachricht. — [illegible] se réjouir d'une bonne nouvelle; [illegible] | sich über eine gute Nachricht freuen, eine gute Nachricht bringen.

[illegible] Sbst. regard attentif, exploration. [illegible] genaue Betrachtung; Verdeutlichung, Deutlichkeit. — [illegible] regarder ou faire regarder avec attention, expliquer. | genau betrachten; sich selbst oder andern eine klare Einsicht oder deutliche Ansicht einer Sache zu verschaffen [illegible]

Verbergung. — [illegible] se cacher | sich verbergen.

[illegible] Sbst. action de se faire [illegible] | das [illegible] Nachkommen an [illegible] die [illegible] Förderung des [illegible] durch einen andern [illegible]

[illegible] Sbst. [illegible] | Vollendung, Erfüllung. — [illegible] compléter, terminer, demander que l'on complète. | [illegible] Vollendung einer Sache verlangen.

[illegible] Sbst. [illegible] action d'exciter, d'irriter. Erregung, Aufregung.

[illegible]

a استجداد istiḡdâd. [جدّ X.] Sbst. یکی ایلمق ، یکی ایله rénovation, renouvellement. Erneuerung.

a استجلاب istiḡlâb. [جلب X.] Sbst. جلب ایله action d'attirer à soi. Herbeiziehung. — ETMEK. attirer. | zu sich ziehen, auf sich ziehen, sich zuziehen.

t a استجلو N. pr. Name eines Volks.

a استجماع istiḡmâʿ. [جمع X.] Sbst. action de se réunir. | Versammlung. — ETMEK. se réunir, se rassembler (en assemblée). | sich versammeln, zusammenkommen.

a استجهال istiḡhâl. [جهل X.] Sbst. — ETMEK. juger quelqu'un d'ignorant, traiter q. qn. ignorant. | einen für dumm halten, mit Geringschätzung behandeln.

a استحلو istiḥlâ. [حلو X.] Sbst. سؤال ایله ، حیران ایلمق (inusité); action de demander, de se faire répondre. | Erstaunen. Frage. — ETMEK. s'étonner; être stupéfait; demander une réponse. | sich verwundern, staunen, in Verwirrung sein; Aufklärung fordern, fragen.

a استحاره istiḥâre. [حار X.] Sbst. action de se détourner, de s'enfuir. | Abwendung, Zurückweichung, Entziehung durch Flucht. — ETMEK. fuir, se soustraire. | davon fliehen.

a استحاضه istiḥâḍe. [Denom. v. حیض]. Sbst. Medic.: hémorragie. | starker Blutfluss (bei Frauen).

a استحاله istiḥâle und استحالت istiḥâlet. [حول X.] Sbst. changement de l'état, de position; manière de l'état d'une chose. | Veränderung des Zustandes, der Wesens oder der Lage, Umwandlung; Prüfung des Zustandes einer Sache. Theol.: die Verwandlung, welche mit einem gewissen Gegenstande durch Vermittelung eines andern vorgeht. — ETMEK. changer, subir un changement. | verändern, sich verwandeln. — OLMAMAK. être absurde, impossible. | widersinnig, unmöglich sein.

a استحباب istiḥbâb. [حبّ X.] Sbst. ترجیح تلویق action de choisir, d'affectionner. | Freundschaftsbezeugung, freundschaftliche Zuneigung, Freundschaftsschliessung; Beliebtheit. Theol.: eine gute Handlung, deren Unterlassung nicht als Sünde gerechnet wird. Gewohnheitsbrauch.

a استحداث istiḥdâṯ. [حدث X.] Sbst. action de produire, faire q. ch. de nouveau. — ETMEK. trouver q. ch. de nouveau. | etwas Neues hervorbringen; etwas für neu halten.

a استحسان istiḥsân. [حسن X.] Sbst. [illegible] approbation, jugement favorable. | Gutheissung, Billigung. — ETMEK. approuver, louer, aimer und gut finden, Gefallen an etwas haben, als eine Gunst ansehen. — OLUNMAK. plaire. | gefallen, für schön gelten.

a استحصال istiḥṣâl. [حصل X.] Sbst. acquisition, action d'acquérir, d'obtenir. | Erlangung, Erwerbung. — ETMEK. obtenir. | erlangen, erwerben.

a استحصان istiḥṣân. [حصن X.] Sbst. action de se retrancher. | Verschanzung. — ETMEK. se retrancher. | sich verschanzen (in einer Festung).

a استحضار istiḥḍâr. [حضر X.] Sbst. présentation, citation, invitation. | Einführung, Vorstellung, Darstellung, Einladung, Vorladung. — ETMEK. présenter, citer, faire comparaître, inviter. | Jemanden vorstellen, vorladen, zu sich bescheiden, einladen.

a استحفاظ istiḥfâẓ. [حفظ X.] Sbst. das Auswendiglernen. — ETMEK. savoir ou apprendre par cœur; prier q. qn. de se rappeler de q. ch. | auswendig wissen, auswendig lernen; Jemand bitten, sich einer Sache zu erinnern.

a استحقار istiḥqâr. [حقر X.] Sbst. mépris. | Geringschätzung. — ETMEK. mépriser. | geringschätzen. Bir geringfügig halten Jemand mit Verachtung begegnen. استحقار النفس abaissement; Demüthigung, Unterwerfung.

a استحقاق istiḥqâq. [حقّ X.] Sbst. action de juger digne, être digne de q. ch.; droit qu'on a; mérite. | richtige Schätzung, gerechte Beanspruchung, Recht an oder auf etwas; Verdienst. — ETMEK. mériter, être digne. | verdienen, würdig sein. فوق استحقاقندن ... زیاده استحقاقه ایمک Jemandem mehr als Recht, mehr als er verdient, strafen.

a استحقان istiḥqân. [حقن X.] Sbst. — ETMEK. prendre, se donner un lavement. | ein Klistier nehmen oder geben. s. [illegible]

a استحکام istiḥkâm. [حکم X.] Sbst. محکم ایلمق ، محکم ایله affermissement, consolidation, fortification. | Festigung, Stärkung, Befestigung; Festigkeit, Stärke. — ETMEK (mit dem Accus.) und — VERMEK (mit dem Dativ.) affermir, fortifier. | kräftigen, befestigen. اردوده استحکام ویرمک das Lager befestigen.

a استحکامات istiḥkâmât. Sbst. Plural. fortifications, retranchements; art de fortifier. | Befestigungen, Festungswerke; Befestigungskunst.

a استحلاف istiḥlâf. [حلف X.] Sbst. یمین ایله confirmation par serment. | eidliche Bekräftigung. — ETMEK. jurer, témoigner, protester par serment. | schwören, einen Eid beschwören.

a استحلال istiḥlâl. [حلّ X.] Sbst. حلال تلویق — ETMEK. regarder comme licite, s'accorder avec q. qn. | für erlaubt halten, sich mit Jemand bezüglich seiner Ansprüche an eine Sache in verständigen suchen.

a استحماق istiḥmâq. [حمق X.] Sbst. احمقلق ایله sottise, stupidité. | Albernheit, Dummheit. — ETMEK. faire une sottise. | eine Albernheit begehen. — BULUNMAK. devenir albern, albern werden.

a استحمال istiḥmâl. [حمل X.] Sbst. کندو اوزرینه آلمق action de charger soi-même ou se mêler de q. ch., commission. | Uebernahme einer Sache, Beauftragung. — العدوان Uebernahme von Schulden; Verschuldung, in Schulden gerathen.

a استحمام istiḥmâm. [حمّ X.] Sbst. غسل ایله action de prendre un bain chaud. | das Baden in heissem Wasser. — ETMEK. se laver avec de l'eau chaude. | sich waschen oder baden, insbesondere mit heissem Wasser.

a استحیا istiḥyâ. [حیی X.] Sbst. [illegible] confusion, honte. | Erröthung (vor Scham). — ETMEK. avoir honte. | sich schämen.

a استخاره istiḫâre. [خیر X.] Sbst. خیر استخاره divination au moyen du Coran; attente d'un bon présage. | Befragung des Korans, um in zweifelhaften Fällen zu einem Entschlusse zu gelangen; Erwartung eines guten Omen oder Traumes, Deutung eines Vorzeichens. — ETMEK. désirer, vouloir le bien; stehhalter [illegible] | [illegible] guten Erfolg eines Unternehmens wünschen.

a استخبار istiḫbâr. [خبر X.] Sbst. خبر صورمق action d'interroger, information. | Erkundigung, Erfahren einer Neuigkeit. — ETMEK. interroger, demander des nouvelles, apprendre des nouvelles. | sich erkundigen, etwas Neues erfahren.

a استخدام istiḫdâm. [خدم X.] Sbst. [illegible] emploi. | Dienstverwendung, Dienstanstellung; Verpflichtung in einem Amte. — ETMEK. employer q. qn à un service; installer dans une place. | einen als Diener anstellen, in Dienst nehmen, in ein Amt einsetzen. Rhetor.: Redefigur, vermöge welcher von mehreren Bedeutungen eines Wortes, die eine durch das Wort selbst, die anderen durch Fürwörter ausgedrückt werden. v. Mehren Rhet. S. 107.

a استخفا istiḫfâ. [خفی X.] Sbst. [illegible] occultation, abstinence. | Unterwerfung, Unterwürfigkeit, Gehorsam. — ETMEK. se soumettre et obéir à q. qn. | sich unterwerfen, gehorchen, gehorsam sein.

p استخر istaḫr. Sbst. کول lac, étang. | See, Teich.

p استخر istaḫr. N. pr. Persepolis.

a استخراج istiḫrâǧ. [خرج X.] Sbst. [illegible] action de tirer, de sortir, d'extraire, de faire sortir; détermination par calcul, résultat. | d. Herausziehen, Herausbringen, Hinausreiben; Schlussfolgerung, Resultat (einer Rechnung u. dgl.). — ETMEK. extraire, tirer dehors, faire un extrait, déterminer (par calcul). | herausziehen, herausbringen, ausziehen, einen Auszug machen, ans Licht bringen, ein Resultat gewinnen.

a استخفا istiḫfâ. [خفی X.] Sbst. خفایی ایله action de se cacher. — ETMEK. se cacher. | sich verstecken, sich verbergen.

a استخفاف istiḫfâf. [خفّ X.] Sbst. خفیف تلویق action de regarder comme peu de chose, déprécier. | Geringschätzung, Hintansetzung einer Sache. — ETMEK. regarder comme de peu d'importance, compter pour rien, mépriser. | eine Sache leicht nehmen, eine Sache oder Person gering achten.

a استخلاص istiḫlâṣ. [خلص X.] Sbst. خلاص ایله action de délivrer, de s'épurer, de prendre pour soi; intégrité, sincérité. | Befreiung, Läuterung, Lauterkeit der Gesinnung, Aufrichtigkeit. Zueignung einer Sache. — ETMEK. s'épurer, délivrer et chercher à procurer la liberté, reclamer une chose tout entière pour soi. | sich läutern; befreien; sich aneignen.

a استخلاف istiḫlâf. [خلف X.] Sbst. — ETMEK. nommer q. qn pour son successeur, le désigner comme son suppléant. | einen zu seinem Nachfolger oder Stellvertreter ernennen.

p لسكلوان [illegible] Sbst. [illegible] Kern eines [illegible], Kern einer Frucht

[illegible]

[illegible] [illegible] X.] Subst. [illegible] trouver mince, faible ou chétif. | etwas für zart, schwach, kläglich halten.

[illegible]

[illegible] Subst. [illegible] grossière de coton: doublure; [illegible] de cette étoffe qu'il en faut pour doubler un vêtement. | [illegible], das für das [illegible] eines Kleides nötige Stück Zeug.

[illegible] adj. [illegible] doublé (un vêtement). | gefüttert.

[illegible]

[illegible] Subst. [illegible] das Hemmen.

[illegible] [illegible] Femme sté- rile. | eine unfruchtbare Frau.

[illegible] X.] Subst. [illegible] — [illegible] perdre haleine, se reposer, [illegible]. | Athem schöpfen, [illegible]; rasten, [illegible].

[illegible] Subst. [illegible] | [illegible].

[illegible] X.] Subst. [illegible] action d'intimider. | Ein- schüchterung. — [illegible] intimider q. qu.; faire peur à q. qu. | Jemand in Furcht jagen, zum Fürchten machen, einschüchtern.

[illegible] X.] Subst. [illegible] action de donner ou de recevoir en gage. | Pfandnahme; Verpfän- dung.

[illegible] Subst. état à [illegible]; [illegible] de [illegible]. | [illegible].

[illegible] X.] Subst. der Wunsch mehr zu erhalten. — [illegible] demander de l'augmentation, de l'ac- croissement. | die Zunahme, Vergrösserung, Ver- mehrung einer Sache wünschen, Zulage ver- langen; ein Geschenk für zu gering halten.

[illegible] X.] Subst. [illegible]. | Kräftigung eines [illegible] — [illegible] fortifier, prier de rendre. | Jemand [illegible] Kraft [illegible].

[illegible] X.] Subst. — [illegible] faire glisser ou trébucher q. qu. | [illegible] Jemand [illegible].

[illegible] X.] Subst. [illegible] Verspottung, Verlachung. — [illegible] prendre q. qu. pour objet de dérision, se mo- quer de q. qu. | einen verspotten, sich über Jemand lustig machen.

[illegible] X.] [illegible] Subst. [illegible]. | [illegible].

[illegible] X.] Subst. [illegible] d'une faveur, d'une grâce. | Bitte um eine Gunst. — [illegible] espérer quelque bien- fait, pompe, [illegible], se flatter de q. ch. [illegible], [illegible] de la félicité. | etwas für eine glückliche [illegible] halten, sich an einer

Sache [illegible]. — Glück suchen, Glück finden.

[illegible] X.] Subst. [illegible] pluie, [illegible] continuelle, [illegible], prières pendant le temps de sécheresse pour obtenir de la pluie. | die Wasserwacht, heftiger Durst. Ge- bete um Regen u. s. w. [illegible]. — [illegible] demander [illegible] à boire; implorer la pluie. | (beständig) zu trinken verlangen; um Regen bitten.

[illegible] X.] Subst. action d'extraire. | Herausziehen. — [illegible] tirer, extraire. | herausziehen, [illegible].

[illegible] X.] Subst. action de se soumettre au jugement d'autrui; adoption de [illegible]. | Ergebung, Unter- werfung, Gehorsam; Bekehrung zum Islam; Bekenntniss des Islam. — [illegible] se soumettre, se rendre à discrétion; obéir; suivre le chemin droit. | sich ergeben, sich bekehren; auf dem rechten Wege bleiben.

[illegible] X.] Subst. [illegible] action de s'appuyer. — [illegible] s'appuyer sur q. ch. | sich auf etwas stützen, auf etwas lehnen.

[illegible] X.] Subst. — [illegible] trouver facile. | etwas für leicht halten, leicht finden.

[illegible] X.] Subst. [illegible] s'informer. | Erkundigung. — [illegible] interroger, demander, s'informer. | sich erkundigen.

[illegible] X.] Subst. [illegible] délibération, consultation. | Rathe- [illegible], Berathschlagung. — [illegible] deman- der conseil, se consulter avec q. qu. | um Rath fragen, sich Raths erholen. — [illegible] sich berathschlagen mit Jemand. [illegible] die [illegible], das [illegible].

[illegible] X.] Subst. [illegible]. — [illegible] regarder q. ch. [illegible] la garde-vue de la main; observer [illegible]. | die Hand an die Stirn halten, um die Augen vor den Sonnenstrahlen zu schützen; etwas aufmerksam betrachten.

[illegible] X.] Subst. [illegible] — [illegible] s'informer, avoir connaissance de q. ch. | Kenntniss von [illegible] haben oder erlangen; nach etwas fragen, zu [illegible].

[illegible] X.] Subst. action de chercher guérison, de chercher un remède. — [illegible] chercher un remède, se faire gué- rir. | Heilung von einer Krankheit suchen, sich ärztlich [illegible].

[illegible] X.] Subst. [illegible] action de réclamer l'inter- cession. | Bitte um Fürsprache, um Vermittelung.

[illegible] X.] Subst. transparence, diaphanéité. | Durchsichtigkeit eines Körpers. — [illegible] chercher à voir à travers un corps transparent; [illegible] un corps. | [illegible] durch [illegible] Körper zu sehen suchen, [illegible] einen Vorhang sehen.

[illegible] X.] Subst. [illegible] action de flairer. | Wahrnehmung durch den Geruch, Witterung. — [illegible] sentir. | etwas riechen, wittern; etwas von einer Sache [illegible].

[illegible] X.] Subst. [illegible] martyre. | Zeugenschaftsforderung, Berufung auf Zeu- gen, Märtyrertum. — [illegible] témoigner, prendre à témoin; désirer de souffrir le martyre. | etwas bezeugen, [illegible] zum Zeugen [illegible], den Tod als Märtyrer sterben oder [illegible].

[illegible] X.] Subst. [illegible] célébrité; [illegible]. | Berühmtheit, [illegible] Verbreitung. — [illegible] chercher la célé- brité; se rendre célèbre. | nach Berühmtheit streben, Berühmtheit erlangen.

[illegible] X.] Subst. [illegible] acquisition (particulièrement d'un [illegible]), [illegible] la perte intégrale d'une chose. | Erwerbung [illegible], Belagerung, [illegible], Beute; Ver- [illegible]; des Zugehörens zu einer Sache. — [illegible] prendre pour [illegible]; prendre avec soi, prendre en possession; prendre le parti de q. qu. | mit sich nehmen; Jemand als [illegible] Gefährten oder Begleiter ansehen; etwas er- [illegible]; in Besitz nehmen; eine Sache bei sich führen, [illegible]; für Jemand Parthei nehmen.

[illegible] X.] Subst. [illegible] — [illegible] prendre q. ch. pour vrai; chercher à corriger, à rectifier. | für wahr und richtig halten; etwas richtig zu ma- chen suchen, sich der Correctheit befleissigen.

[illegible] X.] Subst. [illegible] état d'être difficile. Schwie- rigkeit (einer Sache).

[illegible] X.] Subst. [illegible] correction. | Besserung.

[illegible] X.] Subst. [illegible] action d'approuver. | Billigung. — [illegible] approuver, agréer. | billigen, schön finden, Gefallen an etwas haben; für [illegible] halten.

[illegible] X.] Subst. [illegible] dérision. — [illegible] rire de q. qu., se moquer de q. qu. | Jemand verlachen, sich über Jemand lustig machen.

[illegible] X.] Subst. faiblesse. | Schwäche. — [illegible] regarder comme faible. | für schwach halten.

[illegible] X.] Subst. recueillement. | Zusammenfassung.

[illegible] X.] Subst. action d'induire en erreur; séduction. | Ver- führung. — [illegible] induire en erreur. | Jemand zu verführen suchen.

[illegible] Tahlil [illegible]

[illegible] X.] Subst. [illegible] appréciation; purification; [illegible]. | Billigung, Reinigung. — [illegible] trouver bon, apprécier, préférer; cher- cher à se rendre propre; se nettoyer (après les [illegible]). | billigen, [illegible]; — sich abputzen [illegible] den Akte mit Wasser [illegible].

[illegible] VIII.] Subst.

[illegible] — [illegible]. | [illegible]

ه استمناك [illegible] [منك X.] Subst. [illegible]

ه استعواء [illegible] [عوى X.] Subst. [illegible] action de crier pour demander justice. | Lauter Ruf um Gerechtigkeit, um Hülfe. — [illegible] crier. | laut rufen, schreien. [illegible]

ه استمداد [illegible] [مدد X.] Subst. [illegible]

[illegible]

choses mondaines. | [illegible] Geringschätzung irdischer Güter; Theol. Sef. der vierte Grad der mystischen Weisheit, welcher nach der معرفت (Erkenntniss) folgt und dem توحيد (d. mystischen Vereinigung mit Gott) vorangeht. — [illegible] n'avoir pas besoin, dédaigner. | nicht nöthig haben, nicht bedürfen, sich stellen als ob man die irdischen Güter nicht bedürfe. [illegible] der Erklärung nicht bedürfen.

ه استغنام [illegible] [غنم X.] Subst. action d'aller faire du butin. — [illegible] aller butiner. | auf Beute und Raub ausziehen.

استف [illegible] (ital. stiva). Subst. arrimage, cargaison, ordre, arrangement (Mar.). Adj. plein, farci, rangé. Subst. Packung, Stauung, Gleichgewicht, Ordnung. Adj. vollgestopft, gepackt, aufgeschichtet. — [illegible] charger en [illegible]

[illegible]

[illegible] se retirer; éviter avec [illegible] | die Einsamkeit suchen, sich von andern absondern, allein bleiben.

ه استفرار [illegible] [فرّ X.] Subst. [illegible] action de s'enfuir, de s'échapper. | Entweichen. — [illegible] chercher à s'enfuir, s'échapper, se soustraire. | zu fliehen suchen, sich heimlich davonmachen.

ه استفراز [illegible] [فرز X.] Subst. [illegible] action de séparer. | Trennung, Scheidung.

ه استفراع [illegible] [فرع X.] Subst. [illegible] action de commencer | das Anfangen, Beginnen.

ه استفراغ [illegible] [فرغ X.] Subst. [illegible] vomissement. | Erbrechen. — [illegible] vomir. | sich erbrechen.

ه استفساد [illegible] [فسد X.] Subst. [illegible]

[illegible]

o استكلال [illegible] [كل X.] Sbst. [illegible] action de construire [illegible] [illegible] des détails pour le [illegible]. — [illegible] acheter à crédit; [illegible], arriver. | etwas auf Credit nehmen, lange [illegible], [illegible].

[illegible] استكمال [illegible] [كمل X.] Sbst. [illegible] action de chercher à rendre complet; achèvement, perfection. | Mühe, die man sich giebt, um etwas fertig zu machen, Vervollkommnung, Vollendung, Vervollständigung. — [illegible] achever, compléter. | vollenden, vervollständigen, zu Stande bringen.

o [illegible] [كن X.] Sbst. [illegible] état d'être gardé et loin des regards du monde. | Verborgenheit. — [illegible] garder, cacher. | verbergen, an einem verborgenen Orte aufbewahren.

o [illegible] [كنه X.] Sbst. action de chercher à atteindre le bout, l'extrémité, le fond d'une chose; attention. | gründliche Untersuchung einer Sache, grosse Aufmerksamkeit. — [illegible] chercher à approfondir, [illegible], faire attention. | [illegible], einer Sache auf den Grund gehen; genau Achtung geben.

p [illegible] Sbst. [illegible] à poissons. | Teich, Fischteich.

o استلاب [illegible] [سلب VIII.] Sbst. [illegible] rapine, pillage, spoliation. | Raub, Diebstahl, Plünderung. — [illegible] ravir, piller, dépouiller, voler. | rauben, stehlen, plündern.

o استلاح [illegible] Tahrif v. [illegible]

o استلال [illegible] [سل VIII.] Sbst. action de tirer, d'extraire — [illegible] tirer (le sabre du fourreau). | herausziehen, z. B. das Schwert aus der Scheide.

[illegible]

o [illegible] [لو X.] Sbst. [illegible], exigeante. — [illegible] trouver [illegible], exiger, rendre [illegible]. | etwas für [illegible] halten; etwas fordern, [illegible].

o [illegible] [لقى X.] Sbst. état d'être couché sur le dos. | das auf dem Rücken liegen.

[illegible]

o [illegible] [VIII.] Sbst. [illegible] faire une visite à q. qn.; [illegible] favorable de q. qn. d'après sa physionomie. | Jemand einen Besuch machen; sich von Jemandem je nach seiner Gesichtszügen eine günstige Meinung bilden.

o [illegible] [ملى X.] Sbst. [illegible] action de faire un don. Schenkung.

o [illegible] [ميز X.] Sbst. séparation; distinction. | Absonderung, Trennung, Unterscheidung.

o [illegible] [سمع VIII.] Sbst. [illegible] action d'entendre, des Hören, Horchen. — [illegible] entendre, prêter une oreille attentive à q. qn., être aux écoutes, chercher à saisir ce qu'on dit. | hören, horchen, auf etwas hören, aufmerksam zuhören.

[illegible]

o [illegible] [مال X.] Sbst. action de se pencher, de s'incliner vers q. ch.; de chercher à se concilier, à se rendre favorable q. qn.; caresse, flatterie, conciliation, consolation. | Zuneigung, Schmeichelei, Liebkosung, Versöhnung, Tröstung, Ermuthigung. — [illegible] se pencher, être porté vers q. ch. ou q. qn., chercher à se concilier, à se rendre favorable q. qn., caresser, flatter q. qn. | Zuneigung zu einer Sache oder Person haben, sich Jemand geneigt zu machen, sich mit Jemand zu versöhnen suchen, einem schmeicheln oder liebkosen.

o [illegible] [منع X.] Sbst. [illegible] action de profiter de q. ch.; usufruit. [illegible] einer Gelegenheit; Niessbrauch von einer Sache. — [illegible] profiter, jouir de q. ch., avoir l'usufruit de q. ch. | von einer Sache Nutzen ziehen, eine Sache geniessen. Theol. der Brauch, welchen man bei Gelegenheit der Wallfahrt des anderen in der Umgegend von Mekka gelegenen heiligen Orten abstattet.

[illegible]

o [illegible] [مهل X.] Sbst. [illegible] action de demander du secours; prolongation, prorogation. | Nachsuchen um Hülfe, längere Frist. — [illegible] demander du secours; proroger le terme. | um Hülfe bitten; die Frist verlängern.

o [illegible] [مر X.] Sbst. [illegible] durée, continuation, persévérance. Dauer, Fortdauer, Beständigkeit, ununterbrochene Dauer. — [illegible] durer, continuer; faire continuer; s'éloigner. | fortdauern, fortdauern lassen; fortgehen, weggehen.

[illegible]

[illegible] de l'état moral de q. qn. avant de se lier avec lui. | Jemandes Neigung suchen, nachdem man seinen Charakter kennen gelernt; vgl. استراج

o [illegible] [مسك X.] Sbst. [illegible] action de saisir, tenir, de se contenir, continence. | das Ergreifen und Festhalten; Enthaltsamkeit, Selbstbeherrschung. — [illegible] se contenir, être maître de soi, se refuser q. ch. sich selbst beherrschen, sich einer Sache enthalten, sich etwas versagen.

o [illegible] [مطر X.] Sbst. [illegible] — [illegible] demander de la pluie. | um Regen bitten. — [illegible]

[illegible]

[illegible] (Ali Nebie.) und [illegible] (LT.) Aor. [illegible] Vb act. chercher, demander; désirer, exiger, vouloir, chercher à faire [illegible] suchen (— p. [illegible] LT.); verlangen, wünschen, fordern, [illegible] wollen, [illegible] [illegible]

[illegible]

o [illegible] [ملا X.] Sbst. [illegible] — [illegible] faire écrire, dicter; écrire sous la dictée. | einem etwas dictiren, Jemand etwas niederschreiben lassen; sich etwas dictiren lassen.

o [illegible] [مل X.] Sbst. [illegible] Langeweile, Ueberdruss an einer Sache. — [illegible] s'ennuyer de q. ch. | sich langweilen, Ueberdruss empfinden.

o [illegible] [X.] Sbst. [illegible]

o [illegible] [من X.] Sbst. action de chercher à se concilier la faveur de q. qn. [illegible] nach Jemandes Gunst (durch eine Gefälligkeit, die man ihm erweist).

[illegible] Sbst. fièvre intermittente. | Fieber, Wechselfieber. [illegible]

[illegible] Adj. [illegible] fièvre; qui cause la fièvre [illegible] | [illegible] Fieber [illegible]

o [illegible] [مهل X.] Sbst. action de demander un délai. Bitte um Aufschub, um Frist. — [illegible] demander délai ou prorogation | um Aufschub, um Nachsicht, um Frist bitten.

p [illegible] Sbst. [illegible]

1 a لسفن ASFYN Sbst. partie inférieure d'une chose, base | der untere Theil einer Sache, Boden. LT. [illegible]

p لسفن [illegible] Sbst. [illegible] | [illegible].

a [illegible] ISTINÂD. [سند VIII.] Sbst. [illegible] action de s'appuyer. — ETMEK. s'appuyer sur q. ch., se fier à q. qu.; prendre q. ch. comme la base de ses opérations | sich auf etwas stützen, sich auf Jemand verlassen (mit dem Dativ); als Basis seiner Operationen nehmen (Rechnen); auf etwas ruhen.

a [illegible] ISTINŠÂ. [نشر X.] Sbst. action de boire, [illegible] | [illegible]. — ETMEK boire, [illegible] | [illegible].

a [illegible] ISTINÂMET. [نوم X.] Sbst. action de s'endormir, de faire semblant de dormir. | Einschlafen; verstellter Schlaf.

a [illegible] ISTINŠÂ. [نشو X.] Sbst. [illegible] — ETMEK. demander des nouvelles, s'informer. | fragen, sich nach etwas Neuem erkundigen.

a [illegible] ISTINŠÂF. [نشف X.] Sbst. [illegible] action d'essuyer. | [illegible]. — ETMEK. essuyer. | [illegible].

a [illegible] ISTINBÂṬ. [نبط X.] Sbst. [illegible] action de faire sortir, d'extraire; extraction, déduction (logique), induction; application. | das Hervorbringen, Herausziehen; Logik: Folgerung; Auslegung, Erklärung, Anwendung auf etwas. [illegible] das aus dem Brunnen hervorgegangene Wasser. [illegible] etwas folgern, ohne daran gedacht zu haben.

a [illegible] ISTINTÂĠ. [نتج X.] Sbst. conclusion d'un syllogisme. | Schlussfolgerung. — conclure, tirer une conséquence. | folgern, schliessen. — OLUNMAK. résulter d'une chose. | aus einer Sache folgen, daraus hervorgehen.

a [illegible] ISTINŠÂR. [نشر X.] Sbst. action de se moucher. — ETMEK. se moucher. | sich schnäuzen; spec. indem man beim Waschen das Wasser in die Nase zieht und wieder ausschnaubt.

a [illegible] ISTINǴÂ. [نجو X.] Sbst. action de se nettoyer après avoir été à la selle. | die Reinigung nach natürlichen Verrichtungen. — ETMEK. ôter q. ch. de sa place; nettoyer, purifier. | etwas wegnehmen, reinigen.

a [illegible] ISTINǴÂḤ. [نجح X.] Sbst. action de mener à bonne fin. | glückliches Zu-Ende-bringen einer Sache. — ETMEK. dépêcher q. ch., demander de dépêcher q. ch. | eine Sache beschleunigen, Jemand um Beschleunigung einer Angelegenheit bitten.

a [illegible] ISTINǴÂD. [نجد X.] Sbst. [illegible] — ETMEK. invoquer l'assistance de q. qu. pour faire q. ch. | Jemand bei einem Geschäft um Hülfe oder Beistand bitten.

a [illegible] ISTINǴÂS. [نجس X.] Sbst. [illegible] — ETMEK. se souiller, souiller. | [illegible], sich beschmutzen.

a [illegible] ISTINḪÂS. [نحس X.] Sbst. recherche, enquête. | Nachforschung. — ETMEK. s'enquérir avec soin d'une chose. | Nachforschung anstellen, einer Sache nachforschen.

p [illegible] s. [illegible]

a [illegible] ISTINZÂL. [نزل X.] Sbst. [illegible]

a [illegible] ISTINSÂ. [نسأ X.] Sbst. [illegible] action de demander un délai. | Bitte um Aufschub, um Stundung (einer Schuld). — [illegible]

a [illegible] ISTINSÂB. [نسب X.] Sbst. action d'interroger q. qu. sur sa généalogie; de tirer son origine de q. qu.; de retracer son origine, sa généalogie. | Frage nach Jemandes Herkommen; Angabe seiner Abkunft, seines Ursprungs oder Stammbaums.

a [illegible] ISTINSÂḪ. [نسخ X.] Sbst. action de copier, de transcrire. | Copierung, Abschrift. — ETMEK. copier, transcrire, mettre au écrit au net; — effacer (l'original). | die Copie von einem Bilde machen; eine Abschrift machen, ins Reine schreiben; vergleichen (das Original).

a [illegible] ISTINŠÂD. [نشد X.] Sbst. — ETMEK. demander à q. qu. qu'il récite un poëme. | Jemand bitten, ein Gedicht vorzutragen.

a [illegible] ISTINŠÂQ. [نشق X.] Sbst. action d'aspirer q. ch. dans les narines | Einschnaubung (z. B. des Schnupftabaks, des Wassers bei Vollziehung der Waschung). — ETMEK. attirer par les narines (une poudre), aspirer une odeur, sentir, flairer, aspirer de l'eau par les narines. | einschnauben, schnupfen; riechen, einen Duft einathmen; beim Waschen das Wasser in die Nase ziehen.

a [illegible] ISTINṢÂḤ. [نصح X.] Sbst. [illegible] action de consulter q. qu. | Rathserholung. — ETMEK. consulter q. qu. | Jemand um Rath fragen; sich Raths erholen.

a [illegible] ISTINṢÂR. [نصر X.] Sbst. [illegible] action d'invoquer le secours de q. qu. contre un autre. | Bitte um Beistand und Vertheidigung. — ETMEK. demander de l'assistance; prendre un aide q. qu. pour défenseur. | Jemand um Hülfe bitten; Jemand als Vertheidiger haben oder nehmen.

a [illegible] ISTINṢÂF. [نصف X.] Sbst. [illegible] action de régler, de clore un compte | Abrechnung. — ETMEK. compter ensemble, être quitte. | mit einander abrechnen, quitt sein, sich einer Verpflichtung entledigen.

a [illegible] ISTINṬÂF. [نطف X.] Sbst. [illegible] des parties naturelles après avoir fait l'ablution. | Besprengung der Schamtheile mit Wasser, nach vollzogener Waschung.

a [illegible] ISTINṬÂQ. [نطق X.] Sbst. [illegible] action d'interroger. | Befragung. — ETMEK. s'informer, questionner. | fragen, sich erkundigen, verhören.

a [illegible] ISTINẒÂR. [نظر X.] Sbst. [illegible] action de demander un délai. | Bitte um Aufschub, um Stundung (einer Schuld). — [illegible]

a [illegible] ISTINFÂR. [نفر X.] Sbst. [illegible] action de s'enfuir (des animaux); frayeur, horreur. | scheues Fliehen der Thiere; Entsetzen, Abscheu vor etwas. — ETMEK. faire fuir, effaroucher. | scheu machen, verscheuchen. — OLUNMAK. s'enfuir, se sauver; abhorrer. | scheu davon fliehen; sich entsetzen vor etwas.

a [illegible] ISTINFÂQ. [نفق X.] Sbst. [illegible] action de dépenser (son argent,

a [illegible] ISTINQÂẔ. [نقذ X.] Sbst. [illegible] action de délivrer, délivrance | Loslassung. — ETMEK. délivrer. | loslassen, freilassen.

a [illegible] ISTINQÂŠ. [نقش X.] Sbst. action de dessiner, peindre, broder. | Bildwerk (Zeichnen, Malen, Sticken u. s. w.)

a [illegible] ISTINQÂṢ. [نقص X.] Sbst. action de chercher à diminuer le prix d'une chose. — ETMEK. marchander q. ch. | vom Preise abhandeln.

a [illegible] ISTINKÂH. [فقه X.] Sbst. [illegible] action de comprendre. — ETMEK. comprendre, saisir le sens de q. ch.; demander à q. qu. d'expliquer q. ch. | begreifen, einsehen, verstehen; um Erklärung bitten, zu verstehen suchen.

a [illegible] ISTINKÂḤ. [نكح X.] Sbst. [illegible] action de contracter mariage, recherche d'une fille. | Eheschliessung, Bewerbung.

a [illegible] ISTINKÂR. [نكر X.] Sbst. [illegible] action de nier, de désapprouver, dénégation. | Verläugnung, Verneinung. — ETMEK. nier, désapprouver; ignorer, s'excuser par ignorance; demander à q. qu. une chose que celui-ci ignore. | läugnen, verläugnen, sich mit Nichtwissen entschuldigen; Jemanden über Dinge befragen, die er nicht weiss.

a [illegible] ISTINKÂF. [نكف X.] Sbst. action de refuser, de se détourner de q. ch.; action de se montrer fier, orgueilleux; mépris ou frayeur qu'on a pour q. ch. | Verweigerung, Verwerfung (einer Bitte); Verachtung oder Abscheu, die man gegen eine Sache zeigt; Stolz, Hochmuth. — ETMEK. refuser q. ch.; se détourner de q. ch. (avec mépris, dédain); rejeter q. ch.; s'effrayer de q. ch.; être fier, orgueilleux. | etwas verweigern, rund abschlagen; andere verächtlich begegnen; einer Sache entsagen, eine Sache verwerfen, sich von etwas gänzlich lossagen, eine Sache abschwören. — [illegible] sich vor einer Sache schämen — s. [illegible] oder [illegible]

a [illegible] ISTINHÂ. [نكه X.] Sbst. action de sentir l'haleine de q. qu. | das Anriechen, (um zu erkennen, ob Jemand Wein getrunken). — ETMEK. chercher à découvrir q. ch. | eine Sache auskundschaften, zu ergründen suchen.

[illegible] und [illegible] s. [illegible]

[illegible] ISTINÂBET. s. [illegible]

a [illegible] ISTINHÂǴ. [نهج X.] Sbst. action de suivre le chemin qu'un autre a suivi (de manière qu'il n'y ait pas à s'y tromper). | Nachgehen auf dem Wege, den ein anderer gegangen, so dass man nicht irren kann.

a [illegible] ISTINHÂẒ. [نهض X.] Sbst. [illegible] action d'exciter. — ETMEK. exciter q. qu., engager q. qu. à se mettre à q. ch. | Jemand antreiben, zu einem Geschäft ermuntern.

[illegible] ISTIV, auch لستى Sbst. (Italien) [illegible] | [illegible]. vgl. [illegible]

a لستواء ISTIWÂ. I. [سوى VIII.] Sbst. égalité, état d'être égal; action de rendre égal, de se rectifier; action de se diriger tout droit vers ...; d'aller [illegible]

vom Feinde abhandeln. Ermuntigung des Trot-zes bitten.

a [illegible] istîtân [illegible] X.] Sbst. action de se fixer quelque part, de prendre domi-cile | Ansiedelung, Niederlassung. — etmek se fixer dans un lieu, faire d'un lieu sa de-meure, sa patrie. | sich in einem Lande an-sässig machen, in einer Gegend ansiedeln.

a [illegible] istî'âb. [illegible] X.] Sbst. action de s'emparer d'une chose toute entière; de faire entièrement, avec perfection; contenance, capa-cité. | vollständiges Begreifen einer Sache | Vollen-dung; der (räumliche) Inhalt (eines Gefässes). — etmek, contenir, renfermer, comporter; prendre entièrement, faire entièrement; dire tout; occu-per entièrement (un lieu) | fassen, halten, enthalten (von einem Raume), umgeben, um-fassen — [illegible]; alles umspannen, alles auf einmal nehmen, ganz und gar wegnehmen, einen Ort, einen Raum innehaben. [illegible] die Aufmerksamkeit in Anspruch nehmen.

[illegible]

jemgen zum Ziele, Sieg beim Wettlauf, Ober-hand, Ueberwältigung, Sieg. — etmek oder [illegible] atteindre le but, se rendre maître de q. ch.; avoir la supériorité, prédominer, pré-valoir | das Ziel erreichen; die Oberhand be-halten, die Oberhand gewinnen; jemanden über-wältigen, sich einer Sache bemächtigen (mit Gewalt oder unberechtigt); ein Land erobern (mit dem Accus. und mit dem Dativ des Objects).

a [illegible] istîlâd. [illegible] X.] Sbst. cohabitation avec une esclave, procréation avec une esclave, adoption de l'enfant d'une esclave | Bei-wohnen und Kindererzeugung mit einer Sclavin, Anerkennung des Kindes einer Sclavin.

p [illegible] istîn. s. [illegible]

a [illegible] istîs'âr [illegible] X.] Sbst. consul-tation, délibération. | Berathschlagung — etmek, consulter, délibérer, demander à q. qn. son avis. | sich berathen mit Jemand, um Rath fragen.

[illegible]

i [illegible] esvâr. s. [illegible]

a [illegible] esnâf. Sbst. les nations, c. à d. les Juifs et les Chrétiens; capitation payée par les Juifs et les Chrétiens; pièces de monnaie ornées de figures marquées ou attributs des vertus talismaniques. | die Unterworfenen, d. i. Juden und Christen; Kopfsteuer der Unter-worfenen — [illegible]; Münzen mit hieroglyphischen Zeichen, denen man besondere Kräfte zuschreibt.

a [illegible] esnâd. [illegible] IV.] Sbst. action de pencher la tête | Beugen des Hauptes. — etmek, pencher la tête, s'humilier, s'abaisser, se prosterner (devant Dieu). | den Kopf nieder-beugen, sich demüthigen, sich niederwerfen (im Gebet, vor Gott).

a [illegible] esnâd. Sbst. Pl. von [illegible]

t [illegible] oder [illegible] [illegible], vulg. [illegible] Adj. chaud | heiss, warm.

t [illegible] oder [illegible] [illegible] Sbst. chaleur. | Hitze, Gluth, Erhitzung.

[illegible]

[illegible] | die Löwin.

[illegible] Sbst. Pl. v. [illegible]

[illegible] Adj. u. Sbst. [illegible] de lion; monnaie qui porte l'empreinte d'un lion. | löwenhaft; ein Geldstück, welches das Gepräge eines Löwen trägt; Löwenpiaster.

[illegible] Sbst. verre, vitre. | Glas.

[illegible] Sbst. [illegible] action de lier, de faire prisonnier, de faire esclave. | Fesselung, Gefangennehmung, Wegführung in die Sclaverei. — [illegible] faire prisonnier. | zum Sclaven machen.

[illegible] Sbst. captivité, esclavage. | Gefangenschaft, Sclaverei.

[illegible] Sbst. rétention d'urine. | Urinverhaltung, Harnzwang.

[illegible] [illegible IV.] Sbst. [illegible] action de faire voyager, d'envoyer q. qu. | Absendung Jemandes.

[illegible] Sbst. Pl. v. [illegible]

[illegible] Sbst. [Pl. v. [illegible]] mystères, secrets; [illegible] comme singulier: [illegible] fait des feuilles de chanvre et d'autres plantes [illegible] et qui produit une [illegible] | Geheimnisse, geheime [illegible], Mysterien, [illegible]; geheime Verhandlungen und Vorträge. Als [illegible] Singular: eine [illegible] Bereitung der Blätter des Hanfes u. anderer [illegible] Pflanzen, [illegible]

[illegible]

ou en état d'exaltation. | einen Rausch oder Aufregung bewirken. LT. [illegible]

[illegible] oder [illegible] und [illegible] Vb. act. [illegible] | einen [illegible] u. d. Figür.

[illegible] oder [illegible] Vb. intr. être dans un état d'exaltation, par suite de tristesse, de passion, s'affliger, se passionner, [illegible] | in einem Rausche, in Aufregung des Gemüths sein (vor Betrübniss, Freude, Liebe, Mitleid) [illegible] (von Thieren). [illegible] und öfter.

[illegible] oder [illegible] Vb. act. garder, observer; élever, nourrir. [illegible] bewahren, [illegible] 2. [illegible] erziehen, [illegible] Q. u. LT. Deriv. [illegible] Vb. pass. être gardé etc. | bewahrt u. s. w. sein oder werden. [illegible] LT.

[illegible]

Sbst. (stepp[illegible]) [illegible] | [illegible] Abfall von Baumwolle oder Flachs.

[illegible] und [illegible] Sbst. [illegible] | [illegible]

[illegible] Sbst. (griechisch) nom d'un [illegible] | Name einer [illegible]

[illegible] Sbst. [illegible]

[illegible] Sbst. ([illegible]) principe, élément. | Grund, Grundlage, Element. Pl. [illegible] die vier Elemente.

[illegible] oder [illegible] Sbst. colonne, cylindre. | Säule, Pfeiler, Cylinder.

[illegible] [illegible IV] Sbst. action de [illegible] | [illegible]

[illegible] [illegible IV.] Sbst. action de rendre q. qu. heureux; assistance. | [illegible] — [illegible] rendre heureux; assister. | beglücken; beistehen.

[illegible] Sbst. Pl. v. [illegible]

[illegible]

p [illegible] [illegible] und [illegible] [illegible], s. [illegible]

p [illegible] [illegible]. Sbst. [illegible] éponge. | Schwamm.

p [illegible] [illegible]. Sbst. [illegible] [illegible] | Bast.

p [illegible] [illegible]. Sbst. général d'armée. | Heerführer.

p [illegible] [illegible]. Adj. [illegible] blanc. | weiss.

p [illegible] [illegible], auch [illegible] [illegible] vulg. [illegible] Sbst. blanc de céruse, fard blanc. | Bleiweiss, weisse Schminke, auch [illegible] [illegible] [illegible] antimoine. | Spiessglanz.

a [illegible] [illegible]. [[illegible] IV.] Sbst. action d'arroser, d'abreuver. | Bewässerung, Begiessung. — [illegible] arroser, donner à boire. | bewässern, begiessen; trinken lassen, zu trinken geben.

t [illegible] oder [illegible] [illegible]. Sbst. gril, grille, grillage; grillade. | Bratrost, Gitter (von Eisen); Rostbraten. — [illegible] griller. | auf dem Roste braten.

a [illegible] [illegible]. [[illegible] IV.] Sbst. [illegible] action de faire tomber. | das Fallenlassen. — [illegible] faire tomber q. ch. [illegible] un mot, s'échapper; trahir un secret; négliger, omettre, passer q. ch. | fallen lassen, ein Wort fallen oder sich entschlüpfen lassen, sich verplaudern, ein Geheimniss verrathen; etwas vernachlässigen, übergehen. [illegible] [illegible] [illegible] [illegible] [illegible]. | Fehlgeburt [illegible] [illegible] Erklärung des Verklagten, dass er sein Recht auf den [illegible] Gegenstand dem Kläger übertrage.

a [illegible] [illegible]. Sbst. Pl. v. [illegible] [illegible].

a t [illegible] [illegible] s. [illegible]

t [illegible] s. [illegible]

t [illegible] [illegible]. Sbst. [illegible] | [illegible]. [illegible] [illegible] [illegible]

t [illegible] [illegible]. Sbst. (sel [illegible]). [illegible] (Mar.). Senkblei. — [illegible] [illegible] faire la sonde, sonder la profondeur, au fig. sonder la pensée de q. qn. | das Senkblei auswerfen, die Tiefe erforschen, Jemandes Gedanken erforschen, Jemanden sondiren.

t [illegible] [illegible]. Vb. act. sonder. | das Senkblei auswerfen. [illegible] [illegible].

t [illegible] [illegible]. N. pr. [illegible]. | [illegible].

it [illegible] oder [illegible] [illegible]. Sbst. [illegible] (maladie); sorte de poisson de mer. | Scharbock, Kabeljau; ein Seefisch. — a [illegible]

gr [illegible] [illegible]. Sbst. (Gemüse) ail, scordium. | Lauch, Knoblauch.

gr [illegible] [illegible]. Sbst. [illegible]. [illegible] [illegible] [illegible]. | [illegible].

gr [illegible] [illegible]. Sbst. [illegible] [illegible] (plante et légume). | [illegible], [illegible], [illegible], — [illegible]

gr [illegible] [illegible]. Sbst. [illegible]. [illegible], [illegible]. | Makrele. [illegible]

t [illegible] [illegible] (engl.) Sbst. [illegible]. | [illegible], [illegible].

p [illegible] [illegible]. Sbst. [illegible] [illegible] messager, courrier. | Bote, Courier.

a [illegible] [illegible]. [[illegible] IV.] Sbst. [illegible] [illegible] action de calmer. — [illegible] faire taire, calmer; [illegible] q. qn.; satisfaire q. qn. | zum Schweigen bringen; Jemanden befriedigen; beruhigen; Jemanden überzeugen.

a [illegible] [illegible]. [[illegible] IV.] Sbst. [illegible] [illegible] Berauschung. — [illegible] enivrer, rendre ivre, [illegible]. | berauschen, betäuben.

a [illegible] [illegible]. Sbst. [illegible] [illegible] cordonnier. | der Schuster; auch [illegible]

a [illegible] [illegible]. [[illegible] IV.] Sbst. action de loger q. qn. | Beherbergung. — [illegible] loger q. qn.; faire rester, faire habiter, q. qn.; habiter, demeurer, être logé; s'établir; se fixer. | Jemanden an einem Orte wohnen lassen, ihm Wohnung geben; einen Ort bewohnen; an einem Orte leben, sich ansiedeln.

a [illegible] [illegible]. Sbst. [illegible] [illegible], [illegible] de la [illegible]. | Wade.

a [illegible] [illegible]; Dual. [illegible] [illegible]. Sbst. [illegible] (Anatom.). | [illegible].

t [illegible] s. [illegible]

t [illegible] [illegible]. Sbst. petit oiseau jaune. | ein kleiner gelber Vogel. arab. [illegible], pers. [illegible] [illegible] vgl. de Sacy Chrest. arab. III. p. [illegible].

p [illegible] [illegible]. Sbst. messager, courrier. | Bote, Eilbote, Courier vgl. [illegible]

a [illegible] [illegible]. Adj. [illegible], [illegible] ivre, enivré. | trunken, berauscht.

p [illegible] [illegible]. Sbst. [illegible] [illegible]. | [illegible], [illegible], [illegible].

it [illegible] [illegible], [illegible]. Sbst. [illegible]. | [illegible].

p [illegible] [illegible]. Sbst. petite [illegible]. | kleines [illegible], [illegible]. [illegible].

a t [illegible] [illegible]; auch [illegible] u. [illegible] oder [illegible] Sbst. bonnet, [illegible], bonnet de [illegible], bonnet de [illegible]. | Mütze, eine spitz zulaufende mit Gold verzierte Mütze, wie ehedem die Offiziere der Janitscharen und die Diener im kaiserlichen Palaste trugen. [illegible], [illegible], [illegible] [illegible] (v. Hammer, Staatsverf. des osm. Reichs. I. S. [illegible]). Mütze der Arbeiter. Pl. [illegible] [illegible].

t [illegible] oder [illegible] [illegible]. Sbst. [illegible] [illegible] de l'étoupe, [illegible] fin. | vom Werg gereinigter Flachs. [illegible] [illegible] feine Leinwand, [illegible] — a [illegible] [illegible].

t [illegible] [illegible], [illegible] (ital. scala) Sbst. échelle, débarcadère; port. échafaudage. | Landungstreppe, Anfahrt, Landungsplatz, Hafen, Ueberplatz; Gerüst (von Holz am Strande).

a [illegible] s. [illegible]

a [illegible] [illegible] oder [illegible] [illegible]. Sbst. [illegible], chaise. | Schemel, Stuhl.

a [illegible] [illegible]. Adj. tranquille, paisible. | ruhig, still, friedlich, bewohnbar.

p [illegible] [illegible] oder [illegible] [illegible]. Sbst. torture; question; peine. | Tortur, Folter, peinliches Verhör; Strafe. — [illegible] torturer; donner la question. | die Tortur anwenden, martern, quälen; Verhör anstellen; schmerzlich strafen. — [illegible] souffrir la question. | die Folter ausstehen, ein Verhör bestehen.

p t [illegible] [illegible]. Vb. act. torturer, appliquer la question. | foltern, verhören. — [illegible] [illegible].

p [illegible] [illegible]. Sbst. [illegible] [illegible] danseur de corde. | Seiltänzer.

p [illegible] [illegible]. Sbst. cippe, [illegible] (torture). | Folterbank.

a [illegible] [illegible]. N. pr. Alexandre.

p [illegible] [illegible]. Sbst. Dual. les deux os de la cuisse ou fémur. | die beiden Schenkelbeine.

p [illegible] [illegible]. Sbst. os de la cuisse, fémur. | Schenkelbein, Schenkel.

p [illegible] [illegible]. Sbst. achat; séparation. | Kauf, Einkauf; Sonderung.

a [illegible] [illegible]. Sbst. [illegible] cordonnier. | der Schuster; auch [illegible]

a t [illegible] [illegible]. Sbst. bonnet. | Mütze. v. [illegible]

a t [illegible] [illegible]. Sbst. — [illegible] bonnet. | Mütze.

t [illegible] und [illegible] s. [illegible]

t [illegible] [illegible]. Adj. u. Sbst. vieux, ancien; usé; [illegible], [illegible]. | alt, [illegible], von lange her; durch lange Gewohnheit [illegible]; gebraucht, abgenutzt. das Alter, ein Alter, Veteran. [illegible] die alte Zeit. [illegible] alte Frau, alte Gattin. [illegible] alter Wein. [illegible] mein alter Freund. [illegible] ein veraltetes Wort oder Ausdruck.

t [illegible] [illegible]. Vb. caus. v. [illegible]

t [illegible] [illegible]. Sbst. chiffonnier, [illegible]; savetier. | Trödler, Händler mit alten Kleidern, Lumpensammler, Altflicker.

p [illegible] [illegible]. Adj. prompt, vif. | schnell, lebhaft.

t [illegible] [illegible]. Vb. intr. v. [illegible] vieillir. | alt werden.

t [illegible] [illegible]. Vb. intr. v. [illegible]. Aor. [illegible] [illegible] vieillir, être usé, durer [illegible] longtemps. | alt werden, veralten, sich abnutzen; im Dienste alt werden, lange dauern; von lange her sein. [illegible] [illegible] vieux, usé. | alt, abgenutzt. [illegible] lange Zeit liegend [illegible] Harte. [illegible] [illegible] oder [illegible]. Aor [illegible] oder [illegible] [illegible] Vb. caus. rendre vieux, user q. ch. | machen, dass etwas alt wird, abnutzen, lange gebrauchen.

a [illegible] [illegible]. Sbst. [illegible] [illegible] [illegible]. | [illegible]

a [illegible] [illegible]. [[illegible] IV.] Sbst. action de consoler q. qn. | Trost, Tröstung. — [illegible] [illegible] consoler. | trösten.

a [illegible] [illegible]. Sbst. Pl. v. [illegible]

a [illegible] [illegible]. [[illegible] IV.] Sbst. [illegible] action d'arracher, d'enlever. — [illegible] [illegible], [illegible].

a [illegible] [illegible]. Sbst. Pl. v. [illegible]

a [illegible] [illegible]. [[illegible] IV.] Sbst. action de prêter à q. qn. (de l'argent, sans intérêt); action de faire précéder. | Vorausbezahlung, Darlehen ohne Zins. — [illegible] prêter sans intérêt; payer d'avance. | Geld vorschiessen, vorausbezahlen (eine Waare); [illegible].

a [illegible] [illegible]. [[illegible] IV.] Sbst. action d'introduire ou de passer une chose dans une [illegible] | Einfügung des [illegible] in das Andere — [illegible] [illegible], [illegible], [illegible] (l'un dans l'autre). | einfügen, in einander fügen, hineintreiben (einen Keil oder einen Nagel).

a اسلال [illegible] [سل IV.] Sbst. action de tirer ou d'extraire doucement (p. ex. le sabre du fourreau). — [illegible] extraire doucement; retirer, dérober q. ch. | (langsam) hervorziehen (z. B. den Säbel aus der Scheide); stehlen.

a اسلام [illegible] [سلم IV.] Sbst. (résignation, obéissance) l'islamisme. | (Ergebung.) der Islam, die Religion Mohammeds; die Gemeinde der Gläubigen. اهل اسلام die Gläubigen, Mohammedaner. شیخ الاسلام der Aelteste des Islam, d. i. d. Haupt der Gemeinde und der oberste Gesetzkundige und Gesetzausleger des Reichs.

t اسلامبول [illegible] N. pr. Constantinople. [illegible] Name Constantinopels für [illegible], welcher bedeuten soll „Ueberfluss des Islam".

a اسلامی [illegible] Adj. u. Sbst. musulman, mahométan; [illegible] ou appartenant à l'islamisme. | mohammedanisch, den Islam betreffend. احکام اسلامیه die mohammedanischen Dogmen. ممالک اسلامیه die Provinzen des türkischen Reichs.

t o اسلتق Vb. act. agiter. | bewegen (hin und her), schütteln, p. [illegible] LT.

a اسلحه [illegible], [illegible]. Sbst. Pl. v. سلاح armes. Waffen. اسلحهٔ ناریه [illegible] armes à feu. | Feuerwaffen. [illegible] [illegible], sans armes. | unbewaffnet.

t o اسلمق [illegible] [illegible]

a اسلم [illegible] Adj. qui est plus à l'abri, qui jouit de plus de sûreté; plus en sûreté, très-certain. | sicherer, sehr sicher, gewiss.

t o [illegible] s. [illegible]

t o اسلنمق Vb. act. [illegible] [illegible] [illegible]. [illegible], [illegible], [illegible]. Geruch verbreiten. [illegible] Vb. caus. [illegible] faire sentir l'odeur, donner à flairer. | riechen lassen. p. [illegible] LT.

t [illegible] oder [illegible] [illegible]. Vb. intr. Aor. [illegible] [illegible] écouter, obéir. | hören, gehorchen. [illegible] qui fait la sourde oreille. | einer der nicht hören will (von was ihn hört).

t [illegible] [illegible]. Vb. intr. s'enflammer, se [illegible], se [illegible], se rouiller. | [illegible] werden, schmutzig werden, schimmlich werden, rostig werden, anlaufen (von Metall). vgl. [illegible] oder [illegible]

a اسلوب [illegible] [arab. اسلوب] Sbst. chemin; manière, façon d'agir, méthode; ordre, belle proportion, symétrie | Weg; Art und Weise, Art, Handlungsweise, Methode; Ordnung, passende Zusammenstellung, Symmetrie. Pl. [illegible] manières d'agir, [illegible]. | Verfahrungsarten, Gewohnheiten, Weisen, Manieren.

a t اسلوبسز [illegible] Adj. sans ordre, sans méthode, informe. | ohne Ordnung, ohne Methode, ohne Form, formlos.

a t [illegible] [illegible]. Sbst. difformité, manière d'agir sans méthode. | Unförmlichkeit, Unordentlichkeit, unmethodisches Verfahren.

t o اسلوق [illegible]. Sbst. [illegible]; [illegible]. | Angst, Verwirrung. p. [illegible], [illegible] LT.

a اسلی [illegible] Adj. lettre [illegible] حروف اسلیه die [illegible].

t o اسلوی [illegible]. Adj. qui répand de l'odeur. | riechend, Geruch verbreitend. p. [illegible] LT.

p اسلیمی [illegible]. Sbst. espèce de peinture chinoise | eine Art chinesischer Malerei.

a اسم [illegible] oder [illegible]. Sbst. nom, nom propre. | Name [illegible], Eigenname, Gramm. Nomen. (vgl. die arab. Gramm.). اسمی نا معلوم [illegible]. Pl. اسما [illegible]. les noms, les attributs de Dieu. | die Namen, die Beinamen und Attribute Gottes. [illegible] [illegible] les noms, [illegible]. | die Namen, Benennungen.

a اسما [illegible] 1. Pl. v. اسم. 2. Adj. Compar. v. سمی très-haut, très-élevé, sublime | sehr hoch, erhaben.

a اسماع [illegible] [سمع IV.] Sbst. [illegible] [illegible] action d'élever, action d'apprécier. Erhöhung, Erhebung; Benennung.

p اسما [illegible], [illegible]. s. [illegible]

p اسمر [illegible] Sbst. feuille de myrte; Myrtenblatt.

a اسمر [illegible] Sbst. Pl. v. سمر

a اسمار [illegible] [سمر IV.] Sbst. [illegible] [illegible] action de s'entretenir; action de causer, d'attacher avec des clous. | 1. Unterhaltung (insbesondere in abendlichen Zirkeln). 2. Vernagelung.

a اسماع [illegible]. Sbst. Pl. v. سمع [illegible].

a اسماع [illegible] [سمع IV.] Sbst. [illegible] action de faire entendre. — [illegible] faire entendre. | hören lassen, erhören lassen.

p آسمان [illegible], [illegible] oder [illegible] [illegible]. Sbst. le ciel, sphère céleste, sphère. | Himmel, Himmelskugel, Himmelssphäre. آسمانی کبود [illegible] bleu foncé, azur. | die dunkelblaue Farbe. [illegible] [illegible] | die Milchstrasse.

p آسمانه [illegible]. Sbst. toit, plafond. | Dach, Zimmerdecke.

p آسمانی [illegible]. Adj. bleu, azur. | blau, himmelblau.

a اسمح [illegible]. Adj. Comp. v. سمح très-libéral, généreux. | sehr freigebig.

a اسمر [illegible]. Adj. brun, basané. | braun, dunkel von Gesichtsfarbe, von der Sonne verbrannt.

a t [illegible] [illegible]. Vb. intr. être ou devenir brun ou basané. | braun sein oder werden, sich bräunen.

a اسمعیل [illegible]. N. pr. Ismael.

t o [illegible] [illegible] und die Derivv. s. [illegible]

t o [illegible] [illegible] und die Derivv. s. [illegible]

t o [illegible] s. [illegible]

t [illegible] [illegible]. Vb. intr. Aor. [illegible] [illegible] souffler | [illegible], blasen, wehen [illegible] der Wind geht. [illegible] die heftigen Stürme.

[illegible] [illegible] [illegible] (le vent du [illegible].) | [illegible] — [illegible] oder [illegible] [illegible].

a اسمن [illegible]. Adj. Compar. v. سمین très-gras, plus gras. | sehr fett, dick.

p اسمند [illegible]. Adj. étourdi, confus, stupéfait; [illegible], [illegible]. | verblüfft, [illegible], [illegible], [illegible]. vgl. [illegible]

p [illegible] [illegible]. Sbst. der Salamander.

t [illegible] [illegible]. Sbst. v. [illegible] [illegible]. | [illegible].

t o [illegible] s. [illegible]

p [illegible] [illegible], [illegible]. Adj. étonné, stupéfait. verblüfft, erstaunt. vgl. [illegible]

a اسمی [illegible]. Adj. Compar. v. [illegible] très-haut. | sehr hoch.

a اسمی [illegible], Adj. Fem. [illegible] v. اسم appartenant au nom, nominal, de nom. | auf einen Namen bezüglich, nominal (Gramm).

a اسمرار [illegible] [سمر IX.] Sbst. état d'être brun. | braune Farbe eines Gegenstandes.

t اسن [illegible]. Partic. v. [illegible]

t اسن [illegible]. Adj. sain, bien portant. | gesund, sich wohlbefindend. vgl. [illegible]

a اسنان [illegible]. Sbst. Pl. v. سن [illegible].

a اسناد [illegible] [سند IV.] Sbst. [illegible] action d'élever, d'exhausser. | Aufrichtung, Erhöhung.

a اسناد [illegible]. Sbst. Pl. v. سند [illegible].

a اسناد [illegible] und اسنادات [illegible]. [سند IV.] Pl. اسنادات [illegible]. Sbst. action de faire appuyer; citation, obligation d'une autorité à l'appui de son opinion; imputation. | Stützung; Anwendung und Anführung des Ausspruchs eines andern, eines Buchs u. s. w., Beilegung. Beimessung. Gramm. die Beziehung des Subjects und Prädicats zu einander. Theol. [illegible] [illegible], die Reihe der Gewährsmänner, auf welche sich eine Ueberlieferung stützt. — [illegible] appuyer; citer, attribuer, imputer. | stützen; anführen, beilegen, einer Sache oder Person etwas (Eigenschaft oder Handlung u. s. w.) beimessen oder zuschreiben, Schuld geben, beschuldigen (mit dem Dativ der Person), die Schuld auf Jemand schieben, sich auf etwas berufen, sich auf etwas beziehen (mit dem Dativ oder dem Accus. der Sache), eine Sache anwenden.

a اسنان [illegible]. Sbst. Pl. v. سن [illegible]. Zahn und von سنان [illegible]. Lanzenspitze.

t [illegible] [illegible]. s. [illegible]

a اسنم [illegible]. Adj. grand, haut de taille; plus long, plus grand, plus haut. | gross, hoch gewachsen, lang, schön. vgl. [illegible]

t [illegible] [illegible]. Sbst. bâillon. | ein Knebel von Holz, welcher Kälbern oder Lämmern, die von der Mutter entwöhnt werden sollen, im Munde befestigt wird, damit sie nicht saugen können.

t [illegible] [illegible]. Vb. act. v. [illegible] Aor. [illegible] [illegible] dire adieu à q. qn. | einem Lebewohl sagen. Derivv. 1. [illegible] [illegible]. Vb. recipr. und II. [illegible] [illegible]. Vb. caus. se dire adieu. | einander Lebewohl sagen, von einander Abschied nehmen.

[illegible] Vb. intr. Aor. [illegible] (Redhouse). Deriv. I. [illegible] Vb. trans. [illegible] faire [illegible] II. [illegible] Vb. trans. caus. faire faire [illegible]

[illegible] Sbst. Pl. v. [illegible]

[illegible] Sbst. [illegible] (am Rande des Pferdes).

[illegible] Adj. [illegible]

[illegible] Sbst. [illegible]

[illegible] Sbst. [illegible] 2. [illegible]

[illegible] Sbst. Pl. v. [illegible]

[illegible] Sbst. Pl. v. [illegible] (der Singular im Türkischen nicht gebräuchlich). [illegible] et marché d'une ville. | Marktplätze, [illegible]

[illegible] Sbst. [illegible] Muster, Beispiel, Vorbild (von Personen). [illegible] das Vorbild der Trefflichen.

[illegible] Sbst. [illegible]

[illegible] Adj. u. Sbst. [illegible]

[illegible]

51

[illegible] Sbst. Pl. v. [illegible]

[illegible] Sbst. Pl. v. [illegible]

[illegible] Sbst. Pl. v. [illegible]

[illegible] Sbst. [illegible]

[illegible] IV.] Sbst. action de faire [illegible] q. qn. | [illegible] bei Nacht [illegible]

[illegible] IV.] Sbst. diarrhée | heftige [illegible] — [illegible] purger; rendre facile. | purgiren, Durchfall bewirken; [illegible] — [illegible] remède purgatif. | Purganz, abführendes Mittel.

[illegible] Sbst. [illegible] fiches, portions, lots; [illegible] (shares or assignments of stock, issued by the treasury of Constantinople, and bearing interest as a life annuity, but formerly transferable to any new life. Redhouse).

[illegible]

اش [illegible]

[illegible] Adj. [illegible]

[illegible] Sbst. [illegible]

[illegible] Sbst. fondement, [illegible] origine d'une chose. | Grund, Grundlage; Ursprung einer Sache.

[illegible] Sbst. [illegible]

[illegible] LT). Sbst. u. Adj. chaleur, chaud. | Hitze, Wärme; heiss, warm. Q. u. LT.

[illegible] Adj. [illegible] Q. vgl. [illegible]

[illegible] Adj. Pl. [illegible] triste, affligé. | traurig, betrübt.

[illegible]

[illegible] Adj. long et large. | lang und [illegible]

[illegible]

Appetit haben (von schwangeren Frauen). [illegible] ...

[illegible]

[illegible] Shat. [illegible] compagnon, époux, égal; l'une des deux parties d'un couple. der Genosse, der Gleiche, Gatte, der Andere eines Paares. [illegible]

[illegible]

a اشتراك [illegible]. [شرك VIII.] Sbst. [illegible] action de s'associer; [illegible] de [illegible], société de commerce | Gemeinschaft, gemeinschaftlicher Besitz und Genuss einer Sache, gemeinschaftliches Handeln, Compagnie (Handel). — [illegible] faire une association, une [illegible] de commerce, participer. | eine Gemeinschaft, Compagnie bilden, in Compagnie handeln; theilnehmen an etwas. على الاشتراك gemeinschaftlich. [illegible] in Compagnie.

p اشترك [illegible]. Sbst. [illegible] [illegible]. | [illegible].

p [illegible] [illegible]. Sbst. [illegible] chamelier. | Kameeltreiber.

p [illegible] [illegible]. Sbst. [illegible] vagus, [illegible] | Wege, [illegible].

p [illegible] oder [illegible] [illegible], nach [illegible] Sbst. [illegible] chardon. | Distel, [illegible].

p [illegible] [illegible] oder [illegible] [illegible]. Sbst. زورافه girafe. | Giraffe.

p [illegible] [illegible]. Sbst. [illegible] autruche. | der Strauss.

a [illegible] [illegible]. [illegible VIII.] Sbst. action de dépasser les limites. [illegible]. — [illegible], dépasser les limites: être injuste dans ses [illegible], être juge inique. [illegible] (in [illegible] Urtheil), [illegible], ein [illegible] Urtheil fällen.

a اشتعال [illegible]. [شعل VIII.] Sbst. [illegible] inflammation, ardeur, feu, [illegible]. | Aufloderung, Gluth, Feuer (des Kampfes, der Leidenschaft), Eifer. — [illegible] enflammer. | [illegible] — [illegible], s'enflammer. | sich entzünden, in Brand gerathen, auflodern, Feuer fangen, in Feuer, Hitze, Eifer gerathen.

[illegible]

[illegible] — [illegible]. douter de q. ch., soupçonner. | an etwas zweifeln: Argwohn haben, nicht trauen.

p [illegible] [illegible]. Sbst. querelle, rixe, dispute. | Streit, Zank. — [illegible]

a اشتمال [illegible]. [شمل VIII.] [illegible] action d'envelopper, d'embrasser, de comprendre: compréhension. | Umhüllung, Umfassung, Zusammenfassung. — [illegible], embrasser, comprendre, [illegible], [illegible]. [illegible] gleich-[illegible], d. i. gleichlich.

a [illegible] [illegible]. [illegible] Sbst. [illegible] action de sentir, de flairer; odorat. | das Riechen, Geruch.

[illegible] [illegible]. Sbst. [illegible] | [illegible] Tuchkatu. s. [illegible]

[illegible] [illegible]. Vb. intr. faire semblant de ne pas entendre. | sich taub stellen. s. [illegible]

[illegible] [illegible]. Vb. act. [illegible]. | [illegible] [illegible]

[illegible]

ا [illegible] [illegible]. Sbst. [illegible] (Haarichi). | ein [illegible], welches als [illegible] genossen wird. [illegible] oder [illegible] p [illegible] Kum.

p [illegible] [illegible] oder [illegible]. Sbst. pus, matière d'un ulcère. | Eiter eines Geschwüres.

t [illegible] [illegible]. Sbst. pot de terre. | irdener Topf. LT.

a [illegible] [illegible]. [illegible IV.] Sbst. [illegible] action de causer une vive [illegible], de causer de la peine: affliction, tristesse; état d'être affligé, d'être [illegible] | Betrübung; Kränkung; Gemüthverfassung. [illegible]. — [illegible]. affliger q. qu., faire [illegible]. | Jemand betrüben; [illegible]; einen Aufstand [illegible].

a [illegible] [illegible]. Sbst. Pl. v. [illegible]

a [illegible] [illegible]. Sbst. Pl. v. [illegible]

a [illegible] [illegible]. [illegible IV.] Sbst. [illegible] affliction. | Betrübung.

a [illegible] [illegible]. Sbst. pépinière | [illegible].

[illegible]

p [illegible] اشکار [illegible] Sbst. [illegible], publicité, publication. | [illegible], Oeffentlichkeit, Veröffentlichung.

p اشکاره [illegible] Adv. publiquement, ouvertement. | öffentlich, offen.

p اشکزه [illegible] Sbst. [illegible], traiteur. | Koch, Speisewirth.

p اشکری [illegible] Sbst. آوجی chasseur, oiseleur. | Jäger, Vogelsteller.

a اشکم [illegible] [شکم (IV.)] Sbst. [illegible] action de fâcher, de souffrir q. ch. [illegible], d'[illegible] q. qn. par une [illegible]. | Belästigung, [illegible], die einem Jemanden verursacht.

a اشکک [illegible] Sbst. [illegible] | Schuster [illegible]

a اشکال [illegible] [شکل (IV.)] Sbst. [illegible] difficulté, ambiguïté, soupçon, [illegible]. | Schwierigkeit, [illegible], Dunkelheit (eines Ausspruchs, eines Räthsels u. s. w.). Gramm. Bezeichnung der Buchstaben mit diakritischen Punkten und Vocalzeichen.

a اشکال [illegible] Sbst. Pl. v. شکل

p اشکبر [illegible] Sbst. [illegible] q. qn. qui pleure, pleureur. | ein Weinender, weinerlicher Mensch.

t اشکجی [illegible] Sbst. ânier. | Eseltreiber, [illegible] des Esels, Stallknecht.

p اشکره [illegible] s. اشکره

p اشکریز [illegible] Sbst. اغلاجی, اغلامق pleureur; pleurs. | ein Weinender, Klageweiber; das Weinen, Wehklagen.

p اشکستن s. شکستن

p اشکفت s. شکفت

a p اشکل [illegible] Adj. u. Sbst. très-douteux, difficile, compliqué; [illegible]; [illegible]; doute, soupçon, difficulté, [illegible]. | sehr zweifelhaft, schwierig, verworren; [illegible]; zweifelhafte, schwierige, dunkle Sache; Zweifel, Verdacht; Schwierigkeit, Hinderniss; Dunkle, [illegible].

t اشکلک [illegible] Sbst. [illegible] | [illegible]

a t اشکللك [illegible] Sbst. soupçon, soupçon continuel | Verdacht, Misstrauen.

a t اشکللنمك [illegible] Vb. intr. Aor. [illegible] soupçonner; avoir des doutes, éprouver des difficultés, des contre-temps. | Verdacht haben, Zweifel haben, auf Schwierigkeiten oder Hindernisse stossen. Deriv. اشکللندرمك [illegible] Vb. trans. causer des doutes, faire soupçonner, faire des difficultés. | Zweifel erregen, Verdacht erregen; Schwierigkeiten machen.

p اشکم [illegible] Sbst. [illegible] ventre. | der Bauch.

t اشکمبی [illegible] s. اشکمبه

p اشکنبه [illegible] Sbst. tripes, ventricule. | Eingeweide, Kaldaunen (der Thiere), Magen der wiederkäuenden Thiere.

p t اشکنبه‌لنمك [illegible] Vb. intr. [illegible] à digérer des aliments plus consistants que le lait (se dit du ventricule des animaux ruminants). | sich an die Verdauung anderer Nahrung als der Milch gewöhnen, zum Wiederkäuen fähig werden (vom Magen der Thiere). Nom. a. v. اشکنبه‌لنمه

p اشکنج [illegible] Sbst. ride; [illegible] [illegible] [illegible]

[illegible]

[illegible]

[illegible]

[illegible] | [illegible] Angst, Noth, Qual.

[illegible]

[illegible] [صفى VIII.] Sbst. [illegible] action de choisir, choix, élection. | Wahl, Auswahl.

[illegible] [صف VIII.] Sbst. action de se ranger en bataille. | Aufstellung in Schlachtordnung. — [illegible] se ranger en bataille, en ordre, s'aligner. | sich in Reih und Glied stellen, in Schlachtordnung aufstellen, sich ordnen.

[illegible] [صك VIII.] Sbst. action de se heurter l'un contre l'autre, collision. | [illegible] — [illegible] se heurter (l'un l'autre) [illegible]

[illegible]

p [illegible] [illegible]. Sbst. [illegible] | [illegible].

a [illegible] [illegible] oder [illegible]. [illegible] | das Ganze, die Allgemeinheit, Gesammtheit.

t [illegible] [illegible] s. [illegible] II.

t [illegible] [illegible]. vulg. [illegible], Sbst. s. [illegible] [illegible], [illegible]. | [illegible] der [illegible] [illegible], ein [illegible], [illegible], [illegible].

a [illegible] [illegible]. Adj. meilleur, le meilleur; plus correct. | besser, der Beste; das richtigste, [illegible]; vollkommener. vgl. [illegible] [illegible].

a [illegible] [illegible]. (ntr). (il a fait bien); qu'il fasse bien! | er hat gut gemacht, d. i. er mache gut! [illegible] [illegible] [illegible]. que Dieu fasse bien! | Gott mache es gut!

a [illegible] [illegible]. Adj. [illegible]; [illegible]. | sehr [illegible]; [illegible].

a p [illegible] [illegible] s. [illegible] Sbst. noble, fils d'une bonne famille. | ein Adeliger, Mann von gutem Herkommen.

a t [illegible] [illegible]. Adj. qui n'a pas de race. | von schlechter Herkunft. Adv. vain, mal fondé. | grundlos, vergeblich, umsonst. vgl. [illegible]

a [illegible] [illegible]. Adj. chauve. | kahlköpfig.

t [illegible] [illegible]. [von [illegible]] Sbst. femme [illegible] [illegible] [illegible] pas cohabiter. | eine [illegible] [illegible] Umgang unfähige Frau. vgl. Kam. s. v. [illegible] und [illegible]

t [illegible] [illegible]. Sbst. sifflement. | das Pfeifen, ein Pfiff. [illegible] — oder [illegible] — siffler | pfeifen.

t [illegible] [illegible]. Vb. pass. v. [illegible]

t [illegible] [illegible] s. [illegible] [illegible].

[illegible]

t [illegible] [illegible]. Adj. [illegible], [illegible]. | [illegible], [illegible].

[illegible]

t [illegible] [illegible]. [illegible] | [illegible] | Weg.

a [illegible] [illegible]. Adj. originel, radical; [illegible], principal; de bonne famille, noble. | ursprünglich, wesentlich, adelig. s. [illegible]

a [illegible] [illegible]. Adj. sourd, muet, [illegible]. | stumm, taub, taubstumm. Ar. Gramm. mit stummer Wurzel, Verbum mit verdoppeltem zweiten Radikal. Algebra irrationale Zahl. [illegible] die Quadratwurzel einer irrationalen Zahl.

a [illegible] [illegible]. [[illegible] IV.] Sbst. [illegible] action de se taire. | das Schweigen. — [illegible] faire taire; rendre muet (et non pas [illegible]). | zum Schweigen bringen; etwas [illegible] (so dass es keinen Schall mehr giebt); [illegible].

t [illegible] oder [illegible] [illegible] [illegible]. Vb. act. Aor. [illegible]. donner une commission, [illegible], commander à q. qn. | beauftragen, einem etwas übertragen, empfehlen, überlassen (mit dem Dativ der Person). [illegible] [illegible] [illegible]. [illegible] | Gott behüte! leben Sie wohl.

t [illegible] [illegible]. Sbst. commission. | Auftrag. [illegible] [illegible] [illegible] oder [illegible] [illegible]. | aufgetragenes [illegible] Geschäft.

t [illegible] oder [illegible] [illegible]. Sbst. commission. | Auftrag. — s. [illegible]

a [illegible] [illegible]. [[illegible] IV.] Sbst. action de rendre q. qn. sourd, [illegible]. | einen taub machen, betäuben.

t [illegible] s. [illegible]

t [illegible] und [illegible] [illegible]. [illegible] (VL.). Vb. act. Aor. [illegible] [illegible]. pendre, suspendre. | hängen, aufhängen. Deriv. I [illegible] oder [illegible] [illegible]. Vb. trans. faire suspendre. | aufhängen lassen. II [illegible] oder [illegible] [illegible]. Vb. pass. u. intr. être suspendu, pendre. | aufgehangen sein oder werden, hangen, schweben. [illegible] oder [illegible] [illegible]. chose suspendue. | etwas hängendes, schwebendes.

t [illegible] [illegible]. Sbst. v. [illegible] suspension; pendant; treille, vigne. | das Aufhängen; etwas hängendes: Gehänge, [illegible], Weingeländer, Weinstock. [illegible] [illegible] pendeloque. Hängebirne. [illegible] [illegible] [illegible] [illegible] de vigne. | Weinrebe. [illegible] — feuillage de la vigne. | Weinlaub. [illegible] — der [illegible] Kürbiss (cucurbita [illegible]), welcher gewöhnlich an Geländern gezogen wird. [illegible] Hängeschale, ein [illegible] [illegible]. [illegible] [illegible] Weinstock. [illegible] der wilde Wein [illegible] bryonia, vitis alba — [illegible]

t [illegible] [illegible]. Sbst. [vgl. [illegible]] treille, tonnelle, échalas. | Weingeländer, Spalier, ein Pfahl, der den Weinstock oder das Geländer stützt. — [illegible]

a [illegible] [illegible]. [[illegible] IV.] Sbst. [illegible] action d'aider, assistance. | Hülfe, Beistand. [illegible] aider, assister, instruire q. qn. | einem helfen, beistehen; jemanden unterrichten (in einer Kunst oder einem Handwerk).

a [illegible] [illegible] oder [illegible] [illegible]. Sbst. Pl. v. [illegible] [illegible].

a [illegible] [illegible]. Sbst. Pl. v. [illegible] [illegible]. espèces, classes, corporations et [illegible], communs [illegible]: corps de métier, artisans, artiste. | Arten; Klassen, Abtheilungen; Corporationen, Zünfte und Gewerke; als Singular: Zunft, Corporation; Handwerker (der auf dem Markte eine Bude hält), Künstler, (Mechaniker, Werkmeister, Feuerwerker).

a [illegible] [illegible] und [illegible]. Sbst. Pl. v. [illegible]

t [illegible] [illegible] s. [illegible]

a [illegible] [illegible] oder [illegible]. Sbst. Pl. v. [illegible] [illegible].

a [illegible] [illegible] oder [illegible]. Sbst. Pl. v. [illegible] [illegible].

a [illegible] [illegible] oder [illegible] Adj. meilleur; plus juste, plus raisonnable, plus [illegible], très-bien etc. | besser, zweckmässiger, richtiger, vernünftiger; sehr gut, zweckmässig, richtig

a [illegible] [illegible]. Sbst. le mieux, ce qui est mieux | das Beste

a [illegible] [illegible]. Adj. laineux, couvert de laine (animal). | wollig, mit wolligem Felle begabt.

a [illegible] [illegible]. Sbst. v. [illegible] racines, origines, principes. | Wurzeln, Ursprünge, Anfänge, Grundsätze, Rechtsgrundsätze, Grundlehren des Rechts. [illegible] [illegible] die dogmatischen Grundlehren des Koran. [illegible] [illegible] principes et conséquences, causes et effets, ascendants et descendants. | Ursachen und Wirkungen, Grund und Folge; Verwandte in aufsteigender und absteigender Linie. Vgl. [illegible]. — Als Singular: méthode, manière; [illegible], [illegible]. | Methode, Art und Weise, Mode. [illegible] [illegible] oder [illegible] [illegible]. avec méthode, [illegible]. | mit Methode, mit Manier; sanft, behutsam. [illegible] [illegible] [illegible] [illegible]. auf eine oder die andere Art. Musik: Grundton, Cadenz, Tonschlussfall). Uebergang aus einer Tonart in die andere. [illegible] [illegible] [illegible], volles Grundtöne, d. i. mit [illegible] [illegible] begabt.

a t [illegible] [illegible] — [illegible] [illegible] Adv. [illegible]. | sanft, behutsam. s. [illegible]

t [illegible] s. [illegible]

a [illegible] [illegible]. Sbst. Pl. v. [illegible]

a [illegible] [illegible]. [[illegible] IV.] Sbst. [illegible] action de s'allier avec une famille, alliance [illegible]. | Verschwägerung, Schwägerschaft, Verwandtschaft durch Verheirathung.

t [illegible] [illegible]. Adj. [von [illegible]] chaud [illegible] — [illegible]

t [illegible] [illegible]. Sbst. utilité, profit | Nutzen, Vortheil.

a [illegible] [illegible]. Sbst. Pl. v. [illegible] [illegible].

a [illegible] [illegible]. Sbst. meilleur [illegible], malheur qui pourrait nous [illegible]. | immer drohendes Unglück.

a [illegible] [illegible]. Adj. proche, voisin. | sehr benachbart.

a [illegible] [illegible], [illegible]. Adj. vgl. [illegible] qui a de racines; fondé, ferme, solide, [illegible]; de bonne famille, noble. | von Wurzel her, gegründet, fest, unerschütterlich, adelig. Pl. [illegible] [illegible]. les nobles. | die Adeligen des Volks

a t [illegible] [illegible], [illegible] [illegible], le temps entre l'Asr et le coucher du soleil. | der späte Nachmittag, d. i. die Zeit zwischen dem Asr [[illegible]] und Sonnenuntergang. Pl. [illegible] [illegible]. les heures du soir. | der Abendstunden, Abende [illegible] [illegible] matin et soir. | Früh und Abends.

t [illegible] [illegible]. Adj. v. [illegible], suspendu, [illegible], hängend.

t [illegible] [illegible]. Adj. [v. [illegible]] utile, profitable | nützlich, vortheilhaft.

a [illegible] [illegible]. [[illegible] IV] Sbst. [illegible] [illegible] action d'illuminer, d'éclairer; lumière. | Erhellung, Erleuchtung, Helligkeit. — [illegible] rendre lumineux, faire briller. | erhellen, leuchten lassen, glänzen lassen.

a [illegible] [illegible]. [[illegible] IV] Sbst. [illegible] [illegible] action de perdre, de dilapider. | Vergeudung. — [illegible] perdre; ruiner. | verwüsten.

[illegible] Sbst. [illegible] Gramm.: [illegible] (vgl. die Grammatiken).

[illegible] Adj. relatif, qui exprime quelque relation, quelque rapport entre deux choses ou deux mots. [illegible]

[illegible] Sbst. [illegible]

[illegible] Sbst. Pl. [illegible]

[illegible] Sbst. action [illegible]

[illegible] Noth, Zwang, Bedrängniss, [illegible] Armuth, Elend.

[illegible] Adj. par nécessité, forcément. | aus Noth, von Noth gezwungen.

[illegible] Sbst. action de flamber. | Auflodern (des Feuers).

[illegible] Sbst. [illegible] | die Kraft, eine schwere Last zu haben oder zu tragen.

[illegible] Adj. [illegible]

[illegible] Sbst. Pl. v. [illegible]

[illegible] Sbst. Pl. v. [illegible]

[illegible] Adj. [illegible] | sehr eng, schmal, [illegible]

[illegible] Sbst. action [illegible]

[illegible]

a اقمع [illegible]. Adj. très-avide. | [illegible].

a اطبقات [illegible]. Sbst. Pl. v. طبق und von طبقة

[illegible] اطر [illegible]. Sbst. Geranium — ابو اتراعى

a اطراء [illegible]. [طرا IV.] Sbst. [illegible] | [illegible].

a اطراب [illegible]. [طرب IV.] Sbst. action d'égayer. | [illegible].

a اطراح [illegible]. [طرح IV.] Sbst. action de jeter, de précipiter. | [illegible]. — [illegible] se précipiter. | sich stürzen.

a اطّراح [illegible]. [طرح VIII.] Sbst. action de rejeter, de [illegible]. | Wegwerfung, [illegible].

a اطراد [illegible]. [طرد IV.] Sbst. action de bannir, expulsion. | Verbannung, Vertreibung. — [illegible] bannir, chasser. | vertreiben, verjagen.

a اطّراد [illegible]. [طرد VIII.] Sbst. action de suivre pas à pas; régularité, état d'être soumis à la règle. | [illegible]. Unterwerfung unter eine Regel. — [illegible]. — [illegible] suivre pas à pas, venir en courir à la suite d'un autre, se trouver juste après l'autre; [illegible] | [illegible] hinter dem andern hergehen, auf dem Fusse folgen; [illegible].

a اطرار [illegible]. Sbst. Pl. v. طرة

a اطراس [illegible]. Sbst. Pl. v. طرس

a اطراف [illegible]. Sbst. Pl. v. طرف côtés, [illegible] | Seiten, [illegible]. اطرافلو [illegible]. Adv. de tous côtés. | von allen Seiten, in allen [illegible]. اطرافنده [illegible] oder اطرافينده [illegible]. Adv. alentour. | ringsumher. [illegible] tenants et aboutissants | [illegible]. اطراف [illegible] les proches voisins. | die Nachbarn [illegible].

a اطراء [illegible]. [طرى IV.] Sbst. action de faire [illegible], [illegible] de q. ch. de [illegible]. | [illegible] etwas [illegible].

a اطرنلق [illegible]. Adj. [illegible]. | [illegible]. vgl. d. Vbg.

a اطراق [illegible]. Sbst. Pl. v. طرق

a اطراء [illegible]. [طرو IV.] Sbst. [illegible] | [illegible].

a اطرق [illegible]. Sbst. Pl. v. [illegible]

a اطرش [illegible]. Adj. sourd. | taub.

p اطرو [illegible]. Sbst. [illegible]. | [illegible].

a اطعام [illegible]. [طعم IV.] Sbst. action de donner à manger, alimentation. | Speisung, Ernährung, Unterhalt. — [illegible] donner à manger, alimenter. | zu essen geben, ernähren.

a اطعمه [illegible]. Sbst. Pl. v. طعام

a اطغاء [illegible]. [طغى IV.] Sbst. [illegible] | Verführung (zum Bösen). — [illegible] séduire. | verführen.

a اطفاء [illegible]. [طفى IV.] Sbst. [illegible]

action d'éteindre. | Brandlöschung. — [illegible] éteindre. | löschen.

a اطفار [illegible]. [طفر IV.] Sbst. — [illegible] faire faire un saut au cheval en le piquant des éperons. | ein Pferd zum Sprunge [illegible], einen Satz machen lassen.

a اطفال [illegible] oder [illegible]. Sbst. Pl. v. طفل

a اطل [illegible] oder [illegible]. Sbst. côté, flanc | die Weiche (zwischen Rippen und Lende).

a اطلاء [illegible]. [طلى IV.] Sbst. action d'enduire, d'oindre. | [illegible], Bestreichung.

a اطّلاء [illegible]. [طلى VIII.] Sbst. action de s'oindre, état d'être oint. | [illegible] (seiner selbst).

a اطلاب [illegible]. Sbst. Pl. v. طلب [illegible]

a اطلاب [illegible]. [طلب IV] Sbst. [illegible] action de faire demander, d'obliger à demander. | Aufforderung, einen Wunsch oder Forderung auszusprechen.

a اطّلاب [illegible]. [طلب VIII.] Sbst. [illegible] action de demander, d'exiger. | Wunsch, Forderung.

a اطلاع [illegible]. [طلع IV.] Sbst. action de faire observer; action d'instruire, d'informer q. qu. de q. ch. | Jemand auf eine Sache aufmerksam machen, [illegible].

a اطّلاع [illegible]. [طلع VIII.] Sbst. état d'être instruit de q. ch.; compréhension, notion, action de s'instruire de q. ch.; de prendre notion; [illegible]. | Kenntniss, [illegible]. — [illegible] comprendre, [illegible]. | [illegible]. — [illegible]. — [illegible] comprendre q. ch. [illegible]. [illegible] اطلاع [illegible] [illegible] et den Inhalt (des Schreibens) begreifen.

a اطلاق [illegible]. [طلق IV.] Sbst. action de lâcher; de mettre en liberté (un esclave); de répudier (une femme). | Loslassung, Losbindung; Freilassung (eines Sclaven); Verstossung (einer Frau), Ehescheidung. — [illegible] relâcher, mettre en liberté, répudier; rendre universel, généraliser; exprimer q. ch. d'une manière absolue | [illegible], loslassen; [illegible]. [illegible] على الاطلاق en général, généralement | im Allgemeinen, [illegible]. [illegible] [illegible].

a اطّلاق [illegible]. [طلق VIII.] Sbst. état d'être délivré de [illegible]. | [illegible].

[illegible]

a اطلب [illegible] oder [illegible]. Adj. u. Sbst. qui cherche, qui demande. | einer, welcher sucht oder verlangt [illegible].

a اطلس [illegible]. 1. Adj. [illegible] de [illegible]. | [illegible] (Papier ohne Schrift und Zeichnung). 2. Sbst. satin; atlas de géographie. | glatter Seidenstoff, Atlas; geographischer Atlas. فلك الاطلس [illegible] der leere Himmelsraum, jenseits des Sternenhimmels — فلك الافلاك oder فلك اعظم

a اطلسلو [illegible]. Adj. de soie ou de satin. | von Seide oder Atlas.

a اطلقات [illegible]. Sbst. Pl. v. طلقه [illegible]

a اطلم [illegible] oder [illegible]. Pl. اطلوم [illegible] od. اطلام [illegible] und اطلمه [illegible]. Sbst. fort, petit château fort [illegible] | [illegible].

a اطماع [illegible]. Sbst. Pl. v. طمع [illegible].

a اطماع [illegible]. [طمع IV] Sbst. action d'exciter la cupidité. | Erweckung der Begierde. — [illegible] exciter la cupidité, le désir de q. ch.; rendre avide de q. ch.; induire en tentation | die Begierde erwecken, die Lust nach etwas erregen, lüstern machen, in Versuchung führen, Erwartungen erregen.

a اطماس [illegible]. [طمس IV.] Sbst. action d'effacer. | vertilgen, auslöschen (etwas geschriebenes).

a [illegible] [طمن IV.] Sbst. [illegible] repos, tranquillité, sérénité, quiétude. | Ruhe, Sicherheit, [illegible]. [illegible]

a اطناب [illegible]. Sbst. Pl. v. طنب

a اطناب [illegible]. [طنب IV.] Sbst. prolixité, [illegible]. | Weitschweifigkeit, Schwatzhaftigkeit (der Rede). — [illegible] [illegible] | seine Rede in die Länge ziehen, viele Worte machen.

a [illegible]. Pl. [illegible] und [illegible]. Sbst. parasol, parapluie, tente, auvent. | Sonnenschirm, Regenschirm, Zelt, Wetterdach.

a اطوار [illegible]. Sbst. Pl. v. طور [illegible].

a اطواس [illegible]. Sbst. Pl. v. طاوس [illegible].

a اطواق [illegible]. Sbst. Pl. v. طوق [illegible].

a اطوال [illegible]. [طول IV.] Sbst. prolongation. | Verlängerung. — [illegible] prolonger, allonger, étendre | verlängern.

a اطول [illegible]. Adj. [Compar. v. طويل] très-long, plus long. | sehr lang, länger.

[illegible] [illegible] oder [illegible]. Sbst. île, presqu'île. | Insel, Halbinsel. [illegible] der Archipel.

a اطهاء [illegible]. [طهى IV.] Sbst. habileté (dans un art ou métier). | [illegible].

a اطهار [illegible]. [طهر IV.] Sbst. [illegible] purification. | Reinigung.

a اطهر [illegible]. Adj. [illegible] Sbst. Pl. v. طاهر [illegible]

a اطهاف [illegible]. [طهف IV] Sbst. [illegible] [illegible] | [illegible].

a اطهر [illegible]. Adj. plus pur, très-pur. | reiner, sehr rein.

a اطياب [illegible]. Sbst. Pl. v. طيب [illegible]

a اطيار [illegible]. Sbst. Pl. v. طير [illegible].

a اطيب [illegible]. Adj. très-bon, meilleur, le meilleur. | sehr gut, besser, der Beste.

a اطيه [illegible]. Sbst. [illegible] crime, péché, faute. | Verbrechen, Vergehen, Fehler, Sünde.

a اطيار [illegible]. Sbst. Pl. v. طير [illegible].

• اقتراب [illegible]. [ضرب IV.] Sbst. action de [illegible] q. ch. [illegible] dans un repas, [illegible] | [illegible] Gedanken u. s. w. legen.

• [illegible] Adj. très-joli, élégant, [illegible] | [illegible], zierlich, [illegible].

• [illegible] [illegible] [VIII] Sbst. action de supporter l'oppression, de souffrir l'injustice. | Erduldung des Druckes, der Tyrannei, der Ungerechtigkeit; Unterwerfung unter Druck, u. s. w.

• [illegible] [illegible]. Sbst. Pl. v. [illegible]

• [illegible] [illegible] [IV.] Sbst. action de rendre q. qn. vainqueur. | Siegverleihung.

• [illegible] [illegible] [VIII] Sbst. action de remporter la victoire; Besiegung, Ueberwältigung — [illegible] remporter la victoire, se rendre maître; obtenir q. ch. | den Sieg davontragen, seinen Willen durchsetzen, seinen Wunsch erreichen.

• [illegible] [illegible]. Sbst. Pl. v. [illegible]

• [illegible] [illegible]. Sbst. Pl. v. [illegible]

• [illegible] [illegible]. [IV.] Sbst. action de faire ombre. | Beschattung, Schutz gegen Wind und Wetter. — [illegible] faire ombre; couvrir, ombrager q. qn. ou q. ch., mettre à l'ombre | den Schatten auf etwas werfen; etwas schützen oder decken; in den Schatten bringen.

• [illegible] [illegible] [IV.] Sbst. obscurcissement, Verfinsterung, Verdunkelung.

• [illegible] [illegible]. Adj. très-obscur; très-[illegible], oppresseur. | sehr finster, dunkel; sehr hart, tyrannisch.

• [illegible] [illegible]. [IV.] Sbst. action de soupçonner, soupçon, suspicion. | Vermuthung, Verdacht. — [illegible] soupçonner, se former une opinion de q. ch. | vermuthen, argwöhnen, meinen.

• [illegible] [illegible]. [VIII] Sbst. action de soupçonner, de rendre suspect, accusation. | Verdacht, Verdächtigung, Anklage. — [illegible] être soupçonné de q. ch. | einer Sache verdächtig sein.

• [illegible] [illegible]. [IV.] Sbst. action de montrer; exposition, déclaration, manifestation, témoignage. | das Zeigen, Sehenlassen einer Sache, Darlegung, Auseinandersetzung, Zeugniss. — [illegible] montrer, faire voir, manifester; proclamer, témoigner; faire semblant de q. ch., feindre. | zeigen, darlegen, vorstellen, erklären; etwas bezeugen; etwas zum Scheine thun, sich den Anschein geben. [illegible] Widerstand zeigen, d. i. Widerstand leisten.

• [illegible] [illegible]. [VIII.] Sbst. négligence, abandon, oubli. | Nachlässigkeit, Vergesslichkeit. Nachlässigkeit.

• [illegible] [illegible]. Adj. très-clair, très-évident, plus clair. | sehr deutlich, klar, deutlicher.

• [illegible] [illegible]. Sbst. Pl. v. [illegible]

• [illegible] [illegible] Sbst. Pl. v. [illegible]

• [illegible] [illegible]. Sbst. Pl. v. [illegible]

• [illegible] [illegible]. Sbst. Pl. v. [illegible]

• [illegible] [illegible]. [IV.] Sbst. [illegible] action de faire retourner; répétition, réitération, [illegible]. | Bewirkung der Rückkehr; Wiederholung. — [illegible] faire retourner, renvoyer, ramener q. qn., répéter, réitérer q. ch.; reparler de q. ch., rentrer dans la matière; répondre, répliquer, revenir. | zurückkehren lassen, zurückschicken, zurückbringen, zurückrufen; wiederholen; auf etwas schon früher gesagtes zurückkommen; eine Sache nochmals überarbeiten, revidiren. [illegible] Wiederholung des Gesagten. [illegible] Revision.

• [illegible] [illegible]. Sbst. Pl. v. [illegible]

• [illegible] [illegible]. [IV.] Sbst. [illegible] — [illegible] chercher refuge. | Zuflucht suchen bei Jemand oder an einem Orte.

• [illegible] [illegible]. [IV.] Sbst. [illegible] prêt. | Darlehn. — [illegible] prêter q. ch. à q. qn. | einem etwas leihen.

• [illegible] [illegible]. Sbst. v. [illegible]

• [illegible] [illegible] Sbst. Pl. v. [illegible]

• [illegible] [illegible] [IV.] Sbst. [illegible] pauvreté, misère. | Armuth, Elend, Mangel.

• [illegible] [illegible] [IV.] Sbst. [illegible] vérification. | Beleihung.

• [illegible] [illegible]. Sbst. Pl. v. [illegible]

• [illegible] [illegible]. Sbst. Pl. v. [illegible]

• [illegible] [illegible]. [IV.] Sbst. [illegible] action de remplacer q. ch. à q. qn., donner un équivalent. | Ersatzleistung.

• [illegible] [illegible]. Sbst. Pl. v. [illegible]

• [illegible] [illegible] [IV.] Sbst. soin de l'entretien d'une famille, sustentation de la famille. | Sorge um den Unterhalt der Familie; Nahrungssorge; Unterhalt der Familie.

• [illegible] v. [illegible]

• [illegible] [illegible]. Adj. Pl. v. [illegible]

• [illegible] [illegible]. Interj. qu'il (Dieu) aide! qu'il assiste! | er (Gott) helfe! [illegible] er steh' ihm bei!

• [illegible] [illegible]. [IV.] Sbst. [illegible] aide, secours, assistance. | Beistand, Hilfe. — [illegible] assister, aider. | beistehen, helfen.

• [illegible] [illegible]. Sbst. Pl. v. [illegible]

• [illegible] [illegible]. [IV.] Sbst. [illegible] action de réduire en esclavage. | Jemand zum Sclaven machen.

• [illegible] [illegible]. Sbst. Pl. v. [illegible]

• [illegible] [illegible]. [IV.] Sbst. [illegible] action de contrarier, de [illegible] q. qn.; Entgegenstellung, Beleidigung.

• [illegible] [illegible]. [IV.] Sbst. [illegible] action de préparer, de dresser, d'apprêter. | Bereitung, Zurichtung.

• [illegible] [illegible]. [IV.] Sbst. [illegible] affranchissement (d'un esclave). | Freilassung (eines Sclaven), Befreiung. — [illegible] affranchir, mettre en liberté. | frei lassen, in Freiheit setzen, befreien.

• [illegible] [illegible]. [IV.] Sbst. sévérité envers un débiteur. | Härte gegen einen Schuldner. — [illegible] réclamer (avec rigueur) d'un débiteur le payement d'une dette. | einen Schuldner um Zahlung drängen.

• [illegible] [illegible]. [VIII] Sbst. action d'arrêter; soumission; dévotion. | Knechtung, Unterwerfung; Ehrerbietung; Andacht.

• [illegible] [illegible]. [VIII] Sbst. estimation, estime; appréciation, considération; confiance, crédit (mercantil); valeur, honneur; égard, rapport. | Schätzung, Werthschätzung, Achtung, Zutrauen, Credit (kaufmännischer); Werth, Ehre; Beziehung, Rücksicht. — [illegible] estimer q. qn. ou q. ch., mettre sa confiance en q. qn. | eine Person oder Sache schätzen, Jemanden seine Achtung, sein Vertrauen schenken. — [illegible] être estimé, doué de la valeur. | geschätzt werden, etwas gelten, werth sein. [illegible] gering sein, unbedeutend, werthlos sein. [illegible] ein [illegible] Buch. [illegible] einer Sache Werth beilegen (m. d. Acc.). [illegible] oder geschätzt, oder angesehen.

• [illegible] [illegible]. Adj. qui n'est pas estimé, méprisé. | werthlos, geringgeschätzt, verachtet.

• [illegible] [illegible]. Adj. estimé, honoré, honorable | geschätzt, geehrt, ehrenwerth.

• [illegible] [illegible]. Adj. d'une valeur relative | durch Schätzung bestimmt, einer Schätzung gemäss, nach Schätzung; relativ (im Gegensatz zu [illegible] absolut oder [illegible] unbedingt wahr).

• [illegible] [illegible]. [VIII.] Sbst. action de gâter, de détruire ce qui est en bon état; action de tuer un jeune homme ou un jeune animal; mort subite d'un jeune homme. | plötzliches und gewaltsames Zugrunderichten eines noch unversehrten Gegenstandes, Tödtung eines jungen Menschen, oder eines jungen Thieres; plötzlicher Tod eines jungen Menschen ohne vorhergehende Krankheit. Gramm. Gewaltsame Quiescirung des Endvocals oder der letzten Silbe eines Wortes; Apocope.

• [illegible] [illegible]. [VIII] Sbst. action de se retirer et abandonner une chose pour s'occuper d'une autre. | Beendigung oder Aufgeben einer Arbeit oder eines Geschäfts, um sich an einem andern zu wenden.

• [illegible] [illegible]. [VIII] Sbst. action d'entourer la tête ou le visage d'un [illegible]. | sich das Tuch oder ein Band unter dem Kinn um den Kopf binden. [illegible]

• [illegible] [illegible]. [VIII.] Sbst. [illegible] hostilité, haine. | Feindseligkeit, Hass, Bosheit (gegen Jemand). — [illegible] être hostile, malveillant, injuste envers q. qn. | sich gegen einen andern feindselig benehmen, ungerecht sein, Jemanden gröblich beleidigen.

• [illegible] [illegible]. [VIII] Sbst. [illegible] action de compter, supputation, estimation. | Zählung, Zusammenrechnung, Berechnung, Schätzung. — [illegible] compter, supputer. | zählen, berechnen.

• [illegible] [illegible]. [VIII] Sbst. [illegible] égalité des deux côtés, équilibre, symétrie; proportion; état tempéré, modération. | Gleichheit nach beiden Seiten hin, Gleichgewicht, gleiches Maass, Ebenmässigkeit, das rechte Maass (sowohl hinsichtlich der Quantität als der Qualität); Mässigung. — [illegible] tempérer, modérer, | mässigen. — [illegible] trouver un juste milieu. | das rechte Maass finden. [illegible] — modéré, tempéré. | mässig, ohne Uebertreibung. [illegible] immodérément. | [illegible] das rechte Maass überschreiten. [illegible] Tag- und Nachtgleiche, Aequinoctium a [illegible] i'tim[illegible] Adj. [illegible] | [illegible], [illegible].

a [illegible] i'tim[illegible] Sbst. [illegible], [illegible]. | Mangel an [illegible], [illegible].

a [illegible] i'tim[illegible] Adj. [illegible], [illegible] | [illegible], [illegible], [illegible].

a اعتذار i'tizâr [عذر VIII.] Sbst. [illegible] action de [illegible] à q. qn. des excuses ou [illegible] bien ou [illegible]; excuse; prétexte. | Entschuldigung, Vertheidigungsrede, Verwendung. — [illegible] excuser q. qn. ou q. ch., s'excuser, demander d'être excusé; prendre prétexte. | entschuldigen, sich entschuldigen, um Entschuldigung bitten; einen Vorwand anführen.

a اعتراض i'tirâz [عرض VIII.] Pl. اعتراضات i'tirâzât. Sbst. [illegible] objection, opposition, obstacle. | Einwurf, Einwendung, Hinderung, [illegible]. — [illegible] opposer, s'opposer, se trouver en opposition avec q. ch., contrarier q. qn. | einwenden, Einwürfe machen, hinderlich sein, sich einer Sache entgegenstemmen, entgegenwirken; etwas an einer Sache auszusetzen haben.

a اعتراف i'tirâf [عرف VIII.] Sbst. اقرار aveu, confession. | Geständniss, Bekenntniss; Beichte. — [illegible] avouer, reconnaître. | gestehen, bekennen, eingestehen.

a [illegible] i'tirâk [عرك VIII.] Sbst. [illegible] action de se presser; foule, engagement. | Gedränge, Handgemenge.

a اعتزاز i'tizâz [عز VIII.] Sbst. [illegible] action de s'enorgueillir (de son origine), de se faire honorer. | Prahlen mit vornehmer Herkunft; Vornehmheit. — [illegible] vouloir se distinguer, avoir des prétentions; sich hervorthun, Ansprüche machen.

a اعتزال i'tizâl [عزل VIII.] Sbst. [illegible] action de séparer; abandon, désertion, [illegible], schisme. | Trennung, Abfall, Lossagung von einer Sache; Desertion; Schisma. — [illegible] se séparer de . . ., faire scission avec la communauté à laquelle on appartient. | sich lossagen, von einer Gemeinschaft trennen. [illegible] اعتزال die Schismatiker.

a اعتزام i'tizâm [عزم VIII.] Sbst. [illegible] ferme résolution, application, persévérance. | fester Entschluss, etwas zu thun, Beharrlichkeit, Ausdauer. — [illegible] se proposer sérieusement, poursuivre [illegible] un but; supporter avec patience (un malheur). | sich fest vornehmen, beharrlich sein, fest bleiben, etwas durchführen; geduldig ertragen.

a اعتساف i'tisâf [عسف VIII.] Sbst. action de forcer, de contraindre, faire violence. | Gewaltthätigkeit, Zwang, Gewalt; widerrechtliche und gewaltthätige Wegnahme.

a [illegible] i'tisâ[illegible] [عس VIII.] Sbst. [illegible], [illegible] طلب [illegible] action de chercher, de trouver, de gagner, de faire acquisition de q. ch. | das Suchen, Finden, Gewinnen, Erlangen einer Sache.

a اعتساف i'tisâf [عسف VIII.] Sbst. [illegible] ظلم [illegible] action de s'écarter de la route; oppression, injustice, tyrannie. Abirren vom rechten Weg; Widerrechtlichkeit, Ungerechtigkeit, Bedrückung, Tyrannei.

a [illegible] i'tim[illegible] [illegible VIII.] Sbst. [illegible] action de donner à q. qn. l'objet convoité. | Gewährung dessen, wonach Jemand gelüstet.

a [illegible] i'tis[illegible] [illegible VIII.] Sbst. action de se mettre en route à la nuit tombante. | Aufbruch oder Antritt einer Reise bei Anfang der Nacht.

a [illegible] i'tis[illegible] [illegible VIII.] Sbst. [illegible] action de nicher (d'un oiseau). | das Nisten der Vögel.

a [illegible] i'ti[illegible] [illegible VIII.] Sbst. [illegible]. — [illegible] se servir d'un bâton, se servir de q. ch. comme bâton, s'appuyer sur un bâton. | sich eines Stockes bedienen, sich auf einen Stock stützen, am Stocke gehen; eine Sache als Stock gebrauchen.

a [illegible] i'tis[illegible] [illegible VIII.] Sbst. [illegible] action de se contraindre, contrainte. | Gezwungenheit.

a [illegible] i'tis[illegible] [illegible VIII.] Sbst. [illegible] état d'être ferme; fermeté, solidité. | Festigkeit.

a [illegible] i'tisâr [عصر VIII.] Sbst. [illegible] action de presser (un fruit etc. pour en exprimer le jus), état d'être pressé. | Auspressung (des Saftes).

a [illegible] i'tis[illegible] [illegible VIII.] Sbst. [illegible] action de gagner son pain, sa vie. | Arbeit um Brod.

a [illegible] i'tisâm [عصم VIII.] Sbst. action de se contenir, de se préserver de pécher; action de saisir q. qn. par la main, de chercher refuge, protection auprès de q. qn.; innocence, état pur et libre de péché par la grâce et la protection de Dieu. | Enthaltung (von Sünde und Verbotenem); das Ergreifen der Hand Jemandes, wodurch man dessen Schutz anfleht; Unschuld, Reinheit von Sünde durch die Gnade und den Schutz Gottes (Theol.).

a [illegible] i'ti[illegible] [illegible VIII.] Sbst. [illegible] action de demander ciratsitance. | Bitte um Hülfe.

a [illegible] i'ti[illegible] [عض VIII.] Sbst. [illegible] action de mordre | das Beissen.

a [illegible] i'ti[illegible] [illegible VIII.] Sbst action de parvenir à la grandeur. | das zu Ehren gelangen.

a [illegible] i'ti[illegible] [illegible VIII.] Sbst. عفو طلب [illegible] action de demander et d'obtenir le pardon, la grâce de q. qn. | Jemand um Verzeihung, um eine Gnade bitten, die Verzeihung Jemandes erlangen.

a [illegible] i'ti[illegible] [illegible VIII.] Sbst. — [illegible] terrasser sa proie, la rouler dans la poussière. | die Beute zu Boden werfen und im Staube hin und her wälzen, oder auf dem Boden hinschleppen (von wilden Thieren).

a [illegible] i'ti[illegible] [عقب VIII.] Sbst. [illegible] action de se garder, précaution. | Vorsicht [illegible] احتراز.

a [illegible] i'tiqâb [عقب VIII.] Sbst. action de retenir les marchandises vendues jusqu'à ce que le prix en soit versé. | Vorenthaltung oder Einbehaltung der verkauften Waaren bis zur Entrichtung des Kaufpreises.

a اعتقاد i'tiqâd [عقد VIII.] Sbst. [illegible] action d'ajouter foi; foi, conviction, croyance, confiance. | das Glauben, für gewiss halten; Glaube, Ueberzeugung, religiöser Glaube, Zuversicht. Pl. اعتقادات i'tiqâdât. articles de foi, dogmes. | Glaubenssätze — اصول [illegible]. — [illegible] ajouter foi, croire fermement q. ch., prêter foi. | glauben, fest glauben an etwas, für wahr halten, überzeugt sein.

a [illegible] i'tiqâ[illegible] Adj. incrédule; à qui on ne peut pas se fier; infidèle. | ungläubig; unzuverlässig, der nicht Treue und Glauben hat, treulos.

a [illegible] i'tiqâ[illegible] Adj. fidèle, à qui l'on peut se fier. | treu, zuverlässig.

a [illegible] i'ti[illegible] [illegible IV.] Sbst. rétention. | Zurückhaltung. [illegible] — constipation. | Verstopfung, Hartleibigkeit.

a اعتكار i'tikâr [عكر VIII.] Sbst. mêlée. | das Getümmel, Handgemenge.

a [illegible] i'tikâ[illegible] [عكس VIII.] Sbst. — [illegible] refléter, renverser, intervertir. | umkehren.

a اعتكاف i'tikâf [عكف VIII.] Sbst. action de s'appliquer avec assiduité à q. ch.; contemplation, retraite spirituelle. | ernstliche Beschäftigung mit einer Sache; Betrachtung, Zurückgezogenheit auf sich selbst, indem man einige Tage und Nächte mit Fasten, Gebet und Nachdenken in der Moschee zubringt; freiwillige Busse.

a اعتلا i'tilâ [علا VIII.] Sbst. [illegible] action de monter, de s'élever; élévation, hauteur. | das Emporsteigen, Emporstreben, Erhebung, Höhe. — [illegible] monter, s'élever. | emporsteigen, emporstreben. — [illegible] être élevé. | emporsteigen, zur Höhe gelangen, zu hohen Ehren gelangen; erhöht werden.

a [illegible] i'ti[illegible] [illegible VIII.] Sbst. [illegible] action d'engager une querelle, une rixe avec q. qn. | Wortstreit, Handel, Geschimpfe.

a [illegible] i'tilâf [علف VIII.] Sbst. [illegible] action de manger du foin. | Futter fressen, Heu fressen.

a [illegible] i'til[illegible] [illegible VIII.] Sbst. [illegible] action de s'attacher à q. ch.; d'aimer q. qn., amour. | das einer Sache anhängen; Liebe, Verliebtheit. — [illegible] aimer q. qn. ou q. ch. | eine Person oder eine Sache lieben.

a [illegible] i'tilâl [علّ VIII.] Sbst. [illegible] état d'infirmité, indisposition; action d'alléguer un prétexte, une excuse. | Kränklichkeit, Schwächlichkeit, Unbefinden; Vorwendung (einer Krankheit, eines Geschäfts als Entschuldigung). — [illegible] chercher ou alléguer des prétextes; être excusé, préoccupé de q. qn. ou de q. ch. | etwas als Vorwand oder Entschuldigung anführen; sich ausschliesslich mit einem Gegenstande oder einer Person beschäftigen.

a اعتلام i'tilâm [علم VIII.] Sbst. [illegible] avoir connaissance d'une chose. | Wissen, Kenntniss von einer Sache.

a اعتلان i'tilân [علن VIII.] Sbst. [illegible] action de rendre public, de devenir public. | offenbar werden, Oeffentlichkeit; Veröffentlichung, Bekanntmachung.

• اعتقاد i'tiḳâd. [[illegible] VIII.] Sbst. [illegible] action de choisir, de discerner; choix. | Auswahl, Auserwählung.

• اعتقاد i'tiḳâd. [[illegible] VIII.] Sbst. [illegible] action de s'appuyer, de croire: appui, [illegible], foi, confiance. | [illegible]; Glaube, Vertrauen. — [illegible] [illegible] [illegible] se fier, se confier à q. qn. | sich stützen auf etwas, sich auf etwas verlassen; glauben, vertrauen. — [illegible] faire croire, persuader à q. qn. | Glauben geben an etwas, d. i. Jemanden überzeugen, überreden. [illegible] [illegible] das Vertrauen des Reichs oder [illegible] des Reichs, d. i. ein Mann auf dem die Wahl des Reichs ruht, dem das ganze Reich vertrauen kann.

[illegible]

[illegible]

[illegible], [illegible] à l'aide d'une [illegible] [illegible], mit einer [illegible] [illegible], eine [illegible] ([illegible] [illegible], [illegible] u. s. w.) [illegible].

• اعمار a'mâr. Sbst. Pl. v. عمر [illegible].

• اعمار i'mâr. [عمر IV.] Sbst. [illegible] معمور action de rendre habité, de cultiver, de peupler (un lieu). | Belebung, Bebauung, Bevölkerung. — [illegible]. rendre habité (un pays), peupler. | beleben, [illegible] Land anbauen und dadurch [illegible] darauf erwerben, bevölkern.

• اعمال a'mâl. Sbst. Pl. v. عمل [illegible] v. [illegible].

• اعمال i'mâl. [عمل IV.] Sbst. faire travailler q. qn., action d'exécuter, exécution; administration d'une province. | Anstellung zur Arbeit, Ausführung, Fertigung; Verwaltung einer Provinz. — [illegible]. faire faire, agir, administrer, agir comme juge. | etwas machen lassen, fertigen, [illegible] Werk [illegible], ausführen, verwalten (eine Provinz), das Richteramt ausüben.

• اعمامي a'mâmî. Sbst. [illegible] | [illegible], Verbindung.

• اعمام a'mâm. Sbst. Pl. v. عم 'amm.

• اعمدة a'mida. Sbst. Pl. v. عمود.

• اعمل a'mal. Adj. qui travaille [illegible], [illegible], plus ou très-agissant. | sehr arbeitsam, wirksam, [illegible], thätig.

• اعمى a'mâ. Adj. u. Sbst. aveugle, aveuglé, ignorant. | blind, verblendet, unwissend, in der [illegible] des Heidenthums wandelnd. Plur. عمي a'mî.

• اعنب i'nâb. Sbst. Pl. v. عنب 'inab.

• اعناك i'nâk. [عنك IV.] Sbst. action de rendre [illegible]; de faire une opposition continuelle, de s'opiniâtrer à. | [illegible] [illegible] Widerstand, Bestehen auf einer Sache.

• اعنار i'nâr. [عنر IV.] Sbst. action de forcer q. qn. à se détourner, à rétrograder. | [illegible] Zurücktreiben, Wegdrängen.

• اعناس i'nâs. [عنس IV.] Sbst. état de rester vieille fille, de rester célibataire; action de vieillir (se dit de l'âge, du temps). | das alt werden als Jungfrau oder als Hagestolz; das Altern.

• اعناف i'nâf. [عنف IV.] Sbst. action de traiter q. qn. avec dureté. | harte Behandlung, heftiger Tadel.

• اعنان a'nân. Sbst. Pl. v. عنان [illegible] und عنن 'anân.

• اعنان a'nân. Sbst. [Pl. v. عنن] [illegible] l'étendue visible du ciel. | die sichtbare Himmelsfläche.

• اعنة a'inna. Sbst. Pl. v. عنان 'inân.

• اعني a'nî. [I. Imperf. v. عنى] Adv. c'est-à-dire, savoir. | ich will sagen, ich meine, d. i. das heisst, nämlich.

• اعوال a'wâl. Sbst. Pl. v. عول [illegible].

• اعوار i'wâr. [عور IV.] Sbst. [illegible], [illegible] opinion que l'on a de q. qn.; action de rendre borgne. | Verdacht, schlechte Meinung, die man von Jemand hat; Blendung Jemandes auf einem Auge.

• اعواض a'wâḍ. Sbst. Pl. v. عوض 'iwaḍ.

• اعواض i'wâḍ. [عوض IV.] Sbst. [illegible] compensation. | Gegenleistung. — [illegible]. compenser. | ersetzen, [illegible] [illegible], [illegible] [illegible].

• اعوام a'wâm. Sbst. Pl. v. علم 'âm.

• اعوان a'wân. Sbst. Pl. v. عون 'aun.

• اعوج a'waǵ. Adj. courbé, recourbé, tortueux. | krumm, gekrümmt, gebogen [illegible] [illegible].

• اعوجاج i'wiǵâǵ, i'wiǵâǵ. [عوج IX.] Sbst. tortuosité, courbure. | Krümme, das krumm und gebogen sein, Krümmung.

• اعود a'wad. Adj. plus ou très-utile, avantageux, lucratif. | sehr nützlich, Nutzen bringend, vortheilhaft.

• اعور a'war. Adj. borgne; faible | einäugig, schwach.

• اعياد a'jâd. Sbst. Pl. v. عيد 'îd.

• اعادة i'âda. [عود IV.] Sbst. action de répéter, de [illegible], de ramener. | Wiederholung, Zurückführung.

• اعيال a'jâl. Sbst. famille (femme, enfants et la domesticité). | das Hauswesen (Frau, Kinder und Dienerschaft).

• اعيان a'jân. Sbst. Pl. v. عين 'ain. les yeux; les notables; pièces d'or ou d'argent. comme Singulier. le maire d'une ville ou d'un village. | die Augen; die Vornehmen; Gold- und Silbermünzen; als Singular: der Ortsvorsteher (einer Stadt oder eines Dorfes).

• اعين a'jan. Adj. visible, clair, évident. | sichtbar, deutlich, in die Augen fallend.

• اعين a'jun. Sbst. Pl. v. عين 'ain.

اغ [illegible] [illegible] Sbst. filet. | Netz, Gewebe; das [illegible], welches bei dem [illegible] [illegible] [illegible]. [Kom. u. [illegible] [illegible]] [illegible] toile d'araignée. | Spinngewebe. [illegible] réts | [illegible]. [illegible] petit filet. [illegible] [illegible] filet de chasse | Jagdnetz. [illegible] [illegible] | [illegible]. [illegible] [illegible] [illegible] [illegible] | [illegible]. [illegible] [illegible] [illegible] [illegible] | [illegible] im Netze gefangen werden [illegible] das Netz auswerfen.

اغا aga; auch اغو agu. Nach [illegible] [illegible] [illegible] [illegible] [illegible]. [illegible] Sbst. l'aîné, le frère aîné; chef, maître, seigneur, [illegible]; officier; officier de la cour, maître d'hôtel; commandant, [illegible] des janissaires. | Aeltester, Oberster [illegible]; älterer Bruder; Herr, Freiherr, Adliger, Herr über Sclaven und Diener; der Oberste der Dienerschaft, Hausmeister; Führer, Anführer; Titel der Offiziere des Landheeres und der Flotte, [illegible] [illegible], [illegible] als Titel [illegible] [illegible]; [illegible] [illegible] [illegible], wie das deutsche Herr, daher in der Anrede auch der jüngere Bruder [illegible] [illegible], mein Herr genannt wird; es steht hinter dem Namen der genannten Person [illegible] [illegible] [illegible], [illegible] Ahmed, Herr Ahmed. [illegible] [illegible] der [illegible].

[illegible] [illegible] [illegible], jetzt [illegible] [illegible] [illegible] der oberste [illegible] des [illegible]. [illegible] [illegible] [illegible], [illegible] im [illegible]. [illegible] [illegible] [illegible], der [illegible] in [illegible] [illegible]. [illegible] [illegible] [illegible] de place. | der [illegible] [illegible] [illegible] [illegible] Major. [illegible] [illegible] [illegible] Major.

• [illegible] [illegible]. [غلب IV.] Sbst. [illegible] de mort. | [illegible] des [illegible].

• [illegible] [illegible]. [غاث IV.] Sbst. [illegible] [illegible], [illegible]. | [illegible]. — [illegible]. [illegible] au [illegible]. | zu Hülfe kommen.

اغاج [illegible]. Sbst. arbre, bois, poutre, bâton, coup de bâton. | 1. Baum, Pflanze überhaupt, Gewächs, Staude, Strauch (mit dem Namen des Baumes zusammengesetzt, wie [illegible] [illegible] u. s. w.). 2. Holz, von Holz, hölzern. [illegible] der Holzwurm, Wurmfrass am Holze. 3. [illegible], [illegible]. 4. etwas aus Holz gemachtes, Balken, Pfosten, das Holz an einem Sattel u. dgl. [illegible] des [illegible], welcher das übrige Holzwerk des [illegible] trägt. [illegible] der Handgriff am Pfluge. [illegible] [illegible] das [illegible] der Drucker. 5. Stock, [illegible], [illegible] [illegible] den Prügel kosten, d. i. Schläge bekommen. — [illegible] [illegible] (platane). [illegible] die Cürme [illegible] [illegible] [illegible] Name einer Pflanze ([illegible]), arab. [illegible] oder in Aegypten [illegible] [illegible].

[illegible] [illegible]. Sbst. [Dim. v. [illegible]] arbrisseau, arbuste. | Bäumchen, Strauch, Staude, [illegible].

[illegible] [illegible]. Sbst. [Dim. v. [illegible]] petit seigneur (terme de caresse). | Herrchen, [illegible] [illegible] ([illegible] [illegible]).

[illegible] [illegible]. Sbst. v. [illegible] bois, forêt; bois. | [illegible], [illegible], [illegible] ([illegible]). [illegible] [illegible] mit Bäumen [illegible], mit Bäumen [illegible] Ort. [illegible] [illegible] [illegible].

[illegible] [illegible]. Sbst. [Dim. v. [illegible]] frère aîné; [illegible]. | der älteste Bruder. (Titel mit welchem die übrigen Prinzen von Geblüt den [illegible] [illegible]); Ortsvorsteher.

[illegible] [illegible]. Sbst. [illegible], irrigation. | [illegible], Bewässerung, [illegible]. vgl. [illegible].

[illegible] [illegible]. [illegible] [illegible]

[illegible] [illegible]. [illegible] [illegible]

[illegible] [illegible] oder [illegible] [illegible]. [illegible] [illegible] u. intr. [illegible], [illegible] [illegible]. | [illegible] oder [illegible] machen; [illegible] oder [illegible] [illegible].

[illegible] [illegible]. Sbst. v. [illegible] qui [illegible] les [illegible], [illegible]. | [illegible], [illegible].

[illegible] [illegible]. Adj. blanchi, devenu gris (la barbe, les cheveux). | [illegible], ergraut, weiss (Bart, Haupthaar). vgl. [illegible].

[illegible] [illegible]. Sbst. vgl. [illegible] l'aube du jour. | das Grauen des Tages, Anbruch des Tages. [illegible] [illegible] [illegible] oder [illegible] [illegible] das erste Morgengrauen.

[illegible] [illegible] v. [illegible] [illegible] [illegible] [illegible] [illegible]. [illegible] [illegible] [illegible] blanchir, devenir blanc (la barbe); [illegible]

[illegible] à poindre (l'aube du jour). | bleichen, weiss werden, grau werden [von Bart und Haar, vgl. [illegible]]; grauen, hell werden [vom Tage, vgl. [illegible]] [illegible] der Morgen graute. [illegible] die Welt, die Natur graute, wurde hell, d. i. der Morgen brach an. [illegible] hell werden. Deriv. [illegible] oder [illegible] Aor. [illegible] Vb. trans. rendre blanc, blanchir, poudrer. | weiss machen, weiss färben (mit Farbe, Kalk, Mehl u. s. w.), bleichen, pudern. [illegible] im Dienste das Haar weiss machen, d. i. im Dienste ergrauen. [illegible] II. [illegible] Aor. [illegible] Vb. trans. pass. être blanchi, blanchir | weiss gemacht werden oder sein, bleich werden. III. [illegible] ne pas blanchir. | nicht weiss machen. [illegible] ich habe meinen Bart nicht in der Mühle weiss gemacht, d. i. ich bin in Ehren grau geworden.

p [illegible] Sbst. [illegible] (d'une [illegible] de femme) | den Oberleder, Pantoffel (an den Pantoffeln der Frauen); [illegible]

a [illegible] [IV.] Sbst. [illegible] action de faire une incursion déprédatoire; courir avec rapidité. | Raubzug, schneller Lauf.

a [illegible] s. [illegible]

[illegible] Sbst. [illegible] | der [illegible]

p [illegible] Sbst. 1. [illegible] action de commencer, commencement. | Anfang, Beginn. — [illegible] — [illegible] commencer. | anfangen, beginnen. 2. [illegible] intention. | Absicht, Vorsatz. 3. [illegible] voix, son, chant. | Stimme, Schall, Gesang.

p [illegible] Sbst. commencement. | Anfang, Beginn. [illegible] im Anfang [illegible]

p [illegible] Sbst. principe, origine; Dieu; le ciel. | Ursprung, Gott; der Himmel.

p [illegible] Sbst. — [illegible] commencement. | Anfang, Beginn.

p [illegible] Vb. act. [illegible] 1. commencer. | anfangen, beginnen. 2. avoir l'intention, de proposer. | beabsichtigen, den Vorsatz fassen.

p [illegible] Sbst. — [illegible] [illegible] | Oberleder, Pantoffel, [illegible]

p [illegible] oder [illegible] Vb. act. [illegible] entasser, [illegible], placer l'un sur l'autre, placer l'un devant l'autre. | aufhäufen, die Dinge über einander oder hinter einander legen.

a [illegible] [IV.] Sbst. [illegible] action de faire demeurer, de faire détruire. | Verringerung, Bewirken einer Abnahme, einer [illegible] (des Wassers, des Preises u. s.).

a [illegible] [IV.] Sbst. [illegible] action d'irriter, de fâcher q. qn. | Erregung des Unwillens, des Zornes.

p [illegible] Sbst. encouragement, excitation. | Ermuthigung, Erregung.

p [illegible] Sbst. 1. v. [illegible] excitation au mal; séduction. | Anreizung zum Bösen, Verführung. 2. v. [illegible] accumulation. | Anhäufung.

p [illegible] Vb. act. — [illegible]

p [illegible] Vb. act. exciter, irriter, affliger, encourager; séduire; chasser, mettre en fuite. | erregen, aufregen, betrüben, ermuthigen, antreiben; zum Bösen anreizen, verführen; verjagen, in die Flucht jagen.

a [illegible] Sbst. Pl. v. [illegible]

1 [illegible] Partic. v. [illegible]

a [illegible] Sbst. Pl. v. [illegible]

t p [illegible] persischer Plural v. [illegible]

p [illegible] Sbst. séduction, corruption. | Verführung (zum Bösen).

a [illegible] s. [illegible]

a [illegible] [IV.] Sbst. action de tomber (des gouttes de pluie). | das Herabfallen (lassen) einzelner Regentropfen.

a [illegible] [IV.] action de soulever la poussière, de faire de la poussière. | Erregung des Staubes.

a [illegible] Adj. u. Sbst. poudreux, couvert de poussière, de la couleur de la poussière; espèce de collyre. | staubig, staubfarben; eine Art Augensalbe.

a [illegible] [IX.] Sbst. état d'être poudreux; [illegible] couvert par la poussière, couleur sale, sombre; indignation, mécontentement. | Bestäubung, durch Staub verursachter Schmutz, schmutzige, düstere Farbe; Verfinsterung (des Gesichts), Betrübniss, Missvergnügen. — [illegible] rendre poudreux, sale; [illegible] | staubig, schmutzig machen; Aergerniss, Betrübniss verursachen. — [illegible] devenir poudreux, sale, sombre, obscur, être mécontent, choqué, piqué de q. ch. | bestäubt, trübe werden, anlaufen (von Glas oder Metall) [illegible] Aergerniss, Missvergnügen an einer Sache haben, sich beleidigt fühlen.

a [illegible] Adj. couleur de loup. | wolffarbig, dunkelgelb. [illegible] — dunkelgelbes Pferd, Isabelle.

a [illegible] Adj. 1. épais, touffu. | buschig, dicht bewachsen. 2. Compar. v. [illegible] [illegible] stupide, lâche. | dumm, albern, träge, feig.

a [illegible] [VIII.] Sbst. état de prospérité au point d'exciter l'envie. | Erregung des Neides; Wohlbefinden in solchem Grade, dass man von Anderen beneidet wird.

a [illegible] [VIII.] Sbst. [illegible] action de prendre le repas du matin, déjeuner. | Frühstück.

a [illegible] [VIII.] Sbst. [illegible] action de voyager à l'étranger; de devenir étranger, de se dénationaliser; de prendre une femme étrangère comme épouse. | Reise ins Ausland, Wanderung in die Ferne; Aufgeben der Heimath, Auswanderung; Verheirathung mit einer Fremden. [vgl. [illegible]]

a [illegible] [VIII.] Sbst. [illegible] illusion qu'on se fait de q. ch. ou de soi-même, présomption, orgueil, ambition. | Einbildung, Hochmuth.

a [illegible] [VIII.] Sbst. — [illegible] mettre le pied à l'étrier, se mettre en selle. | den Fuss in den Steigbügel setzen; aufsteigen.

a [illegible] [VIII.] Sbst. action de se reconnaître débiteur, de reconnaître telle ou telle obligation. | Anerkennung einer Schuld, einer Verbindlichkeit.

a [illegible] [VIII.] Sbst. action de filer (le fil, le coton etc.). | Spinnen eines Fadens.

a [illegible] [VIII.] Sbst. [illegible] action de se laver, ablution. | Vollziehung der Waschung. vgl. [illegible]

a [illegible] [VIII.] Sbst. [illegible] enlèvement par violence. | gewaltsame Wegnahme. — [illegible] enlever par force. | mit Gewalt wegnehmen.

a [illegible] [VIII.] Sbst. [illegible] action de se fâcher, de se mettre en colère. | Erzürnung, in Zorn gerathen.

a [illegible] [VIII.] Sbst. [illegible] action de pardonner. | Verzeihung. — [illegible] pardonner à q. qn. (une faute, un péché), arranger, ajuster, arrangier q. ch. | Jemandem verzeihen; eine Sache in Ordnung bringen, ausgleichen, beilegen.

a [illegible] [VIII.] Sbst. [illegible] action de se hâter, de courir vite. | Eile, schnelles Laufen.

a [illegible] [VIII.] Sbst. [illegible] rût. | Brunst, heftige Regung des Geschlechtstriebes.

a [illegible] [VIII.] Sbst. action d'entrer dans l'obscurité, d'être enveloppé de ténèbres, entrer dans l'obscurité, comme le sabre dans le fourreau. | sich in das Finstere, an einem finstern Ort begeben, wie der Säbel, wenn er in die Scheide gesteckt wird; von Finsterniss umhüllt sein.

a [illegible] [VIII.] Sbst. [illegible] action de blâmer. | Tadel. — [illegible] blâmer, reprocher. | tadeln, schelten.

a [illegible] [VIII.] Sbst. [illegible] action de se plonger. | das Untertauchen.

a [illegible] [VIII.] Sbst. action de regarder avec dédain; de faire peu de cas de q. ch. (p. ex. d'un bienfait), ingratitude. | Geringschätzung einer Sache, einer Wohlthat u. s. w., Undankbarkeit.

a [illegible] [VIII.] Sbst. [illegible] action de cligner, de cligner, de fermer les yeux, de s'endormir. | Augenblinzeln, Augenschliessen, Einschlafen.

a [illegible] [VIII.] Sbst. [illegible] action de s'affliger de q. ch. | Betrübniss — [illegible] s'affliger, être triste. | sich betrüben, traurig sein.

a [illegible] [VIII.] Sbst. [illegible] action de piller. | Plünderung. — [illegible] piller, faire du butin, être enrichi de butin; profiter de q. ch. | plündern, Beute machen, sich durch Plünderung bereichern; von einer Sache Vortheil ziehen.

[illegible] VIII. [illegible] Subst. [illegible] ... ganzen Körper auf dem Boden ausgestreckt [illegible] ... [illegible]

[illegible] action de chercher un objet perdu; recherche, examen. | das Suchen einer verlorenen Gegenstandes, Untersuchung, Nachforschung, Prüfung.

[illegible] action de parler avec attention sur q. ch. [illegible] | Richtung der Aufmerksamkeit auf eine Sache [illegible]

[illegible] action d'élever un enfant. | Aufziehung eines Kindes.

[illegible] VIII. [illegible] Subst. improvisation | Vortrag (eines Gedichtes) aus dem Stegreif. [illegible]

[illegible] Adj. [illegible] | [illegible]

[illegible] Vb. intr. [illegible]

[illegible] Vb. act. [illegible]

[illegible] Subst. Pl. v. [illegible]

[illegible] IV [illegible] Subst. action d'ôter, de séparer; d'envoyer un seul homme comme messager. | Isolirung, Trennung vom anderen gleichartigen; Absendung eines Boten.

[illegible] IV. [illegible] Subst. [illegible] action de mettre en fuite. | Vertreibung, Verscheuchung.

[illegible]

[illegible] | un [illegible] ... passer la mesure. | [illegible] überschreiten, übertreiben; [illegible] excessivement, extrêmement. mit Uebermaass, übermässig [illegible] ... plethore, [illegible] d'humeurs. | Vollblütigkeit, Vollsaftigkeit. (Medic.).

[illegible] [IV.] Sbst. [illegible] action de verser, de répandre; fonte des métaux; art de fondre les métaux et de les mettre dans un moule. | Giessung, Vergiessung; Guss der Metalle, Formung durch Guss oder Abdruck. — [illegible] verser, répandre, fondre, jeter en moule; former [illegible], mettre, ranger. | giessen, in eine Form giessen [illegible] Metall formen, einem Dinge die rechte Gestalt geben; etwas in Ordnung bringen.

[illegible] Sbst. Pl. v. [illegible]

[illegible] Adj. [illegible] dans la [illegible] des préceptes divins. | sehr bewandert in der Kunde der Religionsvorschriften. Vgl. [illegible]

[illegible] Sbst. Pl. v. [illegible] devoirs [illegible] | [illegible] s. [illegible]

[illegible] Sbst. u. Adj. européen. | Europäer, europäisch. — [illegible]

[illegible] oder [illegible] (περιγεῖον) Sbst. Périgée | Perigäum, Erdnähe eines Planeten (Astron.), entgegengesetzt [illegible] v. [illegible]

[illegible] Vb. act. orner. | schmücken, verzieren.

[illegible] Sbst. [illegible]

[illegible] Vb. act. u. intr. [illegible] allumer, luire, briller, faire briller, polir. | anzünden, leuchten, glänzen, glänzend machen, poliren.

[illegible] Partic. [illegible] Adj. [illegible] allumé, enflammé. | angezündet, entzündet.

[illegible] Adj. qui allume, éclaire, qui fait briller. | anzündend, erleuchtend, Glanz gebend.

[illegible] Vb. [illegible]

[illegible] Vb. act. u. intr. [illegible]

[illegible] Sbst. [illegible] | Recht.

[illegible] Sbst. [illegible] communication, contagion. | Ansteckung [illegible], Verbreitung. — [illegible]

[illegible] Vb. act. [illegible]

[illegible] Sbst. u. Adj. [illegible] | ein Ansteckender.

[illegible] Sbst. [illegible] lueur, splendeur, lumière, rayon, éclat [illegible] | Glanz, Licht, Strahl der Sonne oder des Mondes, Sonnenschein, Mondschein, Schimmer. — [illegible]

[illegible] Sbst. Tebril [illegible] démon malfaisant, homme méchant. | Unhold, Ungethüm; ein [illegible] Dämon, ein [illegible] Mensch.

[illegible] oder [illegible] Sbst. [illegible] le créateur. | der Schöpfer.

[illegible] Vb. act. [illegible] créer. | erschaffen, erschaffen.

[illegible] Adj. (Partic. d. Vbs.) u. Sbst. créé; créature; le monde. | geschaffen, erschaffen; das Erschaffene, ein Geschöpf; die Welt. Pl. [illegible] les créatures. | die Geschöpfe.

[illegible] N. pr. Afrique | Afrika.

[illegible] Adj. u. Sbst. africain. | afrikanisch, Afrikaner.

[illegible] N. pr. — [illegible]

[illegible] Sbst. 1. [illegible] le créateur. | der Schöpfer. 2. [illegible] approbation, applaudissement. | Beifall, Beifallsbezeigung — [illegible] | Bravo! [illegible] | Beifall rufen, loben.

[illegible] Sbst. [illegible] création, créature, le monde. | Schöpfung, Erschaffung, Geschöpf, die Welt.

[illegible] Adj. [illegible] qui augmente, multiplie. | [illegible] Sbst. [illegible] | Verachtung, [illegible]

[illegible] Sbst. [illegible] pantoufle. | Pantoffel, Schuh. [illegible] | Siegel.

[illegible] Sbst. [illegible] [illegible] der Speisen gebraucht, [illegible]

[illegible] Sbst. [illegible]

[illegible] Vb. intr. u. act. [illegible] l'augmenter, croître, augmenter, multiplier. | [illegible], vermehren, vergrössern.

[illegible] Sbst. [illegible] accroissement. | Vermehrung, Zuwachs, Zunahme, Wachsthum. [illegible] Ueberhäufung von Geschäften.

[illegible] Vb. act. [illegible] augmenter, multiplier. | vermehren. Partic. [illegible] plus grand. | grösser.

[illegible] Vb. act. [illegible] jeter, rejeter, [illegible] | werfen, hin-, weg-, herabwerfen.

[illegible] oder [illegible] Sbst. excitation, instigation. | Anreizung, [illegible]

[illegible] Vb. act. exciter, instiguer, faire hâter, [illegible] | antreiben, [illegible]

[illegible] Vb. act. [illegible]

[illegible] Adj. u. Adv. [illegible] augmenté, multiplié, plus grand, très-grand; [illegible] plus. | vermehrt, [illegible] mehr, sehr. — [illegible] augmenter, | vermehren. [illegible] | Vermehrung.

[illegible] Sbst. [illegible] multitude, abondance, surabondance. | Vielheit, Grösse, Vermehrung, Uebermaass.

[illegible] Vb. act. [illegible] Angewachsen, Multiplier. | vermehren.

[illegible] — [illegible]

[illegible] Sbst. [illegible] enchanteur, sorcier. | Zauberer, Beschwörer.

[illegible] [IV.] Sbst. [illegible] état d'être las, épuisé. | [illegible]

[illegible] [IV.] Sbst. [illegible] action d'oublier. | das Vergessen. — [illegible] oublier, | vergessen.

[illegible] [IV] Sbst. [illegible] corruption, séduction, excitation au désordre. | Verderbung, Entartung, Verwirrung [illegible] — [illegible] corrompre, gâter, perdre, séduire, détruire, exciter; verwirren, in Unordnung bringen, Unordnung oder Unfrieden anstiften, [illegible] verführen, vernichten. [illegible] Unruhestifter anstiften.

[illegible] oder [illegible] Sbst. [illegible] | Bann, Zauber.

[illegible] Sbst. — [illegible] enchanteur. | Zauberer.

[illegible] oder [illegible] Sbst. conte fabuleux, roman, fable, chose qui n'existe pas. | Märchen, Erzählung, Fabel, eine Sache, die nicht existirt.

[illegible] Sbst. [illegible] conteur de fables. | Märchenerzähler, Geschichtenerzähler.

[illegible] Vb. act. raconter une histoire fabuleuse [illegible] | Märchen erzählen, Jemanden bezaubern.

[illegible] Sbst. enchantement, [illegible] | Zauberei, Beschwörung, Zaubern, Beschwören.

[illegible] Adj. Compar. [illegible] très-corrompu, dépravé, mauvais | sehr verdorben, sehr schlecht.

[illegible] Sbst. [illegible] couronne, diadème. | Krone, Hauptschmuck.

[illegible] Vb. intr. [illegible] se fendre, | zerfallen, [illegible], verdorren. Partic. [illegible] [illegible] | [illegible] Gefrorenen, Gefallen.

[illegible] oder [illegible] Adj. [illegible] simple, le plus mauvais. | sehr klein, gering.

[illegible] Sbst. [illegible] | Wermuth.

p [illegible] [illegible]. Sbst. [illegible], [illegible], [illegible]. | [illegible], [illegible], [illegible], [illegible].

p [illegible] [illegible]. Sbst. [illegible], [illegible]; [illegible], [illegible]. | [illegible], [illegible], [illegible]; [illegible], [illegible], [illegible].

p [illegible] [illegible] oder [illegible] [illegible]. Sbst. [illegible]. | [illegible], [illegible].

p t [illegible] [illegible]. Vb. act. faire des [illegible], des [illegible]. | [illegible] treiben, [illegible] sprechen.

a [illegible] [illegible] [[illegible] IV.] Sbst. [illegible] action de divulguer, de publier, de répandre une nouvelle. | Verbreitung eines Gerüchts, Veröffentlichung eines Geheimnisses. — [illegible] divulguer, [illegible] q. ch.; dire ou faire q. ch. ouvertement; révéler, publier, déclarer q. ch. | etwas verbreiten, unter die Leute bringen, öffentlich thun oder sagen; laut bekannt machen.

t a [illegible] [illegible]. N. pr. nom d'une tribu turque. | Name eines türkischen Stammes.

p [illegible] [illegible]. Adj. u. d. Vbgde. In zus. [illegible], qui [illegible], qui répand; [illegible], [illegible], [illegible].

p [illegible] [illegible] und [illegible] [illegible]. Vb. act. presser, exprimer; [illegible], répandre. | pressen, [illegible] = [illegible]; [illegible], [illegible] = [illegible].

p [illegible] [illegible] oder [illegible] [illegible]. Adj. u. d. Vbgde. In zus. [illegible], qui répand, qui [illegible], qui [illegible]. | [illegible] (Wasser). [illegible], [illegible]. [illegible] Wasser [illegible] [illegible] euphem. für [illegible] [illegible] pisser.) Wasser lassen.

p [illegible] [illegible]. Vb. act. [illegible] [illegible], répandre, disperser. | [illegible], [illegible], [illegible], [illegible].

[illegible] [illegible]. Vb. caus. des Vbgde.

p [illegible] [illegible]. Vb. act. [illegible] presser, exprimer. | [illegible], [illegible], [illegible] Saft aus einer Frucht.

p [illegible] [illegible]. Sbst. toute chose exprimée, suc exprimé (p. ex. l'huile). | alles Ausgedrückte, ausgedrückter Saft (wie Most, Oel u. s. w.).

p [illegible] [illegible]. Sbst. pressoir; homme qui travaille au pressoir. | Kelter; Kelterer.

a [illegible] [illegible] [[illegible] IV.] Sbst. [illegible] action d'exposer clairement, clarté de l'expression. | Deutlichkeit des Ausdrucks. — [illegible] exposer clairement q. ch., expliquer | eine Sache deutlich machen, erklären, auseinandersetzen.

a [illegible] [illegible] [[illegible] IV.] Sbst. [illegible] action de [illegible], d'épuiser; épuisement. | Aufhören, Erschöpfung.

a [illegible] [illegible]. Adj. très-[illegible]. | sehr [illegible].

a [illegible] [illegible] [[illegible] IV.] Sbst. [illegible] de [illegible]. | [illegible] Verständigung bei den weiblichen [illegible], die sie [illegible] der [illegible] Urtheils zur [illegible] gilt. Rechtsspr.

a [illegible] [illegible]. Sbst. Pl. v. [illegible] [illegible].

a [illegible] [illegible] [[illegible] IV.] Sbst. [illegible] [illegible] action de surpasser, d'exceller, grade. | Erhöhung an Rang und Würde; [illegible], Ueberhäufung mit Wohlthaten.

a [illegible] [illegible]. Pl. [illegible] [illegible]. Adj. excellent, meilleur, très-distingué, précieux, [illegible]. | vortrefflich, sehr ausgezeichnet (von Personen); werthvoll, vortheilhaft (von Sachen).

a t [illegible] [illegible]. Sbst. supériorité, prééminence. | Vortrefflichkeit, Vorzug, Vorrang.

a [illegible] [illegible]. Sbst. = [illegible]

a [illegible] [illegible] [[illegible] IV.] Sbst. action de rompre le jeûne; rupture du jeûne; repas que l'on fait à l'expiration du jeûne; souper pendant le mois de Ramazan; déjeuner. | Brechung des Fastens, Speise, welche man während der Zeit des Fastens oder nach Beendigung des Fastens geniesst; [illegible], das [illegible] während der Fastenzeit; Frühstück. — [illegible] rompre le jeûne; prendre q. ch. après avoir jeûné | das Fasten brechen, d. i. während des Ramazan, nach Sonnenuntergang, die übliche Mahlzeit halten; nach Beendigung der Fastenzeit essen und trinken.

a [illegible] [illegible]. Sbst. Pl. v. [illegible] [illegible].

a [illegible] [illegible]. Pl. [illegible] [illegible]. Sbst. [illegible] vipère. | die Viper.

p [illegible] [illegible]. Sbst. gémissement, lamentation. | Klage, Wehklage, Seufzen. — [illegible] gémir, pousser des plaintes. | [illegible], wehklagen.

t a [illegible] [illegible]. Adj. droit, juste. | recht. LT. [illegible]

t a [illegible] [illegible]. Adj. [illegible]. | wild. LT. [illegible]

a [illegible] [illegible]. Pl. [illegible] [illegible]. Sbst. plage, contrée, pays; horizon; monde, univers. Pl. contrées, pays du monde. | Himmelsgegend, Gegend, Land; Horizont; Welt. Pl. Länder.

a [illegible] [illegible] [[illegible] IV.] Sbst. action de faire perdre q. ch. à q. qu. | bewirken, dass Jemand etwas verliert oder vermisst.

a [illegible] [illegible] [[illegible] IV.] Sbst. [illegible] action d'appauvrir q. qu. | Jemand in Armuth stürzen, arm machen.

t [illegible] [illegible]. Sbst. Tahrif v. [illegible] [illegible] du coeur. | Schlagen des Herzens, Herzklopfen.

a [illegible] [illegible] [[illegible] IV.] Sbst. [illegible] action de faire comprendre q. ch. à q. qu. | Unterweisung, Belehrung.

a [illegible] [illegible] u. [illegible]. Adj. Comp. v. [illegible] très-pauvre. | sehr arm.

t [illegible] [illegible]. Vb. intr. p [illegible] [illegible]. | [illegible]. [illegible] [illegible] das Herz klopft.

a [illegible] [illegible]. Adj. horizontal. | wagerecht. a [illegible] [illegible].

a [illegible] [illegible]. Sbst. [illegible] [illegible], [illegible]. | Lüge, Verläumdung = [illegible]

a [illegible] [illegible]. Sbst. Pl. v. [illegible] [illegible].

a [illegible] [illegible] [[illegible] IV.] Sbst. méditation. | das Nachdenken. — [illegible] méditer, penser, réfléchir, songer à q. ch. | nachdenken, überlegen.

p [illegible] [illegible]. 1. Sbst. blessure. | Wunde, [illegible] Stelle der Haut. 2. Adj. [illegible], [illegible]; [illegible]; [illegible]. | [illegible], wund, geplagt.

a [illegible] [illegible]. Sbst. Pl. v. [illegible] [illegible].

p [illegible] [illegible] und [illegible]. Sbst. [illegible] fêtus, avorton. | Fötus, Frühgeburt.

p [illegible] [illegible]. Vb. caus. [illegible] faire jeter etc. | werfen lassen etc.

p [illegible] [illegible] [vgl. [illegible]] Adj. en compos. qui jette, lance, renverse, [illegible]. | in zus. [illegible] werfend, [illegible], [illegible]. [illegible] [illegible] [illegible] werfend. [illegible] Berge [illegible]. [illegible] Wurzeln [illegible], d. i. Bäume entwurzelnd. [illegible] Menschen niederreissend (vom Löwen). [illegible] Glanz verbreitend, glänzend.

p [illegible] [illegible] Sbst. [vgl. [illegible]] état d'être jeté; objection, [illegible], [illegible], [illegible]. | Zustand des Niedergeworfenseins; Unterwerfung, Unterwürfigkeit. [illegible].

p [illegible] [illegible]. Vb. act. [illegible] [illegible] jeter, lancer, renverser, [illegible]. | werfen, [illegible], [illegible], niederreissen.

p [illegible] [illegible] Partic. d. Vbg. [illegible] jeté, renversé, [illegible]. | geworfen, niedergeworfen, unterwürfig.

a [illegible] [illegible]. Adj. [illegible]. | [illegible].

a [illegible] [illegible]. Adj. qui disparaît, qui se cache, qui a disparu, qui n'existe plus, invisible. | verschwindend oder verschwunden, sich verbergend; unsichtbar.

a [illegible] [illegible] [[illegible] IV.] Sbst. action de s'engager dans un désert; s'engager ou faire dans un désert; solitude. | Verirrung in der Wüste; Reise in der Wüste, Flucht in die Wüste; Absonderung oder [illegible] von der [illegible] Gesellschaft.

a [illegible] [illegible] [[illegible] IV.] Sbst. [illegible] [illegible] action d'échapper, de se sauver, fuite. | Entwischung, Entrinnung, Flucht. — [illegible] échapper à q. qu. (une chose); se sauver. | entwischen, entrinnen, entkommen (aus dem Gefängniss, oder aus Sachen, die man fest zu halten glaubt, aus den Händen).

a [illegible] [illegible] [[illegible] IV.] Sbst. bonheur, félicité. | Glück, Wohlfahrt, Wohlergehen.

a [illegible] [illegible] [[illegible] IV.] Sbst. appauvrissement, disette, pauvreté, indigence; banqueroute. | Verarmung, Armuth; Zahlungsunfähigkeit, Bankerott.

gr [illegible] [illegible]. N. pr. Platon.

t [illegible] [illegible]. Sbst. Falaque; [illegible]. | Walach. die Walachei. [illegible] [illegible] [illegible] la Moldavie. | die Moldau.

a [illegible] [illegible]. Sbst. Pl. v. [illegible] [illegible].

a [illegible] [illegible]. Sbst. Pl. v. [illegible] [illegible].

a p [illegible] [illegible]. Sbst. Pl. v. [illegible] les étoiles, spécialement les planètes et comètes; les [illegible], les hérétiques. | Sterne, besonders Wandelsterne; die [illegible], Ketzer, Irrgläubigen.

[illegible]; sich eifrig und dauernd mit einer Sache beschäftigen; [illegible] einen Process führen. [illegible] Zeugenstellung. [illegible] von Zeugen. [illegible]

[illegible] Zeit [illegible]. [illegible] im Geheimen [illegible], verharren.

* p [illegible] Adj. qui se [illegible] quelque part. [illegible] sich irgendwo aufhaltend.

* [illegible] Shet. Pl. v. [illegible]

* [illegible] oder [illegible] Shet. Pl. v. [illegible]

* [illegible] oder [illegible] Shet. Pl. v. [illegible]

* [illegible] IV. Shet. action de faire q. ch. de vilain, d'abominable. [illegible] Handlung, [illegible].

* [illegible] IV Shet. [illegible] | Beruhigung, [illegible].

* [illegible] IV. Shet. [illegible] action d'enseigner. | Unterricht (in einer Wissenschaft).

* [illegible] IV. Shet. [illegible] action de faire saisir, de faire prendre; [illegible]. | [illegible], Annahme einer Gabe, [illegible].

* [illegible] IV. Shet. [illegible] action d'arriver, de tourner son visage vers un objet; arrivée, approche; bonheur, sort favorable; prospérité; désir; aurore favorite. | Ankommen, Annäherung, [illegible] Glück, glückliches Loos, Wohlfahrt. [illegible]

[illegible]

Aor. [illegible] [illegible], tourner, faire tourner la tête en bas; familier, [illegible]; faire une conquête, [illegible]. | [illegible] Gefässe in das andere [illegible]; [illegible], z. B. das Segel, um den Wind zu fangen und das Schiff zu drehen; umladen, z. B. die Waaren von einem Schiffe in ein anderes; umgraben, das Unterste zu oberst kehren, durchsuchen, [illegible], z. B. das Gepäck [illegible], die Ladung eines Schiffes u. s. w. — [illegible] All Schir. oder [illegible] LT [illegible] einen Krug umgiessen oder [illegible] — [illegible] den Acker mit dem Spaten umgraben [illegible] er wendet den Segel hin und her und lebet etc. [illegible] den Blick auf Jemand richten. [illegible]

[illegible]

[illegible] imitation. | Nachahmung, Nachfolge. — [illegible] imiter, suivre l'exemple d'un autre. [illegible] nachahmen, dem Beispiele eines andern folgen.

* [illegible] VIII Shet. action d'arranger, de disposer, de faire marcher une affaire. | Ueberlegung und Anordnung eines Geschäfts.

* [illegible] VIII Shet. action d'arranger, de disposer et d'exécuter une affaire. Ueberlegung und sorgsame Ausführung eines Geschäfts.

* [illegible] VIII. Shet. pouvoir, puissance, autorité, dignité. | Macht, Kraft, Vermögen etwas zu thun. [illegible] ein Mächtiger, viel Vermögender, Herrscher. [illegible] sie hatten nicht die Macht dazu, sie konnten oder wagten es nicht.

* [illegible] VIII. Shet. [illegible] action d'avancer; progrès. | das Vorwärtsgehen, Fortschritt.

* [illegible] VIII. Shet. action de lire ou de parcourir (un livre du commencement jusqu'à la fin). | vollständiges Durchlesen [illegible]

[illegible]

[illegible] des Bodens [s. [illegible]]; — pillage, butin. | Raub, Beute. M.

a [illegible] [illegible] [قسر VIII.] Sbst. [illegible] action de contraindre. | Zwang, Gewalt. — [illegible] contraindre q. qn. à q. ch. | Jemanden zu etwas zwingen.

a [illegible] [illegible] [قسم VIII.] Sbst. [illegible] action de se partager q. ch., partage, répartition; [illegible] | Theilung, [illegible], Austheilung; [illegible], Vertheilung.

a [illegible] [illegible] [قصر VIII.] Sbst. action de se borner, se restreindre à q. ch., restriction, abréviation. | Beschränkung auf, Begnügung mit, Einschränkung; Abkürzung (einer Rede). — [illegible] se restreindre, abréger. | sich beschränken, sich kurz fassen.

a [illegible] [illegible] [قصّ VIII.] Sbst. action de suivre les traces de q. qn.; action de se venger; action de raconter. | Verfolgung einer Spur; Rache, die man nimmt, oder zu nehmen sucht; Erzählung.

a [illegible] [illegible] [قضى VIII.] Sbst. [illegible] exigence, demande, nécessité qui exige l'accomplissement d'une chose, suite nécessaire d'une chose antérieure. | Nothwendigkeit, Erforderniss, nothwendige Folge — [illegible] oder [illegible] être nécessaire, être convenable. | nothwendig, [illegible] sein; erfordern. [illegible] oder [illegible] selon l'exigence. | dem Erfordernisse gemäss

a [illegible] [illegible] [قضب VIII.] Sbst. [illegible] action de couper, de retrancher; retranchement. | Abschneidung, Abkürzung. Rhetor. plötzlicher Übergang von der Einleitung eines Gedichts zu dem Haupttheile; Einleitung, die mit dem Haupttheile des Gedichts nicht in dem gehörigen Zusammenhange steht.

a [illegible] [illegible] [قضّ VIII.] Sbst. [illegible] action de déflorer une fille. | Entjungferung.

a [illegible] [illegible] [قطع VIII.] Sbst. [illegible] action de couper, de séparer une partie. | Abschneidung, Trennung eines Theiles vom Ganzen.

a [illegible] [illegible] [قطف VIII.] Sbst. [illegible] action d'arracher, de cueillir. — [illegible] arracher; cueillir. | rauben, abreissen (mit Gewalt); pflücken.

a [illegible] [illegible] [قفو VIII.] Sbst. [illegible] action de suivre q. qn.; préférence accordée à l'un sur l'autre | das Nachfolgen; Bevorzugung des Einen vor dem Andern, Auswahl — [illegible] suivre q. qn., suivre l'exemple de q. qn., imiter q. qn. | folgen, nachfolgen, dem Beispiele Jemandes folgen, ihn nachahmen.

a [illegible] [illegible] [قفر IV.] Sbst. [illegible] action de suivre les traces ou l'exemple de q. qn. | Jemandem nachfolgen.

a [illegible] [illegible] [قلع VIII.] [illegible] [illegible] action de déraciner, d'arracher q. ch. de sa place. | Entwurzelung, Wegreissung.

I [illegible] [illegible] Vb. [illegible] v. [illegible]

a [illegible] [illegible] [قنى VIII.] Sbst. action d'acquérir, de gagner, de posséder. | das Erlangen, Erwerben, Erhalten, Besitzen.

a [illegible] [illegible] [قنص VIII.] Sbst. [illegible] chasse. | die Jagd. — [illegible] aller à la chasse, chasser. | auf die Jagd gehen, jagen.

a [illegible] [illegible] [قوى VIII.] Sbst. [illegible] état de devenir fort, robuste; force. | Zunahme an Stärke, Kraft, Stärke.

I [illegible] [illegible] Sbst. travail, façon; prix de la façon. | Arbeit; Arbeitslohn, Macherlohn

a [illegible] [illegible] [قوت VIII.] Sbst. [illegible] action de prendre de la nourriture. | das zu sich nehmen von Nahrung.

a [illegible] [illegible] [قيد VIII.] Sbst. [illegible] action de mener, de conduire (un cheval). | das Führen, hinter sich herziehen (ein Pferd am Zügel).

a [illegible] [illegible] [قرّ VIII.] Sbst. [illegible] action d'examiner, de scruter, de fouiller. Untersuchung, Durchsuchung.

a [illegible] [illegible] [قيس VIII.] Sbst. action de comparer l'un à l'autre, d'établir l'analogie de l'un avec l'autre, de mesurer l'un avec l'autre. | Vergleichung, Nebeneinanderstellung (zur Vergleichung). — [illegible] comparer l'un avec l'autre, suivre l'exemple de q. qn. ou de q. ch.; agir par analogie avec q. ch. | mit einander vergleichen; nach eignem Beispiele, nach Analogie eines Andern verfahren.

a [illegible] [illegible] [قاف VIII.] Sbst. [illegible] action de suivre q. qn. pas à pas, de suivre les traces. | Nachgehen der Spur Jemandes oder Schritt auf Schritt.

I [illegible] [illegible] Adj. v. [illegible] blanchâtre, weisslich.

I [illegible] [illegible] Adj. v. [illegible] blanc, blanchâtre, weiss, weisslich. [illegible] — [illegible] peuplier blanc. | Weisspappel oder Silberpappel. [illegible] Name eines Baumes, der auf hohen Bergen wächst, aus dessen Holze man Pfeile macht und dessen Blätter als Heilmittel gegen die Ruhr gebraucht werden. [illegible] vielleicht Acer, Ahorn, Weissbuche an [illegible] [illegible] und [illegible] Sbst. argent monnayé, petite monnaie; aspre. | Silbergeld; kleine Münze; spec. Asper d. i. $^1/_3$ Para [s. [illegible]]. [illegible] [illegible] comptant. | baar Geld. [illegible] oder [illegible] argent comptant; baar Geld.

I [illegible] [illegible] Sbst. valeur d'un aspre. | Werth eines Asper.

I [illegible] [illegible] Adj. qui a de l'argent, riche. | reich (an Geld).

a [illegible] [illegible] [قحط IV.] Sbst. [illegible] disette (par suite de sécheresse). Mangel an Lebensmitteln (in Folge von Trockenheit)

a [illegible] [illegible] [قحط IV.] Sbst. [illegible] | [illegible] einer Sache oder lange Ueberlegung oder Zaudern; schnelle Entschlossenheit.

a [illegible] [illegible] oder [illegible] Sbst. [illegible] [illegible] (plante). | [illegible]

a [illegible] [illegible] Sbst. Pl. v. [illegible] [illegible]

a [illegible] [illegible] [قدر IV.] Sbst. [illegible] action de donner à q. qn. le pouvoir sur q. ch. | Ermächtigung, [illegible]

a [illegible] [illegible] Sbst. Pl. v. [illegible] [illegible]

I [illegible] [illegible] s. [illegible]

a [illegible] [illegible] [قدع IV] Sbst. [illegible] action d'empêcher. | Verhinderung. — [illegible] empêcher, retenir q. qn. de q. ch., mettre obstacle | hindern, verhindern.

a [illegible] [illegible] Sbst. Pl. v. [illegible] [illegible]

a [illegible] [illegible] [قدم IV.] Sbst. [illegible] soin, effort, persévérance, diligence; bravoure, courage, audace dans l'attaque. | Fleiss, Anstrengung, Beharrlichkeit, Ausdauer; Muth, Tapferkeit. — [illegible] oder [illegible] s'efforcer, (s'adonner, persévérer, se montrer courageux | sich anstrengen, sich bemühen, [illegible] und angestrengt arbeiten, bei einer Sache ausharren (m. d. Dativ.); tapfer kämpfen.

a I [illegible] [illegible] Adj. qui s'efforce, persévérant; courageux. | beharrlich, [illegible], einer der angestrengt arbeitet, tapfer kämpft

I [illegible] [illegible] s. [illegible]

I [illegible] [illegible] s. [illegible]

a [illegible] [illegible] Adj. très saint, le plus saint. | sehr heilig, der Heiligste

a [illegible] [illegible] Adj. antérieur, plus ancien, le premier. | früher, älter, der erste, älteste, vorderste. Adv. précédemment. | früher, eher. [illegible] früher als [illegible]

a I [illegible] [illegible] Adv. peu de temps avant, il y a peu de temps. | kurz vor. [illegible] vor ganz kurzer Zeit, jüngst.

a [illegible] [illegible] Sbst. flèche sans pennes de plumes, dard. | Pfeil ohne Federn, Bolzen

a [illegible] [illegible] Sbst. Pl. v. [illegible] [illegible]

a [illegible] [illegible] [قذر IV.] Sbst. action de salir. | Verunreinigung. — [illegible] salir. | verunreinigen.

a [illegible] [illegible] [قذع IV.] Sbst. action de dire à q. qn. des injures, des gros mots | Schmähung, Ueberhäufung mit Schimpfworten

I [illegible] [illegible] s. [illegible]

a [illegible] [illegible] [3 Pr. v. [illegible] IV.] Interj. qu'il (c. à d. Dieu) rafraîchisse. | [illegible] erfreue ! [illegible] [illegible] que Dieu rafraîchisse son œil, c. à d. le console, le rende content. | Gott erfreue dein Auge, d. i. tröste dich, [illegible]

a [illegible] [illegible] Sbst. Pl. v. [illegible] [illegible]

a [illegible] [illegible] [قرأ IV] Sbst. 1. [illegible] action de faire lire | das Lesenlassen. 2. [illegible] avoir ses règles (se dit des femmes) [illegible] Reinigung. 3. [illegible] action d'approcher. | Herannäherung.

a [illegible] [illegible] Sbst. Pl. v. [illegible] [illegible]

a [illegible] [illegible] [قرّ IV.] Sbst. [illegible] [illegible] action de raffermir, d'établir fermement; affirmation, promesse, aveu, confession, [illegible] d'une obligation envers q.

qu.; acte authentique par lequel on reconnaît q. ch. | das Festmachen, Befestigung, Bestätigung. Versprechen. Anerkennung einer Schuld, einer Verbindlichkeit gegen Jemand, Bekennung einer Schuld, Geständniss. [illegible]

[illegible] faire la confession de foi. | bestätigen, versichern, versprechen, bekennen, das Glaubensbekenntniss ablegen. — [illegible]

[illegible] Wort brechen. [illegible]

[illegible]

[illegible] action de boiter, état d'infirmité de celui qui boite, débilité. | das Hinken, Schwäche, Lahmheit, Schwäche. [illegible]

[illegible] action de ferrer, de faire un serment. | das Schwören.

[illegible] boiter. | hinken, lahm oder schief gehen. [illegible] faire boiter, estropier. | machen, dass einer hinkt, lähmen, verstümmeln.

[illegible] Sbst. firmament. | das Nissen.

[illegible] Vb. intr. devenir. [illegible]

[illegible] Adj. [illegible] très-juste, plus juste, légal. | sehr gerecht, gerechter, gesetzlicher.

[illegible]

[illegible] (des Gleichen und Gleichen).

[illegible] Adj. très-juste, plus juste, plus judicieux. | sehr gerecht. [illegible] der gerechteste Richter.

[illegible] Sbst. Pl. v. [illegible]

[illegible] action de faire tomber goutte à goutte, distillation. | tropfenweises herabfallen lassen; Destillation.

[illegible] action de rompre, amputation; décision. | Abschneidung, Amputation; Entscheidung (durch Rechtsspruch oder Urtheile. — [illegible] rompre, amputer; [illegible] par des arguments et réduire au silence; assigner à q. qu. une terre à titre de fief. | abschneiden, amputiren; einen Streit entscheiden, [illegible] durch Widerlegung, [illegible]

[illegible]

a [illegible] AKALL. Adj. u. Sbst. le plus petit; moindre [illegible]; plus [illegible] | der Kleinste, wenigste, geringste; [illegible]; das Wenigste, Geringste. [illegible] au moins, le moins possible | wenigstens, so wenig wie möglich. [illegible] le minimum, le plus bas | das Wenigste, das Geringste, das Minimum.

a [illegible] IKLÂ' [illegible IV.] Sbst. [illegible] action d'arracher, de cesser, de quitter | das Wegnehmen, Aufhören, Verlassen. Medic. die Zeit der Krankheit, wo das Fieber den Kranken verläßt, Zwischenzeit zwischen zwei Fieberanfällen. — [illegible] arracher, extirper; faire cesser, cesser; quitter (un endroit ou q. qu.); partir, mettre à la voile; larguer les voiles | herausziehen, wegnehmen, von seiner Stelle wegnehmen; aufhören, aufhören lassen; von einer Sache abstehen; einen Ort oder eine Person verlassen; wegziehen, absegeln, absegeln.

a [illegible] IKLÂL. [illegible IV.] Sbst. [illegible] action de diminuer, d'amoindrir; [illegible] | Verminderung, Verringerung; Armuth. — [illegible] diminuer, amoindrir; [illegible] qu'il y a trop peu de ...; [illegible] (comme un [illegible]), trembler (de peur). | verringern, vermindern; finden, daß etwas zu gering oder zu wenig ist; wenig geben; [illegible] und [illegible] sein, [illegible] (wie ein Armer).

a [illegible] AKALÎM. Sbst. Pl. v. [illegible] KALEM.

t a [illegible] [illegible]

a [illegible] KALEM. Sbst. [illegible]; [illegible] | [illegible] (?). M. Vielleicht [illegible]

a [illegible] [illegible] Sbst. [illegible] | [illegible]

a [illegible] AKEM. Sbst. v. [illegible] blancheur, tache blanche (p. ex. sur l'oeil); [illegible] | Weiße, weiße Farbe; ein weißer Fleck, z. B. auf der Pupille oder dem Augapfel. Blindheit. [illegible] Pl. [illegible] bonne réputation, [illegible] | Weiße des Gesichts, d. i. Zustand wo man nicht nöthig hat zu erröthen, guter Ruf, gutes Gewissen, Ehre.

t [illegible] [illegible] [illegible] V. [illegible] | [illegible] (ein Getränk in ein [illegible]).

t [illegible] AKLE. Adj. blanchâtre. | weißlich; [illegible] AKAR KARALY: tacheté blanc et noir. | weiß und schwarz gefleckt oder gestreift.

a [illegible] [illegible] Sbst. sing, [illegible], Hühnchen, Riegel.

gr [illegible] Euclides; [illegible] oder [illegible] [illegible]. N. pr. Euclide; Euklides. Sbst. le livre d'Euclide | das Buch des Euklides.

a [illegible] [illegible] Pl. [illegible] Sbst. [illegible] | die sieben Weltregionen oder Zonen der Erde.

a [illegible] [illegible] Sbst. [illegible], [illegible] d'or ou d'argent. | Gallone, Gold- und Silberstickerei.

a [illegible] AKMÂR. Sbst. Pl. v. [illegible] KAMER u. [illegible]

a [illegible] IKMÂ'. [illegible IV.] Sbst. [illegible] action de [illegible], de [illegible]

[illegible] Zähmung, Demüthigung, Unterwerfung.

a [illegible] AKMAR. Adj. gris et [illegible] | aschfarbig.

a [illegible] [illegible] Sbst. Pl. v. [illegible] KAMÎS.

a [illegible] [illegible] Sbst. Pl. v. [illegible] [illegible]

t [illegible] AKMAK oder [illegible] und [illegible] AKÂN. [illegible] AKAN Vb. [illegible] couler, [illegible] | fließen, strömen, schwimmen, mit dem Wasser treiben. [illegible] Zerfließen [illegible] fließendes Wasser. Deriv. I. [illegible] [illegible] Vb. [illegible] ne pas [illegible] | [illegible] fließen bleiben. [illegible] stehendes Gewässer, Lache, Pfütze. II. [illegible] AKYTMAK Vb. [illegible] faire couler; [illegible] | fließen lassen, in Fluss bringen, zur Ausführung bringen; [illegible] (in einem Gefäss in das andere); vgl. [illegible] und [illegible]. III. [illegible] [illegible] Vb. refl. [illegible] à [illegible] | [illegible]. [illegible] [illegible] (ein Metall). IV. [illegible] AKYSMAK, auch [illegible] und [illegible] [illegible] Vb. [illegible] faire [illegible] | [illegible]

[illegible] AKMA. Sbst. v. [illegible] écoulement; [illegible] | das Fliessen. [illegible] [illegible] [illegible] [illegible]

t [illegible] AKAR. Adj. [Part. [illegible]] coulant, fluent; | fliessend, schwimmend.

t [illegible] oder [illegible] AKIN. Sbst. incursion [illegible] | Streifzug, Streifzug (in Feindesland).

a [illegible] IKTIHÂM. [illegible IV.] Sbst. [illegible] à la volonté de Dieu, [illegible] religion | Ergebung in den Willen Gottes, Befolgung der Vorschriften der Religion, wie Gebet, Wallfahrt, heiliger Krieg.

a [illegible] IKNÂ'. [illegible IV.] Sbst. action de contenter; | Zufriedenstellung. — [illegible] [illegible] | [illegible] befriedigen; den Kopf [illegible] halten.

a [illegible] MUKNI'. Adj. satisfaisant | genügend, zufriedenstellend.

gr [illegible] AKANTHUS. Sbst. (ἄκανθος). acanthe | Bärenklau; auch [illegible] genannt.

t [illegible] oder [illegible] AKYNDY. Sbst. [illegible] | [illegible] [illegible] leichte Truppen zur Plünderung und Streifzüge [illegible]

t [illegible] AKYNDY oder AKYNTY. Sbst. courant d'eau, fleuve, [illegible] | Strömung des Wassers, eines Flusses, des Meeres. [illegible] [illegible] | Flussbett. [illegible] [illegible] Gegenströmung. [illegible] N. pr. Vorgebirge der Strömung, Name eines Vorgebirges im Bosporus.

a [illegible] AKNUM. Adj. [illegible] | Sammeln, [illegible]

[illegible] Ort, [illegible]

a [illegible] AKNÛM. Sbst. [illegible] origine, racine, substance. | Ursprung, Wurzel, Wesen. Theol. Hypostase, eine Person der Dreieinigkeit. Pl. [illegible] personnes (individus) | Personen, Individuen. [illegible] die drei Personen der heiligen Dreieinigkeit. [illegible] [illegible] Verba; die heiligen Schriften der Hebräer.

a [illegible] oder [illegible] AKWÂ. Adj. Compar. v. [illegible] | plus fort, robuste, puissant | sehr stark, kräftig, mächtig.

a [illegible] IKWÂ'. [illegible IV.] Sbst. Metr. irrégularité dans les voyelles des rimes. | fehlerhafte Abwechselung der Vocale in der Reimsilbe.

a [illegible] AKWÂL. Sbst. Pl. v. [illegible] KAWL.

a [illegible] AKWÂS. Sbst. Pl. v. [illegible] KAWS.

a [illegible] AKWÂM. Sbst. Pl. v. [illegible] KAWM.

a [illegible] AKWÂT. Sbst. Pl. v. [illegible] KÛT.

t a [illegible] AKOLAR. Sbst. milieu du [illegible] | das [illegible] (?) LT. [illegible]

a [illegible] AKWAM. Adj. plus droit. | gerader, sehr gerade.

a [illegible] AKWÂ. s. [illegible]

t a [illegible] [illegible] Sbst. [illegible] | Brunnen. — [illegible]

a [illegible] IKÂM. [illegible IV.] Sbst. [illegible] — [illegible] faire [illegible] | [illegible]

a [illegible] [illegible] Sbst. Pl. v. [illegible] [illegible]

gr [illegible] [illegible] (ὠκεανός). Sbst. Océan | das Weltmeer.

a [illegible] [illegible] Adj. v. [illegible] constant, [illegible] | [illegible]

t a [illegible] [illegible] Sbst. [illegible] | [illegible] LT. [illegible]

a [illegible] [illegible] s. [illegible]

t [illegible] Sbst. [illegible] | Gelenk, Fuge, Verbindungspunkt zweier Knöpfe. [illegible] articulation. | Knochenfügung, Gliedergelenk. [illegible]

p [illegible] Sbst. [illegible] | [illegible]

a [illegible] Adv. très, au suprême degré | sehr, höchst, im höchsten Grade [illegible] Bildung des Superlativs. [illegible]

t [illegible] Sbst. fuseau. | Spindel. [illegible]

t [illegible] Sbst. frère. | Bruder. vgl. [illegible]

a [illegible] [illegible] Sbst. Pl. v. [illegible] [illegible]

a [illegible] [illegible] [illegible IV.] Sbst. [illegible] action de [illegible], de surpasser. | Ueberwindung, Übermacht.

a [illegible] [illegible] Sbst. Pl. v. [illegible] [illegible]

p [illegible] [illegible] oder [illegible] Sbst. [illegible] | [illegible]

a [illegible] AKÂM. Sbst. [illegible] | [illegible]

n [illegible] [illegible]. Pl. [illegible] [illegible]. Sbst. [illegible]. | [illegible].

p [illegible] [illegible] (vgl. [illegible] oder [illegible]), [illegible] [illegible] [illegible] Conj. condit. si, quoique; wenn (mit dem Subjunctiv). [illegible] — [illegible] — [illegible]; tant — que. | entweder — oder.

[illegible] oder [illegible] [illegible]. Sbst. [illegible]. | [illegible] [illegible] [illegible]. | [illegible].

e [illegible] [illegible] [IV.] Sbst. [illegible] action de donner q. ch. à q. qn. | Verabreichung, Verpachtung.

a [illegible] [illegible] [IV.] Sbst. [illegible] action de jeter q. qn. dans l'embarras, d'affliger q. qn. | Kränkung, Betrübung.

e [illegible] [illegible] Sbst. Pl. v. [illegible] [illegible].

[illegible]

[illegible] Vb. caus. v. [illegible]

[illegible] Adj. aigre; fermenté; [illegible] sombre, [illegible] (front, [illegible]) | sauer; gesäuert, [illegible]; finster, verdriesslich [illegible]. [illegible] ein finsteres Gesicht.

[illegible] Adj. aigrelet [illegible].

[illegible] Adj. plus aigre, assez aigre. | mehr sauer, ziemlich sauer.

[illegible] Sbst. aigreur, acreté, goût aigre | Säure, saurer Geschmack.

[illegible] Aor. [illegible] Vb. intr. être aigre, s'aigrir, devenir aigre, fermenter; avoir le goût aigre; avoir la mine sombre, [illegible] | sauer sein, sauer werden, z. B. die Milch, in Gährung gerathen; ein finsteres, [illegible] Aussehen haben (das Gesicht). Deriv. [illegible] Aor. [illegible] Vb. caus. aigrir, rendre aigre, faire fermenter, confire en vinaigre, en sel, faire aigre mine, rider le front; irriter q. qu. | säuern, sauer werden lassen, in Essig legen, einmachen; [illegible] ein finsteres Gesicht machen, finster sehen, die Stirne runzeln; Jemanden in Zorn bringen.

[illegible] [illegible] IV.] Sbst. action d'appeler q. qu. infidèle, d'accuser q. qu. de blasphème, d'accuser q. qu. de ne pas croire en Dieu. | Beschuldigung des Unglaubens, der Gotteslästerung.

[illegible] [illegible] II.] Sbst. [illegible] action de considérer q. qu. garant de q. ch. | Stellung eines Bürgen.

[illegible] Sbst. peine, affliction, douleur. | Kummer, Betrübniss, Schmerz.

[illegible] Sbst. [illegible] | das Kinn. [illegible]; Kurbel, Knebelholz. [illegible] bois de charrue auquel est fixé le soc | ein Holz am Pfluge, an welchem das Pflugeisen befestigt ist. [illegible] Kam.

[illegible] Sbst. [illegible] action de manger | das Essen. — [illegible] manger, [illegible] Essen und Trinken, Speise und Trank.

[illegible] Adj. qui mange, consumant, [illegible] verzehrend. Femin. [illegible]

[illegible] Sbst. tout ce qui se mange, aliments. | alles Essbare, Nahrung.

[illegible] Adv. tout doucement, peu à peu, [illegible] nach und nach (alt.).

[illegible] Vb. caus. v. [illegible]

[illegible] oder [illegible] s. [illegible]

[illegible] und [illegible] s. d. Figde.

[illegible] (vulg. [illegible]). Aor. [illegible] (vulg. [illegible]). Vb. intr. [verwandt mit [illegible]] comprendre, entendre; regarder, croire. | verstehen, einsehen, begreifen; für etwas halten, meinen. [illegible] qui comprend, raisonnable. | einsehend, vernünftig [illegible] ein verständiger, vernünftiger Mensch, der versteht, was man ihm sagt, der Vernunft annimmt. Deriv. I. [illegible] Aor. [illegible] faire comprendre, expliquer, donner avis de q. ch.; accuser q. qu. [illegible] verstehen lassen, begreiflich machen, erklären, eine Nachricht mittheilen, einen [illegible] [illegible] ein Geheimniss mittheilen. II. [illegible] Aor. [illegible] Vb. recipr. apprendre | erfahren, in Erfahrung bringen. III. [illegible] Vb. recipr. pass. être appris, être compris, erfahren werden, verstanden werden. [illegible] in Erfahrung gebracht. [illegible] oder [illegible] intelligible | verständlich. IV. [illegible] Vb. refl. s. [illegible] V. [illegible] Vb. refl. neg. v. [illegible] VI [illegible] Vb. refl. pass. neg. v. [illegible]

[illegible] Adj. u. Sbst. qui comprend, intelligent. | einer der versteht, einsichtig, einsichtig, verständig.

[illegible] Sbst. intelligence, capacité. | Begriff, Fassung, Fassungskraft.

[illegible] oder [illegible] [Fem. v. [illegible]] Sbst. [illegible] | der Kreis [illegible]

[illegible] Vb. caus. v. [illegible]

[illegible] Vb. [illegible] [illegible]

[illegible] Vb. pass. caus. v. [illegible]

[illegible] [illegible] und [illegible] s. [illegible]

[illegible] Sbst. courbure, courbement. | Krümmung, das Krümmen.

[illegible] s. [illegible]

[illegible] v. [illegible]

[illegible] Vb. pass. v. [illegible]

[illegible] Vb. pass. v. [illegible]

[illegible] Vb. pass. v. [illegible]

[illegible] Aor. [illegible] Vb. act. [v. [illegible]] joindre, attacher, arranger. | zusammenfügen (errichten, aufbauen, binden), hinzufügen, verlängern.

[illegible] Aor. [illegible] Vb. act. retenir, retarder q. qu.; entretenir, amuser q. qu. | Jemanden aufhalten; Jemanden unterhalten. Deriv. I. [illegible] retarder, s'arrêter, s'amuser; passer le temps, s'amuser, se divertir. | verweilen, zaudern, in die Länge ziehen, sich aufhalten, stehen bleiben, verweilen, die Zeit hinbringen, sich die Zeit vertreiben, sich amüsiren. [illegible] an einem Orte stehen bleiben. [illegible] ein wenig [illegible] zu spät kommen. [illegible] ein Ort, wo das Wasser stehen bleibt u. stagnirt. II. [illegible] Aor. [illegible] Vb. refl. caus. retenir q. qu., retarder q. qu. ou q. ch., amuser q. qu. | Jemanden aufhalten; verspätigen, etwas zu lange Zeit thun, zu lange dauern lassen; sich zu lange aufhalten, die Zeit hinbringen; die Zeit vertreiben, Jemanden unterhalten.

[illegible] s. [illegible]

[illegible] s. [illegible]

[illegible] Sbst. intelligence. | Einsicht. [illegible]

[illegible] Sbst. u. Adj. [Partic. v. [illegible]] amener; [illegible]; action de amener | das [illegible]; [illegible] s. [illegible]

[illegible] Adj. [Partic. v. [illegible]] flexible, courbe. | biegsam, gebogen. s. [illegible]

[illegible] Sbst. passe-temps, Zeitvertreib. s. [illegible]

[illegible] Adj. [Refl. Neg. v. [illegible]] qui ne se comprend pas, inintelligible | unverständlich, unbegreiflich (was sich nicht begreifen lässt). vgl. [illegible]

[illegible] s. [illegible]

[illegible] Adj. [Refl. Pass. Neg. v. [illegible]] qui n'est pas compréhensible, inintelligible. | unverständlich, unbegreiflich (was nicht begriffen wurde). vgl. [illegible]

[illegible] Adj. [Refl. v. [illegible]] qui s'entend, se comprend | verständlich, begreiflich (was sich begreift). vgl. [illegible]

[illegible] Adj. lent, tardif, qui passe le temps à rien faire. | langsam, zaudernd, träge, die Zeit mit Nichtsthun hinbringend.

[illegible] Adj. [v. [illegible]] joint à q. ch., uni ensemble, [illegible] | zusammengefügt, nicht aus einem Stücke gemacht; zusammengeflickt. [illegible] ein Neger, der nicht zusammengefügt ist, d. i. der aus einem Stücke gemacht ist. Kam. [illegible]

[illegible] oder [illegible] Adj. — [illegible] qui a une couleur, brune, basané (se dit du visage). | farbig, insbesondere bräunlich, von der Farbe verbrannt. [illegible] couleur de froment, [illegible] | weizenfarbig, dunkelgelb, von der Gesichtsfarbe des Menschen. — [illegible] Kam.

[illegible] s. [illegible]

[illegible] Adj. [illegible] s. [illegible]

[illegible] Sbst. bandeau enrichi de pierres précieuses qu'on met sur la tête, diadème, couronne. | Krone, Königskrone. [illegible] (plante). | die Melilote.

[illegible] Sbst. [illegible] | das [illegible]

[illegible] Sbst. — [illegible] oder [illegible] pain. | Brod.

[illegible] [[illegible] IV.] Sbst. action d'achever; accomplissement, perfectionnement. | Vollendung, Beendigung, Vervollkommnung. — [illegible] achever, rendre complet et parfait. | vollenden, beendigen, vervollkommnen.

[illegible] Sbst. Pl. v. [illegible]

[illegible] Aor. [illegible] Vb. act. u. intr. [illegible] — [illegible] *mentionner, faire mention de q. ch., songer à ..., se souvenir de ..., rappeler au souvenir, mentionner, prononcer le nom de ...* | erinnern, sich oder einen Andern an eine Sache erinnern, sich auf etwas besinnen, an etwas denken. Deriv. I. [illegible] Aor. [illegible] Vb. caus. *faire souvenir.* | in Erinnerung bringen [illegible], ins Gedächtniss zurückrufen, erinnern lassen. II. [illegible] Aor. [illegible] Vb. pass. *être mentionné, être nommé.* | erwähnt werden, genannt werden.

[illegible] LT. Aor. [illegible] Vb. act. *semer, parsemer, saupoudrer, arroser, ensemencer, cultiver la terre.* | säen, streuen, bestreuen (mit Salz, Zucker u. s. w.), hervorbringen: das Feld bestellen, den Acker bestellen. Deriv. I. [illegible] Aor. [illegible] Vb. caus. *faire semer etc.* | säen, bestreuen u. s. w. lassen. II. [illegible] LT. Vb. caus. [illegible]

III. [illegible] Aor. [illegible] *être semé, être ensemencé* | gesäet oder bestreut werden oder sein.

[illegible] Aor. [illegible] Vb. act. *courber, incliner, baisser, plier.* | krümmen, biegen, beugen, bücken, falten. [illegible] zur Seite biegen. [illegible] wie einen Krummstab biegen oder krümmen. [illegible] seine Stirn falten, d. i. [illegible]. Deriv. I. [illegible] Aor. [illegible] Vb. caus. *faire courber, faire plier etc.* | krümmen, biegen, falten. II. [illegible] oder [illegible] Aor. [illegible] Vb. pass. *être courbé, se courber, s'incliner.* | gebogen u. s. w. werden, sich bücken, sich verneigen, sich neigen, sich senken.

[illegible] Sbst. *pain* | Brod — [illegible]

[illegible] Sbst. *boulanger.* | der Bäcker. — [illegible]

[illegible] Adj. *plus parfait, très-parfait* | vollkommen, sehr vollkommen.

[illegible] und [illegible] Sbst. *perfection, état de perfection.* | Vollkommenheit, Fehlerlosigkeit.

[illegible] Sbst. [illegible] | Saat, Aussaat.

[illegible]

[illegible]

[illegible] Adv. [illegible] *très-fort, beaucoup.* | sehr, sehr viel.

[illegible] Adj. [illegible] | [illegible]; nur in der Verbindung [illegible] gebräuchlich. [illegible] einen Mantel und sich umziehen, d. h. sich damit bekleiden.

[illegible] IV. Sbst. [illegible] *mentionner q. ch. d'une manière déguisée.*

Nennung einer Sache mit einem andern als ihrem Namen, Erwähnung einer Sache in einer Weise, dass nur die, welche davon wissen, verstehen können, was man meint. vgl. [illegible] und [illegible]

[illegible] Sbst. Pl. v. [illegible]

[illegible] IV. Sbst. [illegible] *action de cacher, de couvrir.* | Verbergung, Verdeckung. — [illegible] *cacher, couvrir.* | verbergen, verdecken.

[illegible] Sbst. *couvercle.* [illegible] | Hülle, Decke.

[illegible] Sbst. Pl. v. [illegible]

[illegible] Sbst. v. [illegible] *ce qui est serré etc.* [illegible] | das Ausgedrückte, Gedrückte, die Auspressung. s. [illegible]

[illegible] Sbst. *revers au visage* | Wange (im Gesicht).

[illegible] s. [illegible]

[illegible] Sbst. [illegible] *(d'une manche de vêtement).* | Aermelstück (vielleicht eigentlich) Ärmel, Ärmelaufschlag), — [illegible] Kam. [illegible]

[illegible] Vb. act. *farcir, bourrer.* | vollstopfen, polstern.

[illegible] Adj. *farci, bourré.* | vollgestopft. Sbst. *farce, bourre, chose farcie, bourrée* | Füllsel, Stopfung, alles womit man etwas ausfüllt oder ausstopft, etwas Vollgestopftes (Wurst etc.). vgl. [illegible]

[illegible] oder [illegible] (sabotage). Sbst. [illegible] *de bois.* | Holzschuh. [illegible] vgl. [illegible]

[illegible] s. [illegible]

[illegible] Adv. *à présent.* | jetzt, nun.

[illegible] Sbst. *farce.* | Füllsel.

[illegible] s. [illegible]

[illegible] Sbst. Pl. v. [illegible]

[illegible] Sbst. *aiguille.* | Nadel. [illegible] *épingle.* | Stecknadel.

[illegible] Sbst. Dimin. *petite aiguille.* | Nädelchen, kleine Nadel.

[illegible] und [illegible] Sbst. *aiguillier, étui à aiguilles.* | Nadelbüchse.

[illegible] Sbst. [illegible] | [illegible] — [illegible]

[illegible] Sbst. [illegible] | [illegible] LT. [illegible]

[illegible] Sbst. Pl. v. [illegible]

[illegible] Sbst. Pl. v. [illegible]

[illegible] Sbst. Pl. v. [illegible]

[illegible] Sbst. *cruchot, barques, groupes.* | Haken, Barquen, Entenhaken.

[illegible] s. [illegible]

[illegible] s. [illegible]

[illegible] Vb. act. *conseiller.* | Rath geben. LT. [illegible] Deriv. [illegible] Vb. caus. *faire conseiller.* | rathen lassen. LT. [illegible]

[illegible] Adj. *grand mangeur, vorace.* | gefrässig. — [illegible]

[illegible] s. [illegible]

[illegible] oder [illegible] Sbst. [illegible] | Feile.

[illegible] Aor. [illegible] Vb. act. *limer* | feilen. Deriv. [illegible] Vb. pass. [illegible] während gefeilt wurde.

[illegible] Sbst. s. [illegible]

[illegible] Sbst. *côte.* Rippe [illegible] | Rippenknochen. vgl. [illegible]

[illegible] Num. s. [illegible]

[illegible] Sbst. Pl. v. [illegible] etc.

[illegible] Sbst. Pl. v. [illegible] etc. oder [illegible]

[illegible] Adj. *ferme, solide.* | fest.

[illegible] Adj. *pris, surpris.* | [illegible] — [illegible] Ali Bekir.

[illegible] oder [illegible] LT. Sbst. [illegible] oder [illegible] LL. u. Kam. s. v. [illegible] *(baigner (acacia))*. [illegible] *(alumen aromaticum).* [illegible] eine Art alter Honig, oder Honig mit Wachs, auch [illegible] oder [illegible] genannt. [illegible] oder [illegible] vgl. Kam. s. v. [illegible]

[illegible] s. [illegible]

[illegible] oder [illegible] Aor. [illegible] Vb. act. *filer (le lin, coton etc.).* | spinnen. Deriv. [illegible] und [illegible] Vb. pass.

[illegible] oder [illegible] *fileur, fileuse* | Spinner, Spinnerin.

[illegible] oder [illegible] Sbst. u. Adj. *jumeau, jumelle.* | Zwilling.

[illegible] oder [illegible] Sbst. [illegible] | Stoppeln auf dem Felde.

[illegible] Adj. *intelligent, doué de sagacité, vrai.* | klug, scharfsinnig, [illegible].

[illegible] [illegible] *de miel des ruches.* | Honigwasser, womit man den Honig aus dem Bienenstocke [illegible]. s. [illegible] Kam.

[illegible] Sbst. *farce, bourre, tout ce qui sert à farcir ou à bourrer.* | Stopfung, Füllung, Polsterung, in die Polster gestopftes Flockwerk (Wolle, Haare, Werg u. s. w.) Adj. in Compos. *rempli de ...* | voll von ..., vollgestopft. [illegible] voll von Juwelen. [illegible] wonnevoll.

[illegible] [LT. [illegible]] Sbst. [illegible] | Saat, Gesäete; den Samen der Hagen. [illegible] oder [illegible] die Saatzeit.

[illegible] Acker. Kornäcker.

ا اكياجى oder [illegible] Sbst. laboureur, cultivateur; paysan | Ackermann, Arbeitsmann, Bauer, Dorfbewohner.

ا اكياجيلك [illegible] Sbst. agriculture, labourage. | der Ackerbau.

ا اكينلك [illegible] Sbst. champ ensemencé; quantité nécessaire pour les semailles. | die Saat; bebautes Feld; für die Aussaat nöthige Quantität Samen.

ا ال AL. Sbst. main; bras; manche, [illegible]; pouvoir. | Hand, Arm; Handhabe, Griff, Macht, Gewalt. ال دكرمنى [illegible] moulin à main, moulin à bras. | Handmühle. [illegible]

[illegible]

[illegible] Blüthen und Schweif [illegible] — [illegible] oder [illegible] AL-TAMGA. empreinte rouge, c. à d. le cachet, spéc. cachet d'un prince; lettre impériale. | der rothe Stempel, d. i. Siegel (eines Fürsten), fürstlichen Handschreiben. — [illegible] teindre en rouge, faire rougir de sang. | roth färben, mit Blut begiessen.

ا آل AL. Sbst. postérité, descendants, famille, maison. | Nachkommenschaft, Familie, Haus. آل عثمان AL-I OSMAN. das osmanische Herrscherhaus. آل سلجوق die Seldschukiden.

ا آل AL. Sbst. ruse, fraude, stratagème. | List, Trug, Täuschung, Ueberlistung, Kriegslist. آل ايله AL-ILE. par ruse | mit List, hinterlistiger Weise. vgl. [illegible]

ا آل ALL. 1. Sbst. le devant. | das Vorn, das Vordere. vgl. [illegible] Adv. devant; avant; à côté de ..., auprès de ... | vor (von Raum und Zeit), vorn, neben, bei. [illegible]

[illegible]

[illegible], [illegible] ALA-[illegible] [illegible]

ا آلاب ALAP. Sbst. cuir, corbeille. | Korb, Korb, Gefäss von [illegible]

ا آلاجه ALA-[illegible]. Sbst. truite. | die Forelle.

ا آلاجه ALAJEAN. Adj. u. Sbst. bigarré, tacheté; cheval aux pieds blancs. | bunt, scheckig. Pferd mit weissen Füssen. — [illegible]

ا آلابچى ALAP[illegible]. Sbst. Dem. v. آلاب

ا آلاولمق ALA-[illegible]. Vb. comp. v. آلمق und اولمق prendre. | [illegible]

ا آلاس ALAS. Sbst. Pl. v. [illegible]

ا آلاتلك ALA-[illegible]. Sbst. lèpre, lépreux. | der Aussatz.

ا آلاتلو ALA-[illegible]. Adj. lépreux. | aussätzig. vgl. [illegible]

[illegible]

[illegible] die untere Kelle (ein Theil des [illegible]), wo am [illegible] die [illegible] werden. [illegible] *inférieure*. | Die Unterlage. [illegible] dessous, [illegible] par dessous | [illegible] [illegible] sous terre. | unter der Erde, unterirdisch. [illegible] *secrètement*. | unter der Hand (wie im [illegible]). [illegible] unter solchen [illegible], d. h. er wird dafür dankbar sein. [illegible] ... | [illegible] und drüber. das [illegible] zu [illegible] ... in Verwirrung bringen, umherstreuen, [illegible] ... in Verwendung sein, [illegible] werden. [illegible] plus avancé en [illegible], suite. | die [illegible] nach unten zu, Rang, Folge, [illegible] ... | unten, weiter unten.

14 [illegible]

[illegible] Stbst. Instrument, machine, [illegible] organe. | Werkzeug, Gerüth, Maschine; Organ des [illegible] oder [illegible] Körpers. [illegible] Kriegswerkzeug, Waffe. [illegible] oder [illegible] ein inneres Organ. [illegible] Zeugungsglied. [illegible] das männliche Glied. [illegible] Sch-Organ [illegible]

[illegible] *rouge, franc*. | [illegible] Farbe, [illegible]. vgl. [illegible] und [illegible].

[illegible] Adj. [illegible] | alle [illegible]. VI.

[illegible] VIII. Stbst. [illegible] ... | Verwicklung, Dunkelheit, Verschiedenheit (z. B. des Sinnes), Vieldeutigkeit, [illegible] ... *lograms explanari similis*. M.

[illegible] VIII. Stbst. [illegible] ... | [illegible].

[illegible] VIII. Stbst. [illegible] action de chercher refuge; [illegible] Zuflucht suchen. — [illegible] chercher refuge, se réfugier. | Zuflucht suchen bei Jemand oder an einem Orte.

[illegible] VIII. Stbst. [illegible] ... | [illegible] Linie, [illegible].

[illegible] VIII. Stbst. [illegible] action d'[illegible] | das [illegible] ... | der Rede. [illegible] | das [illegible] ...

[illegible] VIII. Stbst. [illegible] ... *se cacher*. | Zuflucht, Schutz, sich verbergen, verstecken. ... [illegible] de force [illegible] ... | Jemand dazu treiben, dass er Zuflucht an einem Orte sucht, zu einem Zufluchtsort greift, Jemanden in die Enge treiben.

[illegible] VIII. Stbst. [illegible] action de [illegible] ... | Abweichung vom geraden Wege, ... Abweichung vom wahren Glauben. vgl. [illegible]

[illegible] VIII. Stbst. [illegible] action de s'envelopper [illegible] | Einhüllung (mit einer Decke). — [illegible] s'envelopper, se couvrir. | sich einhüllen, sich bedecken. vgl. [illegible]

[illegible] VIII. Stbst. [illegible] action de se joindre, [illegible] ... | [illegible] an einer Sache, [illegible], Anhaften, Anhängen, Beiziehung, Zustimmung.

[illegible] VIII. Stbst. [illegible] action de se [illegible] ... | das sich schliessen und Heilen einer Wunde. 2. action d'être acharné (le combat). | Hitze des Kampfes.

[illegible] VIII. Stbst. [illegible] action de savourer [illegible] ... | [illegible], Vergnügen, Genussnahme an einer Sache.

[illegible] VIII. Stbst. [illegible] action d'éprouver [illegible] ... | Brennen des Schmerzes, heftiger Schmerz.

[illegible] VIII. Stbst. [illegible] action de s'attacher, de [illegible] ... | das Anhaften, Hängen, Kleben an einer Sache.

[illegible] VIII. Stbst. [illegible] action de [illegible], de s'engager, d'être [illegible] ... protection, [illegible] ... | Zusicherung, [illegible] einer Verpflichtung, eines Geschäfts, eines Pachtes, [illegible] ... [illegible] einer Sache oder Person, Beschützung, Begünstigung. — [illegible] se charger de q. ch., [illegible] ... | eine Sache übernehmen, sich verpflichten, einen Contrakt eingehen, [illegible] ... die [illegible] für die [illegible].

[illegible] Adv. par obligation, [illegible] ... | nach Verpflichtung, der übernommenen Verpflichtung gemäss, [illegible] ... auf Grund der Pachtung, contraktlich.

[illegible] VIII. Stbst.

[illegible] VIII. Stbst.

[illegible] VIII. Stbst. [illegible] action de s'attacher, de [illegible] ... | das Anhaften, Anhängen, [illegible].

[illegible] VIII. Stbst. [illegible] action de s'envelopper, de se [illegible] ... | Einhüllung, Verhüllung, [illegible], Verbergung. — [illegible] ... sich verstecken.

[illegible] VIII. Stbst. [illegible] action de [illegible] ... | das Aneinanderschlagen der Wellen, Wogen.

[illegible] VIII. Stbst. [illegible] action de [illegible] ... | das [illegible].

[illegible] VIII. Stbst. [illegible] action de tourner le visage du côté de q. qn, de le regarder avec bienveillance, [illegible] ... égard, considération; politesse, [illegible] ... | Hinwenden des Gesichts nach Jemand, [illegible] ... Rücksicht, Freundlichkeit, Artigkeit; Sorge und Aufmerksamkeit für eine Sache. ... | faire des politesses, des compliments à q. qn. ... Jemand Achtung erweisen, gegen Jemand höflich sein, ... [illegible] ... sich freundschaftlich gegen Jemand erweisen, Jemand Gunst erweisen. [illegible] für etwas (mit dem Dativ). [illegible] ... Verlorenheit.

[illegible] Stbst. Pl. Adj. [illegible] ... | ein beliebter Mensch; ... [illegible] anderer Anhang ... Vogel.

[illegible] Adj. [illegible] qui n'a pas d'égards. | unglücklich, rücksichtslos. (Gegentheil des Vagen).

[illegible] Stbst. [illegible] | Gastfreundschaft, [illegible]. [illegible] ... | [illegible] ... Jemanden gastlich aufnehmen.

[illegible] VIII. Stbst. [illegible] action de s'envelopper [illegible] ... | Einhüllung (in seine Kleidung).

[illegible] VIII. Stbst. [illegible] action de se rencontrer, de se joindre, de se heurter; rencontre, [illegible] ... | Begegnung, Zusammentreffen an einem Orte, Berührung (zweier Gegenstände), Mündung, [illegible] ... Zusammentreffen (von Personen). [illegible] der Punkt, wo sich zwei Linien berühren. ... (Mathem.).

[illegible] VIII. Stbst. action de ramasser, de choisir par terre, [illegible] ... | Aufsammeln, Aufheben vom Boden, [illegible] Auflesen.

[illegible] — SYNON. ramasser, [illegible] | aufheben, [illegible]

[illegible] ISTIÀ. s. [illegible]

[illegible] ISTIRÀM. [VIII.] Subst. [illegible] action d'arriver. | das Verschlingen, Aufdrehen. — SYNON. dévorer. | aufdrehen.

[illegible] ISTIRÀM. [VIII.] Subst. [illegible] action de se presser; être serré, comprimé | Gedränge. — SYNON. se presser (en foule) | sich drängen, im Gedränge sein. — [illegible]

[illegible] ALTYNY. Adj. s. [illegible] inférieur, plus bas | unterer, unterst.

[illegible] ISTIMÀ. [VIII.] Subst. [illegible] changement de couleur. | Veränderung der Farbe (des Gesichts).

[illegible] ILTIMÀS. [VIII.] Subst. [illegible] action de prier; d'adresser une demande. | Bitte, Gesuch, Überreichung einer Bittschrift. — SYNON. prier, demander q. ch. | um etwas bitten, nachsuchen.

[illegible] ISTIMÀ. [VIII.] Subst. 1. [illegible] action de briller, de luire; éclat. 2. action de dérober. | 1. das Leuchten, Glänzen, Schillern der Farben, Glanz. 2. Wegnahme. — SYNON. briller, resplendir; attirer à soi (le regard), dérober, s'approprier q. ch. | schimmern, glänzen; an sich ziehen, und sich nehmen (die Blicke); etwas wegnehmen, sich eine Sache aneignen. [illegible] der Schimmer des Glasperlenblickes.

[illegible] Subst. [illegible] LT. mirzanie; les mirzanie, troupe (de mirzanie) à la tête de l'armée. | [illegible]; Trupp (von 60 Mann) an der Spitze des Heeres.

[illegible] ALTMYŠ. [illegible] Adj. Num. soixante. | sechzig. [illegible] sexagénaire. | ein Sechziger.

[illegible] ALTMYŠLYK. Subst. monnaie de 60 paras. | Münze von 60 Para, im Werthe von $1\frac{1}{2}$ Piaster.

[illegible] ALTMYŠYNDŽY. Adj. Num. soixantième. | der sechzigste.

[illegible] ALTMAGAN (sic) Subst. lettre impériale. | [illegible] Befehl des Herrschers. [illegible]

[illegible] ALTYNAK. s. [illegible]

[illegible] ILTIRÀM. [illegible] LT. Vb. act. porter, conduire, mener, accompagner. | tragen, führen, leiten, begleiten.

[illegible] s. [illegible]

[illegible] ALTYNDŽY. Adj. Num. le sixième. | der sechste. [illegible] ALTYNDŽY-AY. der sechste Monat des uigurischen Jahres.

[illegible] ALTYNDŽY. Adj. Num. le sixième des [illegible]

[illegible] ALTYNMA. s. [illegible]

[illegible] ILTIWÀ. [VIII.] Subst. [illegible] action de s'entortiller, de se courber, plier, de se contourner, d'être enveloppé, renfermé, d'être compliqué et difficile | Verwickelung, Umhüllung; Schwierigkeit (des Sinnes). [illegible] étendard recourbé. | die eingewickelte Fahne.

[illegible] ALTYN, ALTYN. Subst. or, et pour. monnaie d'or; poids de six grains. | Gold, rothes Gold; Goldmünze; Gewicht von sechs Gran. | [illegible] Pers. [illegible] VI.] [illegible] scolopendre (plante) scolopendrium; auch [illegible] [illegible] [illegible] [illegible] l'étoile polaire. | der Polarstern.

[illegible] ALTYNDŽYK. Subst. Demin. 1. petite monnaie d'or. 2. chrysanthème. | kleine Goldmünze; 2. Goldblume, Chrysanthemum.

[illegible] ALTYNLYK oder [illegible] brocart d'or. | Goldbrokat, Goldstoff.

[illegible] ALTYNLAMAK. Vb. act. dorer | vergolden.

[illegible] ALTYNLY. Adj. d'or, doré. | golden, vergoldet.

[illegible] ILTIHÀB. [VIII.] Subst. [illegible] action de jouer, de se divertir. | Spiel, Zeitvertreib, Zeitverdammen.

[illegible] ILTIHÀB. [VIII.] Subst. [illegible] action de s'allumer, inflammation. | in Brand gerathen, Entzündung. [illegible] ein heftig brennendes Feuer.

[illegible] ALTY. Adj. Num. six. | sechs.

[illegible] ALTY und ALTY. s. [illegible] ALT und [illegible] ALTY.

[illegible] ALTY. Subst. belle-soeur. | Schwägerin.

[illegible] Pron. rel. fem. v. [illegible]

[illegible] ILTIBÀS. [VIII.] Subst. [illegible] état d'être embrouillé (les affaires), désordre. | Verwirrung, Verwickelung der Geschäfte. — [illegible] oder [illegible]

[illegible] ILTIDŽÀ. [VIII.] Subst. action de chercher un refuge. | den Zuflucht suchen. — SYNON. chercher à se réfugier quelque part | sich wohin zu flüchten suchen. [illegible] er hatte bei Timur Zuflucht gesucht. M.

[illegible] ILTIÀ. [VIII.] Subst. [illegible] état d'être affligé; affliction, chagrin, douleur de l'âme. | Kummer, Betrübniss, Seelenschmerz.

[illegible] ILTISÀK. [VIII.] Subst. [illegible] état d'être attaché à q. qu.; amitié intime | aufrichtige und innige Verbindung mit Jemand, innige Freundschaft.

[illegible] ILTIMÀ. [VIII. med. و] Subst. [illegible] état d'être blâmé, d'être reproché. | Tadel, den man erhält; getadelt werden.

[illegible] oder [illegible] ILTIÀM [VIII.] Subst. [illegible] action de se joindre et de s'adapter (se dit des parties qui étaient séparées, p. ex. les chairs d'une plaie), cicatrisation, raccommodement; consentement, accord, association, alliance; désir. | Vereinigung des Getrennten, daher Heilung einer Wunde, überhaupt Vereinigung, Neigung, Übereinstimmung, Nachgeben und Unterwerfung unter den Willen eines Andern; Bitte; Streben nach Vereinigung mit einem Gegenstande, daher Sehnsucht nach etwas. — SYNON. se joindre; guérir (intr.); consentir, se soumettre, désirer q. ch. | sich vereinigen, anheilen; sich fügen, nachgeben; gehorchen; sich nach etwas sehnen.

[illegible] ALTY-JÜZ. — [illegible] six cents, sechshundert.

[illegible] ALČ. Subst. en côté des [illegible] | [illegible] Mindepin.

[illegible] auch [illegible] oder [illegible] ALYČ. Subst. cerise, aigre, fruit de l'épine-vinette. | Amarelle, Kirsche, Berberitze. ALYČ-AGADŽY merisier, aigrier. | Kirschbaum vgl. [illegible] u. [illegible]

[illegible] ILDŽÀ. [IV.] Subst. [illegible] action de forcer à chercher refuge auprès de q. qu., de se confier à q. qu.; action de contraindre. | Zwang, bei Jemand Zuflucht suchen zu müssen, sich Jemand anvertrauen zu müssen; Zwang. — SYNON. contraindre q. qu.; [illegible] à [illegible]. | Jemanden zu etwas zwingen; seine Zuflucht zu Gott nehmen, seine Sache Gott anheimstellen. — [illegible] wenn die Nothwendigkeit es nicht erheischt.

[illegible] ALČAK. s. [illegible]

[illegible] ALČALMAK Vb. intr. s'abaisser | sich erniedrigen, sich herablassen. vgl. [illegible]

[illegible] ALČALMAK. Subst. [illegible] [illegible] | [illegible] den Händen [illegible], als Zeichen des Beifalls.

[illegible] ILDŽÀM [IV.] Subst. [illegible] action de mettre la bride | Zäumung, Aufzäumung (eines Pferdes). — SYNON. brider | den Zaum anlegen.

[illegible] Subst. Pl. les [illegible] die [illegible] (Handlanger von [illegible] und [illegible] Tourbe).

[illegible] s. [illegible]

[illegible] ALČAK. Adj. [illegible] | [illegible]

[illegible] ALČAK. s. [illegible]

[illegible] oder [illegible] ALČAK. Adj. bas, vil, malhonnête, inférieur, humble. | niedrig, schlecht, gemein, demüthig, bescheiden. [illegible] vile nature. | niedrige Gesinnung. [illegible] modestie | Bescheidenheit. [illegible] de bas aloi. | von schlechtem Gehalt (Gold oder Silber). [illegible] prix bas. | niedriger Preis. [illegible] homme de basse condition. | von niedrigem Stande, von geringem Herkommen. [illegible] laine grossière. | grobe Wolle, von geringer Qualität. [illegible] petit vin. | junger Wein, Most. — SYNON. abaisser, humilier | erniedrigen, demüthigen.

[illegible] ALČAK und [illegible] ALČAMAK. Adj. troublé, stupéfait. | in Verwirrung gesetzt, verwundert, überrascht.

[illegible] ALČAKDA. Adj. ALČAK.

[illegible] ALČAKRAK, Adj. Compar. v. [illegible]

schaft, Bekanntschaft, freundschaftliches Verhältniss. — synon. contracter amitié, être familier; être en relations d'amitié, d'accointance à q. ch. | mit Jemand Bekanntschaft machen, Freundschaft schliessen, in freundschaftlichem Verhältniss mit Jemand stehen, sich an Jemanden oder an eine Sache gewöhnen.

a t الْتَصَاحُبُ taṣâḥubun. Sbst. inimitié | Feindschaft. (Gegentheil d. Vhgdn.) [illegible] sich nicht vertragen können mit Jemand.

a p الْتَكْرِي od. الْتَكَارِي [illegible] Sbst. amitié, compagnie, société. | Freundschaft, Gesellschaft, Bekanntschaft.

p [illegible] Adj. frappé, stupéfait, épris d'amour. | betroffen, nicht bei Sinnen, verliebt. Sbst. vagabond | ein Umherstreifender.

a [illegible] [IV.] Sbst. [illegible] action de jeter, de rejeter. | das Werfen, Wegwerfen, fallen lassen. — synon. jeter, rejeter q. ch., rejeter (la faute) sur qn., permeder q. ch. à q. qn., attribuer, imputer q. ch. à q. qu.; laisser tomber; mettre bas. werfen, wegwerfen, fallen lassen; Junge werfen; die Schuld auf Jemand werfen. [illegible] à son instigation. | auf seinen Antrieb. [illegible] [illegible] personnelle. | [illegible] wovon man überzeugt werden kann.

a t [illegible] Sbst. [illegible] | [illegible]

a [illegible] Sbst. Pl. v. [illegible]

a [illegible] [IV.] Sbst. [illegible] action de faire avorter. — synon. faire avorter, [illegible] | [illegible] der Kehle herabgleiten lassen.

a [illegible] [IV.] Sbst. action de comprendre promptement, d'apprendre facilement par cœur, mémoire facile. | leichtes Begreifen, Merken, schnelles Auswendiglernen, gutes Gedächtniss.

t t [illegible] oder [illegible] LT. [illegible] rouge | rothe Farbe, Schminke. vgl. [illegible]

t [illegible] Sbst. [illegible], approbation. | Heil, Segen, Beglückwünschung. — synon. [illegible] s. d. Figde.

t [illegible] oder [illegible] Vb. act. Aor. [illegible] bénir, donner son approbation. | mit dem Rufe Heil! begrüssen, segnen, glückwünschen, Beifall rufen. Deriv. [illegible] Vb. recipr. se bénir, se faire des acclamations. | sich einander Heil zurufen etc.

t [illegible] Sbst. approbation | Beifall.

t a [illegible] LT. [illegible] Beschneidung.

a [illegible] Adj. bref, en un mot, kurz, mit einem Worte.

t [illegible] Sbst. [illegible] | Sieb, Haarsieb, Mehlbeutel. vgl. [illegible]

t [illegible] LT. [illegible] Sbst. [zusammengezogen aus [illegible] u. das Vorn; vgl. [illegible] und dem Pron. rel. [illegible]

premier, commencement; premièrement [illegible] [illegible] oder [illegible] premièrement, d'abord. | zuerst, zuallererst [illegible] la première fois | das erste Mal [illegible] oder [illegible] primtemps. | der Frühling. [illegible] premier-né. | das erste Kind einer [illegible]. [illegible] gib mir!

t [illegible] oder [illegible] Sbst. la main. die Hand. vgl. [illegible]

t [illegible] oder [illegible] und [illegible] Sbst. moelle (des os). | das Mark.

t [illegible], auch [illegible] Sbst. v. [illegible] | Kopfbretter, Schlinge, Schleife, Ring für einen Haken.

t [illegible] Sbst. u. Adj. mort. | ein Todter, todt. v. [illegible]

t [illegible] oder [illegible] Sbst. terre, pays, territoire. | Land, Gebiet. s. [illegible]

t a [illegible] Sbst. homme, individu. | Mensch, Person LT. [illegible]

t a [illegible] Adv. LT. [illegible] devant, avant. | vor, [illegible] vorher, früher als. Abulg.

t a [illegible] Adv. [illegible] Abulg. 112. dimanche (?) Q.

t a [illegible] Adv. LT. [illegible] antérieur, früher, vorher.

t [illegible] [v [illegible] Sbst. espèce de gâteau dont on fait des [illegible] | eine Art [illegible]

t a [illegible] Vb. act. porter à la main. | mit der Hand tragen. LT. [illegible]

t [illegible] Vb. act. v. [illegible] Aor. [illegible] boutonner, accrocher, lacer, prendre dans des lacets. | mit Knöpfen, Haken, Schlingen oder Schnüren befestigen, knöpfen, einhaken, schnüren, verwickeln, verstricken. Deriv. [illegible] Vb. pass. et refl. se boutonner, s'accrocher. | mit Knöpfen u. s. w. befestigt werden, sich verwickeln, verstricken.

t [illegible] oder [illegible] Vb. [illegible] être moelleux. | markig sein, Mark haben (von Knochen). Kom. s. v. [illegible]

t [illegible] oder [illegible] Adj. moelleux, vigoureux. | markig, stark, kräftig, mit Mark gefüllt (von Knochen).

t [illegible] oder [illegible] [vgl. [illegible]] Sbst. arc-en-ciel | Regenbogen, gewöhnlicher [illegible]

t a [illegible] — [illegible]

t [illegible] Sbst. [illegible] voile d'un vaisseau. | Segel.

a [illegible] Adj. a Sbst. [illegible] qui ne sait parler qu'avec difficulté, bègue. schwer sprechend, von schwerer Zunge; stotternd, Stotterer.

a p [illegible] Adj. qui cause du bégaiement, qui fait taire. | Stottern verursachend, zum Schweigen bringend.

t a [illegible] Sbst. le peuple, le monde. | das Volk, die Leute. vgl. [illegible]

p [illegible] Sbst. rouge, fard rouge. | rothe Farbe, rothe Schminke.

t [illegible] s. [illegible]

t [illegible] Adv. [s. [illegible]] premièrement, avant tout. | zuerst, vor allen Dingen.

t [illegible] s. [illegible]

t a [illegible] s. [illegible]

t [illegible] s. d. Figde.

t [illegible] vgl. [illegible] Vb. act. Aor. [illegible] toucher avec la main, mettre la main à q. ch. ou sur q. qu.; conduire à la main, économiser; mettre q. qu. à la porte. | mit der Hand berühren, betasten, befühlen; eine Sache handhaben, Hand anlegen an eine Sache oder an Jemand; an der Hand führen, hinausführen, Jemand zur Thüre hinauswerfen. Deriv. [illegible] Vb. recipr. se toucher réciproquement, en venir aux mains | sich gegenseitig berühren, gegenseitig Hand anlegen, handgemein werden.

t [illegible] s. [illegible]

t [illegible] Vb. act. dévider | aufwickeln, aufhaspeln. [illegible] dévider du fil et le mettre en peloton. | einen Faden auf einen Knäuel wickeln. vgl. [illegible] Schlinge.

t a [illegible] — [illegible]

t [illegible] Adj. Num. cinquantième. | der Fünfzigste.

t a [illegible] s. [illegible] Deriv.

t a [illegible] Sbst. partie postérieure de la tête. | der Hinterkopf. LT. [illegible]

a [illegible] Sbst. Dieu. | Gott.

a [illegible] Sbst. divinité, ressemblance avec Dieu. | Göttlichkeit, Gottähnlichkeit, göttliche Natur.

t [illegible] Adj. Num. cinquante | fünfzig.

t [illegible] Num. distrib. cinquante | je fünfzig.

t [illegible] Sbst. vgl. [illegible] action de prendre, de saisir, d'acheter; achat; ce que l'on peut prendre; portée; capacité. | das Nehmen, Greifen, Kaufen; Kauf, Einkauf; das wie weit man greifen kann, Bereich; das Ergreifen mit dem Verstande, Fähigkeit. [illegible] vente et achat. | Kauf und Verkauf, Handel. [illegible] portée de la vue | Bereich des Auges, so weit das Auge sehen kann. [illegible] portée de la main. | Bereich der Hand.

a [illegible] Sbst. douleur, mal, souffrance, anxiété, tristesse; | Schmerz, Kummer, Trauer, Angst, Sorge. [illegible] souffrir, avoir de la douleur, du chagrin etc. | Kummer etc. haben. — synon. oder [illegible] causer du chagrin, de la douleur etc. | Schmerz, Kummer etc. verursachen, betrüben, beängstigen. [illegible] ce n'est pas un sujet de chagrin, cela

[illegible]

I. آلقشی Vb. caus. LT. — [illegible] faire joindre. | verbinden lassen.

II. آلیشی Vb. pass. LT. être joint. | verbunden werden oder sein.

III. آلشورتیش Vb. caus. pass. être fait se joindre. | in Verbindung gebracht werden.

الملقی ALMAGALAN. Sbst. action de prendre, acception, accueil; prise (d'une ville). | das Nehmen, Annahme, Aufnahme, Einnahme [illegible] Derbeedeeme.

الملق [illegible]

الملق oder [illegible] 1. آلق Vb. intr. se joindre, s'accrocher; rencontrer q. ch. | sich mit etwas verbinden, verwickeln, an etwas hängen bleiben; auf etwas treffen [illegible] Deriv. I. [illegible] Vb. caus. joindre, accrocher, attacher, fixer. verbinden, schlagen, anheften, befestigen an einer Sache. II. [illegible] Vb. recipr. s'accrocher l'un à l'autre, se rencontrer [illegible] | aneinander hängen, aneinander hängen bleiben, zusammentreffen oder aneinander [illegible] Personen oder Dinge [illegible] III. [illegible] Vb. recipr. caus. faire s'attacher; attacher, coudre légèrement, faufiler. | aneinander hängen machen; anheften, leicht aneinander nähen, an [illegible] enfoncer les ongles dans la chair. | die Nägel einbohren.

الملق [illegible] Sbst. lacet. | Schlinge, Schleife.

الملو ALMALY. Partic. Fut. v. آلمق

الملو ALMALY. Adj. v. آلق qui [illegible] qui a la capacité. | fähig, [illegible]

الموى [illegible] Sbst. limon, citron. | Limone, Zitrone. [illegible] | der Limonen- oder Zitronenbaum.

آل s. آل

الم [illegible] Sbst. [illegible] | Beispiel-Weise, Gerwerde.

آلن ALYN s. آلن

آلتمش [illegible] s. [illegible]

آلنلو ALYNLY. Adj. v. آلن qui a un front [illegible] | eine Stirn habend. [illegible] Stirn.

آلشمق ALYSHMAK s. آلشمق VII.

[illegible] Pass. v. [illegible]

آلو ALEW Sbst. flamme. | Flamme. s. [illegible]

آلو [illegible] Sbst. [illegible] prune. | Pflaume. [illegible] Demin. petite prune, espèce de prune sauvage. | eine Art kleine wilde Pflaume [illegible]

آلو بالو ALU BALU. Sbst. cerise aigre, griotte. | saure Kirsche.

[illegible] Sbst. [illegible] | [illegible] (Pflanze).

آلوا ALWA. Sbst. Aloe.

[illegible] آلوا [نوی VI.] Sbst. [illegible] action de planter ou d'arborer un drapeau. | Aufrichtung einer Fahne.

آلواح ELWAH. Sbst. Pl. v. لوح LAWH.

آلوان ELWAN. Sbst. Pl. v. لون LAWN, als Adj. de toutes couleurs. | bunt farbig. [illegible] bunte Seide.

آلوق s. [illegible]

آلوچ s. [illegible]

آلوچه [illegible] s. [illegible]

آلود ALUD. Adj. in pers. Compos. souillé, sali, infecté. | beschmutzt, befleckt. [illegible] [illegible] ensanglanté. | [illegible] [illegible] | ein wie im Schlafe [illegible] Auge. [illegible] | von Zorn befleckt, [illegible] | [illegible]

آلودگی oder آلودکی ALUDEGI. Sbst. souillure, [illegible]. | Schmutz, Unreinigkeit.

آلودن ALUDEN. Vb. act. u. intr. souiller, troubler (de l'eau); se souiller, [illegible] être souillé, troublé. | beschmutzen, beflecken, [illegible] verunreinigen, sich besudeln, sich verunreinigen, z. B. durch Sünde, daher [illegible] trübe sein.

آلوده ALUDE. Partic. d. Vbs. — [illegible] souillé etc.; enduire (de couleur etc.). | beschmutzt, [illegible] (mit Farbe u. dgl.).

[illegible] s. [illegible] als Adj. [illegible] | [illegible] LT. [illegible] in der Form [illegible]

آلوس [illegible]

[illegible] Sbst. portion, part. | Theil, Antheil, Portion. LT. [illegible]

[illegible] Vb. act. partager. | theilen, [illegible]

[illegible] Adj. v. [illegible] occupé de q. ch.; stupéfait, troublé, [illegible] | [illegible] Liebe u. s. w.

[illegible] Adj. grand | gross. [illegible] der ältere Bruder des Vaters. [illegible] die ältere Schwester der Mutter.

آلوف ALUF. Adj. [illegible] | [illegible]

آلوف ULUF. Sbst. Pl. v. الف millier. | Tausende.

[illegible] Vb. intr. s'enflammer. | sich entzünden. [illegible]

آلون s. آلون

[illegible] LT. [illegible] bois de la fièche. | Pfeilschaft.

آلوهیت ULUHIET. Sbst. [illegible] divinité. | Gottheit, [illegible]

آلوی ALEWI. Adj. couleur de feu. | feuerfarben. s. [illegible]

آلویرمك ELWERMEK. [Compos. v. [illegible] u. [illegible] WERMEK]. Vb. act. Aor. ELWERIR. donner la main, promettre; se donner la main, s'entendre; se contenter, suffire. | die Hand geben, versprechen; sich die Hand geben, sich [illegible] zum Vortheil wenden, leicht [illegible] Vortheil bringen; genug sein [illegible] آلویرر ELWERIR, cela suffit, c'est assez. | es ist gut, es reicht hin. Deriv. I. [illegible] Vb. neg. cela ne suffit pas. | das ist nicht genug. II. [illegible] Vb. caus. se contenter de q. ch., en avoir assez. | genug sein lassen, es bei einer Sache bewenden lassen.

اله ILAH. s. اله

آله ALA. s. آلا

آلهاء ILHA. [لهی IV.] Sbst. [illegible] action de préoccuper, de distraire, amusement. | Ablenkung der Aufmerksamkeit von einem Gegenstande, Zerstreuung. [illegible] distraction. | Kurzweil. — [illegible] préoccuper, distraire, faire se divertir, amuser q. qu., s'amuser. | [illegible]

آلهاب ILHAB. [لهب IV.] Sbst. [illegible] action d'allumer, d'enflammer. | Anzündung. — [illegible] allumer, enflammer. | anzünden.

آلهاد ILHAD. [لحد IV.] Sbst. [illegible] action de traiter avec dureté, avec mépris; injustice. | [illegible]

آلهام ILHAM. [لهم IV.] Sbst. inspiration, révélation. | Begeisterung, Inspiration, göttliche Eingebung, Offenbarung. Pl. [illegible] ILHAMAT. [illegible] die göttliche Begeisterung — [illegible] inspirer, révéler. | begeistern, inspirieren, offenbaren.

آلهامی ILHAMI. Adj. inspiré. | begeistert, der Begeisterte, [illegible]

آلهلی [illegible] Sbst. espèce de [illegible] | eine Art [illegible]

[illegible] Sbst. v. آلق ce qui est à prendre [illegible] | etwas zu nehmen, [illegible]

[illegible] Sbst. créancier. | Gläubiger.

[illegible] s. [illegible]

[illegible] Vb. act. [illegible] | [illegible] vgl. [illegible]

[illegible] Sbst. [illegible] | [illegible]

[illegible] s. آلا

[illegible] Interj. ô mon Dieu! | o mein Gott!

آلهی [illegible] divin, appartenant à Dieu. | göttlich.

آلهیه ILAHIJJET. Adj. Femin. d. Vbs. Sbst. divinité, déité. | Gottheit. [illegible] [illegible] la métaphysique, la théologie. | Wissenschaft der göttlichen Dinge, Metaphysik, Theologie.

[illegible] à l'ennemi [illegible] | [illegible] den Krieg bringen, zur [illegible] [illegible]

[illegible] Subst. Pl. v. [illegible]

[illegible] Subst. Pl. v. [illegible]

[illegible] [illegible] action de faire [illegible]; prononciation de la [illegible] comme [illegible] | [illegible] des [illegible], wie [illegible] klingende Aussprache des langen [illegible] — [illegible] faire [illegible] [illegible], [illegible] | neigen, beugen, niederbeugen.

[illegible] imâm. Subst. chef, guide qui marche à la tête, président d'une assemblée, de la communauté, [illegible] chefs des quatre [illegible] de l'imam [illegible] qui sert de guide, c. à d. le Koran, [illegible] Compagnie du Calife Osman. | Vorsteher, Vorstand, Vorbeter in der Moschee, [illegible] Oberhaupt, Vorsteher, der das Gebet verrichtet, Vorsteher der Gemeinde, kirchlicher Würdenträger, daher auch Titel der Khalifen, so wie der Stifter der vier mohammedanischen Hauptsecten, insbesondere [illegible] der Koran, insbesondere das Exemplar des Korans, welches der Khalife Osman als Original in Medina aufbewahrte. [illegible] der Imam des kaiserlichen Palastes. [illegible] [illegible] im Dienste seines [illegible] Herrn. [illegible] öffentliches [illegible], [illegible] Privatarbeiter.

[illegible] Adj. digne d'un Imam, | eines Imam [illegible], für einen Imam passend.

[illegible] imâmet. Subst. rang, dignité ou qualité de chef, d'imâm; fonctions, place d'un imam, [illegible] des Imâms, | das Imamat, Amt des Imam. — [illegible] die Erbfolge der Imame.

[illegible] Subst. fonction, place d'imam. | Imamamt [illegible]

[illegible] Subst. [illegible] d'imam. | Imams-Robe.

[illegible] Subst. place et fonctions d'imam | [illegible] — [illegible] faire les fonctions d'imam, das Amt eines Imams verwalten, [illegible], damit [illegible] [illegible]

[illegible] Subst. [illegible] turban d'une forme [illegible], [illegible] en forme de [illegible] pipe [illegible] figure chimérique ou en forme de [illegible] | [illegible], Turban, [illegible] des Mundstück einer Pfeife [illegible] oder [illegible] Gegenstand, der als Verzierung angebracht wird.

[illegible] Adv. à la manière d'imam. | nach Imams-Art.

[illegible] Subst. sûreté, sécurité, [illegible], paix, traité [illegible] [illegible], sauf-conduit, quartier, pardon, grâce [illegible] | Sicherheit, Schutz, sicher [illegible] [illegible] Geleitsbrief, [illegible] oder [illegible], [illegible] gnade, [illegible] | Pardon geben, [illegible] grâce, pardon. | Gnade, Pardon. [illegible] [illegible] [illegible] der Verwandtschaft, der Verbindung u. s. w.

[illegible] Adv. [illegible] [illegible] ganz gleich [illegible] oder [illegible] [illegible] Wasser. [illegible]

[illegible] Subst. 1. [illegible] sûreté, protection | Sicherheit, Schutz, Verwaltung. 2. dépôt, objet confié en dépôt; [illegible] | Depositum, anvertrautes Gut, [illegible] in öffentlichen [illegible] durch [illegible] [illegible]; Vertrauen [illegible]. 3. charge de confiance [illegible] | Vertrauensamt [illegible] office of trust under government, and [illegible] government account, and [illegible] [illegible] in Verwahrung geben, [illegible] Orte oder bei Jemand [illegible]

[illegible] Adv. en [illegible] | [illegible] als anvertrautes Gut, in sicherer Verwahrung.

[illegible] Subst. dépositaire, [illegible] der [illegible] | Vertrauensmann.

[illegible] Subst. sûreté, dépôt sûr. | Sicherheit, sichere Verwahrung.

[illegible] v. [illegible]

[illegible] Subst. [illegible] dépôt sûr. | Sicherheit, sichere [illegible]

[illegible] Subst. [illegible] | Wechsler, Verwalter.

[illegible] Subst. [illegible] qui [illegible] protection; [illegible] de [illegible] | [illegible] und Sicherheit [illegible], Schutz [illegible] im Lande [illegible]

[illegible] Subst. [illegible] sécurité, [illegible] | Sicherheit, [illegible]

[illegible] v. [illegible]

[illegible] Subst. femme esclave, [illegible] | Sklavin, Magd. Pl. [illegible]

[illegible] Pl. [illegible] Subst. [illegible] famille, peuple, [illegible] des membres d'une religion [illegible] | [illegible] das Volk im Allgemeinen, die Gemeinde der Gläubigen [illegible] Bekenner einer und derselben Religion, Glaubensgenossen [illegible] | die Gemeinschaft der Gläubigen Mohammeds. [illegible] l'église chrétienne. | die christliche Kirche. [illegible] das Volk der Zunge, d. i. die [illegible] im Gegensatz zu [illegible] das Volk der Berufung, d. i. die noch nicht Bekehrten. [illegible] die Gemeinschaft, welche [illegible] von der [illegible] [illegible]

[illegible] [illegible] VIII. Subst. [illegible] action d'imiter un exemple, imitation, action d'obéir, obéissance; [illegible] | [illegible] eines Beispiels, Nachahmung, [illegible], Gehorsam, Beobachtung eines Gebrauchs. — [illegible] [illegible] | einem Beispiele folgen, nachahmen, sich fügen, gehorchen [illegible] sich einem Befehle unterwerfen, sich nach einem Befehl richten.

[illegible] Adv. conformément [illegible] | [illegible] [illegible]

[illegible] oder [illegible] VIII. Subst. [illegible] | das Verschwinden.

[illegible] VIII. Subst. [illegible] | Kritik.

[illegible] VIII. Subst. [illegible] action de se [illegible] | das [illegible] vernichtet werden, [illegible]

[illegible] VIII. Subst. [illegible] action de [illegible] | [illegible], Prüfung, Examen. — [illegible] éprouver, essayer [illegible] | [illegible] einen Versuch anstellen, eine Prüfung [illegible] [illegible]

[illegible] VIII. Subst. [illegible] action de [illegible] | [illegible]

[illegible] VIII. Subst. [illegible] prolongation, durée, [illegible] | Verlängerung, Ausdehnung, Dauer, [illegible] Verlängerung des Lebens. [illegible] prolonger. | sich verlängern, dauern, sich in die Länge ziehen.

[illegible] VIII. Subst. [illegible] action de [illegible] | [illegible] Vermischung.

[illegible] VIII. Subst. [illegible] mélange, tempérament, disposition [illegible] | Mischung, [illegible], Temperament, [illegible] physische und moralische Natur des Menschen. — [illegible] | sich mischen [illegible], sich vereinigen [illegible] sympathisiren.

[illegible]

[illegible] *(la terre).* | verübergehen lassen, durchgehen lassen, passieren lassen. [illegible] *reprocher ses dédaigneuses*; Antworten, welche nur hervorrufen, Aufschub zu gewinnen. hinhaltende Antworten. [illegible] da die Benutzung des Durchgebrochenen der [illegible] nicht möglich war, d. i. da es nicht möglich war, die Stärke [illegible] mit der Feder in der Hand durchzustreichen. [illegible] [illegible] *être dure* | bitter sein. [illegible] *tordre fortement une corde.* | eine Schnur fest zusammendrehen.

a امراض [illegible]. Sbst. Pl. v. مرض [illegible].

a [illegible] [illegible]. [مرض IV.] Sbst. [illegible] *action de rendre q. qu. malade.* | bewirken, dass Jemand sich schlecht befindet, Ursache der Krankheit.

a p آمرانه [illegible]. Adj. *qui convient à celui qui ordonne, impérieusement.* | dem Befehlenden geziemend, gebieterisch. vgl. آمر

a امرأة [illegible]. Sbst. *femme.* | Frau. Weib.

a امرد [illegible]. Pl. مرد [illegible]. Sbst. *imberbe, adolescent.* | Unbärtiger, Jüngling.

p امرز [illegible] oder [illegible]. Abkürzung v. [illegible]

p امرزش [illegible]. Sbst. [illegible] *pardon.* | Vergebung, Verzeihung, Nachsicht.

p امرزگار [illegible]. Sbst. [illegible] *clément, qui pardonne.* | der Nachsichtige, Verzeihende.

p امرزگاری [illegible]. Sbst. [illegible] *indulgence, clémence.* | Nachsichtigkeit, Milde.

p امرزنده [illegible]. Sbst. u. Adj. *clément, qui pardonne,* = امرزگار

p امرزیدن [illegible]. Vb. act. [illegible] *pardonner, avoir pitié; atteindre q. ch.*; verzeihen, Nachsicht üben; wohin gelangen.

t امرمك [illegible]. Vb. act. (alt). *sucer, téter.* | heftig begehren, saugen, [illegible]. [illegible] Deriv. [illegible]. Vb. caus. *faire téter.* | [illegible] lassen.

t p امرود [illegible] Sbst. *poire.* | Birne. [illegible] *poirier.* | Birnbaum. [illegible] pyrum Pompejanum [illegible] Muskatellerbirne. [illegible] die Bergamotte.

p امروز [illegible]. [این روز] Sbst. [illegible] *ce jour, aujourd'hui; ici-bas.* | der heutige Tag, heute; in diesem Leben.

a امراضی [illegible]. Sbst. Pl. v. مراض [illegible].

t امرزلمك [illegible] o. امرمك Deriv. II.

t امرزیمك [illegible] o. امرمك Deriv. I.

t [illegible] [illegible]. Vb. intr. [illegible] | schlummern, [illegible]. [illegible] [illegible] Kan. o. v. [illegible] mit [illegible] [illegible] im halben Schlummer, zwischen Wachen und Schlaf.

t [illegible] [illegible]. Sbst. *lier au col d'un vase, lier d'une aiguière* | [illegible] an einem Gefässe; [illegible] an der [illegible] [illegible]

[illegible], [illegible] des animaux, que des enfants. | Brustwarze, Zitze. vgl. [illegible] u. [illegible]

t [illegible] [illegible]. Vb. intr. *prendre la forme d'un jet, d'un bec* [illegible], *se dit des liquides coulant d'un tube.* | die Form eines Schnabelstrahls oder Röhrchens annehmen (wie das Wasser wenn es sich mit grosser Gewalt beim Abfliessen durch eine Röhre drängt). [illegible] o. v. [illegible]

t امزکلی [illegible]. Adj. *ayant des trayons, c. à d. allaitant, ayant un bec ou orifice* | Saugwarzen habend, d. i. säugend; mit einem Schnabelrohr versehen. [illegible] *femme qui allaite.* | eine stillende Frau. [illegible] [illegible] *pot avec un bec.* | Topf mit einem Schnabelrohr.

t امزمك [illegible] oder [illegible]. Vb. act. Aor. [illegible] [illegible]. *sucer, téter.* | saugen, aussaugen (wie z. B. ein Zuckerpflänzchen). vgl. [illegible] und [illegible]. Deriv. I. [illegible] oder [illegible] [illegible]. Aor. [illegible] [illegible]. Vb. caus. *faire sucer, donner à sucer; allaiter* | saugen lassen, zu saugen geben, säugen. II. [illegible] [illegible]. Vb. caus. trans. *faire allaiter.* | säugen lassen. III. [illegible] [illegible]. Vb. caus. pass. *être allaité* | gesäugt werden.

a امساس [illegible]. [مس IV.] Sbst. [illegible] *être, faire, souffrir q. ch. le soir.* | des Abends sein, thun, dulden u. s. w.

a امساس [illegible]. [مس IV.] Sbst. *action de faire toucher q. ch.* | das Berühren lassen, in Berührung bringen.

a امساك [illegible]. [مسك IV.] Sbst. [illegible] *action de tenir, de saisir; continence, économie, avarice; commencement du jeûne, c. à d. le temps où l'on met de côté tous les vivres avant de recommencer le jeûne.* | das Halten, Festhalten, sich enthalten; Sparsamkeit, Geiz; Beginn des Fastens, d. i. die Zeit wo man zur Fastenzeit Speise und Trank bei Seite setzt, um das Fasten wieder zu beginnen. — [illegible] *commencer ou recommencer le jeûne, se contenir, s'abstenir; desservir la table; épargner.* | zu fasten anfangen, sich enthalten (der Speisen u. s. w.), Speise und Trank bei Seite setzen; sparen, schonen.

p امشب [illegible]. [این شب] Sbst. *ce soir* der heutige Abend oder Nacht, heute Abend.

t [illegible] [illegible], s. [illegible] Deriv. II.

a امصار [illegible]. Sbst. v. مصر [illegible].

a امضا [illegible]. [مضى IV.] Sbst. [illegible] *action de faire passer c. à d. d'exécuter (un ordre etc.); exécution d'un ordre, action de mener à bonne fin; action de signer; signature.* | Durchführung, Ausführung, Unterzeichnung, Namensunterschrift. — [illegible] — [illegible] — [illegible] *signer, faire passer, agréer.* | etwas unterzeichnen, geschehen lassen, seine Zustimmung geben. [illegible] der Endunterzeichnete.

a t امضالمق [illegible]. Vb. act. *signer.* | unterzeichnen, unterschreiben.

a [illegible] [illegible]. Adj. *qui prétère* [illegible] [illegible] — [illegible]

a امطار [illegible]. Sbst. Pl. v. مطر [illegible].

a [illegible] [illegible]. Sbst. Pl. v. [illegible] oder [illegible].

a [illegible] [illegible]. [IV.] Sbst. [illegible] *assiduité, zèle, attention, regard fixe et attentif.* | Emsigkeit, Eifer, Aufmerksamkeit. — [illegible] *être assidu, travailler avec effort, faire attention.* | emsig sein, angestrengt arbeiten, Acht geben. [illegible] *considérer avec attention, regarder attentivement, examiner minutieusement.* | aufmerksam betrachten, genau untersuchen.

t [illegible] [illegible], s. [illegible]

t [illegible] [illegible]. Sbst. *travail, labeur, fatigue, peine, servitude.* | Arbeit, Mühe, Dienst, Dienstleistung. — [illegible] *travailler, fatiguer, être au service.* | arbeiten, im Dienste sein. [illegible] *se donner de la peine.* | sich Mühe geben.

t [illegible] [illegible] s. [illegible]

t a [illegible] [illegible]. Sbst. LT. [illegible] [illegible]. | das Kinn — [illegible]

a امکان [illegible]. [مکن IV.] Sbst. *possibilité, le possible.* | die Möglichkeit, das Mögliche. — [illegible] *être possible* | möglich sein. [illegible] *n'être pas possible* | unmöglich sein. [illegible] oder [illegible] so viel als möglich. [illegible] die Grenze der Möglichkeit. [illegible] *impossibilité.* | Unmöglichkeit. [illegible] *impossible.* | unmöglich. [illegible] Möglichstes thun. [illegible] ist es möglich! [illegible] wenn es möglich ist [illegible] was im Bereich der Möglichkeit liegt.

a t [illegible] [illegible]. Adj. *impossible.* | unmöglich.

a t [illegible] [illegible]. Sbst. *impossibilité* | Unmöglichkeit.

t [illegible] [illegible]. Sbst. *qui travaille, homme de peine, serviteur.* | Arbeiter, Diener.

t p [illegible] [illegible]. Adj. u. Sbst. *laborieux; qui a du mérite; qui est en service; vieux serviteur, vétéran.* | arbeitsam, einer der im Dienste steht, ein Mann von Verdienst, alter Diener, alter Krieger.

t [illegible] [illegible]. Vb. act. *travailler, se donner de la peine, être en service.* | arbeiten, sich Mühe geben, im Dienste stehen.

t [illegible] [illegible], s. [illegible]

a امکن [illegible]. [3. Pers. IV. v. مکن] *il est possible.* | es ist möglich. [illegible] [illegible] *autant que possible* | soweit als möglich.

a [illegible] [illegible]. Sbst. Pl. v. مکان [illegible].

a امل [illegible]. Sbst. [illegible] *espoir, désir.* | Hoffnung, Wunsch, Verlangen. — [illegible] [illegible] *espérer, désirer.* | hoffen, wünschen, verlangen.

a املا [illegible]. [ملأ IV.] Sbst. [illegible] *action de remplir.* | Anfüllung. — [illegible] *remplir.* | anfüllen, vollmachen.

a املا [illegible]. [ملا IV.] Sbst. [illegible] *action de dicter à q. qu., action d'écrire; art d'écrire; orthographe; dictée, composition, rédaction.* | das Dictiren, das Schreiben, Schreibekunst, Rechtschreibung, Dictat, schriftlicher Aufsatz; Abfassung, Redaction.

[illegible] — [illegible] écrire, écrire correctement, suivre l'orthographe. | schreiben, [illegible] [illegible] orthographisch richtig schreiben. [illegible] einen Aufsatz schreiben und redigiren.

• املاءً [illegible] Adv. correctement, orthographiquement. | orthographisch richtig, correct.

• املاح [illegible] Pl. v. ملح

• املاسز [illegible] Adj. sans orthographe, incorrect. | [illegible], incorrect.

[illegible] Nom pr. Nom d'une province | Name einer Provinz in Turkestan.

• املاك [illegible] Sbst. Pl. v. ملك [illegible]

• املاك [illegible] [ملك IV.] Sbst. action de mettre q. qu. en possession de q. ch.; de rendre maître, état de maître. | in Besitzsetzung, [illegible] Herr sein.

• املال [illegible] [مل IV.] Sbst. [illegible] action d'ennuyer q. qu., de [illegible] de dicter à q. qu. q. ch. | [illegible], Dictirung. — [illegible] fatiguer, ennuyer q. qu.; dicter (une lettre). | [illegible]

• املس [illegible] Adj. uni, poli, lisse, plat. | glatt, eben.

[illegible] Sbst. chapon, coq châtré. | Kapaun.

[illegible] Vb. act. chaponner. | einen Hahn castriren.

• امم [illegible] Sbst. Pl. v. امت [illegible]

[illegible] s. [illegible]

[illegible] Vb. act. [illegible] [illegible] | saugen, [illegible] [illegible] Kind. [illegible] Vb. caus. faire sucer. | [illegible] [illegible] Vb. recipr. se baiser les lèvres, s'entre-baiser. | [illegible] aneinander auf die Lippen küssen, sich schnäbeln.

• امن [illegible] Sbst. sécurité; tranquillité. | Sicherheit, Ruhe. vgl. امين

• امنا [illegible] [منى IV.] Sbst. [illegible] émission du sperme | [illegible]

• امنا [illegible] Adv. sûrement, en sûreté. | sicher, in Sicherheit.

• امنا [illegible] Sbst. Pl. v. امين

• امنع [illegible] Adj. plus retranché, inaccessible. | stark, gut befestigt, unzugänglich, (von einer Festung).

• امنيت [illegible] Sbst. [illegible] sécurité, tranquillité, confiance qu'on est à l'abri de tout péril | Sicherheit, Ruhe — [illegible] être tranquille. | ruhig sein, sich sicher fühlen. [illegible] in voller Sicherheit sein.

• امنيه [illegible] Sbst. [illegible] désir. | Verlangen, Wunsch. [illegible] mit dem Wunsche, [illegible]

[illegible] dass [illegible] mein Vermächtniss und letzter Wille ist, dass ...

• اموات [illegible] Sbst. Pl. v. [illegible]

• امواج [illegible] Sbst. Pl. v. موج [illegible]

• اموال [illegible] Sbst. Pl. v. مال [illegible]

• امور [illegible] Sbst. Pl. v. امر [illegible]

• [illegible] Sbst. [illegible] | [illegible]

p اموختن [illegible] Vb. act. u. intr. enseigner; apprendre. | lehren; lernen.

p اموخته [illegible] Adj. (Partic. d. Vbgrdn). instruit, savant | unterrichtet, gelehrt. Pl [illegible]

• p [illegible] Adj. expérimenté, versé dans les affaires. | in Geschäften geübt, erfahren. [illegible]

اموز s. اموز [illegible]

p اموز [illegible] Adj. u. Sbst. [illegible] in prov. Compos. instruit, qui s'instruit; savant; qui enseigne, maître | unterrichtet, gelehrt, Lehrer. [illegible] versé dans les affaires. | geschäftskundig. [illegible] instructif. | lehrreich.

p اموزش [illegible] Sbst. instruction. | Gelehrsamkeit, [illegible], Unterricht.

p اموزگار [illegible] Sbst. qui enseigne, maître, savant; qui se laisse instruire, qui apprend | ein Unterrichtender, Gelehrter welcher unterrichtet, Lehrer; einer der sich unterrichten lässt, der etwas zu lernen sucht, Schüler.

[illegible] Sbst. instructeur; cheval de manège. | der Unterrichtende, Schulpferd.

p اموزي [illegible] Sbst. instruction. | [illegible]. [illegible] instruction, éducation | Unterricht (in einer Wissenschaft). [illegible] dressage d'un cheval. | Dressur eines Pferdes.

p اموزيدن [illegible] Vb. act. u. intr. [illegible] instruire, enseigner q. qu.; s'instruire. | Jemanden unterrichten; sich unterrichten, lernen.

p اموغ [illegible] Sbst. grandeur, gravité, dignité, grandeur (qui inspire du respect). | Schwere, Gewichtigkeit, Würde, Grösse.

• [illegible] Sbst. [illegible] maternité, état de mère. | Mutterschaft.

p [illegible] Sbst. [illegible] écritoire, encrier. | Schreibzeug, Tintenfass.

• [illegible] s. [illegible]

• [illegible] s. [illegible]

• امهال [illegible] [مهل IV.] Sbst. [illegible] action d'accorder à q. qu. un délai, action de différer. | Aufschiebung, Verschub, Aufschub, Frist. — [illegible] différer, prolonger le terme. | aufschieben, nicht [illegible], sich Zeit lassen; Frist geben. [illegible] sans retard. | ohne Aufschub, unverzüglich.

• [illegible] [IV.] Sbst. [illegible] action [illegible]

d'affaiblir, de rendre q. ch. [illegible] | [illegible], Bewirken dass etwas gering geachtet wird.

• املق [illegible] Adj. blanc, blanc mat. | weiss.

• امي [illegible] Adj. 1. maternel. | mütterlich. 2. illettré, qui ne sait ni lire, ni écrire, ignorant, laïque | ungelehrt, Laie.

• اميال [illegible] Sbst. Pl. v. ميل [illegible]

• [illegible] Sbst. maternité. | Mutterschaft, Mütterlichkeit.

p [illegible] [امد [illegible]] Vb. act. [illegible] mêler. | mischen, mengen.

p [illegible] Adj. u. Sbst. (Partic. d. Vbgrdn.). [illegible] mêlé; mélange. | gemischt, gemengt; Mischung.

p اميد [illegible] Arab. [illegible] auch اميد und Sbst. [illegible] espérance, espoir, attente. | Hoffnung, Erwartung. — [illegible] espérer, attendre, compter sur ... | hoffen, erwarten, worauf bauen. — [illegible] donner de l'espoir. | Hoffnung geben, hoffen lassen. — [illegible] désespérer, perdre l'espoir. | die Hoffnung aufgeben, verzweifeln. [illegible] cap de bonne espérance. | Vorgebirge der guten Hoffnung.

p اميدبخش [illegible] Adj. qui fait espérer. | Hoffnung gebend, hoffen lassend, tröstlich.

p اميدسز [illegible] Adj. sans espoir, désespéré. | hoffnungslos, verzweifelnd.

p اميدسزلك [illegible] Sbst. désespoir. | Hoffnungslosigkeit, Verzweiflung.

p اميدگاه [illegible] Sbst. lieu, cause d'espérance, consolation. | Hoffnungsort, Hoffnungsgrund, Trost.

p [illegible] Vb. act. faire espérer, donner espoir. | hoffen lassen, Hoffnung geben.

p [illegible] Vb. intr. espérer, concevoir de l'espérance. | hoffen, Hoffnung fassen.

p اميدوار [illegible] Adj. — اميدوار qui a de l'espoir, aspirant, [illegible] der Hoffnung hat.

p اميدوار [illegible] Adj. [illegible] qui a de l'espoir, aspirant. | hoffend, hoffnungsvoll, [illegible]. — [illegible] espérer. | hoffen. [illegible] j'espère; ich hoffe.

p اميدوارلق [illegible] Sbst. espoir, espérance, attente. | Hoffnung, Erwartung, das Erwarten.

p [illegible] und die Compos. s. اميد u. s. w.

• امير [illegible] Pl. امرا [illegible] Sbst. chef, commandant, prince, officier; descendant du prophète Mohammed. | [illegible] Befehlender, Fürst, Häuptling; Abkömmling oder Blutsverwandter des Propheten [illegible]. — [illegible] امير آخور [illegible] (vulg. [illegible]) grand-écuyer. | Oberstallmeister. [illegible] emploi du grand-écuyer. | Oberstallmeisteramt. [illegible] [illegible] du grand-écuyer. | [illegible] امير الامرا [illegible]

[illegible] gouvernement d'une grande province. | Statthalter einer grossen Provinz. [illegible] général en chef. | [illegible] der Armee. [illegible] commandant de l'escorte qui accompagne les pèlerins de la Mecque. | Anführer der Pilgerkarawane. [illegible] prince du drapeau, qui porte l'étendard impérial, officier qui remet aux gouverneurs des provinces, après leur nomination, l'étendard d'installation. | Reichsfahnenträger; [illegible]; Ueberbringer der Fahnen, an [illegible] Statthalter. [illegible] chef des [illegible] des premiers [illegible]. [illegible]

[illegible] Adj. princier, en prince. | fürstlich, in fürstlicher Weise.

[illegible] Subst. princesse, épouse d'un Émir. | Fürstin. Gemahlin eines [illegible].

[illegible] Subst. fils de prince, [illegible] seigneur, descendant d'Ali. | Fürstensohn, Adliger, Herr; Nachkomme des Propheten, [illegible]

[illegible] Subst. dignité de prince, [illegible] commandement. | Fürstenwürde, [illegible] Befehl, [illegible].

[illegible] Adj. excellent. | [illegible]

[illegible] Adj. [illegible]

[illegible]

[illegible] Subst. [illegible] Mischung, Mengung.

[illegible] Adj. [illegible]

[illegible]

[illegible] Interj. [illegible]

[illegible] Adj. [illegible] sicher, [illegible] Subst. [illegible] Aufseher über die Hauptstadt [illegible]

[illegible] Aufseher über die Minen. [illegible] Aufseher über die Festungsbauten. [illegible]

[illegible] Subst. sécurité, tranquillité, [illegible] Sicherheit, Ruhe, [illegible] der Aufseher. [illegible] des Zollaufsehers.

[illegible] Adj. [illegible] Sicherheit, sicher, ruhig.

[illegible] Pron. [illegible] Person [illegible] Postpositionen verbunden. [illegible] nach diesem. [illegible]

[illegible] Subst. temps, heure, moment. | Zeit, Stunde, Augenblick. [illegible] jusqu'à présent. | bis jetzt, bisher. [illegible] dans ce moment. | in einem Augenblicke. [illegible] maintenant. | jetzt, [illegible] jusqu'à ce moment, jusqu'à nos jours. | bis auf diesen Tag. [illegible] Augenblick an. [illegible] à jamais, toujours. | von Tag zu Tage, [illegible]

[illegible] Pron. [illegible] jener, jene. [illegible] le monde d'ici-bas et le monde à venir [illegible] diese und jene Welt, d. h. alles Geschaffene.

[illegible] Subst. [illegible]

[illegible] Partic. que; dans [illegible] | bis dass. [illegible] à condition que. | unter der Bedingung, oder Voraussetzung dass [illegible]

[illegible] Conj. [illegible] quand même [illegible]

[illegible] s'il plaît à Dieu. | so Gott will.

[illegible] Subst. [illegible]

[illegible] Partic. [illegible] pour que. | weil.

[illegible] Adv. certes, certainement. | sicher, gewiss.

[illegible] Subst. mine; espèce principale ou partie principale. | Mutter; die [illegible] Art, der [illegible] Theil einer Sache; [illegible]

[illegible] Subst. grand mât. | Hauptmast. [illegible] grand principal [illegible] confusion, tumulte. | Aufruhr, Verwirrung.

[illegible] Pron. [illegible] | ich.

[illegible] Part. inter. comment. | wie. Partic. conjonct. de quelque manière que; wie auch immer.

[illegible] comme Dieu [illegible] | wahrlich, wie [illegible]

[illegible] Subst. [illegible] porcelaine de Chine. | chinesisches Porzellan.

[illegible] Subst. Pl. [illegible] temps, heure, temps opportun. | Zeit, Stunde, rechte, gelegene Zeit.

[illegible] Subst. [illegible] action de se repentir. | [illegible]

[illegible] Subst. [illegible] Mitte.

[illegible] Subst. Pl. [illegible] familles, femmes. | Frauen, Weiber, weibliche Wesen.

[illegible] Adj. [illegible]

[illegible] Subst. [illegible]

[illegible] Subst. [illegible] Granatapfel. [illegible] Granatbaum.

[illegible] Subst. [illegible] Granatapfel [illegible]

[illegible] action d'exciter, d'[illegible]. [illegible]

[illegible] Subst. Pl. [illegible]

[illegible] Subst. Pl. [illegible] Asie [illegible] nach Asien.

[illegible] Adj. [illegible] famille. | Freund, Verwandter; [illegible] Verwandter der Person. [illegible]

[illegible] Adj. jour pour jour, sans cesse, à temps déterminé. | Tag für Tag [illegible]

[illegible] Sbst. [illegible] | [illegible] Wasserwirbel. [illegible]

[illegible] Sbst. [illegible]

[illegible] Sbst. [illegible] les créatures, le genre humain, les hommes. | die Geschöpfe, das Menschengeschlecht, die Menschen. [illegible] célèbre par tout le monde. | weltberühmt.

[illegible] Sbst. Pl. [illegible]

[illegible] Pron. Plur. [illegible]

[illegible] Sbst. [illegible]

[illegible] (nicht [illegible]). Sbst. foi, croyance, confiance. | Glaube, Treue und Glauben, sicheres Vertrauen. [illegible] ein Mann von Treu und Glauben. [illegible] il n'y a point de foi.

[illegible]

[illegible] croire, ajouter foi, se fier, avoir confiance, confier q. ch. à q. qn. | glauben, trauen, an etwas glauben, Jemand etwas anvertrauen. [illegible]

[illegible] Sbst. [illegible] Vertrauen.

[illegible] Sbst. [illegible] égoïsme, amour-propre, arrogance | [illegible]

[illegible] Sbst. [illegible]

[illegible] Sbst. la planète Vénus. | der Planet Venus [illegible]

[illegible] (vgl. [illegible]) Sbst. Pl. v. [illegible]

[illegible] Sbst. [illegible] action d'avertir, d'instruire, d'informer q. qn. de q. ch.; communication, avis | Benachrichtigung, [illegible] von etwas [illegible]

[illegible] Sbst. action de pousser, de germer, de croître (des plantes), de produire des herbes, [illegible]

[illegible] Sbst. action de faire siffler la corde de l'arc en la tirant à soi et la lâchant tout à coup. | das Anziehen und Loslassen der Bogensehne, so dass sie schwirrt.

[illegible] Sbst. l'une des femmes d'un mari, concubine. | eine von mehreren Frauen eines Mannes, Nebenfrau, Beischläferin.

[illegible] Sbst. [illegible]

[illegible] Sbst. 1. [illegible] sorte de maroquin d'une qualité inférieure. | eine Art Saffianleder von geringerer Qualität. 2. [illegible] sac de cuir, blanc, rouge. | Ledersack, Ledertasche, [illegible] [illegible] den Sack der Bosheit und den Beutel der List [illegible]

[illegible] Sbst. [illegible]

[illegible] ; vulg. [illegible] Shkt. [illegible] Destillirkolben, Destillâre, [illegible] destilliren.

[illegible] Fem. pateon. m. [illegible]

[illegible] Shkt. [illegible]

[illegible] [IV.] Shkt. [illegible] action de penetrer, s'introduire, Confidence; action de [illegible] Herumziehung, Gebiemen, Versorgung. — [illegible] pendant, [illegible] des [illegible] Grund oder Ursache zu etwas [illegible] (das [illegible]) hat üble Folgen. [illegible] bringt grossen Schaden.

[illegible] [VIII.] Shkt. [illegible] action d'enfler, de se gonfler. | das Anschwellen, dick werden.

[illegible] [VIII.] Shkt. [illegible] action de [illegible], d'être [illegible] gardes; [illegible], vigilance, circonspection. | das Erwachen, Wachsamkeit, Umsicht, [illegible] Umsicht. [illegible] Hat, die geistige Erweckung, [illegible] auf seiner Hut sein. [illegible] mit der grössten Wachsamkeit. [illegible] ein Verteidiger, Wachposten, Schutzmann. [illegible] mit dem [illegible] (d. h. da er [illegible] oder [illegible] dass er ein [illegible] sei [illegible]) [illegible] einer Geist.

[illegible] [VIII.] Shkt. [illegible] action de s'étendre, s'être dispersé, dissémine, répandu. | das sich ausbreiten, nach allen Seiten hin [illegible] [illegible] nach allen Seiten hin [illegible].

[illegible] [VIII.] Shkt. [illegible] action de se porter à l'accès [illegible] l'autre, se communiquer des secrets. | Geflüster, Zuflüsterung.

[illegible] [VIII.] Shkt. [illegible] action de se souiller, état d'impureté. | Verunreinigung, Unreinheit.

[illegible] [VIII.] Shkt. [illegible] action de [illegible] | das Aufhören.

[illegible] VI. act. LT. [illegible] emprunter, prêter. borgen. Deriv.

[illegible] VI. [illegible] LT. [illegible] faire emprunter, faire prêter. | borgen lassen, vgl. [illegible]

[illegible] [VIII.] Shkt. [illegible] action de se pencher ou de s'appuyer sur q. ch. | Anlehnung oder Anlehnen an einen Gegenstand, in gebogener Stellung des Körpers.

[illegible] [VIII.] Shkt. action de [illegible], de pénétrer tout [illegible] | [illegible] Weines.

[illegible] [VIII.] Shkt. [illegible] | [illegible]

[illegible] [VIII.] Shkt. [illegible] action de prétendre, de s'attribuer q. ch. à tort, de tirer son origine; [illegible] appartenir à . . . | [illegible] Anmassung, Benennung, das sich bekannte zu einer Mitgliedschaft [illegible]

[illegible] [VIII.] Shkt. [illegible] s'enfler d'orgueil. | stolz sich [illegible]

[illegible] [VIII.] Shkt. [illegible] action de choisir, choix, élection. | Auswahl, das Wählen. — [illegible] choisi. | Gewählt, eine Auswahl treffen.

[illegible] [VIII.] Shkt. [illegible] action de s'emparer [illegible] | Erbeutung, Ablegung [illegible]

[illegible] [VIII.] Shkt. [illegible] action d'être, d'arracher q. ch. de sa place; état d'être arraché. | Wegnahme, Entwendung. — [illegible] enlevé, retiré. | herausgerissen, entrissen, weggenommen. — [illegible] être arraché, enlevé. | entrissen werden oder sein.

[illegible] [VIII.] Shkt. action de tirer son nom de q. qn. ou de q. ch., rapport, relation de l'un avec l'autre; dépendance; action de s'attribuer, de se réclamer, parenté, généalogie. | das sich nach Jemand oder nach einer Sache benennen; Beziehung zu einander, Bezug zu . . ., Zusammenhang mit . . ., Abhängigkeit (von einander), Verwandtschaft, Genealogie, Aneignung, Zueignung. — [illegible] tirer son nom de . . ., appartenir à . . ., être relatif à . . ., se rapporter à . . ., s'attribuer q. ch. | seinen Namen haben von . . ., gehören zu . . ., in Bezug stehen zu . . ., in Zusammenhang sein mit . . ., abhängig sein von etwas, sich etwas aneignen, [illegible] [illegible] die Angehörigen [illegible] Pascha. [illegible] [illegible] Partei des Fürsten angehören, auf seiner Seite. — In Verbindung mit Substantiven [illegible] das Wort zu Bildung von [illegible] Adjectiva [illegible] distingué. [illegible] juste, vrai. | richtig, wahr. [illegible] richtige, der Wahrheit gemässe Antwort. [illegible]

[illegible] [VIII.] Shkt. [illegible] | das [illegible] Zusammenwirkung der Theile einer Sache.

[illegible] [VIII.] Shkt. [illegible] action d'effacer, de faire disparaître. | Ausstreichung, Vernichtung, Abschaffung, Aufhebung. [illegible] action de copier, de transcrire. | Copierung, Abschrift.

[illegible] [VIII.] Shkt. [illegible] état d'être rangé dans un certain ordre. | Aufstellung in einer gewissen Ordnung.

[illegible] [VIII.] Shkt. [illegible] action de croître, de se produire. | das Wachsen, Hervorkommen.

[illegible] [VIII.] Shkt. [illegible] état d'être lent, d'être [illegible] par la boisson. | Rausch, Zustand der Berauschung.

[illegible] [VIII.] Shkt. [illegible] action de se répandre, de s'épanouir, de s'ouvrir; dissémination, expiration. | das sich nach allen Seiten hin ausbreiten, nach allen Seiten hin [illegible] sich entfalten. — [illegible] se répandre, se [illegible] | sich verbreiten.

[illegible] [VIII.] Shkt. action de respirer, d'attirer q. ch. dans les narines. | Einathmung.

[illegible] [VIII.] Shkt. [illegible] action de se dresser, de s'élever, se mettre sur pied; état d'être planté, érigé. | Aufrichtung, Aufrechtstehen, [illegible]

[illegible] [VIII.] Shkt. [illegible] action de se laisser conseiller, d'accepter un conseil. | das sich rathen lassen, Annahme eines guten Raths.

[illegible] [VIII.] Shkt. action d'être vainqueur, d'avoir le dessus sur son adversaire, vengeance, satisfaction. | Ueberwindung des Gegners; Rache am Gegner.

[illegible] [VIII.] Shkt. action de se faire rendre justice par q. qn.; de se faire payer de q. qn. ce qu'il devait, revanche, satisfaction. | Verfolgung seines Rechts, Wiedervergeltung.

[illegible] [VIII.] Shkt. [illegible] état de [illegible] | das [illegible] der Früchte.

[illegible] [VIII.] Shkt. action d'attendre q. qn. ou q. ch., attente, délai de [illegible] q. qn. | das Warten auf Jemand, Erwartung. [illegible] mit dem [illegible] mit Ungeduld auf Jemand oder auf etwas warten.

[illegible] [VIII.] Shkt. [illegible] état d'être en bon ordre; arrangement, ordre, disposition, régularité. | Ordnung, geordnete Aufstellung, Reihe, Regelmässigkeit. — [illegible] être arrangé, mis en ordre. | in Ordnung sein, ordentlich aufgestellt sein. [illegible] Ordnung und Gesetz.

[illegible] [VIII.] Shkt. convalescence, rétablissement. | das Aufstehen nach einem Falle, von einer Krankheit, Wiedergenesung, wieder zu Kräften gelangen.

[illegible] [VIII.] Shkt. [illegible] état d'être nul, d'être anéanti, disparaître; extinction, extirpation. | verschwinden, vernichtet werden, zu Nichts werden; Vernichtung.

[illegible] [VIII.] Shkt. [illegible] action de s'enfler, état d'être enflé, d'être gonflé. | das sich aufblähen, aufgeblasen sein. — [illegible] s'enfler, se gonfler. | sich aufblasen, sich aufblähen. [illegible] der Haare [illegible] sich auf.

[illegible] [VIII.] Shkt. action de se hérisser (les cheveux). | das sich sträuben, zu Berge stehen der Haare.

[illegible] [VIII.] Shkt. [illegible] action de tirer profit, de gagner

[illegible]. Abweichung nach der Seite, Abweichung der Gestirne (declinatio), Neigung der Gestirne [illegible] — [illegible], se détourner du chemin droit, dévier. | abweichen, [illegible] [illegible] [illegible], indisposition, maladie. | Unpässlichkeit, Krankheit. [illegible] [illegible] oder [illegible] [illegible] déclinaison de la boussole. | Abweichung der Magnetnadel. [illegible] [illegible], [illegible] humeur. | Verstimmung, üble Laune.

[illegible] [illegible] [illegible] VII.] Sbst. [illegible] état d'être coupé, retranché, être soustrait d'un autre nombre. | das Abgeschnitten-, Abgezogenwerden, abgezogen werden, Subtraktion.

[illegible] [illegible] [illegible] VII.] Sbst. état d'être cerné de tout côté, d'être bloqué, assiégé; état d'être restreint, d'être empêché de faire q. ch.; action de se restreindre; monopole. | Eingeschlossensein von allen Seiten, Belagerung, Blokade, Beschränkung der freien Thätigkeit, der Zahl u. s. w., Beschränkung des Handels, Monopol. — [illegible] être restreint, borné, assiégé; être compté. | eingeschlossen, belagert, besetzt, beschränkt, eingefaßt sein oder werden.

[illegible] [illegible] [illegible] VII.] Sbst. [illegible] action de descendre, de décliner, de pencher, de baisser, état d'être penché, penchant; inclinaison. | das Herabsteigen, Neigung, Sinken, Senken, Fallen. [illegible] Neigungswinkel [illegible] [illegible] die Inclination der Magnetnadel [illegible] [illegible] Dähling, Neon, der Winkel, den die Gesichtslinie des über die Oberfläche erhobenen Beobachters mit der Fläche des Horizonts macht. [illegible] penchant de la fortune. | das Sinken der Glücksumstände. [illegible] penchant de l'âge. | das Abnehmen der Kräfte im Alter.

[illegible] [illegible] [illegible] VII.] Sbst. [illegible] état d'être cassé, action de se casser. | das Zerbrochenwerden, Zerbrechen (intrans.).

[illegible] [illegible] [illegible] VII.] Sbst. [illegible] action de se dénouer, se décomposer; dissolution, décomposition. | Auflösung (eines Knotens), Zertheilung, Zerlegung (eines gemischten oder eines zusammengesetzten Körpers in einzelne Theile). [illegible] la dissolution des simples. | die chemische Zersetzung.

[illegible] [illegible] [illegible] VII.] Sbst. [illegible] état d'être plié, courbé; courbure, circonvolution. | das gebogen sein, Biegung, Krümmung, Windung, Beugung. [illegible] [illegible] se glisser mit einer Verbeugung.

[illegible] [illegible] oder [illegible] [illegible] Sbst. (drogman). chef. | Schiffsoberst. [illegible] [illegible] oder [illegible] [illegible] titre d'un des pages de l'intérieur du palais impérial. | Titel eines der vier Pagen des kaiserlichen Palastes, welche unmittelbar unter dem [illegible] stehen. v. Hammer, Staatsverf. des Osm. Reichs. II. 18; auch = Hüters der Vorgebirge, der Schiffsoberbefehler oder Hauswärter.

[illegible] [illegible] [illegible] VII.] Sbst. [illegible] action de se cacher, de se voiler, de se couvrir. | Verbergung, Verhüllung.

[illegible] [illegible] [illegible] VII.] Sbst. [illegible] action de se laisser tromper, état d'être trompé, circonvenu. | Täuschung (sich täuschen, betrogen, hintergangen werden).

[illegible] [illegible] [illegible] VII.] Sbst. [illegible] état de se trouver dans l'éclipse (en dit de la lune). | die Verfinsterung des Mondes. s. [illegible]

[illegible] [illegible] [illegible] VII.] Sbst. [illegible] état d'être jeté en bas, d'être baissé. | das herabgesenkt werden, herabsteigen. [illegible] Senkung der Stimme.

[illegible] [illegible] [illegible] VII.] Sbst. état d'être ôté de sa place, d'être arraché, d'être luxé; luxation. | gewaltsames Weggenommenwerden von seiner Stelle, Weggerissenwerden, z. B. eines Gliedes, daher Verrenkung.

[illegible] [illegible] [illegible] VII.] Sbst. [illegible] état d'être suffoqué, asphyxie, étranglé, suffocation. | Erstickung, Erdrosselung.

[illegible] [illegible] [illegible] oder [illegible] [illegible] Sbst. serment. Eid, Schwur. [illegible] [illegible] faire serment. | schwören. [illegible] faire prêter serment. Jemanden schwören lassen. [illegible] rompre le serment. | den Eid brechen.

[illegible] [illegible] [illegible] 3. pers. Plur. des Hilfsverb. s. d. pers. Gramm.

[illegible] [illegible] [illegible] Adv. là. | dort. = [illegible]

[illegible] [illegible] [illegible] Sbst. jet. | Wurf, Schuss. — [illegible] jeter, lancer. | werfen, schleudern, abschiessen. s. d. Vighe.

[illegible] [illegible] [illegible] (Red. [illegible]) Vb. act. jeter, lancer. | werfen, schleudern, abschiessen.

[illegible] [illegible] [illegible] Partic. d. Vigha.

[illegible] [illegible] [illegible] Sbst. Pl. v. [illegible] [illegible].

[illegible] [illegible] [illegible] s. [illegible]

[illegible] [illegible] [illegible] Adj. in pers. Compos. qui jette, tire, lance. | werfend, schleudernd, abschiessend. [illegible] [illegible] archer, Bogenschütze. [illegible] [illegible] fusilier. | Büchsenschütze. [illegible] jetant l'ancre. | ankerwerfend. [illegible] [illegible] jeter un coup d'oeil. | sich umsehen. [illegible] répandre l'épouvante. | Schrecken verbreiten. [illegible] [illegible] qui lance des mots piquants; mit beissenden Reden um sich werfend, viel sprechend, geschwätzig [illegible] [illegible] [illegible]. Steuer werfend.

[illegible] [illegible] [illegible] Sbst. = [illegible] mesure. Maass. [illegible] [illegible] ohne Maass, massios.

[illegible] [illegible] [illegible] Sbst. s. [illegible] état de celui qui lance etc., action de lancer, tirer. | das Werfen, Schleudern, Schiessen. [illegible] [illegible] ein langes Gerede machen. [illegible] [illegible] die Kunst mit dem Bogen zu schiessen.

[illegible] [illegible] [illegible]. = [illegible]

[illegible] [illegible] [illegible] Sbst. mesure, symmétrie; aune | Maass, Ebenmaass, Symmetrie; die kleinere Elle (22 [illegible]) für Linnen, Seidenzeug [vgl. [illegible]] [illegible] prendre la mesure de q. ch. | das Maass (an einer Sache) nehmen.

[illegible] [illegible] [illegible] Sbst. pièce d'étoffe de la longueur d'une aune; valeur ou prix d'une aune d'étoffe. | Stück Zeug von der Länge einer Elle [s. [illegible]]; Werth und Preis einer Elle Zeugs.

[illegible] [illegible] [illegible] Vb. act. mesurer. | messen. [illegible] mesuré, déterminé. | ausgemessen, bestimmt.

[illegible] [illegible] [illegible] Sbst. action de jeter, de lancer; jet. trait. | das Werfen, der Wurf.

[illegible] [illegible] s. [illegible]

[illegible] [illegible] [illegible] und [illegible] [illegible]. LT. [illegible] Adj. u. Adv. [illegible]; [illegible]. | [illegible], [illegible], so gross, [illegible]. [illegible] [illegible] [illegible] [illegible] [illegible] [illegible] Ali Bchje. Q. vgl. [illegible]

[illegible] [illegible] [illegible] [illegible]. Q.

[illegible] [illegible] [illegible]. LT [illegible] jusqu'à ce que. | bis dass.

[illegible] [illegible] [illegible] [illegible] IV.] Sbst. action d'inspirer à quelqu'un du repentir de ce qu'il a fait. | Erweckung der Reue.

[illegible] [illegible] [illegible] Sbst. corps, membre, stature, taille; belle proportion. | Körper, Glied, [illegible], Statur, Wuchs (des Menschen), Ebenmaass. [illegible] [illegible] Adj. mal proportionné; schlecht gewachsen, ohne Ebenmaass. [illegible] [illegible] [illegible] l'index. der Zeigefinger; — das [illegible] (Menînsky).

[illegible] [illegible] [illegible] Vb. intr. avoir ou gagner une belle stature, devenir fort, robuste, gagner une belle proportion; einen schönen Wuchs haben oder erhalten, stark und kräftig werden; Ebenmaass erhalten.

[illegible] [illegible] [illegible] Adj. qui a une stature, proportionné. | einen Wuchs habend. [illegible] [illegible] bien proportionné. | gut gewachsen, wohl proportionirt.

[illegible] [illegible] [illegible] [illegible] VII.] Sbst. état d'être tanné | Gerbung (des Leders).

[illegible] [illegible] [illegible] Präp. dans, dedans | in, darin.

[illegible] [illegible] [illegible] Adj. très-rare. | sehr selten s. [illegible]

[illegible] [illegible] [illegible] [illegible] VII.] Sbst. [illegible], extinction d'une race, d'une famille etc. | vollständiges Aussterben eines Geschlechts, einer Familie.

[illegible] [illegible] [illegible] [illegible] VII.] Sbst. [illegible] état d'être effacé; action de s'effacer. | gänzliches Verschwinden. — [illegible] être effacé, corrompu. | [illegible], verderben.

[illegible] [illegible] oder [illegible] [illegible]

[illegible] Adj. [illegible] [illegible] digne | [illegible], würdig.

[illegible] Vb. intr. [illegible] être digne, mériter. | würdig sein, verdienen.

[illegible] Sbst. [illegible] conseil, recommandation, testament | guter Rath, Vorschrift, Empfehlung, Testament. [illegible] tester, faire son testament. | ein Testament machen.

[illegible] n. [illegible]

[illegible] = [illegible]

[illegible] Sbst. incrustation, dorure, argenture, ornement. | Verkleidung, Bekleidung mit Stein, Gold, Silber etc., Plattirung, Verzierung.

[illegible] Sbst. u. Präpos. l'intérieur, ce qui est dedans; dedans | das Innere, die innere Seite, das Innere des Hauses, Privatzimmer, Cabinet, Kammer des Prinzen. [illegible] chambellans, officiers de l'intérieur du palais impérial. | Oberkammerdiener, Kammerherren. [illegible] les appartements intérieurs du palais impérial | die inneren Gemächer des kaiserlichen Palastes. [illegible] officier sorti de l'intérieur du sérail pour occuper une place à l'extérieur. | an einem Wärterposten [illegible] Hofbeamter.

[illegible] Sbst. 1. — [illegible] 2. [illegible] drap de lit, couverture. | Betttuch, Bettdecke.

[illegible] Adj. u. Sbst. intérieur, inwendig, das Innere.

[illegible] Sbst. nom d'une plante. Name einer Pflanze, [illegible] — Nach Meninski ein Kraut das bei Krankheiten der Pferde gebraucht wird.

[illegible] VII. Sbst. 1. [illegible] état d'être repoussé; répulsion; action de faire place, de s'éloigner. | das Zurückgedrängtwerden, von seinem Platze entfernt werden; Zurückweichen, Platz machen. 2. [illegible] action de s'éloigner trop dans son discours, de se laisser entraîner, se laisser aller aux digressions. | sich hinreissen lassen, sich (in der Rede) zu weit von seinem Gegenstande entfernen, nicht bei der Sache bleiben.

[illegible] VII. Sbst. état d'être renversé avec force (un liquide). Erguss (des Wassers).

[illegible] VII. Sbst. état d'être enterré, enterré. | das Begraben werden, Begräbniss.

[illegible] Adv. sur le champ, tout de suite. | sogleich, auf der Stelle.

[illegible] VII. Sbst. [illegible] état d'être brisé, plié | Zerbrechung, Zerquetschung [illegible]

[illegible] Adj. peu, un peu, petit. | wenig, klein. [illegible] quelque fois, rarement. | zuweilen, selten. [illegible] obérgé (d'un livre) | kurzer Auszug aus einem Buche.

[illegible] Sbst. Espagne, espagnol. | Spanien, Spanier; von spanischer (maurischer) Abkunft.

[illegible] s. d. Figde.

[illegible] Vb. intr. [illegible] adjurer, s'engager par serment. | beschwören, mit einem Eide verbinden. [illegible] Vb. recipr. s'engager réciproquement par serment. | einander zuschwören, sich gegenseitig durch Eid verbindlich machen.

[illegible] Adj. [illegible] juré, assermenté. | beeidigt, vereidet, durch Eid verpflichtet oder gebunden.

[illegible] Adv. alors. | damals.

[illegible] VII. Sbst. action d'être introduit et se tenir enchevêtré solidement l'un dans l'autre. | das Eindringen und fest halten eines Dinges in einem andern.

[illegible] VII. Sbst. action de sécher, de se fermer, de se cicatriser (d'une plaie). | Heilung, Vernarbung einer Wunde.

[illegible] Abl. v. [illegible]

[illegible] Adv. [illegible] après cela, ensuite, désormais. | hierauf, nachher, ferner. [illegible] peu de temps après; bald darauf, nicht lange hierüber.

[illegible] Vb. act. [illegible] gagner, acquérir | gewinnen, erwerben, erwerben.

[illegible] Partic. d. Vbgls.

[illegible] Sbst. gain, profit. | Gewinn, Verdienst.

[illegible] Sbst. [illegible] incrustation, revêtement, dorure. | Verkleidung (mit Stein oder Metall), Plattirung. Adj. (in pers. Zusammensetzungen) incrusté, revêtu. | verkleidet mit ..., überzogen, plattirt. [illegible] incrusté d'or, doré. | mit Gold bedeckt, vergoldet.

[illegible] Vb. act. incruster, revêtir, dorer. | verkleiden (mit Stein oder Metall), überziehen, plattiren, vergolden, versilbern.

[illegible] Partic. d. Vbgls.

[illegible] Adj. [illegible] qui gagne, qui acquiert, qui montre. | gewinnend, verdienend, [illegible]; in Zusammensetzungen. [illegible] [illegible] d. i. [illegible] digne de considération. | der Beachtung werth, wovon man sich ein Beispiel nehmen kann, beachtenswerth.

[illegible]

[illegible] Sbst. affliction, douleur, chagrin, tristesse. | Kummer, Betrübniss, Schmerz, Traurigkeit.

[illegible] n. [illegible] Adj. attristé, affligé. | bekümmert, betrübt.

[illegible] Adv. [illegible] là, de ce côté-là. | dort, da.

[illegible] s. [illegible]

[illegible] Sbst. Pl. v. [illegible]

[illegible] s. [illegible]

[illegible] Adj. (in pers. Zusammensetzungen) qui pense, médite. | denkend, sinnend; [illegible] hinreichend wohlmeinend. [illegible] ein weit denkender, einer grossen Überlegung [illegible] [illegible] wohlüberlegt sprechend.

[illegible] Sbst. réflexion, méditation. | Nachdenken, Sorge, Überlegung. [illegible] prévoyance, précision. | Vorbedacht, Vorsicht, Bedenken des Endes.

[illegible] Adj. pensif, [illegible], timide, triste. | nachdenkend, seinen Gedanken nachgehend, besorgt, verdrossen, bedächtig, schüchtern.

[illegible] Sbst. [illegible] pensée, considération; crainte, sollicitude, chagrin | Nachdenken, Betrachtung, Überlegung, Sorge, Besorgniss, Befürchtung, Furcht, Beunruhigung; Zerstreutheit. — [illegible] penser, considérer, s'affliger, craindre. | nachdenken, überlegen, fürchten, sich fürchten. — [illegible]; — beunruhigt, besorgt sein, zerstreut sein. [illegible] être sur le qui-vive. | auf seiner Hut sein.

[illegible] Adj. [illegible]

[illegible] Vb. intr. être pensif, se soucier; rêver. | in Gedanken sein, sich Gedanken machen; nachdenken, besorgt sein, Träumen, in seinen Gedanken zerstreut sein.

[illegible] Adj. pensif. | in Gedanken, nachdenkend, zerstreut.

[illegible] Vb. intr. penser, songer, méditer. | denken, nachdenken, sinnen. [illegible]

[illegible] Partic. d. Vbgls.

[illegible] Adv. jusqu'à, jusqu'à ce que. | bis, bis dass. [illegible]

[illegible] — [illegible] Abl. v. [illegible] — [illegible] d'abord. | vorher, zuerst (vulg. Q).

[illegible] IV. Sbst. action d'avertir q. qu., de prendre garde, de ne pas faire telle ou telle chose; menace | Warnung, Drohung. — [illegible] menacer, admonester. | drohen, [illegible]

[illegible] Sbst. [illegible] (bigarré). | Laus

[illegible] IV. Sbst. [illegible] action de faire descendre; émission du sperme. | das hinabsteigen lassen, hinablassen, hinabsenden, Ergiessung des Samens. [illegible] — [illegible] descendre. | hinablassen, hinabsenden, [illegible]

[illegible] Regen [illegible] (von der Wolke).

• [illegible] [illegible] [زعج VII.] Sbst. [illegible] état d'être arraché, d'être tiré avec violence de sa place, être [illegible]. | Entwurzelung, [illegible], [illegible], weggerissen werden, [illegible] werden.

[illegible] Sbst. [illegible]. Lüge v. [illegible] LT.

• [illegible] [illegible] [VII.] Sbst. [illegible] d'être lié, d'être arrêté, d'être mis en [illegible]. | gebunden, angebunden sein, an der Halfter sein.

• [illegible] [illegible] [زوى VII.] Sbst. action de se retirer; retraite du monde, solitude | Zurückziehung in die Einsamkeit; Zurückgezogenheit, Einsamkeit.

• [illegible] [illegible] [VII.] Sbst. [illegible] action de se séparer, séparation. | Trennung.

• [illegible] [illegible] Sbst. genre humain, humain; homme sociable; [illegible]. Menschengeschlecht, Menschheit; geselliger Mensch, Freund.

• [illegible] [illegible] Sbst. [illegible] vie sociale, amitié, familiarité. | Gewöhnung, Geselligkeit, Freundschaft, Vertraulichkeit. [illegible] ein vertrautes Verhältniss [illegible] erhalten.

• [illegible] [illegible] [IV.] Sbst. action de différer, de remettre à plus tard. | Aufschub.

• [illegible] [illegible] [IV.] Sbst. action de faire oublier. | vergessen lassen.

• [illegible] [illegible] Sbst. Pl. 1. v. [illegible] parents, les parents. | die Verwandten. 2. [illegible] logarithmes, nombres de proportion. Logarithmen, Proportionszahlen (Rechnung).

• [illegible] [illegible] Sbst. v. [illegible].

• [illegible] [illegible] Sbst. homme (s'applique à l'homme et à la femme opposés à l'animal) | Mensch, [illegible] Wesen (im Gegensatz zu Thier). [illegible]

[illegible] prunelle de l'œil. | die Pupille. [illegible] l'œil, c. à d. l'homme, la gloire de l'homme. | das Auge, d. i. die Zierde, der Ruhm der Menschen.

• [illegible] [illegible] Adj. humain, appartenant à l'homme, au genre humain. | menschlich.

• [illegible] [illegible] Sbst. nature humaine, vertu et dignité de l'homme, humanité. | menschliche Natur, Menschlichkeit, Humanität, Bildung; Männlichkeit, männliche Tugend und Würde.

• [illegible] [illegible] Adj. [illegible]. | [illegible].

• [illegible] [illegible] Adj. [illegible], brave, [illegible]. | menschlich, männlich [illegible].

• [illegible] [illegible] Adj. [illegible] plus conforme à ..., qui a plus de rapport avec ... | [illegible]; in näherer Beziehung stehend.

• [illegible] [illegible] Sbst. Pl. v. [illegible].

• [illegible] [illegible] [VII.] Sbst. [illegible] état d'être [illegible] | das [illegible]. vgl. das Pigeon. und [illegible]

• [illegible] [illegible] [VII.] Sbst. action de se répandre, de couler; action de s'épancher. | das Auseinanderströmen, sich ausbreiten; [illegible] Behandlung eines Gegenstandes in Rede und Schrift. vgl. das [illegible]. und [illegible]

• [illegible] [illegible] [VII.] Sbst. [illegible] état d'être tiré, d'être traîné par terre | das Gezogen werden, auf dem Boden hingeschleppt werden.

• [illegible] [illegible] [VII.] Sbst. état d'être consumé par le frottement; contrition | [illegible] (zerrieben sein), Zerknirschung (über begangene Sünden).

• [illegible] [illegible] [VII.] Sbst. état d'être fermé, bouché, empêché de faire q. ch. | Sperrung, Schliessung, Hinderniss, das [illegible]. ... [illegible] se fermer, se [illegible]; être empêché | sich schliessen, sich sperren; auf ein Hinderniss stossen.

• [illegible] [illegible] [VII.] Sbst. [illegible] action d'être déposé (la chaleur), de descendre la pente et courir. das Herabhängen, des Hauses; das [illegible] herab laufen.

• [illegible] [illegible] [VII.] Sbst. [illegible] action de descendre, de pendre. das Herabhängen, schlaff herabhängen.

[illegible] Adj. Gegentheil von [illegible] vgl. [illegible] étroit, pas large. | eng, schmal, knapp. [illegible] ein enges Kleid.

[illegible] Adv. [illegible].

[illegible] Adv. subitement, à l'improviste. | plötzlich, unvermuthet. [illegible]

• [illegible] [illegible] [VII.] Sbst. [illegible] (le) de briller. | das Brennen.

• [illegible] [illegible] [VII.] Sbst. [illegible] état d'être dépouillé. | Beraubung, Ausplünderung. 2. être nu, [illegible]. | Verneinung.

• [illegible] [illegible] [VII] Sbst. [illegible] des derniers jours du mois. | das Ablaufen des Monats.

• [illegible] [illegible] [VII] Sbst. action de marcher, de suivre la route | geraden Fortgehen, auf dem Wege bleiben.

• [illegible] [illegible] [VII.] Sbst. action de se détacher, de s'enquérir. | [illegible].

• [illegible] [illegible] Vb. recipr. faire amitié. | bekannt werden, Freundschaft schliessen.

[illegible] Adv. de l'autre côté, au delà. | jenseits, drüben, dort.

• [illegible] [illegible] Adj. familier, apprivoisé. | vertraut, gewöhnt, zahm. [Gegentheil von [illegible]].

• [illegible] [illegible] [VII.] Sbst. action de couler, de s'écouler. | das Fliessen, davon schleichen, sich schnell und unbemerkt entfernen.

• [illegible] [illegible] Sbst. [illegible] familiarité, amitié, penchant, état d'être accoutumé. | Bekanntschaft, Vertraulichkeit [illegible] ... Gewöhnung an ..., Zuneigung — [illegible] [illegible] maintenir des rapports d'amitié. | Freundschaftlichen Umgang pflegen.

[illegible] [illegible] oder [illegible] Sbst. 1. [illegible] [Gegentheil von [illegible]] [illegible], [illegible]. | Abschüssigkeit, Jähe, der Weg abwärts. Adj. penchant, escarpé. | abschüssig. [illegible] eine abschüssige Stelle. [illegible] bergab, bergauf. vgl. [illegible]

[illegible] oder [illegible] Sbst. [illegible] Barbarie; auch [illegible]

• [illegible] [illegible] Interj. [illegible]. [illegible] si Dieu veut, s'il plaît à Dieu! so Gott will!

• [illegible] [illegible] [IV.] Sbst. invention, production, composition, rédaction (d'un morceau de prose, d'une lettre); l'art de rédiger, style, l'art d'écrire des lettres; [illegible]. | Erfindung, eigene Hervorbringung. Zusammensetzung (Erfindung, Redeabfassung), Verfertigung eines Aufsatzes, Briefes etc.; die Kunst einen Aufsatz zu fertigen, Redaction. [vgl. [illegible]] Styl, Sammlung von Musteraufsätzen oder Musterbriefen, Briefsteller. — [illegible] [illegible], composer, faire, rédiger. etwas hervorbringen, zusammensetzen, erfinden, errichten. [illegible] einen Aufsatz machen, redigiren. [illegible] bureau de rédaction. | das [illegible].

• [illegible] [illegible] Sbst. l'art de rédiger avec élégance, art épistolaire; morceau rédigé d'après les règles du style | Redekunst, Briefsteller, [illegible] nach den Regeln der Kunst gefertigter Aufsatz.

• [illegible] [illegible] [IV.] Sbst. action de fixer, de fausser, de faire [illegible]. | [illegible] einer Sache an einer andern, [illegible] eines Gegenstandes in einem andern.

• [illegible] [illegible] [IV.] Sbst. action de faire chercher, d'indiquer l'objet perdu; action de réciter (des vers), déclamation. | das Suchenlassen, Angabe eines verlorenen Gegenstandes, oder dass etwas verloren ist, oder verloren wird; Vortrag eines Gedichts, Recitation, Declamation.

• [illegible] [illegible] [IV.] Sbst. action de ressusciter les morts. | Wiedererweckung der Todten. vgl. [illegible]

• [illegible] [illegible] [IV.] Sbst. action de faire flairer; de faire s'embarrasser dans un lacet | das Riechen lassen; verstricken (das Wild im Netze).

• [illegible] [illegible] Adj. appartenant à la rédaction, bien rédigé, élégant (le style). | der Redaction, dem guten Style gemäss; gut stylisirt. vgl. [illegible]

• [illegible] [illegible] [VII.] Sbst. redevenir jeune. Jungwerden, Verjüngung.

• [illegible] [illegible] [VII] Sbst. état d'être dispersé, action de se disperser. Zerstreuung.

[illegible] Sbst. [illegible]. | [illegible] (Gott einen Schwenker).

• [illegible] [illegible] [شرح VII.] Sbst. état d'être dilaté, élargi; état d'être à son aise.

[illegible], [illegible]. [illegible], [illegible], [illegible].

• انشراق [illegible] [شرق VII.] Sbst. état de se fendre. | das sich spalten, bersten.

• انشراء [illegible]. [شرى VII.] Sbst. état d'être fendu. | gespalten sein.

• انشعاب [illegible] [شعب VII.] Sbst. action de se diviser en branches. | Verzweigung.

• انشعال [illegible] [شعل VII.] Sbst. action de s'enflammer, de brûler, d'être en flammes. | Entzündung, brennendes [illegible].

• انشقاق [illegible]. [شق VII.] Sbst. état d'être fendu, action de se fendre. | Spaltung, Zerspaltung. — [illegible]. être fendu, séparé, dispersé. | gespalten, getrennt, zerstreut werden.

• انشلال [illegible]. [شل VII.] Sbst. action de couler avec rapidité, de tomber en cascade (se dit de l'eau), action de tomber par torrents (la pluie). | mit starkem Falle, starker Strömung fliessen, wie ein Wasserfall, strömend herabfallen (der Regen).

• انصاب [illegible]. Sbst. Pl. v. نصب

• انصات [illegible]. [نصت IV.] Sbst. action de se taire, de la prière, de [illegible]. | das [illegible] [illegible].

• انصار [illegible] Sbst. Pl. v. نصير [illegible] [illegible] u. نصر [illegible].

• انصاف [illegible]. Sbst. Pl. v. نصف [illegible].

• انصاف [illegible]. [نصف IV] Sbst. action de se tenir dans le milieu, d'être juste, justice, probité, équité, modération, discrétion. | das sich in der Mitte halten; Gerechtigkeit, Billigkeit, [illegible], Mässigung, Rücksicht. — [illegible]. agir avec justice, modération, discrétion. | gerecht, billig sein, mit Gerechtigkeit, [illegible] verfahren, Rücksicht nehmen.

• انصافسز [illegible] Adj. injuste, indiscret. | ungerecht, unbillig, rücksichtslos.

• انصافسزلق [illegible]. Sbst. injustice, indiscrétion. | Ungerechtigkeit, Unbilligkeit.

• انصافلو [illegible]. Adj. juste, équitable, modéré. | gerecht, billig (beim Handel), bescheiden.

• انصباب [illegible]. [صب VII.] Sbst. [illegible] état d'être versé. | das sich Ergiessen, [illegible] und [illegible].

• انصباغ [illegible]. [صبغ VII.] Sbst. état d'être teint, état d'être baptisé. | die Färbung (eines Stoffes); die Taufe erhalten.

• انصرام [illegible]. [صرم VII.] Sbst. état d'être clair, évidence. | Klarheit, Deutlichkeit, Offentlichkeit.

• انصراف [illegible]. [صرف VII.] Sbst. [illegible] action de rebrousser, de se détourner. | Umwendung, Umkehrung, Abwendung vom geraden Wege. — [illegible]. rebrousser, se retirer, ne pas aller plus loin. | umkehren, nicht weiter gehen, sich zurückziehen, nach der Seite zu abbiegen oder zurückgehen. [illegible] Erlaubniss zum Zurückziehen. Verabschiedung. — [illegible], congédier q. qu. | Jemanden verabschieden.

• انصرام [illegible] [صرم VII.] Sbst. état d'être coupé, d'être totalement terminé; [illegible] d'un [illegible]. | das abgeschnitten, beendigt [illegible].

[illegible] werden, ganz zu Ende sein. Absterben eines Geschlechts.

• انصف [illegible]. Adj. très-juste, très discret. sehr gerecht, sehr billig.

• انضاج [illegible] [نضج IV.] Sbst. action de donner la cuisson nécessaire à une chose; concoction, donner la maturité (aux fruits). [illegible]. | das [illegible], vollständige Umänderung gewinnen lassen; Verdauung der Speisen (im Magen); zur Reife bringen (die Früchte).

• انضمام [illegible]. [ضم VII.] Sbst. état d'être joint, ajouté, réuni à un autre, état d'être annexé; association, adjonction, réunion. | Zusammenschliessen. Vereinigung. Verbindung, Aneinanderfügung. — [illegible]. être joint etc.; [illegible], zusammengefügt sein. انضمام رأى [illegible] oder [illegible] انضمام رأى concurremment. | Einstimmung, Beistimmung.

[illegible] انف [illegible]. v. انف

انطاری [illegible], [illegible] Sbst. camisole avec des manches entières; robe à manches que portent les femmes dans la maison. | Jacke mit langen Aermeln. [vgl. زبون], der gewöhnliche Hausrock der Frauen.

• انطباخ [illegible]. [طبخ VII.] Sbst. [illegible] état d'être cuit, bouilli. | Kochung (gekocht werden).

• انطباع [illegible]. [طبع VII.] Sbst. [illegible] état d'être imprimé, faire impression. Druck (gedruckt werden), Abdruck, das sich abdrücken, einen Eindruck machen.

• انطباق [illegible]. [طبق VII.] Sbst. action de s'adapter à q. ch.; imitation. | das sich anbequemen einer Sache, Nachahmung, (umbegreiflich), gleich oder ähnlich sein.

• انطفا [illegible]. [طفئ VII.] Sbst. [illegible] action de s'éteindre, d'être éteint. | Verlöschung, Ausgehen des Feuers.

• انطلاق [illegible]. [طلق VII.] Sbst. [illegible] état d'être lâché, renvoyé, congédié; décharge d'une obligation. | Freilassung, Verabschiedung (frei gelassen, verabschiedet, geschieden sein, gehen können wohin man will), Entbindung von einer Verbindlichkeit.

• انطوا [illegible]. [طوى VII.] Sbst. [illegible] état d'être plié, plissé, roulé. | zusammengefaltet, zusammengewunden, zusammengerollt sein.

• انطماع [illegible]. [طمع VII.] Sbst. [illegible] obéissance, docilité. | Gehorsam, Folgsamkeit.

• انظار [illegible]. Sbst. Pl. v. نظر

• انظلام [illegible]. [ظلم VII.] Sbst. état de souffrir, d'éprouver des torts; oppression, injustice (qu'on éprouve). | Erduldung des Unrechts, Erleidung der Bedrückung, Unrecht und Bedrückung die man erduldet.

• انعاظ [illegible]. [نعظ IV.] Sbst. irritation causée par la concupiscence charnelle. | starke Erregung des Geschlechtstriebes.

• انعام [illegible]. Sbst. Pl. v. نعم [illegible].

• انعام [illegible]. [نعم IV.] Sbst. Pl. انعامات [illegible]. action de conférer une faveur; grâce, faveur, bienfait, récompense, [illegible] d'un supérieur à un inférieur. | Gnadenerweisung, Gunstbezeugung, Gnadengeschenk, Belohnung, insbesondere von Seiten eines Höheren gegen einen Niedern. — [illegible]. accorder des grâces, récompenser. | Gnade erweisen, ein Geschenk machen, belohnen.

• انعامات [illegible] u. d. Vorigen.

• انعدال [illegible]. [عدل VII.] Sbst. [illegible] action de dévier, de se détourner, de s'écarter du droit chemin. | Abweichung vom geraden Wege.

• انعزال [illegible]. [عزل VII.] Sbst. état d'être éloigné, action de s'éloigner, de faire scission avec la communauté à laquelle on appartient; retraite des affaires, vie retirée, abandon du monde. | das sich entfernen, Entfernung von der Gesellschaft, Zurückziehung (in die Einsamkeit), Lossagung, Abfall, Rücktritt von den Geschäften. vgl. اعتزال

• انعصام [illegible]. [عصم VII.] Sbst. action de se défendre, se prémunir, se préserver. | Vertheidigung, Schutz, Bewahrung, sich schützen, sich bewahren.

• انعطاف [illegible]. [عطف VII.] Sbst. [illegible] état d'être plié, courbé, cambré; action de se détourner, de diverger; déflexion. | Krümmung, Biegung (sich krümmen, krumm, gebogen sein), Abweichung von der geraden Richtung. [illegible] انعطافی la déflexion des rayons de la lumière. | Abweichung der Lichtstrahlen. انعطاف بولمق se courber, prendre une direction différente; sich biegen, von der geraden Richtung abweichen.

• انعقاد [illegible]. [عقد VII.] Sbst. [illegible] état d'être noué; lien, liaison; état de celui qui a été requis, conclusion d'un pacte, d'une alliance. | Verknüpfung (eines Knotens), Verbindung (durch Verabredung, Zwange, Contrakt, Eid). — [illegible]. se lier, se resserrer, sich verknüpfen, sich eng verbinden. انعقاد بيع Abschluss des Handels.

• انعكاس [illegible]. [عكس VII.] Sbst. état d'être retourné, réflexion (des rayons), réfléchissement, réverbération. | Rückprallung (des Lichts, des Schalles). انعكاس ضيا Rückstrahlung. انعكاس صدا Wiederhall, Echo.

• انعم [illegible]. Sbst. Pl. v. [illegible] [illegible].

[illegible] [illegible] oder [illegible] und [illegible] [illegible] u. [illegible]

[illegible] [illegible] u. [illegible] [illegible] Sbst. camard (d'une grande espèce). | die rothgelbe Ente. ([illegible]).

• انغر [illegible] Adj. rouge. | roth.

[illegible] انغوت [illegible]: [illegible] VI. intr. Aor. [illegible] [illegible]. braire (se dit de l'âne). | schreien, brüllen, insbesondere vom Esel, — [illegible], vgl. auch [illegible].

• انغمام [illegible]. [غم VII.] Sbst. état d'être triste, affligé; tristesse. | Traurigkeit, Betrübniss, Kümmerniss.

[illegible] [illegible] [illegible]. rouge. | roth. LT. [illegible]

• انف [illegible]. Sbst. [illegible] [illegible]. | die Nase. [illegible] — [illegible] [illegible]

[illegible] état de tomber en ruine, de tomber du haut du ciel. | Sturz, Zusammensturz (einer Mauer); vom Himmel herabstürzen (wie eine Sternschnuppe).

a [illegible] [illegible]. [[illegible] VII.] Sbst. [illegible] état d'être coupé, rompu; rupture; coupure, interruption, intervalle; cessation, fin; séparation, solution; retranchement, amputation. | das Abgebrochen-, Abgeschnitten werden, Abschneidung, Abtrennung, Absonderung, Unterbrechung einer fortlaufenden Reihe, Zwischenraum; Bruch (mit einem Freunde), Abtrennung eines Gliedes, Amputation; Aufhören, Ende, Vollendung; Entsagung und Zurückgezogenheit von der Welt. [illegible] [illegible] [illegible] de piété. | Bergrennung[illegible].

a [illegible] [illegible]. [[illegible] VII.] Sbst. [illegible] état d'être tourné, d'être changé; renversement, revirement, révolution. | Umkehrung, Umstürzung, Veränderung der Eigenschaften einer Sache, Verwandlung (z. B. des Weines in Essig); Umwälzung, Revolution.

a [illegible] [illegible]. [[illegible] VII.] Sbst. [illegible] état d'être arraché, déraciné. | ausgerottet werden, Ausrottung.

t a [illegible] oder [illegible] Sbst. la main droite. | die rechte Hand. LT. [illegible]

a [illegible] [illegible]. [[illegible] VII.] Sbst. [illegible] action de se laisser conduire, obéissance, soumission. | das sich leiten lassen, Gehorsam, Unterwerfung unter den Willen eines Andern. — [illegible] oder — [illegible] obéir, se soumettre, se laisser conduire. | gehorchen, sich unterwerfen, sich leiten lassen.

a [illegible] [illegible]. [[illegible] VII.] Sbst. [illegible] action de s'écrouler, de s'écrouler, écroulement. | Einstürzen, Zusammenstürzen. [illegible]

t [illegible] [illegible] Genit. des Pron. person. [illegible]

t [illegible] und [illegible] [illegible]. Sbst. petit animal de la race canine. | ein Junges, insbesondere vom Hundegeschlecht. [illegible] petit chien. | junger Hund, Hündchen. [illegible] petit renard. | Füchschen. [illegible] petit loup. Wölfchen.

t [illegible] [illegible], t a [illegible]. [illegible] und [illegible] Sbst. vache. | die Kuh.

p [illegible] [illegible] Sbst. [illegible] [illegible]. | der Ei.

t a [illegible] [illegible]. Sbst. [illegible] joue. | die Wange. LT. [illegible]

t a [illegible] [illegible], Genit. des Pron. pers. [illegible] oder [illegible]

a [illegible] [illegible]. [[illegible] IV.] Sbst. [illegible] action de marier (une fille). | Verheirathung (einer Tochter).

a [illegible] [illegible]. Adj. qui a rapport au mariage. | auf Ehe Bezug habend, ehelich. [illegible] contrat de mariage. | Ehecontracte.

a [illegible] [illegible]. [[illegible] IV.] Sbst. action de ne pas reconnaître, de nier, de désavouer, de désapprouver; négation, refus, désaveu, déplaisir qu'on éprouve de q. ch. | das Nicht-Erkennen, Nicht-Anerkennen, Verweigerung, Missbilligung, Verläugnung, Abschwörung (der Religion), Widerruf (einer Irrlehre u. s. w.), Läugnen oder Verbergen von Einreden (vor Gericht). — [illegible] nier, refuser, désapprouver. | verneinen, verweigern, missbilligen (mit dem Dativ).

t [illegible] [illegible]. Adv. sans refus, sans délai. | ohne Läugnen, ohne Widerstreben, willig.

p [illegible] [illegible]. [Rad. [illegible] [illegible].] Vb. intr. se figurer, s'imaginer. | sich vorstellen, einbilden.

t a [illegible] Sbst. LT. [illegible] grosse. [illegible]. [Türkisch — [illegible]]

p [illegible] s. [illegible]

t [illegible] [illegible]. Adv. alors, [illegible].

t [illegible] [illegible]. Adj. Syn. [illegible] [illegible] profond, escarpé, [illegible]. | tief, steil, [illegible]. [illegible] abschüssige Stelle, steiler Abhang. vgl. [illegible]

p [illegible] [illegible]. Sbst. [illegible] miel. | Honig. [illegible]

t a [illegible] LT. [illegible] [illegible] [illegible]. | [illegible]

a [illegible] [illegible]. Sbst. Pl. v. [illegible] [illegible].

t a [illegible] [illegible]. Vb. act. épier. | auf [illegible] lauern.

a [illegible] [illegible]. Adj. [illegible]; [illegible], [illegible] oder [illegible], [illegible], unbegreiflich, unerhört.

t a [illegible] [illegible]. Vb. intr. gémir, soupirer. | ächzen, [illegible], stöhnen.

t [illegible] [illegible]. Sbst. vipère. | die Viper.

p [illegible] [illegible] s. [illegible]

p [illegible] [illegible]. [[illegible] und [illegible]] Pron. — [illegible] [illegible]. | Derselbe, [illegible].

a [illegible] [illegible]. [[illegible] VII.] Sbst. action de se briser, se casser; rupture, contrition, déroute, émotion d'esprit, trouble, consternation, abattement; impuissance. | das Zerbrechen (gebrochen sein), Zerschmetterung, Zerrüttung, heftige Gemüthsbewegung, Gebrochenheit des Herzens, Betrübniss, Niedergeschlagenheit; Verwirrung. — [illegible] être en émotion, [illegible]. | in Aufregung sein, [illegible] sich [illegible]. — [illegible] mettre en déroute. | zerrütten, schlagen (ein Heer). — [illegible] être en déroute. | zerrüttet werden, geschlagen werden (ein Heer). — [illegible] faire semblant d'être [illegible]. | sich [illegible], [illegible], oder flüchtig stellen. [illegible] mis en déroute. | zerrüttet, geschlagen. [illegible] altération de la santé. | Zerrüttung der Gesundheit.

a [illegible] [illegible]. [[illegible] VII.] Sbst. état d'être dans l'éclipse; éclipse du soleil. | Verfinsterung, Sonnenfinsterniss. vgl. [illegible] und [illegible]

t [illegible] [illegible]. Sbst. [illegible]. | Nagel. — [illegible]

t a [illegible] [illegible] s. [illegible]

a [illegible] [illegible]. [[illegible] VII.] Sbst. état d'être découvert, dévoilé; révélation, divulgation. | aufgedeckt sein, Aufdeckung, bekannt werden; Kundwerdung, Aufklärung, Aufhellung.

p [illegible] [illegible]. Sbst. charbon. | Kohle.

p [illegible] [illegible]. Sbst. doigt. | Finger. [illegible] montré au doigt, célèbre. | mit Fingern gezeigt, berühmt.

p [illegible] [illegible] und [illegible] [illegible]. Sbst. anneau, bague. | Fingerring.

p [illegible] [illegible]. Sbst. bague, dé à coudre. | Fingerring, Fingerhut.

t a [illegible] [illegible]. LT. [illegible] s. [illegible]

t [illegible] [illegible]. Sbst. 1. [illegible] peine, difficulté. | Qual, Mühe, Beschwerde. 2. [illegible] [illegible]. | Nebenbuhler.

t [illegible] [illegible]. Adj. u. Adv. sans peine, [illegible]. | ohne Mühe, [illegible].

t a [illegible] [illegible]. Adj. intelligent; qui comprend. | einsichtig, der versteht. [illegible] [illegible] [illegible] nach dem Wunsche dessen, welcher versteht, um er hört. Ali Sehir, Q. s. [illegible]

t a [illegible] [illegible] s. [illegible]

t a [illegible] [illegible] s. [illegible]

t a [illegible] oder [illegible] [illegible]. Vb. intr. u. act. vgl. [illegible] LT. [illegible] comprendre; faire comprendre. | verstehen, [illegible]; erklären. Deriv. I. [illegible] s. [illegible] [illegible]. Vb caus. LT. [illegible] faire comprendre, expliquer. | verstehen lassen, erklären. II. [illegible] [illegible]. Vb. pass. LT. [illegible] être compris. | verstanden werden. III. [illegible] [illegible]. Vb. caus. pass. LT. [illegible] être expliqué. | erklärt werden.

t [illegible] [illegible]. Vb. act. [illegible] [illegible]. v. [illegible]

t [illegible] [illegible]. Vb. act. mettre bas (se dit des chiennes). | Junge werfen (von Hündinnen).

t p [illegible] [illegible]. Sbst. bouton de vêtement. | Knopf (am Kleide).

[illegible] [illegible] oder [illegible] [illegible]. Sbst. u. Adj. anglais. | Engländer, englisch.

gr [illegible] [illegible]. Sbst. l'évangile. | das Evangelium.

gr [illegible] [illegible]. Sbst. angélique (plante). | Angelika, Engelwurz.

t a [illegible] Vb. act. LT. [illegible] [illegible]. [illegible], — t [illegible]

t a [illegible] [illegible], LT. [illegible] (?)

gr [illegible] [illegible]. Sbst. (dynarique). artichaut. | Artischocke.

t [illegible] s. [illegible]

p [illegible] [illegible] oder [illegible] [illegible]. Sbst. [illegible] raisin. | Traube, frische Weintraube oder Weinbeere.

p [illegible] [illegible] oder [illegible] Sbst. Dim. des Vorigen. petit raisin. | kleine Weintraube. [illegible] [illegible] la prunelle de l'œil. | Augapfel oder Augenstern. — [illegible]

t [illegible] [illegible]. Adj. [illegible]. | [illegible], [illegible],

[illegible] s. [illegible]

[illegible] Pron. rel. celui qui | derjenige welcher.

[illegible] Sbst. [illegible] LT. [illegible] belle-sœur, femme du frère aîné; marraine de la fiancée, qui conduit la nouvelle mariée à la maison du mari. | Schwägerin, Frau des ältern Bruders; Amme der Braut, welche dieselbe bei der Verheirathung in das Haus des Gatten führt.

[illegible] Adv. alors, après, après-cela; depuis. | dann, hierauf.

[illegible] [illegible] écouter. | hören, horchen (sedire, auscultare. Verbal. VI.)

[illegible] Vb. act. exciter, susciter, produire. | erregen, hervorbringen. Part. [illegible] suscité, produit. | erregt, hervorgebracht.

[illegible] Adj. qui excite, qui produit. | erregend, hervorbringend. [illegible] séditieux. | Aufruhr erregend, aufrührerisch. [illegible] qui excite le battement du cœur, qui fait palpiter le cœur. | Herzklopfen erregend. [illegible] qui produit de la discorde, discorde | Aufrichtigkeit hervorbringend, aufrichtig. [illegible] qui excite de la confusion. | beschämend. [illegible] qui excite de la confiance, bienveillant. | Vertrauen erregend, wohlwollend. [illegible] zum Heil führende Anstrengung. [illegible] er machte Anregung der Pforte, d. i. regte zur Pforte an.

[illegible] LT. [illegible] être courbé | sich biegen. s. [illegible]

[illegible] Sbst. u. Adj. vaste, le vaste; le large, pleine mer. | das Weite, weit ausgedehnt, — [illegible] oder — [illegible] die offene See. [illegible] prendre le large. | auf das offene Meer hinaussegeln. [illegible] oder [illegible] tenir le large. | sich auf offener See halten. [illegible] de vastes plaines. | weit ausgedehnte Ebenen.

[illegible] oder [illegible] Adj. large, lâche, weit (von Kleidern). — [illegible] élargir. | erweitern, weit machen, ausdehnen.

[illegible] oder [illegible] Vb. act. élargir. | weit machen, erweitern. [illegible] vgl. [illegible]

[illegible] oder [illegible] Sbst. largeur. | Weite, Breite s. [illegible]

[illegible] LT. [illegible] la deuxième des cinq prières prescrites par la loi. | das zweite der gesetzlich vorgeschriebenen täglichen Gebete.

[illegible] LT. [illegible] courtier. | Mäkler, Sensal.

[illegible] [illegible] VII.] Sbst. état d'être effacé, de disparaître. | das Verschwinden, Verblassen.

[illegible] LT. [illegible] [illegible] Deriv. I.

[illegible] LT. [illegible] | verstimmt, traurig.

[illegible] Vb. intr. Aor. [illegible] Praes. [illegible] descendre, décroître, être diminué, diminuer, être abaissé; être baissé; se soumettre. | herabsteigen, herabkommen, herabgehen, abwärtsfliessen, niedergehen, sinken, sich zu Boden setzen, sich senken, sich erniedrigen, sich demüthigen, sich unterwürfig zeigen. [illegible] vom Pferde absteigen. [illegible] auf die Beute aus der Luft herabschiessen (vom Raubvogel). [illegible] Adv. à l'aise. | nach Bequemlichkeit. [illegible] ein steigen auf und nieder. Deriv. I. [illegible] oder [illegible] Vb. caus. faire descendre, diminuer, baisser, abaisser, décharger. | herabsteigen machen oder lassen, erniedrigen, herabbringen, senken, herabsinken lassen [illegible] [illegible] herablassen, abladen [illegible] niederreissen; verringern, herabsetzen. [illegible] den Preis erniedrigen. [illegible] die Steuer herabsetzen. [illegible] die Ladung abnehmen. [illegible] ein Schiff vom Stapel lassen. [illegible] ein Haus einreissen und der Erde gleichmachen. II. [illegible] Vb. caus. pass. être abaissé, être diminué. | herabgesetzt, erniedrigt, verringert etc. werden. [illegible] herabgesetzt, erniedrigt, gesunken (vom Preise). III. [illegible] Vb. caus. impers. [illegible] seinen Kopf nicht herabsinken lassen und immer gerade halten.

[illegible] s. [illegible]

[illegible] Sbst. Pl. [illegible] le bout des doigts. | Fingerspitzen (mit dem Nagel, vom Gelenk an).

[illegible] oder [illegible] Sbst. v. [illegible] abaissement. | Erniedrigung. [illegible] das Sinken der Gewässer. [illegible] das Sinkenlassen der Steine.

[illegible] oder [illegible] Sbst. [illegible] Muster.

[illegible] LT. [illegible] foi, confiance. | Glaube, Vertrauen. s. [illegible]

[illegible] Adj. v. [illegible] châtré. | verschnitten. [illegible] verschnittenes Pferd, Wallach.

[illegible] s. [illegible]

[illegible] s. [illegible]

[illegible] Sbst. Pl. v. [illegible]

[illegible] Sbst. Pl. v. [illegible]

[illegible] Sbst. Pl. v. [illegible]

[illegible] (sic) [illegible] LT. [illegible] proverb, prov.; dette. | Schuld, Anleihe. vgl. [illegible]

[illegible] Adj. resplendissant, plus brillant. | sehr glänzend, glänzender.

[illegible] Sbst. Pl. v. [illegible]

[illegible] Sbst. mère. | Mutter. s. [illegible]

[illegible] Adv. [illegible] certainement, certes, sans doute | gewiss, sicherlich, jawohl.

[illegible] [illegible] IV.] Sbst. [illegible] action de faire parvenir (un rapport, une nouvelle etc.); rapport, avertissement. | das Zukommenlassen einer Nachricht, Mittheilung einer Nachricht; mündliche Mittheilung, Benachrichtigung, Ankündigung, Bericht, Rapport. — [illegible] faire parvenir, faire savoir, annoncer, communiquer q. ch. à q. qn., avertir q. qn. | zukommen lassen, zu wissen thun, [illegible] melden, ankündigen.

[illegible] [illegible] IV.] Sbst. [illegible] état d'être distinct; action de rendre clair et distinct. | Deutlichkeit, deutliches und sichtbares Hervortreten einer Sache, Verdeutlichung, bewirken, dass etwas deutlich und sichtbar wird.

[illegible] Sbst. Pl. v. [illegible]

[illegible] [illegible] VII.] Sbst. action de descendre, de se jeter en bas; état d'être jeté en bas. | das Herabstürzen, Herabkommen, gestürzt sein, herabgeworfen sein oder werden.

[illegible] [illegible] VII.] Sbst. [illegible] état d'être déchiré. | zerrissen sein.

[illegible] [illegible] VII.] Sbst. [illegible] état d'être démoli, renversé, anéanti; destruction, ruine. | Verfall, Einsturz, zu Grunde gehen. — [illegible] s'écrouler, être détruit. | verfallen, einstürzen, zerstört werden.

[illegible] [illegible] VII.] Sbst. état d'être mis en fuite, en déroute; déroute, défaite, perte de bataille. | Niederlage, Zersprengung (eines Heeres), Verlust der Schlacht. — [illegible] être mis en fuite, être défait. | geschlagen werden, eine Niederlage erleiden, aufgerieben werden.

[illegible] s. [illegible]

[illegible] [illegible] VII.] Sbst. état d'être digéré, d'être facile à digérer. | verdaut werden, Verdaulichkeit der Speisen.

[illegible] [illegible] VII.] Sbst. action de se jeter dans un péril. | sich in Gefahr begeben, sich dem Untergange weihen.

[illegible] [illegible] VII.] Sbst. état d'être tombé par torrents (la pluie); état d'être baigné de larmes (les yeux). | das Herabströmen des Regens, des Wassers, der Thränen.

[illegible] [illegible] VII.] Sbst. état d'être tout entier à une chose; application, sollicitude, diligence; abandon. | [illegible] sich widmen einer Sache; Hingebung, Ergebung an eine Sache, besonders im schlimmen Sinne, sich in Ausschweifungen stürzen; Fleiss, Beharrlichkeit, Mühe, Anstrengung — [illegible] s'appliquer, s'adonner, se livrer à q. ch., s'abandonner à. | sich einer Sache mit allen Kräften widmen, sich anstrengen, Mühe geben. [illegible] [illegible] | sorgfältig, mit Fleiss, mit Hingebung.

[illegible] [illegible] VII.] Sbst. état

[illegible]

[illegible]

[illegible]

[illegible]

[illegible]

non praetermisi vel momento temporis aquam ejus; quoniam ob hac aqua lympham fucesi illius rapiebat. Ferhed. VI.

[illegible]

[illegible]

[illegible] ([illegible]. اوتی قویطو [illegible] [illegible]. [illegible] [illegible] | er hat [illegible] [illegible], Furcht, [illegible] heftige [illegible] gehabt, (wörtlich: seine Galle ist geplatzt. Zeitschr. der D. M. G. XVI [illegible]).

[illegible] اوت [illegible], [illegible]. vgl. [illegible] Sbst. feu; [illegible] espèce de dépilatoire | 1. Feuer [gewöhnlicher آتش]; اوت ماکسی [illegible]. flamme | Flamme, Lohe, [illegible] sich [illegible], lodern, hell [illegible]. 2. Gift; eine die Haare vertilgende Mixtur, deren man sich im Bade bedient اوت [illegible] [illegible], die Stellen des Körpers, an denen die haarbeizende Mixtur angewendet wird. (Redhouse). vgl. d. Vigde. [illegible] [illegible] — [illegible] Zündpulver. [vgl. [illegible] und [illegible]].

[illegible] اوت [illegible]. Sbst. vgl. [illegible] honte | Schande — [illegible]. avoir honte. | sich schämen. [illegible] [illegible] oder [illegible] les parties naturelles. | die Schamtheile. vgl. d. Vigde.

[illegible] اوت [illegible] oder [illegible] [illegible]. vgl. [illegible] Adv. oui, certainement. | ja, gewiss.

[illegible] LT. [illegible] haut, élevé. | hoch.

[illegible] اوطه [illegible]. Sbst. s. [illegible] chambre. Zimmer. [illegible] [illegible], espèce de bois odoriférant. | eine Art wohlriechendes Holz, vielleicht Tabrif v. [illegible] Aloe-Holz.

[illegible] [illegible]. Sbst. Pl. v. [illegible] [illegible].

[illegible] [illegible]. Sbst. Pl. v. [illegible] [illegible].

[illegible] [illegible]. Sbst. s. [illegible]

[illegible] [illegible]. s. [illegible]

[illegible] Sbst. LT. [illegible] qui fait passer, passeur d'un bac. | einer der hinüberbringt, z. B. über einen Fluss, Fährmann. vgl. [illegible]

[illegible] Sbst. LT. [illegible] [illegible]. | [illegible] (?).

[illegible] Sbst. LT. [illegible] [illegible] [illegible] d'arbre. [illegible]. vgl. [illegible]

[illegible] [illegible]; auch [illegible] brûler. | brennen. Deriv. 1. [illegible] [illegible] (spr. [illegible]) oder [illegible] Vb. intr. se brûler, être brûlé. | sich [illegible], brennend werden, verbrannt werden. [illegible] [illegible] sein Herz ist [illegible] worden. vgl. [illegible] Feuer.

[illegible] [illegible] (spr. [illegible]). Adj. [illegible] | [illegible]. [illegible] [illegible]. [illegible]; die [illegible] Kräfte.

[illegible] [illegible]. Sbst. LT. [illegible] [illegible], mer. | Haus, Meer.

[illegible] und [illegible] [illegible]. s. [illegible]

[illegible] [illegible]. s. [illegible]

[illegible] [illegible]; auch [illegible] [illegible]. Sbst. vgl. [illegible] [illegible] à faire, emprunt, prêt, dette. | etwas zu [illegible], [illegible], Schuld, Darlehn, geliehenes Geld. — [illegible]. emprunter; prendre à emprunt. | borgen, auf Schuld nehmen, entlehnen. — [illegible] prêter à q. qn. | leihen, auf Borg geben. [illegible] [illegible] [illegible] ich leihe dir [illegible] Buch.

[illegible] oder [illegible] [illegible]. auch [illegible] Sbst. bois, bois à brûler, poutre. Holz, Brennholz, Planken, [illegible], Balken. [illegible] [illegible] [illegible]. | Cederholz. [illegible] [illegible] petit bois, menu bois | Holzspäne, kleine Zweige, Reisig. [illegible] [illegible] [illegible] de bois. | Scheiterhaufen.

[illegible] [illegible]. Sbst. [illegible], marchand de bois. | Holzhauer, Holzhändler.

[illegible] [illegible]. Sbst. chantier de bois. | Ort, an welchem viel Holz ist, Holzhof.

[illegible] [illegible]. à la maison, chez soi. | zu Hause. v. او

[illegible] oder اوطه Sbst. chambre; logis, maison, chambrée; compagnie de soldats. | Zimmer; Wohnung, Haus; Kameradschaft [illegible] Soldaten, Compagnie. اوده باشی [illegible], capitaine d'une compagnie. | Hauptmann einer Compagnie (Janitscharen oder anderer Truppen). اوده [illegible] [illegible]. appartements des chambellans du palais impérial. | die Abtheilung des kaiserlichen Palastes, welche die Kammer- und Leibdiener des Kaisers bewohnen. [illegible] [illegible] premier valet de chambre de l'empereur. | der oberste Kammerdiener des Kaisers. [illegible] [illegible]. [illegible]. Schreibtisch.

[illegible] [illegible] Sbst. (Dim. d. Vigde.) petite chambre, maisonnette, petite loge. | Zimmerchen, Kämmerchen, Häuschen, kleine Wohnung.

[illegible] oder [illegible] Sbst. LT. [illegible] homme à pied, fantassin. | Mann zu Fuss (?)

[illegible] [illegible]. Sbst. camarade de chambre. | Stubengenosse.

[illegible] [illegible]. Sbst. odalisque, [illegible], femme au service permanent de l'empereur. | Odaliske, [illegible]. Man nennt so die aus [illegible] Dienste des Kaisers [illegible] Frauen, deren es im Palaste gegen [illegible] gibt und die im Range zwischen den [illegible] Kadinen stehen. vgl [illegible] und [illegible]

[illegible] oder [illegible] [illegible] (spr. [illegible]). Vb. act. Aor. [illegible] payer, satisfaire un créancier. | bezahlen, was man schuldig ist. [illegible] [illegible] réparer le dommage. | [illegible] [illegible] [illegible] [illegible] Preis [illegible]. Deriv. [illegible] [illegible]. Vb. caus. faire payer. | bezahlen lassen.

[illegible] [illegible]. Sbst. Pl. v. [illegible] [illegible].

[illegible] اور [illegible]. Adj. [Partic. v. [illegible]] [illegible] [illegible]; qui porte, apporte, [illegible]; bringend, [illegible]. [illegible] اور [illegible] guerrier. | Krieger. [illegible] qui a du cœur, courageux; qui ardent le cœur, (se dit d'une jolie femme, de la beauté etc.). | Tapferer, Beherzter; herzentzündend, d. i. [illegible] durch Schönheit.

[illegible] اور [illegible] qui apporte une chose désirée. | wunschgewährend.

[illegible] اور [illegible]. fort, robuste. | stark, kräftig.

[illegible] اور [illegible]. Sbst. 1. vérité, certitude. | Wahrheit, Gewissheit. 2. [illegible] [illegible]. | [illegible].

[illegible] اور [illegible]. Sbst. [illegible] | [illegible], [illegible], Kropf.

[illegible] اور [illegible]. Sbst. fossé | Graben, Schanze, Festungsgraben. [illegible] oder [illegible] [illegible] faire un fossé. | einen Graben, Schanzen aufwerfen. Adulg. اور [illegible] [illegible]. la ville de Pérécop. اور [illegible] [illegible]. le commandant de Pérécop.

[illegible] اور [illegible]. Sbst. [illegible]. | Schlag. vgl. [illegible]

[illegible] اور [illegible]. Adj. LT. [illegible] [illegible] [illegible] [illegible], sot, [illegible]. | [illegible], dumm, schlecht.

[illegible] اور [illegible]. Sbst. LT. [illegible] [illegible] [illegible] [illegible]. [illegible] [illegible]. vgl. [illegible] hauteur, élévation, dignité, [illegible], [illegible]. | Höhe, Himmel, [illegible], aufwärts steigende Richtung, Erhebung. Adv. en-dessus. | oben, auf.

[illegible] [illegible]. Dativ. oder Accus. v. او

[illegible] [illegible]. Interj. o! und [illegible]

[illegible] [illegible]. Sbst. [illegible] [illegible] u. [illegible] Ort] ce lieu, cet endroit. | dieser Ort, diese Stelle. Genit. [illegible] [illegible]. de ce lieu. | dieses Ortes. Dat. [illegible] [illegible]. à ce lieu, vers ce lieu, [illegible]. | nach dieser Stelle zu, dorthin. Accus. [illegible] [illegible]. ce lieu. | diese Stelle. Loc. [illegible] [illegible], gewöhnlich dann, à ce lieu, là. | an dieser Stelle, dort. [illegible] [illegible], er ist dort, er ist hier. Abl. [illegible] de ce lieu. | von dieser Stelle, von dort. [illegible] im Plural [illegible] [illegible] ces lieux. | nach diesen Stellen zu, hin, hier herum. [illegible] à ces lieux. | an diesen Stellen, hier herum, mit dem Suffix des Possessivpron. [illegible] ici (en désignant une partie du son corps). | dieser mein Ort, d. i. hier, diese Stelle meines Körpers. [illegible] [illegible]. là (du corps de celui à qui l'on parle). | dieser dein Ort, d. i. hier, diese Stelle deines Körpers. [illegible] [illegible]. là (du corps de celui dont on parle). | hier, diese Stelle seines Körpers.

[illegible] [illegible] (ab). Vb. act. manger, dévorer. | essen, fressen, verschlingen.

[illegible] [illegible] Sbst. [Dim. v. اورا] petit endroit. | Oertchen. [illegible] [illegible]. là tout près. | hier ganz nah. [illegible] [illegible]. là, [illegible] un peu plus éloigné. | dorthin, ein kleines Stückchen weiter hin.

[illegible] [illegible]. Sbst. Pl. v. [illegible] [illegible].

[illegible] اورا u. اوراده u. [illegible]

[illegible] [illegible] [illegible]. s. [illegible]

[illegible] [illegible]. Sbst. s. اوراق [illegible].

[illegible] [illegible]. Sbst. LT. [illegible] science. | Wissenschaft, Kenntniss (?)

[illegible] [illegible]. Adv. LT. [illegible] loin, éloigné. | fern, entfernt. vgl. [illegible]

[illegible] اوراق [illegible]. LT. Sbst. Syn. [illegible] faux, faucille, serpette, [illegible]. | Sichel, Sense, Gartenmesser; Ernte. [illegible] [illegible] faucher, couper les moissons. | die Sichel handhaben, d. i. Getreide schneiden. [illegible] [illegible] temps de la moisson. | Erntezeit. اوراق [illegible] [illegible] oder [illegible] grüssen. | [illegible] [illegible] einen Gefäss an die Gürtel machen.

اورك [illegible] Sbst. Pl. v. [illegible]

اوركجي [illegible] Sbst [illegible] der [illegible], v. اورك

اورلمق [illegible] Vb. act. [illegible] Getreide [illegible]

[illegible] Sbst. | [illegible] qui [illegible] des temps et du lieu. | [illegible] Zeit und Ort, [illegible] dans le lieu, [illegible] hier, in diesem Orte, in dieser Zeit, [illegible]

اوره [illegible] Sbst. Pl. v. [illegible]

[illegible] Sbst. [illegible] proportion, [illegible] | Maass, Verhältniss, Art und Weise, Methode. [illegible] proportion; [illegible] mit Maass, [illegible] mit Maass, mit [illegible]

[illegible] Sbst. [illegible] | [illegible]

[illegible]

[illegible] Getreide [illegible] Mitte [illegible] Welt [illegible]

[illegible] (Ali Bekir) oder [illegible] LT. Vb. act. [illegible] briller, [illegible] [illegible] Derîv. I. [illegible]

[illegible] Vb. refl. [illegible] briller, s'enflammer [illegible] [illegible] werden, sich entzünden, [illegible] [illegible] durch den [illegible] Ali

[illegible] Derîv. II. [illegible] oder [illegible] Vb. fact. [illegible] faire briller, allumer | [illegible] in Brand bringen.

[illegible]

[illegible] *être haut, devenir haut.* | hoch sein, hoch werden.

[illegible] Adj. *qui a les [illegible]* | [illegible], der einen Kropf hat. vgl. اور

[illegible] Adj. [illegible] gebrochen [illegible] | gebrochener Mast, [illegible]

[illegible] Sbst. *forêt, bois.* | Wald, Gehölz.

[illegible] Sbst. *lieu où il y a beaucoup de bois* | Waldung, waldreiche Gegend.

[illegible] Adj. *couvert de forêts (une contrée)* | waldreich, bewaldet.

[illegible] Sbst. vgl. [illegible] *araignée.* | Spinne [illegible] *toile d'araignée* | Spinngewebe, [illegible] den Spinngeweben ähnliche feine Fäden, die man bei grosser Hitze in der Luft sieht. [illegible] Kam.

[illegible] Vb. act. Aor. اورر [illegible] *frapper, heurter, battre, pousser, heurter sur q. ch., blesser q. qu.* | schlagen, z. B. mit dem Hammer, den Feind, einen feindlichen Platz schlagen, im Schachspiel eine Figur schlagen. Jemanden schlagen und verwunden; klopfen, an die Thüre u. s. w.; [illegible] stossen, an etwas stossen, einen an den andern stossen, [illegible] mit dem Fusse stossen oder stampfen, das Schwert in die Scheide stecken, in eine Trompete stossen, d. i. blasen; fallen, stürzen auf etwas; [illegible] *mettre la main à l'ouvrage, entreprendre q. ch.* | Hand anlegen, ans Werk gehen. [illegible] *demander la protection, le secours etc. de q. qu.; heurter à la craindre; [illegible]* | den Kopf (auf den Boden) stossen, d. i. sich niederwerfen vor Jemand, seinen Schutz, Hülfe u. s. w. erflehen; kopfüber stürzen; sich etwas in den Kopf setzen, auf etwas bestehen; den Kopf abschlagen, enthaupten. [illegible] *décapiter, décoller.* | den Hals abschneiden, enthaupten. [illegible] *sauter aux yeux.* | in die Augen fallen, deutlich sein. [illegible] *prêter l'oreille, écouter.* | Gehör geben, [illegible] *regarder q. ch. ou q. qu.* | den Blick auf Jemand oder auf eine Sache werfen, [illegible] Jemand etwas ins Gesicht werfen, vorwerfen, wegen einer Sache tadeln. [illegible] hervorkommen, hervorkommen, [illegible] an der Oberfläche zum Vorschein kommen. [illegible] *mettre le bride* | den Zügel anlegen. [illegible] anlegen, [illegible] *charger.* | eine Last auflegen, beladen [illegible] *faire une marque par le feu ou l'empreinte.* | ein Zeichen, Marke, Brandmal eindrücken oder einbrennen. [illegible] | mit Tinte bestreichen. [illegible] einen Weg einschlagen [illegible]

[illegible] w. *mettre sur feu* | in Brand setzen. [illegible] w. *[illegible] (des grains)*, in der Masse schütten, [illegible] u. s. w. [illegible] w. *commander* | schlechte Reden führen, Jemanden Schaden, schimpfen. [illegible] *effacer l'écriture* | ausstreichen (die Schrift). [illegible] einen Riss [illegible], einen Fleck machen. vgl. [illegible] ein Kind das an der Milch Schaden gelitten, d. i. das nicht gedeiht [illegible] *jouer des instruments de musique.* | musikalische Instrumente spielen. [illegible] *il frappe de l'éperon* | er stellt sich [illegible]

[illegible] Vb. recipr. Aor. [illegible] LT. [illegible] *se heurter, se battre, faire la guerre.* | [illegible] sich schlagen, kämpfen. [illegible] Vb. recipr. caus. LT. [illegible] *faire se battre.* | sich schlagen lassen, kämpfen lassen. III. [illegible] Vb. pass. refl. *être frappé etc.* [illegible] | geschlagen, gestossen u. s. w. werden, sich etwas in den Kopf setzen. [illegible] — [illegible] Kopfschlagen des Blitzes. — IV. [illegible] Vb. refl. *se frapper etc.*, [illegible] sich stossen, schlagen, eine Sache berühren.

[illegible] Vb. act. LT. [illegible] Deriv. [illegible] Vb. caus. LT. *faire* [illegible] | [illegible] lassen.

[illegible] Vb. act. Aor. اورر [illegible] | [illegible] (z. B. das Haar), [illegible], streichen (ein Netz), [illegible] [illegible] Deriv. [illegible] Vb. pass. *être [illegible]* | [illegible] u. s. w. werden oder sein. [illegible] Palmblättern geflochtenes Seil.

[illegible] Vb. intr. Aor. اورر [illegible] *aboyer.* | bellen, knurren (von Hunden und andern Thieren). [illegible] der Hund bellt. Deriv. [illegible] *faire aboyer, exciter un chien.* | bellen lassen, einen Hund anhetzen. vgl. [illegible]

[illegible] Vb. intr. *souffler, siffler.* | blasen, pfeifen.

[illegible] Vb. act. u. intr. Aor. اورر [illegible] *marier, donner en mariage.* | verheirathen, zur Ehe geben.

[illegible] Vb. intr. *se marier.* | sich verheirathen. [illegible] *coniugatiori eorum [illegible] multiplicati sunt* (Meninski).

[illegible] s. اوروب

[illegible] Vb. intr. *se fixer quelque part, se trouver dans un lieu.* | sich an einem Orte niederlassen, sich an einem Orte finden. vgl. [illegible]

[illegible] Sbst. [illegible] *talc.* | Talkstein. *talcum lapis.*

[illegible] Sbst. *raisin.* | Traube.

[illegible] oder [illegible] Sbst. *anneau d'or ou d'argent.* | Ring von Gold oder Silber. [illegible] *bracelet.* | Armband. [illegible] Reifring.

[illegible] Sbst. *dignité, majesté.* | Würde, Majestät.

[illegible] Sbst. *fourberie, imposture.* | Betrügerei.

[illegible] Sbst. — [illegible] *bryonia alba.*

[illegible] Vb. act. — [illegible] *choisir, élire.* [illegible] | [illegible] wählen, [illegible] — Deriv. [illegible] Vb. refl. [illegible] *être choisi* | [illegible] gewählt.

[illegible] Sbst. [illegible] *choix.* | Wahl, Auswahl.

[illegible] Adj. [illegible] *choisi, élu.* | gewählt, auserwählt. Sbst. [illegible]

[illegible] Sbst. 1. *trône* | der Thron. [illegible] der den Thron besteigen, der den Thron inne hat. 2. *intelligence, connaissance* | Kenntniss, Einsicht. 3. *ornement, beauté, majesté.* | Zierde, Schönheit, Würde. 4. *fourberie, imposture.* | Betrügerei. vgl. [illegible]

[illegible] Sbst. [illegible] *modèle, specimen, échantillon.* | Muster, Beispiel, Probe, Modell, Muster einer Verzierung, Probe einer Waare. — [illegible] nachahmen.

[illegible] s. [illegible]

[illegible] Vb. refl. *se montrer.* | sich zeigen. [illegible] er zeigte sich in einer schlechten Gestalt (Meninski).

[illegible] Adv. s. اورو

[illegible] Sbst. *pâturage, pacage, prairie.* | Weide, Weideland, Wiese. — [illegible]

[illegible] Sbst. vgl. [illegible] *nourriture, [illegible]* | Gericht, Kost. [illegible] mit Brod oder Warg [illegible] Lohn oder Miethe, [illegible]

[illegible] Sbst. [illegible] *quart.* | Viertheil.

[illegible] Abrichtung aller Art, alte Kleider, Gerath, Mobel. [illegible]

اوروپا AWRUPA. N. pr. Europa. اوروپالو AWRUPALY. Adj. européen. | Europäer.

[illegible]

اوروس [illegible] Shat. u. Adj. russe. [illegible], russisch.

[illegible]

اوزاتمق [illegible]

[illegible]

[illegible] nicht weiter [illegible], nicht viele Worte darüber machen. [illegible] — III. اوزاتلمق [illegible] Vb. [illegible] pass. [illegible] | [illegible], verlängert werden; davon das Partic. اوزاتلمش [illegible] — اوزامش [illegible] | [illegible], verlängert, in die Länge [illegible] [illegible] der Länge lang hingestreckt liegen. — IV. اوزانمق [illegible] Vb. pass. u. refl. [illegible] اوزانور [illegible] | sich [illegible] [illegible]

[illegible] Präpos. u. Postpos. [illegible] | das [illegible], der Raum über einer Sache, das was über oder auf etwas Anderem ist; als Präpos. oder Postposition: über, auf, an, gegen. اوزره [illegible] | der Raum über mir. اوزرم [illegible] | der Raum über uns, über uns, auf uns. اوزرمه [illegible] | über mich, auf mich, an mich, gegen mich. [illegible] | was geht es mich an, was habe ich damit zu schaffen? اوزرمده [illegible] | über mir, auf mir. [illegible]

[illegible] er hat Böses gegen Dich im Sinne. [illegible] اوزره اولمق [illegible] in Sicherheit sein. [illegible] اوزره [illegible] Du sollst siegen über die Feinde. Ali Schir. — Nach einem Infinitiv drückt es eine Bedingung oder einen Zweck aus. [illegible] اوزره [illegible] unter der Bedingung, dass [illegible] Frieden. [illegible] bis im Vorigen. [illegible] اوزره [illegible] Punkte sich zu [illegible]. اوزره [illegible] er war beauftragt zu [illegible] (im Zwecke des Lesens). [illegible] اوزره [illegible] wir haben ihm verboten, [illegible]

[illegible]

[illegible] Pron. de-
monstr. [illegible] | dieser.

[illegible] Deriv.

[illegible] Deriv. III.

[illegible] Subst. LT. [illegible]
[illegible] | [illegible], Bedrückung.

[illegible]

[illegible] Deriv. I.

[illegible] Interj. [illegible]
[illegible] | hier

[illegible] und [illegible]

[illegible]

[illegible] Subst. [illegible]
[illegible] | Lärm.

[illegible] LT. [illegible] raisonnable. |
verständig. vgl. [illegible]

[illegible] oder [illegible]

[illegible] Vb. intr. Aor. [illegible]
[illegible] | [illegible], sich zu-
sammenschaaren, sich an
einem Orte, auf einem Haufen sammeln, sich
an einem Orte beisammen finden, [illegible].
[illegible] sein. [illegible]
[illegible] über ihn her. [illegible]
sich in grosser Menge [illegible] | [illegible]
[illegible] ein Thier auf dem sich das Ungeziefer sammelt.
[illegible] Deriv. I. [illegible]
und II. [illegible] Vb. caus.
faire se réunir, faire accourir, faire précipiter
en foule. | zusammenkommen lassen, einen Zu-
sammenlauf bewirken, bewirken dass alle über
einen herfallen. [illegible] sie brachten alle
Hand an. — III. [illegible] Vb. re-
cipr. Aor. [illegible] se réunir, se
rassembler en troupe. | zusammenkommen, sich
in Schaaren sammeln.

[illegible] auch [illegible] und [illegible]
Vb. intr. Aor. [illegible] être froid,
avoir froid. | kalt sein, frieren, frösteln. [illegible]
[illegible] oder [illegible] j'ai froid,
ich friere. [illegible] qui a froid,
frierend, erkältet. [illegible]
[illegible] oder [illegible]
frileux. | fröstig. [illegible]
gierde, Gier. Deriv. I. [illegible] oder [illegible]
und [illegible] Vb. caus. [illegible]
[illegible] refroidissement, refroidir, frissonner. |
erkälten, abkühlen, Frost haben. [illegible]
[illegible] Kälte em-
pfinden lassen, für Jemand kalt sein (z. B. eine
kalte Nacht). [illegible] froid, frisson.
Frost, Fieberfrost. II. [illegible]
Vb. caus. trans. refroidir, faire geler, faire
périr de froid. | frieren lassen, gefrieren lassen.
erfrieren lassen. III. [illegible]

Vb. refl. avoir froid, devenir froid. | frieren,
erkalten. vgl. [illegible]

[illegible] Adv. jusqu'à pré-
sent. | bis jetzt. [illegible]
[illegible]
zwischen uns mag bis jetzt Freundschaft sein.
Ali Schir.

[illegible] Adv. [illegible]
de cette manière, [illegible]
[illegible] so weigerte sich so
Ali Schir.

[illegible] LT. [illegible]
[illegible] ebenda. vgl. [illegible]

[illegible] LT.
[illegible] auf dieselbe Weise, ebenso.

[illegible] Vb. intr. Aor.
[illegible] (ursprünglich [illegible]
[illegible] Refl. v. [illegible]). être faible, se
fatiguer, se lasser; être négligent, indifférent,
se dégoûter, se lasser aisément. | schwach,
träge, nachlässig, gleichgültig sein, [illegible]
[illegible] bei der Arbeit leicht ermüden, sich
langweilen, faul sein, eine Arbeit aufschieben,
eine Arbeit unvollendet lassen (aus Mangel an
Lust zur Sache). Deriv. [illegible]
Vb. caus. dégoûter, ennuyer, causer du
dégoût. | einem langweilen, [illegible].

[illegible] Subst. apathie, non-
chalance, négligence, paresse. | Fahrlässig-
keit, Gleichgültigkeit, Nachlässigkeit, Faulheit.
[illegible]

[illegible] Adj. paresseux, négli-
gent. | faul, träge, nachlässig.

[illegible] und [illegible]

[illegible] oder [illegible]
Subst. LT. [illegible] opinion, conjecture; |
Meinung, Vermuthung (?).

[illegible] und [illegible]

[illegible] Subst. v. [illegible] attrou-
pement, foule. | Zusammenlauf. [illegible]
[illegible] Kom. [illegible]

[illegible] Subst. v. [illegible] attroupement. |
Zusammenlauf, Zusammenrottierung. [illegible]
[illegible] s'attrouper. | zusammenlaufen,
sich zusammenrotten.

[illegible] Subst. intelligence, esprit, rai-
son, [illegible]. | Geist, Klugheit, Vernunft, ver-
nünftiges Wesen, vernünftige Handlungsweise,
anständiges Betragen, Sittsamkeit, [illegible]

[illegible]

[illegible] Subst. Pl. v. [illegible]

[illegible] Subst. ennui, dégoût d'une
chose. | Langeweile, Ueberdruss an einer Sache.

[illegible] und [illegible] Vb. intr.
Aor. [illegible] s'ennuyer, avoir du
dégoût. | sich langweilen, einer Sache über-
drüssig sein, alle Lust zu einer Sache verlieren,
Ekel haben, nicht Lust haben zu etwas.
[illegible] ich bin des
[illegible] müde, habe nicht Lust
länger zu [illegible] auch mit dem Ablativ.

[illegible] des Lebens müde sein.
[illegible] der Krankheit und
Verzweiflung satt sein. Partic. [illegible]
[illegible] dégoûté, ennuyé. | verdrossen, verdriess-
lich, gelangweilt. — Deriv. [illegible]
Vb. caus. causer du dégoût, en-
nuyer, [illegible] | Ueberdruss
verursachen, langweilen, belästigen.

[illegible] Adj. importun,
ennuyeux. | lästig, langweilig, ein langweiliger
Mensch. [illegible]

[illegible] Subst. ennui
Langeweile. s. [illegible]

[illegible] Adj. Partic. s.
[illegible]

[illegible] und [illegible] Subst.
l'action de péter. | das Furzen.

[illegible] Subst.
famille-merde, scarabée noir. | Mistkäfer; auch
[illegible]

[illegible] und [illegible] Subst. pet. |
Furz, Wind der einem entfährt.

[illegible] und [illegible] Vb.
intr. Aor. [illegible] oder [illegible] péter. |
furzen, einen Wind lassen.

[illegible] (auch [illegible])
Subst. [illegible]
[illegible] | [illegible]

[illegible] Vb. caus. v. [illegible]
Aor. [illegible] modérer, rendre sage,
faire retourner au devoir. | zur Sache und
Ehrbarkeit leiten, zur Vernunft, zur Pflicht zu-
rückführen.

[illegible] Vb. intr. v. [illegible]
Aor. [illegible] devenir sage et mo-
deste, se remettre sur le bon chemin. | sich
besser betragen, wieder verständig werden, zur
Pflicht zurückkehren, verständig, sittsam werden.

[illegible] Adj. v. [illegible] | Gegentheil
v. [illegible] | sage, modeste, judicieux, tranquille. |
vernünftig, artig, verständig, bescheiden, sitt-
sam, verständig. [illegible] Adv.
[illegible] tranquillement. | sitz dich ruhig, artig hin.

[illegible] Tabrif v. [illegible]

[illegible]

[illegible] Subst. v. [illegible] mo-
destie, intelligence, sagesse, gentillesse. | Be-
scheidenheit, Sittsamkeit, ruhiges verständiges
Wesen, Artigkeit, [illegible]

[illegible]

[illegible]

[illegible]

[illegible] Adj. ennuyé, qui est dé-
goûté. | gelangweilt, überdrüssig einer Sache.
[illegible] sich langweilen, über-
drüssig sein, auch etwas, Abscheu haben.

[illegible] Subst. ennui, dé-
goût, antipathie. | Langeweile, Ueberdruss,
Widerwille, Ekel. [illegible] es verdriesst
dich, du langweilst dich, es ist dir lästig.

[illegible] Art und Weise, Methode.

[illegible] Adj. Compar. [illegible] evident, manifeste | sehr klar, deutlich, sichtbar, offenbar.

[illegible] Name des zweiten Jahres im zwölfjährigen Cyclus der Uiguren.

[illegible] Pl. v. [illegible]

[illegible] Deriv.

[illegible] combat. | Zusammentreffen, Treffen. [illegible] Deriv.

[illegible] Deriv.

[illegible] vgl. den Figde. [illegible] de rencontre, de rassemblement, lieu où l'on passe | der Ort, wo etwas trifft, wo man sich trifft, sich begegnet [illegible]

[illegible]

[illegible] Vb [illegible] Aor. [illegible] (mit dem Dativ) faire rencontrer, faire tomber sur, faire passer, amener, conduire | treffen lassen u. s. w., herumbringen.

[illegible] causer une maladie. | eine Krankheit verursachen oder hervorbringen. [illegible] von Unglück treffen lassen [illegible] kast. — II. [illegible] Vb recipr. Aor. [illegible] oder [illegible] tomber l'un sur l'autre, se rencontrer, se toucher l'un l'autre, se battre | auf einander treffen; wechselweise einander berühren, auf einander folgen; sich schlagen, kämpfen.

[illegible] Stahl.

[illegible]

[illegible] Weise. [illegible] chemin droit | Richtweg, [illegible]

[illegible] Nom. [illegible]

[illegible] fils, enfant; [illegible] Sohn, Kind; Herumgeh[illegible] Adam, der erste Mensch [illegible] adopter. | an Kindesstatt annehmen. [illegible] fils adoptif. | Adoptivsohn. [illegible]

[illegible] petit chevreau. | das Junge von [illegible] Böcklein. [illegible] Zicklein.

[illegible]

[illegible] Adv. [illegible] d'abord, [illegible] vor allen Dingen.

[illegible] Sbst. [illegible] Form: [illegible] der Thür, [illegible]

[illegible] Adj. plus ferme, plus solide, [illegible]

[illegible]

[illegible] Sbst. vgl. [illegible]

[illegible] Vb. act. imperat. LT. [illegible]

[illegible] Vb. intr. Aor. [illegible] LT. [illegible]

[illegible]

[illegible]

[illegible] اوروبه oder [illegible] (it. roba). [illegible], hardes, [illegible], effets, habillements, meubles. | Kleidung aller Art, alte Kleider, [illegible], Möbel, [illegible].

اوروپه [illegible] N. pr. Europa. اوروپالو [illegible], Adj. européen. | Europäer.

[illegible] اوروز LT. [illegible] | fondre, [illegible]. | [illegible] (?)

اوروج [illegible] s. اوروج

[illegible] اوروجی oder اورکجی [illegible] Sbst. vgl. [illegible] qui tresse, natte, tricote. | Flechter, Flechter, Stricker. [illegible] [illegible]. [illegible]

[illegible] Sbst. [illegible] de celui qui tresse etc. | Flechterei, Strickerei u. s. w. s. [illegible]

اوروس [illegible] Sbst. u. Adj. russe. Russe, russisch.

[illegible] اوروس [illegible] Sbst. 1. [illegible]. [illegible] vgl. [illegible]. 2. [illegible], [illegible] | Math. Zorn. LT.

[illegible] Sbst. [illegible] trame et chaîne d'une étoffe. | [illegible] und Werfte eines Gewebes.

[illegible] Vb. act. gronder, [illegible], reprocher. | [illegible], [illegible], tadeln. vgl. [illegible] Deriv. I.

[illegible] Sbst. LT. [illegible] clarté du jour. | Tageslicht.

[illegible] auch اوروغ u. اوروق [illegible] oder اروغ [illegible] u. [illegible] Sbst. tribu, famille, suite d'un prince, camp du prince. | Stamm, Familie, [illegible], fürstliches Gefolge, Lager des Fürsten. [illegible] Stamm, [illegible], Volk.

[illegible] Sbst. [illegible] | [illegible].

[illegible] s. [illegible]

[illegible] Vb. act. [illegible] | berühren, an [illegible]. vgl. [illegible] Deriv. IV.

[illegible] Sbst. LT. [illegible] und [illegible] LT. [illegible] tire, tire de repos, séjour, place: charge, dignité. | Sitz, Aufenthalt, Platz, Stelle: Amt, Ehrenamt. [illegible] er besteig an seiner Stelle den Thron [illegible] quem vis locum ... VL.

[illegible] oder [illegible] Adv. en secret, [illegible]. | im geheim, verstohlen.

[illegible] Adv. sans place; ohne Ort, ohne Stelle, an unrechtem Orte.

[illegible] Sbst. s. [illegible]

[illegible] Sbst. farine que l'on répand sur la pâte que l'on confectionne. | das Mehl, welches beim Kneten auf das Brot gestreut wird, damit der Teig nicht anklebt. Nom. u. v. [illegible]

[illegible] Sbst. [illegible] | 1. Fruchtschale, Fruchthülse (von Thon, Porzellan oder Korbgeflecht). 2. [illegible]

[illegible] renferme une pièce d'un cheval. | [illegible], [illegible].

اورا s. اوره

[illegible] oder اورک [illegible] Sbst. 1. fuseau, quenouille. | Spindel, Spinnrocken. [illegible] fil. [illegible] [illegible]. 2. [illegible] pour accoucher. | Gebärstuhl.

[illegible] Vb. intr. Aor. اورر [illegible] se multiplier, accroître, augmenter en nombre. | sich vervielfältigen, an Zahl wachsen, sich mehren, Junge gebären.

[illegible] oder اورو [illegible]. Adv. droit, debout, en hauteur | aufrecht, in die Höhe, auf. [illegible] in die Höhe heben. [illegible] gerade stehen, sich aufrecht halten: sich aufrichten, aufstehen. [illegible] [illegible], steh auf!

[illegible] Sbst. prohibé | [illegible].

[illegible] Vb. act. s. [illegible]

[illegible] Vb. act. u. intr. faire mal; | schmerzen, s. [illegible]

اورلق s. [illegible]

اوز [illegible] Sbst. [illegible] l'intérieur d'une chose, cœur, moelle; l'essence, substance d'une chose; le meilleur d'une chose: la chose ou la personne elle-même, lui-même, propre. | das Innere einer Sache, Herz, Mark, [illegible], Kern einer Sache; das Wesen einer Sache, das Beste einer Sache [illegible] LT.]. die Sache selbst, das Selbst; als Pronomen: selbst, eigen (in dieser Bedeutung nach dem LT [illegible] oder [illegible] mit dumpfer Aussprache des Vokals — [illegible]) [illegible] ein Eigener, Angehöriger, Verwandter. — [illegible] [illegible], pus d'une ulcère | Eiter eines Geschwüres. [illegible] [illegible] d'une chandelle | Docht eines Lichts. [illegible] moelle d'une arbre. | Mark eines Baumes. [illegible] frère germain. | der leibliche Bruder. [illegible] vers le centre, vers-même. | [illegible] [illegible] [illegible] er [illegible] an sich selbst, sprach bei sich selbst. Ali Schir. Q. — [illegible] [illegible] (eigene) Hauptstadt. Ali Schir. [illegible] [illegible] (eigenen) [illegible] kenne ich besser als ihr. [illegible] nach ihren eigenen Worten, wie sie selbst sich ausdrücken. Ali Schir. 2. Adj. bon, excellent, probe, intègre, pur, sans mélange, [illegible], pieux. | gut, trefflich, lebt, [illegible], rein, lauter, tugendhaft, fromm. [illegible] [illegible] habile. | geschickter [illegible]. — [illegible] LT. [illegible] [illegible] [illegible] [illegible].

[illegible] Adj. Num. = [illegible] cent. | hundert.

[illegible] und [illegible] Vb. act. v. اوز donner à q. qc. en propriété. | [illegible] eine Sache zu eigen geben. [illegible] proprium dedit. Q.

[illegible] s. [illegible]

[illegible] Sbst. [eigentlich 3 Pl. [illegible]] durée, longueur. | Ausdehnung, Länge (von Zeit und Raum). [illegible] tirer en longueur, différer. | in der Länge ziehen, aufschieben. [illegible] longuement, | lang, ausgedehnt, mit allen Einzelheiten, weitläufig, weitschweifig [illegible] lange Zeit schweigen. [illegible] ein sehr lange ausgedehntes Brüllen von sich geben.

[illegible] s. [illegible] Deriv.

اوزار [illegible] Sbst. Pl. v. وزر [illegible]

اوزار [illegible] s. [illegible]

[illegible] Adj. [illegible] اوزاق

[illegible] auch [illegible] und [illegible] Sbst. distance; longueur, longue durée (du temps); | Ferne, Entfernung; in Länge, lange Dauer. Adj. éloigné; long. | Fern, entfernt. [illegible] [illegible] lange [illegible]. [illegible] ein langes Leben. Abulg. [illegible] Q. [illegible] loin, de loin. | weit (vom Wege), von Weitem, von Ferne. [illegible] [illegible] au loin | in die Ferne, in die Länge. [illegible] er zog sein Leben in die Länge, d. i. lebte lange [illegible] [illegible] [illegible] deutete seine Herrschaft und Unzerstörbarkeit [illegible]. Ali Schir.

[illegible] Sbst. distance, éloignement | Ferne, Entfernung.

[illegible] Sbst. vgl. اوز moelle rouge ... [illegible] | Mark oder Kern des Holzes; [illegible] Wunde.

[illegible] Vb. intr. être long, devenir long, se prolonger. | lang sein, lang oder länger werden. [illegible] er zog den Faden der Rede lang. Ali Schir. vgl. d. Vierte.

[illegible] oder [illegible] Vb. intr. Aor. اوزار [illegible] être long, devenir long, se prolonger, s'étendre, s'éloigner, durer longtemps, avoir besoin de beaucoup de temps. | lang sein oder werden (zeitlich und räumlich), sich verlängern, sich ausdehnen, wachsen, sich weit hin erstrecken, in die Ferne gehen, lange Zeit brauchen, lange dauern. [illegible] croître, pousser (se dit des plantes). | hoch wachsen, in die Höhe schiessen (von Pflanzen). [illegible] répandre une odeur au loin. | weithin duften (von Blumen). [illegible] être étendu au loin. | lang ausgestreckt sein. [illegible] der Tag währt lange, oder wird lang. [illegible] c'est trop long. | es ist zu lang. vgl. oben [illegible]. — Deriv. I.

[illegible] Vb. caus. LT. [illegible] Aor. [illegible] Imperat. [illegible] LT. [illegible] Gerund. [illegible] LT. [illegible] prolonger, allonger, étendre, tirer en longueur, différer, [illegible], faire des difficultés, [illegible] | lang machen, verlängern, ausdehnen, ausstrecken, (z. B. den Arm, die Hand, die Zunge); aufschieben, in die Länge ziehen

(z. B. eine Arbeit, eine Rede), [illegible] [illegible], viel Wesens von einer Sache machen. 2 [illegible] von sich entfernen, fortschicken, verabschieden, verstossen. [illegible] — Ali Schir. [illegible] LT. dimisit, misit, ejecit, repudiavit, [illegible]. [illegible] in eine entfernte Gegend schicken. Abulg. 115. [illegible] er entfernte (d. i. verheirathete) seine drei Töchter. Abulg. 141. [illegible] den Hals lang oder hoch hinstrecken. [illegible] [illegible] la main [illegible] q. qu. [illegible] q. ch. | die Hand gegen Jemand oder nach einer Sache ausstrecken. — II. [illegible] Vb. neg. [illegible] [illegible] ne nous étendons pas davantage, [illegible] bref, [illegible]. | wir wollen uns darüber nicht weiter ausdehnen, nicht viele Worte darüber machen, kurz. — III. [illegible] Vb. [illegible] pass. être étendu, etc. | ausgedehnt, verlängert werden; davon das Partic. [illegible] [illegible] prolongé, étendu, différé. | ausgedehnt, verlängert, in die Länge gezogen, aufgeschoben. [illegible] der Länge lang hingestreckt liegen. — IV. [illegible] Vb. pass. u. refl. [illegible] s'étendre, être différé, prolongé, être couché. | sich strecken, ausstrecken, verlängern, in voller Länge daliegen, sich niederlegen, ausgedehnt sein, aufgeschoben werden oder sein. [illegible] auf dem Rücken ausgestreckt liegen. [illegible] être couché dans toute sa longueur. | der Länge lang ausgestreckt liegen. [illegible] s'étendre, se tirer en longueur. | sich ausdehnen, sich in die Länge ziehen. [illegible] sich gerade strecken, in gerader Linie hinstrecken (z. B. eine Strasse). [illegible] lang hervorragend, gerade emporsteigend. [illegible] [illegible] — s. [illegible] dum extendit pedem [illegible]. Abulg. 6.

[illegible] uzan. Subst. Pl. v. [illegible]

[illegible] Adj. u. Subst. | Partic. v. [illegible] [illegible] [illegible] | [illegible], geschwätzig, Schwätzer, der viele Worte macht.

[illegible] Subst. prolixité [illegible] | Weitschweifigkeit (der Rede). [illegible] viel sprechen und sich weitschweifig [illegible].

[illegible] Subst. LT. [illegible] [illegible] | der vorgestrige Tag vorgestern.

[illegible] Nom. propr. [illegible] [illegible]. vgl. [illegible] nom d'une tribu tatare. Name eines tatarischen Stammes.

[illegible] u. [illegible] Deriv.

[illegible] u. [illegible] — [illegible]

[illegible] u. [illegible] Deriv.

[illegible] [illegible] oder [illegible] Subst. racine, [illegible] | Wurzel, Kern, Stamm. [illegible] Dasselbe. vgl. [illegible]

[illegible] Subst. le dessus, ce qui est au-dessus [illegible] q. ch., l'espace au-dessus de q. ch. Präpos. u. Postpos. sur, contre, [illegible] | das Ueber, der Raum über einer Sache, das was über oder auf etwas Anderem ist; als Präpos. oder Postposition: über, auf, an, gegen. [illegible] [illegible]. l'espace au-dessus de moi, sur moi. | der Raum über mir. [illegible] l'espace au-dessus de nous, sur nous. | der Raum über uns, über uns, auf uns. [illegible] au-dessus de moi, sur moi, contre moi. | über mich, auf mich, an mich, gegen mich. [illegible] [illegible] qu'ai-je à y faire? | was geht es mich an, was habe ich damit zu schaffen? [illegible] l'attention, sur moi | über mir, auf mir. [illegible] [illegible] [illegible] obligé de faire cela. das liegt uns nicht ob. [illegible] l'espace au-dessus de lui, sur lui. der Raum über ihm. [illegible] sur lui, auprès de lui. | auf ihm, über ihm, an ihm, bei ihm. [illegible] pendant la paix. | während oder bei dem Frieden, d. i. während des Friedens. [illegible] sur lui, contre lui; [illegible] d'un génitif: sur, au-dessus, selon, après, contre, pour. | auf ihn, gegen ihn, [illegible] [illegible] il envoya une armée contre lui. | er schickte ein Heer gegen ihn. [illegible] [illegible] des Gottes Gnaden komme über dich; als Postposition mit vorhergehendem Genitiv: auf, über, nach, gegen, für, wegen, [illegible] mit vorhergehendem Nominativ [illegible] [illegible] über jenem. — [illegible] LT. [illegible] [illegible] d'après cette situation. | diesen Verhältnissen, dieser Lage gemäss. [illegible] auf jenem, über jenem. [illegible] hinter einem, hintereinander. [illegible] l'espace au-dessus d'eux. | der Raum über ihnen. [illegible] sur eux, contre eux. | über sie, an ihnen, gegen sie. [illegible] sie sind gegen sie ausgezogen. [illegible] die über ihnen stehenden Beamteten.

[illegible] Subst. [illegible] [illegible] | Kresse, wilde Raute. [illegible] [illegible] graine de cresson. | Kressensamen.

[illegible] Postposition mit vorhergehendem Nominativ, [illegible] Dativ von [illegible] sur, au-dessus, selon, d'après, contre, pour, à condition que. | auf, nach, gegen, für, gemäss, [illegible]; [illegible] mit [illegible] mit vorhergehendem Genitiv; vgl. oben [illegible] [illegible] diesen Verhältnissen gemäss. [illegible] de cette manière, ainsi. | auf diese Weise, so. [illegible] d'après ce qu'il dit, comme il dit. | wie er sagt, nach seiner Aussage. [illegible] autant que possible [illegible] | soviel ihm möglich gewesen, — [illegible] im Kriege, mit dem Kriege beschäftigt sein.

[illegible] er hat Böses gegen Dich im Sinne. [illegible] in Sicherheit sein. [illegible] Du sollst davon über die Feinde. Ali Schir. — Nach einem Infinitiv drückt es eine Bedingung oder einen Zweck aus. [illegible] unter der Bedingung, dass eine Summe Geldes gezahlt würde, machte sie Frieden. [illegible] [illegible] [illegible] beständige fortzugehen, bis im Vorigen. [illegible] [illegible] Punkte sich zu [illegible] [illegible] [illegible] Zwecke des [illegible]. [illegible] wir haben ihn verboten, dieses zu thun.

[illegible] Subst. [illegible] [illegible] | ein [illegible] [illegible].

[illegible] Subst. LT. [illegible] [illegible] qui sort du cœur. | eine vom Herzen ausgehende Rede.

[illegible] oder [illegible] Subst. — [illegible] [illegible], bague. | Ring, Fingerring mit Stein oder Siegelring.

[illegible] oder [illegible] LT. [illegible] [illegible]

[illegible] Adv. u. Adj. autrement, autre, différent. | anders, anderer, verschieden.

[illegible] Adv. autrement, un peu différent. | etwas anders, etwas verschieden (G. [illegible]). [illegible] [illegible] ihr Verhältniss hat sich einigermassen verändert.

[illegible] Vb. [illegible] se changer, sich verändern, anders werden.

[illegible] Adj. u. Adv. (eigentl. Pronom. impers.) [illegible] [illegible] [illegible] autre, [illegible], différent, différemment, étranger, [illegible] | jener dort, ein anderer, anders, verschieden, fremd, fremdartig, [illegible] [illegible] d'une autre manière. | auf andere Weise. [illegible] l'autre monde. | die andere Welt, das Jenseits. [illegible] [illegible] | er ist ein [illegible] Herrscher (wörtl. Herrscher über anderer Haupt). [illegible] l'autre, ce qui reste | der andere, übrige (d. [illegible]). [illegible] was er den Armen als Almosen. [illegible] [illegible] um für eine andere (d. i. schönere, schöne) Sache zu [illegible]

[illegible] Subst. LT. [illegible] [illegible] | Leiter, Treppe.

[illegible] oder [illegible] Vb. recipr. [illegible] [illegible] se [illegible] l'un à l'autre, [illegible] l'un et l'autre de q. ch., s'accorder sur q. ch., se réconcilier. | sich einigen über eine Sache, sich

[illegible] Gipfel des Hauses [illegible] Fensterlade [illegible] Oberkleid [illegible] Vorzug, Uebergewicht, Vorzug [illegible] auf mich, auf meinen Kleidern [illegible] Haupt [illegible] König [illegible] Malerei [illegible] Pferde [illegible]

[illegible] was oben ist, das Obere, was über einem andern ist, Oberkleid; Ueberlegenheit, Vorzug. [illegible] aufsagen, vorgeben, fortsetzen [illegible] supérieur, élevé, [illegible] das Obere, das über den Buchstaben [illegible] den Vorzug haben, die Oberhand gewinnen [illegible] Vorzug, Vorzug, Oberhand [illegible] den bessern Theil [illegible] Mitte [illegible] die Mitte [illegible] Frauen tragen [illegible]

[illegible] Wachsthum geben [illegible] Imperatif [illegible] Tabriz [illegible] Gedicht nach den Gesetzen der Unglücklichen [illegible] Ali Schir [illegible] enfants, die Kinder, die ganze Familie, Frauen und Kinder [illegible] der Lämmergeier [illegible] Ali Schir [illegible]

[illegible] Proa de- [illegible] | [illegible]

[illegible] Deriv.

[illegible] Deriv. III.

[illegible] Sbst. LT. [illegible] *injection, oppression.* | Gewalt, Bedrückung.

[illegible]

[illegible] Deriv. I.

[illegible] | [illegible]

[illegible]

[illegible] Sbst. [illegible] | [illegible]

[illegible] LT. [illegible]

[illegible]

Vb. caus. *avoir froid, devenir froid.* | frieren, erkalten. vgl. [illegible]

[illegible] Adv. *jusqu'à présent.* | bis jetzt. [illegible] zwischen uns mag bis jetzt Freundschaft sein. Ali Sebir.

[illegible] Adv. [illegible] *de cette manière, tel [illegible]* (G. [illegible]) [illegible] Ali Sebir.

[illegible] LT. [illegible] vgl. [illegible]

[illegible] LT. [illegible]

[illegible] Vb. intr. Aor. [illegible] (ursprünglich [illegible]) [illegible] *être faible, se fatiguer, se lasser;* [illegible]

[illegible] der Leiden [illegible] der Heiterkeit und Verstellung satt sein. Partic. [illegible] *dégoûté, ennuyé.* | verdrossen, [illegible] — Deriv. [illegible] Vb. caus. *causer du dégoût,* [illegible] *importuner* q. qn. | [illegible]

[illegible] Adj. *importun,* [illegible] | lästig, langweilig, ein langweiliger Mensch. [illegible]

[illegible] Sbst. *ennui,* Langeweile. v. [illegible]

[illegible] Adj. Partic. v. [illegible]

[illegible] Sbst. *l'action de peter.* | das Furzen.

[illegible] Sbst. *fouille-merde, escarbot* [illegible] | Mistkäfer; auch [illegible]

[illegible]

[illegible] Art und Weise, Methode.

[illegible] Sbst. Pl. v. [illegible]

[illegible] Adj. [illegible]

[illegible] Adj. Compar. v. [illegible] très-clair, évident, manifeste | sehr klar, deutlich, sicher, offenbar.

[illegible] Sbst. [illegible] und [illegible] Name des zweiten Jahres im [illegible] jährigen Cyclus der Tiguren [illegible]

[illegible] s. [illegible]

[illegible] Sbst. Pl. v. [illegible]

[illegible] Sbst. s. [illegible]

[illegible] s. [illegible]

[illegible] s. [illegible]

[illegible] s. [illegible]

[illegible] s. [illegible]

[illegible] s. [illegible]

[illegible] Sbst. Pl. v. [illegible]

[illegible] Sbst. Pl. v. [illegible]

[illegible] oder [illegible] N. pr. les Afghans ou Aghwan. | die Agwanen.

[illegible] oder [illegible] s. [illegible]

[illegible] Sbst. [illegible] mortier de bois; chaleur forte. | hölzerner Mörser; Durst.

[illegible] s. [illegible]

[illegible] s. [illegible] Deriv.

[illegible] Sbst. [illegible] rencontre, combat. | Zusammentreffen, Treffen. s. [illegible] Deriv.

[illegible] s. [illegible] Deriv.

[illegible] Sbst. vgl. das Figde lieu de rencontre, de ramassement, lieu où l'on passe. | der Ort, wo etwas trifft, wo man sich trifft, sich begegnet, wo man vorbei geht; vgl. d. Figde. [illegible] oder [illegible] ein dem Winde, dem Luftzuge ausgesetzter Ort.

[illegible] auch [illegible] Vb. intr. Aor. [illegible] (mit dem Dativ) rencontrer, passer à, chez, pur. se présenter chez. | treffen auf etwas, eintreffen bei, stossen auf, einfallen, begegnen, vorbei gehen. — [illegible] rencontrer un danger. | auf eine Gefahr stossen, Gefahr laufen. [illegible] éprouver du dommage. | Schaden nehmen. [illegible] tomber malade. | eine Krankheit bekommen. [illegible] éprouver un malheur. | auf ein Unglück stossen, sich einen Schaden, eine Strafe zuziehen. [illegible] passer chez q. qu. | bei Jemand einsprechen, einen kurzen Besuch machen. [illegible] [illegible] | [illegible] [illegible] vom Blitze getroffen werden. [illegible] der Wind bläst stark auf einen Gegenstand. [illegible] der Fluss Kuweik fliesst bei Aleppo vorbei. — Deriv.

[illegible] Vb. caus. Aor. [illegible] (mit dem Dativ) faire rencontrer, faire tomber sur, faire passer, amener, conduire. | treffen lassen u. s. w., herbeibringen. [illegible] causer une maladie. | eine Krankheit verursachen oder hervorbringen. [illegible] Jemanden ein Unglück treffen lassen. [illegible] zu Grunde richten. [illegible] [illegible] — [illegible] Vb. recipr. Aor. [illegible] oder [illegible] toucher l'un sur l'autre, se rencontrer, se toucher l'un l'autre, se battre | auf einander treffen; nacheinander einander berühren, auf einander folgen; sich schlagen, kämpfen.

[illegible] s. [illegible]

[illegible] s. [illegible]

[illegible] s. [illegible]

[illegible] Sbst. [illegible] vol. | Diebstahl.

[illegible] s. [illegible]

[illegible] auch [illegible] s. [illegible] Vb. act. voler. | stehlen. vgl. [illegible]

[illegible] oder [illegible] Vb. act. [illegible] voler. | stehlen. Deriv. [illegible] oder [illegible] Vb. caus. faire voler. | stehlen lassen. s. [illegible]

[illegible] Vb. pass. u. refl. être volé, se dérober. | gestohlen werden, sich fortstehlen, sich heimlich entfernen. [illegible] sich verstecken.

[illegible] s. [illegible]

[illegible] oder [illegible] Adv. à la dérobée, furtivement, en cachette. | verstohlen, heimlich [illegible] verstohlen anblicken.

[illegible] s. [illegible]

[illegible] oder [illegible] — [illegible] Vb. act. [illegible] voler, dérober. | stehlen, heimlich wegnehmen. — Deriv. [illegible] oder [illegible] Vb. caus. [illegible] faire voler, stehlen lassen, zum Stehlen veranlassen.

[illegible] Vb. intr. [illegible] [illegible] — [illegible]

[illegible] Sbst. voleur, brigand. | Dieb, Räuber. [illegible] [illegible] crie tardive. | die Milchstrasse (wörtl. der Strohdieb).

[illegible] auch [illegible] und [illegible] vol, rapine, ce qu'on fait furtivement. | Diebstahl, Raub, Dieberei; was auf verstohlenem Wege geschieht [illegible] heimlich zu Jemand kommen.

[illegible] oder [illegible] Adj. u. Adv. caché; en cachette. | verborgen, versteckt. [illegible] furtivement, à la dérobée. | heimlich, verstohlener Weise. [illegible] [illegible] Seitenweg, Schleichweg. [illegible] die Kamele führen einen verborgenen Weiser od. Kam. s. v. [illegible]

[illegible] s. [illegible]

[illegible] und [illegible] s. [illegible]

[illegible] oder [illegible] fils, enfant; enfant d'adoption. | Sohn, Kind; Stiefkind. [illegible] Adam, der erste Mensch. [illegible] adopter. | an Kindes statt annehmen. [illegible] [illegible] fils adoptif. | Adoptivsohn. [illegible] herbe mercuriale. | Bingelkraut (herba mercurialis, mellissa). [illegible] [illegible] | [illegible]

[illegible] s. [illegible] Sbst. [illegible] petit chevreau. | das Junge von Ziegen, Böckchen. [illegible] Zicklein.

[illegible] Sbst. [illegible] | die Lende.

[illegible] auch [illegible] vulg. [illegible] Sbst. fils, garçon, jeune homme, enfant; enfant dans le sein de la mère. | Sohn, Knabe, Jüngling, Bursche, Diener, Kind im Mutterleibe. [illegible] Pferdejunge, Stallknecht, Reiter. [illegible] ehedem ein Knabe, der in besonderen Schulen für den Staatsdienst vorbereitet wurde und dann als [illegible] in den Dienst trat. [illegible] jeune élève drogman | ein Knabe, der an einer Gesandtschaft eine europäische Sprache erlernt, um sich als Dolmetscher auszubilden. [illegible] [illegible] Schreiber im Dienst eines Interpreten, der die Papiere in Empfang nimmt oder in die verschiedenen Canzleien bringt. [illegible] jeune fille | ein junges Mädchen. [illegible] [illegible]

[illegible] Sbst. Dimin. v. [illegible] petit garçon, polisson, gamin, petit [illegible] | Knäblein, Bube, ungezogener Bengel, Taugenichts, Gassenbube.

[illegible] Sbst. enfance; enfant adoptif. | Kindheit; Adoptivkind.

[illegible] N. pr. LT. [illegible]

[illegible] vgl. [illegible] und Deriv. Vb. act. [illegible] frotter, passer doucement la main sur q. ch., caresser, cajoler. | reiben, mit der flachen Hand oder den Fingern reiben, bestreichen, sich abreiben [illegible], streicheln. [illegible] mit der Hand reiben, oder streicheln. [illegible] étendre des onguents sur le corps. | Salbe einreiben. — Deriv. [illegible] und [illegible] Vb. recipr. Aor. [illegible] se frotter l'un l'autre, frotter les mains l'une contre l'autre, se caresser l'un l'autre | einander reiben,

[illegible]

[illegible]

[illegible]

[illegible] Adj. [illegible]

[illegible] Vb. [illegible] genügen, [illegible] aussetzen [illegible] werden, sich [illegible] gerben, halten, [illegible] — [illegible]

[illegible]

[illegible] Vorhand [illegible]

[illegible] unangreifbar, [illegible] Vb. [illegible]

[illegible] LT. [illegible] Subst. [illegible]

[illegible] LT. [illegible] LT. [illegible] VI.

[illegible] Subst. [illegible]

[illegible] Subst. [illegible]

[illegible] Subst. [illegible] Stachelstock [illegible]

[illegible] Subst. [illegible] Subst. [illegible]

[illegible] LT. [illegible] Subst. [illegible] mittelst [illegible]

[illegible] VI.

[illegible] Vb. [illegible]

[illegible] Subst. [illegible]

[illegible] LT. [illegible]

[illegible] Adj. [illegible] Subst. [illegible] Adj. [illegible]

[illegible] Subst. [illegible] Vb. [illegible]

[illegible] Subst. [illegible] sondern [illegible]

[illegible] Subst. [illegible]

[illegible] Adj. [illegible]

[illegible] Subst. [illegible] Zahl, Glas.

[illegible] Subst. [illegible] wilde Taube, Holztaube, [illegible]

[illegible] Mädchen, Tochter.

[illegible] Pers. [illegible]

[illegible] Subst. [illegible] Gedichte, [illegible] Zeit; [illegible] Dauer; Gedicht [illegible]

[illegible] Subst. [illegible] Rückkehr, Wiederkehr [illegible]

[illegible] Adj. Adv. u. Subst. [illegible] premier, premièrement, d'abord; commencement, [illegible] der erste, zuerst, [illegible] früher; der [illegible] Anfang, [illegible] des Monats [illegible] Kreise, Alter, Vorfahren. [illegible] Ahnen [illegible] Kaufmann. — [illegible] premiers, les commencements: die [illegible] Anfänge. — [illegible] les premiers [illegible] jours du mois. | die ersten acht Tage des Monats. vgl. [illegible] und [illegible]. — [illegible] Frühling [illegible] der Anfang und das Ende. [illegible] von Anfang bis zu Ende. [illegible] eine Stunde früher. [illegible] so schnell als möglich. [illegible] einen Tag vorher. [illegible] Kinder [illegible]

[illegible] Adj. [illegible] | zuerst, [illegible]

[illegible] — [illegible]

[illegible] u. [illegible]

[illegible] u. [illegible]

[illegible] Gernot u. Passia v. [illegible]

[illegible] Subst. [illegible] Krankheit, Seuche, Pest. vgl. [illegible]

[illegible] Subst. Pl. v. [illegible] enfants, descendants; Kinder, Nachkommen. Im Türkischen auch als Singular, [illegible] fant. | ein Hand. [illegible] ich habe ein Kind.

[illegible] Pl. [illegible]

[illegible] Sbst. LT. [illegible] portion, partie | Theil. — [illegible]

[illegible]

[illegible] Adv. [vgl. [illegible]] l'un après l'autre, de main en main, [illegible], einer nach dem andern, dicht hinter einander, von einer Hand in die andere, [illegible].

[illegible] Adj. [Partic. v. [illegible]] contagieux. ansteckend.

[illegible]

[illegible] Adj. contigu, joignant, touchant contre. | [illegible], einander berührend, [illegible].

[illegible]

[illegible] Sbst. [illegible] oder Fürsten. Abulg. 63.

[illegible] AWLAK. Adj. militaire | [illegible].

[illegible] AWLAK. [LT. [illegible]] Sbst. [illegible]. Jagdgenosse, Jagdrevier.

[illegible] Sbst. — [illegible] petit chevreau. | Zicklein.

[illegible] Sbst. courrier, messager; [illegible] | Eilbote, Eilbrief, Courier. [illegible] LT. [illegible] cheval, monture, cheval de courrier. | [illegible] cheval de poste | Postpferd, Courierpferd. [illegible] Eilbote zu Pferd.

[illegible] Sbst. emploi de courrier, la poste. | das Eilbotenamt, Courierdienst. [illegible] en courrier. | als Eilbote gehen.

[illegible] — [illegible] préliminaire | Vorrang.

[illegible] AWLAMAK (AVLAMAK). Vb. act. Aor. [illegible] AWLAR. vgl. [illegible] chasser, [illegible]

[illegible] Vb. caus. LT. [illegible] faire [illegible]. | [illegible] Vb. pass. LT. [illegible] geweiht werden.

[illegible] Deriv.

[illegible]

[illegible]

[illegible] LT. [illegible] égal, conforme | gleichmässig.

[illegible] Adj. u. Adv. [illegible]. vgl. [illegible]

[illegible]

[illegible] Adj. u. Sbst. [illegible] sterbend, sterblich, ein Sterbender. s. [illegible]

[illegible] Sbst. mesure. Maass; von trockenen Gegenständen und Flüssigkeiten, [illegible] ein Maass von 16 Oka, für Getreide und dgl.

[illegible] Sbst. mortalité | Sterblichkeit.

[illegible] Sbst. action de mesurer, ce qui forme une mesure. | das Messen, [illegible]

[illegible]

[illegible] Adj. Fem. v. [illegible]

[illegible] Adj. u. Sbst. antérieur, précédent, primitif, qui est au commencement, principe. | vorangehend, das Vordere, [illegible] Grundsteine, Anfangsgründe.

[illegible] Sbst. Pl. 1. v. [illegible] gouverneurs, magistrats. | Statthalter. [illegible] — 2. v. [illegible] amis (de Dieu). | Freunde (Gottes) [illegible] saint. | ein Heiliger. [illegible] wörtlich: [illegible] Name eines [illegible], auch [illegible] (avellana), [illegible] vgl. [illegible]

[illegible] Sbst. Pl. v. [illegible]

[illegible] Sbst. [illegible] priorité, prééminence, antériorité. | das Zuerst sein, Vorzüglichkeit, Vorrang, höherer Werth.

[illegible] s. [illegible]

[illegible] Partic. v. [illegible] mourant, mortel. | sterbend, sterblich.

[illegible] Partic. v. [illegible] | [illegible] | zu Grunde gehend, vergänglich.

[illegible] s. [illegible]

[illegible] s. [illegible]

[illegible] s. d. Folg.

[illegible] (vulg. [illegible]). Vb. intr. [illegible] | être usité, être pratiqué. | wörtlich: [illegible] gewöhnlich sein, üblich sein, [illegible] Partic. [illegible] usité, accoutumé. | gewöhnlich, gewohnt, üblich. Deriv. [illegible] Vb. neg. Partic. [illegible] inusité, extraordinaire. | ungewöhnlich, [illegible]

[illegible] Adj. Pl. v. [illegible]

[illegible] Sbst. LT. [illegible] espèce de bouillie de farine. | Brei, Mehlbrei.

[illegible] Mehlsuppe.

[illegible] s. [illegible]

[illegible] Sbst. [illegible] race, famille. | Geschlecht. Abulg. [illegible]

[illegible] ein Wort ohne bestimmte Bedeutung, [illegible] Kinder Furcht einzujagen und sie zum Schweigen zu bringen [illegible] Kom. s. v. [illegible]

[illegible] Sbst. [illegible] grosse branche. | [illegible] Kom. zu vielen Stellen.

[illegible] s. [illegible]

[illegible] Vb. act. frotter. | reiben. und Deriv. s. [illegible]

[illegible] s. [illegible]

[illegible] u. Deriv. s. [illegible]

[illegible] Vb. intr. Aor. [illegible] | espérer, attendre, désirer, avoir l'intention. | hoffen, erwarten, wünschen, beabsichtigen. Deriv. — I. [illegible] Vb. neg. désespérer, craindre [illegible] | nicht hoffen, [illegible] — II. [illegible] Vb. caus. faire espérer, faire désirer. | hoffen lassen, wünschen lassen, Hoffnung oder Wunsch erwecken. — III. [illegible] Vb. pass. être espéré. | gehofft, gewünscht werden, davon [illegible] s. u. — IV. [illegible] Vb. refl. LT. [illegible] espérer. | hoffen. — V. [illegible] Vb. neg. LT. [illegible] désespérer. | nicht hoffen, verzweifeln.

[illegible] Sbst. espoir. | die Hoffnung.

[illegible] oder [illegible] und [illegible] Sbst. (épine). épaule. | Schulter, Achsel [illegible] | der [illegible] des Pferdes. [illegible] garrot (du cheval). | [illegible] (des Pferdes). Kom. s. v. [illegible]

[illegible] Partic. v. [illegible] s. [illegible] Deriv. III. ce qui est espéré, désiré; espoir, désir, intention. | das Gehoffte, Gewünschte, Beabsichtigte; Hoffnung, Wunsch, Absicht.

[illegible] Sbst. [illegible] Kom. s. v. [illegible]

[illegible] s. [illegible]

[illegible] LT. [illegible] Sbst. [illegible] bruit, [illegible] | [illegible] der Thiere, [illegible] (Redhouse: [illegible]). [illegible] beugler, [illegible] | brüllen, [illegible] wie das Gebrüll eines [illegible]

[illegible] Sbst. [illegible] farine | das Mehl [illegible] halle à farine à Constantinople. | die Mehlhalle in Constantinopel. [illegible] farine de la première qualité. | Mehl von der feinsten Sorte.

[illegible] Pron. pers. [illegible] Pl. [illegible] oder [illegible]

[illegible] Adj. Num. dix | zehn [illegible] caporal, décurion. | einer der über zehn Mann gesetzt ist, decurio; Unteroffizier (Redhouse: [illegible] corporal, [illegible]) [illegible] Damm.

[illegible] Vb. intr. [illegible] | [illegible] All Schir. VI. Deriv. [illegible] All Schir.

[illegible] Adj. qui oublie | vergesslich.

[illegible] oder [illegible] Vb. intr. Aor. [illegible] Imperat. [illegible] oublier. | vergessen. [illegible] Deriv. I. [illegible] Vb. caus. [illegible] faire oublier. | vergessen machen, vergessen lassen. — II. [illegible] oder [illegible] Vb. pass. être oublié. | vergessen werden. Partic. [illegible] | vergessen, der Vergessenheit anheimgefallen.

[illegible] Sbst. oubli. | Vergessen, Vergessenheit.

[illegible] Sbst. [illegible] amitié, familiarité. | Freundschaft

[illegible] Sbst. LT. [illegible] dette, emprunt; demande. | Schuld vgl. [illegible] und [illegible]

[illegible] Sbst. [illegible] | Gefäss.

[illegible] Sbst. argument, démonstration, preuve évidente | Beweis, Beweisführung.

[illegible] oder [illegible] Vb. intr. — [illegible] crier, appeler, chanter, [illegible] | [illegible] Abulg. 6

[illegible] auch [illegible] und [illegible] Sbst. [illegible] | ein grosser [illegible]

[illegible] s. [illegible] Deriv.

[illegible] Sbst. dîme | ein Zehntheil. vgl. [illegible] Deriv. [illegible] ein Zehntheil [illegible], gegen 10 pC. [illegible]

[illegible] Sbst. [illegible] | Zahl von Zehnern, Zehner, Zug

[illegible] s. [illegible]

[illegible] Adj. — [illegible] | [illegible]

[illegible] Sbst. marque (spéc. empreinte au [illegible]). | Merkzeichen, hauptsächlich das dem Vieh aufgedrückte oder eingebrannte Zeichen.

[illegible] Sbst. [illegible] | [illegible] Trocknen aufgehängte Trauben u. dgl. [illegible]

[illegible] Adj. [illegible] droit. | recht. [illegible] | seine rechte Hand. [illegible] Sbst. aile droite (d'une armée). | der rechte Flügel (eines Heeres).

[illegible] Sbst. LT. [illegible] | Farbe.

[illegible] Adj. [illegible] | [illegible] Divani Lutfi. VI.

[illegible] LT. [illegible] droit et gauche | rechts und links.

اونكمرل Sbst. = صاغ ال la main droite die rechte Hand LT. دست راست

اونكل Adj. u. Adv. droit, à droite | recht, rechts اوكل صول rechts und links

اونكو [illegible] Adj. u. Sbst. [illegible] querelleur, obstiné, opiniâtre, disputeur, adversaire, concurrent, compétiteur, rival | [illegible], streitsüchtig, eigensinnig, [illegible], halsstarrig; der das Rechte kennt und das Gegentheil davon thut, Widersacher, Mitbewerber, = [illegible]

اونكوشجى [illegible] Sbst. adversaire, concurrent, rival | Widersacher, Mitbewerber v. اونكو

اونكوشمك [illegible] Vb. recipr. se quereller, être en concurrence, être en rivalité | sich streiten, mit einander wetteifern, in Concurrenz kommen, concurriren.

اونكوشمه [illegible] Sbst. opiniâtreté, obstination, concurrence, rivalité | Eigensinn, Halsstarrigkeit, Concurrenz, Wetteifer, Widerspenstigkeit — [illegible] être en concurrence, rivaliser, s'opposer, contester | concurriren, einem [illegible] streitig machen, eigensinnig auf etwas bestehen.

اونكى Adj. LT. آسان facile | leicht.

[illegible] Num. distrib. dix à dix | zu je zehn.

[illegible] oder [illegible] Vb. act. enfariner, saupoudrer de farine | mit Mehl bestreuen.

اونلق [illegible] Sbst. dime; monnaie de dix (paras etc.) | Zehnt; Geldstück im Werthe von zehn (Para u. s. w.)

اونلو [illegible] Adj. = [illegible] qui a le cœur rompu, qui a de la rancune | mit [illegible] schlechter, begabt [illegible] eine Frau, die eine Stimme hat wie ein Mann

اونلمق [illegible] Vb. intr. Aor. [illegible] crier, faire entendre la voix | schreien, rufen; laut schreien, seine Stimme hören lassen. vgl. اون

اونمق [illegible] Vb. act. = [illegible] fendre | spalten. [illegible] Holz spalten. Meninski: findere et capere [illegible] vgl. d. Figde

اونمق oder [illegible] Vb. intr. LT. [illegible] — [illegible] occuper de q. ch. pour passer le temps, pour attendre q. ch., s'amuser avec q. ch., attendre | sich beschäftigen mit etwas, um die Zeit hinzubringen, indem man auf etwas wartet; auf etwas warten, erwarten, den Tag oder die Zeit mit etwas hinbringen. vgl. d. Figde. und [illegible] und [illegible]

[illegible] Vb. intr. LT. [illegible] croître, grandir, croître, dépasser | wachsen, gross werden, [illegible]

[illegible] Vb. intr. souhaiter, désirer, communiquer | wünschen, mittheilen. [illegible] mihi non opine nos [illegible] (Meninski).

[illegible] oder [illegible] v. [illegible]

اونكى [illegible] Adj. Num. le dixième der zehnte.

اونلمش v. اونمق

اوتمق [illegible] und Deriv. v. اوتمق

اوتيق [illegible] v. [illegible]

[illegible] oder [illegible] Adj. u. Sbst. qui oublie, oublieux | vergesslich, von Vergesslichkeit

[illegible] Sbst. hameau | Weiler.

[illegible] Adj. Num. [illegible] dixième | der zehnte [illegible] Name des zehnten Monats des [illegible] Jahres.

[illegible] Sbst. farine desséchée ou froissée | [illegible] Mehl vgl. اون

اووا [illegible] Sbst. plaine | Ebene, Fläche, freies Feld. v. اوا u. آوا

اوه oder اوز Conj. LT. [illegible] [illegible] | ja, gewiss vgl. آوت

اوولامق [illegible] Vb. act. frotter, frictionner | reiben [illegible] damit es auch reiben (im Bade) vgl. [illegible] — [illegible] friction, Reibungen

اوولامه [illegible] Sbst. friction, frottement | Reibung

اوولاييجى [illegible] Sbst. frotteur, der Reibende.

اوولمق v. اوولمق Deriv.

اووز [illegible] Sbst. sorbier | Eberesche. v. اوس

[illegible] Sbst. friction | die Reibung v. اووشمق Deriv. III.

[illegible] v. [illegible] Deriv.

اووق LT. [illegible] den hölzernen Zeltdach, d. i. der Balken [اوق] welcher das Dach des Zeltes [اوق] hält.

اووشمق oder [illegible] Vb. act. [illegible] Aor. [illegible] frotter, frictionner | reiben, [illegible], abreiben — Deriv. I. [illegible] [illegible] oder [illegible] Vb. caus. faire frotter, se laisser frotter | reiben lassen, [illegible] lassen, sich [illegible] lassen, = [illegible] LL. — II. [illegible] Vb. recipr. se frotter l'un l'autre, se frotter réciproquement | einander reiben. — III. [illegible] oder [illegible] Vb. recipr. caus. se faire frotter l'un l'autre; frotter, masser | einander reiben lassen; reiben, walken, kneten. [illegible] Ah [illegible] reibe mich ein wenig (im Bade); [illegible] reibe nicht so stark.

[illegible] Sbst. v. d. Vbgde. friction, frottage, massage | Reibung, Knetung, Walkung

اووا v. اووا

اوا [illegible] Sbst. = اوا und اووا plaine | Ebene, Fläche, freies Feld [illegible] ein [illegible] Feld, Weite [illegible] ein weites Feld.

اوه oder [illegible] Interj. ah! [illegible] heraus! [illegible] (Ausdruck des Schmerzes). = آه

اويك [illegible] Sbst. u. Adj. brigand, fort, courageux | Räuber, Tapferer

آوه [illegible] Interj. ah! v. d. Vbgde.

اوسلر [illegible] Sbst. Pl. v. [illegible] [illegible]

اوجمله v. اوجمله

اوكس [illegible] Adj. Compar. v. [illegible] très-faible | sehr schwach.

او [illegible] auch اوى Sbst. = او [illegible] maison | Haus. [illegible] dans la maison, à la maison | im Hause, zu Hause. [illegible] er ging in ein Haus. [illegible] du bist aus deinem Hause gegangen Ali Schir. Q اوى [illegible] der Hausherr

[illegible] Sbst. LT. [illegible] bœuf, vache | Rind, Ochse, Kuh [illegible] eine Rinderheerde.

[illegible] Sbst. LT. [illegible] délibération | Berathschlagung, vgl. اوكشى

اوى [illegible] Sbst. = [illegible] son, bruit, voix | Schall, Ton, Laut, Stimme [illegible] crier | einen Laut von sich geben, schreien, rufen.

[illegible] Adj. lâche, paresseux, ignare | feige, faul, unwissend.

[illegible] (Ali Schir.) oder [illegible] LT. Sbst. [illegible] pudeur | Scham, sich schämen, [illegible] impudique, unverschämt, schamlos

[illegible] oder [illegible] LT. [illegible] avoir honte, rougir | sich schämen. vgl. [illegible]

[illegible] oder [illegible] Adj. confus, honteux | beschämt.

اوتجى v. اوتلر

[illegible] und [illegible] oder [illegible] Vb. act. éveiller; allumer, exciter | wecken; anzünden. = [illegible] [illegible] de allumer des Lichts an. Meninski

[illegible] Sbst. vigilance | Wachsamkeit, Sorgfalt. — [illegible]

[illegible] Vb. refl. [vgl. [illegible]] Aor. [illegible] s'éveiller, [illegible] | sich schämen [illegible] [illegible] du schämst dich nicht und schämst du [illegible] dich nicht? [illegible] du magst dich schämen, — [illegible] Ali Schir. Q

اويلامق [illegible] Vb. act. Aor. [illegible] différer q. ch., remettre à un autre temps, négliger q. ch., amuser q. qu. (par de vaines promesses etc.), eine Sache aufschieben, hinauszögern; Jemanden hinhalten (durch leere Versprechungen, Entschuldigungen u. s. w.) [illegible] bis du (das Beute) bis du hin aufgeschoben. — Deriv. I. [illegible]

[illegible] *faite, comble de la maison.* | Gipfel des Hauses. [illegible] *plante du pied.* | Fusssohle. [illegible] Ueberschrift des Briefes. [illegible] *côté ou partie supérieure.* | obere Seite, Oberteil. [illegible] *lèvre supérieure.* | Oberlippe. [illegible] *dents d'en haut.* | Oberzähne. [illegible] *prééminence.* | Vorrang, Uebergewicht, Vorzug [illegible] *tout ce qui est sur moi.* | alles was ich an mir habe [illegible] alles was an ihm, an einer Sache ist, ganz und gar. [illegible] an mir, auf mir, an oder auf meinen Kleidern. [illegible] auf Dir. [illegible] *au-dessus de lui.* | auf ihm. [illegible] *le supérieur, ce qui est au-dessus de q. qn. ou de q. ch.* | das Obere, das was über, auf, oben ist. [illegible] auf mich, auf meinen Kleidern. [illegible] *sur lui.* | auf ihm, an ihm. [illegible] *ajouter par dessus.* | zugeben, obendrein geben. [illegible] *sur ma tête* [illegible] auf mein Haupt. d. i. ich schwöre, ich bin sehr gern bereit. [illegible] der König erhielt eine Nachricht über die andere. [illegible] *sur ma tête: qu'il retombe sur moi.* | auf mein Haupt! d. i. es komme über mich! treffe mich!

[illegible] *maître.* | Meister. s. [illegible]

[illegible] *rasoir.* Scheermesser.

[illegible] *qualité de maître, habileté.* | Meisterschaft, Geschicklichkeit, Fertigkeit. [illegible] *chef-d'œuvre, ouvrage de maître.* | Meisterstück

[illegible] Adj. *grand, de haute taille.* | gross, hochgewachsen (von einem Pferde) Kam. [illegible]

[illegible]

[illegible] Vb. [illegible] *traîner.* | schleppen, fortziehen.

[illegible] *grand bâton, houlette.* | grosser Stock, Knittel, wie der Hirten führen.

[illegible] *rasoir.* | Scheermesser, Rasirmesser

[illegible] *étui à rasoirs, nécessaire à barbe.* | Rasirmesserfutteral.

[illegible] *ce qui est au dessus; coin de dessus; rang supérieur, supériorité, prééminence.* | das was oben ist, das Obere, was über andere ist, Oberhand; Ueberlegenheit, Vorrang.

[illegible] Vb. [illegible] *ajouter par dessus, continuer, faire en outre.* | zufügen, zugeben, fortsetzen, zugeben, ein Uebriges thun.

[illegible] Adj. v. [illegible] *supérieur.* | oberer, oberst

[illegible]

[illegible]

[illegible] *ce qui est au-dessus; l'accent* [illegible] *au-dessus des lettres.* | das Obere, das über den Buchstaben stehende Vocalzeichen [illegible] vgl. [illegible] Adj. *supérieur, prééminent.* | der obere, erhaben, vorzüglich [illegible] *avoir la prééminence, avoir le dessus.* | den Vorrang haben, die Oberhand gewinnen.

[illegible] *prééminence, avantage.* | Vorrang, Vorzug, Oberhand, Vortheil.

[illegible] Shst. [illegible] *le dessus, solde, complément d'un marché, d'un échange.* | Zugabe, Ausgleichung, d. i. was beim Tausche zur Ausgleichung angegeben wird: der bessere Theil. [illegible] *avoir le dessus, l'avantage; l'emporter.* | den bessern Theil haben, die Oberhand gewinnen, den Vortheil haben.

[illegible]

[illegible]

[illegible] Adj. [illegible] vgl. [illegible] ich schämte mich, dass ich mich für betrunken halten wollte. Ali Sch[illegible].

[illegible] Shst. *état d'ivresse.* | Rausch, Trunkenheit. (Q. aegritudo, morbus).

[illegible] 1. Shst. *milieu, moyen; qui tient le milieu entre ces deux, milieu d'un chose, moitié, médiocrité.* | Mitte, was in der Mitte ist, Hälfte, Mittelmässigkeit, Mittelstrasse. Pl. [illegible] *les dix jours du milieu du mois.* | die zehn mittleren Tage des Monats. vgl. [illegible] 2. Adj. Compar. v. [illegible] *moyen, médiocre, moindre.* | mittlerer, mittelmässig.

[illegible]

[illegible] Adj. *plus ou très-large, vaste, spacieux.* | weiter, geräumiger, sehr geräumig, weit

[illegible]

[illegible]

[illegible]

[illegible] Shst. *bandeau; diadème.* | ein Kopfband mit golddurchwirktem Bande, welches die Frauen tragen.

[illegible]

[illegible] Vb. intr. I.T. [illegible] *s'étendre; croître.* | sich ausdehnen, wachsen, grösser werden. vgl. [illegible] — Deriv. [illegible]

[illegible] Vb. caus. *faire croître;* [illegible] wachsen, Wachsthum geben; ausdehnen.

[illegible] Imperat. v. [illegible]

[illegible] Tahrif [illegible]

[illegible] Interj. [illegible] *voici, voilà.* | hier! da!

[illegible] Vb. [illegible] *rompre.* | zerbrechen. [illegible] er zerbrach auch die Glieder der Ungläubigen. [illegible] sie zerbrachen den schwarzen Stein. Ali Schir. Q. vgl. [illegible]

[illegible] Shst. *agalitte* [illegible] *gummi ammoniacum.*

[illegible] *enfant, petit garçon, garçon, page, petit d'animal.* | Kind, Knabe, Junge, Bursch, Diener, Leibdiener, Page; das Kleine oder Junge eines Thieres [illegible] *les enfants, toute la famille, femmes et enfants.* | die Kinder, die ganze Familie, Frauen und Kinder. [illegible] Polizeidiener, Polizeisoldat. [illegible] der Lanzenträger, [illegible]

[illegible] *temps.* | Zeit. s. [illegible]

[illegible] zusammengesetzt aus [illegible] Pron. demonstr. [illegible] I.T. [illegible] *lui-même, le même.* | dieser da, er selbst, derselbe. [illegible] *à la même heure.* | zu derselben Stunde [illegible] Ali Schir. Q. [illegible]

[illegible] Vb. intr. [illegible] Ali Schir. Q. *se rompre.* | zerbrechen [illegible] eine zerbrochene Feder. Ali Schir. [illegible] da deren Schiff zerbrochen war. Ali Schir. (Q. cum fractis [illegible]) vgl. [illegible]

[illegible] Adv. I.T. [illegible] *autant.* | ebenso, ebensosehr.

[illegible] Adv. [illegible] I.T. [illegible] *dans ce même endroit.* | eben dort, ebendaselbst. [illegible] I.T. [illegible] bis eben dahin. vgl. [illegible]

[illegible] *tel, tellement, de telle manière.* | so, dergestalt, der Art (Q. sic, talis[illegible]). [illegible] er war der Art, dass man für Scheikh hielt. [illegible] er ist ein [illegible], dass ein [illegible]. Ali Schir. Q.

[illegible]

[illegible] Pron. demonstr. [illegible] | dieser.

[illegible] Deriv.

[illegible] Deriv. III.

[illegible] Sbst. LT. [illegible] oppression. | Gewalt, Bedrückung.

[illegible]

[illegible] Deriv. I.

[illegible] | hier.

[illegible]

[illegible] Sbst. [illegible] | Lärm.

[illegible] LT. [illegible] verständig. vgl. [illegible]

[illegible]

[illegible] Vb. intr. Aor. [illegible] se réunir, se trouver dans un lieu. | [illegible] sich [illegible], sich an einem Orte, auf einem Haufen [illegible] [illegible] die liegen alle über ihn her. [illegible] sich in grosser Menge [illegible] [vom Inneren Kam. s. v. [illegible]] ein Thier auf dem sich das Ungeziefer sammelt. Kam. s. v. [illegible] Deriv. I. [illegible] und II. [illegible] Vb. caus. faire se réunir, faire accourir, faire précipiter en foule. | zusammenkommen lassen, einen Zusammenlauf bewirken, bewirken dass alle über einen herfallen. [illegible] sie liegen alle Hand an. — III. [illegible] Vb. recipr. Aor. [illegible] se réunir, se rassembler en troupe. | zusammenkommen, sich in Schaaren sammeln.

[illegible] Vb. intr. Aor. [illegible] être froid, avoir froid. | kalt sein, frieren, frösteln [illegible] fait froid. [illegible] qui a froid [illegible] frileux. | frostig [illegible] Deriv. I. [illegible] Vb. caus. [illegible] refroidir, frissonner. | erkälten, abkühlen, Frost haben. [illegible] jemandem Kälte empfinden lassen, für Jemand kalt sein (z. B. eine kalte Nacht). [illegible] froid, frisson. Frost, Fieberfrost. II. [illegible] Vb. caus. [illegible] refroidir, faire geler, faire périr de froid. | frieren lassen, gefrieren lassen, erfrieren lassen. III. [illegible]

Vb. refl. [illegible] | [illegible] vgl. [illegible]

[illegible] Adv. jusqu'à présent. | bis jetzt. [illegible] Freundschaft sein. Ali Sebir.

[illegible] Adv. [illegible] Ali Sebir.

[illegible] LT. [illegible] vgl. [illegible]

[illegible] LT. [illegible] auf dieselbe Weise, ebenso.

[illegible] Vb. intr. Aor. [illegible] Deriv. [illegible] Vb. caus. [illegible] | [illegible]

[illegible] Sbst. [illegible] | [illegible]

[illegible] Adj. [illegible] | faul, träge [illegible]

[illegible] Sbst. LT. [illegible] opinion, conjecture. | Meinung, Vermuthung (?).

[illegible]

[illegible] Sbst. [illegible] Zusammenkunft [illegible]

[illegible] Sbst. intelligence, esprit [illegible] | Geist, Einsicht, Vernunft [illegible]

[illegible] s. [illegible]

[illegible] Sbst. Pl. [illegible]

[illegible] Sbst. ennui, dégoût [illegible] | Langeweile, Ueberdruss [illegible]

[illegible] Vb. intr. Aor. [illegible] | [illegible] Ablativ.

[illegible] Partic. [illegible] Deriv. [illegible] Vb. caus. [illegible] | Ueberdruss [illegible]

[illegible] Adj. [illegible] | lästig, langweilig, ein langweiliger Mensch. s. d. Vbgde

[illegible] Sbst. ennui; Langeweile [illegible]

[illegible] Adj. Partic. s. [illegible]

[illegible] Sbst. l'action de prier. | das Fasten.

[illegible] Sbst. [illegible]

[illegible] Sbst. [illegible] Wind der einem entfährt.

[illegible] Vb. intr. Aor. [illegible] | [illegible] einen Wind lassen.

[illegible] Vb. act. [illegible] Deriv. [illegible]

[illegible] Vb. intr. v. [illegible] Aor. [illegible] devenir sage et modeste [illegible] | sich [illegible]

[illegible] Adj. v. [illegible] sage, modeste [illegible] | verständig, artig [illegible] Adv. [illegible] | [illegible]

[illegible] Tahlil [illegible]

[illegible] s. [illegible]

[illegible] Sbst. v. [illegible] | [illegible]

[illegible] s. [illegible]

[illegible] s. [illegible]

[illegible] s. [illegible]

[illegible] Adj. ennuyé [illegible] | [illegible] sich langweilen [illegible]

[illegible] Sbst. ennui, dégoût [illegible] | Langeweile, Ueberdruss, Widerwille [illegible] dich, du langweilst dich [illegible]

[illegible] u. [illegible] Art und Weise, Methode.

[illegible] Sbst. Pl. v. [illegible]

[illegible] Adj. v. [illegible]

[illegible] Adj. Compar. v. [illegible] très-clair, évident, manifeste | sehr klar, deutlich, sicher, offenbar.

[illegible] Sbst. [illegible] — Name des zweiten Jahres im zwölfjährigen Cyclus der Uiguren.

[illegible] u. [illegible]

[illegible] Sbst. Pl. v. [illegible]

[illegible] Sbst. v. [illegible]

[illegible] v. [illegible]

[illegible] u. [illegible]

[illegible] v. [illegible]

[illegible] v. [illegible]

[illegible] u. [illegible]

[illegible] Sbst. Pl. v. [illegible]

[illegible] Sbst. Pl. v. [illegible]

[illegible] oder [illegible] N. pr. les Afghans ou Afghans. | die Afghanen.

[illegible] oder [illegible] v. [illegible]

[illegible] Sbst. [illegible] quartier de bois; château-fort. | hölzerner Thurm; Burg.

[illegible] u. [illegible]

[illegible] u. [illegible] Deriv.

[illegible] Sbst. [illegible] rencontre, combat. | Zusammentreffen, Treffen. v. [illegible] Deriv.

[illegible] u. [illegible] Deriv.

[illegible] Sbst. vgl. das Folgde. lieu de rencontre, de rassemblement, lieu où l'on passe; der Ort, wo etwas trifft, wo man sich trifft, sich begegnet, wo man vorbei geht; vgl. d. Folgde. [illegible] oder [illegible] ein dem Winde, dem Luftzuge exponirter Ort.

[illegible], auch [illegible] Vb. intr. Aor. [illegible] (mit dem Dativ) rencontrer, passer à, chez, par, se présenter chez. | treffen auf etwas, eintreffen bei, stossen auf, einfallen, begegnen, vorbei gehen. — [illegible] rencontrer un danger. | auf eine Gefahr stossen, Gefahr laufen. [illegible] éprouver du dommage. | Schaden nehmen. [illegible] tomber malade. | eine Krankheit bekommen. [illegible] éprouver un malheur. | auf ein Unglück stossen, sich einem Schaden, einer Gefahr aussetzen. [illegible] passer chez q. qu. | bei Jemand einsprechen, einen kurzen Besuch machen. [illegible] enchanté, ensorcelé. | bezaubert. [illegible] vom Blitze getroffen werden. [illegible] der Wind bläst stark auf einen Gegenstand. [illegible] der Fluss [illegible] bei Aleppo vorbei. — Deriv.

1. [illegible] Vb. caus. Aor. [illegible] (mit dem Dativ) faire rencontrer, faire tomber sur, faire passer, amener, conduire. | treffen lassen u. s. w., herbeibringen. [illegible] causer une maladie | eine Krankheit verursachen oder herbeibringen. [illegible] ein Unglück treffen lassen. [illegible] zu Grunde richten. [illegible] — II. [illegible] Vb. recipr. Aor. [illegible] oder [illegible] tomber l'un sur l'autre, se rencontrer, se toucher l'un l'autre, se battre. | auf einander treffen; wechselweise einander berühren, auf einander folgen; sich schlagen, kämpfen.

[illegible] v. [illegible]

[illegible] v. [illegible]

[illegible] v. [illegible]

[illegible] Sbst. [illegible] vol. | Diebstahl.

[illegible] v. [illegible]

[illegible], auch [illegible] v. [illegible] Vb. act. voler. | stehlen. vgl. [illegible]

[illegible] oder [illegible] Vb. act. [illegible] voler. | stehlen. Deriv. [illegible] oder

[illegible] Vb. caus. faire voler. | stehlen lassen. v. [illegible]

[illegible] Vb. pass. u. refl. être volé, se dérober. | gestohlen werden, sich fortstehlen, sich heimlich entfernen [illegible] sich verstecken.

[illegible] v. [illegible]

[illegible] oder [illegible] Adv. à la dérobée, furtivement, en cachette. | verstohlen, heimlich. [illegible] verstohlen zublicken.

[illegible] v. [illegible]

[illegible] oder [illegible] Vb. act. [illegible] voler, dérober. | stehlen, heimlich wegnehmen. — Deriv. [illegible] oder [illegible] Vb. caus. [illegible] faire voler. | stehlen lassen, zum Stehlen verleiten.

[illegible] Vb. intr. [illegible] | [illegible]

[illegible] Sbst. voleur, brigand. | Dieb, Räuber. [illegible] voie lactée. | die Milchstrasse (wörtl. der Strohdieb).

[illegible], auch [illegible] und [illegible] vol, rapine, ce qu'on fait furtivement. | Diebstahl, Raub, Dieberei; was auf verstohlene Weise geschieht [illegible] heimlich zu Jemand kommen.

[illegible] oder [illegible] Adj. u. Adv. caché; en cachette. | verborgen, versteckt. [illegible] furtivement, à la dérobée. | heimlich, verstohlener

Weise. [illegible] chemin secret | Schleichweg, Nebenweg. [illegible] die Kamele führen einen verborgenen Weg zu Kem. s. v. [illegible]

[illegible] v. [illegible]

[illegible] und [illegible] v. [illegible]

[illegible] oder [illegible] fils, enfant; enfant d'adoption. | Sohn, Kind; Pflegekind. [illegible] Adam, der erste Mensch. [illegible] adopter. | an Kindesstatt annehmen. [illegible] fils adoptif. | Adoptivsohn. [illegible] herbe mercuriale. | Bingelkraut (herba mercurialis, melissa). [illegible] renne des [illegible] | [illegible]

[illegible] Sbst. [illegible] petit chevreau. | das Junge von Ziegen, Rehen. [illegible] Zicklein.

[illegible] Sbst. [illegible] die Linde.

[illegible], auch [illegible] vulg. [illegible] Sbst. fils, garçon, jeune homme, valet; enfant dans le sein de la mère. | Sohn, Knabe, Jüngling, Bursche, Diener; Kind im Mutterleibe. [illegible] valet d'écurie, groom. | Pferdejunge, Stallknecht, Reitknecht. [illegible] ehedem ein Knabe, der im besondern Schulen für den Staatsdienst vorbereitet wurde und dann als [illegible] in den Dienst trat. [illegible] jeune drogman | ein Knabe, der an einer Gesandtschaft eine europäische Sprache erlernt, um sich als Dolmetscher auszubilden. [illegible] clerc ou secrétaire d'un interprète. | Schreiber im Dienst eines Interpreten, der die Papiere in Empfang nimmt oder in die verschiedenen Canzleien bringt. [illegible] jeune fille. | ein junges Mädchen. [illegible] errer. | eine Fehlgeburt thun.

[illegible] Sbst. Dimin. v. [illegible] petit garçon, poulain, garçonnet, petit [illegible] | Knäblein, Bube, ungezogener Bengel, Tangenichts, Gassenbube.

[illegible] Sbst. enfance; enfant adoptif. | Kindheit; Adoptivkind.

[illegible] N. pr. [illegible]

[illegible] vgl. [illegible] und Deriv. Vb. act. [illegible] frotter, passer doucement la main sur q. ch., caresser, cajoler. | reiben, mit der flachen Hand oder den Fingern reiben, bestreichen, sich abreiben [illegible]. streicheln. [illegible] mit der Hand reiben, oder streicheln. [illegible] étendre des onguents sur le corps. | Salbe einreiben. — Deriv. 1. [illegible] und [illegible] Vb. recipr. Aor. [illegible] se frotter l'un l'autre, frotter les mains l'une contre l'autre, se caresser l'un l'autre. | einander reiben,

[illegible] | ein Kind. [illegible] ich habe ein Kind.

[illegible] Pl. [illegible]

[illegible] Subst. LT. [illegible] portion, partie. | Theil. — [illegible]

[illegible]

[illegible] Adv. [vgl. [illegible]] l'un après l'autre, de main en main, consécutivement, continuellement. | einer nach dem andern, dicht hinter einander, [illegible] Hand in die andere, [illegible], beständig.

[illegible] Adj. [Partic. v. [illegible]] contagieux. [illegible]

[illegible]

[illegible] oder [illegible] Adj. contigu, joignant, [illegible] contre. | [illegible], einander berührend, [illegible].

[illegible] Subst. contiguïté, cohérence, amitié. [illegible], Berührung, [illegible], Anhänglichkeit, Freundschaft.

[illegible] oder [illegible] Adj. contagieux. | ansteckend, v. d. Pest.

[illegible] oder [illegible] Vb. intr. Aor. [illegible] atteindre q. ch., parvenir, aboutir, toucher, se joindre, communiquer à q. ch., infecter; s'attacher à q. qn., [illegible] avec q. qn. | [illegible], gelangen (an einem Orte), berühren [illegible], anhängen (einer Person oder Sache), sich mit einer Sache verbinden, in Berührung kommen, sich einer Person mittheilen, anstecken (eine Krankheit); sich an Jemand hängen, verliebt sein, Jemandem [illegible], mit der Geliebten [illegible] [illegible] meine Seele ist zu Gott gelangt. [illegible] — Deriv. — I. [illegible] Vb. neg. ne pas atteindre, etc. | nicht anlangen u. s. w. [illegible] kommen nicht zusammen, Menschen aber treffen sich. Sprichwort. — II. [illegible] oder [illegible] und [illegible] Vb. caus. Aor. [illegible] faire atteindre, faire parvenir; envoyer; faire se toucher, d'attacher. | wohin gelangen lassen, wohin schicken, [illegible] lassen, eine Sache mit einer andern in Berührung oder Verbindung bringen, mit einander verbinden, zusammenfügen, aneinander kleben oder heften. — III. [illegible] Vb. trans. — [illegible]

[illegible] vgl. [illegible] Vb. act. LT. [illegible] distribuer, partager. | theilen, vertheilen. [illegible] indem er seine Güter an die Würdigen vertheilte. Ali Bekir. G. — Deriv. — I. [illegible] und II. [illegible] Vb. caus. LT. [illegible] faire distribuer | vertheilen lassen. [illegible] [illegible] (30,000 Sklaven) unter seine Söhne und Fürsten. Abulg. G.

[illegible] Adj. militaire | [illegible], [illegible].

[illegible] [LT. [illegible]] Subst. [illegible] | Jagdgeräth, Jagdrevier.

[illegible] Subst. — [illegible] petit chevreau. | Kitzlein.

[illegible] oder [illegible] und [illegible] Subst. courrier, messager; [illegible] | Eilbote, Eilsohl, Courierschiff ([illegible]). LT. [illegible] [illegible] cheval, monture, cheval de courrier. | Reitpferd. [illegible] cheval de poste | Postpferd, Courierpferd. [illegible] messager. | Eilbote zu Fuss.

[illegible] Subst. emploi de courrier, la poste. | das Eilbotenamt, Courierwesen, Post. [illegible] aller en courrier. | als Eilbote gehen.

[illegible] oder [illegible] oder [illegible] — [illegible] préliminaire | Vorrang.

[illegible] oder [illegible] (AVLAMAQ). Vb. act. Aor. [illegible] vgl. [illegible] chasser, pêcher. | jagen, fangen, fischen. [illegible] prendre des oiseaux | Vögel fangen, vogelstellen [illegible] pêcher. | Fische fangen, fischen. [illegible] tirer les vers du nez; [illegible] [illegible]. — Deriv. — I. [illegible] Vb. pass. LT. [illegible] être chassé | gejagt werden. — II. [illegible] Vb. caus. LT. [illegible] faire chasser | jagen lassen, eine Jagd veranstalten. — III. [illegible] Vb. caus. LT. [illegible] faire tenir, faire prendre. | festhalten lassen, fangen lassen.

[illegible] Subst. nom d'une plante. | Name einer Pflanze, [illegible] Kom. eine Art des [illegible].

[illegible] Subst. [illegible] littéral. Liste.

[illegible] s. [illegible]

[illegible] Partic. v. [illegible]

[illegible] Vb. intr. Aor. [illegible] frissonner d'horreur, avoir les cheveux hérissés de peur. | schaudern (vor Furcht), [illegible], die Haare sich sträuben.

[illegible] LT. [illegible] inquiétant, [illegible] | [illegible] vgl. [illegible]

[illegible] Imperativ. v. [illegible]

[illegible] s. d. Figde.

[illegible] Vb. intr. [illegible] d'horreur, être saisi; [illegible] [illegible] — Deriv. — I. [illegible] Vb. caus. — [illegible] faire avancer. | [illegible]. [illegible] Vb. caus. LT. [illegible] faire [illegible] lassen, [illegible]. III. [illegible] Vb. pass. LT. [illegible] être placé | gesetzt werden.

[illegible] oder [illegible] s. [illegible] Deriv.

[illegible]

[illegible]

[illegible] LT. [illegible] égal, conforme | gleichmässig.

[illegible] oder [illegible] Adj. u. Adv. [illegible] | [illegible], [illegible] vgl. [illegible]

[illegible] s. [illegible]

[illegible] Adj. u. Subst. mort-[illegible] | sterbend, sterblich [illegible] s. [illegible]

[illegible] Subst. mesure | Maass; von trockenen Gegenständen und Flüssigkeiten, insbesondere ein Maass von 16 [illegible], für Getreide und dgl.

[illegible] Subst. [illegible] | Messbarkeit.

[illegible] Subst. action de mesurer, ce qui forme une mesure. | das Messen, die Maasszahl.

[illegible] Vb. act. vgl. [illegible] mesurer, prendre la mesure. | messen, [illegible], das Maass von einer Sache nehmen. Kom. zu [illegible]. Deriv. [illegible] Vb. refl. pass. être mesuré. | gemessen werden, sich messen lassen.

[illegible] [von [illegible] u. [illegible]] Subst. ce nombre. | diese Zahl. [illegible] eine dieser Zahl, eins von diesen.

[illegible] Vb. act. Aor. [illegible] mesurer. | messen (mit dem Maasse und der Elle), [illegible]. [illegible] mit der Elle messen [illegible] mit der Spanne messen. Deriv. — I. [illegible] oder [illegible] Vb. caus. faire mesurer, donner à mesurer. | messen lassen, zu messen geben. — II. [illegible] oder [illegible] Vb. caus. faire mesurer. | messen lassen. — III. [illegible] oder [illegible] Vb. pass. être mesuré | gemessen werden. — IV. [illegible] Vb. refl. pass. être mesuré, être mesurable. | gemessen werden, sich messen lassen, nach dem Maasse bestimmt werden oder bestimmt werden können.

[illegible] Vb. act. allumer, [illegible]. | schüren, anschüren. [illegible] attiser le feu. | das Feuer anschüren [illegible] das Feuer anschüren und in Brand bringen. Kom. s. v. [illegible] — [illegible] Kom. s. v. [illegible] attiser la discorde. | Zwietracht erregen. Kom. s. v. [illegible]

[illegible] Sbst. [illegible] pour [illegible], [illegible]. [illegible] Arbeiter, [illegible], der eine Arbeit [illegible], die er nicht versteht.

[illegible] Adj. [illegible] au [illegible] [illegible] etwas früher. [illegible] [illegible] Tag früher.

[illegible] [von اول und [illegible]] — [illegible] ce que, celui qui, tant que. | das was, der welcher, soviel als. Q. ce qui, quantum, quidcunque. [illegible] quidcunque ille arcidit, [illegible] quantum possibile est Ali Sebir.

[illegible] oder [illegible] Sbst. [illegible] | Kriegsgefangener, Kriegsbeute. Abdig. u. Ali Sebis. Q.

[illegible] und [illegible] Sbst. [illegible] [illegible] vgl. [illegible] und [illegible]

[illegible] s. [illegible] Deriv.

[illegible]

[illegible] und [illegible] s. [illegible] Deriv.

[illegible] Sbst. v. [illegible] meurtrier, homicide, Mörder.

[illegible] Adv. [illegible] | [illegible], [illegible] en même temps. | zugleich, zu gleicher Zeit.

[illegible] LT. [illegible] Worte (?)

[illegible]

[illegible]

[illegible] Adj. d'avant-hier. | vorgestrig [illegible] le jour d'avant-hier. | vorgestern, der vorgestrige Tag. Redhouse.

[illegible]

[illegible] Deriv.

[illegible]

[illegible]

[illegible]

[illegible]

[illegible]

[illegible] vgl. [illegible] Vb. recipr. distribuer, partager, se partager, se séparer, se détacher. | theilen, untereinander vertheilen, sich trennen, sich losmachen (ein Theil vom Ganzen). — Deriv. [illegible] Vb. caus. faire distribuer, répartir, faire part, donner. | theilen lassen, vertheilen, mittheilen, geben.

[illegible] Sbst. [illegible] tour, [illegible]; [illegible] de [illegible] du navire. | Wendung, Volte, ein Gang oder Wendung beim Laviren eines Schiffes. — [illegible] faire un tour, se tourner, [illegible]. | eine Wendung machen, sich wenden, sich drehen, hin und her oder auf- und abgehen, laviren (vom Schiffe), dem Winde entgegen segeln. — [illegible] se [illegible]

([illegible]), und drehen und wenden (im Gehen und Reden). Kam. s. v. [illegible] — [illegible] rester ce et là [illegible] de la peur). | unruhig und ohne Rast hin und her laufen (vor Furcht). Kam. s. v. [illegible] se [illegible] en [illegible] et en [illegible], auf und abgehen.

[illegible] oder [illegible] Sbst. [illegible] | Angel, Angelhaken (zum Fischen).

[illegible] Vb. intr. v. [illegible] devenir grand, croître, devenir âgé | gross werden, wachsen, alt werden. — Deriv. I. [illegible] Vb. refl. devenir grand, devenir âgé. | gross werden, alt werden. Partic. [illegible] und [illegible] [illegible] | [illegible], ein Greis. — II. [illegible] Vb. caus. faire grandir, agrandir; élever. | gross werden lassen, vergrössern; erziehen. [illegible] [illegible] oder [illegible] [illegible] als er seine Kinder erzogen hatte

[illegible] — [illegible] mourir. | sterben. [illegible] moriens est [illegible] sur le point de mourir. Q.

[illegible] Sbst. — [illegible] s. d. [illegible]

[illegible] Sbst. rigole, gouttière, égout, canal. | Rinne, Dachrinne, Rinne an einem Mühlrade, Röhre (an einer Cisterne). [illegible] durch welche das [illegible] aus dem Hause abfliesst. [illegible] 1. gouttière d'or placée sur le haut de la [illegible] | die goldene Dachrinne an der Kaba. 2. espèce d'étoffe de l'Inde à raies d'or. | eine Art golddurchwirkten indischen Zeuges.

[illegible] Sbst. folie, démence. | Narrheit, Geistesabwesenheit.

[illegible] Sbst. cheval, petit [illegible] de poste, courrier. | Eilbote, Pferd, [illegible], Postschiffchen. s. [illegible]

[illegible]

[illegible] — [illegible] Adv. tant, autant, tellement. | so viel, so gross, dermassen. [illegible] à peu près autant. | etwa ebensoviel, so viel etwa.

[illegible] Sbst. sillon, planche d'un jardin, la raie, le derrière. | Furche, Ackerfurche, Beet; die Kerbe, der Hintere.

[illegible] LT. [illegible] homme, un mortel | Mensch, ein Sterblicher

[illegible] und [illegible] Particip. v. [illegible]

[illegible] Sbst. [illegible] LL. le petit d'une [illegible], le [illegible] d'une [illegible] de [illegible]. | Strich, Anstrich (des Turban).

[illegible] LT. [illegible] Sbst. [illegible] les Pléiades. | das Siebengestirn.

[illegible]

[illegible] Sbst. [illegible] [illegible]; mot employé comme injure. | Feuerbock im Kamin, ein Schimpfwort, worauf die gewöhnliche Antwort [illegible] sich bei dem Heuden. Meninski

[illegible] Sbst. [illegible], [illegible] | [illegible], [illegible].

[illegible] LT. [illegible] [illegible] | Wage.

[illegible] Adv. jusqu'à la mort. | bis zum Tode. s. [illegible]

[illegible] oder [illegible], auch [illegible] und [illegible] Sbst. pays, province, territoire. | Land, Provinz, Gebiet.

[illegible] Pron. rel. compos. celui qui. | derjenige welcher. s. [illegible]

[illegible] Adj. le premier, der erste. s. اول

[illegible] und [illegible] (vulg. [illegible]). Sbst. la mort. | der Tod.

[illegible] Sbst. [illegible] | das Nichtvorhandensein, Abwesenheit einer Sache. s. [illegible] Deriv. I

[illegible] oder [illegible] Adj. u. Sbst. moribond, qui est en péril de mort. | dem Tode nahe, in Todesgefahr, ein Sterbender [illegible] im Sterben liegen, in den letzten Zügen liegen; in Todesgefahr sein [illegible] [illegible]

[illegible] s. [illegible] Deriv. I.

[illegible] s. [illegible] Deriv. I. [illegible] [illegible] [illegible] | Halsstarrigkeit [illegible].

[illegible]

[illegible]

[illegible] Vb. intr. Aor. [illegible] être, exister; être dans un état, atteindre une position convenable, mûrir, devenir complet, devenir [illegible] | sein, bestehen, sich in einem Zustande befinden, werden, in einen Zustand kommen, einen [illegible] Zustand erlangen, reif werden (von Früchten), gar werden (von Speisen), vollständig werden, [illegible] werden. [illegible] cela est, il est possible, il se peut. | es ist, es ist möglich, es ist thunlich, es geht an. [illegible] est-il possible? | ist es möglich? [illegible] qui a été, accompli, formé, mûr. | gewesen, geworden, vollständig, ganz, gar, reif [illegible] fait accompli. | vollendete Sache. [illegible] oder [illegible] soit, [illegible] | es sei, wohlan. [illegible] oder [illegible] [illegible] | unterstehe dich; du sollst sehen! (Drohung) [illegible] si cela est, c'est ainsi, c'est possible, peut-être. | wenn es ist, so ist es; wohl möglich, vielleicht. [illegible] | [illegible] [illegible] que, afin que, il se peut que. | es ist möglich dass, auf dass. [illegible] qui sera, qui pourra être, qui doit être, le futur. | was sein wird, sein muss, geschehen muss, das Künftige, Mögliche. [illegible] dis ce qui pourra se faire, dis ton dernier prix. | sage das Mögliche, sag den letzten Preis, das letzte Wort [illegible] [illegible] [illegible] | [illegible] [illegible] [illegible], [illegible] que possible. | [illegible], wie es sein kann, wie nur möglich [illegible] [illegible] [illegible] que [illegible]-

أيكمول Sbst. — أيلوى la main droite die rechte Hand. LT.

أيكي Adj. u. Adv. droit, à droite | recht, rechts; rechts und links

أيكو Adj. u. Sbst. [illegible] querelleur, obstiné, opiniâtre, disputeur, adversaire, concurrent, compétiteur, rival | [illegible] streitsüchtig, eigensinnig, trotzig, halsstarrig; der das Rechte kennt und das Gegentheil davon thut, Widersacher, Mitbewerber. — أيكل

أيكوشجى Sbst. adversaire, concurrent, rival | Widersacher, Mitbewerber v. أيكو

أيكوشمك Vb. recipr. se quereller, être en concurrence, être en rivalité | sich streiten, mit einander wetteifern, in Concurrenz kommen, concurriren.

أيكوشلك Sbst. opiniâtreté, obstination, concurrence, rivalité | Eigensinn, Halsstarrigkeit, Concurrenz, Wettstreit, Widerspenstigkeit — [illegible] être en concurrence, rivaliser, s'opposer, contester | concurriren, [illegible]

[illegible]

[illegible] mit der Frau [illegible]

[illegible] Sbst. [illegible] | [illegible] Mensch, der [illegible]

[illegible]

[illegible] Deriv. Sbst. [illegible] | [illegible]

[illegible] Adj. u. Sbst. qui joue, qui badine, [illegible], ou qui l'on ne peut pas compter; — [illegible] | spielend, [illegible], unbeständig, [illegible], [illegible] (von Pferden), ein [illegible] Mensch, Lügner, Betrüger, die Stelle, wo ein Glied sich bewegt, [illegible] das Gelenk, [illegible]

[illegible] Vb. act. u. intr. [illegible]

[illegible]

[illegible] Vb. intr. [illegible] réparer, [illegible] | [illegible]

[illegible]

[illegible] Sbst. [illegible] la plume de la flèche. | Feder oder Schwinge des Pfeiles

[illegible]

[illegible] Vb. act. passer d'un côté à l'autre. | hin und her schieben [illegible] Kam. [illegible] s'occuper beaucoup de q. ch., tuer le temps avec q. ch., sich viel mit einer Sache beschäftigen oder unterhalten, sich die Zeit mit etwas vertreiben. — [illegible]

[illegible] | Vogelscheuche, Waldteufel (auf einer Stange aufgerichteter Schädel eines Thieres).

[illegible]

[illegible]

[illegible]

[illegible] Vb. act. [illegible] fendre à larges [illegible] | mit grossen Stücken [illegible] Kam. [illegible]

[illegible]

[illegible] Sbst. [illegible] maison, famille; propriétaire, maître de la maison | Haus, Haushaltung, Familie; Hausherr [illegible] Abulg. [illegible]

[illegible]

[illegible] Sbst. jeu, badinage, raillerie, farce; imposture. | Spiel, Scherz, Tändelei, Kurzweil, Schauspiel, Glücksspiel; Spiel das man mit Jemand treibt, Betrug, Ränke, Täuschung, List, Streich den man Jemandem spielt. [illegible] comédie. | Schauspiel. [illegible] jeu de cartes. | Kartenspiel. [illegible] jeu d'échecs (Schachspiel). [illegible] jeu de paume. | Ballspiel. [illegible] trictrac. | Brettspiel. [illegible] jouer un jeu | ein Spiel spielen. [illegible] gagner la partie. | das Spiel gewinnen.

[illegible] Sbst. v. [illegible] morceau, [illegible] | Schnitt, Abschnitt, Ausschnitt, abgeschnittener Theil. [illegible] der Ausschnitt am Kragen.

[illegible] Adj. u. Sbst. v. [illegible] qui dépend, qui suit, imitateur, [illegible], parasite; qui appartient, dépendance, suite | abhängig von Jemand, zu Jemand gehörig, Nachahmer, Nachfolger, Anhänger, [illegible]; Schmarotzer. [illegible] Anhang, Gefolge.

[illegible] Sbst. jouet, joujou, babiole; sorte de petit jeu de [illegible], de divertissement de société | Spielzeug, Spielgeräth, Spielerei, Gesellschaftsspiel.

[illegible] Gerund. v. [illegible] chambre à coucher. | Schlafstelle, Schlafkammer.

[illegible] Sbst. dormeur. | Schläfer, schläfriger oder verschlafener Mensch.

[illegible] Sbst. v. [illegible] serrist, bord, [illegible] | Saum, Rand, Ausschnitt eines Kleides.

[illegible] v. [illegible]

[illegible] Abbreviatur für [illegible]

[illegible] Interj. ah! oh! aïe! | Ausdruck des Schmerzes. Als Sbst. soupir. | der Seufzer. — [illegible] soupirer. | seufzen. [illegible] un soupir. | ein Seufzer.

[illegible] Sbst. empois. | Stärke (von Mehl), Kleister von Stärkemehl, Papierglätte (eine Art Gummi von Eiweiss und Alaun, welche dem Schreibpapier Glanz giebt.) [illegible] eau de l'empois. | flüssige Stärke. [illegible] empeser. | stärken. [illegible]

[illegible] Vb. act. mettre de l'empois. | stärken. — [illegible]

[illegible] und [illegible] Sbst. Pl. v. [illegible]

[illegible] [IV.] Sbst. [illegible] action de traiter légèrement q. qu., ou d'en faire peu de cas; dédain, mépris. | Bezeigung von Geringschätzung, Verachtung, Missachtung. — [illegible] mépriser, dédaigner, maltraiter q. qu., se déclarer content de q. qu. | Jemanden geringschätzig behandeln, beleidigen, sich feindselig gegen Jemand benehmen.

[illegible] [VIII.] Sbst. action de se lancer réciproquement des traits satiriques, écrire des satires les uns contre les autres. | gegenseitige Verhöhnung, Verspottung (durch Reden und Schriften).

[illegible] [VIII.] Sbst. [illegible] — [illegible] se laisser conduire dans le droit chemin, dans le chemin du salut. | sich auf dem rechten Wege (zur Erkenntniss, zum Heile) leiten lassen. vgl. [illegible] und [illegible]

[illegible] [VIII.] Sbst. [illegible] agitation, mouvement, vibration (d'une corde etc.). | Bewegung (insbesondere zitternde), Schwingung, Vibration (einer Saite u. dgl.), Aufregung, Zustand der Aufregung. — [illegible] être agité, secoué, ébranlé, s'agiter, trembler; être gai, sauter de joie. | aufgeregt, bewegt sein, sich bewegen, zittern, [illegible]; vor Freude hüpfen, springen, munter sein.

[illegible] [VIII.] Sbst. action de casser. | das Zerbrechen. — [illegible] casser, rompre, briser; se soumettre entièrement à la volonté de q. qu. | brechen, zerbrechen (in kleine Stücke); seinen Willen brechen, sich demüthigen, sich einem andern gänzlich unterwerfen.

[illegible] [VIII.] Sbst. [illegible] — [illegible] faire une infusion à q. qu. Jemandem (im Zorne) Unrecht thun.

[illegible] [VIII.] Sbst. — [illegible] se jeter dans un péril. | sich in Gefahr begeben, sich dem Untergange weihen. — [illegible]

[illegible] [VIII.] Sbst. [illegible] soin, sollicitude, diligence; ferveur; effort. | Sorgfalt, Sorge, Fleiss, Unmut, Verwendung. — [illegible] avoir soin, s'efforcer. | Fleiss und Sorgfalt anwenden; eine Sache versuchen, sich Mühe geben [mit dem Dativ des Objects oder mit [illegible]]. — [illegible] mit vollem Eifer, so sorgfältig als möglich.

[illegible] Adv. sans soin, sans effort, négligemment | ohne Sorgfalt anzuwenden, sorglos, nachlässig, obenhin.

[illegible] [VIII.] Sbst. [illegible] peur, frayeur, crainte. | Furcht, Angst, Entsetzen.

[illegible] [IV.] Sbst. action de trouver ou de regarder q. ch. comme satirique. | etwas als Satyre, als Spott aufnehmen, oder dafür halten. — [illegible] oder [illegible]

[illegible] [IV.] Sbst. [illegible] action de conduire, de guider, d'apporter, de présenter. | Geleitung, Leitung, Führung (auf dem rechten Wege zur Erkenntniss); Darbringung (eines Opfers, eines Geschenks), Ueberreichung. — [illegible] reconduire (la nouvelle mariée chez son mari); diriger vers le chemin du salut; présenter un cadeau etc. | zuführen (z. B. die Braut dem Gatten); auf den rechten Weg (zur Erkenntniss, zum Heile) führen, bekehren (zum wahren Glauben), Plünder- und Bettgeber sein, ein Geschenk darbringen. vgl. [illegible]

[illegible] [IV.] Sbst. action de regarder comme vain, comme inutile. | Geringschätzung. — [illegible] regarder comme vain; permettre que le sang d'un homme soit versé impunément. | einer Sache geringen Werth beilegen, für geringfügig halten; einen Mord ungerächt lassen.

[illegible] [IV.] Sbst. [illegible] bavardage, radotage. | Schwätzerei, Faselei.

[illegible] [IV.] Sbst. [illegible] application. Sorgfalt, Mühe. — [illegible] s'appliquer, s'efforcer, se livrer tout entier à q. ch.; mettre en faute | Fleiss und Sorgfalt anwenden, sich einer Sache ganz widmen; — in die Flucht treiben.

[illegible] [IV.] Sbst. [illegible] — [illegible] verser, répandre, faire couler. | vergiessen, fliessen lassen.

[illegible] Sbst. Pl. v. dem ungebräuchlichen Singular [illegible] oder [illegible] les pyramides d'Égypte. | die ägyptischen Pyramiden; als Singular pyramide | Pyramide, als stereometrische Figur.

[illegible] Sbst. hache, cognée. | Axt, Beil.

[illegible] Sbst. (Ahriman) démon, esprit aérien, le diable. | böser Dämon, Luftgeist, Teufel.

[illegible] [IV.] Sbst. [illegible] rire (immodéré). | lautes unmässiges Lachen.

[illegible] [IV.] Sbst. — [illegible] trouver q. qu. plaisant, regarder q. qu. comme plaisant. | kurzweilig finden (eine Person oder Sache), scherzhaft finden.

[illegible] Adv. s. d. Folgde.

[illegible] Adj. u. Adv. doux, tendre; modeste, tranquille; lent; doucement. | sanft, weich, ruhig, bescheiden, langsam, leise (von der Stimme), sachte lasst; gemach, sachte und sacht, (gewöhnlich wiederholt: [illegible] und [illegible] doucement. | leise, leise)

[illegible] Sbst. vgl. d. Vorigen douceur, bonté de caractère, lenteur. | Weichheit, Zartheit, Güte des Charakters, Sanftmuth; Langsamkeit der Bewegung.

[illegible] Adv. vgl. [illegible] doucement, lentement. | zart, sanft, langsam. [illegible] marcher lentement (comme un vieillard) | langsam gehen, schleichen (vom Gange der Greise).

[illegible] Adj. qui va doucement, lent. | ruhig gehend, ruhig schreitend, langsam sich fortbewegend.

[illegible] Sbst. — [illegible] agir lentement | eine Sache langsam betreiben, langsam verrichten lassen.

[illegible] Sbst. plâtre, chaux, mortier. | Gyps, Kalk, Mörtel.

[illegible] Sbst. Pl. [illegible] u. [illegible] famille, maison; maître de la maison, maître ou propriétaire de q. ch.; qui apparte-

p [illegible] Subst. *accord*, [illegible] | Uebereinstimmung, [illegible] — [illegible]

p [illegible] [illegible] |Bed. [illegible] Vb. act. — [illegible] *tirer, traîner, étendre, traîner* [illegible] *se proposer*, [illegible] einen Zwecke [illegible] [illegible] den Namen oder den Ton ziehen, einen Ton geben. [illegible] den [illegible] ziehen [illegible] eine [illegible] oder [illegible]

p [illegible] Subst. *épouvantail* | Vogelscheuche, Waldscheuche.

p [illegible] oder [illegible] Adj. *de fer* [illegible] von Eisen. [illegible] mit eiserner [illegible], stark, [illegible]

p [illegible] Subst. 1. *cerf, gazelle* Hirsch, Gazelle, Reh; in übergetragener Bedeutung auch das Auge, die Geliebte. [illegible] oder [illegible] der [illegible] [illegible] 2. *vice, défaut*. | Laster, Fehler 3. *cel.* [illegible] [illegible]

a [illegible] Subst. Pl. v. [illegible]

a [illegible] Subst. Pl. v. [illegible]

p [illegible] oder [illegible] Subst. *jeune cerf, chevreuil*. | junger Hirsch, junge Gazelle, Böcklein. [illegible] die [illegible], d. i. die [illegible], das [illegible] des Waldes.

a [illegible] Adj. [Compar. v. [illegible] [illegible] [illegible], [illegible]

a [illegible] Adj. *léger, facile, qui ne demande pas de peine*; [illegible] *léger, peu facile à faire ou à supporter; peu important*. | leicht, sehr leicht, leichter [illegible] oder zu ertragen; Gegentheil von [illegible] unbedeutend, geringfügig, [illegible] [illegible] von zwei Uebeln das kleinere.

p [illegible] Subst. *fente, crevasse, brèche; [illegible] mesure*, | [illegible], Loch, [illegible] oder unterirdischer [illegible], Minen.

p [illegible] Subst. v. [illegible] *crainte, fuite*. | Furcht, Flucht.

p [illegible] Subst. s. [illegible]

p [illegible] Subst. [illegible] *de la tête qui garantit le cerveau*. | Hirnschale.

p [illegible] oder [illegible] Partic. [illegible] *fatigué, p. ex. de soleil*. | [illegible] [illegible]

t [illegible] Subst. [illegible] *lune; [illegible] le croissant*. | Mond, Mondsichel, Monat, der Halbmond, Mondsichel. [illegible] *de mois en mois, mensuel*. | von Monat zu Monat, allmonatlich [illegible] [illegible] [illegible] *éclipse de lune* [illegible] Mondfinsterniss [illegible] *clair de lune*. | Mondschein. [illegible] *le premier jour du mois; [illegible]* | der erste Tag des Monats; des Neumondes. [illegible] *croissant*, das erste Viertel des Mondes. Neumond [illegible] *fin du mois, les trois derniers jours du mois*. | Ende des Monats, insbesondere die drei letzten Tage, das letzte Viertel des Mondes. [illegible] *le croissant des turcs* | der türkische Halbmond. [illegible] *lunatique*, mondsüchtig [illegible] mondsüchtig [illegible] [illegible] ein Mondkalbchen [illegible] oder [illegible] [illegible] [illegible] [illegible], — [illegible] oder [illegible] LL. ein Werkzeug [illegible] sich die Kameelhirten zum Ausheben [illegible] [illegible]

t [illegible] Interj. u. Adv. *oh! ah!* [illegible] | [illegible] — [illegible]

t [illegible] Subst. — [illegible] *maison*; | Haus [illegible] *maison*; | im Hause

a [illegible] Pron. *qui, quiconque; qui? quel? lequel?* | wer, wer immer, wer? welcher? was? vgl. das arabische [illegible]

t [illegible] Interj. *o! oh! [illegible]* [illegible] sich doch! hier; (steht immer vor einem mit [illegible] anfangenden Worte, [illegible] o mein Herr, dagegen [illegible] immer vor Consonanten.

t [illegible] oder [illegible] Subst. [illegible] *paume de la main, plante du pied*. | die innere Handfläche, Handteller, — [illegible] Fusssohle, — [illegible] mit der flachen Hand schlagen.

t [illegible] Interj. *chose étonnante! o merveille!* | o Wunder! [illegible]

t [illegible] Subst. LT. [illegible] *tante, sœur du père*. | Tante, Vatersschwester(?) [illegible] LT. [illegible]

t [illegible] auch [illegible] und [illegible] Subst. *maître, possesseur, prince*. | Herr, Besitzer, Fürst.

a [illegible] [illegible] Subst. [illegible] *action de revenir, retour; le coucher du soleil*. | Rückkehr, Untergang der Sonne. — [illegible] *revenir, se convertir*. | zurückkommen, zurückkehren, sich bekehren. [illegible] hin und her gehen.

a [illegible] Subst. Pl. [illegible]

a [illegible] Subst. Zahril v. [illegible] [illegible] des Lebens.

t [illegible] Subst. [auch [illegible]] [illegible] | Vorhaus, Vorsaal.

a [illegible] Subst. *appui, renfort, soutien*. | [illegible], Stärkung.

a [illegible] Subst. [illegible] *action de donner de la force à q. qu.*, [illegible] | Kräftigung, Hülfe, Beistand.

a [illegible] Subst. Pl. v. [illegible]

a [illegible] Subst. v. [illegible] *surface de la terre*. | [illegible] Fläche der Erde.

p [illegible] Subst. [illegible] *troisième mois de l'année solaire* | der dritte Monat des [illegible] oder [illegible] des syrischen Jahres, entsprechend dem Monat Mai.

t [illegible] Vb. intr. *suivre*, [illegible] *q. ch.*, folgen, nachahmen. — [illegible] Vb. caus. Act. [illegible] *faire suivre, faire imiter*, [illegible], [illegible] *la société de q. qu.* [illegible] [illegible] [illegible] — [illegible] [illegible] die Truppen zum Abfall zu bringen [illegible] man hat ihm einen seiner [illegible] gemacht.

t [illegible] Subst. [illegible] *clair, [illegible], clair de lune, gelée, serein* | heiterer Himmel, helle Nacht, Mondnacht, helles Wetter mit Frost, Nachtfrost, Nachtthau. Adj. *serein*. | hell, heiter (vom Himmel). [illegible] *passer la nuit à la belle étoile, [illegible]* | die Nacht unter freiem Himmel zubringen. [illegible] *un jour serein* | ein heller Tag [illegible] heitere Luft. [illegible] während einer hellen Nacht. — [illegible] *être serein, faire clair de lune*. | hell sein, Mondschein sein

t [illegible] Subst. [illegible]

[illegible] *marionnette* [illegible] | [illegible] des [illegible] Schattenspiels, auch [illegible] genannt. — [illegible] [illegible] *ombres chinoises*. | das Schattenspiel.

t [illegible] Subst. *joueur de marionnettes*. | Schattenspieler, Gaukler, der Puppen beim Schattenspiel tanzen lässt

t [illegible] Subst. vgl. [illegible] *sérénité*. | Heiterkeit, Helle (des Himmels).

t [illegible] Vb. intr. v. [illegible] *s'éclaircir*, sich aufklären, aufheiten (vom Himmel, Wetter). Nom. a. v. [illegible]

gr [illegible] Subst. [illegible] *fontaine sacrée et miraculeuse, fontaine* | heilige oder geweihte Quelle, Gesundbrunnen, Brunnen.

[illegible] LT. [illegible]

a [illegible] [illegible] Subst. [illegible] *désespoir*. | Hoffnungslosigkeit.

a [illegible] Inf. v. [illegible] [IV.] Subst. [illegible] *action de faire perdre à q. qu. l'espoir*. | Beraubung der Hoffnung

p [illegible] Subst. [illegible] *désir*. | Verlangen nach einer Sache.

[illegible] ... der das Gesicht der Frauen verhüllt.

[illegible] ... in Ste. Sophie, grande mosquée à Constantinople. | die heilige Sophienkirche, jetzt Moschee in Constantinopel.

[illegible] ... | Brandmal.

[illegible] ... | Trinkgefäss, Schale, Becher, insbesondere der Becher, welcher bei Gelagen von Hand zu Hand geht. [illegible] eine goldene Schale. [illegible] der beizüglich das Wasser in den Kreisel über [illegible] Ali Schir. [illegible]

[illegible] ... | Schenke, der den Becher reicht. (pocillator).

[illegible] ... pied, piédestal, base, fond, degré d'un escalier; — fin de l'année; embouchure d'un fleuve | Fuss, Bein (z. B. eines Tisches u. dgl.), Fussgestell, Staffel, Stufe, Chorraum, Piedestal, Grund, Fussboden, Stufe (einer Treppe); Abfluss des Wassers, Unterland oder Mündungsarm eines Flusses. (Redhouse: [illegible]) [illegible]

[illegible]

[illegible] ... empire. | ausserordentliche Versammlung des Reichsraths, bei der sämmtliche Mitglieder [illegible] ... langsam sein, schleppen. [illegible] ... compagnon de route, camarade. | Genosse, Kamerad, Reisegefährte. [illegible] ... Trinkgeld [illegible] ... Tausendfuss wörtlich Vierzigfuss. [illegible] ... bruit des pieds. | [illegible]

[illegible] ... | der Zeit der grossen Hitze, Hundstage. [illegible] la fête des Rameaux. | das Fest Palmarum (der Christen). [illegible] unter seiner Regierung.

[illegible] ... Adv. des jours entiers; quelquefois. | tagelang; zuweilen. [illegible]

[illegible] ... Vb. intr. épargner, [illegible] ... Abulg. [illegible] — Derlt. [illegible] ... d. h. sein Leben darum würde [illegible] (d. non accipis, non salvabit), non prohibet).

[illegible]

[illegible] Adj [illegible] wird [illegible]

[illegible] Adj. [illegible]

[illegible]

[illegible] garantir. [illegible] auf etwas [illegible]

[illegible] Adj. [illegible]

[illegible] dire, parler. | sagen, sprechen.

[illegible] qui parle. | der Sprecher [illegible] — Deriv. [illegible]

[illegible]

ایچکوجی Sbst. — ایچکجی Ali Sahir. Q.

[illegible] Adj. ... minces, subtil, tendre. | dünn, schmal, fein, zart.

ایچکی [illegible] oder ایچقی Sbst. v. [illegible] boissons spiritueuses, vin; gorgée, trait, coup (de vin) geistiges Getränk, Wein; Schluck, Trunk.

ایچکیجی [illegible] Sbst. u. Adj. buveur, ivrogne. | dem Trunk ergeben. Trinker, Trunkenbold.

[illegible] Adj. [Gerund. v. [illegible]] bon à boire, potable. | trinkbar. — ایچلور oder ایچمل

[illegible] Sbst. espèce de carot[te] | Leckerbissen, Kinder. — [illegible] Nom. s. v. [illegible]

[illegible] Vb. pass. v. [illegible]

ایچلو [illegible] Adj. intérieur. | inwendig. ... das innere Mark und Kern einer Sache. Nom.

[illegible] Sbst. un trait, un coup, une gorgée. | ein Schluck, Zug beim Trinken, Trunk. ... ein Schluck Milch. ... ich habe nicht einen Tropfen Wasser in den Mund genommen.

[illegible] oder [illegible] Vb. act. Aor. ... Imperat. ... boire; trinken, einschlürfen (vermischt mit ...) ... [illegible] ... auf Jemandes Gesundheit trinken. ... faire un serment, schwören. ... fumer du tabac. | Tabak rauchen, eine Pfeife rauchen ... absorber. | einsaugen, aufsaugen. ... boire en humant. | einschlürfen, Zug um Zug einschlürfen. ... être bu. | getrunken werden u. s. w. — II. ... Vb. caus. faire boire etc. | trinken lassen u. s. w. — III. ... Vb. caus. Aor. ... donner à boire. | zu trinken geben.

ایچمل oder ایچملو [illegible] Adj. bon à boire, potable. | trinkbar. — ... trinkbares Wasser.

[illegible] s. ایچ

[illegible] s. ایچ

ایچون [illegible] LT. Pers. — [illegible]

[illegible] s. [illegible] Deriv. III

ایچون [illegible] Postpos. pour, à cause; afin que, dans le but; wegen, um; hinsichtlich, um; damit, in der Absicht dass. — Bezeichnet die Ursache oder den Zweck und hat sowohl den Nominativ als den Genitiv vor sich. ... pour lui, à cause de lui, de lui, de moi. | für ihn, seinetwegen, von oder über ihn ... was man sagt von ihm, was spricht man über ihn ... considération, pour ménager, par complaisance | meinetwegen, mir zu gefallen, in Betracht meiner, mir zu Liebe. ... ich kann um zu bitten ... nicht ... pourquoi? à quoi? | warum? weshalb? wozu? ... pourquoi? pour quel faire? | weshalb? wozu? — Es dient als Partikel der Betheuerung: ... par la vérité du prophète | bei der Wahrhaftigkeit des Propheten. — Wenn das vorhergehende Wort das Suffix des Possessivpronomen der IIten Person hat, wird es in der Schrift mit diesem verbunden, ... parce que cela est. | weil er (es) ist. ... pour son père | wegen seines Vaters. ... parce qu'elles sont parties. | weil sie weggegangen sind. ... à cause de ses intrigues. | wegen seiner Arglist; ... à cause d'une intrigue | wegen einer Arglist. — Mit vorausgehender IIIter Person des Imperativs: afin que, dans le but, damit, in der Absicht dass, ... afin qu'il ne batte pas. | damit er nicht schlage. ... afin qu'il ne ... pas. damit er nicht ...

ایچی [illegible] Sbst. l'intérieur. | das Innere. s. ایچ

ایچکیجی [illegible] Sbst. buveur. | Trinker, Trunkenbold.

[illegible] Inf. [IV.] Sbst. — [illegible] révélation, inspiration. | Offenbarung, Gottesgeistesung.

[illegible] Inf. [IV.] Sbst. action de jeter q. qu. dans le feu, dans le malheur. | Jemanden in den Schmerz werfen, in Unglück stürzen.

آید [illegible] oder آیدلمجی [illegible] ... Sbst. ... nom d'une plante. | Name einer Pflanze, ... Die Frucht dieser Pflanze, ... Nom.

آید [illegible] Sbst. LT. [illegible] parfum. | Wohlgeruch.

آید [illegible] [Pers. v. [illegible]] Adj. accablant, grave, pesant, pénible. | schwer, beschwerlich, gewichtig (in moralischem Sinne).

آید [illegible] Sbst. dureté, force, puissance, vigueur. | Härte, Stärke, Macht.

آید [illegible] Adj. fort, robuste. | stark, kräftig.

آید [illegible] [3. Pl. v. [illegible] II.] Interj. eigentlich: il a rendu fort. | er hat gestärkt.

[illegible] Allah. que Dieu rende fort! que Dieu aide, assiste. | Gott stärke, Gott helfe!

[illegible] Interj. vite! | schnell!

ایداع [illegible] Inf. [IV.] Sbst. action de placer q. ch., action de confier, de donner q. ch. à q. qu. en dépôt. | Niederlegung einer Sache irgendwo, Anvertrauung. — Rechtsspr. ein Vertrag nach dem der Eigenthümer die Sache einem Andern zur Aufbewahrung übergiebt, mit der Bedingung, für die Unversehrtheit derselben zu sorgen. s. Terms. — Sbst. ... des Embryo eines Halbwesens ... s. Mehrere. — ... confier q. ch. à q. qu., confier un secret, en dépôt. | bei Jemand etwas niederlegen, ihm anvertrauen, in Verwahrung geben; ein Geheimniss anvertrauen.

ایدی [illegible] Adv. ici, alors, maintenant, toujours. | hier, damals, jetzt, immer.

ایدش [illegible] Sbst. s. [illegible] appareil, apprêts. | Vorbereitung, Zurüstung. ... die Zurüstung zum Brauch der heiligen Höhlen.

[illegible] s. [illegible] Deriv.

آیدنسوز 1. Adj. LT. [illegible] intelligent. | verständig. 2. Nom. pr. LT. [illegible]

آیدین oder آیدین [illegible] oder آیدن [LT. ایدین] Sbst. vgl. آی lumière, clarté | Licht, Helle, Glanz, Tageslicht, Feuerschein. ... clair de lune. | Mondschein. گوزك ایدن [illegible] oder ... la lumière de tes yeux! | Deinem Auge Glanz! d. i. freue dich! Dein Auge möge vor Freude glänzen, nämlich über die Nachricht, welche ich bringe ... Nom. pr. Name einer Provinz in Anatolien, (das alte Lydien und ein Theil von Karien). آیدین گوزل [illegible] Nom. pr. Magnesia am Mäander.

[illegible] Adj. sans lumière, obscur. | lichtlos, glanzlos, dunkel, finster.

آیدنلق [illegible] 1. Sbst. — ... lumière, clarté. | Glanz, Helle. ... fenêtre, petite porte par laquelle on se passe ... | blinde Thür, Seitenpförtchen. 2. Adj. — آیدنلو lumineux, clair | hell.

آیدنلنمق oder آیدنلتمق [illegible] Vb. intr. Aor. ... briller, être lumineux. | glänzen, hell erscheinen (die Sonne). ... s'éclaircir (le temps). | sich aufklären (das Wetter u. s. w.). — Deriv. ... oder ... Vb. caus. ... faire briller, éclaircir, illuminer. | leuchten oder glänzen lassen, erleuchten, erhellen.

آیدنلو oder آیدینلو [illegible] Adj. lumineux, clair. | leuchtend, glänzend, hell.

[illegible] Deriv.

[illegible] Sbst. Pl. v. [illegible]

[illegible] Sbst. LT. [illegible] Klagelieder. vgl. d. Pfeile.

[illegible] Sbst. — [illegible] Gefässe (Napf, Schüssel) u. dgl. von Thon. [illegible] Ali Sehir VI.

[illegible]

[illegible] Sbst. [illegible] action de causer du dommage à q. qu., mal causé à q. qu. | Beschädigung, Verletzung [illegible]

[illegible] Sbst. [illegible] action d'informer q. qu. de q. ch., [illegible] wissen lassen, Jemanden benachrichtigen.

[illegible] Adj. bon. | gut. [illegible]

[illegible] Sbst. bonté, grâce. | Güte, Gnade. [illegible]

[illegible] Sbst. [illegible] homme, mari | Mann, Gatte.

[illegible] Sbst. [illegible] chant, chanson, air. | Gesang, Lied, Arie.

[illegible] Adv. de grand matin, de bonne heure | früh, zeitig. [illegible] tôt ou tard. | früh oder spät.

[illegible] Sbst. [illegible] selle. | Sattel. — [illegible] seller. | den Sattel auflegen, satteln.

[illegible] Sbst. LT. [illegible] nom d'un médicament. | Name eines Arzneimittels.

[illegible] Sbst. [illegible] action de faire jaillir du feu du briquet. | des Feuers schlagen, Feuerschlagen.

[illegible] Sbst. action de constituer q. qu. héritier, de faire hériter q. ch. à q. qu., action de donner q. ch. à q. qu., de causer, d'occasionner q. ch. | Einsetzung als Erben, Vererbung, [illegible] Veranlassung. [illegible] — [illegible] constituer héritier; faire un héritage; causer, occasionner. | zum Erben einsetzen; eine Erbschaft machen; verursachen, hervorbringen [illegible] inspirer des doutes sur q. ch.; être suspect, douteux. | Zweifel erwecken, zweifelhaft, verdächtig sein. [illegible] Trost bringen [illegible] Hoffnung erwecken.

[illegible] Sbst. [illegible] action de faire venir, d'amener; citation d'un passage; [illegible] | das Kommenlassen, Herbeibringung; Anführung (einer Stelle aus einem Buche, eines Beweises, einer Begebenheit u. s. w.), Erzählung; Einkommen, [illegible] — [illegible] faire venir, amener, produire, [illegible] quelque part, citer; raconter, expliquer, [illegible]

gelangen lassen, herausbringen, beibringen; [illegible] anführen, citieren, [illegible] u. s. w. anführen, erklären, [illegible] [illegible] es wird angeführt, es wird erklärt, es wird [illegible]

[illegible] LT. [illegible] I. Sbst. distance, ce qui est éloigné. | Entfernung, Ferne, [illegible] 2. Adj. u. Adv. loin, éloigné. | fern, entfernt. [illegible] de loin. | in der Ferne [illegible] ceux qui sont éloignés, les absents. | die Entfernten, Abwesenden [illegible] de loin | von fern. [illegible] être loin. | entfernt sein. [illegible] éloigner, ôter, séparer de q. ch. | entfernen, wegnehmen, trennen von einer Sache. [illegible] fort loin, éloigner. | weit [illegible], verbannen.

[illegible] Adv. loin | fern, weit.

[illegible] Vb. intr. Aor. [illegible] | vgl. [illegible] | regarder comme éloigné. | für entfernt halten. [illegible]

[illegible] Sbst. — [illegible] distance, éloignement | Ferne, Entfernung, Abstand, Weite.

[illegible] Vb. [illegible] Aor. [illegible] éloigner. | entfernen. — Deriv. I. [illegible] Vb. recipr. s'éloigner l'un de l'autre, se séparer, être différent, se distinguer. | sich von einander entfernen, [illegible]; sich trennen, weit von einander abgehen; sich von einander unterscheiden, [illegible] — II. [illegible] Vb. recipr. [illegible] faire s'éloigner l'un de l'autre, éloigner, séparer. | von einander entfernen, trennen. — III. [illegible] Vb. refl. s'éloigner, se séparer, partir. | sich entfernen, sich trennen, fortgehen.

[illegible] Sbst. LT. petit lait, lait [illegible] | Molken, [illegible] die dünne Milch, welche bei Bereitung des Joghurt übrig bleibt; — [illegible]

[illegible] Adj. [illegible] Persic. v. [illegible]

[illegible] N. pr. la Perse | Persien.

[illegible] Adj. persan. persisch.

[illegible] Sbst. LT. [illegible] | Vorbeck des Meeres.

[illegible] Sbst. LT. [illegible]

[illegible] Sbst. [illegible] Lippe. Ali Sehir. VI. — Vielleicht [illegible]

[illegible]

[illegible] Adj. [illegible] vgl. d. Figde. Deriv.

[illegible] Vb. [illegible] Deriv. [illegible] —

vgl. [illegible] choisir, élire; [illegible] | auswählen, aussuchen, reinigen, [illegible] Baumes. [illegible] | einen Brunnen reinigen. [illegible] se nettoyer la gorge, c. à d. expectorer. | die Kehle reinigen, d. i. sich räuspern. [illegible] das [illegible] einer Sache auswählen und verkaufen. — Deriv. [illegible] Vb. pass. être choisi, être nettoyé. | ausgewählt werden; gereinigt werden. [illegible] ausgemacht und weggeworfen werden, wie z. B. Unkraut u. dgl.

[illegible] s. [illegible]

[illegible] s. [illegible]

[illegible] oder [illegible] LT. [illegible] I. Sbst. [illegible] vgl. [illegible] le matin, ce qui est de bon matin; le lendemain. | der frühe Morgen, die Frühe, das Frühe; der folgende Tag, Morgen. — 2. Adj. u. Adv. de grand matin, de bonne heure. | früh, zeitig. [illegible] ce qui est passé, antérieur. | früher, d. i. in früher Zeit vergangen, alt; lt. praeteritus, priscus. [illegible] die alten Dichter und Redner. Ali Sehir. Q. — [illegible] oder [illegible] le lendemain | der folgende Tag [illegible] lundi. der Montag (Tag nach dem [illegible]), [illegible] mardi. | der Dienstag (Tag nach dem [illegible]).

[illegible] oder [illegible] Vb. [illegible] faire q. ch. le matin, arriver au point du jour; différer au lendemain, passer la nuit, rester jusqu'au matin. | etwas am Morgen thun, am Morgen oder in der Frühe an einem Orte ankommen; etwas auf den Morgen oder folgenden Tag verschieben, bis zum Morgen an einem Orte bleiben, die Nacht zubringen.

[illegible] s. [illegible]

[illegible] oder [illegible] Adv. de bonne heure. | früh, zeitig. vgl. [illegible]

[illegible] s. [illegible] Deriv.

[illegible] Sbst. le monde | die Welt. Ali Sehir Q.

[illegible] (pamme) racine d'iris. | die bunte Lilie, die wohlriechende Wurzel der Lilie, die in den Apotheken gebraucht wird, auch [illegible] genannt.

[illegible] Adj. sans selle, non sellé. | ohne Sattel, ungesattelt. vgl. [illegible]

[illegible] Sbst. [illegible] | Tollwurm.

[illegible] s. [illegible] Deriv.

[illegible] oder [illegible] Sbst. archévêque. | Erzbischof (Ex hungarico Archiepiscopus, per [illegible]).

[illegible] Sbst. v. [illegible] séparation, absence. | Trennung, Abwesenheit. [illegible] LT.

ر ایرشمق AIRYŠMAK. s. ایرشمک

ر ایرشمه IRIŠMEK. s. ایرشه

ro ایرغین YRGYN. Sbst. [illegible] ; Schäferlieder, Kinderreigen (?)

ر ایرکلنمک YRGALANMAK. s. ارکلنمک

ر ایرغلنمق o. ایرغلمق YRGALANMAK. Vb. intr. [illegible] Refl. d. Vigés. [illegible] trembler, vibrer. Verbed. VI. — [illegible] être agité, trembler.| hin und her bewegt sein, zittern. Nom.

ر ایرکمک oder ارکمک YRGAMAK. Vb. intr. se dresser, se lever. | sich aufrichten, [illegible], [illegible] [verwandt mit ایرکلمک und ارکلمق].

ro ایرکوجی AIRYMDЖY. LT. [illegible] séparé. | [illegible]. s. ایرمق

ر ایری AIRY. Adj. u. Adv. vgl. ایرمق séparé, séparément, outre, autrement, différent; plus. | getrennt, auseinander, verschieden; anders; mehr.

ر ایرکی ایرق AIRYLYGY. Sbst. [illegible] [illegible] [illegible] (Meninski: [illegible]) [illegible]

ro ایره [illegible] Sbst. [illegible] LT. u. VL. choix, option, libre arbitre, pouvoir, puissance. | Wahl, freie Wahl, freier Wille, Macht etwas zu thun. [illegible] er lasse dir freie Wahl; wörtl. gib meine Wahl in seine Hand.

ر ایره IRA. s. [illegible]

ر ارق IRAK. s. [illegible]

ro ارک IRK. LT. [illegible] [illegible] [illegible]

ro ارکچ u. ایرکچ ERKEČ.

ر [illegible] ERKEK. [illegible] [illegible] | [illegible]

ر [illegible]

ر ایرکلک ERKELIK. Sbst. LT. [illegible] dignité. | Grad, Würde (?)

ro [illegible] LT [illegible] Sbst. LT. [illegible] souverain, Kaiser, Landesherr.

ر [illegible] s. [illegible] Deriv.

ر ایرکمک ERKEMEK oder [illegible] Vb. intr. Aor. ایرکر [illegible] s'arrêter, croupir. | stehen bleiben, stocken (vom Wasser). — Deriv. [illegible] Vb. pass. refl. Aor. [illegible] s'arrêter, être stagnant. | sich [illegible] an einem Orte, z. B. Sand, Wasser; stehen bleiben, Pfützen bilden, stagniren (vom Wasser). vgl. [illegible]. Synon. [illegible] [illegible] Lache, Pfütze. [illegible] stehen bleiben, still stehen. [illegible] [illegible] Wasser. [illegible] [illegible]

ایرکسور [illegible] s'arrêter, croupir. | stehen bleiben, stocken, z. B. das Blut, das Herz, vor Schreck, Entsetzen u. dgl. [illegible] nicht [illegible] [vgl. [illegible] u. [illegible]] [illegible] [illegible] se proposer q. ch. | bei etwas stehen bleiben, sich etwas vornehmen. VL. intendere, attentare aliquid; intendere ad aliquem rem; proponere sibi quidpiam.

ر ایرکنجه [illegible] Adj. [Gerund. v. ایرکنمک] abominable | entsetzlich, abscheulich. [illegible] eine entsetzliche Sache. [illegible] auf eine entsetzliche Weise.

ر ایرکنش [illegible] Sbst. abomination, horreur. | Abscheu, Entsetzen. vgl. ایرکنمک Deriv. II.

ر ایرکنتی [illegible] Sbst. [illegible] Lache, Pfütze. vgl. ایرکنمک

ro [illegible] LT. [illegible]

ر ایرکورمک oder ارکورمک [illegible] Vb. act. Aor. ایرکورر [illegible] [illegible] faire parvenir, faire atteindre, faire arriver. | [illegible] [illegible] [illegible] [illegible] [illegible] permisit ut ... [illegible] molestiam aut injuriam [illegible]. Meninski.

ro ارکین s. ایرکین

ro [illegible] s. [illegible] oder [illegible]

ر [illegible] [illegible] VALAMAK. Vb. intr. Aor. [illegible] Imperat. [illegible] vgl. [illegible] chanter. | singen. — Deriv. [illegible] Vb. caus. Aor. [illegible] faire chanter; chanter. | singen lassen, und intrans. singen.

ر ایرلاجی [illegible] Sbst. chanteur. | Sänger.

ر ایرلایش [illegible] Sbst. chant. | Gesang.

ر [illegible] s. ایریمق Deriv.

ر [illegible] Sbst. nom d'une plante. | Name einer Pflanze. [illegible]

ر ایرلیش [illegible] Sbst. s. [illegible] séparation. | Scheidung, Ausscheidung (aus einer Gemeinschaft, [illegible]).

ر [illegible] oder [illegible] Sbst. s. [illegible] séparation, [illegible]. | Trennung, Scheidung, Verwahrung.

ر [illegible] s. [illegible]

ر [illegible] s. [illegible] Deriv.

ر [illegible] Adj. s. [illegible] Deriv. III. [illegible] | [illegible]

[illegible] Deriv. III. das sich nicht entfernen von einer Sache. [illegible] fidélité (d'une traduction). | Treue einer Uebersetzung.

ro ایرلمق AIYRLAMAK. Vb. act. [illegible] LT. [illegible] | wenden, umwenden. vgl. [illegible]

ro ایرلدی AIRYMLAMAK s. ایرمق Deriv.

ر ایرلمه [illegible] s. [illegible] Deriv.

ر ایرلمه [illegible] Vb. act. = [illegible] [illegible] | [illegible] vgl. [illegible]

ر ایرلیش AIRYLYŠ. Sbst. séparation. | Trennung, Scheidung, Ausscheidung aus einer Gemeinschaft.

ر ایرنو [illegible] Adj. [illegible] | [illegible] u. [illegible]

ر ایرم [illegible] Sbst. [illegible] [illegible] remendant, [illegible] en feutre qu'on met sous la selle. | die Filzdecke unter dem Sattel, Sattelkissen.

ر ایرم oder ایرم [illegible] Sbst. portée (d'une arme etc.) | die Entfernung bis zu welcher etwas reicht oder gelangen kann. Wurfweite [illegible] گوز ایریشی der Raum, welchen man mit dem Auge messen kann, Gesichtsweite.

ر [illegible] Sbst. fleuve, rivière | Fluss; eigentlich das Fliessen, vgl. [illegible] und [illegible]

ر [illegible] Sbst. bête, voyageur | Gast, Krankenwärter, Reisender, — [illegible]

ر [illegible] [illegible] hôtellerie. | Gasthaus, [illegible]

ر ایرمق AIYRMAK. Vb. act. Aor. ایرر [illegible] [illegible] séparer, écarter, détacher, éloigner, ôter, choisir, élire. | trennen, scheiden, spalten, entfernen von, absondern, abtheilen, von einander lösen, wegnehmen; auswählen, [illegible], [illegible]. [illegible] [illegible] écarter les jambes | die Beine auseinander breiten. گوز [illegible] fendre, spalten, [illegible] écarquiller les yeux. | die Augen weit aufreissen. [illegible] von seiner Seite verdrängen. [illegible] die chemische Scheidung der Metalle. — Deriv. I. [illegible] Vb. recipr. Aor. [illegible] se séparer. | sich trennen. — II. [illegible] oder [illegible] Vb. pass. Aor. [illegible] Imperat. [illegible] être séparé, être fendu, se séparer, s'éloigner, se détacher; [illegible]. | getrennt, geschieden, gespalten sein oder werden; sich spalten, Risse bekommen; sich trennen, sich sondern, sich entfernen, sich absondern, sich von Jemand oder einer Sache abwenden. [illegible] s'ouvrir. | sich öffnen, klaffen (eine Wunde). [illegible] Stück für Stück [illegible]

[illegible] Vb. pass. [illegible] séparé, [illegible] | [illegible] getrennt [illegible]

[illegible] Vb. recipr. [illegible] faire parvenir, faire atteindre. | [illegible]

[illegible] Vb. intr. Aor. [illegible] être, exister, sein; [illegible] der Conjugation der Verbe. s. d. Gramm.

[illegible] Sbst. séparation, abstraction. | Trennung, [illegible]

[illegible] Adj. u. Adv. [illegible] séparé, [illegible] | [illegible]

[illegible] Sbst. [illegible] | [illegible]

[illegible] Vb. intr. devenir grand, grossir. | gross werden, [illegible]

[illegible] Adj. séparé, [illegible]

[illegible] Adj. séparable. | trennbar. [illegible]

[illegible] Sbst. lèvre. | Lippe. vgl. [illegible]

[illegible]

[illegible] portier, officier du Divan. | Thürsteher, Kammerer im Divan. LT. [illegible]

[illegible] oder [illegible] [illegible]. Shot. LT. [illegible] portier. | Pförtner, Thürsteher.

[illegible] [illegible]. | [illegible].

[illegible] u. [illegible]

[illegible] u. [illegible]

[illegible] Adj. vgl. [illegible] qui travaille bien, qui fonctionne bien, qui marche bien, qui fait son ouvrage, leicht und gut oder scharf arbeitend, was gut geht (z. B. eine Maschine). [illegible] ein gut laufender, tüchtiger Kamel, [illegible] bon travailleur, homme versé dans les affaires | ein tüchtiger Arbeiter, in Geschäften geübter Mann [illegible] ein gut arbeitender, scharfer [illegible]. [illegible] un chemin très-fréquenté. | ein betretener, vielbenutzter Weg. [illegible] un tuyau de pipe non bouché. | ein Pfeifenrohr das leichten Zug hat, nicht verstopft ist. [illegible] écriture courante. | eine leichte, fliessende Handschrift.

[illegible] oder [illegible] Shot. LT [illegible] occupation. | Beschäftigung.

[illegible] u. [illegible] Deriv. I.

[illegible] oder [illegible] Deriv. u. [illegible]

[illegible] Vb. intr. u. act. Aor. [illegible] travailler, faire, être occupé, être en action (une machine etc.), fonctionner, être en activité. | arbeiten, überhaupt eine Arbeit [illegible], bearbeiten, schmieden, mit Kerzenlichtern verzieren, [illegible] u. s. w.), an einer arbeiten oder eine Sache bearbeiten. Im Gange sein, gehen (z. B. eine Maschine); betreten sein, viel Verkehr haben (z. B. eine Strasse); gut gehen; leichten Zug haben (z. B. ein Pfeifenrohr), nicht verstopft sein; aufgehen, eitern (eine Wunde), gähren (der Wein). [illegible] [illegible] oder [illegible] [illegible] un bateau qui [illegible] | ein Schiff das im Gange ist. [illegible] [illegible] rivière navigable. ein schiffbares Wasser. [illegible] entrer et sortir par une porte. | durch eine Thür ein- und ausgehen. — Deriv. [illegible] oder [illegible] Vb. neg. ne pas travailler, être oisif, ne pas faire son ouvrage, ne pas aller. | nicht arbeiten, müssig sein, seine Sache nicht thun, seinem Zwecke nicht entsprechen. [illegible] il ne travaille pas, cela ne va pas | er arbeitet nicht, es taugt nichts, die Sache geht nicht. [illegible] im Wald der so dicht ist dass kein Pfeil eindringt. — II. [illegible] Vb. caus. Aor. [illegible] faire faire, faire travailler, faire aller (une machine); faire supporter (une blessure) | arbeiten lassen, machen lassen (ein Kunstwerk u. s. w.), eine Wunde eitern lassen, eine Maschine u. dgl. in Gang bringen, [illegible] lassen. [illegible] Kameelen mit dem Pfeile treffen und bis auf die inneren Theile verwunden. Kam. s. v. [illegible] — III. [illegible] Vb. pass. u. refl. Aor. [illegible] être travaillé, composé, fabriqué, etc. | gearbeitet oder bearbeitet, gemacht u. s. w. werden, sich bearbeiten lassen, begangen oder betreten werden. [illegible] eine Thür, durch welche man ein und aus geht. Kam. s. v. [illegible]

[illegible] oder [illegible] Shot. — [illegible] s. d. Vbgde. travail, façon. Arbeit, Bearbeitung. [illegible] die Façon der Kleider. — 2. Adj. — [illegible] travaillé, fabriqué, travaillé à la main, avec art, brodé, ciselé, etc. | gearbeitet, mit der Hand oder mit Kunst gearbeitet, gestickt, gemalt u. s. w.

[illegible] oder [illegible] Adj. u. [illegible] occupé, qui a de l'ouvrage, travaillé, fabriqué avec art. | beschäftigt, gearbeitet, bearbeitet, mit Kunst gefertigt.

[illegible] und [illegible] Shot. u. Adj. qui travaille, fabricant; laborieux. | Arbeiter; arbeitsam.

[illegible] oder [illegible] Shot. — [illegible] travail, façon | Arbeit, Bearbeitung.

[illegible] u. [illegible]

[illegible] Vb. act. [illegible] [illegible]; [illegible]. | [illegible] (z. B. ein [illegible]) [illegible]. Ferhed. VI.

[illegible] Deriv. IV.

[illegible] oder [illegible] Vb. intr. Aor. [illegible] pisser. | das Wasser lassen. — Deriv. [illegible] Aor. [illegible] Vb. caus. faire pisser. | pissen lassen.

[illegible] Adj. brillant, luisant. | glänzend, leuchtend. [illegible] ver luisant. | Leuchtwurm.

[illegible] Vb. intr. briller, luire. | glänzen, leuchten.

[illegible] Shot. rayon, lumière. | Strahl, Lichtschein.

[illegible] u. [illegible]

[illegible] u. [illegible]

[illegible] und [illegible] Shot. porte. | Thüre, [illegible]

[illegible] Vb. intr. vgl. [illegible] briller, luire. | glänzen, leuchten (von der Wolke, von weissen Zähnen u. s. w.). Kam. s. v. [illegible]

[illegible] Vb. intr. briller, luire. | glänzen, leuchten (von der Wolke). vgl. d. Vbgde. [illegible] Kam. s. v. [illegible] vgl. [illegible]

[illegible] [illegible] IV.] Shot. [illegible] action d'ordonner, de recommander q. ch. à q. qn., donner commission, faire un testament. | Befehl., Anordnung, Beauftragung, testamentarische Verfügung. vgl. [illegible]

[illegible] [illegible] IV.] Shot. [illegible] action de faire arriver, faire parvenir, amener, envoyer, ajouter à q. ch. | das wohin gelangen lassen, wohin bringen oder schicken, Hinzufügung, Zufügung. [illegible] wohin schicken und gelangen lassen. — [illegible] être fait parvenir à q. ch., être uni à q. ch. | wohin gebracht, geschickt, befördert werden oder sein, wohin gelangen, ankommen, mit einer Sache vereint sein, einer Sache anhaften. [illegible] an den Stufen seines Thrones befördert wurde, d. i. dorthin gelangen konnte. [illegible] [illegible] des [illegible] ein.

[illegible] u. [illegible]

[illegible] Adv. [illegible] arrière, de nouveau, encore. | [illegible], noch [illegible], wieder.

[illegible] [illegible] II.] Shot [illegible] action d'exposer clairement, exposition, explication; deutliche und leicht fassliche Auseinandersetzung, Erklärung. [illegible] den Sinn erklären und deutlich machen.

[illegible] Adv. clairement, évidemment. | deutlich, klar, leicht fasslich.

[illegible] [illegible] IV.] Shot. [illegible] action de se hâter, de se dépêcher, hâte. | Eile, Beeilung.

[illegible] [illegible] IV.] Shot. [illegible] action de choisir un lieu pour sa demeure. | Niederlassung in einem Lande oder Gegend, Ansiedlung.

[illegible] Shot. — [illegible] [illegible].

[illegible] Vb. act. — [illegible] LT. [illegible] dessiller. | [illegible]. vgl. [illegible]

[illegible] cheval hongre. | verschnittenes Pferd.

[illegible] cheval entier, étalon. | Hengst [illegible] hippopotame. | Flusspferd.

[illegible] Shot. [illegible], Wurfgarn, Fischgarn, kleines Netz zum Fischefangen.

[illegible] Vb. intr. se former (du cheval entier). | Hengst werden, sich zum Hengste ausbilden (von jungen Pferden). Kam. s. v. [illegible]

[illegible] Shot. — [illegible]

[illegible] Shot. arrangement. | Begattung.

[illegible] Vb. recipr. LT. [illegible] [illegible]. | [illegible]. vgl. [illegible]

[illegible] vielleicht: Lager. Q. [illegible] Abulg. [illegible] die Vorname. [illegible]

[illegible] Shot. LT. [illegible] | [illegible]

[illegible] N. pr. LT. [illegible] [illegible], die Uiguren. s. [illegible]

[illegible] [IV.] Sbst. action de [illegible], d'accomplir q. ch., [illegible], observation d'une promesse. | [illegible] eines Versprechens, Worthalten. — [illegible] faire parole; accomplir q. ch.; faire [illegible] de q. ch. | Wort halten, [illegible] ein Gesetz [illegible] [illegible] legee studiose observavit. [illegible]

[illegible] [IV.] Sbst. action d'envoyer q. qn. comme ambassadeur, comme messager. | Sendung, Gesandtschaft.

[illegible] [IV.] Sbst. action d'[illegible], d'engraisser [illegible] à q. qn. | [illegible]

[illegible]

[illegible] ایقلق [illegible]. Sbst. état de [illegible] | Nüchternheit, [illegible] Zustand. Gegentheil von [illegible]

[illegible] Vb. caus. [illegible] | [illegible] machen. — [illegible] Vb. refl. et [illegible] | [illegible] werden.

[illegible] Vb. intr. LT. [illegible] devenir père de famille, ou maître de maison. | Familienvater oder Hausherr werden. — Deriv. [illegible] Vb. caus. LT. [illegible] rendre q. qn. maître de maison. | zum Hausherrn machen. vgl. [illegible]

[illegible] Vb. act. LT. [illegible] jeter, renverser. | [illegible]

[illegible] Deriv. II.

[illegible] Sbst. [illegible] respiration [illegible], profond soupir. | [illegible]

[illegible]

[illegible] gen, zum Stehen bringen, z. B. einen Schlauch oder Sack, indem man ihn vollfüllt und zubindet.

[illegible] Sbst. sœur, sœur aînée. | Schwester, ältere Schwester. vgl. [illegible]

[illegible] Sbst. [illegible] action de corroborer, corroboration, constatation, confirmation. | Festigung, Bekräftigung, Bestätigung.

[illegible] Sbst. — [illegible] | Sattel.

[illegible] Vb. act. — [illegible] seller, [illegible] | satteln, [illegible] — Deriv. [illegible] Vb. caus. faire seller. | satteln lassen.

[illegible] Sbst. — [illegible] | Feile.

[illegible] oder [illegible]

[illegible] Vb. act. [illegible] s'emparer de q. ch., prendre, occuper. | sich einer Sache bemächtigen, [illegible], erobern. [illegible] bemächtigte sich ihres Reichs. Ali Sebir. 4.

[illegible] Sbst. u. Adv. Num. le double, [illegible] | Zweiheit, zweifach, beide (ambo). [illegible] tous les deux. | alle beide, je zwei (bini). [illegible]

[illegible]

ت ایكرمیلك [illegible] (vulg. [illegible]). Sbst. pièce d'or de la valeur de vingt piastres. | Goldstück im Werthe von 20 Piaster.

ت ایكریك s. اكریك

ت ایكرمك [illegible] Vb. intr. rugir, mugir. | brüllen (von Thieren). Kom. an vielen Stellen. vgl. الرمق

ت ایكری s. اكری

ت ایكرم [illegible] Sbst. s. اكرم

ت ایكش ایلك [illegible] s. اكشیلك

ت ایكشی [illegible] s. اكشی

ت ایكلامق oder ایكلامك [illegible] Vb. intr. s. ایكلامق

ت ایكلتی [illegible] oder ایكلدی [illegible], auch ایكلتی Sbst. gémissement. | Gewinsel, Ächzen u. d. Pfeife.

ت ایكلمك oder ایكلمك [illegible], auch اكلمك [illegible] und اینكلمك Vb. intr. Aor. ایكلر [illegible] soupirer, gémir. | seufzen, stöhnen, ächzen, knarren, quietschen, knistern. ایكلدی ایله ایكلمك [illegible] — Deriv. ایكلتمك oder اینكلتمك [illegible]. Vb. caus. [illegible] ; seufzen, stöhnen u. s. w.

ت ایكمك oder ایكمك [illegible]. Vb. act. = اكمك [illegible] semer, planter, cultiver la terre. | säen, pflanzen, den Boden bebauen. ایكلتی [illegible] ce planté.

ت ایكنق und اینكمك [illegible]. Vb. act. = اكمك [illegible] courber, plier. | krümmen, biegen, falten.

ت ایكری [illegible]. Adj. اكری p كمج courbé. | krumm.

ت ایكن [illegible], s. اكن = اكی

ت ایكن [illegible]. ت ایكنن s. ایكمن s. ایكی

ت ایكن s. ایكمن

ت ایكنا s. ایكند

ت ایكنتی s. اكنتی

ت ایكنجی [illegible]. Adj. Nom. ord. v. ایكی le deuxième, le second. | der zweite.

ت ایكیلنجی s. ایكنجی

ت ایكنجی [illegible]. Adj. Nom. ord. = ایكنجی le deuxième. | der zweite. ایكنجی ای oder ایكنجی ای le deuxième mois de l'ancienne année turque. | Name des zweiten Monats nach der alten türkischen Zeitrechnung.

ت ایكندی [illegible]. Sbst. le temps entre le midi et le coucher du soleil; la prière que on est prescrit de faire vers la moitié de ce temps | die Zeit oder Stunde, welche zwischen Mittag und Sonnenuntergang in der Mitte liegt; das Gebet, welches zu dieser Stunde verrichtet werden muss, das dritte der fünf vorgeschriebenen täglichen Gebete. [صلوة العصر]. — ایكندی ایكندی [illegible] [illegible]. das Vesperbrod.

ت ایكندیدن [illegible]. Adv. à l'heure de l'ikindi, c. à d. dans l'après-midi, vers le soir. | um die Zeit des Ikindi, d. i. Nachmittags, gegen Abend.

ت ایكندیلك [illegible] oder [illegible] Vb. intr. [illegible] [ایكی ایكنجیك]

چالشق ایكیور، نفسی قصوب صقندیلمق être en parturition. | kreissen. Kom. s. v. النشق. Eigentlich Vb. refl. v. ایكمك oder اكمك sich krümmen (vor Schmerz).

ت ایكنه oder اكنه [illegible]. ت ایكنه Sbst. p سوزن aiguille. | Nadel, Nähnadel. ایكنه طوپلو [illegible] épingle. | Stecknadel. ایكنه یوردیسی [illegible] trou d'aiguille. | Nadelöhr.

ت ایكو auch ایكو und ایكو [illegible] und [illegible]. Sbst. p پهلو, پار [illegible] côte. | Rippe, Seite. ایكو كمكلری les côtes (du corps). | die Rippenknochen. ایكوسی ینكی Schlangenrippe, d. i. krummer Streifen. Kom. s. v. معرج

ت ایكوجی [illegible]. Sbst. LT. طعمه nourriture. | Nahrung, Speise. = [illegible]

ت ایكول s. ایكنه

ت ایكورن [illegible] s. ایكمن

ت ایكولنجی [illegible] s. ایكیندجی

ت ایكولیك [illegible] s. ایكنجیلك

ت ایكه [illegible]. Sbst. = ایكا maître. | Herr.

ت ایكه [illegible]. Sbst. = اكه lime. | Feile.

ت ایكلمك s. اكلمك

ت ایكی [illegible]. Adj. Nom. p دو = اكنی deux. | zwei. ایكی اوچ [illegible] deux à trois. | zwei bis drei, einige wenige. ایكی اغزلو [illegible] à deux canons (en fusil). | doppelläufig. ایكی ایاقلو [illegible] à deux pieds. | zweifüssig, zweibeinig. ایكی یشلو [illegible] à deux têtes | zweiköpfig. ایكی عورتلو [illegible] qui a deux femmes, bigame. | wer der zwei Frauen hat. ایكی یللق ایكی یللوق oder ایكی یشندی [illegible] de deux ans. | zweijährig, zwei Jahre alt. — ایكیوز s. ایكی یوز. — ایكی یوزلو = [illegible] à deux visages, faux, hypocrite. | mit doppeltem Gesicht, doppelzüngig, falsch, heuchlerisch, Heuchler. ایكی یوزلولك Zweizüngigkeit, Doppelzüngigkeit, [illegible] Freundschaft. ایكی یوزلو [illegible] auf beiden Seiten [illegible] Papier. ایكی بوكلو à deux fils; retors. | zweischäftig; Zwillich. ایكی قطر deux fois autant. | doppelt so viel. ایكی قات double. | doppelt, zweifach. [illegible] doubler. | verdoppeln. ایكی پاره deux pièces. | zwei Stück. [illegible] partager en deux. | in zwei Hälften oder in zwei Stücke theilen. ایكیده بر de deux fois l'une, de temps en temps, souvent. | je zweimal Eins, d. i. wechselweise, einmal um das andere, von Zeit zu Zeit, recht oft. ایكیمز nous deux. | wir beide. ایكیكز vous deux. | ihr beide. ایكیسی tous les deux. | alle beide. ایكیسندن بری l'un des deux. | einer von beiden. ایكی قرداش قانی (Zwei-Brüder-Blut). Name einer Pflanze und Arzneimittels (crocus, sanguis draconis). = دم الاخوین، كنذغ ... دم الثعبان

ت ایكیلك [illegible]. Sbst. LT. [illegible] santé, bien être. | Wohlbefinden, Gesundheit.

ت ایكیدی auch ایكدی s. ایكلی [illegible]. Adj. dompté, apprivoisé, dressé, domestique (se dit des animaux). | zahm, gezähmt, abgerichtet (von Thieren), nicht mehr wild, = الیشلق — ایكدی ein Thier das sich ruhig melken lässt. ایكدی طوكوز — خنزیر قمری — le sanglier domestique | das zahme Schwein, Hausschwein. Kom. s. v. الشخر

ت ایكیر [illegible] = [كسوه قصره] یتلیغیم (1) LT.

ت ایكیز [illegible]. Sbst. jumeaux. | Zwillinge. ایكیز طوغورمق Zwillinge gebären.

ت ایكیشر [illegible]. Nom. distrib. v. ایكی à deux, deux à deux. | je zwei. u. d. Gramm. ایكیشر غروشلق das Stück für zwei Piaster.

ت ایكی لانجی [illegible]. Adj. Nom. = — ایكنجی le deuxième. | der zweite.

ت ایكیلك [illegible]. Sbst. monnaie de deux (aspres, paras, etc.); [illegible] deux mesures. | Zweiheit, d. i. Doppelstück, Zwei-Aspernstück; Gefäss das zwei Masse hält (zwei Kannen, zwei Scheffel u. s. w.).

ت ایكیلنمك [illegible]. Vb. intr. LT. كمج اولمق être courbé, se courber. | krumm sein, sich krümmen, = اكلمك Pass. v. اكمك

ت ایكین oder ایكمن LT. auch ایكنی [illegible] oder [illegible]. Sbst. p [illegible] épaule | Schulter, Achsel. (?) auch sarpna).

ت ایكین = ایكن s. ایكه

ت ایكین [illegible]. Sbst. = اكین semence, champ labouré | Saat, Saatfeld, Acker.

ت ایكینجی [illegible]. Sbst. = اكنجی laboureur. | Sämann, Ackersmann.

ت ایكینجیلك [illegible]. Sbst. semence, agriculture, labourage | Saat, Saatfeld, Ackerbestellung, Ackerbau.

ت ایكیوز [illegible]. Adj. Nom. = ایكی یوز deux cents. | zwei Hundert.

ت ایكیوز [illegible]. Sbst. = ایكی یوز [illegible] (?). | die Waage (?) (eigentlich Doppelgesicht), auch یوز آتلی (hundertköpfig).

ت ایل [illegible] oder [illegible] [ایل und ایل] Sbst. [illegible] origine, race; lignée; fils, famille, tribu; tribu nomade, peuple; contrée, province. | Grundbedeutung wahrscheinlich: das was vorn ist, sowohl in räumlicher als in zeitlicher Beziehung [vgl. [illegible]]. Ursprung, Anfang, daher: Geschlecht, Stamm, Nomadenstamm; Sohn; dann in übergetragener Bedeutung: Leute, Volk, Land, Provinz; Gegend. [vgl. ت ایل] — اوغوز ایل [illegible] [illegible] Oguz berief den ganzen Stamm. Abulg. ایل [illegible] ganz Land und Reich. ایچ ایل das innere Land. [illegible] ایل [illegible] (die Stadt) liegt mitten im Lande. تاریخ ایلی die Geschichtsschreiber. خراسان ایلی die Einwohner von Khorasan.

ت ایل [illegible] [ت [illegible]] LT.

[illegible] chaud. | [illegible] warmen Bad. [illegible] in ihre Augen wird das Wasser warm gefunden, wenn auch die Luft kalt ist. Ali Schir.

[illegible] [auch [illegible] und [illegible] Q.] Adj. Num. [illegible] cinquantaine | fünfzig.

[illegible] Sbst. — [illegible] vgl. [illegible] main | die Hand. [illegible] über rechten Hände, oder rechten [illegible]. [illegible] ist erlaubt seine rechte Hand. Ali Schir.

[illegible] Vb. act. — [illegible] porter à la main; prendre. | mit der Hand tragen, fassen, nehmen.

[illegible] [VI.] Sbst. [illegible] signe de tête; allusion. | Wink, Nicken mit dem Kopfe, um seine Zustimmung zu erkennen zu geben; Anspielung, Andeutung. — [illegible] faire signe avec la tête, donner à entendre (par un signe de tête); faire allusion à q. ch. | zuwinken, zunicken, Beifall zunicken, etwas andeuten.

[illegible] Pron. indef. quiconque | wer immer. s. [illegible] und die arab. Gramm.

[illegible] Vb. impers. — [illegible] nicht, ist nicht; eigentlich Negativ v. [illegible]

[illegible] LT. [illegible] race, tribu | Geschlecht, Stamm.

[illegible] oder [illegible] Vb. act. — [illegible] sucer. | saugen. — Deriv. [illegible] Vb. caus. faire sucer, allaiter; sucer. | saugen lassen, säugen; saugen. [illegible] ein an der Brust saugendes Kindchen. Abuis 66.

[illegible] [Pers. [illegible]] Sbst. [illegible] veuf. | Witwer.

[illegible] Sbst. Pl. v. [illegible]

[illegible] [LT.] Sbst. [illegible] action de [illegible]; conviction intérieure en matière de religion; explication allégorique du Coran. | Verinnerung, Rechtgläubigkeit, Anvertrauung, religiöser Glaube, Rechtgläubigkeit, innere religiöse Ueberzeugung [vgl. [illegible]]; — Theol. myst. allegorische Auslegung des Koran. — [illegible] rassurer q. qu., inspirer à q. qu de la sécurité, protéger q. qu., regarder q. qu. comme fidèle et sûr; confier q. ch. à q. qu.; croire q. qu., croire en Dieu. | Jemanden sicher machen, Vertrauen in Jemand erwecken; Jemand Schutz und Sicherheit gewähren; Jemanden für treu und sicher halten, Zutrauen haben, sich Jemand anvertrauen; glauben. — [illegible] oder — [illegible] croire. | glauben, sich zum Glauben bekennen. — [illegible] embrasser la vraie foi. | sich zum wahren Glauben bekehren. — [illegible] convertir q. qu. | Jemanden bekehren. [illegible] partisans de la vraie foi. | die Rechtgläubigen.

[illegible] Adj. sûr, consciencieux, honnête, qui a de la foi, religieux. | sicher, dem man vertrauen kann, gewissenhaft, gläubig.

[illegible] Sbst. foi, fidélité, honnêteté, religion. | Treue, Gewissenhaftigkeit, Glaube.

[illegible] Adj. sans foi, irréligieux. | ohne Glauben, ohne Religion.

[illegible] und [illegible] Vb. intr. [illegible] monter, régner. | [illegible] steigen. [illegible] Ali Schir.

[illegible] s. [illegible]

[illegible] Sbst. vgl. [illegible] empereur. | Kaiser (von Oesterreich, Russland und Frankreich). [illegible] oder [illegible] der römische oder deutsche Kaiser. — [illegible] impératrice. | die Kaiserin (nur von der Kaiserin Maria Theresia).

[illegible] oder [illegible] Sbst. s. [illegible]

[illegible] LT. [illegible] médecin | Arzt. Vgl. [illegible]

[illegible] oder [illegible] Sbst. Pl. v. [illegible]

[illegible] auch [illegible] Sbst. [illegible] soc de charrue. | Pflugschar. LL.

[illegible] s. [illegible] Ali Schir. Q.

[illegible] s. [illegible]

[illegible] parler sans cesse | ununterbrochen sprechen. Nom. a. v. [illegible]

[illegible] s. [illegible]

[illegible] s. [illegible]

[illegible] Vbst. [illegible] | [illegible] Menlechi.

[illegible] Sbst. — [illegible] fruit; vivres. | Frucht, Nahrungsmittel. LT. [illegible]

[illegible] LT. [illegible] faire | machen; vielleicht Schreibfehler für [illegible]

[illegible] LT. [illegible] refuser. | vorenthalten, verweigern, abschlagen.

[illegible] LT. [illegible] sucer. | saugen. s. [illegible]

[illegible] Sbst. [illegible] fontanelle (du crâne). | Blättchen, Schläfenbein der Hirnschale, die Zusammenfügung der Hirnschale. bregma sepitis. Nom. a. v. [illegible]

[illegible] oder [illegible] Vb. intr. [illegible] être. | sein. — Ein selbstständiges Verbum, das eigentliche Verbum substantivum, das zur Bildung der Personalendungen des Vb. dient (vgl. die Grammatik), aber auch als selbstständiges Vb. mit vollständiger Verbalendung gebraucht wird. [illegible] ich bin. [illegible] ich bin einer von ihnen. Kom. [illegible] ich bin der grösste von ihnen. [illegible] ich bin der Uhrturm. [illegible] der [illegible] bin ich, der ich der Prophet der letzten Zeit bin. Kyrh Aual. [illegible] oder [illegible] du bist Oberherr der Erdoberfläche. [illegible] du bist ein Zauberer und Weiser. — Gerund [illegible] oder [illegible] étant, tandis (qu'on) est, quoique (l'on) soit. | seiend, während ist, obgleich ist. [illegible] ich bin seiend, d. i. ich bin Ali Schir. — [illegible] 3. Sing. Conj. Praes. als Postpos. s'il s'agit de, quant à, mais, au contraire; alors, tout de suite. [illegible] dès que. | es sei, was anbelangt, zwar, aber, hingegen. [illegible] als, sobald als, gleich darauf [illegible] quant à moi | was [illegible] anbelangt. [illegible] quant à cela | nach dieser Seite nun [illegible], was das anbelangt. [illegible] aber Zeid willigte nicht ein. [illegible] ich aber sagte. [illegible] wenn [illegible] oder [illegible] si (cela) est. | wenn (es) ist. [illegible] oder [illegible] und zusammengezogen [illegible] sinon, autrement; ne fût-ce, peut être, s'il n'y a pas. | wenn es nicht giebt, wenn es nicht ist, wenn nicht, wo nicht, sonst, oder vielleicht, vielleicht. [illegible] sobald ich ihn gesehen, erkannte ich ihn. [illegible] sobald er das Wort ausgesprochen, antwortete sein Vater. — Im Vergleichungssatze steht es auch dann von dem Comparativ regierten Ablativ. [illegible] ist es denn aber nicht besser zu [illegible], als sich herumzutreiben) [illegible] es ist aber doch besser zusammen zu arbeiten, als [illegible] gehen. — Deriv. I. [illegible] oder [illegible] Vb. neg., davon [illegible] und [illegible] Vb. neg. impers. il n'y a pas, ne pas. | es giebt nicht, ist nicht; nicht. — II. [illegible] Vb. caus. faire arriver, faire. | zum Sein bringen, d. i. machen. s. [illegible]

[illegible] oder [illegible] Vb. intr. — [illegible] se traîner, ramper, se glisser. | sich langsam fortbewegen, ruhig und gleichmässig fortgehen, schleichen, kriechen, sich auf der Erde hinziehen (von Schlingpflanzen). [illegible] auf den Knieen fortrutschend [illegible] kriechen, herbeischleichen.

[illegible] oder [illegible] Sbst. [illegible] LT. [illegible] affliction, peine, difficulté, travail. | Plage, Schwierigkeit, Arbeit. — [illegible] oder [illegible] einer der die Arbeit verrichtet, Knecht, Diener. [illegible] ich bin dein alter erkaufter Knecht. Abuis.

[illegible] Vb. [illegible] travailler, se donner de la peine, être au service. | arbeiten, sich mühen, im Dienste stehen.

[illegible] Adj. Compar. v. [illegible] très-heureux, fortuné, prospère. | sehr glücklich. [illegible] zu glücklichster Zeit und glücklichster Stunde.

[illegible] Sbst. côté droit. | die rechte Seite.

[illegible] Adj. sûr, en sûreté, sicher. [illegible] lieu sûr. | sicherer Ort.

[illegible] s. [illegible]

[illegible] Sbst. sûreté. | Sicherheit.

[illegible] LT. [illegible] médicament. | Arznei. vgl. [illegible]

[illegible] Sbst. Pl. v. [illegible]

[illegible] s. [illegible]

[illegible] Conj. interr. est-ce que? | und wahr?

[illegible] Pron. demonstr., [illegible] vor Labialen [illegible], verkürzt [illegible] im Plur. [illegible] und [illegible] celui-ci, celle-ci, ceci. | dieser, diese, dieses. vgl. [illegible] und die pers. Grammatik. [illegible] ce monde d'ici bas. | diese Welt (dagegen [illegible] jene Welt, das Jenseits). [illegible] ici-bas. | hienieden. [illegible] oder [illegible] droit, [illegible] diese Stelle, hier. [illegible] oder [illegible] [illegible] de cette manière, ainsi, [illegible] auf diese Weise, so, also. [illegible] oder [illegible] cette fois. | dieses Mal.

[illegible] Sbst. Braut. s. [illegible]

[illegible] oder [illegible] Sbst. Laut. s. [illegible]

[illegible] Sbst. Monster Bruder. v. [illegible]

[illegible] Imperativ. v. [illegible]

[illegible] Sbst. [illegible] tromperies, intrigues. | [illegible] Verstellungen, Spiegelfechterei.

[illegible] s. [illegible]

[illegible] Sbst. [illegible] action de remarquer q. ch., d'apercevoir q. ch.; action d'habituer; familiarité, vie sociale, amitié. | Wahrnehmung, Gewöhnung, vertraut werden mit einer Sache oder Person, vertrauliche Verhältnisse, geselliges Leben, Freundschaft. vgl. [illegible] und [illegible]

[illegible] oder [illegible] Sbst. [illegible] ministre, chargé d'affaires, conseiller intime du prince, courtisan. | Minister, Bevollmächtigter, Rathgeber des Fürsten; Geheimrath, Höfling.

[illegible] Sbst. [illegible] atelier de peintre, de [illegible]

das Gefühl, [illegible] il est [illegible] plaisir. | es gefällt ihm so.

[illegible] Sbst. v. [illegible] charge ou dignité de ministre, de conseiller. | Amt und Würde des Ministers, des Geheimraths u. s. w.

[illegible] Sbst. [illegible]

[illegible] s. [illegible] die Kuh.

[illegible] s. [illegible]

[illegible] Sbst. [illegible] Heirathme.

[illegible] Pl. v. [illegible]

[illegible] s. [illegible] Glaube.

[illegible] und Deriv. v. [illegible]

[illegible] v. [illegible]

[illegible] oder [illegible] Vb. act. [illegible] vgl. [illegible]

[illegible] s. [illegible]

[illegible] LT. [illegible] mince, subtil. | fein, dünn. s. [illegible]

[illegible] Adv. [illegible] s. [illegible]

[illegible] LT. [illegible] subtilité. | Dünnheit, Feinheit, Schlankheit.

[illegible] s. [illegible]

[illegible] Adj. mince, subtil [illegible]

[illegible] Adj. [illegible]

[illegible] Sbst. [illegible] subtilité. | Dünnheit, Feinheit, Genauigkeit. [illegible] minutieusement, en détail. [illegible] sie machten mir die Eröffnung mit Genauigkeit.

[illegible] s. [illegible] Deriv.

[illegible] Adv. [illegible] s. [illegible] Deriv. III.

[illegible] s. [illegible]

[illegible] oder [illegible] Sbst. Perle. s. [illegible]

[illegible] oder [illegible] Sbst. [illegible] serviteur. | geschätzter Diener. [illegible] Lehnsgut; dem Fürsten persönlich angehöriger Grundbesitz.

[illegible] s. [illegible]

[illegible] s. Deriv. s. [illegible]

[illegible] Vb. act. [illegible] verwenden. s. [illegible]

[illegible] Sbst. [illegible] ver, appui, [illegible] Einsicht, Rath, Meinung; verwandt mit [illegible]

[illegible] Gerund. s. [illegible] Deriv.

[illegible] Sbst. LT. [illegible] einer der Rector einem her ruft.

[illegible] s. [illegible] Deriv.

[illegible] Partic. v. [illegible] Adj. u. Sbst.; Plur. [illegible] qui vient, venant,

[illegible] faiseur, voyageur, passager, [illegible] affaire. | kommend; künftig, bevorstehend; Kommender, Reisender; zu thuendes oder bevorstehendes Geschäft. [illegible] allant et venant, [illegible] ab und zugehend, Reisende die kommen und abziehen. [illegible]

[illegible] s. [illegible]

[illegible] s. [illegible] descendant, déclinant, penchant. | abschüssig.

[illegible] Sbst. [illegible] | Abschüssigkeit, Neigung. v. [illegible] — vgl. [illegible]

[illegible] Adv. — [illegible] le plus proche, très-proche. | sehr nahe, das nächste.

[illegible] s. [illegible]

[illegible] Adv. [illegible] | hier, da. [illegible] me voici. | sieh mich! hier bin ich. [illegible] nous voici. | hier sind wir. [illegible] voilà. | sieh! da.

[illegible] Sbst. LT. [illegible] s. [illegible]

[illegible] Sbst. LT. [illegible] | Weiberei. vgl. [illegible]

[illegible] Vb. [illegible] | stöhnen, ächzen. — [illegible]

[illegible] auch [illegible] Sbst. gémissement, gémissement, [illegible] | Stöhnen, Ächzen, Gestöhn, Gewimmer, Gekläffe (von den Stimmen verschiedener Thiere, Girren der Tauben, Geschrei junger Hunde u. s. w.). s. [illegible]

[illegible] oder [illegible] Adj. vgl. d. Vögeln. plaintif. | klagend, wimmernd, weinerlich. [illegible] das klagende Girren der Taube.

[illegible] s. [illegible] Vb. intr. [illegible] oder [illegible] gémir, geindre. | seufzen, ächzen, stöhnen, wimmern, klagen. — Deriv. I. [illegible] auch [illegible] und [illegible] Aor. [illegible] oder [illegible] Vb. caus. faire gémir; [illegible] u. s. w. [illegible] auch [illegible] in gleicher Bedeutung mit dem [illegible] — II. [illegible] oder [illegible] Vb. recipr. se plaindre réciproquement. | mit einander seufzen, sich gegenseitig beklagen, einer dem andern seine Noth klagen.

[illegible] Sbst. [illegible] | Bruthe, Wolle. s. [illegible]

[illegible] und [illegible] s. [illegible]

[illegible] Conj. en quelque lieu que, [illegible] | wo immer, wohin immer, überall wo, überall wohin.

[illegible] und die Deriv. [illegible] und [illegible] s. [illegible]

[illegible] und [illegible] und Deriv. s. [illegible] s. [illegible]

ت [illegible] s. [illegible]

a [illegible] [illegible], [illegible] [illegible]. Sbst. Pl. v. اولى Adv. parfois, quelquefois. | zuweilen.

p [illegible] oder [illegible], auch آيينا Sbst. [illegible] vgl. آيين [illegible]. forme, figure, manière; miroir. | Erscheinung, Form, Art und Weise; Spiegel. [illegible] oder [illegible] Brennspiegel.

p [illegible] oder [illegible] Sbst. qui fait ou vend des miroirs; imposteur, charlatan. | Spiegelverfertiger, Spiegelhändler; Vorspiegler, Schwindler, Betrüger.

p [illegible] Sbst. 1. — [illegible] 2. esclave qui tient le miroir. | der Diener, welcher den Spiegel hält.

p [illegible] Adj. qui a des miroirs. | mit Spiegeln versehen oder eingefasst. [illegible] (Spiegelpalast) Name eines Schlosses in Constantinopel.

[illegible] (pers.?) Adj. [illegible] qui mange beaucoup, gourmand. | gefrässig. Kam. und LL.

[illegible] oder [illegible] Sbst. gémissement. | Gestöhn, Klage. s. [illegible]

[illegible] und [illegible] oder [illegible] Sbst. LT. [illegible] petit frère, frère cadet. | kleiner Bruder, jüngerer Bruder. vgl. [illegible]

[illegible] Sbst. — [illegible] LT. [illegible] vache. | Kuh.

[illegible] Sbst. [illegible] ours. | Bär. [illegible] ours [illegible] | Bärenklau. [illegible] | die wilde Brombeere [illegible] die an hoch gelegenen Stellen wächst. LL. — [illegible] pivoine. | Pfingstrose (paeonia) [illegible] LL.

[illegible] (ei, eï). Adj. u. Adv. [illegible] bon, bien. | gut, schön, wohl. [illegible] homme de bien. | ein guter, rechtschaffener, frommer Mann. [illegible] être bien; se porter bien, guérir (intr.). | gut sein, sich wohlbefinden; heilen, genesen. [illegible] faire bien q. ch.; corriger. | etwas gut machen; verbessern. [illegible] encore bien, tellement. | recht gut, recht hübsch. [illegible] très-bien. | sehr gut. [illegible] le meilleur. | das Beste. [illegible] [illegible], approuver, louer q. ch. | Beifall [illegible].

[illegible] (ev, ïv, [illegible]). Sbst. — [illegible] maison, famille. | Haus, Familie. [illegible] ich war in meinem Hause. [illegible] zu meinem Hause. [illegible] ich [illegible] zu meinem Hause. [illegible] Schlafgemächer des Fürsten.

[illegible] und [illegible] (vulg. ew). Sbst. [illegible] hâte. | Eile.

[illegible] oder [illegible] Sbst. [illegible] | Quitte. [illegible] | Quittenkuchen. [illegible] | [illegible] LL.

a [illegible] [illegible] Sbst. action de recevoir q. qu. chez soi. | gastliche Aufnahme Jemandes bei sich, Bewirthung, Beherbergung. — [illegible] nicher. | nisten, ein Nest oder Lager machen (von Vögeln und andern Thieren).

p [illegible] Sbst. [illegible] l'après midi. | der Nachmittag.

p [illegible] Sbst. [illegible] grande estrade dans la salle de réception; [illegible], salon d'audience; palais. | der erhöhte Theil des Empfangszimmers; Audienzsaal; Veranda; Palast, Lustschloss.

[illegible] Interj. ah! hélas! ach! wehe!

[illegible] — [illegible] se hâter. | eilen.

[illegible] oder [illegible] Vb. act. [illegible] tourner. | drehen, wenden, umwenden. [illegible] da er keine Hilfe fand wandte er sein Gesicht (d. i. kehrte um) und marschirte nach seinem Reiche. [illegible] er drehte (hielt) den Rosenkranz (in der Hand). Particip [illegible] gyrandus, circumagendus. Verbad. VI. — Imperativ. [illegible] LT. [illegible] drehe um, [illegible] — Deriv. [illegible] Vb. pass. u. refl. être tourné; se tourner. | gedreht, gewandt werden; sich drehen, sich wenden. [illegible] er drehte sich viel in den Schulen herum (d. i. hielt sich viel in den Schulen auf).

[illegible] s. [illegible]

a [illegible] N. pr. Job. | Hiob.

[illegible] s. [illegible] Deriv.

[illegible] Adv. v. [illegible] bien; encore bien. | gut, recht gut.

[illegible] s. [illegible]

[illegible] s. [illegible]

[illegible] s. [illegible]

[illegible] Vb. act. faire bien; améliorer, corriger. | gut machen; bessern, verbessern; — [illegible]

[illegible] Vb. recipr. guérir. | heilen, zuheilen (eine Wunde).

[illegible] Sbst. le bon, bonté. | das Gute, Güte, Wohlthat. — [illegible]

[illegible] Vb. refl. devenir meilleur. | besser werden, sich bessern.

[illegible] s. [illegible]

[illegible] oder [illegible] Aor. [illegible] Vb. intr. [illegible] hâter, se hâter. | eilen, sich beeilen. [illegible] oder [illegible] qui se hâte, pressé, qui va toujours en avant. | einer der Eile hat, der immer weiter eindringt, immer vorwärts will. — Deriv. I. [illegible] Vb. caus. faire hâter. | zur Eile antreiben. — II. [illegible] Vb. recipr. se hâter ensemble. | zusammen eilen.

[illegible] s. [illegible]

[illegible] oder [illegible] Sbst. hâte. | Eile, Eilfertigkeit.

[illegible] — [illegible]

[illegible] Sbst. — [illegible] hâte. | Eile.

[illegible] oder [illegible] Sbst. — [illegible] la paume de la main. | die flache Hand, Handteller. [illegible] la plante des pieds. | Fusssohle.

a [illegible] Vocativpartikel a. d. arab. [illegible]

a [illegible] [illegible] IV. Sbst. mettre à disposition de q. ch., être à la disposition de q. qu., [illegible] | [illegible]

a [illegible] [illegible] IV. Sbst. action de donner à deviner. q. ch.; allusion, amphibologie. | das Rathen-lassen, Anspielung, Zweideutigkeit, Wortspiel, wenn ein Wort neben dem gewöhnlichen Sinne noch einen andern hat. Rhetor.

a [illegible] [illegible] IV. Sbst. [illegible] action d'affaiblir, de rendre faible. | Schwächung.

[illegible] s. [illegible]

[illegible] s. [illegible]

[illegible] N. pr. ([illegible]). St Jean. | der heilige Johannes.

p [illegible] v. [illegible]

[illegible] Sbst. — [illegible] maître. | Herr, Besitzer.

[illegible] Vb. act. — [illegible] manger. | essen, fressen. — Deriv. [illegible] Vb. caus. — [illegible] donner à manger. | zu essen geben, füttern.

p [illegible] Sbst. [illegible] forme, figure, manière, mode, loi, usage, rite, [illegible] | Gesetz, Regel, Einrichtung, Gewohnheit. [illegible] oder [illegible] de toute manière; auf alle Weise, auf alle Fälle. [illegible] nach der Einrichtung alter Könige.

[illegible] Sbst. — [illegible] année. | Jahr.

[illegible] p [illegible] LT. splendeur, resplendissant. | Glanz, glänzend.

p [illegible] s. [illegible]

ب

ب b — بكنجى حرف bā-i 'arabī oder بای ابجد bā-i ebdžed. *seconde lettre de l'alphabet; prononciation b et à la fin des mots p. valeur numérique 2; comme abréviation marque du mois Redjeb.* | das arabische B, oder B des ABC, zweiter Buchstabe des arabischen Alphabets; Aussprache im Anlaut b, im Auslaut, insbesondere vor Lippenlauten und am Ende der Wörter p; — Zahlwerth 2. — Abkürzung für den Namen des Monats رجب. — Wird oft mit پ verwechselt, und in persischen Wörtern mit و, ف und م.

پ p. — بای عجمی bā-i 'adžemī. *troisième lettre de l'alphabet turc et persan, sans valeur numérique.* | das persische P: dritter Buchstabe des persisch-türkischen Alphabets; ohne Zahlwerth; Aussprache p; — steht oft für ب und wird mit ف verwechselt.

بِ bi. Präp. Praefix. به, ایله à, *avec, par.* | bei, mit, zu; bezeichnet den persischen Dativ. vgl. به und بر und die persischen Grammatiken.

بِ bi. Präp. Praefix. به, ایله à, *avec, par.* | bei, mit, an, in. vgl. die arabische Grammatik.

بِ, بُ, بَ bi, bu, be. Präp. praefix. *sert à déterminer particulièrement le futur et l'impératif du verbe persan.* dient besonders zur Bildung des Futurums und Imperativs der persischen Verba. s. die pers. Gramm.

با bā oder بی bē. Subst. Name des Buchstabens B. s. a. ب

با ba. Interj. *ah! bah! bah! point du tout.* | nicht! schön! nicht doch! vgl. به u. بی

با bā. Präpos. مع maʿ, ایله *avec, à.* | mit, bei, zu. Gegentheil von بی ohne; dient zur Bildung zusammengesetzter Adjectiva, die den Besitz einer Eigenschaft bezeichnen, welche das damit verbundene Nomen Substantivum ausdrückt, vgl. die pers. Gramm. با اثر bā-eser. *avec marque c. à d. remarquable.* | mit Zeichen, d. h. bezeichnet, ausgezeichnet, merkwürdig. با اخلاص bā-ichlāṣ. *sincère.* | aufrichtig. با ایمان bā-īmān. *religieux.* | gläubig. با احترام bā-iḥtirām. *avec respect, digne de vénération.* | mit Achtung, verehrungswürdig. با استعداد bā-isti'dād. *doué de talent.* | talentvoll. با افسر bā-efser. *avec couronne, couronné.* | mit Krone, gekrönt. با توفیق bā-tevfīq. *avec la faveur divine, favorisé, par la grâce de Dieu.* | mit Gottes Gnade, begünstigt, von Gottes Gnaden. با تدبیر bā-tedbīr. *avec délibération, prudent, sage.* | mit Ueberlegung, klug. با تمکین bā-temkīn. *posé.* | ruhig. با تمیز bā-temīz. *discret, prudent, sage, judicieux.* | vernünftig, verständig. با حس bā-ḥiss. *sensible.* | [illegible]. با عقل bā-'aql. *doué d'intelligence, prudent.* | mit Klugheit, klug. با خصوص bā-chuṣūṣ. *avec particularité, particulier; Adv. particulièrement, spécialement.* | mit Besonderheit, als Adv. insbesondere, hauptsächlich, namentlich. با شعور bā-šu'ūr. *intelligent.* | einsichtsvoll. با طالع bā-ṭāli'. *régnant.* | [illegible]. با مروت bā-muruvvet. *avec humanité, noble, généreux.* | mit Menschlichkeit, menschlich, edelmüthig. با مزه bā-meze. *avec goût.* | geschmackvoll. با وصف bā-vaṣf. *nonobstant.* | ungeachtet. بنوا bī-nevā. *faible.* | arm. — با آنکه bā-ānke. *malgré que, quoique.* | ungeachtet, obgleich. با این همه bā-īn heme. *avec tout cela.* | neben diesem allen, trotz diesem allen.

پا pā oder پای pāi. Subst. قدم ,ایاق *pied, piédestal; trace; racine, principe.* | Fuss, Spur; das worauf eine Sache ruht oder beruht, Fussgestell; Grund einer Sache, Vorgehen. vgl. پی. — پا در هوا pā der hevā. *en l'air.* | Fuss in Händen, d. i. gebunden, gehindert, in Verlegenheit. پا در گل pā der gil. *humble; humblement.* | Fuss in Schmutz, d. i. erniedrigt, gedemüthigt, in tiefster Unterwerfung. پا شکسته pā šikeste. *faible, humble.* | gebrochen, d. i. gedemüthigt, schwach, erniedrigt. پا برجا pā ber džā. *ferme.* | Fuss auf Stelle, d. i. fest, unbeweglich. چهار پا čehār-pā. *quadrupède.* | vierfüssig.

باب bāb. Subst. Pl. ابواب ebvāb und ابوبه ebvibe. قپو ,در *porte.* | Pforte, Thür. باب الابواب bāb ül-ebvāb. *la porte des portes, c. à d. les portes caspiennes.* | Thor der Thore, d. i. die kaspischen Thore, Derbend. باب الاسواق bāb ül-esvāq. *porte des rues, c. à d. le détroit de Gibraltar.* | Pforte der Gassen, d. i. die Meerenge von Gibraltar. باب المندب bāb ül-mendeb. *porte des pleurs, le détroit dans la mer rouge.* | Thränenthor, d. i. die Meerenge Babelmandeb. جبال الابواب džibāl ül-ebvāb. *les Pyrénées.* | das Gebirge der Pforten, d. i. die Pyrenäen. باب السلام bāb üs-selām. *la première porte du palais impérial à Constantinople.* | die erste [illegible] Pforte, d. i. das erste äussere Thor der kaiserlichen Residenz in Constantinopel. باب سعادت bāb-i se'ādet. *la seconde porte intérieure du palais impérial.* | Pforte des Glücks, d. i. die zweite oder innere Pforte der kaiserlichen Residenz. 2. *hôtel, résidence d'un ministre, où se font les affaires publiques.* | Regierungsgebäude, Amtsgebäude oder Amtswohnung eines Ministers, Ministerium. باب عالی bāb-i 'ālī. *hôtel du premier ministre.* | das oberste Ministerium, Residenz des Premierministers, auch پاشا قپوسی oder وزیر قپوسی und schlechthin قپو genannt. 3. ماده ,امر *matière, affaire, objet, catégorie.* | Materie, Gegenstand von dem die Rede ist, Kategorie. باب تفرج bāb-i tefer-rüdž. *par cause de plaisir, c. à d. pour s'amuser.* | aus Sache des Vergnügens, d. i. zum blossen Spass, amusant. بو خصوصده bu chuṣūṣda. *dans cette affaire, sur ce point.* | in diesem Punkte, in dieser Sache. خصوص نبوت chuṣūṣ-i nubuvvet. *pour ce qui touche la mission du prophète.* | was den Ausspruch des Propheten anbelangt. 4. *chapitre d'un livre.* | Abschnitt eines Buches, Capitel. — Pl. الابواب el-ebvāb. *les portes, c. à d. du salut, la pénitence.* | die Pforten, nämlich des Heils, oder der göttlichen Vergeltung, d. i. die Busse.

بابا und بابه bābā. Subst. آتا ,ابا ,اب ,پدر ,پیر ,جد *père, grand-père, vieillard. Adj. bon; vénérable.* | Vater, Grossvater; Alter, Greis; als Adj. väterlich, wohlwollend, ehrwürdig. حضرت باباجان ḥażret-i bābāğān. *père adoptif.* | Adoptivvater. ارکی بابا erkek bābā. *beau-père.* | Stiefvater. باباقباغی bābā ḳabāğı. eine Art grosser Kürbis oder Wassermelone. بابا آدم bābā ādem. *Adam, bienveillant, un bon homme.* | Vater-Mann, d. i. ein guter, gutmüthiger oder wohlwollender Mann. باباجغم bābāğyḳym. *cher enfant!* | gute Seele! liebes Kind! (in zärtlicher Anrede) باباخان bābāchān. Vaterfürst, als Nom. propr. Babekhan.

بابک bābek. Subst. Pl. بابکان *grand-père; prince d'une tribu.* | Grossvater; Fürst eines Stammes.

پاپا pāpā oder پاپ pāp. Subst. *le pape.* | der Pabst. روم پاپاسی *le pape de Rome.*

[illegible] des römischen Papst. [illegible] PAPAST. pape; grand prêtre [illegible] Papst, römischer Priester. [illegible] PAPASHLYK oder [illegible] PAPAS-KILISESI. l'église romaine [illegible] die römisch katholische Kirche, Papismus.

[illegible] Adj. [illegible] fortuné, prospère; glücklich, mächtig.

[illegible] Sbst. [illegible] 1. femme d'un prêtre chrétien | Frau eines christlichen Priesters. 2. la camomille, die Kamille, Anthemis nobilis, auch [illegible] — [illegible] oder [illegible] Buphthalmum silvestre, die kleine gelbe Kamille, auch [illegible] genannt; [illegible] ragoût de viande cuite avec de l'huile et des oignons. (Bianchi)

[illegible] Sbst. [illegible] poivre | Pfeffer, Piper nigrum

[illegible] PAPAS oder [illegible] PAPAS Sbst. (neugr.) [illegible] prêtre, Priester (jeder nicht mohammedanischen Religionsgemeinschaft), [illegible] PAPAS-ADASY l'île de [illegible], die Insel [illegible], eine der sieben Prinzeninseln bei Constantinopel.

[illegible] PAPASLYK Sbst. [illegible] prêtrise, sacerdoce | Priesterthum, Priesterschaft

[illegible] Sbst. [illegible] | der Agaleum [illegible]

[illegible] Sbst. nom d'un serpent | Name einer grossen schwarzen Schlange. [illegible]

[illegible] BABALYK Sbst. paternité; père adoptif, qui tient lieu de père, beau-père; homme âgé | Vaterschaft, väterliche Würde oder Gewalt; der Vaterstelle vertritt, Adoptivvater, — [illegible], Schwiegervater, Stiefvater; ein bejahrter Mann, den man als Vater betrachten kann.

[illegible] LT. [illegible]

[illegible]

[illegible] Adj. u. Adv. [illegible] paternel, comme un père, à la manière des ancêtres | väterlich, wie ein Vater, nach der Väter Sitte.

[illegible]

[illegible] Sbst. [illegible] manière, façon, genre, espèce, classe, catégorie, classification | Art und Weise, Klasse, Kategorie, Klassificirung. [illegible] — classer | nach Klassen eintheilen.

[illegible] Sbst. Diamantengeschmeide in Form eines Zweiges.

[illegible] Vb. act. classer | nach Klassen eintheilen

[illegible] Sbst. classification | Klassificirung. s. d. Vbgls.

[illegible]

[illegible] Sbst. [illegible] | Bratspiess

[illegible] PAPIST, [illegible] oder [illegible] PAPISTES. Sbst. u. Adj. papiste, catholique romain. Papist, römisch katholisch. [illegible] Papstthum

[illegible] Adj. [illegible] aux pieds, empêché, | gefesselt an den Füssen, verhindert. s. [illegible]

[illegible] Sbst. eine alte polnische Silbermünze, im Werthe von 5 Kreuzer. Meninski.

[illegible] Demin. v. [illegible] oder [illegible] N. pr. Babel.

[illegible] BABYL oder [illegible] Sbst. la ville de Babylone, Babylonie; la planète Jupiter | Babylon, Babylonien; der Planet Jupiter.

[illegible] Sbst. [illegible] maison de prostitution | Hurenhaus.

[illegible] und [illegible] Sbst. maquereau, Hurenwirth.

[illegible] Sbst. maquerellage; Kuppelei, Hurenwirthschaft; [illegible]

[illegible] Sbst. [illegible] calcaire, [illegible] Fanfaron, Fresser, [illegible]; Verhinderung, Hemmung, Unterdrückung, [illegible] auch in übergetragener Bedeutung: [illegible] Meninski.

[illegible]

[illegible] (spr. [illegible]) [illegible]

[illegible] Sbst. [illegible] des pieds, [illegible]: celui qui baise le pied à q. qu. Fusskuss (Zeichen der Verehrung), Verehrung; einer der den Fuss [illegible] (eines Fürsten) küsst, zum Zeichen [illegible]

[illegible] Sbst. [illegible] Fussbad, Vorstrung

[illegible] oder [illegible] Sbst. [illegible] [illegible] pantoufle | türkischer Schuh, Pantoffel ohne Absatz.

[illegible] oder [illegible] (spr. [illegible]) Sbst. [illegible] cordonnier. | Schuhmacher. [illegible] Schuhmacherwerkstätte.

[illegible]

[illegible]

[illegible]

[illegible] Adv. LT. [illegible] alors. | damals.

[illegible] Adj. u. Adv. [illegible] [illegible] Imperativ von [illegible] [illegible] prompt, promptement, vite, bientôt, vite! schnell herbei! — schnell, flink, bald.

[illegible]

[illegible] schnell? [illegible] trinke der Fürst mit seinen Freunden, fort! Ferhad. VI.

[illegible] Sbst. [illegible] Thron.

[illegible] s. [illegible]

[illegible] Sbst. bataillon | Bataillon.

[illegible] s. [illegible]

[illegible] s. [illegible] Deriv.

[illegible] oder [illegible] Adj. (Compar. v. [illegible]) plus vite, plus prompt | schneller, flinker.

[illegible] oder [illegible] Sbst. gewöhnlich in der Zusammensetzung [illegible] bruit, tumulte | Lärm, [illegible] Geräusch, [illegible] Aufruhr, Empörung. [illegible] bruit des pieds [illegible] Geräusch der Fusstritte, [illegible]; blinder Lärm.

[illegible] Sbst. patriarche | Patriarch.

[illegible] s. [illegible] Deriv.

[illegible] PATRON und [illegible] Sbst. patron d'une barque, vice-amiral | Schiffsherr; Vice-Admiral.

[illegible] Sbst. orange. | Orangenfrucht.

[illegible] Sbst. v. [illegible] coucher du soleil, occident. | Untergang (der Sonne), Westen. [illegible] Sonnenuntergang.

[illegible] s. [illegible]

[illegible] s. [illegible]

[illegible] Sbst. [illegible] [illegible] | Strafe.

[illegible] Sbst. prix [illegible] | [illegible]

[illegible] PATLADY. Sbst. bruit, fracas | Lärm, Gekrache. s. d. Flgde.

[illegible] PATLAMA. Sbst. bruit, fracas, explosion | Lärm, Gekrache, Explosion. s. d. Flgde

[illegible] PATLAMAK. Vb. intr. Aor. [illegible] PATLAR. craquer, crever, faire explosion | krachen, knallen, bersten, [illegible] platzen, bersten (mit oder ohne Geräusch), explodiren [illegible]

[illegible] PATLYDJAN. Sbst. solanum melongena. [illegible] solanum lycopersicum, Lycopersicum esculentum. [illegible]

[illegible] Sbst. [illegible] promptitude | Schnelligkeit [illegible] dem Ungerechten ist [illegible] die Schnelligkeit des Todes, d. i. den Ungerechten trifft schnell der Tod. Ali Nehir.

[illegible] Sbst. [illegible] sorte de mesure, de poids. | ein Maass oder Gewicht. [illegible] zwei Batman Brod. Ali Nehir.

[illegible] s. [illegible]

[illegible] Sbst. [illegible] Gerundium [illegible]

[illegible] oder [illegible] Vb. intr. Aor. [illegible] — LT. [illegible] descendre, s'abîmer, s'enfoncer, plonger, [illegible] ler à fond, s'[illegible], se perdre; se coucher (des astres). | hinabsinken, sinken, versinken, [illegible] (im Sumpfe), untertauchen; zu Boden sinken, sich zu Boden setzen (als Niederschlag Chem.), versiegen (das Wasser im Boden), untertauchen, untergehen (die Sonne, Sterne u. s. w.), verschwinden, nicht wieder zum Vorschein kommen, verloren gehen (der Werth einer Sache, das Geld dem Eigenthümer); sich in etwas versenken, auch bildlich, einer Sache auf den Grund gehen. [illegible] in den Schlamm versinken. [illegible] tief eingesunken. [illegible] ich war in Schweiss gebadet. [illegible] wenn auch ein Stern des Glückes untergeht, sein Kreisen soll immer währen. Ali Schir. — Dativ. [illegible] BATYRMAK, auch [illegible] BATTYRMAK. [illegible] und [illegible] Vb. caus. Act. [illegible] BATYRA. LT. [illegible] faire descendre, porter en bas, faire plonger, submerger. | herabsteigen lassen, versinken lassen, versenken, einsenken, untertauchen, eintauchen, zu Boden sinken lassen. [illegible] den Kopf [illegible] im Gesicht eindrücken. [illegible] den Kamm in das Wasser hineinlassen.

[illegible] s. [illegible]

[illegible] BATKYN. Adj. enfoncé. versunken, eingesunken. [illegible] einer der tief liegende Augen hat, hohläugig. [illegible]

[illegible] s. [illegible] Dativ.

[illegible] BATY, auch [illegible] Subst. vgl. [illegible] coucher du soleil, couchant, ouest, vent d'ouest. | Sonnenuntergang, Abend, Abendland, Westen, Westwind. [illegible] vent de sud-ouest | WSW-Wind. [illegible] vent de nord-ouest | WNW-Wind.

[illegible] BATADAK. Adv. subitement, plötzlich, unerwartet.

[illegible] BATYK. Adj. [eigentl. Gerund. von [illegible]] enfoncé. | eingesunken, tiefliegend. [illegible] hohlliegende eingefallene Augen.

[illegible] BÂTIL oder [illegible] BATILA (patella). assiette. chaudière. | Kessel, Pfanne.

p [illegible] BÂTIMAN. Subst. hâte, précipitation. | Eile, Schnelligkeit, Beeilung.

p [illegible] BAÇ. Subst. [illegible] don, tribut, droit de douane, de passage, de transit. etc. | Gabe, Abgabe, Zoll, Wegegeld, Durchgangszoll. [illegible] BAGHAMARRA BÂGY. Abgabe für Pferde die über den Bosporus gehen.

[illegible] BADA. Subst. LT. [illegible] beau-frère. | Schwager.

p [illegible] s. [illegible]

[illegible] oder [illegible] BATARYN. Adj. u. Subst. difficile; difficulté, obstacle. | schwierig; Schwierigkeit, was Schwierigkeiten bewirkt oder in Verlegenheit setzt.

[illegible] oder [illegible] u. [illegible] BAÇAK. Subst. cuisse, jambe, le dedans de la cuisse; [illegible] d'écrevisse. | Schenkel, Bein, die [illegible]dige Dicke am Schenkel; Krebsscheeren. Meninski

[illegible] BAÇAKSYZ. Subst. homme dont les jambes sont trop courtes. | Kurzbein, ein Kurzbeiniger.

[illegible] BAÇAKLY. Subst. homme dont les jambes sont très-longues; ducat d'Hollande ayant la figure d'un homme à jambes ouvertes. | Langbein, ein Langbeiniger; Holländischer Ducaten, dessen eine Seite das Bild eines breitbeinigen Mannes hat. [illegible] ein Krummbeiniger.

[illegible] BOÇABAK. auch [illegible] BAÇANAK, [illegible] BAÇANAK und [illegible] BAÇYNAK. Subst. beau-frère. | Schwager (Bruder des Mannes).

[illegible] oder [illegible] PAÇAWRA. Subst. torchon, serviette, mouchoir (Lumpen); Taschentuch. Wischtuch. [illegible] mit einem Lappen abwischen. [illegible] torchon incendiaire, bombe incendiaire. | ein getränkter mit Theer bestrichener Lappen, der angezündet auf feindliche Schiffe oder in belagerte Städte geworfen wird; Brandbombe.

p [illegible] BAÇDAR und [illegible] BAÇDAR. Subst. v. [illegible] douanier, percepteur. | Zöllner, Zolleinnehmer.

p [illegible] BAÇGÜZAR. Subst. u. Adj. celui qui paye des impôts etc.; tributaire. | zollpflichtig, steuerpflichtig.

[illegible] s. [illegible]

p [illegible] oder [illegible] BADA. Tebriz. [illegible] Subst. ouverture pour laquelle entre l'air ou la lumière, soupirail, ventilateur, [illegible] cheminée, crevasse; le toit. | Luftloch, Luftfenster, Oeffnung im Dache oder der Decke, durch welche das Licht eindringt (in Hütten, Bädern u. s. w.); Luftschacht, Zugröhre, Schornstein, Schlauchwerke (in Morava), das Dach des Hauses, welche man geht, um Luft zu schöpfen. Oeffnung, durch welche man zu den Wasserröhren gehen kann. [illegible] den Schornstein fegen. [illegible] ramoneur. | Schornsteinfeger. [illegible] Thür u. Fenster, etwa s. v. a. Haus und Hof. [illegible] du hast weder Thür noch Fenster, d. i. dich hindert nichts.

p [illegible] PÂÇA. Subst. [illegible] partie inférieure de la jambe; jambe; pied de mouton; gelée ou ragoût de pieds de moutons; pieds de chèvres ou d'autres animaux dont la peau sert de fourrure; partie inférieure des pantalons. | Bein, Fuss, insbesondere der untere Theil vom Knie abwärts, hauptsächlich von Thieren; Schaafsbein, aus Schaafsbeinen und Kopf bereitete Gallert oder Ragout; Beinstück (von Pelzwerk, insbesondere von Zobel); der untere Theil oder Beinstück der Hosen. [illegible] oder [illegible] kurze Hose (an der das Stück vom Knie abwärts fehlt).

p [illegible] PAÇADJY. Subst. [illegible] marchand de paça. | einer der Beinstücke oder Ragout von Schaafsbeinen verkauft.

p [illegible] PAÇA-GÜNÜ. Subst. jour de ragoût, c. à d. lendemain des noces. | Tag nach der Hochzeit, Nachhochzeit, an welchem Tage die Ueberreste des Mahles (als Ragout) verzehrt werden. vgl. Hammer Staatsverf. des Osm. Reichs. I. [illegible].

[illegible] BACY. Subst. [illegible] soeur, soeur aînée, femme en général. | Schwester, ältere Schwester [in Kleinasien für [illegible]]; Frauenzimmer.

[illegible] BAÇYK. Adj. [illegible] écrasé, écrouté. | [illegible], [illegible].

[illegible] BAÇYRA oder [illegible] Subst. cœur de l'été, canicule. | Hochsommer, Hundstage. [illegible] die Hundstage.

p [illegible] BAQTAR. Subst. [illegible] l'occident; l'orient. | der Westen; der Osten.

p [illegible] BAQTAN. [Rad. [illegible]] Vb. act. [illegible] 1. jouer, jouer aux jeux de hasard; dissiper ou perdre au jeu, prodiguer; faire faillite, perdre dans le commerce; 2. [illegible]. 1. spielen, im Spiel verlieren, verspielen, verschwenden. 2. [illegible]. Particip. [illegible] BAQTA, perdu au jeu. | verspielt. [illegible] — [illegible]

p [illegible] BAQIR. Subst. [illegible] Mosaikwerk, polirter Mauerüberzug.

[illegible] BAQRA. s. [illegible]

p [illegible] s. [illegible]

[illegible] BÂQMA. Subst. LT. [illegible] unbewegter Wind.

p [illegible] BAQTAÇA. s. [illegible]

[illegible] BAQTA. s. [illegible]

p [illegible] BÂQLAN. Adj. [illegible] fendu aux pieds. | mit Pfoten versehen, [illegible], [illegible].

[illegible] BAQRA. s. [illegible]

gr [illegible] BAQUS. N. pr. Bacchus. [illegible] bacchanales, carnaval. | Bacchustage, Carneval.

p [illegible] BAD. Imperat. v. [illegible] qu'il soit. | es sei, lass sein. [illegible] — [illegible] ce qui soit ce que ce soit | es sei was es wolle.

p [illegible] BÂD. (vulg. BAD). Subst. 1. [illegible] vent, air, souffle, haleine, soupir; [illegible], rien; [illegible]; cheval, coursier. Adj. (en composition), vite, [illegible]. | Wind, Luft, Luftzug, Kühlung; Hauch, Seufzer; bildlich: was schnell vorübergeht, wie der Wind, das Eitele, Nichtigkeit, das Nichts, ein Wort, ein schnelles Pferd. Als Adj. in pers. Zusammensetzung schnell, flüchtig, nichtig. [illegible] BÂD-I-SABA. vent du matin, brise, zéphyr. | frischer Lufthauch (des Morgens, [illegible] des Abends), Zephyr. [illegible] BÂD-I-MURÂD. vent favorable. | günstiger Wind. [illegible] BÂD-I-MUQLAVE. vent contraire. | ungünstiger Wind. [illegible] BÂD-I-FENÂ. vent de la destruction, vent pernicieux, [illegible] | kalter, schädlicher Wind; der kalte Wind des Todes, der Vernichtung; des Verderbens. [illegible] — [illegible] détruire | dem kalten Winde, d. i. dem Verderben überliefern, verderben, vernichten. [illegible] BÂD-HEWÂ (vulg. BADHAWA oder ABHAWA), gratis, gratuitement, [illegible], vergeblich; ohne Kosten erwarten, ohne Mühe erreicht. [illegible] BÂD-U-HAWÂ air et vent; revenus irréguliers (de

بار BAR. s. [illegible]

بار BAR. Q. tempus. [illegible] Ali Schir.

بار BAR. Subst. [illegible] 1. ce qui doit être porté, qui est lourd; charge, fardeau, bagage, poids, chagrin; fruit, fleur, récolte; fétus, grossesse. — 2. ce qui porte, base, fondement, branche. | 1. was getragen wird, oder schwer zu tragen ist; Bürde, Last, Gewicht; in übergetragener Bedeutung: Beschwerlichkeit, Mühsal, Sorge, Kummer, schwere Aufgabe; was die Gewächse oder Felder tragen: Blume, Frucht, überhaupt alles Erzeugte, Ernte; die Leibesfrucht; Schwangerschaft. 2. das was trägt, Basis, Fundament, Unterlage, Ast des Baumes. [illegible] feuillage et fruit. | Laub und Frucht. [illegible] être à charge | zur Last sein. [illegible] tout ce qu'on mène après soi, suite, bagage. | was man mit sich führt, Gefolge, Gepäck. [illegible] faire son bagage, se préparer pour le départ. | das Bündel schnüren, [illegible] s'épanouir. | zur Blüthe kommen.

بار BAR. [Rad. v. [illegible]] in pers. Zusammensetz., qui fait pleuvoir, qui verse, répand. | der regnen lässt, ausschüttet, sprengt. [illegible] qui répand des perles. | Perlen regnend, Perlen streuend.

بار BAR. Subst. [illegible] fois. | Mal. [illegible] une fois; ein Mal. [illegible] deux fois. | zwei Mal. [illegible] chaque fois, à chaque fois. | alle Mal, jedes Mal. Pl. [illegible] maintes fois. | manches Mal, zu mehreren Malen.

بار BAR und [illegible] Subst. l'année dernière passée. | das letztverflossene Jahr, = [illegible]

بار BAR. Subst. permission, audience. | Erlaubniss, Audienz. vgl. [illegible]

بار BAR. Abkürzung von [illegible] Subst. Dieu. | Gott. [illegible] ô mon Dieu! | o Gott! [illegible]

بار BAR. Adj. vertueux, pieux. | gerecht, fromm, tugendhaft.

[illegible] BARAN. Gerund. v. [illegible]

[illegible] BARAN-BARAN. Adv. v. [illegible] peu à peu, nach und nach.

[illegible] oder [illegible] BARETTA. Subst. barrette, bonnet de laine. | Barett; rothe wollene Mütze (Kopfbedeckung der Bostandschis).

[illegible] PARAKAMAN m. [illegible]

باران BARAN. Subst. pluie. | Regen. [illegible] la pluie de la grâce de Dieu, (au figuré). | der Regen (d. i. Entstehen) der göttlichen Gnade. — Prov. grande quantité de vignes plantées dans un lieu. | eine Menge dicht beisammengepflanzter Weinstöcke. [illegible]

[illegible] Kam. s. v. [illegible]

[illegible] PARAGONE. Subst. (paragone). couleur écarlate. | Scharlachroth, Purpur.

[illegible] BARKEŠ. Subst. traverse, poutre qui porte le toit. | der Träger, Hauptbalken auf dem das Dach oder die Zimmerdecke ruht.

[illegible] BARANI oder [illegible] BARANE. Adj. appartenant à la pluie; pluvieux | zum Regen gehörig; regnerisch. Subst. [illegible] manteau pour la pluie, capote, parapluie. | Regenmantel, Regenschirm.

[illegible] BARAWER. Adj. [illegible] fertile. | fruchtbringend, fruchtbar.

[illegible] BARIN. Subst. vgl. [illegible] qui suit la route droite ou juste. | mit dem Wege, d. i. der auf dem rechten Wege geht.

[illegible] BARINI. Subst. action de suivre le bon chemin, la route juste. | das Wandeln auf richtigem Wege, der richtige Weg. Gegentheil von [illegible] Abweg.

[illegible] BARBAR. Adj. à plusieurs reprises, souvent | zu wiederholten Malen, oft.

[illegible] PARPAR. s. [illegible]

[illegible] BAR-BER. Subst. [illegible] portefaix. | Lastträger, Lastthier.

[illegible] BAR-BERDAR. Subst. [illegible] portefaix. | Lastträger.

[illegible] BAR-BERDARI. Subst. factage, portage, frais de port. | Lastträgerei, das Lasttragen, Mittel Lasten fortzuschaffen, Beförderung der Lasten oder des Reisegepäcks, Trägerlohn.

[illegible] BARBUTA. Subst. (barbuta) barbeau (poisson). | Barbe.

[illegible] BAR-BEG. Subst. prince de l'audience, c. à d. maréchal de la cour. | Fürst der Audienz, d. i. Oberhofmarschall, Ceremonienmeister, der die Leute zur Audienz vorführt.

[illegible] BARUT. s. [illegible]

[illegible] s. [illegible]

[illegible] PARČIN. Subst. [illegible] garde d'épée. | Stichblatt.

[illegible] BARČA und [illegible] s. [illegible] Adj. LT. [illegible] tous, les autres, en grand nombre. | alle, die übrigen, alle und jede, viele, eine Anzahl (ceteri, reliqui, omnis, cunctus).

[illegible] PARČA oder [illegible] PARČA. Subst. [illegible] morceau, pièce; navire, barque. | ein Stück, Theil, ein Kleines, Abgerissenes; ein Schiff, (in letzterer Bedeutung vielleicht aus dem italienischen barca, Barke). [illegible] un petit morceau. | ein Stückchen, Brocken, klein Wenig. [illegible] morceau de fer forgé, étincelle. | Hammerschlacken, die beim Schmieden des Eisens umhersprühenden Funken. [illegible] en morceaux. | in Stücken zertheilen. [illegible] — [illegible] un caissier (une pièce), d. i. ein unwesentlicher Mann.

[illegible] PARČALANMAK, s. [illegible] Vb. réfl. rompre en morceaux. | in Stücken schneiden, zerbrechen, zerstückeln. — Davon: [illegible] PARČALATMAK. Vb. pass. und réfl. être rompu, tomber en pièces, se démembrer. | zerstückt werden oder sein, in Stücken zerfallen, sich auflösen.

[illegible] BARHANE. vgl. [illegible] Subst. magasin, dépôt. | Lasthaus, d. i. Waarenhaus, Waarenlager, wo verpackte Waaren, Reisegepäck u. dgl. aufbewahrt werden.

[illegible] LT. [illegible] lance, pique. | Lanze, Spiess.

[illegible] BARID. Adj. [illegible] froid, monotone; qui a peu d'esprit et de vivacité, insipide, absurde | unfreundlich, schleckt (vom Wetter); matt, kraftlos, ohne Geist und Witz, dumm. [illegible] BARID-UL-MEZADŽ. de sang froid | kaltblütig.

[illegible] BARIDŽ. Subst. 1. [illegible] permission, audience. | Erlaubniss, Audienz. 2. [illegible] chambellan, valet de chambre. | Kammerherr, Kammerdiener. vgl. [illegible]

[illegible] BARWER. Adj. u. Subst. [illegible] fertile; enceinte, grosse (de la femme et des femelles). | fruchtbar, fruchttragend (vom Baume); schwanger, trächtig (von Menschen und Thieren); eine schwangere Frau.

[illegible] s. [illegible]

[illegible] BARDAK und [illegible] (vulg. BARDAK). Subst. [illegible] cruche, pièce. | Schwenkkrug.

[illegible] BARIZ. Adj. [illegible] qui sort du fond et paraît au dehors, extérieur, clair, manifeste. | was innen oder von unten hervorkommend, auswärtig erscheinend, zum Vorschein kommend, deutlich, offenbar. [illegible] manifeste et assez vaste. | offen und ausgedehnt. [illegible] klar und deutlich sein. [illegible] ein offener, freier Platz.

[illegible] PARS oder [illegible] PARS. Subst. [illegible] tigre, panthère, lynx. | Tiger, Panther, Luchs. [illegible] Name des dritten Jahres im Cyclus der Uiguren.

[illegible] PARS. N. pr. la Perse. Persien. s. [illegible]

[illegible] PARSA. Adj. [illegible] abstème, pur, chaste; dévot. | rein, keusch, fromm, gottesfürchtig.

[illegible] PARSA. Subst. (it. borsa). bourse. | Börse.

[illegible] PARSAL. Subst. l'année passée. | das letztverflossene Jahr, vgl. [illegible]

[illegible] PARSAJI. Subst. [illegible] abstinence, pureté, dévotion, crainte de Dieu; vie monastique | Enthaltsamkeit, Reinheit des Lebens, Frömmigkeit, Gottesfurcht, Leben des von der Welt zurückgezogenen, Einsiedlerleben.

[illegible] PARSI. Subst. = [illegible]

[illegible] und [illegible] BARSTAN. Subst. (nepoprupuia). [illegible] cerveau (plante). | Eisenkraut (verbena officinalis).

[illegible] PARSI. Adj. u. Subst. persan. | Perser. s. [illegible]

[illegible] BARIŠ. Subst. [illegible] la pluie. | der Regen.

[illegible] بارش BARYŠ. Subst. [illegible] paix, amitié; | Friede, Freundschaft. — ETMEK, faire la paix; | Friede schliessen, versöhnen. — OLMAK, être en paix | in Frieden mit einander leben u. d. Figdm.

[illegible] بارشدرمق s. بارشدرمك Deriv.

[illegible] BARYŠDYRMA. Subst. pacification. Friedensstiftung, Versöhnung s. [illegible] Deriv.

[illegible] بارشیق BARYŠYK. Adj. en paix. | friedlich, in Frieden mit einander. Subst. — بارشقلق paix, accord. | Friede, Uebereinstimmung, Vertrag, Vereinbarung. — ETMEK faire la paix, se réconcilier. | Friede machen, sich versöhnen u. d. Figdm.

[illegible] بارشقلق BARYŠYKLYK. Subst. paix, accord, réconciliation. | Friede, Uebereinstimmung, Versöhnung.

[illegible] بارشمق BARYŠMAK und BAR[illegible]MAK. Vb. [illegible] Aor. بارشور BARYŠYR. (propr. Recipr. v. [illegible] einer zu dem andern gehen) — [illegible] صلح faire la paix, s'accorder, se réconcilier. | Friede machen, sich vertragen, sich versöhnen. بارشمش BARYŠMYŠ. réconcilié. | versöhnt, wiedervereinigt. Deriv. [illegible] und [illegible] BARYŠDYRMAK. Vb. caus. mettre en paix, réconcilier. | Frieden stiften, versöhnen.

[illegible] برتر BARTER. Adj. surpassant les autres, extraordinaire | besser als andere, ausgezeichnet, vorzüglich.

[illegible] BARTERLIK. Adj. Fem. des Vorigen. Subst. supériorité, mérite | Vorzug, Verdienst.

[illegible] BARMAK und [illegible] BARMAK Particip v. [illegible]

[illegible] BARYK. Subst. s. [illegible] action d'aller, de s'en aller, marche. | das Gehen, der Gang. [illegible] er geht aus der Welt. Ali Tchir. [illegible] mein Gehen ist. d. i. ich will gehen. Abulg. [illegible]

[illegible] BARYŠMAK Gerund. v. [illegible]

[illegible] برق BARK. s. برق

[illegible] BARKA. Adj. [illegible] resplendissant (lame, sabre, métal); brillant, qui lance des éclairs; glänzend, schimmernd, blitzend. Subst. — [illegible] nuage orageux, éclair. | Wolke, Gewitterwolke; das Wetterleuchten.

[illegible] برقلی BARKLY. Adj. resplendissant, luisant; clair. | glänzend, leuchtend; hell, deutlich.

[illegible] BARKA. Adj. Fem. v. [illegible] Subst. nuage orageux; fig.: [illegible]. | Wolke, Gewitterwolke, Wetterleuchten (Verliebter. [illegible] premiers rayons de la révélation divine. | das erste Licht der Offenbarung.

[illegible] BARKA-[illegible]. Adj. resplendissant, luisant. | glänzend, schimmernd, blitzend.

[illegible] BARKA. Il a béni, c. à d. qu'il bénisse. | er hat gesegnet, d. i. er segne. [illegible] BARKA-ALLAH. que Dieu bénisse, préserve. | Gott segne! Gott sei Dank! Gott bewahre!

[illegible] BARKA. s. [illegible]

[illegible] BARGAH. Subst. [illegible] سرای [illegible] grand[illegible] cour, avant-cour; palais, salle d'audience. | Hof, Vorhof, königlicher Hof, Palast, Audienzsaal im Palast eines Vornehmen. [illegible] BARGAH[illegible] cabinet particulier. | Privatzimmer, Cabinet. [illegible] — BAR-I AMM. grande cour du palais. | öffentlicher Hof oder Halle wo Jedermann Zutritt hat.

[illegible] برکش BARKEŠ. Subst. chargé; portefaix; affligé. | ein Beladener; Lastträger; Bedrückter, Bedrängter.

[illegible] برکشی BARKEŠI. Subst. action de porter des charges, métier de portefaix. | das Lasttragen, Lastträgerei.

[illegible] برکیر BARGIR. vulg. [illegible] vgl. [illegible] Subst. cheval, cheval de somme, rosse, cheval hongre. | Pferd, Lastpferd, Gaul, Wallach. [illegible] ARABA-[illegible] cheval de charrette | Karrengaul. [illegible] cheval de carrosse. | Kutschpferd. [illegible] cheval de bagage. | Packpferd. [illegible] cheval de charrue. | Ackergaul. [illegible] tombé à manger. | Pferdestalle.

[illegible] BARL. Part. [illegible] vgl. [illegible] und [illegible] sert a donner à la signification du mot suivant plus d'intensité. | Verstärkungspartikel. [illegible] briller d'un vif éclat; | hell glänzen, hell leuchten. Kam. s. v. [illegible] — vgl. [illegible]

[illegible] BARLAS. Subst. chef de l'armée; | Haupt des Heeres, Anführer. Abulg. [illegible] lin. [illegible] [illegible] zu lesen für [illegible] N. pr. nom d'une tribu turque | Name eines turkotatarischen Stammes.

[illegible] PARLAK. Adj. brillant, luisant. | glänzend, leuchtend; und sichtbar.

[illegible] PARLAMAK. Subst. LT. [illegible] pain sans levain. | ungesäuertes Brod.

[illegible] oder [illegible] PARLAMAK. Vb. intr. briller, étinceler, faire des éclairs, réverbérer; | hell sein (sowohl für das Auge, als auch vom Schalle für das Ohr); glänzen, blitzen, einen Widerschein geben, flackern, prasseln (von der Flamme). vgl. [illegible] — [illegible] s'éclairer ou se[illegible] eine Flinte richten (Meninski). Deriv. [illegible] PARLATMAK. Vb. caus. faire briller etc. polir; laire un coup. | glänzend machen, leuchten lassen; polieren; einen Schluck trinken. [illegible] faire briller le feu, c. à d. allumer. | das Feuer anzünden. — [illegible]

[illegible] PARLTY und [illegible] PARYL. Subst. vgl. den Vorigen. éclat, bruit. | Glanz, Lärm. [illegible] à grand bruit, avec ostentation. | mit Gepränge.

[illegible] PARLDAMAK. Vb. intr. [Intensiv. v. [illegible]] briller, luire. | glänzen, leuchten, strahlen, deutlich sichtbar sein. — Deriv. [illegible] oder [illegible] PARLDAT-MAK. Vb. caus. faire briller. | glänzen lassen, leuchten lassen. [illegible] sein Auge wie ein Licht leuchten lassen.

[illegible] PARLDAMA. Subst. éclat. | Glanz. [illegible] éclat du teint. | Glanz der Hautfarbe. Kam. s. v. [illegible]

[illegible] BARUTA. Subst. [illegible] | das [illegible] eines Kameels geleugnet werden. s. [illegible]

[illegible] BARLYG. Adj. riche. reich.

[illegible] BARMAK. s. [illegible]

[illegible] oder [illegible] [illegible]

[illegible] oder [illegible] BARMAK. Vb. intr. [illegible] aller, continuer, durer, être; | gehen, fortfahren, dauern, sein. [illegible] Aor. imperat. بار BAR — [illegible] il y a; es ist, es giebt. [illegible] BARMY oder verkürzt [illegible] [illegible] LT. [illegible] y a-t-il? n'y a-t-il pas? giebt es? ist nicht? — Imperat. بار BAR. va-t'en! | geh! fort! Gerund. [illegible] BARA. en allant, en étant. | im Gehen, im Sein. [illegible] als er im Sterben lag. Abulg. 137. — [illegible] BARI und [illegible] BARY. [illegible] er beabsichtigte zu gehen. — [illegible] BARINČA jusqu'à aller, être | bis dass er ging oder war. [illegible] bis er aus der Welt ging. [illegible] BARMYŠ — [illegible] dès qu'(il) était allé. | sobald (er) gegangen war. Partic. Perf. [illegible] étant allé. | gegangen seiend. [illegible] nachdem du gegangen, weil du gegangen. — Deriv. [illegible] BARMAMAK. Vb. neg. [illegible] Imperat. [illegible] BARMAN [illegible] il n'y a pas | es ist nicht, giebt nicht. — [illegible] BARYŠMAK. Vb. recipr. s'accorder; être ensemble, vivre ensemble | übereinkommen, sich einigen, zusammen leben. vgl. [illegible]

[illegible] BARNAME — [illegible] brevet, diplôme, privilège. | Freiheitsbrief, Privilegium.

[illegible] PARAND. [illegible] Subst. [illegible] pourboire (qu'on donne aux comédiens, danseurs, aux musiciens etc.); | Trinkgeld, Botenlohn, Musikgeld welches in Kaffeehäusern oder bei Festen von den Musikanten eingesammelt wird.

[illegible] BARANDEGI. Subst. [illegible] pluie | Regen, das Regnen.

[illegible] بارو BARU, auch بارى u. [illegible] Subst. [illegible] rempart, mur d'une forteresse, créneau. | Festungswerk, Stadtmauer, Zinne. [illegible] Festungswerk.

[illegible] باری s. [illegible]

[illegible] PARU. Subst. peau, cuir; | Haut, Fell, Leder.

[illegible] oder [illegible] BARUT. Subst. Tabrif v. [illegible] [eigentlich [illegible] Salpeter]. Subst. poudre à canon. | Schiesspulver. [illegible] ASPARUTY. poudre de chasse. | feines Pulver. [illegible] BARUT-[illegible]. magasin à poudre, arsenal à poudre. | Pulvermagazin, Pulverhäuschen.

[illegible] باروتجی BARUTČY. Subst. fabricant de poudre, artificier. | Pulvermacher, Feuerwerker. [illegible] BARUTČY-BAŠY chef des artificiers; directeur des magasins à poudre impériaux. | Oberfeuerwerker, Direktor der kaiserlichen Pulvermühlen und Pulvermagazine.

[illegible] Adj. vgl. [illegible] *fertile*; [illegible]

[illegible] Sbst. [illegible]

[illegible] Sbst. [illegible] Pferd.

[illegible]

[illegible] Subst. [illegible] | Erzähler, [illegible]

[illegible] Subst. [illegible] de pain qui se mange pendant le carême du Ramazan | ein dünnes Brodkuchen [illegible] Ramazan gegessen wird.

[illegible] Adj. u. Subst. [illegible] qui reste, restant, reste | zurückbleibend; das Zurückbleibende; der Ueberrest.

[illegible] oder [illegible] Subst. [illegible] | eine Art feiner [illegible].

[illegible] Subst. [illegible] | der Spieler.

[illegible] Subst. [illegible] force, vigueur, autorité | Arm, Oberarm | Kraft, Stärke, Gewalt, Ansehen. [illegible] | der Arm [illegible].

[illegible] oder [illegible] mit seiner ganzen Kraft anwenden.

[illegible] Subst. [illegible] bracelet, brassard. | Armband (aus Schmuck oder Amulet getragen) | Armschiene.

[illegible] Adj. u. Subst. à longs bras. | langarmig; einer dessen Macht sich weit erstreckt, ein mächtiger Herrscher und Menschen.

[illegible] Adj. [illegible] des bras; [illegible] | [illegible]

[illegible]

[illegible] Subst. [illegible] | Spiel, Scherz, Tändelei. [illegible] jeu de hasard. | Glücksspiel.

[illegible] Subst. Pl. [illegible] faucon. | Falke. vgl. [illegible]

[illegible] oder [illegible] Subst. [illegible] poudre. | Eisen, [illegible]

[illegible] Subst. [illegible] petit jeu; [illegible] | Spielchen, Spielzeug, Spielwerk.

[illegible]

[illegible] Subst. place de jeux. | Spielplatz.

[illegible] Subst. [illegible] | Gaukler, Seiltänzer.

[illegible] Subst. Atelier du jongleur. | Gaukelbude, Seiltänzerei.

[illegible] Subst. [illegible] | [illegible]

[illegible] Imperat. v. [illegible]

[illegible] Subst. [illegible] | Sehnsucht, Liebe, Wunsch, Widerwärtigkeit, Absicht zu [illegible]

[illegible] sich an eine Sache gewöhnt [illegible]

[illegible] Subst. garde, protection; garde de nuit; partie de la nuit [illegible] | Wache, Schutz; Nachtwache (vigilia). Theil der Nacht; Hauptheil einer Sache; das Wachen, Schlaflosigkeit aus Kummer; Sorge, Furcht; Wächter.

[illegible] Subst. [illegible] | Wächter, Nachtwächter, [illegible]

[illegible] Subst. garde, [illegible] | Wache, Bewachung, Bewahrung.

[illegible]

[illegible] | auf dem Feuer stehend, d. i. bereit, fertig zu einer Sache.

[illegible] Subst. [illegible] | [illegible]

[illegible] Subst. [illegible] | Kissen, Bett.

[illegible]

[illegible]

[illegible] Subst. [illegible] | [illegible]

[illegible] 1. Subst. [illegible] | der welcher [illegible] 2. Adj. [illegible]

[illegible] Subst. [illegible] | Speckseiten.

[illegible] Pron. [illegible]

[illegible] Subst. [illegible] | das christliche Osterfest. [illegible] Holländer [illegible]

[illegible] Subst. [illegible] | Treppe, Leiter.

[illegible] Vb. [illegible] | [illegible]

[illegible] Adj. [illegible]

[illegible] Subst. [illegible] | [illegible]

[illegible] Vb. act. [illegible] distribuer, partager | vertheilen. [illegible]

[illegible]

[illegible] Subst. [illegible] | Hinterbacken.

[illegible] Vb. act. [illegible] garder, conserver, observer | bewahren, beachten, beobachten.

[illegible] Red. u. Imperat. v. [illegible]

[illegible] Subst. [illegible] tête; tout ce qui est en haut, le haut, sommet [illegible] | Kopf, Haupt, [illegible] Ursprung, Quelle, Anfang [illegible]

[illegible] préposé [illegible]

Andern. [illegible] — [illegible] chacun séparément. | einzeln, jeder für sich. [illegible] tout à fait un autre | durchaus anders, ganz anders. [illegible] devenir son maître, passer maître, avoir fini son apprentissage, selbstständig werden, d. h. nach vollendeter Lehrzeit Meister werden, ein eigenes Geschäft gründen. [illegible] mettre à part, mettre séparément. | bei Seite legen, die Sachen einzeln hinlegen. [illegible]

[illegible] oder [illegible] — [illegible] indépendant. | selbstständig, jeder für sich. Kam. s. v. [illegible]

[illegible] Adv. s. d. Vorigen. séparément, | einzeln, getrennt. [illegible] — [illegible]

[illegible] BAŠKYAN. Sbst. LT. [illegible] artillerie à dos de chameau | auf dem Rücken eines Kameels befestigte Kanone.

[illegible] BAŠKO [illegible] Inter) attendez! eh bien! | warte! sieh an! nun, wohlan!

[illegible] s. d. Folgde.

[illegible] BAŠLAMAK. [illegible] Vb intr. v. [illegible] vgl. [illegible] Aor. [illegible] 12. [illegible] LT. [illegible] être à la tête, commencer, commander, passer devant, guider. | an der Spitze stehen, den Befehl führen, anfangen, vorangehen, führen, den Weg zeigen [illegible] ihr Heer anführend Ali Sebir. (Q [illegible]) [illegible] den Weg zeigen. — Deriv. I. [illegible] BAŠLAMAMAK. Vb. neg. [illegible] wenn ihr uns nicht führt. Abulg. — II. [illegible] oder [illegible] BAŠLANMAK. Vb pass. LT. [illegible] être mis à la tête. | Anführer werden. — III. [illegible] oder [illegible] BAŠLATMAK. Vb. caus. LT. [illegible] mettre à la tête. | an die Spitze stellen, zum Anführer machen.

[illegible] BAŠLANGYČ. Sbst. commencement | Anfang, Beginn. Adv. — [illegible] au commencement, im Anfange [illegible] — [illegible] l'introduction | Einleitung eines Processes, womit die Rechtshandel beginnt.

[illegible] BAŠLYK. Sbst. vêtement de tête, bonnet, capuchon, casque, têtière de la bride d'un cheval; chapiteau. | Kopfbedeckung, Haube, Mütze, Kappe, Kapuze, Helm, [illegible] | Kopfzeug des Pferdes; Säulencapitäl oder Querbalken auf einem Pfosten.

[illegible] BAŠLY u. [illegible] Adj. qui a une tête, une cime. | einen Kopf oder Spitze habend, köpfig, spitzig. [illegible] ÜČ-BAŠLY, qui a trois têtes | dreiköpfig. [illegible] [illegible]-BAŠLY, [illegible] distingué | wohlbekannt, hervorragend, ausgezeichnet. [illegible] BÜJÜK-BAŠLY, qui a une grande tête, un grand esprit | dickköpfig; großer Kopf. [illegible] [illegible]-BAŠLY [illegible] | hartköpfig, eigensinnig. [illegible] SIVRI-BAŠLY, tête pointue | Spitzkopf [illegible] TAS-BAŠLY, chauve, Kahlkopf. [illegible] [illegible] cuver avec une pointe | ein Stück mit einem

Knopfe. [illegible] BAŠLY BAŠYNA indépendant, émancipé, libre. | unabhängig, frei, der nach seinem Kopfe handelt, für sich selbst arbeitet. [illegible] für sich allein leben. [illegible] quelqu'un qui est [illegible], ein [illegible], unfreie, gehorsame Menschen. Kam. s. v. [illegible] — [illegible] être prêt au point de déborder. | bis zum Ueberlaufen voll sein. [illegible] remplir jusqu'à faire déborder. | bis zum Ueberlaufen anfüllen. Kam. s. v. [illegible] — [illegible] BAŠLY OLMAK. (vom Winde) eine bestimmte Richtung haben. [illegible]

[illegible] ohne bestimmte Richtung bald von einer bald von der andern Seite wehen. Kam. s. v. [illegible]

[illegible] BAŠLYCA Adv. principalement. | hauptsächlich.

[illegible] BAŠLYK und [illegible] BAŠLYN oder [illegible] Sbst. LT. [illegible] commandant, général; commandement, domination. | Anführer; Oberbefehl, Herrschaft.

[illegible] BAŠLYG und [illegible] BAŠLYG Conj. et, avec, et les autres. | und, mit, und die andern. [illegible] Sultan Ahmed Mirza und Mozaffer Hosein Mirza und die übrigen Fürsten und Prinzen. Ali Sebir. [illegible] Khodscha Fahhreddin und die übrigen. Ali Sebir. [illegible] Bajezid und die übrigen Stammesfürsten. Abulg. 30. [illegible] Mahmud Bahadur und jene Versammlung eingen. Abulg. 25. Q.

[illegible] BAŠMAK oder [illegible] Sbst. [illegible] sandale, soulier. | Sandale, Pantoffel, Schuh. [illegible] sandalier | Sandalenverfertiger.

[illegible] BAŠMAKČY. Sbst. — [illegible] sandalier, cordonnier. | Sandalenverfertiger, Schuster.

[illegible] BAŠMAKLYK. Sbst. droit de chaussure, revenus assignés sur des villes conquises ou sur les domaines impériaux, à la mère du grand-seigneur. | Pantoffelgeld, eine Art Nadelgeld für die Mutter des Sultans, welches von den eroberten Städten oder auch von den grossherrlichen Domänen bezogen wurde.

[illegible] BAŠNA. Sbst. LT. [illegible] | Hitze.

[illegible] BAŠTYRMAK, se ruer, se ruer contre q. ch. [illegible] Q.

[illegible] PÄŠNE. Sbst. [illegible] Perse

[illegible] BAŠA. Sbst. [illegible] épervier, faucon de chasse. | Sperber, der gelbe Jagdfalke. [illegible]

[illegible] BAŠUMAK [illegible] Vb intr. se soumettre. | sich unterwerfen. Q. — [illegible] [illegible]

[illegible] BAŠ-[illegible] Sbst. premier ministre, premier plénipotentiaire. | oberster Minister, oberster Bevollmächtigter. [illegible]

[illegible] BAŠY. Sbst. (eigentlich [illegible] mit Pron. poss. der 3ten Person). maître, chef, commandant. | Meister, Oberer, Herr; wird als blosse Höflichkeitsform gebraucht, besonders in der Anrede, gegenüber Gewerbtreibenden, Handwerkern u. s. w. [illegible] TERĞÜMAN BAŠY. chef des drogmans, commandant de drogman. | Oberdolmetscher, vulg. Herr Dolmetscher. [illegible] HEKIM BAŠY. chef des médecins, monsieur le docteur. | Oberarzt. vulg. Herr Doktor (Arzt). [illegible] TERZI BAŠY. maître tailleur. | Schneidermeister, Herr Schneider.

[illegible] PÄŠ. Sbst. [illegible] diffusion. | Zerstreuung. s. [illegible]

[illegible] BAŠY DÖNÜK. Sbst. (eigentlich: dessen Kopf verdreht ist, Tollkopf). millet irrigataire. | die irregulärer Hilfe, türkischer Landwehr. (Redhouse: „man whose clothes are not uniform").

[illegible] PÄŠLEMEK. Vb. act. [illegible] répandre, disperser. | auseinander, umherstreuen. [illegible] PÄŠLEN. répandu, dispersé. | ausgestreut, umhergestreut. — [illegible]

[illegible] BASAMAK, auch [illegible] und [illegible] Sbst. échelon, degré d'un escalier. | Sprosse einer Leiter, Stufe einer Treppe, Fussschemel, Fussgestell, Stelle worauf man tritt.

[illegible] oder [illegible] BASTYRMAK s. [illegible] Deriv.

[illegible] BASDYRMA oder [illegible] Sbst. viande pressée et séchée. | gepresstes und getrocknetes Fleisch.

[illegible] BASYR. Fem. [illegible] BASYRA. Adj. [Pers. [illegible]] qui voit bien, voyant, clairvoyant, perspicace. | sehend, scharfsehend, scharfsichtig.

[illegible] BASTYRMAK s. [illegible] Deriv.

[illegible] BASYRAT. (Basiret). Sbst. sens de la vue, faculté de voir, la vue | Gesicht, Gesichtssinn, das Vermögen zu sehen. — [illegible]

[illegible] oder [illegible] BASKY. Sbst. — [illegible] attaque. plötzlicher Angriff [illegible] faire une attaque, un assaut | einen Angriff, einen Ueberfall machen, insbesondere bei Nacht.

[illegible] BASYK. Adj. v. [illegible] déprimé, comprimé, serré. | gedrückt, gepresst, niedergedrückt, eingedrückt, ausgedrückt. [illegible] ein Pferd, dessen Schenkel eingedrückt sind. Kam. s. v. [illegible] — [illegible] an dem Kopf angedrückte Haar. Kam. s. v. [illegible]

[illegible] BASAMAK. Sbst. escalier, échelle. | Treppe, Leiter.

[illegible] BASKYLYK. Sbst. impression, pression. | das Drücken, Druck, Eindruck, eingedrückte Stelle, Vertiefung. [illegible] [illegible] | Schifffrachtsatz [illegible] pression de l'air. | Luftdruck.

[illegible] BASMA. Sbst. presse. | Presse (Werkzeug zum Pressen). [illegible] BASMA [illegible]

[illegible] ist der Grund, (Ursachen, Zweck, Veranlassung) des Briefes.

a [illegible] ba'ûret, Sbst. Femin. d. [illegible] cause, impulsion. | Ursache, Veranlassung.

a [illegible] ba'ûsey. Sbst. [illegible] commission. [illegible]

a [illegible] ba'îd. Adj. [illegible] éloigné, [illegible]

t [illegible] und [illegible] bag. Sbst. [illegible] lien, nœud, bande, bandelette, courroie; botte de foin ou paille, faisceau. | Band, Binde, Schnur, Schlinge, Riemen, Faden, Bund, Gebund. [illegible] bag dügümek, défaire un nœud. einen Knoten aufthun [illegible] bag etmek, oder [illegible] bogas-bag etmek, enchanter; | durch Zauber binden, bezaubern, behexen. vgl. [illegible]. — [illegible] [illegible] lier, enchanter [illegible] [illegible] jarretière, Strumpfband [illegible] [illegible] bandeau. | Kopfband (der Frauen). [illegible] [illegible]-bagy. corde de l'arc. | Bogensehne. [illegible] oder [illegible] botte d'herbages | Kräuterbündel. [illegible] [illegible] bracelet | Armband, Armring. [illegible] [illegible], die Stelle (an Armen oder Beinen) wo die Fessel angelegt werden.

p [illegible] bâg [vgl. [illegible] und [illegible]] Sbst. vgl. [illegible] jardin, verger, vigne; lieu d'agrément; metaph.: le monde. | Garten, insbesondere Baumgarten, Weingarten; Lusthain; in übertragener Bedeutung: die (irdische) Welt. [illegible] bâg-i [illegible], auch [illegible] bâg-i [illegible] oder [illegible] bâg-i [illegible], le paradis | das Paradies. [illegible] — [illegible] [illegible], espèce de lierre. | eine Art Epheu. [illegible] [illegible] bâg bozmak. vendanger | Weinlese halten. [illegible] bâg-bozumu [illegible] vendange. | die Weinlese, Obsternte. [illegible] bâg [illegible] [oder [illegible]] tailler la vigne. | den Weinstock beschneiden. [illegible] bâg-[illegible]. jardinier, vigneron. | Gärtner (der die Bäume beschneidet). [illegible] bâg-[illegible]. treille | Laube. [illegible] bâg-[illegible], temps des vendanges. | Zeit der Weinlese, der Obsternte. [illegible] bâg-[illegible], serpette; Gartenmesser.

[illegible] bagan. Sbst. LT. [illegible] éléphant. | der Elephant (?)

t [illegible] auch [illegible] und [illegible] bagana. Sbst. [illegible] [illegible], agneau. | Lamm, Kind, Lamm. [illegible] bagana-[illegible]. peau d'agneau mort-né d'Astrakan. | Fell von ungeborenen Lammfell, sogen. Astrakhan.

p [illegible] bâgbân oder [illegible] Sbst. [illegible] jardinier, vigneron, gardien des jardins. | Gärtner, Winzer, Gartenhüter.

p [illegible] bâgbânî. Sbst. [illegible] jardinage. | Gärtnerei, Beschäftigung mit Gartenbau.

p [illegible] [illegible] Sbst. serpette à tailler la vigne. | Reb-Messer. (Meninski).

p [illegible] bâgtschewân oder [illegible] bâgtschebân. Sbst. jardinier. | Gärtner.

p [illegible] oder [illegible] bâgtschebânlyk Sbst. jardinage. | Gärtnerei, Gartenbau.

p [illegible] bagtsche. Sbst. [illegible]. Demin. v. [illegible] im Türkischen aber das gewöhnlichere Wort: jardin. | Garten, insbesondere Baumgarten und Blumengarten. [vgl. [illegible]]. — [illegible] [illegible] jardinier. | Gärtnern, den Garten anrichten. [illegible] bagtsche-seraj. Gartenschloss, N. pr. die alte Hauptstadt der Krim-Khane. [illegible] bagtsche-kapusy. Name eines Thores in Constantinopel. [illegible] bagtsche-i [illegible], der kaiserliche Garten in Constantinopel.

p [illegible] bagtschedschik, Sbst. Demin. jardinet. | Gärtchen.

p [illegible] bagtschedschi, bagtschevân Sbst. [illegible] jardinier | Gärtner

p [illegible] bagtschelik. Sbst. forme de jardin. | Eigenschaft oder Wesen eines Gartens, Gartenland. vgl. [illegible] und [illegible].

p [illegible] bagtschelikli. Adj. ayant la qualité d'un jardin. | die Eigenschaft eines Gartens habend, einem Garten ähnlich, vom Gartenbau erzeugt. [illegible] prairie qui ressemble à un jardin. | einem Garten ähnliche Wiese.

p [illegible] bagdy. Sbst. jardinier, vigneron. | Gärtner, Winzer

t [illegible] bagtschy. s. [illegible]

t [illegible] bagtschylyk. s. [illegible]

t [illegible] Sbst. LT. [illegible] lumière, rayons de lumière. | Licht, Lichtstrahlen, Sonnenlicht.

t [illegible] bagyr und [illegible] Sbst. [illegible] foie, cœur. | Leber, Herz. [illegible] bagyr-[illegible]. [illegible] gilet, camisole. | Weste, Jacke, Kamisol.

t [illegible] bagyrmak und [illegible] Sbst. [illegible] intestins, colonne, entrailles. | Eingeweide, Magen.

p [illegible] [illegible] oder [illegible] [illegible]. Sbst. éléphantiasis morbus.

t [illegible] bagyrty. Sbst. s. [illegible] cri (des animaux), mugissement, hurlement, aboiement, etc. | Geschrei der Thiere, Gebrüll, Geheul, Gebell, Gebläke, Krähen des Hahnes u. dgl.

t [illegible] bagyrmak. [illegible] V. intr. Aor. [illegible] bagyryr. — [illegible] crier, hurler, mugir, rugir, aboyer etc. | laut rufen, schreien (von verschiedenen Thieren), brüllen, blöken, bellen, heulen, krähen u. s. w. [illegible] ohne Ursache schreien (jammern) ist Narrheit. Sprchw.

t [illegible] bagyry-kara. Sbst. LT. [illegible] [illegible] d'un oiseau à poitrine noire. [illegible] | ein Vogel mit schwarzer Brust. Krähe (?).

t [illegible] s. [illegible]

t [illegible] [illegible]. Sbst. LT. [illegible] [illegible].

p [illegible] bâg-i [illegible]. Sbst. [illegible]

[illegible] vignoble | Weinland, Weingegend vgl. [illegible] und [illegible]

p [illegible] oder [illegible] bachschîsch. Sbst. [illegible] don, cadeau, pourboire | Geschenk, Trinkgeld.

t [illegible] bachschyschdschy. Sbst. donneur, libéral. | Geber, ein Freigebiger. u. d. Pfgde.

t [illegible] u. [illegible] oder [illegible] bachschylamak [für [illegible]] V. tr. Aor. [illegible] [illegible] donner, faire présent, pardonner, faire grâce | geben, schenken, das Leben oder die Strafe schenken. — [illegible] vergeben, verzeihen, begnadigen. [illegible] pardonner la faute. | die Strafe vergeben — Deriv. [illegible] bachschylanmak V. pass. être donné, être pardonné. | geschenkt, vergeben sein oder werden. [illegible] celui à qui on a donné la vie. | einer dem das Leben geschenkt ist, ein Begnadigter.

t [illegible] oder [illegible] und [illegible] baglamak. [illegible] V. act. Aor. [illegible] oder [illegible] [illegible]. [illegible] lier, nouer, (fig.) attacher, mettre le [illegible], fermer; metaph.: fasciner, ensorceler, nouer l'aiguillette. (— [illegible] s'attribuer, s'approprier q. ch., obliger, engager. Ali Schir. [illegible] | binden, knüpfen, (fest) zuschnüren, festbinden, anbinden, anbinden, zuschliessen, schliessen; in übertragener Bedeutung: umstricken, verstricken, bezaubern, behexen, insbesondere durch Zauber der Mannheit berauben, nestelknüpfen; verbindlich machen, verpflichten. [illegible] conclure une affaire, boucler une affaire. | ein Geschäft schliessen, abschliessen, einen Contract eingehen. [illegible] il rédigea l'observation [illegible] er schloss die Beobachtung. Ali Schir. [illegible] er erhielt einen Damm. Ali Schir. [illegible] lier en faisceaux, fagoter. | in Bündel binden (z. B. das Holz) in Bündel zusammen binden. [illegible] [illegible] conclure un mariage | einen Ehecontract schliessen. [illegible] [illegible] conclure la paix. | den Frieden schliessen. [illegible] joindre les mains | die Hände falten, auf der Brust kreuzen. [illegible] [illegible] [illegible] mit den Zanne binden. [illegible] [illegible] s. fasciner. | den Blick auf Jemand oder auf etwas heften, mit den Blicke bezaubern. [illegible] s. ensorceler. | einen Zauber auf einem binden, d. i. bezaubern, behexen. [illegible] [illegible] s. former des grains en des graines. [illegible] Kerne oder Beeren ansetzen [von Ähren, Trauben u. dgl. Kam. [illegible]]. — [illegible] [illegible] s. oder [illegible] [illegible] se remplir de moëlle. | Mark ansetzen, sich mit Mark füllen [Bein, Knochen u. dgl. Kam. [illegible]]. — [illegible] [illegible] s. former de la crème (le lait) | die Oberfläche bilden (von der Milch), d. i. Rahm ansetzen. [Kam.

[illegible] — [illegible] se ranger en ordre de bataille, se placer en haie, former la haie sur le passage d'un cortège. | sich in Reih und Glied stellen, eine Gasse bilden. [illegible] — Derív. [illegible] Vb. caus. faire lier, etc. | binden [illegible] lassen. — II. [illegible] Vb. pass. être lié, etc. être obligé, s'engager. | gebunden u. s. w. sein oder werden, u. s. w., sich verbindlich machen, verpflichtet sein. [illegible] die Thüre der Propheten wurde geschlossen. Ali Sebiz.

[illegible] BAGHLAYDJY. Sbst. lieur, celui qui lie, sorcier. | der Bindende, Zauberer. s. [illegible]

[illegible] BAGHLAYŠ. [illegible] Sbst. ligature, fascination, enchantement. | Bindung, Verknüpfung, Verstrickung, Verzauberung, Zauberei. vgl. [illegible]

[illegible] Sbst. [illegible] | [illegible]

[illegible] BAGHLYK. Sbst. [illegible] vignoble. | Weinland, Weingegend, Weingarten.

[illegible] Sbst. fascination, enchantement, sorcellerie. | Verzauberung, Zauberei.

[illegible] BAGHLY. Adj. vgl. [illegible] lié, attaché, [illegible] dépendant de q. ch., obligé de q. qn. | gebunden, angebunden, verpflichtet, verzaubert, behext, durch Zauber seiner Mannheit beraubt [illegible] — Jemandem verbunden, von Jemand abhängig. — [illegible] je nach der Gewohnheit.

[illegible]

[illegible] BASTYRMAK oder [illegible]

[illegible] Sbst. [illegible]

[illegible] BAGHWA, s. [illegible]

[illegible] LT. [illegible]

[illegible] BAGY. Sbst. [illegible] | Binde, Band, Gürtel; Band, Gebund. [illegible] | Strohbünde, Strohseile.

[illegible]

[illegible] BAGHI. [Partic. v. [illegible]] Adj. u. Sbst. qui dépasse, qui excède les limites, transgresseur, injuste, insolent, effréné; rebelle, pécheur, tyran. | die Grenzen überschreitend, ausschweifend, ungerecht, frech, das Gesetz überschreitend, [illegible] widerspenstig, [illegible]; Empörer, Sünder, Tyrann. — [illegible] excéder les limites, s'écarter de ce qui est juste, être injuste, se révolter. | aus den Grenzen schreiten, das Gesetz überschreiten, ungehorsam sein, ungerecht sein, sich empören.

[illegible]

[illegible] qui regarde, qui voit; devin, devineur, augure. | Seher, Wahrsager. — [illegible] devineresse. Seherin, Wahrsagerin.

[illegible] Sbst. [illegible] l'art de deviner, divination. | Wahrsagerei. [illegible] deviner. | wahrsagen.

[illegible] cuivre (airain, bronze); pièce de monnaie en cuivre; doublage des navires en cuivre. | Kupfer (rothes und gemischtes, [illegible] u. dgl.); Kupfermünze; Kupferbekleidung der Schiffe. Pl. [illegible] ustensiles en cuivre. | Kupfergeräth (Kessel, Pfannen u. dgl.)

[illegible] Sbst. vase en cuivre (pour puiser de l'eau de la citerne), petit chaudron. | Topf oder Schöpfgefäss von Kupfer, kleiner Kessel.

[illegible] Sbst. chaudronnier. | Kupferschmied.

[illegible] LT. [illegible]

[illegible] Sbst. v. [illegible] action de regarder, regard. | das Anschauen, Betrachten, Anblick. [illegible]

[illegible]

[illegible] BAKMAK Vb. act. [illegible] regarder, prendre garde, avoir égard, avoir soin de q. ch. [illegible] | schauen, betrachten, [illegible]

[illegible]

p پلاپال PÂLÂPÂL Adj. [illegible] | [illegible] vgl. [illegible]

p پلاپال PÂLÂPÂL Adj. bras à bras; ferme, dur, durable. | Arm in Arm, hart, fest, dauerhaft.

p پلاتر PÂLÂTYR Adj. Compar. v. پلا plus haut, plus élevé | höher, erhabener, höher hinauf.

a پلاتفنى [illegible] v. اتفنى

[illegible] PALAČINA Sbst. [illegible] qui court, qui a des pourceaux. [illegible] vgl. پلار und پلا

p [illegible] Sbst. [illegible] d'une maison, [illegible] | das Oberste des Hauses, Terrasse oder Belvedere auf dem Dache, Balkon. (davon das Wort Balcon).

[illegible] cheval de main. | Handpferd.

[illegible] qui a la place supérieure, supérieur, prééminent. | der das Oberhaupt, den ersten Platz behauptet; etwas Vorzügliches.

[illegible] Sbst. supériorité, prééminence, prépondérance. | Oberhand, Vorrang.

[illegible] Sbst. [illegible] poutre transversale au milieu du plancher; [illegible] principal; au figuré: [illegible] | Hauptbalken, Hauptbalken; in übergetragener Bedeutung: Goldsohn.

[illegible]

[illegible] ACHAR SAZENI [illegible] | die Länder [illegible] in ihrem [illegible] Reich [illegible] Stellvertreter oder Vorsteher der Baltadschis.

[illegible]

[illegible]

de la France et des consuls européens dans les échelles du Levant. [illegible] Titel der [illegible] Gesandten, der französischen [illegible] und der europäischen Consule in den levantinischen [illegible].

[illegible] Verstärkungspartikel [illegible]

[illegible] Sbst. [illegible] voûte, toit, plafond. | Kuppel, Dach, Decke. [illegible] Terrasse auf dem Dache. [illegible] toit de la maison. | Dach des Hauses. [illegible] der oberste Himmel, Thron Gottes. [illegible] der unterste Himmel, Sphäre des Mondes. [illegible] | Augenlid.

[illegible] Sbst. [illegible] Bass (die Stimme). [illegible] (einer Geige). [illegible] Bass, die unterste Stimme (im Übergesang oder Accord). [illegible] Basgeige.

[illegible] Sbst. [illegible] lumière, aurore. | Licht, Morgenlicht, frühe Morgenstunde. vgl. [illegible]

[illegible] Partikel in persischen Zusammensetzungen, welche eine Farbe bezeichnen. [illegible] | [illegible]

[illegible]

[illegible] Sbst. [illegible] homme qui se livre à la prostitution, [illegible] vicieux, lâche, [illegible] | [illegible], als Adj. [illegible], schlecht, [illegible], faul.

[illegible] Sbst. nom d'arbre: le saule d'Egypte. | Name eines Baumes: die ägyptische Weide oder Mosch[illegible] [illegible], die Frucht des [illegible]. [illegible] von diesem Baume gewonnene Salbe. [illegible] und [illegible]

[illegible] ursprünglich selbstständiges Substantiv, [illegible] gardien, maître | Hüter, Bewahrer, Herr; dient zur Bildung persischer Substantive, wie [illegible] garde de jardin. | Gartenhüter, Gärtner. [illegible] gardien de porte. | Thürhüter. [illegible] gardien de la frontière. | Gränzhüter, Markgraf.

[illegible]

[illegible] schreien, brüllen, [illegible] Schweigen bringen.

[illegible] Sbst. [illegible] | der Schreier; die Turteltaube.

[illegible]

[illegible] Vb. intr. [illegible] crier. | schreien. vgl. [illegible]

[illegible] Sbst. [Femin. von [illegible]] [illegible] dame, madame, princesse. | vornehme Frau, gnädige Frau, Fürstin. [illegible] la soleil. | die Fürstin des Ostens, d. i. die Sonne.

[illegible] Adj. [illegible] doué d'une belle voix, riche; célèbre; guerrier. | mit schöner Stimme begabt, reich; berühmt; Krieger.

[illegible] Sbst. [illegible] la poste | die Post.

[illegible]

[illegible] Adj. [illegible] راست گو [illegible] *vrai, sincère, digne de foi.* | wahrhaftig, Glauben verdienend.

بلورج [illegible] Sbst. LT. [illegible] *officier dégustateur à la cour d'un prince; cuisinier.* | Vorkoster am Hofe eines Fürsten; Koch.

بلورچی [illegible] Sbst. LT. [illegible] *cuisinier.* | der Koch.

[illegible] Vb. intr. بلور داشتن [illegible] *croire, porter foi, confesser, reconnaître pour vrai.* | glauben, trauen, für wahr halten, als wahr anerkennen.

[illegible] Adj. *avec dignité, avec gravité, majestueux, digne de considération.* | mit Ernst, voll Würde, majestätisch, der Auszeichnung würdig.

[illegible] Sbst. [illegible] ein Vogel oder anderes Thier, mit dem die Falken zur Jagd abgerichtet werden. [illegible] Borhân-i kâtiʿ.

[illegible] Vb. act. *dresser à la chasse.* | zur Jagd abrichten. [illegible] *dressé à la chasse.* | zur Jagd abgerichtet. Kom. i. v. [illegible] — [illegible] ein dressirter Jagdhund [illegible] Kom. a. v. [illegible]

[illegible] — [illegible] *avec* [illegible] mit [illegible].

[illegible] Sbst. [illegible] *embellissement* [illegible] | Ver[illegible].

[illegible] Sbst. [illegible] *nourriture* | Speise (Suppe, Fleisch, Gemüse).

[illegible] [Partic. v. [illegible]] Adj. [illegible] *éclatant, brillant, resplendissant, clair, évident, manifeste, évident; qui surpasse les autres, vainqueur.* | glänzend, klar, deutlich, offenkundig, [illegible], vortrefflich, übertreffend, besiegend, Sieger. — [illegible] *manifester.* | bekannt machen, kund thun. [illegible] *roi très-fortuné.* | ein hochbeglückter (im Glücke die andern übertreffender) König. [illegible] *discours bien ordonné, parole ornée.* | vortrefflich geordnete Rede.

[illegible] Sbst. *crier de froid.* | [illegible]

[illegible] Adj. [illegible] *dur, difficile, pénible.* | schwer. Sbst. *adversité.* | Unglück.

[illegible] Sbst. [illegible] *torture.* | Folter.

[illegible] Vb. act. [illegible] *appliquer la torture.* | foltern.

[illegible] Adj. [illegible] *libre; indépendant, désœuvré;* | frei, ungehindert, unabhängig, unbeschäftigt.

[illegible] Adv. [illegible] *ensemble, dans le même endroit, en même temps, conjointement,* [illegible]

[illegible] *s'assembler, se réunir, se rendre aux* [illegible] *se mettre en rallier.* | [illegible]

[illegible] Adv. *avec tout cela, néanmoins.* | bei alledem, nichts desto weniger. vgl. [illegible]

[illegible] Sbst. [illegible] *petite mer, lac.* | kleines Meer, See, Binnenmeer.

[illegible] Fem. [illegible] Adj. [illegible] *vide, vacant.* | leer. [illegible] *maison, abandonnée.* | ein leerstehendes, unbewohntes Haus.

[illegible] Sbst. u. Adj. LT. [illegible] *seigneur, homme riche, opulent, fortuné.* | vornehmer Herr, Fürst, reicher Mann; reich, glücklich, — [illegible] *les riches et les pauvres, c. à d. tout le monde.* | reich und arm, d. i. Alle ohne Ausnahme. [illegible] *rendre riche.* | bereichern.

[illegible] Sbst. — [illegible]

[illegible] *en quelque façon que ce soit, certainement.* | auf welche Weise, unter welchen Umständen es auch sei; sicher, jedenfalls, durchaus.

[illegible] Sbst. [illegible] *part, portion, lot, sort, bonheur, richesse.* | Theil, Antheil, Loos, glückliches Loos, Glück, Reichthum. — [illegible] *répartir, distribuer.* | theilen, vertheilen. [illegible] *pour ma part, à ma place.* | für meinen Theil, meinerseits; an meiner Stelle. [illegible] *partagé, divisé.* | getheilt. [illegible]

[illegible] Sbst. [illegible] *pied, base, degré, trace.* | Fuss, Fussgestell, Grundlage, Stufe, Spur. [illegible] *suivre les pas de q. qu.* | auf dem Fusse folgen. — In übertragener Bedeutung: 1. [illegible] vgl. [illegible] — *prétexte, cause.* | Grund einer Sache, Vorgeben. [illegible] *être stable ou permanent.* | Stand halten, Bestand haben, bleiben. vgl. پایدار 2. [illegible] *ce qui dure, fermeté, constance; attente.* | das Dauernde, Bestand, Dauer, Beharren, Erwarten. — 3. [illegible] *force, puissance.* | Kraft, Macht.

[illegible] Sbst. vgl. [illegible] 1. *fond de l'eau, eau non profonde, source.* | Ort wo man Fuss fasst, Grund des Wassers, frisches Wasser, Quelle, Furt. — 2. In übertragener Bedeutung: [illegible] *force, pouvoir, puissance.* | Kraft, Macht.

[illegible] Adj. [illegible] *rassis, vieux, fade.* | [illegible], was über Nacht gestanden, [illegible], nicht mehr frisch, verdorben. [illegible] *pain rassis.* | altbackenes (über Nacht gestandenes) Brod.

[illegible] Adv. *autrefois, d'en[illegible], de ce temps-là.* | ehemals, früher, [illegible], damals.

[illegible] Sbst. [illegible] *fin, terme, bout, extrémité.* | Ende, Ziel, Endpunkt, Aeusserstes.

[illegible] oder [illegible] und پانداز Sbst. *ce qui est étendu aux pieds de q. qu., c. à d. étoffes de soie, drape, tapis etc. qu'on étend sur le pavé devant un prince, un conquérant; présents offerts à un prince.* | was die Füsse gebreitet wird, d. i. Teppiche, seidene und andere Stoffe, die bei dem Einzuge eines Fürsten oder Eroberers auf dem Wege ausgebreitet werden; Geschenke die man einem Fürsten oder Eroberer zu Füssen legt.

[illegible] Adj. u. Sbst. 1. [illegible] *qui a le pied lié, qui est empêché; captif; amoureux.* | an den Füssen gebunden, gehindert, verhindert, verstrickt; ein Gefangener; in Liebesbanden verstrickt, verliebt. — 2. [illegible] *fondement d'une construction.* | Grundmauer eines Gebäudes. — 3. *qui attend, oisif.* | erwartend, harrend, müssig [illegible].

[illegible] s. d. Vögeln.

[illegible] Sbst. *entrave, piège; [illegible].* | Fessel, Beinschlinge der Pferde, Schlinge; Hindernis.

[illegible] s. [illegible]

[illegible] Sbst. s. [illegible]

[illegible] Sbst. *pied ou base du trône, le trône, la résidence d'un souverain.* | Fuss des Thrones, der Thron, Hauptstadt, Residenz des Fürsten.

[illegible] Sbst. s. [illegible]

[illegible] Sbst. s. [illegible]

[illegible], auch [illegible] und [illegible] Adj. *foulé aux pieds.* | mit Füssen getreten, betreten (vom Wege).

[illegible] Aor. v. [illegible] — [illegible] *il faut, il se peut, peut-être.* | es muss, kann sein, vielleicht, = [illegible]

[illegible] Adj. [illegible] *ferme, stable, constant.* | dauernd, fest, beständig, fortdauernd. [illegible] *fest an seiner Stelle bleiben.*

[illegible] Sbst. [illegible] *fermeté, stabilité, constance.* | Festigkeit, Beständigkeit, Dauer.

[illegible] Sbst. = [illegible]

[illegible] oder [illegible] Sbst. *piège; [illegible] des oiseleurs; appeau.* | Fangschlinge, Sprenkel; Lockente. — [illegible] oder [illegible] Kom. a. v. [illegible]

[illegible] Sbst. 1. [illegible] *chaussure, soulier.* | Fussbekleidung [illegible]

[illegible]; [illegible]; grade, degré, classe, catégorie, rang, dignité, charge. | Fuss, Fussgestell, Fussgestell, Stufel, Stufe, Grad, Klasse, Kategorie, Rang, Würde. Aus [illegible] oder [illegible] und [illegible] oder [illegible] pied au haut du trône. | Fuss oder Basis des Thrones, die Erhöhung auf welcher der Thron steht. [illegible] PÂIE-I ÂTESIN = [illegible] trépied de fer. | eiserner Dreifuss. [illegible] [illegible] pierre, marche de l'escalier. | Treppenstufe, Leitersprosse. [illegible] PÂIE-I [illegible] rang élevé. | hoher Rang. [illegible] AL-PÂIE = [illegible] oder [illegible] qui a un rang, grand, digne. | mit Rang, d. i. vornehm, angesehen.

پایه‌دار PÂIEDÂR. Adj. = [illegible]

[illegible] PÂIEUR. Adj. — qui a un rang ou une charge, digne, illustre. | einen Rang habend, [illegible], angesehen, vornehm.

[illegible] s. [illegible]

[illegible] oder [illegible] PÂIDÂR. [Denom. v. [illegible]] Vb. intr. [illegible] [illegible] mettre le pied sur ..., prendre pied; persister, persévérer, [illegible], [illegible], [illegible]. | fussen, treten, fest halten, beharren, dauern; [illegible], [illegible], [illegible].

[illegible] PÂIZ, auch [illegible] und [illegible] Sbst. [illegible] l'automne. | der Herbst. — in übergetragener Bedeutung = [illegible] [illegible] Alter, Greisenalter.

[illegible] PÂIN oder [illegible] PÂIN. Sbst. [illegible] partie inférieure, dernier degré de l'escalier, pied d'une montagne, bas. | das Unterste einer Sache, unterste Stufe, Fuss des Berges. [illegible] au pied du trône. | am Fusse des Thrones. [illegible] [illegible] [illegible], [illegible]. | [illegible], [illegible], Gehorsam.

[illegible] s. [illegible]

[illegible] s. [illegible]

[illegible] Sbst. LT. [illegible] huppe. | der Wiedehopf.

[illegible] oder [illegible] Sbst. petite branche. | Zweig, Ästchen.

[illegible] oder [illegible] Sbst. ([illegible]). [illegible] poivre. | Pfeffer. [illegible] der spanische oder Cayennepfeffer.

[illegible] Sbst. LL. [illegible] léopard. | der Leopard.

[illegible] Imperat. v. [illegible]

[illegible] Sbst. marchand de poivre, épicier. | Pfefferhändler, Gewürzkrämer.

[illegible] vielleicht = [illegible]

[illegible] Sbst. [illegible] rein, rognon. | Niere. LL. vgl. [illegible]

[illegible] oder [illegible] Sbst. [illegible] boîte au poivre. | Pfefferbüchse.

[illegible] Vb. act. poivrer. | pfeffern. Deriv. [illegible] Vb. pass., davon [illegible] poivré. | gepfeffert.

[illegible] Vb. intr. se mettre en colère, devenir féroce (semblable à un léopard), être fier, faire le fier. | sich wie ein Leopard geberden, d. i. ergrimmen, in Zorn geraten; sich brüsten. [wie das arab. [illegible]]

[illegible] Sbst. action de faire le fier. | stolzes sich brüsten.

[illegible] Adj. poivré. | gepfeffert.

[illegible] Sbst. s. [illegible]

[illegible] Adj. [illegible] vieux, vieilli. | alt, greisenhaft.

[illegible] Vb. intr. [illegible] alt werden. [illegible] [illegible] [illegible]. | ein altes abgetragenes Kleid. Kom. s. v. [illegible]

[illegible] oder [illegible] Sbst. romarin. | Rosmarin.

[illegible] und [illegible] Sbst. [illegible] perroquet. | der Papagei.

[illegible] Sbst. [illegible] petit enfant qui est encore dans les langes. | kleines Kind, Wickelkind. [illegible] [illegible]. | [illegible]. [illegible] [illegible], [illegible]. | Augapfel, Pupille. [illegible]

[illegible] s. [illegible]

[illegible] Sbst. [illegible] muguet (plante). | Maiblümchen (Convallaria).

[illegible] Sbst. bègue. | Stotterer.

[illegible] bégayer. | stottern.

[illegible] Vb. intr. [illegible] bégayer, balbutier. | stottern, stammeln.

[illegible] Sbst. [illegible] bègue. | Stotterer, Stammler. [illegible] oder [illegible] bégayer. | stottern.

[illegible] Sbst. bégaiement. | das Stottern, mit Stottern hervorgebrachtes Wort. [illegible] Kom.

[illegible] Sbst. [illegible] [illegible], [illegible]; [illegible]. | [illegible] von Mehl, [illegible]; auch die Barett oder Fessel, mit dem [illegible] [illegible] wird.

[illegible] Sbst. [illegible] [illegible]. | [illegible].

[illegible] oder [illegible] Sbst. [illegible] pou, insecte. | Laus, Ungeziefer, Wurm. [illegible] pédiculaire (plante). | Läusekraut. [illegible] [illegible] [illegible], marchand d'habits. | Kleiderhändler. [illegible] oder [illegible] [illegible]. | Niss in den Haaren. [illegible] [illegible], auch [illegible] oder [illegible] [illegible]. Kornwurm.

[illegible] [illegible]. | Wanze. [illegible] oder [illegible] [illegible] scorpion. | Floh. [illegible] [illegible]. | Kornwurm. [illegible] perce-oreille. | Ohrwurm. [illegible] teigne, gerce. | Bücherwurm, Motte, Papierwurm. [illegible] tique. | Hundelaus, Schaflaus, Zecke.

[illegible] oder [illegible] Sbst. [illegible] idole, image qu'on adore; metaph.: l'amant, l'amante. | Götzenbild, Bild das man anbetet; in übergetragener Bedeutung: der oder die Geliebte.

[illegible] Sbst. laine de chèvre la plus fine. | feinste Ziegenwolle.

[illegible] LT. [illegible]

[illegible] Sbst. 1. [illegible] action de couper, séparation. | Abschneidung. 2. [illegible] pièce de vêtement de Derviches, manteau ou tapis des Derviches. | Kleidungsstück der Derwische, von grober Seide oder Wolle, womit sie Kopf oder Rücken bedecken, und das zugleich als Mantel und als Teppich dient. Plur. [illegible]

[illegible] Sbst. [illegible] [illegible] ce qui est coupé, arraché, séparé de son tout, pièce; [illegible], bordure etc. de [illegible]; [illegible], [illegible] etc. de la maison; [illegible] de la jeune mariée; pièce de vêtement des Derviches. = [illegible] | ein Abgeschnittenes, abgetrenntes Stück; Stück das man auf die Reise nimmt, Reisegepäck, Reiseproviant; Stück Hausgeräth, insbesondere Teppiche u. dgl. von grober Seide oder Wolle, welche die Braut als Ausstattung mitbringt; Derwischmantel oder Teppich. = [illegible]

[illegible] Sbst. [illegible] qui fabrique ou vend des tapis de Derviches. | der Verfertiger oder Verkäufer von Derwischteppichen. s. [illegible]

[illegible] Adv. [illegible] à l'improviste, subitement. | plötzlich, unverhergesehen.

[illegible] oder [illegible] v. [illegible] Sbst. [illegible] mare, marais, bourbier, fondrière; sable mouvant; coupe-gorge; affaire où l'on s'embourbe. | Sumpf, Schlamm, Schlammloch, Pfütze, Triebsand, Ort, wo man versinkt oder zu Grunde geht, Mörderloch, schlechtes Haus, dessen Besucher ermordet werden, schlechtes Geschäft, Handel u. s. w., bei dem man zu Grunde gehen kann. [illegible] [illegible], marais. | Sumpf. [illegible] plongeon (oiseau). | der Taucher (Vogel).

[illegible] Sbst. pirate, coupe-jarret. | wörtlich: Verwahrer; Räuber auf dem Meere, welche die kleinen Fahrzeuge plündern und versenken; Kehlabschneider, der die Leute in sein Haus lockt, um sie zu plündern und zu morden; Gauner, der den Leuten das Geld oder ihre Waaren abschwindelt. [illegible] [illegible], coupe-gorge. | Mordhöhle.

[illegible], [illegible]. | [illegible], [illegible] [illegible]. Kom. s. v. [illegible]. — Deriv. I. [illegible] [illegible]. [illegible] [illegible]. Vb. caus LT. [illegible]. — II. [illegible] [illegible] und [illegible] [illegible]. *faire couper*, *tailler*, *faucher*, *moissonner etc.* [illegible] *à couper*. | [illegible], [illegible], [illegible] u. s. w. lassen; [illegible] [illegible] geben. — III. [illegible] [illegible]. Vb. pass. [illegible] [illegible] *coupé*, *fauché*, *séché*. | geschnitten, gemäht; getrocknet. [illegible] [illegible]. | Heu.

[illegible] [illegible]. s. [illegible]

[illegible] [illegible]. Sbst. *coupe d'habit*. | Schnitt des Kleides.

[illegible] [illegible], [illegible] [illegible] s. [illegible] [illegible]. Sbst. [illegible], *singe*; *le* [illegible] *année du cycle des Ouïgours*. | Affe; Name des [illegible] Jahres im Cyclus der Uiguren.

[illegible] Sbst. [illegible] *sorte de concombre*. | eine Art Gurke. Kom. s. v. [illegible]

[illegible] [illegible]. [Pavlic. v. [illegible]] Adj. u. Sbst. *qui coupe*, *qui moissonne*; [illegible] [illegible] *fraîchement coupé*, *foin*. | der Schneidende, Schnitter, geschnittenes Gras oder Getreide; Heu.

[illegible] [illegible] [illegible]. [illegible] [illegible] Sbst. *lieu de la moisson*, [illegible]. | Ort, wo geschnitten oder gemäht wird, Wiese, reifes Saatfeld.

[illegible] [illegible] oder [illegible] s. [illegible] Sbst. [illegible] s. [illegible] *bravefaire*. | [illegible] [illegible]. — LT. [illegible]

[illegible] [illegible]. Sbst. [illegible] *interprète*, *interprétation*, *traduction*. | Uebersetzer, Uebersetzung.

[illegible] [illegible] und [illegible] Sbst. s. [illegible] *moitié*, *demi*. | Hälfte, das Halb. [illegible] [illegible] [illegible]. [illegible] [illegible] | [illegible]. [illegible] [illegible] [illegible] | [illegible].

[illegible] [illegible] und [illegible] Sbst. *moitié* | Hälfte, die Hälfte, s. d. [illegible].

[illegible] [illegible] und [illegible] [illegible]. Sbst. s. [illegible] [illegible]. | Schürze. [illegible] die Schürzenbänder. s. [illegible]

[illegible] [illegible] Sbst. *terre*. | Erde.

[illegible] [illegible] oder [illegible] [illegible]. Pl. [illegible] [illegible]. Sbst. [illegible] *petit d'animal*, *petit enfant* | das Junge eines Thieres; kleines Kind. [illegible] *petit loup*. | junger Wolf.

[illegible] [illegible]. Sbst. *animal qui a un petit*. | ein Thier das Junge hat.

[illegible] [illegible]. Sbst. [illegible]

[illegible] [illegible]. Sbst. *bâtard*, *fils illégitime*, [illegible]. | Bastard, Findelkind, [illegible].

[illegible] [illegible]. LT. [illegible] s. [illegible]

[illegible] [illegible]. Sbst. [illegible]. | [illegible]. s. [illegible]

[illegible] [illegible]. Sbst. s. [illegible]

[illegible] [illegible]. Sbst. [illegible] | [illegible]. s. [illegible]

[illegible] [illegible]. Sbst. Pl. v. [illegible]

[illegible] [illegible]. s. [illegible]

[illegible] [illegible]. Adj. [illegible] *pur*, *sans mélange*, *sans alliage*. | rein, unvermischt, [illegible].

[illegible] [illegible]. Pl. [illegible] [illegible]. Sbst. *action de gratter la terre pour y chercher q. ch.*; *action de fouiller*; *recherche*, *investigation*, [illegible], *enquête*, *interrogation*, *question*, *discussion*, *dissertation*, *dispute*, *pari*; *lieu où l'on fouille en cherchant*, *mine*. | das Scharren im Boden um etwas zu suchen, Durchsuchung, Untersuchung, Nachforschung (durch Fragen), gelehrte Untersuchung, Abhandlung, Wortwechsel, gelehrter Streit, Disputation, Wette; Ort wo man scharrt und sucht, Bergwerk. — [illegible]. *chercher à découvrir q. ch.*, [illegible], *disputer*, *discuter*, *traiter*, *parier*, *gager*, *faire gageure*. | [illegible], über etwas streiten, eine Sache erörtern; wetten. — [illegible]. *déposer le montant du pari* | die Wette [illegible].

[illegible] [illegible]. Pl. [illegible] [illegible]. [illegible] und [illegible] [illegible] Sbst. [illegible] *mer*, *grande rivière*. | Meer, grosser Fluss oder Strom. [illegible] [illegible] *l'océan*. | das Weltmeer, welches das ganze Festland umgiebt. [illegible] [illegible] *la mer blanche*, *mer méditerranée*, *l'Archipel grec*. | das weisse Meer, d. i. das Mittelländische Meer und der griechische Archipelagus, im Gegensatz zu [illegible] [illegible] *la mer noire*. | das schwarze Meer. [illegible] [illegible] und [illegible] [illegible] oder [illegible] *mer rouge*. | das rothe Meer. [illegible] [illegible] *mer morte*. | das todte Meer. [illegible] [illegible] oder [illegible] *mer Caspienne*. | das kaspische Meer. [illegible] [illegible] *par mer et par terre*. | zur See und zu Lande.

[illegible] [illegible]. Sbst. *crise d'une maladie*. | Crisis oder Entscheidung einer Krankheit. [illegible] *jour de crise*. | der entscheidende Tag einer Krankheit.

[illegible] [illegible]. Adj. u. Sbst. *qui a rapport à la mer*, *maritime*, *marin*, [illegible]. | was zum Meer in Beziehung steht, zum Meer gehört; seeartig; Seemann. [illegible] [illegible] *monstre marin*. | See-Ungeheuer. [illegible] [illegible] *marins*. | Seeleute.

[illegible] [illegible]. [Dual. v. [illegible]] Sbst. *les deux mers*, *c. à d. l'archipel et la mer noire*. | die beiden Meere, nämlich das griechische Meer und das schwarze Meer. vgl. [illegible]

[illegible] [illegible]. s. [illegible]

[illegible] [illegible]. s. [illegible]

[illegible] [illegible]. s. [illegible]

[illegible] [illegible] und [illegible] [illegible] Sbst. vgl. [illegible] *permission*, *licence*. | Erlaubniss. [illegible] *pardonner*, *gracier*. | vergeben, begnadigen. — [illegible]

[illegible] [illegible]. s. [illegible]

[illegible] [illegible] Sbst. Pl. v. [illegible]

[illegible] [illegible]. Falsche Schreibart für [illegible] [illegible]

[illegible] [illegible]. [Demin. v. [illegible]] Sbst. [illegible] *petite mer*, *lac*. | kleines Meer, See.

[illegible] [illegible] — [illegible] Abulg. Rb. [illegible] [illegible] [illegible] sie zum Kriemlaine gelaufen, gingen sie.

[illegible] [illegible] oder [illegible] [illegible]. Partikel der Verwunderung, immer wiederholt und gewöhnlich geschrieben. [illegible] [illegible] *très-bien! bon!* | sehr gut! bravo!

[illegible] [illegible]. Sbst. — Pl. v. [illegible] [illegible] und [illegible] [illegible] *vapeur*, *exhalaison*. | Dampf, Dunst, Ausdünstung. [illegible] [illegible] *vapeurs de l'eau*, *exhalaisons*, [illegible]. | schlechte Ausdünstung, Gestank. [illegible]

[illegible] [illegible]. Wasserdämpfe. [illegible] [illegible] oder [illegible] [illegible]. Weinbrand (der einem, der getrunken hat, aus dem Munde kommt).

[illegible] [illegible]. Sbst. [illegible] | Wissenschaft.

[illegible] [illegible] oder [illegible] N. pr. *la ville de Bokhara*. | die Stadt Bokhara (berühmt durch Pflege der Wissenschaft).

[illegible] [illegible]. Vb. intr. [illegible] *exhaler*, *fumer*. | dampfen, rauchen. Kom. s. v. [illegible]

[illegible] [illegible]. Adj. *très-avare*. | sehr geizig.

[illegible] [illegible]. Sbst. *cheville (aux pieds d'un prisonnier) de fer*. | eiserne Fussschelle.

[illegible] [illegible]. Sbst. [illegible] [illegible] *sort*, *destinée*, *hasard*, *fortune*, *bonheur*, *chance favorable*, *prospérité*, *richesse*; *bonne étoile*, *horoscope*, [illegible]. | Schicksal, Geschick, Glück oder Unglück, Zufall (insbesondere glücklicher), Glück im Spiele, glückliche Wendung des Schicksals; irdisches Glück (Reichthum, Ehre, Macht, Ansehen); glücklicher Stern; Horoskop, Nativität. [illegible] [illegible] oder [illegible] [illegible]. *bonne fortune*, *heureuse destinée*. | glückliches Loos, Glück. [illegible] [illegible]. *malheureuse destinée*, *mauvaise fortune*. | unglückliches Loos, Unglück. [illegible] [illegible] *les vicissitudes de la fortune*. | die Wechselfälle des Glücks. [illegible] [illegible] oder [illegible] [illegible] *heureux* | glücklich [illegible] [illegible] *malheureux*. | unglücklich. [illegible] [illegible] *tenter fortune* | das Glück versuchen. [illegible] *couronne de la gloire* | die Krone des Ruhmes, Ehrenkrone.

[illegible] [illegible]. Vollständiger [illegible] N. pr. Nebukadnezar. Nebukadnezar.

[illegible] [illegible]. Sbst. [illegible] *casque en fer*. | eiserner Helm.

[illegible] [illegible]. Subst. [illegible] [illegible] | [illegible].

[illegible] [illegible] [illegible] | Nom d'une plante | Name einer Pflanze.

[illegible] Adj. [illegible] [illegible] Subst. [illegible] | [illegible].

[illegible] Pl. [illegible] [illegible] | [illegible] der Religion, [illegible] [illegible] [illegible].

[illegible] Adj. [illegible] [illegible] | [illegible].

[illegible] Subst. [illegible] [illegible] | [illegible].

[illegible] Subst. [illegible] [illegible] [illegible] | Bitterkeit.

[illegible] Adj. qui a une [illegible] [illegible] | [illegible] Körper [illegible] mit Mauern oder [illegible] [illegible] | die [illegible] Mauern dieser Festung.

[illegible] Subst. nom d'une [illegible] [illegible].

[illegible] Subst. victime qu'on [illegible] | das Opfer, welches in [illegible] [illegible] wird.

[illegible] Frau [illegible] Haus. Brennholz, Weide.

[illegible] Imper. [illegible].

[illegible] Subst. [illegible] | [illegible].

[illegible] und [illegible] Adj. [illegible] visible, [illegible] public, manifeste, [illegible] | sichtbar, klar, [illegible], öffentlich, [illegible] [illegible] [illegible] paraître en public, se [illegible] [illegible].

[illegible] und [illegible] [illegible] [illegible] Adj. [illegible].

[illegible] [illegible] [illegible] [illegible] u. die [illegible] Grammatik.

[illegible] Pl. [illegible] Sbst. [illegible] | [illegible]

[illegible] Pl. [illegible] Sbst. [illegible] action de [illegible], graine de lin; au fig. [illegible]. | das Korn, [illegible]; Keim, Samen, [illegible], [illegible]; in übergetragener Bedeutung: Nachkommenschaft. [illegible] germe d'oeuf. | das weisse Bläschen im Ei. [illegible] germination | das Keimen. [illegible] germer | keimen [illegible]

[illegible] Sbst. [illegible] rapporteur. | ein [illegible]. Intrigant, [illegible]

[illegible]

[illegible]

[illegible] Sbst. [illegible] | [illegible]

[illegible] Sbst. [illegible] agriculture. | Ackerbau.

[illegible] Sbst. [illegible] action de donner (avec générosité), de dépenser; libéralité, don, dépense; action de donner des soins à q. ch., de diriger ses efforts vers q. ch. | Geben, Schenken, Aufwand, Freigebigkeit, Aufwand aller Kräfte, Anstrengung und Sorge die man einer Sache widmet. [illegible]

[illegible] s'efforcer. | sich anstrengen. [illegible] faire de grandes aumônes | grosse Almosen geben.

[illegible] Sbst. [illegible] habillement de tous les jours, habillement de travail. | Alltagskleidung. Arbeitskleidung.

[illegible] Sbst. [illegible] plaisanterie, raillerie, bon mot. | Spass, Scherz, Witz.

[illegible] Sbst. [illegible] plaisant, qui fait des plaisanteries; [illegible]. | Spassmacher, Possenreisser, Hanswurst.

[illegible] oder [illegible] Sbst. plaisant, qui dit des plaisanteries, des bons mots. | Witzbold.

[illegible]

[illegible] [Rad. v. [illegible]] [illegible] persischen Zusammensetzungen zur Bildung von Adjectiven, entsprechend dem türkischen [illegible] oder [illegible] — qui prend, reçoit, admet, accepte, fait; ayant, susceptible de ... | annehmend, [illegible], [illegible], [illegible], empfänglich für, einer Sache zugeneigt, unterworfen. [illegible] corruptible, corrompu. | der Verderbniss, der Bestechung empfänglich, vergänglich, bestechlich. [illegible] [illegible] | [illegible] [illegible] [illegible] [illegible]

[illegible] ayant la forme, la couleur etc. de q. ch., ressemblant. | gestaltet wie, ähnlich. [illegible] parallèle, [illegible]; [illegible] | [illegible], gleichen, erscheinen wie etwas; gelingen. [illegible] désordre, troublé, [illegible]. | der Ordnung unterworfen, [illegible], [illegible], in Unordnung. [illegible] | [illegible] [illegible] pur, sincère. | rein, aufrichtig. [illegible] [illegible] de [illegible]. | Leben annehmend. [illegible] religieux. | der Religion empfänglich, religiös, fromm. [illegible] désireux d'apprendre. | wissbegierig. [illegible] être fini. | zu Ende sein (z. B. eine Erzählung). [illegible] faire marcher, faire arranger (une affaire). | in Gang bringen (eine Angelegenheit).

[illegible] [Partic. v. [illegible]] Adj. u. Sbst. [illegible] prenant, [illegible]. | annehmend; Empfänger. vgl. d. Vbgde.

[illegible] Vb. [illegible] v. [illegible]

[illegible] Sbst. [illegible] action d'accepter, acceptation, [illegible]. | das Annehmen, Empfänglichkeit (z. B. für gute Lehren), Gehorsam. [illegible] acceptable | annehmbar.

[illegible] Sbst. = d. Vbgde.

[illegible] oder [illegible] Vb. [illegible] accepter, agréer, approuver, admettre. | annehmen, [illegible], zustimmen, [illegible].

[illegible] Sbst. = [illegible] fruit. | Frucht. [illegible] Laub und Frucht.

[illegible] 1. Sbst. [illegible] dessus, ce qui est au-dessus, partie proéminente de q. ch., élévation, cime, hauteur, largeur, [illegible], poitrine, coeur, [illegible]. | das was oben ist, Gipfel, Spitze; der hervorstehende Theil einer Sache, Höhe, Brust; Herz, Gedächtniss; Höhe, Breite. [illegible] sein à sein, [illegible], également. | Brust an Brust, [illegible]; gleich [s. a. [illegible]] — [illegible] s'arracher des bras de q. qu. | sich von Jemandes Brust (Umarmung) losreissen — [illegible] réciter par coeur. | auswendig sagen. [vgl. [illegible]] — 2. Praepos. [illegible] sur, selon, dans, à, en, d'après, à côté | auf, über, in, an, bei, neben, nach, gemäss. [illegible] sur la cime, [illegible]; sur le coeur. | auf dem Gipfel; sehr hoch; auf der Brust, auf dem Herzen. [illegible] sur la tête. | auf dem Kopfe. [illegible] en stabilité, constamment. | in Beständigkeit, immerwährend. [illegible] de côté, à part | bei Seite. [illegible] mettre de côté, mettre à part, lever, [illegible], se délivrer de q. ch. | bei Seite legen, aufheben, aus dem Wege schaffen, sich von etwas los machen, etwas beseitigen. [illegible] s'obliger. | sich selbst etwas auflegen, zu etwas verpflichten, sich verbindlich machen. [illegible] à l'heure, à propos. | zur rechten Zeit, zur gelegenen Zeit; zu günstiger Stunde. [illegible] selon ou d'après

l'ordre. | nach oder gemäss dem Befehle. [illegible] selon la manière accoutumée. | nach der angenommenen Weise. [illegible] conformément à. | gemäss. [illegible] selon les circonstances. | je nach den Umständen. [illegible] selon l'usage. | wie es Sitte ist. [illegible] obtenir ce qu'on désire, venir à bout de son dessein. | seinen Wunsch erreichen, zum Ziele gelangen. [illegible] à rebours, dans le sens inverse, au contraire, [illegible]. | verkehrt, gegen den Strom, im Gegentheil, umgekehrt.

[illegible] [Rad. v. [illegible]] le pers. [illegible] [illegible] qui porte, emporte, apporte. | tragend, wegtragend, bringend. [illegible] qui se charge de l'exécution d'un ordre, qui obéit à un ordre. | der einen Befehl auf sich nimmt, einem Befehle gehorcht. [illegible] porteur d'une lettre. | der einen Brief überbringt. [illegible] qui emporte, ravit le coeur, beau. | das Herz davon tragend, Herz-raubend, d. i. schön. [illegible]

[illegible] Adj. Num. ord. [illegible] un; unique, seul, une fois; un certain, le [illegible]. | eins; ein (als der unbestimmte Artikel); einer, einzig, allein, einmal, ein gewisser, einer [illegible]. [illegible] un à un, l'un après l'autre. | einer nach dem andern, alles ordentlich. [illegible] oder [illegible] l'un l'autre, einander. [illegible] l'un ne ressemble pas à l'autre. | einer (eins) gleicht nicht dem andern. [illegible] l'un avec l'autre. | einer mit dem andern. [illegible] l'un de l'autre | von einander. [illegible] un ou deux, quelques uns. | einer oder zwei, einige. [illegible] de temps en temps | zu Zeiten einer, d. h. zuweilen, dann und wann. [illegible] oder [illegible] quelqu'un, un d'eux. | einer, Jemand, einer von ihnen. [illegible] ... l'un d'eux et l'autre. | der eine von ihnen und der andere. [illegible] unir. | einigen, vereinigen. [illegible] s'accorder. | eins sein, sich vereinigen, einstimmig handeln. [illegible] c'est un, c'est égal, c'est la même chose. | es ist einerlei; es ist alles eins. [illegible] ce n'est pas la même chose, c'est autre chose | das ist nicht einerlei, das ist nicht gleich, ist etwas anderes. [illegible] encore une fois | noch einmal. [illegible] à la fois, tout à la fois | auf einmal. [illegible] une fois. | einmal. [illegible] autre. | der andere, jener.

[illegible] un peu. | ein wenig. [illegible] un peu après. | nach einer Weile, bald darauf. [illegible] Mohammedije: [illegible] der alleinige Gott; der alleinige Schöpfer. vgl. [illegible] und [illegible]. — [illegible]

p برادرانه [illegible] Adj. u. Adv. [illegible] ; brüderlich, als Bruder [illegible]

p برادری [illegible] Sbst. [illegible] ; Brüderschaft, Brüderlichkeit.

[illegible] Sbst. [illegible]

[illegible] Imperat. v. [illegible]

[illegible] qui fait [illegible] — [illegible] paix, concorde. | Friede, Eintracht. [illegible]

[illegible] Sbst. Pl. v. [illegible]

[illegible] N. pr. LT. [illegible]

[illegible] Sbst. [illegible]

[illegible] Sbst. [illegible] | die fabelhaften Wesen auf dem Mohammed bei seiner nächtlichen Reise in den Himmel [illegible]

[illegible] Adj. brillant, éclatant, resplendissant; pur, limpide. | glänzend, leuchtend, hell, rein, nicht trübe.

[illegible] Sbst. éclat, splendeur, pureté. | Helligkeit, Reinheit.

[illegible] Vb. act. [illegible]

[illegible]

[illegible] برای [illegible] — [illegible] pourquoi, pour quelle raison? | warum, weshalb? برای او [illegible] pour lui. | seinetwegen. برای آن [illegible] pour cela. | deswegen. برای [illegible] pour la [illegible] de Dieu. | um Gottes willen. برای [illegible] par civilité. | aus Höflichkeit. برای خاطر par complaisance, pour plaisir. | aus Gefälligkeit, zu Gefallen. [illegible]

برایا [illegible] Sbst. Pl. v. [illegible]

برانت [illegible]

[illegible] Sbst. [illegible] éclat de bois, copeau. | Span, Splitter, Abschnitzel (Federschnitzel, Hobelspäne, Papierspäne u. dgl.).

[illegible] Adj. sur les pieds, debout, marchant. | auf den Füssen, stehend, gehend. [illegible]

[illegible] Adj. [illegible] égaré, ruiné, perdu, [illegible] | verirrt, verwüstet, verloren, verschwunden. — [illegible] jeter au vent, disperser, détruire, gâter. | dem Winde übergeben, zerstreuen, umherstreuen, verderben, verschütten. [illegible] jeté au vent, dispersé. | dem Winde übergeben, niedergestreut.

[illegible] Sbst. ruine, destruction. | Vernichtung, Verheerung, Verfall.

[illegible] LT. [illegible]

[illegible] Adj. fertile. | fruchttragend, [illegible]

[illegible] Adj. [illegible] portant un fardeau, chargé, couvert de fruits (un arbre), fertile. | beladen, voll, voll von Früchten.

[illegible]

[illegible] Pl. [illegible] Sbst. berbère. | Berber, Bewohner der Barbarei.

[illegible] Sbst. barbier, chirurgien. | Barbier. [illegible] boutique de barbier. | Barbierstube, Barbierladen.

[illegible] Adv. au-dessus, au dehors. | darüber. [illegible]

[illegible] Adv. un à un. | je eins, einzeln. [illegible]

[illegible] Vb. act. [illegible] Partic. [illegible] | [illegible]

[illegible] Sbst. obligation, loi, règle. | Verpflichtung, Verordnung, Gesetz, Regel.

[illegible] Vb. act. [illegible] lier, attacher à ..., obliger à ... | [illegible], verknüpfen mit ..., verbinden, verbindlich machen.

[illegible] Sbst. [illegible] de luth. | eine Art Laute oder Guitarre.

[illegible] Sbst. [illegible] teigne. | Grind, Kopfgrind, Krätze.

[illegible] oder [illegible] Sbst. 1. [illegible] saut, élan, culbute; portée de la flèche; flèche à quatre plumes. | Sprung, Wurf, Sturz, Burzelbaum; Pfeilschuss, Schussweite oder Flugweite des Pfeiles. Ziel des Pfeiles — [illegible], der vierfiedrige Pfeil — [illegible]. — [illegible] jaillir, lancer, sauter, franchir un fossé. | werfen, schleudern, überspringen (einen Graben). — 2. — [illegible] rayons de lumière, splendeur. | Strahlen, Lichtglanz.

[illegible] Vb. act. tordre, retourner. | drehen, umwenden. s. [illegible]

[illegible] Vb. act. LT. [illegible] créer. | schaffen.

[illegible] Compar. und [illegible] Superlat. v. بر

[illegible] Sbst. [illegible] cheval qui va l'amble. | Passgänger, Zelter.

[illegible] Sbst. [illegible] du présent. | Geschenk.

[illegible] Sbst. [illegible] | [illegible]

[illegible]

[illegible] Pl. [illegible] Sbst. [illegible] tour, bastion, fort, citadelle; signe du zodiaque, constellation. | Thurm, Festungsthurm, Festung, Burg; der Thierkreis, [illegible]. [illegible] colombier. | Taubenhaus. [illegible] le zodiaque. | der Thierkreis.

[illegible] Adv. [illegible] en son lieu, en sa place. | an seiner Stelle. — [illegible] mettre en place, exécuter. | [illegible] Stelle bringen, ausführen. vgl. [illegible]

[illegible] Sbst. [illegible] pierre qu'on jette dans un puits pour ouvrir les veines d'une fontaine et pour en clarifier l'eau. | ein Stein den man in den Brunnen wirft, um die Quelladern zu öffnen und dadurch das Wasser zu klären. [illegible]

[illegible] Vb. act. [illegible] sauter, s'élancer. | aufspringen, emporspringen.

[illegible] s. [illegible]

[illegible] Adj. [illegible] un, un seul. | ein, ein einziger, einziges. [illegible] je ne l'ai vu qu'une seule fois. | ich habe es ein einziges Mal, nur einmal gesehen.

[illegible] Sbst. [illegible] toupet de cheveux, crinière (d'un lion, du cheval), houppe d'oiseau, [illegible] de cheveux, touffe de crins placée au bout d'un drapeau. | Haarbüschel (das auf dem Kopfe stehen bleibt, während das übrige Haar abrasirt wird), Schopf, Zopf, Locke, Kuppe auf dem Kopfe der Hühner und anderer Vögel; Mähne, Rossschweif. [illegible] relever en toupet. | einen Schopf stehen lassen. [illegible] — [illegible] mille-feuille. | Schafgarbe (achillea mille folium).

[illegible] Adj. qui a un toupet; huppé. | einen Schopf habend, eine Kuppe habend. v. d. Vögeln.

[illegible] Pl. [illegible] Sbst. articulation du milieu d'un doigt. | Mittelglied des Fingers.

[illegible] [illegible] | [illegible]

[illegible] Sbst. barque. | Barke. [illegible]

[illegible] Sbst. pièce, morceau. | Stück. [illegible]

[illegible] Vb. act. [illegible] rassembler, amasser. | zusammenlesen, zusammenhäufen. Partic. [illegible] | [illegible]

[illegible] Vb. act. [illegible] | [illegible]

[illegible] Adj. [illegible] | [illegible]

[illegible]

p پرداز pardāz [v. پرداختن] Adj. in Zusammens. [illegible] qui s'efforce, qui arrange, dispose, finit, termine, achève, qui donne le dernier coup de main, orne, polit. | der sich müht, etwas macht, in Ordnung bringt, endigt, die letzte Hand anlegt, glättet, ausputzt. [illegible] پرداز [illegible] oder سخن پرداز [illegible]-pardāz. recherché dans son langage. | der sich gut zu sprechen bemüht, wohl beredt. ترانه پرداز [illegible]-pardāz. qui fait des modulations, chanteur; der Modulationen der Stimme macht, Sänger. [illegible] پرداز [illegible]-pardāz. qui cherche à exceller. der nach Vollkommenheit strebt, sich auszuzeichnen sucht. [illegible] پرداز [illegible]-pardāz. caractère spirituel, naturel ingénieux, enjoué. | geistreiches Wesen, [illegible] Witz, Scharfsinn. دشمن پرداز [illegible]-pardāz. qui cherche à exterminer les ennemis. | sich um die Feinde bemühend, die Feinde zu vertilgen strebend.

p پردازش pardāzeš. Sbst. action d'achever, d'orner, de polir. | die Vollendung, Ausschmückung, Glättung. [illegible]

p پرداختن Vb. Act. vgl. پرداختن finir, polir, orner, donner un dernier coup de main. | ausputzen, glätten, letzte Hand anlegen, endigen.

p پردازی pardāzī. Sbst. = پردازش action d'achever, etc. | Vollendung u. s. w. سخن پردازی [illegible]-pardāzī. ornement de discours, éloquence. | Schmuck oder Ausschmückung der Rede, Beredsamkeit.

p برداشتن bardāštan. [vgl. داشتن] Vb. Act. [illegible] ôter, enlever, emporter, porter, ramasser, enlever, élever. aufheben, in die Höhe heben, in die Höhe halten, auf sich nehmen, tragen, ertragen, wegtragen, wegnehmen. Particip. برداشته bardāšte. ôté, enlevé; [illegible], fugitif. | aufgehoben, weggetragen; als Sbst. einer der sich davon macht, entflieht (aus Furcht vor Strafe). — [illegible] = [illegible].

p بردان [illegible] Sbst. [illegible] pot de terre, jarre en terre, cruche, flacon, coupe | irdenes Gefäss, Topf, Krug, Flasche, Becher zum Trinken. [illegible] cruche à eau. | Wasserkrug.

p [illegible] Sbst. [illegible] potier. | Töpfer.

p [illegible] Sbst. qui est plein de [illegible], homme savant. | einer der den Wissen voll hat, ein Gelehrter. vgl. [illegible]

p [illegible] pardāz. Sbst. = [illegible] lustre, poliment, dernier coup de main, ornement. | Glanz, Glätte, letzte Vollendung, Ausschmückung. vgl. پرداختن

p [illegible] Vb. act. = پرداختن donner le dernier coup de main, donner le lustre, polir, limer. | letzte Hand anlegen, Glanz und Glätte geben, poliren, glatt feilen, glatt reiben.

p [illegible] Sbst. u. Adj. [vgl. بار u. بردن] qui porte un fardeau; qui souffre, endure, der eine Bürde trägt; der etwas (ein Ungemach, eine Beleidigung) erträgt, erduldet, Träger, Dulder.

p بردباری [illegible]. Sbst. action de porter un fardeau, patience. | das Tragen, Ertragen, Ertragen, Geduld, = [illegible].

p [illegible] [vgl. بر u. [illegible]] Adv. encore un, encore une fois. | noch ein, noch einmal.

p [illegible] Demin. d. Vorigen encore une petite fois. | noch ein einziges kleines Mal.

p [illegible] LT. [illegible] | [illegible] = [illegible]

p [illegible] Pl. [illegible] Sbst. [illegible] conserve de [illegible]; [illegible] | [illegible]

p [illegible] Sbst. fabricant ou vendeur de [illegible]. vgl. d. Vorigen.

p [illegible] LT. [illegible] vgl. [illegible]

p [illegible] = [illegible]

p [illegible] oder [illegible] Sbst. narration [illegible] | fabelhafte Erzählung, Mährchen.

p [illegible] Sbst. Pl. v. [illegible]

p [illegible] Sbst. [von پرده] [illegible] femme voilée, femme chaste. | etwas verborgene oder verschleierte, verschleierte Frau, ehrbare, keusche Frau.

p [illegible] Adj. [illegible] | einen Menschen, ein Herz und eine Seele.

p [illegible] Adj. [illegible] plein de cœur, c. à d. valeureux, courageux, noble, magnanime, intelligent. | voll von Herz, d. i. beherzt, muthig, edel, hochherzig, einsichtsvoll.

p [illegible] = [illegible]

p [illegible] Sbst. un moment, un instant. | ein Augenblick.

p بردن [illegible] [Rad. بر] Vb. act. [illegible] porter, conduire, emporter, enlever, gagner au jeu, obtenir q. ch. | tragen, führen, forttragen, davontragen, wegnehmen, rauben; den Preis oder Gewinn davon tragen, im Spiele gewinnen, eine Beute erlangen. [illegible] = [illegible] = [illegible] | [illegible]. [illegible] porter envie. | [illegible] [illegible] passer le temps, se chagriner. | zu Ende führen, die Zeit hinbringen, sich grämen. = [illegible]

[illegible] حمله بردن = حمله کردن faire un assaut, une attaque. | einen Angriff machen [illegible] apporter un ordre, obéir. | einen Befehl tragen, d. i. gehorchen. [illegible] [illegible], soupçonner. | vermuthen, Verdacht haben. پیش بردن [illegible] [illegible], devancer; faire avancer, apporter. | vorgehen, vorangehen, vorwärtskommen, [illegible] (z. B. ein Geschäft), bringen.

[illegible] Adv. [illegible] promptement l'un après l'autre. | schnell hintereinander.

p [illegible] Adj. u. Adv. perpétuel, perpétuellement, continuellement, toujours. | [illegible], dauernd, beständig. [illegible] = [illegible] immer während.

p [illegible] Sbst. durée continue. | ununterbrochene Dauer.

p [illegible] [s. [illegible]] Adj. qui est sur l'épaule, porté sur l'épaule. | auf der Schulter befindlich, auf den Schultern gehoben, auf der Schulter getragen.

p [illegible] Pl. [illegible] Sbst. [illegible] prisonnier, esclave. | Kriegsgefangener, Sklave, [illegible]

p [illegible] s. [illegible]

p پرده pardeh. Part. v. [illegible]

p پرده pardeh. Pl. [illegible] Sbst. [illegible] voile, rideau, [illegible]; [illegible] | Schleier, Vorhang, Scheidewand, Schirm; Augenlid, der Staar im Auge; das Pericardium; Leiste auf dem Griffbrett musikalischer Instrumente zur Abtheilung der Töne, Griffbrett, Ton, Tonarten, Melodie; höhere oder tiefere Tonlage (Stimmung, [illegible]) der Instrumente. In übertragener Bedeutung: [illegible], Bescheidenheit. [illegible] rideau-portière. | Thürvorhang. [illegible] [illegible] de bois. [illegible] [illegible] rideau de [illegible]. | [illegible] [illegible] | Feuerschirm. [illegible] | Tapete. [illegible] [illegible] [illegible] oder [illegible] pericardium [illegible] | höhere und tiefere Lage der Stimme. [illegible] | [illegible] Wesen. [illegible] femme chaste, femme honnête. | eine [illegible] Frau. — [illegible] (mit dem Accus.) und — [illegible] (mit dem Dativ.) [illegible], tirer le rideau. | verschleiern, einen Vorhang vorziehen, einen [illegible] [illegible] oder پرده را فروهشتن cacher sous le rideau. | mit dem Vorhang verhüllen. [illegible] = [illegible] oder [illegible] — [illegible] [illegible] — [illegible], tirer le rideau de devant q. ch. | den Vorhang wegziehen, = [illegible] — [illegible] déchirer le rideau, dévoiler q. ch. [illegible] | den Vorhang [illegible], etwas (Verborgenes) enthüllen, eine [illegible] Handlung begehen. [illegible] dévoiler q. ch., den Schleier vom Gesicht einer Sache abreissen, d. i. etwas an das Licht bringen. [illegible] [illegible] q. ch. | [illegible]

p [illegible] Sbst. [illegible] | Wächter, [illegible]

p [illegible] Adj. qui découvre q. ch. | der den Vorhang oder Schleier lüftet, etwas Verborgenes sehen lässt, enthüllt.

p پرده‌پوش pardeh-pūš. Adj. u. Sbst. qui garde un secret. | der ein Geheimniss bewahrt, verschwiegen.

[illegible] Thürhüter [illegible] der Vorhänge an den Thüren [illegible]

[illegible]

[illegible] Zeit zwischen Tod und Auferstehung.

[illegible] Ackerbau [illegible]

[illegible] Lehrer [illegible]

[illegible] Bilder und Rosenkranz [illegible]

[illegible]

[illegible] agitation, tremblement. | Bewegung, Zittern.

[illegible] | Kaftan, Rock. [illegible]

[illegible]

[illegible]

[illegible] | Stoss [illegible]

[illegible]

[illegible] | Amazone [illegible]

[illegible]

[illegible] | Ardeuse, [illegible]

[illegible] différence. | Kleinheit, [illegible]

[illegible] Salmee.

[illegible] Schneewasser, mit Schnee gekühltes Wasser. [illegible]

[illegible] | Elektrizität.

[illegible]

[illegible] mit Schnee bedeckt.

[illegible] Weg.

[illegible] | der [illegible] Alp.

[illegible]

[illegible] fort, [illegible] fortement, [illegible] | stark, fest, [illegible]

[illegible] purpûre. | [illegible]

[illegible]

[illegible] purpûre. | Angeröthet.

[illegible]

[illegible] | Violet.

[illegible]

[illegible], d'informer. | [illegible], [illegible], [illegible], [illegible].

[illegible] s. [illegible]

p [illegible] Sbst. [illegible] faire [illegible]. [illegible] = [illegible] oder [illegible] faire. | Sieben.

p [illegible] Vb. intr. (Denom. des Vbgdn.) faire; | Sieben.

p [illegible], [illegible] oder [illegible] Sbst. [illegible] lorière. | [illegible].

p [illegible] Vb. intr. u. act. [illegible] und [illegible] et traîner, emporter; traîner. | sich [illegible], [illegible]; [illegible], [illegible].

p [illegible] s. [illegible]

p [illegible] Sbst. [illegible] opposition, entêtement, désobéissance. | Widerspenstigkeit, Eigensinn, Ungehorsam (der Kinder gegen die Eltern).

p [illegible] Vb. intr. (Denom. d. Vbgdn.) s'opposer, s'entêter, désobéir. | sich widersetzen, eigensinnig und ungehorsam sein.

p [illegible] s. [illegible]

p [illegible] s. [illegible]

p [illegible] s. [illegible]

[illegible] s. [illegible]

[illegible] Vb. act. [illegible] | [illegible], gewöhnlich in Zusammensetzungen wie [illegible] ouvrir. | öffnen. Ahmed 133. [illegible] [illegible] | [illegible] ibid. [illegible] | [illegible] oder [illegible] ibid.

[illegible] oder [illegible] Sbst. p [illegible] doigt, orteil; pince; barreau, balustre, balustrade, grille, grillage; raie, rayon d'une roue; rade. | Finger, Zehe; Fingerbreite. [illegible]; Stab in einem Gitter oder Geländer, Sprosse eines Rades, Zweig oder Stengel einer Pflanze; Streifen auf bunten Stoffen u. dgl. [illegible] ALTY-PARMAK. espèce d'étoffe rayée | eine Art streifigen Zeuges, auch Name eines Pensbare (Redhouse: [illegible]) [illegible] pince. | der [illegible]. [illegible] l'orteil. | die grosse Zehe.

[illegible] [illegible] PARMAK. l'index; der Zeigefinger, auch [illegible] PARMAGY. Zeugenfinger. p [illegible] weil er als Zeichen des [illegible] erhoben wird. [illegible] er [illegible] den Finger und wurde [illegible]. — [illegible] ORTA-PARMAK. doigt du milieu | Mittelfinger. [illegible] YUZUK-PARMAGY. doigt annulaire | der Ringfinger. [illegible] SERTCHE-PARMAGY. petit doigt. | der kleine Finger. [illegible] être intéressé dans une affaire. | bei einer Sache betheiligt sein, in eine Sache verwickelt sein, die Hand im Spiele haben.

[illegible] s. [illegible]

[illegible] PARMAKLYK Sbst. vgl. [illegible] balustrade, barreaux, balustre, grillage, jalousie. | Geländer, Gitter, Gitterfenster.

[illegible] PARMAKLY. Adj. v. [illegible] muni d'une balustrade etc. | mit Geländer, Gitter u. s. w. versehen.

p [illegible] Sbst. aile de mouche; au fig. toute chose mince et subtile; espèce d'étoffe de soie très fine. | Fliegenflügel; in übergetragener Bedeutung: etwas sehr Feines und Zartes; eine Art feiner Seidenzeug.

p [illegible] s. [illegible]

p [illegible] s. [illegible]

p [illegible] s. [illegible]

p [illegible] s. [illegible]

[illegible] Sbst. pot, marmite (de terre, de pierre). | irdener Topf, Gefäss von Stein.

[illegible] Tehell. [illegible] Sbst. [illegible] petite barque, nacelle. | Nachen.

[illegible] Sbst. batelier. | Fährmann.

p [illegible] oder [illegible] Sbst. [illegible] herse. | Egge. [illegible] herser. | eggen. = [illegible]

p [illegible] Sbst. 1. [illegible] jeune homme, [illegible]. | Jüngling, junger, unbeweibter Mensch. 2. adj. [illegible] élégant, beau, bon. | hübsch, gut, schön.

[illegible] Sbst. [illegible] | [illegible].

p [illegible] Sbst. négligent, ignorant, inepte. | nachlässig, unwissend, ungeschickt.

p [illegible] Sbst. 1. [illegible] modèle, exemple. | Muster, Beispiel. Mohammedije. 2. s. [illegible]

p [illegible] Sbst. jeunesse. | Jugend.

p [illegible], vulg. [illegible] Sbst. riz, grain de riz. | Reis, Reiskorn als Gericht — [illegible] oder [illegible]. [illegible] rizière. | Reisfeld. [illegible] riz cuit avec du safran | mit Safran gelbgefärbter Reis.

p [illegible], auch [illegible] s. [illegible] Sbst. cuivre jaune, laiton, bronze. | Messing, (daraus das Wort Bronze).

[illegible] oder [illegible] Sbst. toile anglaise, gaze, crêpe. | [illegible], Krepp, Flor.

fr [illegible] Sbst. prince. | Prinz. [illegible] oder [illegible] princesse. | Prinzessin.

[illegible] LT. [illegible] nouveau de [illegible].

[illegible] Adj. Num. ord. premier. | der erste.

[illegible] Sbst. [illegible] primitif. | das Ersterwähnte, Vorrang.

p [illegible], auch [illegible] Sbst. étoffe de soie lustrée (des armes de Damas). | ein seidener Stoff, Atlas; Glanz oder Wellenlinien auf dem Stahle einer Klinge von Damascener Stahl. — [illegible]

p [illegible] Sbst. flèche. | Pfeil.

[illegible] Sbst. [illegible] [illegible] | [illegible]

p [illegible] Sbst. petite colline. | kleiner Hügel.

p [illegible] Sbst. jour et nuit d'avant-hier. | vorgestern, vorgestern Abend.

p [illegible] s. [illegible] | Partic. v. [illegible] | Adj. u. Sbst. [illegible] qui vole, oiseau, [illegible]; [illegible] | fliegend, Vogel, geflügeltes Insect, [illegible] (ein [illegible], der schnell dahin fliegt) s. [illegible] | Parwaneh. [illegible] papillon. | Schmetterling (der um das Licht flattert) [illegible] tromper, duper. | [illegible], einen anführen, [illegible] werden. [illegible] qui fait des [illegible]. | der [illegible].

p [illegible] oder [illegible] Adj. u. Sbst. [illegible] lustré (comme une lame d'acier poli). | von Glanz und Wellenlinien wie eine Klinge von gutem Stahl.

p [illegible] Sbst. [illegible] herse. | der Egge.

[illegible] Sbst. [illegible]. | der englische Mantel.

[illegible] s. [illegible]

p [illegible] Vb. act. [illegible] faire [illegible], enfoncer, [illegible]. | [illegible], [illegible], [illegible].

p [illegible] Vb. act. [illegible] monter (un cheval etc.) | besteigen, aufsteigen.

[illegible] LT. [illegible] aile droite de l'armée. | der rechte Heeresflügel. vgl. [illegible]

p [illegible] Sbst. [illegible] matière, élément, principe. | Materie, Grundstoff, Element.

[illegible] oder [illegible] (deutsch) Sbst. [illegible]. | Franzose.

[illegible] s. [illegible]

p [illegible] und [illegible] Sbst. espèce de satin peint. | eine Art [illegible] Seidenzeug.

p [illegible] s. [illegible]

p [illegible] s. [illegible]

[illegible] und [illegible] Sbst. [Gegentheil v. [illegible] und [illegible]] ce côté-ci, l'espace de ce côté. | das Diesseits, der diesseitige Raum; als Adv. de ce côté-ci, ici, en deçà; depuis. | in örtlicher Beziehung: diesseits, herüber, hierher; von der Zeit: seit, bis jetzt; mit vorhergehendem Ablativ und oft mit der Ablativpartikel verbunden. [illegible] oder [illegible] ça et là; hin und her, hie und da. [illegible] s'insulter réciproquement. | einander anschimpfen. [illegible] einige nach her, andere nach hin. [illegible] l'espace entre un objet et celui qui parle. | der Raum diesseits von einer Sache. [illegible] oder [illegible] oder [illegible] oder [illegible] de ce côté. | an dieser Seite. [illegible]

[illegible] | [illegible] Stoff, [illegible] Mehl, [illegible] oder Gewürze u. dgl. [illegible], und [illegible] man sich in den Apotheken [illegible].

بره [illegible] Interj. [illegible] | [illegible] Bravo! [illegible]

بره [illegible] Sbst. [illegible] | Verletzung des Körpers, [illegible] Narbe, [illegible] Schwiele, Quetschung.

بره [illegible] Sbst. [illegible] | Lamm; Sternbild des Widders. [illegible] Adj. [illegible] | schwach.

[illegible]

بره [illegible] Sbst. vgl. [illegible] | Flügel, [illegible] Streifung, [illegible]

برهان [illegible] Pl. براهين [illegible] Sbst. [illegible] argument, preuve, démonstration. | Argument, Beweis, Beweisführung. [illegible] | [illegible] Beweis, der keine Entgegnung zulässt. [illegible] | [illegible] Beweis.

[illegible] Sbst. [illegible] | [illegible]

[illegible]

برهسكى [illegible] Sbst. [illegible] | Keuschheit.

برهنه [illegible] Adj. [illegible] | [illegible] barfuss. [illegible] Dervisch. [illegible] branche [illegible] | [illegible]

[illegible] Sbst. [illegible] | [illegible] Todte [illegible].

[illegible] Sbst. [illegible] | Seife.

[illegible] Vb. act. [illegible] | [illegible]

[illegible] | [illegible] oder die Wange eines [illegible], schön wie ein Engel. [illegible] Engelskind, schön wie ein Engel.

پری [illegible] Sbst. [illegible] | Fülle.

[illegible] Sbst. Pl. v. [illegible]

بريان [illegible] Adj. [illegible] Sbst. [illegible] | [illegible] mit Fleisch [illegible]

بريه [illegible] Sbst. 1. Pl. بريات [illegible] créature, homme. | Geschöpf, Mensch. 2. Pl. برايا [illegible] peuple, [illegible] | Volk, [illegible] Bürger des Staats. [illegible]

[illegible]

[illegible] Sbst. [illegible] (Hindogio).| Tadler, Kritiker.

[illegible] Sbst. [illegible] (Hindogio).| [illegible]

[illegible] Vb. act. [illegible] (Hindogio).| [illegible]

[illegible] Sbst. Name eines Vogels. [illegible]

[illegible] LT. [illegible] Sbst. [illegible] ornement, parure. | [illegible], Verzierung, Zierrath, Putz.

[illegible] Sbst. LT. [illegible] fruit de [illegible] | [illegible]

[illegible] Sbst. [illegible] | Kork.

[illegible]

[illegible] Sbst. [illegible] | [illegible]

[illegible] Sbst. [illegible] | Gesellschaft, Gastmal, Gelage.

[illegible] oder [illegible] Genit. v. [illegible]

[illegible] oder [illegible] Sbst. [illegible] | Nebel, Thau, Reif.

[illegible] u. [illegible] Adj. [illegible] flétri, affligé. | verwelkt, niedergeschlagen, betrübt. FW.

[illegible]

[illegible] Sbst. [illegible] | [illegible] vgl. d. Pfrd.

[illegible] Vb. intr. [illegible] se faner, pâlir, être pâle. | verwelken, blass werden, blass sein. — Partic. [illegible] fané, flétri, pâle | verwelkt, blass. [illegible] oder — [illegible] — [illegible] flétrir, faner | welk machen, die Frische benehmen. [illegible] — [illegible]

[illegible] Sbst. u. [illegible]

[illegible] u. [illegible] Vb. act. Aor. [illegible] orner, embellir, parer. | schmücken, putzen. — Deriv. [illegible] Vb. pass. refl. Aor. [illegible] être orné, s'orner, se parer. | geschmückt sein oder werden, sich schmücken, sich putzen. Partic. [illegible] — [illegible] | geschmückt.

[illegible] Vb. intr. Aor. [illegible] être las de q. ch., avoir du dégoût, s'ennuyer, être empêché de faire q. ch. | Ueberdruss haben, Ekel haben, einer Sache müde sein, sich langweilen, an etwas verhindert sein. [illegible] oder [illegible] ich habe mich oder [illegible]

[illegible] v. [illegible]

[illegible] oder [illegible] Sbst. lieu de [illegible], de famille | Ort wo ein [illegible] gehalten wird, [illegible]

[illegible] v. [illegible]

[illegible] Sbst. [illegible] terre. | [illegible] vgl. [illegible]

[illegible] Imperat. v. [illegible]

[illegible] u. [illegible] Deriv.

[illegible] LT. [illegible] die Nase. [illegible]

[illegible] Adj. LT. [illegible] | verwüstet. vgl. [illegible]

[illegible] Sbst. LT. [illegible] | wüster Ort, Ruine. v. [illegible]

[illegible] oder [illegible]

[illegible] Kom. [illegible]

Sbst. [illegible] maquereau, maquerelle. | Kuppler, Kupplerin.

[illegible] Sbst. [illegible] | Kuppelei, [illegible]

[illegible]

[illegible] Sbst. [illegible] | [illegible] vergleichsweise auch die Brüste.

[illegible] v. [illegible]

[illegible] Sbst. [illegible] qui recherche, qui s'informe | der nachforscht, umfragt, sich zu unterrichten sucht. [illegible] qui cherche à s'instruire. | der nach Kenntnissen strebt.

[illegible] Sbst. recherche, information. | Ausforschung.

[illegible] Vb. act. [illegible] rechercher, s'informer | nachforschen, nachfragen, zu ergründen suchen.

[illegible] Deriv. v. [illegible]

[illegible] Sbst. chèvre (constellation), capricorne. | Sternbild der Ziege, Zeichen des Steinbocks. [illegible]

[illegible] Sbst. [illegible] péché, faute, délit, crime. | Sünde, Vergehen, Verbrechen.

[illegible] Sbst. Demin. v. [illegible] chevreau. | Zicklein.

[illegible] u. [illegible]

[illegible] oder [illegible] Sbst. [illegible] ornement, décoration. | Verzierung, Ausschmückung.

[illegible] Adj. u. Adv. [illegible] beaucoup de choses ou de personnes, suffisant; très, suffisamment, assez, amplement. | viel, manch, hinlänglich, genug. [illegible] (immer mit folgendem Singular vgl. [illegible]) [illegible] beaucoup, plusieurs. | [illegible] d. i. viele, recht viele. [illegible] oder [illegible] beaucoup, innombrables. | sehr viele, unzählige. [illegible] faire assez, c. à d. finir, terminer | genug machen, d. i. aufhören, ein Ende machen. — [illegible]

[illegible] Sbst. u. Adv. [illegible] (Gegensatz v. [illegible]) ce qui est derrière ou après q. ch., partie postérieure, à la suite, après, ensuite, ainsi, donc, mais. | das was hinter oder nach einer Sache ist (sowohl dem Raume als der Zeit nach), hinten, nach, hierauf, ferner, dann, so (als Einführung des Nachsatzes). [illegible] oder [illegible] après cela, hierauf. [illegible] mettre de côté, laisser en héritage | zurücklegen, aufbewahren; zurücklassen, hinterlassen (eine Erbschaft). [illegible] das Zurückgelegte; Hinterlassenschaft. — Theol. Werke, deren Lohn im künftigen Leben erfolgt. — [illegible] oder [illegible] venir après q. qn., suivre | hinterher kommen, nachkommen. [illegible] postérieur, | die nach des Vaters Tode Geborenen. [illegible] arrière-muraille. | Hinterwand, Rückseite eines Gebäudes — [illegible] derrière la muraille. | hinter der Mauer. [illegible] après-demain. | übermorgen. [illegible] derrière de la tête, occiput | Hinterkopf. [illegible] arrière-garde. | Nachtrab des Heeres. [illegible] pas à pas. | nach und nach. [illegible] après que. | als aber, nachdem nun. [illegible] çà et là. | hinten und vorn, rückwärts und vorwärts, hin und her, auf und ab. [illegible] hin und her Sinnen, schwanken, Bedenken tragen. Ausflüchte suchen. [illegible]

[illegible] oder [illegible] Adj. mauvais, vil. | schlecht, schmutzig. [illegible] oder [illegible] schlecht [illegible] Derbendname.

[illegible] Sbst. Pl. v. [illegible]

[illegible] 1. Sbst. [illegible] | Ebene, weite, offene Fläche. 2. — [illegible]

[illegible] Pl. [illegible] Sbst. [illegible] tout étoffe qu'on étend par terre, tapis, natte, matelas, lit | was man auf dem Boden ausbreitet, Teppich, Matte, Matratze, Bett u. s. w. [illegible] échiquier. | Schachbrett. [illegible] | den Ausgebreiteten des Sohns und des Raumes, d. i. die ganze Welt [illegible] tapis brodé. | ein gestickter Teppich.

[illegible] u. [illegible]

[illegible] u. [illegible]

[illegible] Sbst. [illegible] de fleurs. | Blumenkranz.

[illegible] Sbst. [illegible] FW corail. | Koralle, Korallenmark.

[illegible] Sbst. [illegible] hardiesse, bravoure, courage. | Kühnheit, Tapferkeit, Muth.

[illegible] (ruhiger [illegible]) Adj. heureux, fortuné, [illegible] glücklich, in guten Umständen, [illegible]

[illegible] Adj. [illegible] *à la manière de*, [illegible] nach Art, nach Weise, wie vgl. [illegible]

[illegible] Sbst. *rime (de vers); analogie entre deux choses.* | Reim; Analogie zwischen zwei Dingen.

[illegible] Adj. Pl. Fem. v. [illegible]

[illegible] Sbst. [illegible] | Muskatnuss.

[illegible] Sbst. [illegible] *manière d'être assis les pieds croisés.* | Kreuzweise untergeschlagene Beine (der gewöhnliche Art zu sitzen im Orient); [illegible]

[illegible] Sbst. [illegible] *chef de la garde impériale* [illegible] | Oberst der kaiserlichen Garde [illegible]

[illegible] Sbst. [illegible] Gärtner [illegible]

[illegible]

JAEGER [illegible]

... *les épis ou les grappes*, [illegible] | [illegible], Schnitter, Traubensammler [illegible]

[illegible] Shot, — [illegible] LT.

[illegible] oder [illegible] LT. [illegible] ... alt.

[illegible] (pl. [illegible]) Shot. [illegible] | Bischof.

[illegible] Shot [illegible] *dos; appui, soutien, protection, protecteur; race.* | Rücken, Rückhalt, Stütze, Schutz, Beschützer; Abstammung (in aufsteigender und in absteigender Linie); [illegible] *pieds des pieds; cuisse.* | [illegible] — [illegible] — [illegible] ... [illegible] *donner un coup de pied;* [illegible] ... Beistand [illegible] ... Schutz [illegible] ... Rücken [illegible] ... Geschlecht zu Geschlecht.

[illegible] — [illegible] | den Rücken [illegible]

[illegible] Shot. [illegible] *qui vient manger* [illegible] | [illegible]

[illegible] Shot. [illegible] *appui, dossier, soutien, protection, protecteur;* [illegible] | [illegible] Rückenlehne, Schutz, Beschützer; [illegible]

[illegible] Shot. [illegible] | [illegible] was auf dem Rücken getragen [illegible]

[illegible] Adj. u. Shot. [illegible] | [illegible]

[illegible] Shot [illegible] | Rückgrat.

[illegible] Shot. [illegible] | [illegible] Tuch [illegible] Handtuch.

[illegible] Shot. [illegible] | Pistol.

[illegible] Shot. [illegible] | [illegible] Rücken [illegible]

[illegible] Shot. [illegible] | [illegible]

[illegible] *pot, verger.* | Wiese, Am. Garten.

[illegible] Shot. [illegible] *action de soutenir, dossier; protection, protecteur, aide;* [illegible] | [illegible] Rückenlehne; Beschützung, Hilfe, Beschützer, Helfer; [illegible]

[illegible] oder [illegible] u. [illegible]

[illegible] oder [illegible] u. [illegible]

[illegible] u. [illegible]

[illegible] Shot, — [illegible] *heureux, bonne nouvelle;* [illegible] | gute Nachricht, Geschenk für eine gute Nachricht.

[illegible] Shot, — [illegible] | Heiterkeit. [illegible] sich freuen, heiter und freundlich sein.

[illegible] Shot. [illegible] *homme, genre humain, humanité* | Mensch, Menschheit. [illegible] *le père du genre humain, c. à d. Adam,* | der Vater des Menschen, d. i. Adam. [illegible] menschliche Kräfte.

[illegible] Shot. [illegible] *peau, épiderme.* | Haut, Oberhaut.

[illegible] Adj. [illegible] | [illegible]

[illegible]

[illegible] Deriv.

[illegible] Shot. [illegible] | Vorspiel (Musik). vgl. [illegible]

[illegible] Deriv.

[illegible] Shot, — [illegible] | gute Nachricht.

[illegible] Shot. [illegible] *humain, appartenant à l'homme, à l'humanité* [illegible] | [illegible] die menschliche Vernunft.

[illegible] Shot. [illegible] *genre humain, nature humaine, humanité* | Menschheit, Menschlichkeit, menschliches Wesen.

[illegible] u. [illegible]

[illegible] Shot. [illegible] | Wiege, [illegible] Lager für ein Kind, [illegible] | [illegible]

[illegible] Shot. LT. [illegible] | Katze. vgl. [illegible]

[illegible] u. [illegible]

[illegible] u. [illegible]

[illegible] Shot. [illegible] *tristesse, affliction.* | Traurigkeit, Betrübniss.

[illegible] oder [illegible] Shot. [illegible] *anneau ou heurtoir de porte.* | Ringklopfer an der Thür.

[illegible] Vb. act. [illegible] *égratigner, faire une empreinte avec l'ongle* | kratzen, ritzen, mit den Fingern oder Nägeln ein Zeichen oder einen Eindruck machen. [illegible]

[illegible] u. [illegible]

[illegible] Adj. u. Shot. *facile à cuire* | leicht zu kochen, was sich schnell kochen lässt.

[illegible] oder [illegible] Adj. *bien cuit, mûr,* [illegible] *expérimenté dans les affaires* | gut gekocht, reif, gut gebacken, durchgebacken (Brod), gut durchgebrannt (Ziegel) u. dgl.; reif, gut gehärtet (Holz, Rohr zum Schreiben u. dgl.); erfahren (in Geschäften), geprüft, zuverlässig im Handel.

[illegible] u. [illegible]

[illegible] Vb. act. [illegible] *toucher,* [illegible] | berühren, befühlen, betasten.

[illegible] Shot. [illegible] *poil* | Wolle (von Ziegen, Schafen); Haare (am Körper bei Menschen und Thieren).

[illegible] u. [illegible] Deriv. u. [illegible]

[illegible] u. [illegible]

[illegible] Partic. des [illegible] *cuit,* [illegible] | gekocht, gar, reif, gezeitigt.

[illegible] u. [illegible] Vb. intr. [illegible]

[illegible] Bl. *être cuit, brûler, s'enflammer,* [illegible] *mûrir, être* [illegible] | [illegible] werden, kochen, braten, backen, reifen [illegible] ... gezeitigt werden [illegible]

[illegible] Deriv. I. [illegible] Vb. trans. [illegible] *faire cuire,* [illegible] | kochen, braten, backen [illegible] ... — II. [illegible] Vb. caus. [illegible] *faire cuire* | kochen [illegible] — III. [illegible] Vb. trans. [illegible] *faire cuire* | kochen [illegible]

[illegible] [Partic. Neg. v. [illegible]] Adj. *cru; qui n'est pas* [illegible] | [illegible] unreif, [illegible]

[illegible] Adj. [illegible] | [illegible] Wolle, wollen, [illegible] Wolle gekleidet.

[illegible] être triste, affligé. | traurig sein, betrübt sein.

[illegible] confus, troublé. [illegible]

[illegible] Shst. [illegible] porteur d'une bonne nouvelle | Bote, der eine gute Nachricht bringt.

[illegible] Shst. action de porter une bonne nouvelle. | das Bringen einer guten Nachricht.

[illegible] Shst. [illegible] [illegible] Metallplättchen.

[illegible] Adj. [illegible]

[illegible] Ansicht [illegible]

[illegible] Kaufmann [illegible] [illegible]

[illegible] pièce de drap; [illegible] ein ganzes Stück Tuch.

[illegible] Shst. [illegible] qui a une bonne vue; intelligent, doué de perspicacité, de pénétration; le clairvoyant, un des noms de Dieu. | scharfsehend, einsichtig, der Hellsehende oder Durchschauende, einer der Namen Gottes.

[illegible] intelligence, perspicacité, pénétration, [illegible] attention, prévoyance, vigilance, circonspection, [illegible]

[illegible] Kapital, [illegible]

[illegible] capital; quantité de marchandises dans un trafique, fonds. | Kapital, Quantität der Waaren [illegible]

[illegible] n'a point de fonds | er hat kein Capital, keinen innern Gehalt.

[illegible] Shst. [illegible] | Bewohnung.

[illegible] Adv. en vain. | umsonst [illegible] en pure perte, sans être usagé. | ungebraucht, ungetragen.

[illegible] Shst. [illegible] action de couper, de retrancher; avoir commerce charnel avec une femme, épouser une femme; partie retranchée, morceau, petit nombre (entre trois et sept). | das Abschneiden; Geschlechtlicher Umgang mit einer Frau; Eheschliessung; Stück; eine kleine Anzahl (von 3—7).

[illegible] Shst. partie de la génération de la femme, mariage, dot d'une femme. | weibliche Geschlechtstheile; Ehe; Mitgabe der Frau.

[illegible] Pl. [illegible] morceau, pièce. | Stück.

[illegible] Pl. [illegible] Shst. [illegible] | Gans, Ente; eine Art Schlauch oder Flasche, Gefäss zum Trinken aus Leder, auch [illegible]

[illegible] Shst. action de percer, de fendre des hymens, [illegible] | das Schneiden [illegible] (z. B. ein Geschwür).

[illegible] Adj. [illegible] tardif, être en retard. [illegible]

[illegible] Adj. [illegible] vain, [illegible] [illegible] | [illegible] [illegible] ungültig [illegible]

[illegible]

[illegible] Plur. [illegible] Adj. [illegible]

[illegible] Verwünschte [illegible] Teufel). [illegible]

[illegible] Subst. Pl. [illegible]

[illegible] Adj. Compar. Fem. [illegible]

[illegible]

[illegible] *tunique à manches courtes* [illegible] | [illegible] unter dem Panzer trägt. [illegible]

[illegible] LT. [illegible] | [illegible] Deriv. [illegible]

[illegible] Sbst. [illegible] | [illegible] unter dem Arm.

[illegible] Sbst. [illegible] *manière de tenir q. qc. sous le bras comme marque d'honneur.* | [illegible] Arm halten, unter dem Arme stützen (als Zeichen der Hochachtung [illegible]).

[illegible] LT. [illegible] Deriv. [illegible]

[illegible]

[illegible] Sbst. [illegible] *des animaux batraciens; tortue, écaille de tortue.* | allgemeiner Name der Thiere vom Froschgeschlecht; Schildkröte, Schale der Schildkröte. [illegible] grünweiß; Frosch. [illegible] *crapaud* Kröte [illegible] (vulg. [illegible]) [illegible] *tortue*, Schildkröte.

[illegible] Sbst. LT. [illegible] *pâturage*; Weideland (?).

[illegible] (LT.) [illegible] Sbst. LT. [illegible] *nom d'un oiseau qui sert à la chasse*; ein dem Falken ähnlicher Vogel, der zur Jagd abgerichtet wird.

[illegible] Sbst. [illegible] *chalumeau* [illegible] | Kamelhumpe [illegible].

[illegible] Sbst. [illegible] *fornication, insolence, injustice, opiniâtreté*; Ausschweifung, Liederlichkeit, [illegible]; Ungerechtigkeit und Bedrückung; Trotz (beson. in religiöser Beziehung), [illegible] — [illegible] *sortir des bornes, faire des excès; commettre la fornication ou l'adultère (se dit des femmes), agir avec injustice*; [illegible] *demander q. ch. avec insolence* | das Maass überschreiten, ausschweifen, ein liederliches Leben führen (insbes. vom weiblichen Geschlechte); andere bedrücken und beleidigen; durchgehen (von Pferden); nach auschwellen (eine Beule, Wunde u. dgl.); [illegible] fordern und verlangen. vgl. [illegible]

[illegible] Adj. u. Sbst. [illegible] *injuste, impudent, opiniâtre,* [illegible]*; femme qui se livre à la fornication, femme adultère.* | [illegible]

[illegible]

[illegible]

d. i. [illegible] ein Laut [illegible] als Interj. *fi, fi donc* | pfui.

[illegible] Sbst. [illegible] *écran du fauconnier.* Vorlege-spiel, ein Wedel mit dem man den Jagdfalken [illegible].

[illegible] Sbst. *collier*; Sprenkel.

[illegible] Sbst. s. [illegible]

[illegible] Sbst. [illegible] *pompe, magnificence, puissance.* | Pracht, Macht.

[illegible]

[illegible] Vb. act. [illegible] *souffler de l'eau avec la bouche*; aus dem Munde Wasser spritzen (Menineki).

[illegible] Vb. act. [illegible]

[illegible] Imperat. von [illegible]

[illegible] LT. [illegible]

[illegible] Sbst. [illegible] (Gegensatz von [illegible]) *durée, stabilité; permanence.* | Dauer, Beständigkeit, unveränderter Fortbestand oder Verharren in einem Zustande. [illegible] *l'éternité, l'autre monde*; das künftige Leben, die Ewigkeit, wörtl. Wohnung der Dauer.

[illegible]

[illegible]

[illegible] Nom. [illegible] und Femin. v. [illegible] *patte de la [illegible]*; [illegible] | [illegible]

[illegible] *le mont Taurus* | das Taurusgebirge.

[illegible] Sbst. LT. [illegible] *racine* | Wurzel. 2 [illegible] *regard* | Anblick. [illegible]

[illegible] *œil malade* | [illegible] blindes oder krankes Auge.

[illegible] Sbst. (mongolisch), *maître, précepteur* | Meister, Lehrer. vgl. [illegible]

[illegible] Pl. [illegible] Sbst. [illegible] *propriété champêtre, terrain, champs, endroit*; [illegible] Gegend, Stück Land, ländliches Grundstück, Ort, Stelle.

[illegible] Nom. [illegible] Pl. [illegible] Sbst. 1. *légume*; ein Gemüse. — 2. — [illegible] *fève.* Bohne. [illegible] *lupin* | Lupine. [illegible] *cheval gris [illegible]* | Grauschimmel.

[illegible]

[illegible] Sbst. *espèce de pâtisserie ou de gâteau* [illegible] | ein Gebäck von Blätterteig, mit Syrup oder Honig und [illegible] gebacken, überhaupt: Kuchen [illegible]

[illegible]

ce qui reste, le reste, restant. | das übrig bleibende, l'übrige, Rest. [illegible] BAKAYY-ES-SEYF, les survivants, les restes de la défaite. | die das Schwert verschont hat, die Ueberlebenden. [illegible] BAKAYY-I 'OMR. le reste des ses jours. | seine übrige Lebenszeit.

[illegible] BAKYR. s. [illegible]

[illegible] BEG (BEY) auch [illegible] und vgl. [illegible] Sbst. [illegible] prince, seigneur, monsieur, fils de pacha, chef d'un district etc.; titre des officiers de l'armée et de la marine, spéc. des capitaines de vaisseau, des ambassadeurs européens et aussi des européens en général, des princes de Moldavie, de Valachie et de l'île de Samos. | Fürst, Herr; überhaupt ein Mann von vornehmer Herkunft oder von höherem Range; Sohn eines Pascha oder anderen hohen Beamteten, Vorsteher eines Districtes u. dgl.; Titel der Offiziere des Heeres und der Flotte, besond. der Schiffscapitäne, der Gesandten auswärtiger Mächte und im gewöhnlichen Umgange aller europäischen Ausländer; amtlicher Titel der Fürsten der Moldau, Walachei und der Insel Samos. [illegible] ILTCHI-BEGI. Mr. l'ambassadeur. | der Herr Gesandte, Herr Gesandter. [illegible] TERDJUMAN-BEGI. Mr. le drogman. | Herr Dolmetscher [vgl. [illegible]]. [illegible] KÖI-BEGI. — [illegible] maire de village. | Dorfschulze. [illegible] ARNAUD und [illegible] ARNAUD-BEGI, [illegible] | [illegible], Wesir. [illegible] BALTADJI, [illegible] der grosse Bek. [illegible] fils de bey, [illegible] de Péra, l'un des faubourgs de Constantinople. | Beg-Sohn, Beiname der Vorstadt Pera (wo die meisten Gesandten und Europäer wohnen). [illegible] s. [illegible] — [illegible] s. B.

[illegible] BEK. Adj. LT. [illegible] beaucoup, [illegible] | viel, allzu.

[illegible] PEK u. [illegible] Adj. u. Adv. [illegible] dur, fort, solide, très, bart, fest, sehr [illegible] fort dûre. | sehr gut. [illegible] cheval de race. Pferd von guter Rasse. [illegible] avare, [illegible]. | Hart-Hand d. i. geizig. [illegible] sol dur | fester und steiniger Boden. — [illegible] raffermir, fortifier. | befestigen, bekräftigen.

[illegible] BEK. Sbst. [illegible] forêt. | Wald.

[illegible] BAK und BIK, auch [illegible] Adj. [illegible] igname, [illegible]; capricieux, rétif. | ungehorsam, eigensinnig, widerwillig. [illegible] — [illegible] Berheng-i Katî.

[illegible] BEK. Sbst. [illegible] | Gerüst [illegible] — [illegible] [illegible] de [illegible]. Neugerüst. Pl.

[illegible] BAK oder [illegible] Sbst. [illegible] grenouille. | Frosch.

[illegible] BEK. Sbst. joue, face. | Wange, Antlitz.

[illegible] BEK oder [illegible] Sbst. [illegible] taches sur la peau, [illegible] éphélides (hommes et fruits) ; Flecken auf der Haut, Muttermal, Sommersprossen, die farbigen Flecken auf reifenden Früchten. [illegible] sich färben (von Trauben), [illegible] Kam. s. v. [illegible]

[illegible] BEKA und [illegible] BUKA. Sbst. [illegible] action de pleurer. | das Weinen. — [illegible] pleurer. | Weinen.

[illegible] BAKA. Bel. s. [illegible]

[illegible] BAKAIA. Sbst. Pl. v. [illegible]

[illegible] BE-KAR. s. [illegible]

[illegible] BIKAR. s. [illegible]

[illegible] BEKARET. Sbst. [illegible] virginité, pucelage | Jungfrauschaft. [illegible] — [illegible] déflorer une fille. | entjungfern.

[illegible] BE-KIAR. s. [illegible]

[illegible] BEKIAMET. Sbst. 1. [illegible] état d'être muet, action de se taire. Stummheit, Schweigen. 2. [illegible] état de [illegible] dans le célibat. | Enthaltung des Geschlechts oder ähnlichen Umgangs.

[illegible] BAKAWEL u. BEKAWEL. Sbst. [illegible] LT. officier dégustateur à la cour d'un prince, chef de la cuisine, cuisinier. | Vorkoster an der fürstlichen Tafel, Oberkoch, Koch.

[illegible] BE-KIAH oder [illegible] und [illegible] Sbst. u. Adv. [illegible] le matin; à temps, de bonne heure. | Morgen, Frühe; früh, zeitig, bei Zeiten. s. [illegible]

[illegible] BEK-TASCH. N. pr. village près de Constantinople. | Name eines Dorfes bei Constantinopel.

[illegible] BEKTASCH oder [illegible] u. [illegible] [illegible] Adj. pareil, semblable, ressemblant. | ähnlich, gleich [z. B. an Rang. Kam. s. v. [illegible]] [illegible] sacré et de nature semblable. | gleichartigen und [illegible] Naturell [Kam. s. v. [illegible]]. [illegible] Name eines besonders weissen Salzes. Kam. s. v. [illegible]

[illegible] BEKTASCHLYK. Sbst. égalité, parité. | Gleichheit. Kam. s. v. [illegible]

[illegible] BEKTUR. Sbst. [illegible] | Schnappsgans.

[illegible] BE-KTUB. s. [illegible]

[illegible] BEKDJI[illegible] ([illegible]). Sbst. Demin. v. [illegible] petit [illegible]. | Herrchen.

[illegible] PEKDJE. Adv. vgl. [illegible] assez fort un dur, fortement, [illegible], un peu plus fort, un peu plus. ziemlich stark, ziemlich [illegible], etwas mehr oder stärker, angestrengt, aufmerksam. [illegible] PEKDJE SÖILEMEK, parler haut. | stark oder laut sprechen. [illegible] PEKDJE DINLEMEK, avoir l'ouïe dure, écouter avec attention. | harthörig sein, schwer hören, aufmerksam oder mit Anstrengung hören.

[illegible] oder [illegible] BEGÜM. Sbst. princesse, épouse du prince. | Fürstin, Gemahlin des Khan oder Fürsten.

[illegible] BEKDJI und [illegible] Sbst. [illegible] gardien, surveillant. | Wächter (z. B. auf einem Thurme des Viehes auf der Weide, des Feldes u. s. w.) Wache, Nachtwächter, Schildwache. [illegible] BEKDJI-KULESI. — [illegible] échauguette. | Warte, Wachthurm. [illegible] BEKDJI-KULUBESI. guérite. | Wachhäuschen, Schilderhaus.

[illegible] BEKDJILIK und [illegible] Sbst. action ou métier de faire la garde. | Wache. — [illegible] monter la garde. | Wache halten.

[illegible] BEKESCH. s. [illegible]

[illegible] s. [illegible]

[illegible] BIKR, BEKR. Sbst. [illegible] vierge, pucelle; virginité, pucelage. | Jungfrau, Jungfrauschaft. [illegible] —

[illegible] BEKRAN Sbst. [illegible] au fond d'un pot. | Ueberbleibsel im Topfe, was am Topfe sich fest ansetzt, anbäckt.

[illegible] BEKRE u. BEKARE. Sbst. vgl. [illegible] poulie, [illegible], roue (d'un chariot, d'une machine hydraulique etc.). | Globen, Rolle, Rad, Wasserrad.

[illegible] BIKRET. Sbst. [illegible] vierge, pucelle. | Jungfrau.

[illegible] BUKRET. Sbst. [illegible] aube du jour, grand matin | Tagesanbruch, früher Morgen. Als Adv. BUKRETEN. de grand matin, früh morgens. [illegible] [illegible] matinal. früh aufgestanden. — [illegible]

[illegible] BEKRE. Sbst. [illegible] [illegible] | Schraube.

[illegible] s. [illegible]

[illegible] s. [illegible]

[illegible] s. [illegible]

[illegible] BEKRILIK. Sbst. [illegible] état de vierge, virginité, pucelage | Jungfrauschaft.

[illegible] BEKRI. Adj. virginal. | jungfräulich.

[illegible] BEKRI. Sbst. [illegible] ivrogne. | Trunkenbold.

[illegible] BEKRILIK. Sbst. [illegible] ivrognerie | Trunkenheit. — [illegible] ivrogner, s'enivrer continuellement. | dem Trunke ergeben sein.

[illegible] BEKRILESCHMEK. Vb. intr. Aor. [illegible] devenir ivrogne. | sich dem Trunke ergeben.

[illegible] BEKR. Sbst. [illegible] couleur du visage, mine, Gesichtsfarbe, Ansehen des Gesichts, Gesichtsbildung. [illegible] [illegible] il a pâli. | er wurde blass.

[illegible] BEKZADE (BEIZADE). Sbst. [illegible] fils de bey, cavalier, gentilhomme. | Sohn eines Bey, Edelmann, vornehmer Herr.

[illegible] s. [illegible] Deriv.

[illegible] BEKZER. Adj. semblable, ressemblant, égal. | ähnlich, gleichend. vgl. [illegible]

[illegible] BEKSUN. Adv. u. d. Vögeln [illegible] machen, dass alle zusammen wie ein einziger Vogel oder wie ein Ganzes aussehen. Kam. s. v. [illegible]

[illegible] Sbst. Nach LL. eine Verunstaltung des [illegible] [illegible] — [illegible] [illegible] grosse, [illegible]. | Graupen, Grütze, Grützebrei. vgl. بلغر und [illegible]

[illegible] Sbst. LL. [illegible] neige en grêle fine, [illegible] de neige. | [illegible] Schnee oder Hagel.

[illegible] Adj. und N. pr. [illegible] en face de Constantinople. | [illegible]; Name eines Berges gegenüber Constantinopel ([illegible]).

[illegible] Sbst. [illegible] fard rouge. | rothe Schminke.

[illegible] Turk. v. [illegible]

[illegible] Sbst. poil bigarré; [illegible] du poil de chèvre: [illegible] | [illegible] (grauen) Haar (der Thiere), Zelt, Vorhang u. dgl. von Ziegenhaar; [illegible] Marmor. vgl. [illegible]

[illegible] s. [illegible]

[illegible] s. [illegible]

[illegible] Vb. intr. [illegible], glänzen. — Deriv. [illegible] Vb. caus. faire [illegible]. | [illegible] lassen (das Feuer).

[illegible] Sbst. couleur grise, mêlée de blanc et de noir. | grau, schwarz und weiss gemischt oder gefleckt, vgl. [illegible]

[illegible] N. pr. [illegible], Königin von Saba.

[illegible] (LT. [illegible]). Sbst. [illegible] des Wagens, [illegible], vgl. [illegible]

[illegible] Sbst. avant-bras. | Vorderarm. s. [illegible]

[illegible] s. [illegible] Sbst. colline. | Hügel. s. [illegible]

[illegible] Sbst. [illegible] crainte, peur. | Furcht. Kam. s. v. [illegible]

[illegible] Sbst. nouveauté (chose nouvelle), présent, souvenir. | Neuigkeit (etwas Neues); Geschenk (als Andenken).

[illegible] Sbst. [illegible] pimprenelle. | Angustid.

[illegible] Sbst. [illegible] rognure. [illegible]

[illegible] s. [illegible]

[illegible] LT. [illegible] 1. von [illegible] connaissant, [illegible]. | wissend, kennend. 2. petit de chameau. | junges Kameel.

[illegible] Adj. u. Sbst. [illegible] érudit, savant, instruit, expérimenté. | wissend, gelehrt; der etwas gelernt hat; abgerichtet.

[illegible] s. [illegible] s. [illegible]

[illegible] Sbst. — [illegible] savoir, érudition. | Weisheit, Gelehrsamkeit.

[illegible] (LT. [illegible]). Adj. [illegible]

[illegible]

[illegible] Sbst. [illegible] s'effrayer [illegible] | im Schlafe aufschrecken, plötzlich erschrecken. Gerund. [illegible] Adj. en sursaut; plötzlich erschreckend. — Deriv. [illegible] Vb. caus. effrayer; [illegible]

[illegible] Vb. refl. [illegible] — [illegible] faire q. qu. s'effrayer. | [illegible]

[illegible] s. [illegible]

[illegible] Sbst. [illegible] connaissance, [illegible] | Kenntniss.

[illegible] Conj. [illegible] au contraire, plutôt; peut-être. | im Gegentheil, vielmehr, aber ([illegible]); vielleicht.

[illegible] Vb. act. Aor. [illegible] Kam. s. v. [illegible] — Deriv. [illegible] Vb. pass. [illegible] Kam. s. v. [illegible]

[illegible] Vb. intr. Aor. [illegible] faire attention, [illegible] | [illegible]

[illegible] Vb. act. [illegible]

[illegible] Adj. [illegible] [illegible]

[illegible] Adj. [illegible] connu, certain, manifeste, [illegible] | bekannt, sicher, offenbar, [illegible] — [illegible] manifester, déclarer, prouver, expliquer, [illegible] | [illegible] ne pas savoir [illegible] | [illegible]

[illegible] Sbst. ([illegible]).

[illegible] crystal, [illegible] cristal de roche. | Crystall, [illegible] Glas, geschliffenes Glas.

[illegible] Sbst. [illegible] | Königthum. vgl. [illegible]

[illegible] Sbst. [illegible] état d'être [illegible] | [illegible] Kam. s. v. [illegible]

[illegible] s. [illegible]

[illegible] s. [illegible]

[illegible] Neg. Sbst. [illegible] | Rätsel.

[illegible] s. [illegible] Deriv. II.

[illegible] Sbst. [illegible] feindre de ne pas savoir. | [illegible]

[illegible] s. [illegible]

[illegible] s. [illegible]

[illegible] Vb. intr. [illegible] feindre de ne pas savoir. | sich unwissend stellen. vgl. [illegible] Deriv. II.

[illegible] Vb. intr. Aor. [illegible] savoir, connaître, être instruit de q. ch., reconnaître pour, regarder, estimer, supposer; [illegible] | [illegible] — Partic. [illegible] — Deriv. I. [illegible] Vb. caus. [illegible] faire savoir, faire connaître, [illegible] | wissen lassen, Nachricht geben, [illegible] — II. [illegible] Vb. neg. ne pas savoir, etc. | nicht wissen [illegible] — Partic. [illegible] als Adj. ignorant, [illegible] | unwissend [illegible]

[illegible] — Gerund. [illegible] Adj. [illegible] — III. [illegible] Vb. Impers. [illegible] — IV. [illegible] Vb. pass. [illegible] — Partic. [illegible] — V. [illegible] Vb. pass. erg. [illegible] — Partic. [illegible] Adj. [illegible]

[illegible] Vb. act. [illegible]

[illegible] Vb. act. [illegible]

[illegible] Sbst. [illegible] Adv. [illegible]

[illegible] s. [illegible] Deriv. II.

[illegible]

[illegible] Sbst. [illegible] Falke, Sperber.

[illegible] Sbst. [illegible] quantité d. q. ch. [illegible]

[illegible] Adj. [illegible] haut, élevé, [illegible] — [illegible]

[illegible] Sbst. [illegible] le ciel [illegible] das Holz, der Himmel.

[illegible] Sbst. [illegible] Verpfählung (um eine Festung), Aussenwerk am Eingange einer Festung, verpalissadirte Schanze. Redhouse: a small fort or stockade, a tackle or double pulley.

[illegible] Sbst. [illegible] Léopard, tigre. Leopard, Tiger [illegible] girafe. Giraffe [illegible] cheval tigré. [illegible] Pferd.

[illegible] Adj. [illegible]

[illegible] s. [illegible] Deriv. V.

[illegible] Deriv. IV.

[illegible] Sbst. [illegible] Wolke. s. [illegible]

[illegible]

[illegible] Sbst. état d'être clair, évidence, manifestation. [illegible] Klarheit, klare Kundgebung. [illegible] clairement, ouvertement. [illegible] klar, offen, deutlich.

[illegible]

[illegible]

[illegible]

[illegible] Adj. [illegible] être effacé. [illegible] werden.

[illegible] Vb. intr. [illegible] apparaître, être ou se manifester. [illegible] Erscheinung kommen, sich kund geben. — Deriv. [illegible] Vb. caus. [illegible] faire apparaître, manifester. [illegible] zur Erscheinung bringen, kund geben.

[illegible]

[illegible] Conj. [illegible] avec négation: [illegible] mit Negation [illegible]

[illegible] Adj. Pl. v. [illegible]

[illegible] s. [illegible]

[illegible] Sbst. [illegible] degré d'un escalier, échelon [illegible]

[illegible] Sbst. [illegible] plateau de la balance. [illegible] Wagschale.

[illegible] Sbst. [illegible] soie, étoffe de soie. [illegible] Seide, Seidenstoff.

[illegible] Vb. act. [illegible] Deriv. s. [illegible]

[illegible] Adv. [illegible] oui, sans doute, certes. [illegible] ja, gewiss, sicher. [illegible] il n'y consent pas. [illegible]

[illegible] Pl. [illegible] Sbst. [illegible] malheur, mal, calamité. [illegible] Unglück, Übel, Unglücksfall. s. [illegible]

[illegible] Sbst. [illegible]

[illegible] Adj. [illegible]

[illegible] Adj. [illegible]

[illegible] Sbst. [illegible]

[illegible] Adj. grand, hyperbolique [illegible]

[illegible] بلیغانه [illegible]. Adv. [illegible] und beredter Weise.

[illegible] بلیل [illegible] und بلیله [illegible]. Sbst. [illegible] [illegible] vent humide et froid. | [illegible] und kalter Wind.

[illegible] بلیلابی LT. حلوانی [illegible] | eine Art Zuckerwerk.

[illegible] بلین [illegible]. s. بلوین

بلینوس [illegible] oder بلینوس [illegible], N. pr. Name eines griechischen Philosophen, der sich im Gefolge Alexanders des Grossen befunden haben soll. Apollonius? Plinius?

[illegible] بم [illegible]. Sbst. [illegible] | Bass, [illegible], vgl. [illegible]

[illegible] s. [illegible]

[illegible] Dat. v. [illegible] à [illegible]

[illegible] s. [illegible] s. [illegible]

[illegible] Imperat. v. [illegible]

[illegible] s. [illegible]

[illegible] Sbst. coton | Baumwolle

[illegible] Adj. [illegible] [illegible] d. i. [illegible]

[illegible] Sbst. s. [illegible]

[illegible] Pron. pers. [illegible]

[illegible]

des Grund legen. — [illegible] bâtir, fonder, construire; conjuguer. bauen, gründen, [illegible]; conjugiren. بنا لمبنی [illegible] [illegible] | Oberaufseher der [illegible].

[illegible] بناء [illegible]. Adv. [illegible] [illegible] fondé sur, conformément à, en conséquence de, d'après, selon. | gegründet auf, [illegible], gemäss. [illegible] بناء [illegible] — بناء علیه oder بناء علی ذلك en conséquence de cela. | demzufolge, [illegible], [illegible].

[illegible] بنّاء [illegible]. Sbst. معمار [illegible] architecte, maçon, constructeur, fondateur. | Baumeister, Maurer, Erbauer. — [illegible]

[illegible] Adv. بناء [illegible] à cause de, en conséquence de, conformément. | in Folge, gemäss, wegen. [illegible] oder [illegible] à cause de cela, en conséquence de cela. deshalb, darwegen, demgemäss. — بناء علی ذلك

[illegible]

zu Bildung von Adjectiven, welche [illegible], dass eine Eigenschaft in besonders hohem Grade an einer Person zu finden ist, z. B. [illegible] [illegible] oder [illegible] [illegible], asile de la fortune. c. à d. le plus fortuné. Zuflucht des Glückes, d. i. der Hochbeglückte. [illegible] asile du monde ou de tout le monde, c. à d. le plus clément. | Zuflucht der Welt, bei dem Jeder Zuflucht findet [illegible] [illegible] [illegible] le plus clément. der Allerbarmherzigste. [illegible] [illegible], le plus [illegible] [illegible] [illegible] [illegible] qui a les plus grands services. | höchst verdienstvoll.

[illegible] [illegible], Sbst. lieu de refuge, asile. | Zufluchtsort.

[illegible] [illegible]. Vb. denom. v. [illegible] — [illegible] chercher refuge, se réfugier, recourir à | Zuflucht suchen, seine Zuflucht nehmen. Partic. [illegible], qui cherche asile et qui donne asile. | der Schutz [illegible]

[illegible]

t پنجى PENǦI. Adj. [illegible], [illegible], [illegible], [illegible], [illegible], [illegible], [illegible], [illegible].

p پنج PENǦ. Sbst. s. [illegible] und [illegible]

p پنج PENǦ. Adj. num. card. [illegible] cinq. | fünf. — Als Sbst. les cinq points du dé. | die Fünf auf dem Würfel. پنج ارکان les cinq colonnes, c. à d. les cinq commandements fondamentaux de la religion. | die fünf Säulen, d. i. die fünf Hauptgrundsätze der Religion, nämlich [illegible] Bekennung der Einheit Gottes, نماز Gebet, روزه Fasten, حج Wallfahrt und زكوة Religionssteuer. — پنج [illegible] les cinq sens intérieurs. | die fünf inneren Sinne [illegible], d. i. [illegible] das allgemeine Wahrnehmungsvermögen, خيال die Einbildung, [illegible] [illegible] [illegible] [illegible] [illegible] des Gedächtnis und [illegible] des Begriffsvermögen. پنج [illegible] les cinq sens extérieurs. | die fünf äusseren Sinne [illegible], die den fünf inneren entsprechen. [illegible] — [illegible]

[illegible]

[illegible]

[illegible]

[illegible] [Partic. v. [illegible]] Sbst. [illegible] *fils, captif, esclave, serviteur, garant.* | ein [illegible], Gefangener, Sclave, Diener; Bürge [illegible] [illegible] oder [illegible] der [illegible] [illegible] *maison de serviteur,* [illegible] *serviteurs, ma maison* [illegible] Haus [illegible] Haus, in höflicher Rede [illegible] Haus, vgl. [illegible] — [illegible] *fils d'esclave,* [illegible] *fils* [illegible], in höflicher Rede [illegible]

[illegible] u. [illegible]

[illegible] Sbst., [illegible] *esclave, serviteur.* | Sclave, Diener.

[illegible] Pl. [illegible] Sbst. [illegible] *captif, prisonnier.* | Gefangener.

[illegible] Vb act. [illegible] | [illegible] geben [illegible]

[illegible] Partic. [illegible] Adj. u. Sbst., [illegible]; *esclave.* | gebunden; Sclave.

[illegible] (ungarisch [illegible], Geld). *petite monnaie hongroise* | eine kleine ungarische Scheidemünze (alt).

[illegible] Adj. [illegible] *gênée.* | [illegible]

[illegible] Sbst. [illegible] | [illegible] (oder [illegible]).

[illegible] Sbst. v. [illegible] *action de monter à cheval* | das Reiten.

[illegible] Sbst. [illegible] *mollesse, manque de vigueur.* | Schlaffheit, Langsamkeit der Bewegungen.

[illegible] u. [illegible]

[illegible] Adj. [illegible]

[illegible] s. [illegible]

[illegible], auch [illegible] u. [illegible] volg. [illegible] Sbst. *violette.* | Veilchen. [illegible] *couleur de violette.* | Veilchenfarbe (lila). [illegible] *conserve de violette* | Eingemachtes von Veilchen. [illegible] oder [illegible] *violette double, marguerite.* | Tausendschön, Maßliebchen.

[illegible] Sbst. [illegible] *fontanelle, endroit des sutures du crâne* | Schädelgrube oder Zusammenfügung der Hirnschale (bregma capitis). Kom. s. v. [illegible] u. a.

[illegible] Sbst. *banc, banc de galère.* | Bank, Ruderbank auf Galeeren.

[illegible] Sbst. [illegible] vgl. [illegible] u. [illegible] *chanvre; moutarde, plante narcotique, électuaire narcotique fait des feuilles de chanvre etc., jusquiame; ivresse, opium, [illegible].* | Hanfpflanze; überhaupt narkotische Pflanze, wie Bilsenkraut u. dgl., bei den Tartaren auch der Tabak; ein berauschendes Präparat aus den Blättern des Hanf und anderer narkotischer Pflanzen. [illegible] oder [illegible] [illegible] mit denen man die Pfeife [illegible] [illegible] oder [illegible] [illegible] — [illegible]

[illegible] Sbst. [illegible] *mouches de diverses couleurs* (p. ex. sur la peau), *fleurs de visage d'un cheval; pointillage, ouvrage pointillé, satin pointillé* | Flecken, Flecken auf der Haut, Sprenkel (z. B. auf der Haut oder dem Felle mancher Thiere), Fleckel auf der Haut in Folge des Genusses geistiger Getränke; Punktirung, punktirte (mit der Nadel gestickte oder gemalte) Figuren; eine Art bunter (punktirter) Atlas — [illegible] *moucheté,* | gesprenkelt, gefleckt, scheckig.

[illegible] und [illegible] Sbst. [v. [illegible]] *monture, cheval de selle.* | Reitthier, Reitpferd. [illegible] *cheval pour* [illegible] [illegible] *montoir.* | Tritt, Aufsteigestein (auf den man tritt, um leichter auf das Pferd zu steigen).

[illegible] Adj. num. *mille.* tausend. — [illegible]

[illegible] Sbst. [illegible] *cruche, vase à eau* | [illegible] oder [illegible], Wasserrohr oder Wasserwaage, Instrument zum Messen der Wasserwege.

[illegible] u. [illegible] Sbst. [illegible] *tente ou étoffe de laine ou de feutre; [illegible] de [illegible]; fourreau, bagage,* [illegible] | Zelt aus Wollenstoff oder Filz, [illegible] Lagerhütten, der innere Abtheilung des Zeltes welche nur die Familie und vertraute Freunde Zutritt haben; Schatzkammer; Last, Gepäck und Gerätschaften. [illegible] *bagage, tout ce qu'on mène après soi* | Gepäck und Alles was man bei sich führt.

[illegible] Vb act. [illegible] | verschlingen.

[illegible] s. [illegible] Deriv.

[illegible] s. [illegible]

[illegible] Vb act. [vgl. [illegible] u. [illegible]] *tacheter, moucheter, pointiller, peindre de diverses couleurs.* | sprenkeln, punktiren, bunt verzieren.

[illegible] oder [illegible] Adj. [vgl. [illegible] u. [illegible]] *tacheté, moucheté* | gesprenkelt, bunt. [illegible] mit goldenen und blauen Punkten verziert.

[illegible] u. [illegible] Sbst. [illegible] *lézard, hure* | eine Art Eidechse oder Eger.

[illegible] Adj. u. Sbst. *qui s'enivre au moyen de beng* | der sich mit Beng berauscht. vgl. [illegible]

[illegible] Vb [illegible] *parler à soi-même, murmurer; être en colère* | mit sich selbst sprechen, murren, zürnen.

[illegible] Sbst. *usage fréquent du beng; ivresse produite par l'usage du beng.* | Genuss des Beng, Berauschung durch Beng. vgl. [illegible]

[illegible] Sbst., [illegible] und [illegible] *fondement d'édifice.* | Mauergrund.

[illegible] Sbst. [v. [illegible]] [illegible] *égalité* | [illegible]

[illegible] s. [illegible] Deriv.

[illegible] Adj. *qui a un fond, fondé* | was einen Grund hat, gegründet. vgl. [illegible]

[illegible] und [illegible] Genit. v. [illegible] Pron. pers. *moi, à moi.* | mein [illegible] *le mien, [illegible]* der, die, das meinige.

[illegible] und [illegible] Vb. [illegible] Aor. [illegible] *monter, aller à cheval, aller en voiture.* | besteigen, aufsteigen, [illegible], reiten, fahren. Mit dem Locativ des Objectes. [illegible] *monter à cheval.* | zu Pferde steigen, auf einem Pferde reiten. [illegible] er ritt auf einem weissen Maulthier. Mohammedije. [illegible] *s'embarquer, monter à bord, naviguer.* | ein Schiff besteigen, sich einschiffen, in einem Schiffe fahren. — Deriv. I. [illegible] Vb caus. *faire monter etc.* | besteigen u. s. w. lassen. — II. [illegible] Vb caus. neg. davon [illegible] *qui ne se laisse pas monter (un cheval).* | nicht besteigen lassend, sich nicht besteigen lassend (ein Pferd). Kom. s. v. [illegible] — III. [illegible] Vb pass. — IV. [illegible] Vb recipr. [illegible] *monter l'un sur l'autre* | übereinander steigen, sich übereinander häufen. [illegible] übereinander [illegible] (von [illegible] Blättern). Kom. s. v. [illegible]

[illegible] s. [illegible]

[illegible] Sbst. *action de monter à cheval etc.* das Reiten, Besteigen.

[illegible] s. [illegible]

[illegible] Sbst. [illegible] *son de graines* | Getreidekleien.

[illegible] Sbst. [illegible] *gardien de jardin, gardien des* [illegible] | Gartenwächter, Feldwächter.

[illegible] Sbst. [illegible] *qualité de fils* | Sohnschaft.

[illegible] Sbst. Pl. v. [illegible] | Söhne.

[illegible] oder [illegible] Sbst. *lézard.* | Eidechse.

[illegible] s. [illegible]

[illegible] Sbst. Pl. v. [illegible] *fils* | Söhne. In Genitivverbindung (stat. constr.) [illegible], oder nach türkischer Schreibart [illegible] — [illegible] *les fils d'Adam, les hommes.* | die Adams-Söhne, Menschen. [illegible] oder [illegible] *les Européens.* | die Europäer. vgl. Zeitschr. der deutsch. morgenl. Gesellsch. Bd. II. S. 237 ff.

[illegible] BENEWI. Adj. [illegible] filial, se rapportant à un fils. | kindlich, dem Sohne geziemend, auf den Sohn bezüglich.

[illegible] BENEWŠ. Adj. pourpre. | purpurroth. — [illegible]

[illegible] BENDH und [illegible] Sbst. [illegible] fossoir, endroit où l'on met les ordures | [illegible], [illegible]

[illegible] Sbst. cordon. | Schnur, Bindfaden. [illegible] die Schnur, Richtschnur der Architekten

[illegible] Sbst. [illegible] attirail, bagage; auberge. | Geräthschaften, Gepäck; Herberge. [illegible] faire son paquet. | das Bündel schnüren, fortgehen.

[illegible] Sbst. [illegible] odeur. | Geruch, Duft.

[illegible] PENHAN. Adj. [illegible] caché, occulte, mis de côté, couvert, clandestin, secret. | verborgen, versteckt, bei Seite gelegt, umgebunden, verdeckt, geheim.

[illegible] PENHANI. Sbst. cachotterie, chose cachée, action de cacher. | Versteck, das Versteckte, das Verstecken. [illegible] en cachette. | im Verborgenen.

[illegible] Sbst. [illegible] léger sommeil. | leichter Schlummer. Kam. s. v. [illegible]

[illegible] Sbst. plateau, huche (Bindegigi). | Teigschüssel.

[illegible] Arab. v. [illegible]

[illegible] Sbst. montant d'une porte. | Pfosten zwischen den beiden Flügeln einer Thür. Kam. [illegible]

[illegible] Sbst. — [illegible] racine, origine, fondement, base, bâtisse, constitution physique | Wurzel, Ursprung, Grund, Grundlage, Grundstein; Bau, Erbauung; körperliche Constitution (vgl. d. Folg.). — [illegible] poser les fondements, fonder. | den Grund legen, gründen, begründen. [illegible] er begründete das Reich, erbaute ansehnliche Bauten. Ali Sebiz.

[illegible] Sbst. [illegible] action de bâtir, bâtisse, construction, édifice, constitution du corps, le corps. | Bau, Erbauung, Gebäude, Körperbau, der menschliche Körper.

[illegible] BINJET, BUNJET. Sbst. [illegible] construction, édifice, constitution, organisation, forme, charpente du corps. | Bau, Gebäude, Natur und Wesen eines Dinges, Organisation, Körperbau, Leibesbeschaffenheit, Konstitution. [illegible] von guter Constitution

[illegible] BENIJET. Sbst. l'édifice, c. à d. le temple de la Mecque. | das Gebäude, d. i. der Tempel in Mekka.

[illegible] Sbst. [illegible] | [illegible]

[illegible] und [illegible] Sbst. [illegible] fromage. | Käse. [illegible] — [illegible] | Käsekuchen. [illegible] — [illegible] | eine Sahne mit Zucker.

[illegible] s. [illegible]

[illegible] BU. Pron. demonstr. [illegible] ceci, celui-ci. | dieser, diese, dieses. Gen. [illegible] BUNUÑ. Pl. [illegible] BUNLAR. [illegible] Gen. [illegible] Dat. [illegible] s. d. Gramm. [illegible]

[illegible]

[illegible] Rad. u. Imperat. v. [illegible]

[illegible] Sbst. verkürzt aus [illegible] s. odeur. | Geruch. In Zusammensetzung zur Bildung von Adjectiven, z. B. [illegible] wohlriechend. [illegible] übelriechend.

[illegible] Sbst. verkürzt aus [illegible] und nur in Zusammensetzung gebraucht. [illegible] père de l'émerveillement, c. à d. prodige, chose étonnante, merveille, parasite, [illegible]. | Vater des Wunders, d. i. etwas Wunderbares, Wunder, Schmarotzer, Dummkopf [— [illegible]] [illegible] prétentieux, bavard, imprudent. | ein Anmassender, Schwätzer, unverschämter Mensch. [illegible] passionné, capricieux, ignorant. | ein Eigensinniger, Unwissender, Dummer [— [illegible]].

[illegible] [Rad. v. [illegible]] action de courir çà et là, de chercher q. ch. | das Herumlaufen, Suchen. In Zusammens. qui court, qui cherche. | laufend, suchend.

[illegible] Sbst. [illegible] | [illegible] — [illegible]

[illegible] Sbst. [illegible] égalité, égal et équivalent à un autre | Gleichheit. [illegible] | Bist du blind, [illegible]

[illegible] BEWWAB. Sbst. [illegible] portier, concierge, valet de chambre. | Thürhüter, Thürsteher, Kammerdiener. [illegible] Oberkämmerer.

[illegible] BEWWABET. Sbst. [illegible] charge de portier, de valet de chambre. | Dienst des Thürstehers oder Kammerdieners.

[illegible] BEWWABI. Adj. concernant à ou regardant le portier. | dem Thürsteher oder Kammerdiener zukommend.

[illegible] BEWAHAN. Adv. [illegible] ouvertement, en public, en plein jour. | offen, öffentlich, ohne Hehl.

[illegible] Sbst. [illegible] ruine, perte, perdition; se gâter. | das Verderben, zu Grunde gehen, Verwesen, Verderben.

[illegible] | Haus des Verderbens, d. i. die Hölle (Kor. 14. 33).

[illegible] Adj. Pl. v. [illegible]

[illegible] Sbst. Pl. v. [illegible]

[illegible] Sbst. Pl. v. [illegible]

[illegible] s. [illegible]

[illegible] Sbst. Pl. v. [illegible]

[illegible] LT. [illegible] cette année. | dieses Jahr, heuer. s. [illegible]

[illegible] Sbst. [illegible] Federbusch oder Krone mancher Vögel vgl. [illegible]

[illegible] Sbst. [illegible] tapis. | Teppich, Tapete.

[illegible] Sbst. (puppa). poupe, l'arrière d'un vaisseau | Hintertheil des Schiffes.

[illegible] auch [illegible] und [illegible] Sbst. [illegible] rossignol. | die Nachtigal

[illegible] s. [illegible] poivre. | Pfeffer.

[illegible] Sbst. rein, reignon | die Nieren. [illegible] Nierenfett.

[illegible] s. [illegible]

[illegible] auch [illegible] LT. Sbst. [Demin. v. [illegible]] [illegible] couronne de plumes à la tête de quelques oiseaux, touffe de plumes, de cheveux; huppe. | Federbusch oder Krone von Federn auf dem Kopfe mancher Vögel, besonders des Wiedehopfes; Schopf, Quaste, Wiedehopf. — [illegible]

[illegible] Sbst. édredon, plumes | Eiderdaunen, Federn. [illegible] lit de plumes. | Federbett.

[illegible] Sbst. [illegible] prunelle, pupille de l'œil; le meilleur de q. ch. ce qu'on aime ou estime le mieux. | Augenstern, Augapfel; in übertragener Bedeutung das Kleinste, Beste, Kern einer Sache, das was man am höchsten schätzt, besonders werth hält.

[illegible] oder [illegible] auch [illegible] Sbst. — [illegible] huppe. | der Wiedehopf

[illegible] s. [illegible] Holdoll rufen

[illegible] s. [illegible] poivre. | Pfeffer

[illegible] s. [illegible]

[illegible] s. [illegible]

[illegible] pr. LT [illegible]

[illegible] Sbst. vgl. [illegible] prunelle, pupille. | Augapfel, Augenstern. Ahnig

[illegible] auch [illegible] Sbst. [illegible] cuisse, jambe. | Schenkel, Bein [illegible] gigot de mouton. | Schöpsenkeule. [illegible] jambon | Schinken.

[illegible] s. [illegible]

[illegible] Sbst. 1. [illegible] | Fahne.

2. بوتك pluz. *framiz.* | Falte (Hindoglu). vgl. بوتك

[illegible]

قوللانمه بوتلانمق [illegible] ... گورمک Bouquet (Brotchen) ... [illegible]

[illegible] بورسوق Deriv.

[illegible] Adj. u Subst. ride, pli, sillon; ridé. Falte, Runzel, Furche, Unebenheit des Bodens; faltig, runzelig.

[illegible] ein Pferd dessen Schenkelhaut runzelig ist. Kam. s. v. [illegible]

[illegible] Subst. état d'être ridé; ride. | das Runzelig sein, Runzel.

[illegible] Adj. ridé faltig, faltig, runzelig, gefurcht.

[illegible] Adj. ridé, crispé, ratatiné; [illegible] runzelig, zusammengekrumpft, zusammengedrückt, untereinander verwickelt; verwelkt. s. [illegible]

[illegible] Deriv.

[illegible] Deriv. III.

[illegible]

[illegible] Adj. [illegible] tordu, de travers. | krumm, gebogen, schief, [illegible] | Krümmung, [illegible] Kam. [illegible]

[illegible] Subst. [illegible] tordre, [illegible] Bohrer [illegible] Schraube [illegible] Horn [illegible] Trompete [illegible]

[illegible] Subst. qui [illegible] le tarière; qui fait des tarières | der den Bohrer handhabt oder Bohrer verfertigt.

[illegible] Vb. act. [illegible] la tarière, percer avec la tarière. | bohren, durchbohren.

[illegible] vulg. [illegible] Subst. [illegible] nitre, borax. | Nitrum, Borax.

[illegible]

[illegible] Subst. [illegible] Verdrehung, Verrenkung. — [illegible] Verstauchung. vgl. [illegible]

[illegible] Vb. act. vgl. [illegible] tourner, [illegible] drehen, umdrehen, [illegible] man hat ihm den Arm ausgerenkt.

[illegible] Vb. act. vgl. [illegible] Deriv. [illegible] Vb. caus. faire [illegible]

[illegible] Vb. pass. u. refl. [illegible] sich bedecken, sich verhüllen oder einhüllen. — [illegible]

[illegible] Subst. Palmetum. s. [illegible]

[illegible] Subst. [illegible] Pastete, Torte. [illegible] Amarantho.

[illegible]

[illegible]

[illegible] Subst. [illegible] Pastetenbäcker.

[illegible] Subst. [illegible] Nüssenmacher. s. [illegible]

[illegible] Deriv.

[illegible] Subst. [illegible] des Hirsch.

[illegible] Subst. [illegible] Adler, Geier.

[illegible] Subst. temps nébuleux, [illegible] temps. | nebliges Wetter, trübes Wetter.

[illegible] Deriv.

[illegible] Subst. jardin, Garten.

[illegible] Vb. act. Aor. [illegible] tourner, tordre, [illegible] tordre avec force, [illegible] drehen, winden, [illegible] biegen, krümmen, falten, kehren, [illegible] — [illegible] Deriv. [illegible] Vb. pass. und refl. [illegible] se tourner, se contourner, se rider, se plier, se serpenter; gedreht u. s. w. werden oder sein, sich drehen, wirbeln (der Wind), sich biegen, sich winden (z. B. vor Schmerz), sich runzeln, sich schlängeln (z. B. die Strassen auf farbigen Stellen), [illegible] sich den Fuss verstauchen. [illegible] sich winden, krümmen [illegible] Kam. s. v. [illegible] Kam. s. v.

[illegible] — II. [illegible] Vb. recipr. refl. Aor. [illegible] se contracter, se crisper, faire des plis, être ridé, ratatiné; se flétrir. | sich zusammenziehen, sich zusammenkrümmen, sich verwickeln, Runzeln oder Falten bilden, zusammenschrumpfen (z. B. die Haut oder Blätter), verwelken. — III. [illegible] Vb. recipr. [illegible] — IV. [illegible] Vb. recipr. refl. caus. — [illegible] contracter, crisper, faire se rider, rider le front, [illegible] Runzeln oder Falten [illegible] die Stirn runzeln [illegible] — V. [illegible] Vb. caus. — [illegible] faire se rider, rider le front. | falten, runzeln, die Stirn runzeln [illegible] Kam. [illegible] Kam. s. v. [illegible] — VI. [illegible] Vb. pass. [illegible] se rider, se crisper [illegible] Kam. s. v. [illegible] — VII. [illegible] Vb. refl. [illegible] se plier, se courber. | sich krümmen, sich falten.

[illegible]

[illegible] Vb. act. [illegible] Deriv. [illegible] Vb. refl. Aor. [illegible] sich einhüllen. vgl. [illegible]

[illegible] Vb. act. [illegible] die Schraube oder den Bohrer drehen, schrauben, bohren.

[illegible] Subst. vgl. [illegible] action de tourner, [illegible] Windung, Drehung, Verrenkung; etwas gewundenes, Schraube, Bohrer, Wendeltreppe. [illegible]

[illegible] Adj. [illegible] gedreht, gewunden.

[illegible]

[illegible] Subst. LT. [illegible]

[illegible] Adj. und Subst. RL. [illegible] premier, commencement, das Erste, Anfang. vgl. [illegible]

[illegible] Subst. RL. [illegible] temps antérieur. | frühere Zeit

[illegible]

بوزرمق s. بوزارمق

بوزآزكر Sbst. LT. [illegible] *habitant d'un village.* | Dorfbewohner.

بوزلغى [illegible] بوزاغو u. بوزاغى [illegible]

بوزاغى [illegible] Sbst. SL. [illegible] *petit de bête fauve, veau, agneau* | Kalb, Lamm, Junges von Rothwild, Nashorn, Antilope u. s. w. [illegible] بوزاغى اوتى [illegible] *nénuphar.* | Kalbfleisch. بوزاغى قلاغى *mauve de veau* | Kalbsbraten. بوزاغى اسرائيلك بنى [illegible] das Kalb der Kinder Israel in der Wüste.

بوزاغيلق [illegible] Sbst. *qualité, état, nature de veau* | Kalbsnatur. [illegible] d. i. wenn die [illegible] von Natur ein Kalb ist. [illegible]

بوزاغولمق [illegible] oder [illegible] Vb. intr. *vêler;* kalben.

بوزالاق [illegible] Sbst. [illegible] *regain.* | Grummet (Menińsky).

بوزالمق [illegible] Vb. int. *grisailler.* | grau werden.

بوزاناق [illegible] Sbst. LT. [illegible] *gingembre;* Ingber.

بوز [illegible] Sbst. — بوز *étoffe, toile* [illegible] Leinwand.

بوزبكن [illegible] Sbst. [illegible] | Hirschkuh.

بوزطاغان [illegible] Sbst. [illegible] Streifenhasen, [illegible]

بوزر LT. Sbst. [illegible]

بوزرلق LT. [illegible] Kamm-knochen des Kameels. vgl. [illegible]

بوزارمق [illegible] u. بوزارمق Vb. intr. vgl. بوز *devenir gris, pâlir, blanchir (de vieillesse).* | grau werden (z. B. im Alter), blass werden, die Farbe verlieren. Partic. بوزارمش [illegible] *pâle, livide, languissant.* | blass, matt.

بوزش [illegible] Sbst. *rupture, défaite.* | Bruch, Niederlage. [illegible] | Waffen-[illegible] vgl. بوزمق

بوزش [illegible] Sbst. [illegible] *excuse, apologie, action de demander pardon.* | Entschuldigung, Vertheidigung, Rechtfertigung. [illegible] *excuser q. qn., s'excuser, demander pardon* | jemanden entschuldigen, sich entschuldigen, um Verzeihung bitten, auch [illegible] — بوزش [illegible] *excusable; excusé; qui agrée des excuses, clément.* | zu entschuldigen; entschuldigt; einer der Entschuldigung annimmt, gnädig. [illegible] — بوزش [illegible] Entschuldigung annehmen oder gelten lassen.

بوزشق [illegible] Sbst. und Adj. von [illegible] *rupture; qui a rompu l'amitié* | Freundschaftsbruch; der Freundschaft und gutes Einvernehmen gebrochen hat.

بوزشقلق [illegible] Sbst. *rupture, détachement.* | Freundschaftsbruch, Uneinigkeit.

بوزشمق [illegible] s. بوزمق Deriv.

بوزغون [illegible] u. بوزغون Adj. u. Sbst. *troublé, gâté, débauché, rompu, défait; qui est échappé à la défaite; troupe, défaite, déroute.* | verwirrt, verdorben, gebrochen, entflohen; von der Niederlage übrig; Niederlage, Verderben. [illegible] بوزغون [illegible] ein in die Flucht geschlagenes, aufgeriebenes Heer.

بوزغونلق [illegible] Sbst. *défaite, déroute, trouble, confusion.* | Niederlage, Verwirrung, Niedergeschlagenheit.

بوزق [illegible] u. بوزوق Adj. u. Sbst. [illegible] vgl. بوزمق *détruit, gâté, ruiné, rompu; monnaie; changé en petite monnaie; ruine, déroute.* | zerstört, zu Grunde gerichtet; schlecht, böse; gewechselt (in kleines Geld); Verderben, Niederlage. بوزوق [illegible] eine niedergerissene oder eingestürzte Wand. Ali Schir. بوزوق [illegible] schlimme Worte, böse Reden, Schimpfreden. Abulg. S. 12. [illegible] es ist ein schlechtes Wort. بوزوق [illegible] *petite monnaie.* | Scheidemünze. [illegible] ich erlitt eine Niederlage, wie im Verderben. [illegible] *gravier* (Hindoglu) | den Mund [illegible] بوزوق [illegible]

بوزق [illegible] Sbst. *piquette.* | Lauerwein. (Meninski) ital.: lora, posca).

بوزق [illegible] u. بوزق Sbst. u. N. pr. SL. [illegible]

بوزق [illegible] Sbst. [illegible] Hindoglu. — [illegible]

بوزقجى [illegible] Sbst. *fourbe, coquin.* | ein Schelm.

بوزقجيلق [illegible] *fourberie, coquinerie* | Schelmerei, Unredlichkeit.

بوزكش LT. بلر [P]

بوزلق [illegible] und [illegible] Sbst. vgl. بوزمق *ruine, défaite, rupture.* | Niederlage, Verderben, Bruch. [illegible] *rupture de l'amitié, mésintelligence, désunion.* | Freundschaftsbruch, Misverständniss, Spaltung. [illegible] das gute Einvernehmen störte. [illegible] in Folge dessen [illegible] so wenige Seelen übrig blieben. Ali Schir.

بوزلمق [illegible] Vb. intr. [illegible] [illegible] — Deriv. بوزلمق [illegible] Vb. caus. [illegible] *détruire, ruiner* | zerstören, verderben. Impers. بوزلنمق [illegible] LT.

بوزلو [illegible] Sbst. *gris* | graue Farbe. vgl. بوز

بوزلمز [illegible] Adj. *inviolable, incorruptible.* unverbrüchlich, dem Verderben nicht [illegible] بوزلمش [illegible] Adj. *gâté, corrompu.* | verdorben. vgl. بوزمق Deriv.

بوزلنمق [illegible] s. بوزمق Deriv.

بوزلتمق [illegible] s. بوزمق Deriv.

بوزلش [illegible] Sbst. *contraction.* | Zusammenziehung. vgl. بوزمق Deriv.

بوزلانمق [illegible] Vb. intr. بوز [illegible] *geler, se changer en glace.* | gefrieren, sich in Eis verwandeln.

بوزلو [illegible] Adj. *glacé.* | eisig, eiskalt, mit Eis gefüllt.

بوزمه [illegible] Sbst. *fripier, dégraisseur.* | Trödler, Gewandmacher.

بوزمتراق [illegible] und بوزمتل [illegible] Adj. *grisâtre* | grau, in grau schimmernd, gelblich-grau, grau gesprenkelt. Kam. an vielen Stellen.

بوزمجه [illegible] oder [illegible] Sbst. [illegible] *espèce de lézard.* | eine Art Eidechse (Lacerta stellio). Kam. [illegible]

بوزمق [illegible] und بوزمق [illegible] Vb. act. Aor. بوزار [illegible]

[illegible] *ruiner, gâter, abîmer, défaire, changer, altérer, démolir, rompre, détruire, mettre en déroute, abolir, changer, couvrir des cafés* | zerstören, verderben, vernichten, [illegible] in Unordnung bringen, schlechter und geringer machen, verderben, [illegible] in die Flucht schlagen; Heer zerstreuen. — [illegible] *rompre le marché.* | den Handel brechen. [illegible] *entre les hommes.* | Freundschaft stören, die Leute veruneinigen. [illegible] *mettre en déroute, en fuite une armée.* | ein Heer schlagen oder zerstreuen. [illegible] *rompre un traité.* | den Vertrag brechen. [illegible] die einzelnen Theile eines Ganzen auflockern. [illegible] *changer de l'argent.* | Geld wechseln (in kleine Münze). [illegible] *rompre le jeûne.* das Fasten unterbrechen. [illegible] — [illegible] *changer, altérer q. ch.* | eine Sache verändern. — [illegible] *déflorer.* [illegible] *décacheter (une lettre).* | das Siegel erbrechen. [illegible] Wetten halten. بوزمق [illegible] *forcer une serrure.* | ein Schloss erbrechen. [illegible] *détraquer un cheval.* | ein Pferd aus dem ordentlichen Gange bringen. [illegible] *détraquer une montre.* | eine Uhr aus dem Gange bringen. [illegible] *le soleil a flétri la couleur de q. ch.* | die Sonne hat die Farbe eines Dinges ausgezogen. — Deriv. I. [illegible] und [illegible] Vb. caus. LT. [illegible] *ruiner, détruire.* | zerstören, verderben. — II. بوزدرمق [illegible] Vb. caus. SL. [illegible] *faire* [illegible] | [illegible] — II. بوزلمق [illegible]. LT. [illegible] Vb. [illegible] [illegible]. [illegible] gâté, ruiné: etc.; se gâter, se corrompre, se détremper, etc. | verdorben, [illegible] u. s. w. werden, schlechter und geringer werden, sich verändern, im Werthe sinken, in [illegible] gerathen. [illegible] s'effacer, disparaître (une marque) | [illegible], [illegible] (ein Zeichen). [illegible] — [illegible] être peu prisé, peu recherché | im Preise sinken, wenig Nachfrage haben. [illegible] die Farbe der Blumen hat an [illegible] [illegible]. — IV. بوزشمق [illegible] Vb. [illegible] se brouiller, devenir ennemis, rompre la paix, recommencer la guerre | sich entzweien, uneinig werden, den Frieden brechen, den Krieg [illegible]

[illegible], als Red. v. [illegible] in Zusammensetzungen. — [illegible] qui donne des baisers. | küssend. [illegible] qui baise le pied de q. qu. | den Fuss küssend, Fuss-Küss. [illegible] baiser le bas de la robe. | Saum-küssend sein, d. i. den Saum des Kleides [illegible] küssen, ihm seine Ehrfurcht bezeigen.

بوس [illegible] Sbst. [illegible] déception, [illegible] par caresses. | [illegible], [illegible] durch [illegible] Worte.

بوس [illegible], auch بوس Sbst. und Adj. brume, brouillard; tristesse; triste, mélancolique. | Nebel, trübes Wetter; in übertragener Bedeutung: trüber Sinn, Traurigkeit; als Adj. trübe, betrübt.

[illegible] s. [illegible]

[illegible] [illegible], auch [illegible] u. بوستان [illegible]

Sbst. [illegible] [Tahvil v. [illegible] s. a.]

[illegible] [illegible] bouder la [illegible]; [illegible], [illegible] q. qu. | den [illegible], [illegible], [illegible]. [illegible] — [illegible] [illegible]. | Kürschner. [illegible] — [illegible] pelleterie. | Kürschnerhandwerk.

بوسرای [illegible] LT. [illegible] sorte de confiture. | eine Art [illegible] Speise oder Gericht.

بوسس [illegible] s. [illegible]

بوستان [illegible] s. بوستان

بوسكه [illegible] Sbst. [illegible] [illegible]. | die Stelle auf welche geküsst wird; Lippe. — [illegible]

بوسكرك [illegible] s. [illegible]

بوسكول [illegible] s. [illegible]

[illegible] [illegible] oder [illegible]

[illegible] Sbst. [vgl. [illegible]] [illegible] … paquet. | [illegible], Ueberzug, ein Stück Zeug oder Leder um etwas einzupacken, [illegible], Packet. [illegible] paquet de lettres. | Briefpaket.

[illegible] Sbst. porte-balle | Hausirer (eigentl. Packträger).

[illegible] s. [illegible]

[illegible] Vb. act. [illegible], faire un paquet. | einwickeln, einpacken.

[illegible] Sbst. [illegible] | Nieren und Harn, Eingeweide.

[illegible] Sbst. [illegible] | Knoten am [illegible]. Sl. [illegible]

[illegible] s. [illegible]

[illegible] Sbst. Sl. [illegible] Name eines Vogels. vgl. [illegible]

[illegible] s. [illegible]

[illegible] Sbst. [illegible] LT. [illegible] dromadaire | Dromedar. [illegible]

[illegible] Sbst. [illegible] Kehlkopf, Luftröhre, Gurgel. [illegible] | Kropfgans; der Kahnvogel. Kom. s. v. [illegible]

[illegible] Vb. intr. vgl. [illegible] | [illegible]

[illegible] s. [illegible]

[illegible] s. [illegible]

[illegible] Sbst. [illegible] | [illegible]

[illegible] Sbst. [illegible] | Orchesterschaft [illegible] (plante). | [illegible]

[illegible] Sbst. suffocation. | Erstickung.

[illegible] s. [illegible] Deriv.

[illegible] Vb. intr. [illegible] | dämpfen, rauchen. Kom. s. v. [illegible]

[illegible] Sbst. [illegible] | Knoten oder Glied am Rohre, Gelenk an einem Gliede; Halsband. [illegible] der Knoten zwischen zwei Gliedern des Rohres. — [illegible]

[illegible] Sbst. [illegible] collier. | Halsband, Halsschmuck; Halsdam.

[illegible] Adj. suffocant, étranglant. | erstickend, erwürgend, Würger. [illegible] | der Kehlkamm.

[illegible] Aor. [illegible] Vb. act. [illegible] suffoquer, étrangler | ersticken, erwürgen. [illegible] | erstickten. [illegible] étouffer la voix. | die Stimme ersticken oder dämpfen. — Deriv. I. [illegible] Vb. caus. faire suffoquer. | ersticken lassen. — II. [illegible] Vb. recipr. s'étrangler l'un l'autre. | einander erwürgen. — III. [illegible] Vb. pass. refl. être suffoqué, etc. | erstickt, erwürgt u. s. w. werden, vor Lachen, Zorn u. s. w. beinahe ersticken; ertrinken. [illegible] | heiser sein. Kom. s. v. [illegible]

[illegible] Vb. refl. former des nœuds (une plante). | Knoten treiben, Knoten oder Glieder ansetzen (von Pflanzen). Kom. s. v. [illegible]

[illegible] Adj. [illegible] | [illegible]

[illegible] Adj. s. d. Vögeln. [illegible] Kom. [illegible]

[illegible] Sbst. LT. [illegible] angine, inflammation de la gorge. | Bräune, Halsentzündung.

[illegible] Sbst. nœud, jointure. | Knoten, Glied. [illegible]

[illegible] Adj. u. Sbst. suffocant. | erstickend, erstickende Luft; [illegible] Wirbelwind. Sl. [illegible]

[illegible] Sbst. suffocation, étouffement. | Erstickung. [illegible] Erstickung der Stimme, Heiserkeit. Kom. s. v. [illegible]

[illegible] Sbst. [illegible] | Halsschmuck.

[illegible] Sbst. [illegible] Sl. [illegible] LT. [illegible]

[illegible] Sbst. vapeur. | Dampf, Dunst (von kochendem Wasser).

[illegible] s. [illegible] dromadaire [illegible]

[illegible] Sbst. [illegible]

[illegible] dromadaire (mâle). | Dromedar.

[illegible] Sbst. LT. [illegible] gorge. | Kehle. — [illegible]

[illegible] Sbst. LT. [illegible] Sl. [illegible]

[illegible] Sbst. LT. [illegible] gorge. | Kehle.

[illegible] Sbst. Sl. [illegible] articulation, membre, [illegible] | Band, Gliederverbindung, Glied, [illegible] vgl. [illegible]

[illegible] Sbst. LT. [illegible] | Luftröhre im Halse.

[illegible] s. [illegible]

[illegible] Adj. suffoqué, étouffé, étranglé, rauque, enroué. | erstickt; gedämpft; heiser. [illegible] voix rauque, étranglée; [illegible] | rauhe oder heisere, dem Ersticken nahe Stimme, Heiserkeit. [illegible] Kom. s. v. [illegible] u. [illegible]

[illegible] Vb. act. [illegible] Deriv. I. [illegible] Vb. caus. [illegible] | heiser machen. — II. [illegible] Vb. refl. pass. [illegible] | heiser oder rauh sein, dem Ersticken nahe sein (die Stimme).

[illegible] Adj. rauque, enroué. | heiser, rauh. s. [illegible]

[illegible] Adj. s. d. Vögeln. [illegible] | heisere Stimme. Kom. s. v. [illegible]

[illegible] s. [illegible]

[illegible] s. [illegible]

[illegible] Sbst. [illegible] LT. [illegible] articulation, membre. | Gliederband, Gelenk, Glied. [illegible] Abulg. [illegible]

[illegible] s. [illegible]

[illegible] Sbst. LT. [illegible] taureau, cerf (mâle). | Stier, Hirsch. vgl. [illegible]

[illegible] Sbst. [illegible] de chardon. | eine Distelart, die auch als Arzneimittel gebraucht wird (Artischoke?). [illegible] spina alba, echinops spinosus (?)

[illegible] Pron. [illegible] | dieser da, derselbe da. Sl. [illegible]

[illegible] Sbst. Adam. [illegible]

[illegible] s. [illegible]

[illegible] s. [illegible]

[illegible] s. [illegible] und [illegible]

[illegible] Vb. intr. souffler, siffler, ronfler. | blasen, pfeifen, schnauben, schnarchen. [illegible] er bläst die Luft wie ein Blasebalg, vom Schnauben des Löwen. Kom.

[illegible] — [illegible] im Schlafe schnarchen. Kam. [illegible]

[illegible] oder [illegible] Sbst. [illegible]

[illegible] und [illegible] oder [illegible] Sbst. [illegible] Adj. [illegible] (von Thieren und Menschen), [illegible] Adj. [illegible] | [illegible] | [illegible] Zeug [illegible]

[illegible] Sbst. LT. [illegible] | [illegible] — [illegible]

[illegible] Sbst. SL. [illegible] de deux ans | zweijähriger Stier. vgl. [illegible]

[illegible] Sbst. LT. [illegible] | [illegible]

[illegible] Sbst. [illegible] | Horn zum Blasen, Trompete. s. [illegible]

[illegible] s. [illegible]

[illegible] und [illegible] oder [illegible] Sbst. [illegible] | [illegible] Thiere und [illegible]

[illegible] Sbst. [illegible] Kam. an vielen Stellen.

[illegible] Vb. act. [illegible] | [illegible]

[illegible] oder [illegible] Adj. [illegible] | [illegible] Kam. [illegible]

[illegible] Sbst. [illegible] | [illegible] SL.

[illegible] Sbst. [illegible] | [illegible]

[illegible] Sbst. LT. [illegible] | der [illegible]

[illegible]

[illegible] Vb. act. Aor. [illegible] | [illegible]

[illegible] Adj. [illegible] | [illegible]

[illegible] und [illegible] Vb. act. LT. [illegible] | [illegible]

[illegible] Vb. intr. — [illegible] | sich in einen Hinterhalt legen, auf der Lauer liegen. [illegible] Abulg. S. 135, 156, 178. — Deriv. [illegible] Vb. caus. faire s'embusquer. | in Hinterhalt legen, [illegible] SL. [illegible]

[illegible] Sbst. [illegible] LT. [illegible] | [illegible] Ort, Enge, [illegible] Brust, Husten. vgl. [illegible]

[illegible] Sbst. LT. [illegible] | [illegible]

[illegible] Adj. — [illegible]

[illegible] Sbst. [illegible] | [illegible]

[illegible] Sbst. SL. [illegible]

[illegible]

[illegible] Vb. intr. Aor. [illegible] | [illegible] — Deriv. [illegible] Vb. caus. [illegible]

[illegible] und [illegible] Sbst. [illegible]

[illegible]

[illegible] (SL.) oder [illegible] (Abulg.) Sbst. SL. [illegible] Abulg. S. 174.

[illegible] Vb. refl. SL. [illegible] Deriv. [illegible]

[illegible] oder [illegible] | [illegible]

[illegible] Sbst. [illegible] | [illegible]

[illegible] s. [illegible] Deriv.

[illegible] Sbst. — [illegible] | [illegible]

[illegible] Vb. act. vgl. [illegible] | [illegible] Kam. s. v. [illegible]

[illegible] oder [illegible] auch [illegible] Sbst. [illegible] | [illegible] — [illegible]

[illegible] s. [illegible]

[illegible] LT. [illegible] | [illegible]

[illegible] s. [illegible]

[illegible] LT. [illegible] | [illegible]

[illegible] und [illegible] Adj. [illegible]

[illegible] Sbst. — [illegible] | [illegible]

[illegible] Adj. [illegible]

[illegible] s. [illegible]

[illegible] LT. [illegible]

[illegible] Sbst. [illegible] | Falte, [illegible] vgl. [illegible]

[illegible] s. [illegible]

[illegible] s. [illegible] Deriv.

[illegible] Adj. [illegible] | [illegible] vgl. [illegible]

[illegible] Sbst. [illegible] | Falte [illegible] vgl. d. [illegible]

[illegible] und [illegible] Vb. act. Aor. [illegible] | [illegible] — Deriv. [illegible] Vb. pass. refl. [illegible]

[illegible] | sich in Knoten legen, sich [illegible]. [illegible] être courbé, [illegible] | sich [illegible] — II. [illegible] Vb. refl. se rider, former des plis | sich falten, Runzeln oder Falten bilden. — III. [illegible] Vb. refl. [illegible] | [illegible] Wesen.

[illegible] Adj. — بوكلو

بوكى Sbst. nom d'un oiseau. | Name eines Vogels.

[illegible] Sbst. [illegible] pli, tresse, nœud | Falte, Geflecht, Knoten.

[illegible] Deriv. III.

بوكو ، بوكى

[illegible]

magicien, sorcier, des Dichter, Flechter, [illegible] u. s. w.; Zauberer, [illegible] — [illegible] de paille | [illegible].

[illegible] Gerund. [illegible]

[illegible] Adj. plié, tordu, tressé | gefaltet, gedreht, geflochten. [illegible] rester longtemps plié sur le même pli. | lange Zeit auf eine und dieselbe Falte [illegible] bleiben. Kam. [illegible]

[illegible] Sbst. qui se plie, se tord. | der sich biegt, faltet, dreht u. s. w. Kam. u. v. [illegible]

بول [illegible] Pl. ابوال [illegible] Sbst. [illegible] urine. | Urin. — [illegible] uriner, pisser. | das Wasser lassen.

بول [illegible] Adj. [illegible] ample, vaste, large, grand, abondant, copieux. | weit [illegible] reichlich [illegible]

[illegible] Deriv.

[illegible] Adj. [illegible] trouble, troublé, sale, [illegible] | trübe, getrübt, [illegible] gruaux de beurre qui s'est attaché à la paroi de l'outre. | Fettigkeit oder Bodensatz im Schlauche. [illegible] LL. u. Kam. [illegible] Kam. u. v. [illegible]

[illegible] Sbst. [illegible] état de trouble | Trübheit, Unreinheit.

[illegible] Sbst. [illegible] LL. souillure, contamination. | Besudelung, Verunreinigung.

[illegible] Sbst. contagion. | Ansteckung [illegible] Deriv. I.

[illegible]

[illegible] Bruchstücken, einem Fragment u. s. w. gebildet; [illegible]. vgl. بولك

بوللق [illegible]. Sbst. vgl. بول [illegible], largeur, [illegible], abondance. | Weite, Geräumigkeit, Menge, Ueberfluss.

بولنمق [illegible]. s. بولمق

بولو [illegible]. Adj. qui a des [illegible], de la [illegible], de l'argent; couvert d'écailles. | mit Obolen, Geld, [illegible] versehen; mit Schuppen bedeckt. vgl. بول

بوتمق LT. [illegible] préparer. | bereiten.

بولمق [illegible] oder [illegible]. Vb. [illegible]. — [illegible] être, exister, devenir, durer. | sein, werden, dauern. [illegible] Abulg. — Deriv. [illegible] Vb. caus. faire durer; [illegible] | [illegible] bleiben lassen, dauern lassen, [illegible]

[illegible]

[illegible] Sbst. vgl. [illegible]. [illegible] | der [illegible], der Theilende. vgl. بولق s. بولك

بولك [illegible]. [illegible] Aor. بولر [illegible] Vb. act. [illegible] تقسيم ايتك، حصه كورمك [illegible] diviser, partager. | theilen, vertheilen, zertheilen. [illegible] partager par petits morceaux. | Stück für Stück theilen, in einzelne Theile zerlegen. [illegible] partager en deux parties égales. | in der Mitte durch theilen, in zwei gleiche Stücke theilen. — Deriv. I. [illegible] Vb. recipr. [illegible] partager q. ch. avec q. qu. | mit jemand theilen, untereinander theilen, mit einander theilen. — II. [illegible] Vb. refl. pass. être divisé, se diviser, se laisser diviser. | getheilt werden oder getheilt sein, sich theilen lassen, theilbar sein. بولنه بيلور [illegible] divisible | theilbar. [illegible] divisibilité. | Theilbarkeit. Partic. [illegible] divisé, partagé. | getheilt. [illegible] (das Heer) theilte sich in zwei Theile. Abulg.

[illegible]

[illegible] Sbst. v. بولق [illegible] | der Finder, Erfinder.

بولكى s. بولنكى

[illegible] Vb. act. compos. faire trouver, procurer. | finden lassen, verschaffen.

[illegible] Verstärkungspartikel. s. بوش

[illegible] Sbst. [illegible] limite, frontière, territoire, pays, contrée, [illegible] | Grenze, abgegrenztes Gebiet, Land, Gegend, [illegible], Wohnort, Grund und Boden; Grund einer Stickerei oder eines Gemäldes. [illegible] contrée habitée. | bewohnte Gegend. [illegible] contrée déserte. | unbewohnte Gegend, Einöde. [illegible] territoire, pays. | Gebiet, Ländergebiet.

[illegible] Sbst. [illegible] | natürliche Beschaffenheit. [illegible]

[illegible]

[illegible] kleine Muscheln, Venusmuscheln; kleine Kügelchen, Perle, Glasperle, Glaskorallen u. dgl., die als Hausrath gebraucht werden. [illegible] Glasperlen oder Korallen. [illegible]

[illegible] grünen Kügelchen (wie man am Halse trägt), die an den Halsketten in einzelnen Exemplaren [illegible] gereiht werden. [illegible] Kaurimuschel, in manchen Ländern als Geld gebraucht (cypraea moneta).

[illegible] s. d. Folgde.

[illegible] Adv. — [illegible] beaucoup, so viel, so gross; viel. [illegible] fait de fois. | so oft. [illegible] depuis si longtemps. | seit so langer Zeit. [illegible] oder [illegible] volg [illegible] nach [illegible] de cette [illegible], auf diese Art, auf [illegible] Weise, solch, — [illegible] vgl. [illegible]

[illegible] Adj. und Adv. [illegible] tel, tellement. | ein solcher, solch. vgl. [illegible]

[illegible] Sbst. [illegible] (Blaubl).

[illegible] Abl. [illegible] daraus, von hier. [illegible] — [illegible] pour cela, en raison de cela. | deshalb, deswegen. [illegible] — [illegible] plus tôt que maintenant, [illegible] | vor diesem, früher, ehedem. [illegible] après ce temps-ci, désormais. | nach diesem, künftig hin. [illegible] oder [illegible] ce côté. | [illegible]

[illegible] Locativ v. [illegible] als Adv. [illegible] | hier, hierher. [illegible] | bis hierher.

[illegible] Vb. act. [illegible] à [illegible] en [illegible] | so [illegible] Albernheit [illegible] machen.

[illegible] Kam.

[illegible] u. [illegible]

[illegible] Sbst. [illegible] | das Gefieder der Thiere.

[illegible] Sbst. [illegible] stupidité, [illegible] Dummheit. v. [illegible]

[illegible] Sbst. [illegible] [LT. [illegible]] espèce d'araignée très-venimeuse. | eine sehr giftige Spinne.

[illegible] Sbst., — [illegible] vapeur, exhalaison. | Dunst.

[illegible] Sbst., [illegible] (Kam.)

[illegible] Adj. [illegible] Sbst. [illegible] | Kranz.

[illegible] Sbst. [illegible] de Bâton. | eine Art Korallen oder Steine, auch [illegible] genannt. Kam.

[illegible] Sbst. [illegible] de Bâton. | Uhu-Weibchen.

[illegible] Sbst. [illegible] LT. [illegible] Statur, Taille | Höhe, Länge, Gröse, Statur, Wuchs. [illegible] de la tête aux pieds; [illegible] de la longueur du corps. | vom Kopf zu Fuss, über und über; ein Kleid (das die ganze Länge des Körpers bedeckt). [illegible] Statur. [illegible] longueur d'un homme. | Mannsgrösse. [illegible] double longueur d'homme. | zwei Mannslängen hoch (Kam.). [illegible] | mittelmässige Grösse (eines Menschen). [illegible] de la même longueur ou hauteur. | von derselben Länge oder Höhe. [illegible] | von einer Höhe, eben so hoch. [illegible] homme et homme, longueur et longueur. [illegible] | Mann an Mann. [illegible] | das Wasser des Brunnens steigt nicht so hoch. [illegible] | der keinen (hohen) Wuchs hat. [illegible] Kam. s. v. [illegible]

[illegible] Sbst. [illegible] | Buckhorn. [illegible]

[illegible] Sbst. [illegible] | bei den Turkmenen das Theil [illegible] Kam. s. v. [illegible]

[illegible] Sbst., — [illegible] LT. [illegible] Farbe.

[illegible] Sbst. [illegible] | den Nacken beugen, sich unterwerfen. [illegible] LT. [illegible] | Halsband.

[illegible] Sbst. crocodile. | das Krokodil. LT. [illegible] Krokodil-Jahr, Name des fünften Jahres im zwölfjährigen Cyclus der alten Türken.

[illegible] Sbst. [illegible] odeur, parfum. | Geruch, Geistank, Wohlgeruch, Räucherwerk. — [illegible]

Bedeutung, — [illegible] espoir, désir, amour, [illegible] | Hoffnung, Verlangen, Liebe, Freundschaft. — [illegible] | schlechter Geruch aus dem Munde. [illegible] | einen Geruch verbreiten. [illegible] | Riechwerkzeuge, Riechstoffe. [illegible] Räucherwerk [illegible] parfum. [illegible] Leopard, der zur Jagd gebraucht wird, Schweissfuchs. [illegible] droguiste, parfumeur. | Gewürzkrämer, der Wohlgerüche bereitet oder verkauft. [illegible] | Zierrath, [illegible]

[illegible] Sbst. [illegible] | verwund, [illegible] Welt durchlaufend. [illegible] vite, prompt. [illegible] | schnell, hurtig; flink.

[illegible] oder [illegible] Partic. Präs. v. [illegible]

[illegible] Sbst. [illegible] Farbe, [illegible] Schwefelsäure, Vitriol. — [illegible] garance (plante). | Färberröthe (rubia tinctorum).

[illegible] Partic. v. [illegible]

[illegible] u. [illegible] Deriv.

[illegible] Sbst. [illegible] teinturier. | Färber.

[illegible] Sbst. l'art de teindre, métier du teinturier. | Färberei.

[illegible] Sbst. (arabisch). Leopard. | Panther.

[illegible] s. [illegible]

[illegible] s. [illegible]

[illegible] s. [illegible]

[illegible] s. [illegible]

[illegible] Adj. [illegible] LT. teint. | gefärbt.

[illegible] Vb. act., — [illegible] teindre. | färben.

[illegible] oder [illegible] Adj. [illegible] teint, [illegible] farbig.

[illegible] oder [illegible] Adv. [illegible] Vb. act. [illegible] teindre, [illegible] Deriv. [illegible] Vb. caus. faire teindre. | färben lassen, zum Färben geben. — II. [illegible] Vb. pass. [illegible] gefärbt werden oder sein, sich färben, Farbe bekommen. Partic. [illegible] teint. | gefärbt, farbig.

— III. [illegible] LT. Vb. pass. [illegible] —

[illegible] Sbst. u. Adj. [illegible] | Thrönag; gefüllt [illegible] voll diese Zahl gefüllt sind.

[illegible] s. [illegible]

[illegible] Paris. v. [illegible] — [illegible] courir çà et là, [illegible] herumschnüffeln.

[illegible]

[illegible] Deriv.

[illegible] Adj. und Sbst. Ar. [illegible] qui a la même stature, de la même grandeur. | von gleichem Wuchs, gleich gross.

[illegible] Sbst. boîte à parfums; [illegible] vgl. [illegible]

[illegible] Imperat. v. [illegible]

[illegible] oder [illegible] Sbst. (Impéral.) = [illegible] borée, vent du nord-est; le nord-est | Nord-Ostwind, auch [illegible] Nord-Ost als Himmelsgegend. [illegible] Name eines Forts am asiatischen Ufer des Bosporus.

[illegible] s. [illegible]

[illegible] auch [illegible] und [illegible] Sbst. [illegible] ordre, commandement, diplôme royal. | Befehl, königlichen Handschreiben. [illegible] [illegible] = [illegible] [illegible] | gebieten.

[illegible] Deriv. s. [illegible]

[illegible] commandant. | Befehlshaber.

[illegible]

[illegible] Sbst. [illegible] espoir, espérance. | Hoffnung, Erwartung.

[illegible] s. [illegible]

[illegible] Sbst. action de flairer, de sentir. | das Riechen.

[illegible]

[illegible] oder [illegible] Sbst. [illegible] | Brimstbart.

[illegible] Sbst. LT. [illegible] | Färber, — [illegible]

[illegible] oder [illegible] grand, gross.

[illegible] Sbst. LT. [illegible] | Menstruation.

[illegible] Vb. intr. St. [illegible] grandir, croître. | Grösse erlangen, wachsen. — Deriv. I. [illegible] Vb. recipr. refl. [illegible] grandir. | gross werden. — II. [illegible] Vb. caus. [illegible] faire grandir. | gross werden lassen. — III. [illegible] Vb. refl. grandir, croître. | gross werden, wachsen, in die Höhe schiessen (von Pflanzen).

[illegible] s. [illegible]

[illegible] LT. [illegible]

[illegible] oder [illegible] Adj. vgl. [illegible] qui a une (grande) taille. | der Wuchs, Höhe hat, lang. [illegible] de petite taille. | von niedrigem Wuchs. [illegible] de moyenne taille. | von mittlerem Wuchs. [illegible] de grande taille. | von hohem Wuchs. [illegible] [illegible] petit de taille, ein sehr kleiner Knirps.

[illegible] oder [illegible] LT. [illegible] grand de taille. | hoch von Wuchs. [illegible] hoch und lang. Ali Schir. [illegible]

[illegible] LT. [illegible] plus grand | grösser.

[illegible] LT. [illegible] vgl. [illegible]

[illegible] Adv. u. Adj. [illegible] vgl. [illegible] ainsi, tellement, de cette manière. | so, also, [illegible] auf diese Weise. [illegible] | von nun an, fernerhin. [illegible] oder [illegible] la chose étant ainsi. | da dem so ist, unter diesen Umständen. [illegible] si cela est ainsi, alors donc, | wenn es so ist, dann, also. [illegible] | ist es so? [illegible] ein solcher. [illegible] pareille chose. | solche Sachen, dergleichen. [illegible] oder [illegible] oder [illegible] und [illegible] | ebenso, auf diese Weise. [illegible] | so sollt ihr wissen.

[illegible] s. [illegible] s. [illegible]

[illegible] s. [illegible]

[illegible] Sbst. [illegible] | Falte, Geberfalte.

[illegible] oder [illegible] Sbst. [illegible] cou. Hals, Nacken. [illegible] courber le cou, se soumettre, supplier. | den Hals beugen, sich unterwerfen, demüthig bitten. [illegible] [illegible] tenir le cou droit, être fier, hardi. | den Hals gerade halten, stolz, kühn, unternehmend sein. [illegible] donner le cou, être obéissant, se soumettre. | den Hals geben, d. i. gehorsam, unterwürfig sein. [illegible] couper le cou. | den Hals abschneiden, köpfen. [illegible] être soumis, être garant. [illegible] [illegible] l'oreille, avoir honte | sich hinter den Ohren kratzen, in Verlegenheit sein, sich schämen. [illegible] prendre sur soi. | auf sich nehmen, übernehmen. [illegible] oder [illegible] collier, cravate. | Halsband, Halsbinde. [illegible] Sbst. devoir, obligation. | Schuldigkeit, Verbindlichkeit. [illegible] il est obligé | er ist verbunden, verpflichtet, schuldig. [illegible] que le péché reste sur toi. | die Sünde bleibe auf deinem Halse, d. i. du sollst die Verantwortung tragen.

[illegible] Kameelhals, Name einer Hügelreihe östlich von Erzerum.

[illegible] oder [illegible] Sbst. rivage, bord. | Ufer. [illegible] am Ufer des Wolga. Abulg. S. 91. [illegible] ibid. 115. [illegible] zum Ufer hin.

[illegible] Sbst. [illegible] Reitkutsch. [illegible] être enceinte. | schwanger sein. [illegible] wenn eine von ihnen schwanger ist. Abulg. S. 91. [illegible] ibid.

[illegible] Sbst. [illegible] un oiseau de plumage bigarré, pie (?) | ein bunter Vogel, nämlich Halsdreher, Specht (?).

[illegible] auch [illegible] oder [illegible] Sbst. collier, joug de bœufs, collier ou harnais de cheval. | Halsband, Joch, Kummet. [illegible] imposer le joug. | das Joch auflegen.

[illegible] auch [illegible] und [illegible] LT. Sbst. [illegible] corne d'animal, cor (instrument). | Horn eines Thieres, Horn zum Blasen. [illegible] cor de chasse. | Jagdhorn. [illegible] | Hornarm (?). [illegible] Zackenhorn (nämlich Ziegenhorn, von der Gestalt). [illegible]

[illegible] Adj. qui n'a pas de cornes. | ungehörnt.

[illegible] Adj. qui a des cornes. | gehörnt.

[illegible] LT. [illegible] réfractaire, [illegible] | widerspenstig.

[illegible] LT. [illegible] plume ou collier d'oiseau. | Vogelfeder, Halskrause oder Federkragen mancher Vögel (?).

[illegible] Sbst. collier (de cheval). | Halsband (für Pferde).

[illegible] s. [illegible] Deriv.

[illegible] s. [illegible]

[illegible] s. [illegible]

[illegible] Adj. qui a un cou [illegible] avoir le cou de travers. | einen schiefen Hals haben.

[illegible] s. [illegible]

[illegible] richtiger [illegible] N. pr. [illegible] die Bujiden, Sultane von Dilem.

[illegible] Sbst. [illegible] désir, souhait. | Sehnsucht, Verlangen.

[illegible] Vb. intr. Dagon. v. [illegible] — [illegible] | darben. [illegible] | stinken.

[illegible] [Rad. [illegible]]. Vb. act. [illegible] courir çà et là pour chercher q. ch. | laufen, hin und her laufen, um etwas zu suchen.

[illegible] ne pas réussir, être frustré, [illegible] dans ses [illegible] [illegible] nicht [illegible] [illegible] im Nachtheil [illegible] [illegible] nicht zur Kenntniß [illegible].

[illegible] Adj. [illegible]

[illegible] qui a sa part, participant, favorisé de la fortune, qui obtient ce qu'il désire. | der seinen Theil erhält, theilhaftig, vom Glück begünstigt, der erlangt was er wünscht.

[illegible] Sbst. [illegible] garde, faire la garde | Wache, Nachtwache.

[illegible] Sbst. [illegible] garde de nuit, [illegible] | Nachtwächter, [illegible]

[illegible]

[illegible] Sbst. [illegible] | der Theil, Harn. [illegible]

[illegible] Adv. [illegible]

[illegible] Sbst. [illegible]

بهلوانی [illegible] Adj. [illegible] | [illegible] زبان بهلوی oder زبان بهلوانی die alte persische Sprache

[illegible] Sbst. [illegible] Art [illegible] über die Kralle gezogen wird, um die Hand des [illegible], der ihn trägt, zu schützen.

[illegible]

[illegible] 1. Adj. [Gegentheil v. [illegible]] [illegible] 2. N. pr. [illegible] 3. [illegible]

[illegible] Gegentheil v. [illegible] [illegible] par force | [illegible] willig, gezwungen. [illegible] [Gegentheil v. [illegible]] [illegible] | [illegible]

[illegible] discordant. | [illegible]

[illegible] | Veruneinigung, [illegible] Uneinigkeit. [illegible]

[illegible] | [illegible] incomparable. | unvergleichlich. [illegible]

[illegible] sans père et mère, sans [illegible] | ohne Vater und Mutter, [illegible]

[illegible] imprudent, [illegible] | unüberlegt [illegible] qui n'est pas stable, variable | [illegible]

[illegible]

[illegible] Sbst. [illegible] *graisse*. Speck, Fett. [illegible] *enduire de graisse*. | mit Fett schmieren.

[illegible] Partic. interrog. *comment?* | wie?

[illegible] Imperat. v. [illegible]

[illegible] s. [illegible]

[illegible] Sbst. [illegible] *distributeur ou vendeur d'eau*. | Wasserverteiler (der auf Gassen und Plätzen frisches Wasser austheilt, entweder für Geld, oder um ein gutes Werk zu thun).

[illegible] vulg. [illegible] [s. [illegible]] — [illegible] *plaine inculte, désert, terre inculte* eigentlich: ohne Wasser, d. i. unbebaute Wüste, unbebautes Land, Einöde [illegible] *habitant du désert*. | Wüstenbewohner, Einsiedler.

[illegible] Adj. vgl. das Vorige *désert, sauvage* | wüste, unbebaut, wild.

[illegible] — [illegible]

[illegible] Sbst. Sl. [illegible] *Dieu*. | Gott. 2. N. pr. *nom d'un petit-fils d'Oghuz Khan et de sa tribu*; Name eines Enkels Oghuz Khans und seines Stammes.

[illegible] Adj. Verbal. v. [illegible] *muet, taciturne* | [illegible]

[illegible] s. [illegible]

[illegible] s. [illegible]

[illegible]

[illegible] s. [illegible]

[illegible] Sbst. [illegible] *qui marche à pied, homme à pied, fantassin; pion (au jeu d'échecs); petite barque à deux rames*. | Fussgänger, Mann zu Fuss, Infanterist; Bauer im Schachspiel, [illegible] eine kleine Barke mit zwei Rudern. — [illegible] *aller à pied; mettre pied à terre; descendre de cheval, de voiture, etc.* | zu Fuss gehen; [illegible] d. i. den Fuss an das Land setzen, aus dem Schiffe aussteigen, vom Pferde, aus dem Wagen u. dgl. steigen. [illegible] *marcher à pied*. | zu Fuss gehen. [illegible] *avancer un pion*. | einen Bauer rücken. [illegible] *faire peu ou pas de cas (d'une chose)*. [illegible] oder [illegible] *infanterie*. | die Infanterie.

[illegible] Imperat. v. [illegible]

[illegible] s. [illegible]

[illegible] Sbst. [illegible] eine Art Zwiebel, *allium cepa* (?). [illegible] oder [illegible] (?).

[illegible] Sbst. Donic. des Vorigen. *massue armée de pointes de fer*. | eine Art Streitkolben oder Morgenstern.

[illegible] Adj. u. Sbst. [illegible] *blanc; blancheur; papier blanc, carte blanche;* [illegible] | weiss; Weisse, weisses [illegible]

[illegible] *tirer au clair*. | [illegible] bringen, an's Licht bringen. [illegible] *mettre au net*. | auf Reine schreiben. [illegible] kaiserliches Handschreiben. [illegible] an imperial command given proprio motu, and not on any petition or ministerial report.

[illegible] Sbst. [illegible] *blancheur, quelque chose de blanc* | Weisse, etwas Weisses oder Weissliches (wie z. B. die Milchstrasse). [illegible] *de blancheur du lait*. | die weisse Farbe der Milch, Milchweisse.

[illegible] Sbst. [illegible]

[illegible] oder [illegible] Sbst. [illegible] *plat, assiette*. | Teller

[illegible] Sbst. [illegible] *crieur, petit marchand;* [illegible] Verkäufer, Händler, Krämer; [illegible]

[illegible] Sbst. (collectiv). [illegible] *marchandises, tout ce qui est à vendre:* [illegible] *à vendre, d'acheter*. | Waare, alles was feil oder zu verkaufen ist; das Verkaufte, das Kaufen.

[illegible] — [illegible]

[illegible] s. [illegible]

[illegible] oder [illegible] Adj. u. Adv. *simple, pur, commun, vil, ignoble, communément, tous les jours, tout simplement*. | [illegible], gewöhnlich, schlecht, gemein, alltäglich, ganz einfach.

[illegible] Sbst. 1. [illegible] *coupe ou verre à boire*. | Trinkschale, Glas, Schale. 2. [illegible] *terre à porcelaine*. | Porzellanerde.

[illegible] oder [illegible] Sbst. [illegible] *salutation, compliment*. | Nachricht, Meldung, Gruss [illegible] *salutations amicales, compliments affectueux*. | freundschaftliche Begrüssung. [illegible] *messager*. | Bote, Gesandter. vgl. [illegible]

[illegible] Sbst. [illegible] *évidence, explication*, [illegible] | Klarheit, Erklärung, Deutlichkeit, deutlicher Ausdruck. — [illegible] *expliquer, manifester, exposer clairement* | erklären, deutlich machen. [illegible] *c'est clair, c'est évident*. | es ist klar, es ist erwiesen. [illegible] *ce qui sera expliqué plus bas*. | das unten zu erklärende, was unten des weitern erklärt wird. [illegible] *élocution poétique* | [illegible] Erklärung. [illegible] die Darstellungslehre. v. Mehren, Rhetorik der Arab. S. 53

[illegible] Sl. [illegible] *plante médicinale*. | ein Heilkraut.

[illegible] — [illegible] *au côté, de ce côté* | diesseits

[illegible] Sbst. *lettre* | Lettern, Spiel.

[illegible] Sbst. *piano* | Klavier. [illegible] *toucher du piano*. | Klavierspielen. [illegible] *pianiste*. | Klavierspieler.

[illegible] s. [illegible]

[illegible] oder [illegible] Sbst. [illegible] *prunelle*; Augapfel. s. [illegible]

[illegible] Sbst. — [illegible] *poivre*. | Pfeffer.

[illegible] s. [illegible]

[illegible] oder [illegible] Sbst. Sl. [illegible] *sage-femme*. | Hebamme

[illegible] Sbst. *femme honnête, dame, demoiselle*. | ehrbare Frau, vornehme Frau oder Jungfrau

[illegible] Interj. [illegible] *bon! c'est bon!*

[illegible] Pl. [illegible] und [illegible] Sbst. [illegible] *maison; vers, distique* | Haus; Vers, Doppelvers, der aus zwei [illegible] besteht. [illegible] oder [illegible] *la Mecque, le temple de la Mecque*. | Mekka oder das Heiligthum zu Mekka. [illegible] *Jérusalem*. [illegible] das bewohnte Haus, d. i. das himmlische Urbild des Tempels in Mekka (*Coran* [illegible] Chap. VII.). [illegible] — [illegible] *toile d'araignée* | Spinnengewebe [illegible] oder [illegible] *le fisc ou trésor public*; die Schatzkammer oder der Staatsschatz, Fiskus. [illegible] *procureur du fisc*. | Procurator des Fiskus, der bei Erbschaften u. dgl. das Interesse des Fiskus vertritt.

[illegible] LT. [illegible] (vielleicht [illegible] Hoch-Fuss, d. i. [illegible]] s. [illegible]

[illegible] Adj. *faible* | schwach s. [illegible]

[illegible] Adv. *faiblement* | schwach, [illegible]

[illegible] Adj. *rigoureux* | [illegible]

[illegible] s. [illegible]

[illegible] Sbst. *frontière*. | Grenze, Grenzmark (G. [illegible]). [illegible] er Turan bis an die Grenze eroberte. Ali Nehle. (Chrestom. Orient. p. [illegible])

[illegible] Sbst. *écrivain* | Schreiber.

[illegible] und [illegible] Vb. act. *écrire*. | schreiben. vgl. [illegible]

[illegible] Sl. [illegible] vgl. [illegible]

[illegible] Sl. [illegible] ein wohlgebildeter Mensch, von gutem Wuchse.

[illegible] Adj. LT. [illegible] *gras*. | [illegible]

[illegible] Sbst. [illegible] *gîte de nuit* | Uebernachtung an einem Orte, Nachtquartier — [illegible] *passer la nuit*. | übernachten. [illegible] *chambre à coucher* | Schlafzimmer.

[illegible] und [illegible] s. [illegible] und [illegible]

[illegible] Sbst. *écriture, art d'écrire.* | Schrift, Schreibekunst.

[illegible] Sbst. [illegible] *bâtard, enfant trouvé; rejeton qui pousse de la racine d'une plante.* | Bastard, Findelkind; Schössling aus der Wurzel einer Pflanze.

p [illegible] Rad. v. [illegible] Adj. und Sbst. [illegible] *tortillé; tortuosité, pli; contorsion, convulsion; douleur, peine.* | gedreht, gewunden; Windung, Krümmung, Drehung; Falte; krampfhaftes sich winden, Schmerz, Kummer, Sorge, Qual. [illegible] oder [illegible] *entortillé, compliqué; tourmenté, torturé.* | Falte in Falte, Krümmung in Krümmung, d. i. sehr zusammengefaltet, zusammengedreht, verflochten; Krümmung; Qual.

p [illegible] Adj. vgl. d. Vorig. [illegible] *entortillé, compliqué, embrouillé, mêlé.* | zusammengedreht oder gebogen, untereinander verflochten, verwirrt.

p [illegible] Sbst. [illegible] *[illegible]; sorte de rubis.* | [illegible], eine Art Rubin.

p [illegible] Adj. *dans [illegible], pauvre, malheureux.* | [illegible], arm, elend. vgl. [illegible]

[illegible] Sbst. *jusquiame.* | [illegible]

p [illegible] s. [illegible]

p [illegible] Partic. praes. von [illegible] *entortillé.* | zusammengedreht. [illegible] *[illegible] de la peine, s'affliger.* | Kummer haben, sich quälen, sich grämen.

p [illegible] Adj. vgl. [illegible] *entortillé.* | gedreht, verflochten.

p [illegible] Sbst. [illegible] *état d'être tordu, tortuosité, repli, pli.* | Verdrehung, Krümmung, Falte.

[illegible] Sbst. *couteau.* | Messer.

p [illegible] Adj. *peureux, [illegible]* | furchtsam, feige. vgl. [illegible]

[illegible] Vb. act., — [illegible] *couper.* | abschneiden.

[illegible] s. [illegible]

p [illegible] Adj. und Sbst., — [illegible] vgl. [illegible] *sans comment, c à d. sans pareil, l'incomparable, l'inexplicable; Dieu.* | ohne Wie, d. i. ohne Gleichen, der Unvergleichliche oder Unbegreifliche, d. i. Gott. [illegible] Gott ohne Wie und Warum, der unbegreifliche und unerforschliche.

[illegible] Sbst. *femme, épouse.* | Frau, Gattin.

p [illegible] Sbst. [illegible] *quelque chose de tortillé; lierre, boucle; décoration en forme de limaçon; tarière; énigme.* | etwas gedrehtes, gewundenes, verwickeltes; der Epheu; Locke; schneckenförmige Verzierung, Bohrer; Räthsel.

p [illegible] Vb. act. u. [illegible] *tordre, tourner, courber, plier, se contourner, éprouver des douleurs; s'embrouiller (en parlant)* | drehen, winden, krümmen, biegen, zusammenfalten, sich winden, Schmerzen haben, sich quälen; sich verwickeln (in der Rede). — Partic. [illegible] *entortillé.* | gedreht, verwickelt.

[illegible] Sbst. [illegible] *aiguille.* | Nadel.

[illegible] s. [illegible] | Affe.

[illegible] s. [illegible]

[illegible] s. [illegible]

[illegible] s. [illegible]

[illegible] s. [illegible]

[illegible] s. [illegible]

p [illegible] Sbst. [illegible] *racine, origine, principe.* | Wurzel, Ursprung, Anfang, Princip.

p [illegible] Sbst. *tâche des oreilles; chassie.* | Ohrenschmalz; Augenbutter oder Schleim in den Augen.

[illegible] s. [illegible]

p [illegible] (Rad. [illegible]). Vb. act. *[illegible], tamiser; répandre; [illegible].* | sieben, [illegible]; durchsieben.

p [illegible] Rad. [illegible] = [illegible]

p [illegible] s. [illegible]

[illegible] Vb. intr. [illegible] *s'[illegible], se fâcher.* | verdriesslich sein.

p [illegible] oder [illegible] Adj., — [illegible] *insensible, privé de sens, [illegible], hors de soi.* | [illegible] sich, ohne Empfindung, ohnmächtig, von Sinnen.

[illegible] oder [illegible] Sbst. *[illegible].* | [illegible], Entzückung.

p [illegible] Sbst. [illegible] *saule.* | die Weide. [illegible] Moschusweide, eine Art Weide mit wohlriechender Blüthe.

[illegible] Pl. [illegible] und [illegible] [illegible] *désert dangereux.* Wüste, insbes. eine gefährliche Wüste in welcher die Reisenden umkommen.

p [illegible] u. [illegible] Adj. u. Sbst., — [illegible] (Gegentheil von [illegible] u. [illegible]) *connu à tout le monde, manifeste, public, visible, présent, existant, découvert, inventé; manifestation, invention.* | offenkundig, öffentlich, deutlich, sichtbar, was vor aller Augen liegt, gegenwärtig, bestehend, entdeckt, erfunden; Veröffentlichung, Erfindung, Entdeckung. — [illegible] oder — [illegible] *rendre manifeste, montrer, développer, inventer, se procurer q. ch., se servir de q. ch.* | öffentlich und sichtbar machen, aufdecken, zeigen, entfalten, entwickeln, entdecken, erzeugen, erwerben [— [illegible]], [illegible]. [illegible] Macht und Frucht entfaltend. Alt Sebiz [illegible] *créateur, auteur,* Erfinder, Urheber. — [illegible] oder — [illegible] *être public, paraître, être présent.* | öffentlich u. s. w. werden oder sein, klar vorliegen, zum Vorschein kommen.

p [illegible] oder [illegible] Sbst. Sl. [illegible] *cheval agile, coursier, cheval fougueux.* | schnelles Ross, Renner, muthiges Ross, Streitross — 2 — [illegible] *pion.* | Bauer im Schachspiel.

p [illegible] vgl. [illegible] Adj. und Sbst. [illegible] *injuste; injustice.* | ein Ungerechter, das Ungerechte.

p [illegible] Sbst. [illegible] *injuste, oppresseur.* | der Ungerechte, Bedrücker.

p [illegible] Adj. [illegible] *éveillé, vigilant, qui ne dort pas ou ne peut pas dormir.* | wach, munter, aufgeweckt, der nicht schläft oder nicht schlafen kann, wachsam. [illegible] *fortuné, heureux.* | dessen Glück wacht, d. i. glücklich. [illegible] *dont le coeur est éveillé, alerte.* | dessen Herz und Sinn munter, aufgeweckt. [illegible] *intelligent,* dessen Gehirn munter, d. i. ein Verständiger, Einsichtiger — [illegible] oder [illegible] *s'éveiller, se réveiller; être alerte, apprendre q. ch., être informé de q. ch.* | aufwachen, munter sein, etwas erfahren, einer Sache kundig sein, — [illegible]

p [illegible] Sbst. [illegible] *vigilance, [illegible], [illegible], attention.* | Wachsamkeit, Munterkeit, Aufmerksamkeit.

[illegible] s. [illegible]

[illegible] und [illegible] Vb. act. — [illegible]

p [illegible] vulg. [illegible] Sbst. [illegible] *[illegible] chrétien.* | Bischofsgewand.

p [illegible] N. pr. Bidpai oder Pilpai, ein indischer Philosoph, Arzt und Vezir des Königs [illegible] und angeblicher Verfasser des berühmten Fabelbuchs Pantschatantra, des Originals des arabischen Kelile we Dimne, des persischen Anwar-i Soheili und des türkischen Homajun-name.

p [illegible] s. [illegible]

p [illegible] oder [illegible] Sbst. *la planète Vénus.* | der Planet Venus.

p [illegible] s. [illegible]

p [illegible] s. [illegible]

p [illegible] s. [illegible]

p [illegible] s. [illegible]

p [illegible] vgl. [illegible] Sbst. *saussaie.* | Ort wo Weiden wachsen, Weidengebüsch.

p [illegible] Sbst. (wörtl. eines Hund-[illegible]) *castor.* | der Biber. [illegible] *castoréum.* | Bibergeil. vgl. [illegible]

[illegible] vulg. [illegible] oder [illegible] Pl. [illegible]

Sbst. [Veranstaltung des [illegible] bîdâq] pièce de jeu d'échecs. Bauer im Schachspiel. vgl. بيداخ

بيدستر [illegible] LT. [illegible] Biebergeil[illegible].

بيدل s. بيدل p

بيدانجير s. بيدانجير p

بيدمشك s. بيدمشك p

[illegible] Sbst. sorte de pain plat ou gâteau. [eine Art flaches Brot oder Brodkuchen, Kuchen.

[illegible] Sbst. Kuchenbäcker.

بيدق s. بيدق p

بير s. بير

بير bi'r. Sbst. [illegible] puits [Brunnen. بير زمزم bi'r-i zemzem. der Brunnen Zemzem in Mekka.

[illegible] Sbst. [illegible] foudre. [Blitzstrahl.

پير pîr. Sbst. [illegible] vieillard, supérieur (d'un corps de métier, d'un ordre religieux, etc.), fondateur d'un ordre religieux; guide ou précepteur spirituel. [Greis, Alter, Aeltester, Vorsteher einer Corporation (sowohl weltlicher als geistlicher), Stifter eines geistlichen Ordens; geistlicher Führer und Lehrer der Religion. [illegible] [illegible] Lehrer, Lehrer, Religionslehrer. [illegible] supérieur des mages [illegible] prêtre chrétien ou juif, cabaretier, [illegible] Vorsteher der Magier, [illegible] Heiden, christlicher oder jüdischer Geistlicher; Wirth in einer Weinschenke [illegible] [illegible] — [illegible] Alt und Jung. — [illegible] Alt werden. [illegible] Dieu te préserve. [lebe lange! Gott erhalte dir die langen Leben!

[illegible] Red. v. [illegible] in Zusammensetzung: qui prépare, orne, embellit, met en ordre [illegible], schmückend, ordnend. vgl. [illegible]

[illegible] Adj. num. distr., un à un; ju ein, einzeln, allein — Q. aliquis; [illegible] aliquid, paullulum.

[illegible] Sbst. [illegible] avant-hier. [der vorgestrige Tag. [illegible] l'année dernière [illegible] letzte Jahr.

[illegible] Adv. Bl. [illegible] quelquefois, parfois, zuweilen.

[illegible] Sbst. [illegible] corne d'animal. Horn.

[illegible] Imperat. [illegible] Vb. act. vgl. [illegible] arranger, orner, embellir (un livre [illegible]); [illegible] in Ordnung bringen, schmücken, verschönern, [illegible] durch Wegnahme des Ueberflüssigen, [illegible]

[illegible] appréter des cuirs, tanner, corroyer. [vom Leder die Haare abputzen, gerben. Partic. [illegible] arrangé, orné, corroyé. [illegible] gegerbt.

بيراق bairaq u. بيرق Sbst. [illegible] LT. [illegible] drapeau, étendard; [illegible]; compagnie de soldats. [Fahne, Standarte, Flagge; Fähnlein oder Rotte. [illegible] bairaqy [illegible] sous son drapeau, dans sa compagnie. unter seiner Fahne, in seiner Rotte. [illegible] à drapeaux déployés. [mit fliegenden Fahnen.

بيراقدار bairaqdâr. Sbst. [illegible] porte-enseigne. [Fahnenträger.

بيرقلو s. بيرقلق

بيراقلق bairaqlyq. Sbst. compagnie de soldats. Fähnlein, Rotte.

بيرام bairâm. Sbst. [illegible] fête, jour de fête. [Fest, Festtag, Feiertag. [illegible] qurbân-bairâmy. [illegible] la fête des sacrifices. [das Opferfest, am 10—12 des Monats Zilhidsch, zum Andenken an die Opferung Isaaks. شكر بيرامى [illegible] oder [illegible] le fils du sucre ou la petite fête, immédiatement après le jeûne du Ramazan. [Zuckerfest, oder das kleine Fest, das sogenannte türkische Ostern, an den drei ersten Tagen des Monats Schewwal, unmittelbar nach Beendigung des Fastens im Ramazan. [illegible] [illegible] Weihnachten. [illegible] Pfingsten [illegible] das christliche Pfingstfest. [illegible] la fête des tabernacles [das jüdische Laubhüttenfest.

[illegible] Sbst. [illegible] circuit, contour, environs, alentour; bord. [Umkreis, Umriss, Umgebung, Umfang oder äussere Abgrenzung eines Raumes, Rand, Saum. [illegible] les alentours de la maison. die Umgebung des Hauses. [illegible] [illegible] cerner, assiéger. [den Umkreis binden, [illegible] — Als Adv. [illegible] um, herum, ringsum. — [illegible] [illegible] jemanden Thür hinaus [illegible]

[illegible] Sbst. alentours, environs. [die Umgebung.

[illegible] s. [illegible]

[illegible] Adv. à la manière des vieillards. [nach Art der Greise, [illegible], altväterisch.

[illegible] quelqu'un [illegible]

[illegible] Sbst. Adj. [illegible] égaré, vagabond, [illegible] [illegible] Weg, d. i. vom Wege abgekommen, verirrt, im Irrthum befangen; Landstreicher; Ketzer.

[illegible] Sbst. v. [illegible] tanneur, corroyeur. [Lederbereiter, Gerber.

[illegible] Sbst. [illegible] apprêt des cuirs. [Lederbereitung.

Gerberei. [illegible] appareiller les cuirs, corroyer. [gerben. vgl. [illegible]

[illegible] Sbst. [illegible] tannerie. [Gerberwerkstätte, [illegible] [illegible]

[illegible] Sbst. [illegible] tanneur, corroyeur. [Gerber

[illegible] oder [illegible] Sbst. [illegible] chemise. [Hemd.

[illegible] Sbst. Gegentheil von [illegible] erreur. [das Herumirren, auf Abwege gerathen, Abweg (in moralischer Beziehung), Irrthum, Ketzerei.

راي s. بيراى

بيراى [illegible] Red. von [illegible] in Zusammensetzung: celui qui arrange, décorateur. Ordner, Schmücker.

رايش s. بيرايش

بيرايش [illegible] Sbst. action d'arranger, arrangement, ornement, décoration [Schmückung, Verschönerung, Verzierung. Ausputzung. vgl. [illegible]

[illegible] Sbst. [Partic. [illegible] appréteur, décorateur. [Bereiter, Verschönerer, Ausschmücker.

بيرايه [illegible] Sbst. [illegible] ornement, décoration. Verzierung, Schmuck, [illegible] décorateur. [Schmücker. [illegible] ornement, parure des femmes (bijoux etc.). [Frauenschmuck.

[illegible] s. [illegible]

[illegible] Sbst. 1. [illegible] galbanum. 2. [illegible] [illegible] [Eisenfeilspähne.

[illegible] oder [illegible] Sbst. [illegible] vieille femme. [Greisin. vgl. [illegible]

[illegible] s. [illegible]

[illegible] s. [illegible]

[illegible] Dativ v. [illegible] als Adv., — [illegible] ensemble, [illegible], als Sbst. compagnon. [Begleiter, [illegible] Bl. LT.

برگزيده s. [illegible]

[illegible] oder [illegible] Sbst. LT. [illegible] qui donne, qui présente q. ch.] Geber, Schenker, Darreicher. [illegible] [illegible] Mundschenk, Ali Schir. vgl. [illegible]

[illegible] Imperat. v. [illegible]

[illegible] Vb. act. vgl. [illegible] Dativ [illegible] Vb. caus. — II. [illegible] Vb. recipr. refl.

بيرگول [illegible] N. pr. LT. [illegible]

p. پیستگی [illegible] Sbst. [illegible] | ([illegible] von am [illegible] Tage des Monats [illegible] wird) [illegible]

p. [illegible] Adj. [illegible] نکرماهی [illegible]

[illegible] N. pr. [illegible] Name eines Gebirges in Persien; bildlich: der Himmel.

[illegible] s. [illegible]

[illegible] s. [illegible]

[illegible] Sbst. [illegible] *fort chameau bâtard.* | kräftiges Bastard-kameel.

p. پیسگی [illegible] Sbst. [illegible] | Aussatz. vgl. [illegible]

[illegible] I.T. [illegible]

[illegible] I.T. [illegible] *[illegible]*, | [illegible]

p. [illegible] Adj. und Sbst. [illegible] *bigarré, gris, pie, corneille.* | Scheckig (schwarz und weiss); Dohle, Krähe, Elster.

p. [illegible] Sbst. [illegible] Fleischbank, [illegible]

[illegible] und پیش [illegible] Adj. num. card., ar. پنج *cinq.* | fünf. [illegible] *tous les cinq, cinq à cinq.* | alle fünf, je fünf.

p. پیش [illegible] Sbst. u. Adv. [illegible] *accroissement, le plus; beaucoup, plus, davantage.* | das Mehr, Zuwachs, mehr. Compar. [illegible] *plus.* | mehr. [illegible] *deux ou plusieurs* | zwei oder mehr. Superl. [illegible] *le plus.* | meist.

p. پیش [illegible] vulg. [illegible] Sbst., Adj. und Adv. [illegible] | (Gegentheil von [illegible]) *le devant, l'espace de devant, temps antérieur, partie de devant, partie antérieure, frontispice, avant-corps, ce qui devance, antérieur; guide, chef;* [illegible] *antérieurement, avant, devant, vis à vis, en présence,* [illegible] | das was vorn oder vorher ist (von Raum und Zeit), der vordere Raum, der vordere Theil, Vordertheil eines Gebäudes, Vorderstück, Raum eines Kleides [vgl. [illegible]]; der Vorangehende, Führer, Vorsteher; Gramm. das Vocalzeichen [illegible]; als Adj. vorherig, früher, vorhergehend oder vorangehend; Präpos. vor, bei; Comparativ پیشتر [illegible] *antérieur, plus grand, plus excellent, très-excellent.* | mehr vor, früher, vorzüglicher, vornehmer, sehr vortrefflich. Superl. [illegible] oder [illegible] *le plus antérieur, excellent, etc.* | der Vorderste, Vorderste u. s. w. [illegible] پیش کشتی [illegible] *proue, la partie antérieure d'un vaisseau.* | das Vordertheil eines Schiffes. — [illegible] (in persischer Construction [illegible] mit folg. Genitiv). [illegible], *devant, en avant.* | vor, [illegible] [illegible] *placer en avant.* | voranstellen. [illegible]

[illegible] پیش [illegible] *avant le temps, par avance, par anticipation.* | vor der Zeit, im Voraus, [illegible] پیش از این [illegible] | vorher, ehedem. [illegible] *avant* [illegible] | [illegible] (hinsichtlich der Zeit). [illegible] *prévenir q. ch.;* etwas [illegible] پیش از [illegible] *l'avant-dernier.* | der Vorletzte. [illegible] *avancer, devancer, être le premier,* [illegible] | vorgehen, [illegible] entgegengehen, entgegenstehen, widerstehen, [illegible] Linie. [illegible] پیش آمد [illegible] *accident, événement.* | Vorfall, Ereigniss. [illegible] *devancier, prédécesseur.* | Vorgänger. [illegible] *prédécesseurs, ancêtres.* | die Vorgänger, Vorältern. [illegible] *précurseur.* | Vorläufer. [illegible] *précéder.* | vorangehen. [illegible] *préliminaires; prémisses; [illegible].* | Vorbau; Vorsitz, Vorrang, [illegible] [illegible] *devancer un autre;* [illegible], den Vorrang haben, [illegible] [illegible] *avant-corps.* Vorbau (eines Hauses). [illegible] *vis à vis.* | gegenüber. پیش [illegible] *collier qui pend sur la poitrine.* | [illegible] ein Halsschmuck der Frauen, der vorn auf der Brust herabfällt. پیش [illegible] *cari, potiron.* | der Vorbote [illegible]

[illegible] Sbst. [illegible] | Stirn [illegible]

p. [illegible] Sbst. [illegible] *[illegible] comptant.* | Handgeld, Aufgeld; baares Geld, baare Zahlung.

p. [illegible] Sbst. *l'antérieur,* [illegible] | das vordere Ende, das Vordere, das Vorzüglichste, Beste.

[illegible] s. پیش

p. [illegible] Sbst. [illegible] *toupet de cheveux qui tombent sur le front; impudence; bonheur, prospérité.* | [illegible] Stirnhaar oder Stirnlocke; Unverschämtheit, Frechheit; Glück, Wohlfahrt. — [illegible] Als Adj. [illegible] | gegenüber, entgegengesetzt. [illegible] *être impudent.* | unverschämt sein, frech sein. [illegible] پیشانی [illegible] *qui connaît dans ses affaires, qui a du succès, heureux.* | der [illegible] Glück gehabt, glücklich. — [illegible] *front découvert, chauve.* | mit offener Stirn, kahlköpfig. [illegible] *chiromancie.* | die Kunst aus den Linien der Stirn oder der Hand zu wahrsagen.

[illegible] Sbst. *le nombre de cinq, tous les cinq.* | Fünfzahl, ein Ganzes von Fünf, alle Fünf. vgl. پنج

p. [illegible] Sbst. [illegible] | Mohammed [illegible]

[illegible] پیش [illegible] Sbst. 1. — [illegible] 2. N. pr. Name eines Gebirges in [illegible]

p. [illegible] Sbst. [illegible] *ce qui nous fait face, l'opposé; être en face,* [illegible] das oder der Gegenüberstehende, Entgegenkommende, das Gegenüber, [illegible]

[illegible] N. pr. Name einer Stadt im westlichen China oder Turkestan, [illegible] von [illegible] oder Peking. [illegible]

[illegible] oder [illegible] [illegible] *évêque.* | Bischof.

[illegible] s. [illegible]

p. [illegible] s. پیش

p. [illegible] vulg. [illegible] *table à écrire, table d'étalage dans une boutique, secrétaire [illegible].* | Schreibtisch, Ladentisch, Schreibpult, Secretär. [illegible] *pupitre.* | Notenpult.

[illegible] s. پیش

[illegible] s. پیش

[illegible] s. [illegible]

[illegible] s. [illegible]

p. [illegible] Sbst. 1. *avant-corps d'une maison, façade. 2. tente d'avant-garde, d'avant-garde.* | 1. Vorbau eines Hauses, Balcon. 2. das vorderste Zelt eines Lagers oder das Zelt, welches voraus aufgeschlagen wird, Zelt oder Zeltgeräth, welches vorausgesandt wird. — [illegible]

p. [illegible] Sbst. *ce qui précède à table, à dîner.* | der Vorrath an der Tafel.

p. [illegible] oder [illegible] Sbst. *légume [illegible] pour mettre en appétit, petit déjeuner, goûter; [illegible].* | was vor der Mahlzeit gegessen wird (um den Appetit zu reizen), kleines Frühstück; Vorkoster, [illegible] s. [illegible]

p. [illegible] oder [illegible] Sbst. *[illegible] du prince ou du visir.* | Zelt des Fürsten oder des Vezir. vgl. [illegible]

p. [illegible] Sbst. 1. *arrhes, ce qui est donné en avance, payement qu'on fait avant le terme.* | Vorausschlag. 2. — [illegible] *législateur, légiste.* | Gesetzgeber, Ordner oder Handhaber der Gesetze. 3. N. pr. nom de la première dynastie des anciens rois de Perse. | Name der ersten Dynastie der alten persischen Könige.

p. [illegible] Sbst. *frontispice.* | Vordertheil (eines Gebäudes).

[illegible] s. پیش

p. پیشرو [illegible] vulg. [illegible] Sbst. [illegible] *qui va au devant, le premier, avant-coureur, préposé, chef, conducteur, avant-garde;* [illegible] *prélude, ouverture.*

[illegible] Adj. [illegible] ronde, ovale, [illegible] elliptique | [illegible] — Als Sbst. [illegible] | Oval, Ellipse. [illegible]

[illegible] Sbst. [illegible] vétérinaire, maréchal-ferrant. | Thierarzt, Hufschmied.

[illegible] Sbst. [illegible] d. Flegel

[illegible] Sbst. [illegible] art vétérinaire, l'art du maréchal-ferrant. | Thierarzneikunde, Kunst die Pferde zu beschlagen.

[illegible] Sbst. [illegible] Flegel.

[illegible] Adj. und Sbst. 1. [illegible] | krummbeinig, ein Krummbeiniger. 2. [illegible] pion au jeu d'échecs. | Bauer im Schachspiel. 3. [illegible] fantassin, soldat. | ein Mann (Soldat), Infanterist.

[illegible] Adj. faible, schwach. [illegible]

[illegible] Sbst. [illegible] vendre; acheter. | kaufen; verkaufen. — [illegible] vendre | verkaufen. [illegible] [illegible] | öffentliche Auction, Versteigerung. [illegible] vente et achat, trafic, négoce. | Verkauf und Kauf, Handel.

[illegible] Sbst. hommage, serment, inauguration d'un prince, d'un juge, etc. | Huldigung, [illegible] eines Fürsten, eines Richters u. s. w. — [illegible] prêter serment, reconnaître q. qn. pour prince légitime. [illegible] huldigen, Treue schwören, als legitimen Herrscher anerkennen.

[illegible] Pl. [illegible] Sbst. [illegible] église, temple chrétien. | Kirche.

[illegible] Sbst. forme de vente, contrat, stipulation. | Uebereinkommen beim Handel, Verkaufsvertrag. — [illegible] s'accorder, convenir, contracter, stipuler. | sich einigen beim Handel, abschliessen.

[illegible]

[illegible] Sbst. [illegible] | [illegible]

[illegible] Sbst. [illegible] être prêt; intention, projet. | Bereit sein, Absicht, Vorhaben.

[illegible] Sbst. — [illegible] | [illegible]

[illegible] Sbst. [illegible] | Tadel, [illegible] Beleidigung mit Worten, falsche Beschuldigung, Verwünschung.

[illegible] Sbst. [illegible] | Becher, Trinkglas.

[illegible] Sbst. [illegible]

[illegible] Botschaft, [illegible] des Lesens [illegible] apporter une nouvelle. | eine Nachricht bringen. [illegible] | Bote.

[illegible] Sbst. [illegible] qui apporte une nouvelle [illegible], envoyé céleste, apôtre, prophète. | der eine (himmlische) Botschaft bringt, Gottgesandter, Apostel, Prophet. [illegible] discours prophétique, prophétie. | prophetische Rede, Ausspruch eines Propheten. [illegible] Name eines kleinen Vogels. [illegible]

[illegible] Adv. prophétiquement. | prophetisch, wie ein Prophet.

[illegible] Sbst. [illegible] prophétisme, titre de prophète. | Prophetenthum, Prophetenamt, Prophetenwürde, Prophetengabe. — [illegible] prophétiser. [illegible]

[illegible] 1. Sbst., — [illegible] 2. Adj. prophétique. | prophetisch.

[illegible] Sbst. [illegible] qui apporte une nouvelle. | der eine Nachricht bringt.

[illegible]

[illegible] Sbst. [illegible]

[illegible]

[illegible] Sbst. [illegible] | [illegible] vgl. [illegible]

[illegible] Sbst. [illegible] Adj. [illegible] | Falke [illegible] Jagdvogel. [illegible]

[illegible] Sbst. [illegible] | Winkel, Ecke, [illegible] Ort mit vielen Winkeln.

[illegible] Sbst. [illegible] | [illegible] Sprache, [illegible]

[illegible] Sbst. [illegible] | [illegible] Ort, [illegible]

[illegible]

[illegible]

[illegible]

[illegible] Sbst. [illegible] | Schnurrbart, [illegible] der Katze [illegible] Thiere. [illegible] | [illegible] (im Weingarten).

[illegible] sorte de fruit (?). | Name einer Frucht (?).

[illegible] Adj. [illegible] | [illegible]

[illegible] Sbst. [illegible] | [illegible]

[illegible]

[illegible] Adj. qui a des moustaches | [illegible]

[illegible]

[illegible]

[illegible]

[illegible] Sbst. prince, seigneur. | Fürst, Herr. [illegible]

[illegible]

[illegible] Adj. [illegible] | [illegible]

[illegible] Sbst. [illegible] prince, grande dame; belle fille; belle fleur. | Fürstin, [illegible]

[illegible] Adj. [illegible]

[illegible] Adj. u. Sbst. [illegible]

[illegible]

[illegible] Sbst. 1. [illegible] | Kampf, Krieg, [illegible] — [illegible] | kämpfen, sich streiten. — 2. [illegible] | Absicht, Vorhaben.

[illegible] Subst. *oisiveté* | Müssiggang, das Unbeschäftigtsein. s. [illegible]

[illegible]

[illegible] Subst. [illegible] *pour les uns la fièvre, des les autres* | [illegible], Knabenspielen. [illegible] | Jagdspiel.

[illegible] s. [illegible]

[illegible]

[illegible] Pl. [illegible] Adj. u. Subst. [illegible] *étranger, incompétent* | unbekannt, fremd, fremdartig, nicht zur Sache gehörig, nicht verwandt; ein Fremder, Ausländer, nicht Verwandter. [illegible] *né étranger, étranger* | fremd geboren, als Fremder. [illegible]

[illegible] Körner welche als nicht zum Getreide gehörig ausgeworfen werden: [illegible] ein Kind, der mit Verwandten nichts zu schaffen hat, [illegible] wie ein unbekanntes Wesen.

[illegible] Subst. [illegible] *état d'étranger, demeure dans le pays étranger* | Fremdheit, Unbekanntschaft, Aufenthalt in der Fremde.

[illegible] Subst. *espèce de rubis et de turquoise, de sel ammoniac* | eine Art Rubin, Türkis, Ammoniak, so genannt von der [illegible] Gestalt, auch [illegible] Pfeil-Rubin und [illegible] Pfeil-Türkis, [illegible] Pfeil-Ammoniak.

[illegible] Subst. und Adv. [illegible] *contre-temps, à contre-temps, hors* | Unzeit, unzeitig, nicht zur Zeit, [illegible]

[illegible] s. [illegible]

[illegible] N. pr. Name eines Königs von Khazistan, Name des Stifters der [illegible] vgl. [illegible]

[illegible] Subst. [illegible] *dame, matrone* | [illegible] Frau, Dame.

[illegible] Subst. [illegible] *forme, face, figure, portrait, idole* | Form, Gestalt, Gesicht, Bild, Götzenbild. [illegible] *qui a la forme ou la figure de la lune* | mondförmig, mit Mondantlitz. [illegible] *les douze signes du zodiaque* | die zwölf [illegible] Bilder, d. i. der Thierkreis. [illegible] | [illegible] — [illegible] die [illegible] Bilder [illegible] die Bilder der Natur, d. i. [illegible] Welt ist.

[illegible] Subst. [illegible] | [illegible]

[illegible]

[illegible]

[illegible] (Pl.) und [illegible] Subst. [illegible] | Adler.

[illegible] s. [illegible]

[illegible] oder [illegible] s. [illegible]

[illegible] s. [illegible]

[illegible] s. [illegible]

[illegible] Subst. Turkish v. [illegible] *cheval* | Pferd. s. [illegible]

[illegible] s. [illegible]

[illegible] *pareil, ressemblant, comme* | gleich, ähnlich, wie, [illegible]

[illegible] Subst. [illegible] | Haube, Greisenhaube. s. [illegible]

[illegible] Subst. [illegible] *éléphant; fou (au jeu d'échecs)* | der Elephant, der Läufer im Schachspiel.

[illegible] Partikel [illegible] | mit.

[illegible] Subst. [illegible] | Brust, Busen (?).

[illegible] s. [illegible]

[illegible] Subst. [illegible] *pierre à aiguiser* | Schleifstein, Wetzstein.

[illegible] Subst. [illegible] | Mühlstein.

[illegible] Subst. u. Adj. *qui est [illegible]* | ein [illegible]

[illegible]

[illegible]

[illegible] Subst. [illegible] | Schlamm.

[illegible] Subst. [illegible] | Gebiet. vgl. [illegible]

[illegible] Subst. [illegible] | Hügel, Anhöhe, Abhang, vom Regen durchrissener Abhang; [illegible]

[illegible] Subst. [illegible] | Gemüse vgl. [illegible]

[illegible] s. [illegible]

[illegible] s. [illegible]

[illegible] V. a. act., [illegible] | [illegible]

[illegible] s. [illegible]

[illegible] Subst. [illegible] | [illegible]

[illegible] | vergangenes Jahr.

[illegible] Subst. [illegible] | Elephantenführer, Elephantenwärter.

[illegible] Subst. [illegible] *charge de cornac* | Dienst des Elephantenführers, Pflege des Elephanten.

[illegible] Adj. u. Subst. *grand, énorme* | gross, ungeheuer (wörtl. Elephantenkörper).

[illegible] s. [illegible]

[illegible] Subst. [illegible] | Fessel.

[illegible] s. [illegible]

[illegible] | Haken oder Schlinge am Stiel [illegible]

[illegible] Subst. [illegible]

[illegible] Adj. [illegible] *d'un éléphant, très-fort* | stark wie ein Elephant, sehr stark.

[illegible] Subst. [illegible] | Elephantin.

[illegible] Subst. [illegible] | Wiese, [illegible]

[illegible] s. [illegible]

[illegible] Subst. [illegible] | Pfeil mit doppelter Spitze.

[illegible] | Vorderarm, zwischen Ellenbogen und Hand [illegible]

[illegible] | [illegible] des Pferdes (am Vorderfuss).

[illegible] *bleu gris et gras* | ein [illegible] Art.

[illegible] s. [illegible]

[illegible] | Rundkanal.

[illegible] oder [illegible] Subst. [illegible] | [illegible]

[illegible] Subst. [illegible] | Schüler, [illegible] vgl. [illegible]

[illegible] s. [illegible]

[illegible] N. pr. [illegible]

[illegible] Subst. [illegible] | [illegible]

[illegible] und [illegible] Subst. *savoir, connaissance* | Wissen, Kenntniss, Kunde, Erkenntniss, Gelehrsamkeit.

[illegible] بيلكورمه [illegible] Sbst. علامت , اثر signe, marque. | Zeichen, Merkzeichen. vgl. بيلكو

[illegible] بيلكورمك [illegible] Vb. intr. [illegible] apparaître, être visible, se lever (le soleil). | erscheinen, zum Vorschein kommen, sichtbar werden, aufgehen (die Sonne). — Deriv. بيلكورتمك [illegible] Vb. caus. faire apparaître | zum Vorschein bringen.

[illegible] s. [illegible]

[illegible] und Deriv. s. [illegible]

بلور s. بيللور

[illegible] Sbst. [illegible] pierre à aiguiser. | Schleifstein.

[illegible] Sbst. [illegible] à casse-dents. | [illegible]

[illegible]

[illegible]

ت

ت [illegible] (die oben punktirte oder zweipunktige ta), troisième lettre de l'alphabet arabe et quatrième de l'alphabet turc; prononciation t; valeur numérique (400). | dritter Buchstabe des arabischen, oder vierter Buchstabe des arabisch-persisch-türkischen Alphabets. Aussprache t, wechselt oft mit د und ط, und hat in türkischen Wörtern in der Regel die Vocale der hellen Vocalklasse. — Zahlwerth, im Chronogramm, 400.

[illegible] oder ت et. Suffix der 2ten Pers. Singul. s. d. pers. Gramm.

[illegible] ta, te. Partikel der Betheuerung s. d. arab. Gramm. u. تالله

تا tâ. Präpos. jusque, jusqu'à, avant que, afin que, tant que. | bis (in räumlicher und zeitlicher Beziehung [illegible]

[illegible]

تأثير [illegible] [أثر II.] Sbst. Pl. تأثيرات [illegible] action de faire impression, de produire un effet sur q. qn. ou sur q. ch., impression de la chaleur, du froid; influence (d'un astre). | Eindruck machen (auf einen Körper, auf den Geist, das Gemüth u. s. w.), [illegible] einer Spur, das Eindringen oder Durchdringen (von Kälte, Hitze). Einfluss. [illegible] تأثيرات الكواكب oder تأثير اختر [illegible] influence (des étoiles). | Einfluss der Gestirne. [illegible] influence. | [illegible] Einfluss des Gestirns. — [illegible] laisser une marque, faire impression, produire un effet; toucher; passer, pénétrer. | eine Spur oder Eindruck machen, eindringen, durchdringen. [illegible]

[illegible]

تاج [illegible] Sbst. [illegible] cour, siège du gouvernement, résidence du prince. | königlicher Hof, Sitz der Regierung, Hauptstadt.

تاجكين [illegible] LT. تكبر orgueil. | Stolz.

تاجلنمق [illegible] Vb. act. — [illegible] couronner. | krönen. — Deriv. 1. تاجلنمق [illegible] Vb. refl. [illegible] se couronner. | sich krönen. — II. [illegible] Vb. refl. caus. se faire couronner. | sich krönen lassen.

تاجور [illegible] Adj. und Sbst. — تاجدار couronné, roi. | gekrönt; König.

[illegible] Sbst. [illegible] habitant de la Perse | [illegible] der [illegible] in Persien.

تأجيل [illegible] [أجل II.] Sbst. تأخير [illegible] action de donner délai, de différer, de prolonger un terme. | [illegible] Verzögerung auf späteren Zeit. — [illegible]

[illegible]

[illegible] orine. | [illegible] تأخير [illegible] transposition | [illegible] [illegible] بلا تأخير [illegible] sans retard, sans différer. | [illegible] ohne Aufschub. [illegible] [illegible] Antwort zu geben.

[illegible] Sbst. [illegible] LT. [illegible] produit des champs. | Feldfrüchte.

تأديب [illegible] [أدب V.] Sbst. [illegible] instruction, éducation qu'on reçoit. | Erziehung, Bildung die man erhält.

تأدم [illegible] [أدم V.]. Sbst. [illegible] mettre quelque assaisonnement sur le pain qu'on mange. | das Brod mit irgend einer Zuthat essen.

تأدي [illegible] [أدي V.] Sbst. [illegible] payement (d'une dette), acquittement d'une obligation. | [illegible]

[illegible]

[illegible]

[illegible] Vb. act. St. [illegible] agiter. | bewegen. — Deriv. [illegible] Vb. refl. pass. St. [illegible] s'agiter, être agité. | sich bewegen, [illegible], bewegt werden. [illegible] wieder lebendig geworden, [illegible]. Ali Sebîr.

[illegible] Vb. intr. s'efforcer, se donner de la peine, travailler. | sich anstrengen, sich Mühe geben, arbeiten.

[illegible] Subst. [illegible] | Gegentheil v. [illegible] biens héréditaires. | ererbtes Vermögen.

[illegible] Subst. [illegible] Tänzer.

[illegible] oder [illegible] Subst. [illegible] pièce d'étoffe que l'on jette sur les épaules et qui pend sur le dos. | ein Streifen Zeug den man über die Schultern geworfen trägt, und dessen Zipfel hinten herabhängen.

[illegible]

[illegible] Subst. [illegible] [illegible]; Wage. s. [illegible]

[illegible] Adj. St. [illegible] s'agitant comme les flots. | wogend.

[illegible] Vb. intr. St. [illegible] balancer un intervalle, une différence entre deux choses | einen Unterschied oder Zwischenraum lassen. Deriv. [illegible] Vb. pass. [illegible]

[illegible] und [illegible] oder [illegible] oder [illegible] Subst. pillage, butin; qui pille. | Raub, Plünderung; der Plünderer, Räuber.

[illegible] Partic. v. [illegible]

[illegible] oder [illegible] Adj. u. Subst. bronzé, pâle, terreux; maure; un mets préparé avec du froment bruyé. | [illegible], schwärzlich; [illegible]; ein Gericht von [illegible] Graupen oder Weizenkörnern.

[illegible] Subst. [illegible] agitation des flots, de l'eau. | Wogen, Wirbeln des Wassers, der Luft.

[illegible] s. [illegible]

[illegible] [illegible] Subst. [illegible] action de se lamenter, de faire amerli. | Bedauern, vgl. [illegible]

[illegible] Subst. LT [illegible] femme, épouse. | Gattin, Ehefrau.

[illegible] vgl. [illegible] pour Dieu! | bei Gott! um unseres Gottes willen!

[illegible] [illegible] Subst. [illegible] action de souffrir; douleur, chagrin, angoisse | Erduldung, Schmerz, Aerger, Verdruss, Trauer. [illegible] Schmerzen haben, traurig sein.

[illegible] Vb. intr. St. [illegible] être malade; être fatigué, épuisé, se fatiguer | krank, schwach, matt, erschöpft sein oder werden, ermatten, ermüden; im Gedanken verweilen

sein. — Deriv. [illegible] Vb. caus. fatiguer, épuiser. | erschöpfen, ermüden, matt machen.

[illegible] Subst. St. [illegible] poids. | Gewicht.

[illegible] Subst. [illegible] morceau. | Stück, Splitter. [illegible] — [illegible] en morceaux. | Stück für Stück, stückweise.

[illegible] Subst. [illegible]

[illegible] Vb. [illegible] dispersé. | zerstreut. vgl. [illegible]

[illegible] Adj. [illegible] | Gegentheil von [illegible] qui suit, qui aime à la suivre. | folgend, [illegible]. [illegible] das Eine auf das Andere folgen lassen. Als Subst. [illegible] le mineure du syllogisme. | der Untersatz (minor) des Syllogismus.

[illegible] Subst. LT. [illegible] Lycoperdon esculentum. vgl. [illegible]

[illegible] Subst. [illegible] plongeur, nageur. | Taucher, Schwimmer.

[illegible] [illegible] Subst. [illegible] action de joindre, de réunir; compilation, composition d'un livre; recueil, ouvrage, œuvre. | das Vereinigen, Zusammenbringen, Zusammentragen (von Büchern), Abfassung eines Buches, ein Band, Werk, Buch. — [illegible] réunir, faire amitié; lier; réunir dans un volume; composer un livre. | vereinigen, Freundschaft schliessen; in einem Bande oder Buche vereinigen, ein Buch verfassen. [illegible] oder [illegible] die Herzen vereinigen, die Herzen gewinnen.

[illegible] Subst. compilation, œuvre compilée. | Sammelwerk.

[illegible] Subst. [Tahrif von [illegible]] 1. auch [illegible] und [illegible] attelage; petit chariot à un cheval. | Gespann, kleines vierräderiges Fuhrwerk, Einspänner. 2. note mise à la ligne, note marginale. | eine in der Zeile niedergeschriebene Bemerkung; Randbemerkung in einem Buche.

[illegible] Subst. [illegible] lâcher, [illegible] (des chiens). | [illegible], [illegible], von Hunden.

[illegible] s. [illegible]

[illegible] Subst. [illegible] LT. [illegible] [illegible]; [illegible]. | Dach; Mauer.

[illegible] Adj. [illegible] entier, [illegible], parfait, complet, plein. | ganz, vollständig, vollkommen, voll. [illegible] nombre pair. | gerade Zahl. [illegible] de poids (monnaie etc.). vollwichtig. [illegible] grande confiance. | volles Vertrauen. [illegible] ein vollständiger Anzug [illegible] oder [illegible] vollkommene Kenntniss der Sache. [illegible]

die er der Zeit in vollständiger [illegible] von weltlichen Dingen [illegible].

[illegible] Adj. u. Adv. St. [illegible] [illegible] très-peu. | sehr wenig.

[illegible] Subst. [illegible] palais de la bouche. | Gaumen.

[illegible] und [illegible] Subst. [illegible] goutte (de liquide). | Tropfen. vgl. [illegible]

[illegible] [illegible] Subst. [illegible] action de regarder avec attention; contemplation, considération, réflexion, pensée, méditation. | genaues und aufmerksames Betrachten, Ueberlegen, Nachdenken, Gedanke. — [illegible] contempler, considérer, réfléchir. | betrachten, überlegen, bedenken. [illegible] oder [illegible] inconsidérément, sans réflexion. | unüberlegt, unvorsichtig.

[illegible] Vb. act. St. [illegible] faire goutte à goutte. | tropfenweise oder [illegible] träufeln.

[illegible] Vb. intr., [illegible] St. [illegible] tomber goutte à goutte. | tropfen.

[illegible] Vb. intr., [illegible] — Deriv. [illegible] Vb. caus. St. [illegible] faire tomber goutte à goutte. | [illegible] lassen.

[illegible] s. [illegible]

[illegible] [illegible] Subst. [illegible] chercher sécurité auprès de q. qu.; [illegible]. | das sich zu sichern suchen, sich sicher fühlen.

[illegible] Subst. [illegible] rudera. | Asche.

[illegible] Subst. [illegible] racines d'arbre. | Baumwurzeln.

[illegible] auch [illegible] Subst. [illegible] enfer. | die Hölle.

[illegible] s. [illegible]

[illegible] s. [illegible] s. [illegible]

[illegible] [illegible] Subst. [illegible] action de faire que q. qu. se confie à q. ch. ou à q. qu. Erweckung eines Gefühls von Sicherheit, von Zutrauen. — [illegible] inspirer à quelqu'un de la confiance, donner à quelqu'un l'assurance, lui garantir de la sûreté. | einem volles Vertrauen geben, einem volles Vertrauen einflössen, bei jemand ein vollständiges Gefühl von Sicherheit erwecken.

[illegible] Adj. [illegible] — [illegible]

[illegible] Subst. LT. [illegible] sorgeline. s. [illegible]

[illegible] Subst. [illegible] St. [illegible] grêlon. | [illegible], junge Kuh.

[illegible] TANAYAN. LT. [illegible] | [illegible]

[illegible] TANBUL oder [illegible] TANBEL. Shat. [illegible] — [illegible] Bond-Blan.

[illegible]

[illegible] 1. chose rare, chose étonnante. 2. entrance. | 1. etwas seltenes, wunderbares, merkwürdiges. 2. Fenster, die Pferde daran fest zu binden.

[illegible]

[illegible] Frühe. Abulg.

[illegible]

[illegible]

[illegible] Ali Kebir.

[illegible]

[illegible]

تلوش TAVŠ Adj. قرار , زابون mince, étroit; faible. | dünn, schmal; schwach. (Vl. tenuis, gracilis.)

تلوشلمق TAWŠALMAQ. Arr تلوشلور TAWŠALYR. Vb intr. زابون اولمق , قوارشلمق [illegible] être ou devenir mince, faible; se fatiguer, être fatigué. | dünn werden, schwach werden oder sein; müde werden oder sein. — Deriv. تلوشلدرمق TAWŠALDYRMAQ. Vb. caus. rendre mince etc.; fatiguer q. qn. | dünn, schwach machen; einen ermüden.

تلوشجيل TAWŠANDŽYL. Sbst. s. طاوشانجيل

تلوشقان TAWŠQAN auch طاوشقان Sbst. s. طاوشان lièvre; nom de la quatrième année du cycle duodécimal de l'ancienne ère [illegible]; Name des vierten Jahres im zwölfjährigen Cyclus der alten Türken.

تلوشماق TAWŠMAQ. Vb intr. [illegible] sauter, courir, fuir. | springen, laufen, fliehen. Deriv. تلوشدرمق TAWŠDYRMAQ. Vb. caus. faire sauter etc. | springen machen u. s. w., jagen.

تلوق TAVUQ, oder طاوق Sbst. [illegible] poule, gélinotte. | Huhn, Haselhuhn. [illegible] تاوق TAVUQ [illegible] | Truthahn. [illegible] — cour. sur un pied. | Hahnentritt. [illegible] | Wurst.

تلوخه TAWUQ Sbst. [illegible] SE. [illegible] | Kohlkübel, Kolb.

تاول TĀWIL. Sbst. [illegible] ampoule. | Hautblase (an der Hand, von schwerer Arbeit, an den Füssen, von langem Gehen). Brandblase.

تسول TEŠWUL [آمد و V.] Sbst. تاويل اولنمق [illegible] explication, interprétation, (être expliqué), interprétation recherchée | Erklärung, Auslegung, Deutung. Deutelei vgl. تاويل

تلولغن TAWULGAN, oder تاولغه TAWULGA Sbst. (Mongol. [illegible]) cuspe. | Hain.

تاولنمق TAWLANMAQ, auch طاولنمق Vb. intr. [illegible] devenir gras. | fett werden [vom Thiere bei gutem Futter; wörtl. den gehörigen Grad von Stärke u. s. w. erlangen vgl. [illegible]] — Deriv. تاولندرمق TAWLANDYRMAQ, auch طاولندرمق Vb. caus. faire engraisser. | fett machen, mästen.

تاوله TAWLA, oder طاوله Sbst. (tabula). damier, échiquier, trictrac; [illegible] (panier) des boulangers. | Damenbrett, Schachbrett, Trictrack. Verkaufsbrett der herumgehenden Bäcker und Brodverkäufer.

تاولهجى TAWLADŽY. Sbst. maître d'hôtel (à la cour); boulanger ambulant | Tafelmeister (bei Hofe); herumgehender Brodverkäufer.

تاولوغه TAWLUGA. Sbst. SE. [illegible] qui est couvert d'un casque [illegible] mit einem Helme bekleidet.

تاوه TĀWEH [آه V.] Sbst. action de gémir, de se lamenter. | Gewimmer, Seufzen, Klagen.

تاوه TĀWA. Sbst. LL. [illegible] | Farbe.

تاوم TĀWA. s. تاوه

تاووغ Sbst. — تاووغ

تلوى TEWWI [لوى V.] s. تلويه TEWWIA [لوى II.] action de se mettre en retraite, de séjourner quelque part. | das sich wohin in Sicherheit begeben, sich irgendwo aufhalten.

تاوش s. تاوشان

تاويل TĀWĪL [آل med. و II.] Sbst. interprétation, explication; explication (par rapport au sens), interprétation recherchée, explication du Koran. | Erklärung, Auslegung, mehr in Bezug auf den Sinn, Erklärung; Theol. die den Sinn erklärende Auslegung des Koran [vgl. تفسير]. — ETMEK. expliquer, interpréter. | erklären, auslegen, künstlich und gezwungen interpretiren, deuteln vgl. تاوّل

تاويلى TEÄWĪLĪ. Adj. susceptible d'interprétation. | der Auslegung gemäss, der Erklärung entsprechend.

تاى TĀI. Sbst. تكه , يتى poulain. | Rost.

تاى TĀI. Adj. [illegible] pur | rein, lauter, unvermischt.

تاهب TEÄHHÜB [أهب V.] Sbst. [illegible] action de se préparer, de se munir de q. ch. de nécessaire. | Bereitmachung, Rüstung (zu einem Geschäft). — ETMEK. se préparer, se disposer. | sich bereit, fertig machen.

تاهل TEÄHHÜL [أهل V.] Sbst. action de se marier. | Verheirathung. — ETMEK. se marier. | sich verheirathen. — [illegible] marier (sa fille). | verheirathen (z. B. seine Tochter).

تانور TĀIUR. Sbst. [illegible] SE. sorte d'eau-de-vie | eine Art Branntwein.

تاييد TEÄJĪD [أيد II.] Sbst. [illegible] action de rendre q. qn. digne de q. ch. | Würdigung einer Würdigmachung (Jemandes, einer Sache).

تاى TAI. Sbst. faren, farcis (Hindugis) | Fallheil (?).

تاى TAI. Sbst. — طاى LT [illegible] | Fohlen.

تاى TĀI. Adj. u. Sbst. [illegible] égal, pair, unique; sans pareil, incomparable; une paire (de différentes choses, comme d'étoffes, d'habits, etc.); le pendant d'une chose, en côté de la charge, un ballot qui forme le contrepoids de l'autre. | eins, allein, einzig, ein Ganzes, Einziges, ein Stück, das Eine im Paare, das Entsprechende, Seitenstück, die eine Seite der Ladung (eines Thieres) welche der andern das Gleichgewicht hält [illegible] — [illegible] einige Stück (Bogen, Lagen) Papier. — la Renommée. — [illegible] vgl. [illegible] simple, unique en son genre, incomparable. | einfach, einzig in seiner Art.

تايجق TAIDŽYQ. Sbst. Nebenform von تاى Kalb. LT.

تايلمق s. تايلنمق Deriv.

تايلاشمق TAIALAŠMAQ. Vb. recipr. SE. تايلاشمق [illegible] se donner des coups de bâton. | prügeln. — Deriv. I. تايلاتمق TAIALATMAQ. Vb. caus. faire bâtonner, prügeln lassen. — II. تايلاشدرمق TAIALAŠDYRMAQ. Vb. recipr. se battre l'un l'autre; einander prügeln. — III. تايلانمق TAIALANMAQ. Vb. pass. u. refl. être bâtonné, se laisser bâtonner. | geprügelt werden, sich prügeln lassen.

تايق TAIAQ u. تايلق Sbst. SE. تكيه , تلياق , تايلق LT. [illegible] vgl. چوب appui, pieu, bâton. | Stütze, Stab.

تايلمق TAIAMAQ. Sbst. — تايه [VL. [illegible] conventus Dervisiorum, religiosorum Mirl Alisir].

تايانمق TAIANMAQ. Vb. intr. SL. [illegible] vgl. تكيه [illegible] s'appuyer, [illegible] | sich stützen. — Deriv. I. تاياتمق TAIATMAQ. Vb. caus. [illegible] appuyer, soutenir | stützen. — II. تايلاتمق TAIAŠMAQ. Vb. refl. — تاياشمق SL. تكيه كرلمك s'appuyer. | sich stützen, sich auf etwas stemmen.

تايانجاق TAIANDŽAQ Sbst. SL. تكيه [illegible] lieu d'appui; lance courte; [illegible] | Stützort; kurzer Speer; [illegible].

تايش TAIŠ Adj. u. Sbst. [illegible] pénitent, converti. | reuig, der Reuige, Bekehrte. — OLMAQ. se repentir, se convertir | bereuen, sich bekehren (mit dem Ablativ des Obj.)

تابيد TEÄBĪD [أبد V.] Sbst. تابيد اولنمق , قوت بولمق action de se raffermir; de se consolider; état d'être consolidé | das sich festigen, stark werden oder sein; Kräftigung, Stärke vgl. تابيد

تايماق TAIMAQ. Partic. von تايمق I. [illegible] glissant. | gleitend, rutschend. 2. [illegible] bâtard | Schwätzer.

تاين TĀIN. Pl تواين TAWĀIN. Sbst. [illegible] contamination (en cas d'une maladie contagieuse). | Ansteckung von einer Krankheit.

تايم TEÄIJÜM [أيم V.] Sbst. [illegible] état d'être dans le veuvage, d'être sans époux ou sans épouse | Wittwenstand, Ehelosigkeit.

تايمق TAIMAQ und تايمق Vb intr. [illegible] glisser, trébucher | ausgleiten, rutschen, straucheln. — Deriv. تايدرمق TAIDYRMAQ oder [illegible] und [illegible] TAIYLMAQ. Vb refl. — [illegible] (dieselbe Bedeutung) [illegible] ich bin von meiner Stelle hinabgerutscht oder umgeglitten. Ali Schir.

تابيد TEÄJĪD oder تأييد [أيد II.] Sbst. [illegible] , قوت ويرمك , تقويه ايلمك action de rendre fort, de consolider, de raffermir, d'affermir, de soutenir, d'aider, assistance, secours. | Befestigung, Kräftigung; Hilfe, Beistand. — ETMEK. raffermir, soutenir, appuyer. | befestigen, bekräftigen, stützen, beharren (ein Recht, eine Meinung

[illegible]

[illegible] guten Nachricht. Pl. [illegible] [illegible]; annonce, commencement de toute chose | gute Nachrichten, Freudenkunde, Evangelium; Ankündigung die einer Sache vorausgeht, erster Anfang oder erste Anlage einer Sache [illegible] première apparition de l'aurore. | erstes Morgengrauen.

[illegible] n. [illegible]

[illegible] Sbst. [illegible] action de remuer la queue, flagorner, flatterie, adulation. , Schwänzeln des Hundes); Fuchsschwänzerei, niedrige, kriechende Schmeichelei.

[illegible] [V.]. Sbst. [illegible] action d'observer avec attention, de considérer, de réfléchir. | Betrachtung, Beobachtung; Bedenken. — [illegible] regarder avec attention, considérer, comprendre, concevoir. | etwas an sehen [illegible], betrachten, bedenken, begreifen.

[illegible] Sbst. ce qui fait bien comprendre une chose, ce qui rend intelligent [illegible] Verständniss einer Sache [illegible], vgl. [illegible]

[illegible] [II.] Sbst. 1. [illegible] action de couper, de retrancher; amputation. | Abschneidung, Ablösung eines Gliedes, Amputation. 2. [illegible] action de faire voir clairement, de rendre clair, évident, d'enseigner, de montrer q. ch. comme exemple. | das deutlich sehen lassen, Verdeutlichung, Belehrung über eine Sache, Aufstellung eines Beispiels oder Hinweisung auf ein Beispiel das als Lehre dienen kann. 3. N. pr. Name des Gebirges Kaf, welches nach orientalischer Vorstellung die ganze Welt umgiebt und von Smaragd sein soll.

[illegible] [V.]. Sbst. [illegible] action de [illegible] de choses inutiles, de faire de vains efforts, de montrer du courage, de se mettre énergiquement à q. ch. | sich mit unnützen Dingen abgeben, vergebliche Anstrengungen machen; sich tapfer zeigen, tüchtig drein schlagen.

[illegible] [V.]. Sbst. [illegible] action de mettre q. ch. sous ses habits, de pénétrer dans l'intérieur de q. ch. | Verbergung einer Sache unter seinen Kleidern; Eindringen in das Innere einer Sache.

[illegible] [V.]. Sbst. [illegible] lenteur, l'être lent, se peu hâter, retardement. | das Zurückbleiben, Zaudern, sich aufhalten, Langsamkeit.

[illegible] [II.] Sbst. [illegible] action de retarder q. qn. par q. ch. | Aufhalten, Verzögerung, [illegible] — [illegible] retarder q. qn., accorder un délai, charger [illegible], faire porter [illegible]

mit etwas aufhalten; die Schwierigkeit oder Bewegung [illegible] oder einer Sache hemmen; etwas [illegible], einen Aufschub geben, schwer belasten, schwer tragen lassen.

[illegible] Sbst. titre des anciens rois de l'Arabie heureuse. | Titel der alten Könige von Jemen.

[illegible] Sbst. Pl. [illegible] sujets | Unterthanen.

[illegible] [II.] Sbst. [illegible] action de suivre q. qn., obéissance, imitation. Nachfolge, Nachahmung, Unterthänigkeit, Gehorsam. — [illegible] suivre q. qn., être ou devenir le sujet de q. qn., obéir, imiter. | folgen, gehorchen, nachahmen, Jemandes Unterthan sein oder werden.

[illegible] Adv. en imitation de q. qn. ou de q. ch. | als Nachahmung, nach dem Beispiel Jemandes oder einer Sache [illegible] nach seinem Beispiel, [illegible]

[illegible] [II.] Sbst. [illegible] [Gegentheil v. [illegible]] action d'éloigner. | das Entfernen. — [illegible] éloigner, écarter. | entfernen (einen Gegenstand von dem andern), auseinander rücken, in die Ferne rücken, wegschieben.

[illegible] [II.] Sbst. [illegible] action de partager, de diviser en parties, en lots; division, distinction; assortiment de marchandises. | Theilung in einzelne Abtheilungen, Ordnen nach den verschiedenen Theilen (z. B. ein Warenlager), Eintheilung, Unterscheidung. Gramm.: Ausdruck des Verhältnisses, des Theiles eines Ganzen, z. B. durch die Präposition [illegible] (particulum).

[illegible] [V.]. Sbst. [illegible] état d'être content de q. qn., intimité | Freundschaft, Verbindung mit Jemand, sich gegen Jemand freundlich zeigen.

[illegible] [II.] Sbst. [illegible] action de faire intimité. | Verbindung, Freundschaft stiften. — [illegible] faire content, faire [illegible] | verbinden, vertraut machen.

[illegible] Sbst. [illegible] BK. [illegible] de la bouche [illegible] | Umkreis des Mundes, [illegible]

[illegible] [V.]. Sbst. [illegible] état d'être riche ou [illegible], en science, grande [illegible], grande instruction | das reich [illegible] an Kenntnissen; grosse, ausgebreitete Gelehrsamkeit.

[illegible] [II.]. Sbst. [illegible] action de laisser le reste de q. ch. | das Übrig lassen.

[illegible] Sbst. [illegible] | [illegible]

[illegible] Sbst. LT. [illegible] | Flamme.

[illegible] [II.]. Sbst. [illegible] action de pleurer ou de faire pleurer un mort. | Beweinung eines Todten, zur Beweinung eines Todten anstiften (die Klageweiber).

[illegible] [II.] Sbst. [illegible] action de se lever de bonne heure, de faire q. ch. de grand matin, visite du matin; action de hâter q. ch. | das früh aufstehen, früh am Tage thun, Beeilung einer Sache; früher Morgenbesuch.

[illegible] Sbst. BK [illegible] pli, ride. | Falte, Runzel.

[illegible] Sbst. [illegible] [illegible]; confusion. | [illegible] Gemenzel, [illegible]; Verwirrung; nicht zu entwirren [illegible]

[illegible] [V.]. Sbst. [illegible] se montrer [illegible] être [illegible] d'un esprit lent et obtus. | das sich [illegible] zeigen, [illegible], blöden, träges [illegible] Stumpfsinnigkeit. Albernheit [vgl. [illegible]]

[illegible] [II.]. Sbst. [illegible] [Gegentheil v. [illegible]] action de faire parvenir, communication d'une affaire à q. qn. | Herbeibringung, Überbringung, Zuführung, Mittheilung (einer Nachricht u. dgl.). Rhetor. eine Art Hyperbel, Steigerung, die weder unmöglich, noch der Erfahrung nach unglaublich (s. v. Mehren, Rhetor. S. 113. — [illegible] faire parvenir, porter un message de la part de q. qn.; faire approcher. | einem etwas [illegible] lassen, überbringen (z. B. eine Nachricht, einen Brief), einen Gegenstand einem andern näher bringen, erreichen lassen.

[illegible] [II.]. Sbst. [illegible] action de [illegible] | [illegible] — [illegible] [illegible] | durchnässen, [illegible]

[illegible]

[illegible] Vb. [illegible] Aor. [illegible] ruer, regimber, donner des coups de pieds [illegible] mit den Füssen [illegible] (von Pferden). [illegible] | ein Thier das ausschlägt. [illegible] revenir (une maladie, la fièvre). | wiederkehren, rückfällig (eine Krankheit, das Fieber u. s. w.), zurückströmen (vom Wasser). [illegible] von seiner Bindung mit Gewalt zurückhalten. [illegible] — Deriv. I. [illegible] Vb. recipr. se donner des coups de pieds l'un à l'autre. | einander mit den Füssen treten oder schlagen. — II. [illegible] Vb. refl. Aor. [illegible] se démener, ruer au vent, trépigner des pieds | mit den Füssen stampfen, um sich herum schlagen und stossen (vor Wuth), sich wie ein Rasender geberden. — III. [illegible]

[illegible] action de poursuivre ou de rechercher avec soin, recherche, enquête, demande, information, étude approfondie. | sorgfältiges Nachgehen, Nachforschen, Durchsuchen, Nachspüren, sorgfältiges Nachsuchen in Büchern, gründliches Studium eines Buches, eingeh. Wissenschaft. [illegible] tâtonnement [illegible] sorgfältig [illegible]. [illegible] TETEBBU'-i [illegible] die Durchsuchung der Geschichtsbücher.

تتبیب TETBIB [تب II.] Subst. [illegible] action d'endommager. | Beschädigung. — ETMEK causer du dommage à q. qn., gâter q. ch. et q. qn. | Jemandem Schaden zufügen, beschädigen, verderben.

تتبیر TETBIR [تبر II.] Subst. — [illegible] action de briser, de gâter, de ruiner. | Zerbrechen, verderben, vernichten.

تتبع TETEBBU' [تبع II.] Subst. — [illegible] action de poursuivre etc. avec soin. | sorgfältiges Nachgehen u. s. w.

تتبین TETBIN [تبن II.] Subst. [illegible] examen exact et en détail. | genaue Untersuchung. — ETMEK. examiner avec exactitude et en détail. | scharf und genau untersuchen, prüfen.

تتار s. تتر

تترا TETRA. s. تتری

تترك TETREK. Subst. LT. [illegible] sommet de la tête, Scheitel des Kopfes.

تترب TETERRUB [ترب V.] Subst. [illegible] état d'être couvert de poussière. | mit Staub bedeckt sein, vgl. تتریب

تترمك TETREMEK oder تترمك Vb. intr. [illegible] TITREM und TITRMEK. [illegible] trembler. | zittern, beben. s. [illegible]

تتره [illegible] Subst. [illegible] plaisanterie, badinage. | Scherz, Spiel, Spass.

تتری TETRI oder تترا Adv. [Red. [illegible]] les uns après les autres, consécutivement. | hintereinander fort, immer fort.

تتری TETRI. Subst. [illegible] sumac; pomel. | Sumach (rhus obsoletum, Pflanze und Beere); Mohn. [in letzter Bedeutung auch [illegible] BK.]

تتری TATARI. — [illegible] Adj. tatare, tatarisch.

تتریب TETRIB [ترب II.] Subst. [illegible] action de couvrir de terre, de poussière. | mit Erde oder Staub bedecken oder überschütten.

تتریح TETRIH [ترح II.] Subst. [illegible] action d'attrister. | Betrübung.

[illegible]

[illegible] Jemanden [illegible], verdrossen, ängstlich [illegible], dass man nichts recht machen kann.

تتزلق TETEZELZUL. Subst. [illegible] irritabilité, morosité. | Gereiztheit zu Zorn, Reizbarkeit, verdriesslichen Wesen.

تتکسمك TETIKSEMEK oder تکسمك [illegible] Vb. intr. [illegible] après de l'aversion, du dégoût pour q. ch. | sich vor etwas ekeln (mit dem Ablativ des Objectes). [illegible] TETIKSEMEK dégoût, aversion qu'on a pour q. ch. | Ekel vor etwas. [illegible] er ekelt sich vor dieser Speise.

تتکشمك TETIKSHMEK. Vb. intr. [illegible] (Mindoglu).

تتلی TETLI. Subst. [illegible] renoncule. | junger Farbe [illegible].

تتلیق TETLIK [illegible] (Benennung v. d. Thiere). Subst. [illegible] action de caresser, de flatter comme le renard, de flagorner, adulation. | Fuchsschwänzerei, Schmeichelei.

تتق TITUK. Subst. [illegible] grand rideau, grande tente. | grosser Vorhang, grosses Zelt.

[illegible] Adj. vif, [illegible], léger, subtil, délicat, tendre. | munter, [illegible] wach, schnell, leicht, sanft; was man nur leicht berühren darf. [illegible] être sur ses gardes. | auf seiner Hut sein, die Augen offen haben, wachsam sein. 2. Subst. — [illegible] la détente d'un fusil. der Drücker am Gewehr. [illegible] [illegible]

[illegible] en outre, pelage ou vermicelle [illegible] Art Nudeln, in schmale Stücke geschnitten; Nudelsuppe oder Nudelgericht.

تتمه TETIMMET. Subst. [illegible] complément, ce qui complète q. ch., qui s'ajoute à q. ch. pour lui donner sa perfection, accomplissement, supplément, appendice. | das wodurch eine Sache fertig und vollständig wird, was eine Sache voll macht, Vervollständigung, Ergänzung, letzter Zusatz, Anhang.

تتمیم TETMIM [تم II.] Subst. [illegible] action de compléter, de parfaire. | Vervollständigung, Vollendung. — ETMEK. compléter, parfaire, achever, terminer. | fertig machen, vollführen, vollständig ausführen, sich eines Auftrages vollständig entledigen.

[illegible] s. تنولد

[illegible] s. تنوین

تتوبه TETEVVUB [تاب] Subst. [illegible] action de revenir à Dieu, de se repentir. | Umkehr zu Gott, Bereuung der Sünde.

تتویج TETVIJ [تاج II.] Subst. [illegible] couronnement. | Krönung. — ETMEK. couronner q. qn. | krönen.

[illegible] TETEK. Subst. — [illegible] qui fait souvent entendre en parlant le son TE, bègue. | einer der beim Sprechen oft den Laut TE hören lässt, Stotterer. Kom. s. v. [illegible]

[illegible]

• [illegible] [illegible] [[illegible] VI.] Sbst. [illegible] action d'éviter, de se retirer; être sur ses gardes; précaution. | das Ausweichen, aus dem Wege gehen, sich in Acht nehmen; Vorsicht.

• [illegible] [illegible] [[illegible] VI.] Sbst. [illegible] état d'être du même genre, de la même espèce, homogénéité. | Gleichartigkeit. vgl. [illegible]

• [illegible] [illegible] [[illegible] VI.] [illegible] action de s'écarter de la bonne voie, de se laisser séduire. | Abweichung vom rechten Wege. (vom rechten Lebenswandel oder Glauben). vgl. [illegible]

• [illegible] [illegible] s. [illegible] [illegible]. [[illegible] VI.] Sbst. [illegible] action de feindre la folie, faire le fou; faire frisée. | sich närrisch stellen, das sich wie ein Besessener geberden. vgl. [illegible]

• [illegible] [illegible] [[illegible] VI.] Sbst. [illegible] action de correspondre, de se répondre l'un à l'autre, de s'entretenir; conversation. | das einander antworten; Unterhaltung, Gespräch.

• [illegible] [illegible] [[illegible] VI.] Sbst. [illegible] état d'être voisin les uns des autres, voisinage. | das einander nahe sein, Nachbarschaft.

• [illegible] [illegible] [[illegible] VI.] Sbst. [illegible] action de passer, de dépasser, de passer outre, de faire passer; transgression, excès, déviation, exorbitance, offense. | das Hinübergehen, Ueberschreitung, Uebertretung, Ueberhebung, Uebermass, Abweichung vom rechten Wege, Anmassung; Beleidigung. Gramm. état d'être transitif, influence transitive d'un verbe. | die transitive Kraft oder Einwirkung eines Verbums. — [illegible] dépasser, passer outre, passer les bornes, aller trop loin dans q. ch., aller au delà de q. ch.; entrer sur les frontières, faire irruption; ne pas garder la mesure; outrepasser (une loi), commettre des excès; détourner les yeux de q. ch., passer une faute à q. qu.; être transitif (un verbe), régir un autre mot. | überschreiten, (das Maass, Gesetz) überschreiten, übertreten, zu weit gehen, eine Ungerechtigkeit begehen; von etwas absehen, etwas mit Worten oder Werken nicht ahnden, etwas so hin gehen lassen, ein Vergehen nicht bestrafen; die Grenzen überschreiten, einen Einfall in fremdes Gebiet machen; transitiv sein, ein anderes Wort regieren. [illegible] den erhaltenen Befehl überschreiten. [illegible] dieses Gesetz soll durchaus nicht überschritten werden. [illegible] (die Feinde) haben die Grenzen des Gebietes der Ottomanen überschritten, und in das Land eingefallen.

• [illegible] [illegible] Adj. agressif (un trait). | den Angriff betreffend (ein Vertrag)
[illegible] agresseur und defensiv. Kodhusac.

• [illegible] [illegible] [[illegible] VI.] Sbst. [illegible] action d'attaquer une ville (Militär.). | das einander angreifen an einem Scheinangriff zu machen.

• [illegible] [illegible] Sbst. Pl. v. [illegible]

• [illegible] [illegible] [Rad. [illegible]] Sbst. und Adv. — [illegible] vis à vis, en face. | Gegenüber. [illegible] en face de lui. | ihm gegenüber.

• [illegible] [illegible] [[illegible] VI.] Sbst. [illegible] action de s'efforcer, application, assiduité. | Anstrengung, Aufwand von Kräften und Eifer bei der Arbeit.

• [illegible] [illegible] [[illegible] VI.] Sbst. [illegible] action de se montrer, de paraître au grand jour. | das sich zeigen, sichtbar werden.

• [illegible] [illegible] [[illegible] VI.] Sbst. [illegible] action de feindre l'ignorance, dissimulation. | das sich unwissend stellen, nicht wissen wollen von einer Sache, Verstellung. — [illegible] faire semblant d'ignorer q. ch., de ne pas connaître q. qu. | sich stellen, als ob man etwas nicht wisse, jemanden nicht kennen.

• [illegible] [illegible] [[illegible] VI.] Sbst. [illegible] action de prendre un air sévère. | ein finsteres Gesicht machen.

• [illegible] [illegible] [[illegible] V.] Sbst. [illegible] orgueil, fierté. | Stolz, Hochmuth. — [illegible] être orgueilleux, s'enorgueillir, être hautain, fier. | stolz, hochmüthig, anmassend sein.

• [illegible] [illegible] [[illegible] V.] Sbst. [illegible] action de se cailler et se changer en fromage (le lait). | das sauer und dick werden, Gerinnen der Milch.

• [illegible] [illegible] [[illegible] II.] Sbst. [illegible] action de fêter, fête. | das Festfeiern, Friedt.

• [illegible] [illegible] [[illegible] II.] Sbst. [illegible] attitude quelconque d'un homme qui prie. | jede Stellung die man beim Gebet annimmt.

• [illegible] [illegible] [[illegible] II.] Sbst. [illegible] action de panser, de bander et remettre un membre cassé. | Einrichtung eines gebrochenen Gliedes.

• [illegible] [illegible] [[illegible] II.] Sbst. [illegible] action d'estimer q. qu. de lâcheté ou de poltronnerie; trouver q. qu. lâche ou poltron. | Beschuldigung der Furchtsamkeit oder Feigheit; Jemanden für furchtsam oder feige halten.

• [illegible] [illegible] [[illegible] V.] Sbst. [illegible] état de brûler d'un désir, d'ardeur; être dans l'angoisse, avoir un serrement de cœur. | brennende Begierde, Sehnsucht, Beklemmung.

• [illegible] [illegible] [[illegible] V.] Sbst. [illegible] action de se renouveler, état d'être renouvelé, d'être remis à neuf, renouvellement. | Erneuerung, wieder neu gemacht oder hergestellt werden oder sein.

• [illegible] [illegible] [[illegible] II.] Sbst. [illegible] action de saler, de mutiler. | Beschädigung, Verstümmelung.

• [illegible] [illegible] [[illegible] II.] Sbst. [illegible] action de renouveler, de rétablir, renouvellement, rénovation, innovation. | das Erneuern, Erneuerung, Wiederherstellung, von Neuem machen; etwas Neues machen, Neuerung. [illegible] rétablir sur forme. | neue Kräfte sammeln, sich stärken.

• [illegible] [illegible] [[illegible] II.] Sbst. [illegible] inoculation de la petite vérole, vaccine. | Blattern-Impfung.

• [illegible] [illegible] [[illegible] II.] Sbst. [illegible] action de mutiler, mutilation. | Verstümmelung (an Nase, Ohren, Lippen).

• [illegible] [illegible] [[illegible] II.] Sbst. [illegible] ingratitude envers Dieu. | Undankbarkeit gegen Gott.

• [illegible] [illegible] [[illegible] II.] Sbst. [illegible] action de jeter par terre, de renverser. | auf den Boden werfen, umwerfen.

• [illegible] [illegible] [[illegible] II.] Sbst. [illegible] action d'arracher, de déraciner, d'extirper. | Ausreissen, Ausrottung, Entwurzelung.

• [illegible] [illegible] [[illegible] II.] Sbst. [illegible] action de couper, de mutiler. | Verstümmelung, Verstümmelung, Verminderung.

• [illegible] [illegible] Sbst. [illegible] action d'exercer le commerce, négoce, commerce, trafic. | das Handeln, Handelsbetrieb.

• [illegible] [illegible] Sbst. [illegible] action d'expérimenter, épreuve, expérience. | das Versuchen, Versuch, Prüfung, Erfahrung. — [illegible] expérimenter, essayer, faire l'épreuve, faire expérience de q. ch. | versuchen, prüfen, erfahren. [illegible] mettre à l'épreuve, faire expérimenter. | eine Probe, einen Versuch bringen, probieren lassen. [illegible] v. [illegible] expérimenté, éprouvé. | erprobt, versucht, erfahren, bewährt.

• [illegible] [illegible] Adj. [illegible] inexpérimenté, qui n'a pas d'expérience. | unerfahren.

• [illegible] [illegible] Adj. u. Sbst. expérimenté, erfahren, ein Mann von Erfahrung [illegible] die in den Dingen dieser Welt erfahren

• [illegible] [illegible] [[illegible] V.] Sbst. [illegible]

[illegible] d'être dépouillé de tout, dépouillement; [illegible]; isolement, célibat, occupation exclusive de q. ch., détachement des choses mondaines, [illegible] de ce qui entoure; abstraction. | völlige Entblössung, Vereinsamung, Einsamkeit, Ehelosigkeit; Beschäftigung mit einem einzigen Gegenstande; Zurückgezogenheit von der Welt [illegible]: Entäusserung von aller Sinnlichkeit; philosophische Abstraction. [illegible] abstractivement, par abstraction. | abstract, an und für sich. Gramm. das nicht Verbundensein eines grammatisch einwirkenden Wortes [illegible] er beharrte im Stande der Ehelosigkeit, blieb unverheirathet. [illegible] die Eigenschaft einer Sache, ganz abgesehen von dem Gegenstande auf den sie sich bezieht. [illegible] etwas [illegible], eine Sache an und für sich, abgesehen von allen andern, betrachten.

[illegible] [V.] Sbst. [illegible] action de boire par gorgées, d'avaler ses chagrins, le colère. | [illegible] Trinken, Verschlingen. Unterdrückung des Zornes, des Verdrusses.

[illegible] [V.] Sbst. 1. [illegible] se passer, s'écouler (le temps). | das Verlaufen der Zeit, Ablauf eines Zeitraums, überhaupt dahingehen, vergehen. 2. [illegible] imputation (d'un crime à q. qn.) | Beschuldigung (falsche, eines Verbrechens).

[illegible] [V.] Sbst. [illegible] audace, hardiesse, être courageux, action d'oser q. ch., de se montrer hardi | Kühnheit, Ausführung einer kühnen, gewagten That, das Wagen, sich muthig, kühn, beherzt erweisen.

[illegible] [II.] [illegible]

[illegible] [II.] Sbst. [illegible] action de blesser. | Verwundung.

[illegible] [II.] Sbst. [illegible] action de dépouiller, de mettre à nu, d'isoler; dépouillement, isolement, séparation, accomplissement des cérémonies du pèlerinage seul et sans caravane; esprit d'un corps détaché; vie ascétique; abstraction; expression claire | Entkleidung, Abstreifung jeder Hülle, [illegible], Entäusserung oder Entfernung alles dessen was nicht zum Wesen einer Sache gehört, unverhüllte Darstellung, offene Darlegung oder Erklärung; Absonderung, Vereinsamung, [illegible] [illegible], Absonderung eines Einsiedlers; Zurückgezogenheit von der Welt. Entäusserung der Sinnlichkeit, philosophische Abstraction. Rhetor. eine rhetorische Figur die zur Steigerung dient. v. Mehren. Rhetor. S. [illegible] [illegible] Loslösung der Metapher, d. h. [illegible] der Fortführung. [illegible] aus der Metapher. v. Mehren. S. 37. de Sacy [illegible] Mehren. S. 7. Gramm. Nichtverbundensein eines grammatischen Einflusses, — [illegible]

[illegible] [II.] Sbst. [illegible] action de tirer, de traîner. | das Ziehen, Schleppen.

[illegible] [II.] Sbst. [illegible] faire boire, faire avaler des chagrins. | den Trinken lassen, verschlingen lassen, (Aerger). vgl. [illegible]

[illegible] [II.] Sbst. imputation d'un crime, condamnation à payer une amende | Beschuldigung eines Vergehens, Verurtheilung zu einer Geldstrafe.

[illegible] [II.] Sbst. [illegible] action de diviser, de partager en portions | theilen, vertheilen.

[illegible] [II.] Sbst. [illegible] isolement, réduction | Vergütung.

[illegible] [V.] Sbst. [illegible] incarnation. | Verkörperung, Annahme einer körperlichen Gestalt. Theol. die Fleischwerdung. [illegible] gleichsam der verkörperte Neid.

[illegible] [V.] Sbst. [illegible] action de rechercher, d'épier, d'observer q. qn., recherche, information, examination. | genaue Untersuchung, Prüfung, gerichtliche Untersuchung — [illegible] rechercher etc., épier les démarches de q. qn. | untersuchen, nachforschen, genau nachspüren, seinen Handlungen, Reden, u. s. w., nachspüren, einen beobachten.

[illegible] [V.] Sbst. [illegible] action de se faire corps, incarnation, corporification, corporisation. | das sich zu einem Körper bilden; Annahme einer festen Form, als fester Körper erscheinen. Chem. Figurung der [illegible] Theile in einen Körper.

[illegible] [V.] Sbst. [illegible] rigidité de l'estomac, ruter. | Ueberladung des Magens; [illegible].

[illegible] [V.] Sbst. [illegible] action de se charger d'un travail pénible, s'y donner beaucoup de peine. | angestrengte Arbeit. Mühe die sich jemand bei einer schweren Arbeit giebt.

[illegible] [II.] Sbst. [illegible]

[illegible] [II.] Sbst. [illegible] action d'imposer un fardeau, un travail pénible. | Belastung, Auflegung einer Last, einer schweren Arbeit.

[illegible] [II.] Sbst. 1. [illegible] action de remplir un [illegible]. | Füllung eines Gefässes. 2. [illegible] action de recrépir un mur. | das Bewerfen einer Wand (mit Gyps oder Mörtel u. dgl.).

[illegible] [II.] Sbst. [illegible] action de se jeter par terre, de tomber par terre. | das sich zu Boden werfen, zu Boden fallen.

[illegible] [V.] Sbst. [illegible] état d'être crépu, frisé. | Lockig sein (der Haare), kraus sein. — [illegible] se crêper, se friser | sich locken, sich kräuseln.

[illegible] [II.] Sbst. [illegible] action de friser, de crêper. | Das Kräuseln. [illegible] oder [illegible] friser les cheveux. | das Haar kräuseln.

[illegible] [II.] Sbst. [illegible] action de rendre sec, exsiccation | Austrocknung.

[illegible] Pl. [illegible] [eigentlich Tafel von [illegible] — [illegible]] Sbst. [illegible] barde, armure de cheval. | Vollharnisch der Pferde, ein Panzer der das ganze Pferd bedeckt.

[illegible] [II.] Sbst. [illegible] — d. Figde

[illegible] [V.] Sbst. [illegible] état d'être sec, exsiccation. | Trockenheit, Austrocknung.

[illegible] [V.] Sbst. [illegible] action de se hérisser (les plumes du coq). | das sich sträuben oder zu Berge stehen (der Federn am Halse des Hahnes).

[illegible] [II.] Sbst. [illegible] gravation, opprimation. | harte Behandlung, Quälerei, Plackerei, Bedrückung.

[illegible] [II.] Sbst. 1. [illegible] action de sécher, de rendre sec | Trocknung. 2. [illegible] bander un cheval. | den Panzer anlegen (einem Pferde). vgl. [illegible]

[illegible] Sbst., [illegible] oder [illegible] hard, riches. | Trugbilder, Hexereien.

[illegible] [V.] [illegible] [II.] Sbst. [illegible] action de pousser un cri, éclater de rire, bruit. | Schreien, Lärmen, lautes Lachen.

[illegible] [V.] Sbst. [illegible] action de se montrer dur, de s'endurcir; opiniâtreté, fermeté. | Strenge, Hartnäckigkeit. — [illegible] s'opiniâtrer, être endurci, se montrer dur, ferme | streng sein, hartnäckig sein, sich fest zeigen, sich strenger und fester zeigen als man wirklich ist.

[illegible] [V.] Sbst. [illegible] action de traîner, de recouvrir. | das Beisammensitzen, sich unterhalten. vgl. [illegible]

• تجلی [illegible] [جلی V.] Sbst. [illegible] action de se faire voir dans son éclat, manifestation, révélation (de la divinité à l'homme), vision, apparition (d'un ange, d'un saint dans l'état de l'extase); épiphanie; éclat, lumière; sort, bonheur, fortune. | das in vollem Glanze erscheinen, Erscheinung, Licht, Glanz; das [illegible] Schicksal, Glück. Theol. Enthüllung der Gottheit, Erscheinung eines höheren Wesens (im Zustande der Verzückung) تجلی الخالق Enthüllung des [illegible] Wesens [illegible] Enthüllung der göttlichen Eigenschaften [illegible] [oder تجلی allein] das Fest der Erscheinung, Epiphanias, oder das Fest der Transfiguration [vgl. [illegible]] [illegible] Geisterverscheinung. — [illegible] faire voir q. ch. ou se faire voir dans son éclat, manifester, révéler; faire briller, polir, éclaircir, orner, embellir. | etwas oder sich selbst in seinem Glanze zeigen, erscheinen lassen, erscheinen, offenbaren; leuchten lassen, glänzend machen, glätten, erleuchten, aufputzen, schmücken, verschönern.

• تجلیات [illegible] Sbst. Pl. d. Vhgd.

• تجلیه [illegible] [جلو II.] Sbst. [illegible] action de rendre clair, brillant, d'expliquer, de manifester; révélation. | das hell und glänzend machen, Erklärung, Erleuchtung; Enthüllung, Offenbarung. — [illegible] rendre clair, éclaircir, polir. | hell und glänzend machen, einer Sache Glanz geben.

• تجلید [illegible] [جلد II.] Sbst. 1. — [illegible] action d'écorcher, d'ôter la peau. | Abziehen der Haut eines geschlachteten Thieres. 2. [illegible] action de fustiger, flagellation | das Peitschen, Geisselung. 3. [illegible] faire battre. | zur Eile antreiben. 4. [illegible] action de relier, reliure (d'un livre) | das Binden eines Buches, Buchbinderei. — [illegible] relier ou faire relier un livre. | ein Buch binden oder binden lassen.

• تجلیل [illegible] [Denom. v. جل] Sbst. [illegible] action de couvrir de tous côtés, d'envelopper, de comprendre tout, de s'étendre à tout. | vollständiges Bedecken, Umfassen, sich auf alle erstrecken.

• تجمد [illegible] [جمد V.] Sbst. [illegible] action de se congeler, de s'épaissir. | das Gerinnen, Gefrieren, fest werden, sich verdicken.

• تجمهر [illegible] [جمهر V.] Sbst. [illegible] action de se rassembler, rassemblement du peuple | Zusammenrottung, Zusammenlauf des Volks, Volksversammlung.

• تجمع [illegible] [جمع V.] Sbst. [illegible] action de se rassembler, de se rendre à un rassemblement, de [illegible] | das Zusammenkommen, Zusammenkunft, gemeinschaftliche Berathung.

• تجمل [illegible] [جمل V.] Sbst. [illegible] action de s'orner, de se parer, de montrer de belles manières; pompe, parade, éclat, splendeur; chose belle, mobilier etc. qui appartient à la commodité ou au luxe, à l'ornement ou l'embellissement. | das sich schmücken, Prunk, Glanz, Prachtentfaltung; das Bestreben, fein, liebenswürdig u. s. w. zu erscheinen; ein schöner oder lieblicher Gegenstand, ein Geräth u. dgl., das zur Bequemlichkeit, zum Luxus, zum Putze dient, Luxusgegenstand. Pl. تجملات [illegible] meubles, effets etc. de luxe, ornements. | Hausgeräth, Möbel, Luxusgegenstände, Putz.

• تجمید [illegible] [جمد II.] Sbst. [illegible] action de faire s'épaissir, de changer en glace. | Verdickung. — [illegible] congeler, coaguler. | verdicken, gerinnen oder gefrieren lassen.

• تجمیر [illegible] [جمر II.] Sbst. [illegible] action de faire se rassembler, de réunir. | das [illegible] (z. B. Dinge in ein Bündel); Zusammenberufung (der Leute zu gemeinschaftlicher Berathung).

• تجمیع [illegible] I. [جمع II.] Sbst. [illegible] action de rassembler dans un lieu. | das sich an einem Orte versammeln, Zusammenkunft, Versammlung. 2. [Denom. v. جمعه] [illegible] action de se réunir à la prière du vendredi. | Versammlung zum öffentlichen Gebet in der Moschee, Freitags-Feier.

• تجمیل [illegible] [جمل II.] Sbst. [illegible] action de rendre beau; embellissement, décoration. | Verschönerung, Ausschmückung. — [illegible] orner, décorer, embellir. | ausschmücken, [illegible], verzieren.

• تجمیلات [illegible] Sbst. Pl. d. Vhgd.

• تجنب [illegible] [جنب V.] Sbst. [illegible] action de s'éloigner; écart. | Entfernung, das sich entfernen, Ausweichen (einer Gefahr), Seitensprung. — [illegible] s'éloigner, se retirer, écarter, être loin de q. ch., éviter (avec l'accus.). | sich entfernen von, sich zurückziehen, bei Seite gehen, ausweichen (mit dem Ablativ des Objects.); vermeiden (mit dem Accus.) [illegible] sich bei Seite springen.

• تجند [illegible] [Denom. v. جند] Sbst. [illegible] action de se rassembler, d'être enrégimenté (des troupes). | Versammlung oder sich Zusammenziehen eines Heeres.

• تجنس [illegible] [جنس V.] Sbst. [illegible] état d'être du même genre, de la même espèce ou catégorie, homogénéité. | Gleichheit des Geschlechts, der Abkunft, der Art.

• تجنن [illegible] [جن V.] Sbst. [illegible] état d'être possédé d'un démon, rage, démence; action de donner des symptômes de folie, de paraître fou; être furieux ou enragé. | Besessenheit, Wahnsinn, Wuth; als rasend erscheinen, sich wie toll oder wahnsinnig geberden, wüthend sein. — [illegible] être fou, faire le fou | wahnsinnig sein, sich wahnsinnig stellen, den Narren machen.

• تجنی [illegible] [جنی V.] Sbst. [illegible] action d'imputer faussement à q. qu. un crime. | falsche Beschuldigung eines Verbrechens.

• تجنیب [illegible] [جنب II.] Sbst. [illegible] action d'éloigner, d'écarter. | das Entfernen, zur Seite ausweichen lassen. vgl. تجنب

• تجنید [illegible] [Denom. v. جند II.] [illegible] action de rassembler une armée. | Versammlung, Zusammenziehung oder Aufstellung eines Heeres.

• تجنین [illegible] [جنن II.] Sbst. [illegible] action de mettre dans le cercueil, de mettre dans la bière. | Einsargung, Aufbahrung (eines Todten).

• تجنیس [illegible] [جنس II.] Sbst. action de rendre homogène, de faire des assonances, paronomasie, équivoque, jeu de mots. | das Homogen machen, Anwendung von Assonanzen, Wortspiel (in der Rede und Schrift) doppelsinniger Ausdruck. Rhetor. die Paronomasie [vgl. [illegible] v. Mehren, Rhet. der Araber, S. 154. F., de Sacy zu Hariri S. [illegible] F.] | [illegible] calembour. | Wortspiel [illegible] équivoquer. | zweideutig reden.

• تجنیق [illegible] [Denom. v. منجنیق] Sbst. action de lancer des pierres etc. à l'aide de machines de guerre. | Schleudern von Steinen u. dgl. mit Kriegsmaschinen.

• تجوال [illegible] [جال II.] Sbst. [illegible] action de se mouvoir dans un rond. | das sich im Kreise bewegen, kreisförmige Bewegung. [illegible] Wenn ein Tüghün von Osten gelangte zu den Leuten im Westen, so erbleichte dessen [illegible] Bewegung des Gehirn dieser (der Höllenbewohner) und brächte es zum Sinken. Mohammedijje.

• تجور [illegible] [جار V.] Sbst. [illegible] action de tomber, de tomber sur le côté, de crouler | das fallen, hinfallen, auf die Seite fallen, zusammenstürzen (eines Gebäudes).

• تجوز [illegible] [جاز V.] Sbst. [illegible] action de regarder comme de peu de valeur, de se montrer indifférent pour q. ch., de faire peu de cas de q. ch., de fermer les yeux par indulgence (laisser imposer, passer outre); action de parler par métaphore. | das Leichtnehmen, Nachsicht, bildliche Rede. vgl. مجاز

[illegible] [V.] Subst. [illegible] action de supporter la faim, freiwilliges oder geduldiges Ertragen des Hungers, freiwillig verhungern.

[illegible] [V.] Subst. [illegible] état d'être creux ou concave; action de se faire creux, de pénétrer ou de se cacher dans le creux, dans l'intérieur de q. ch. | das hohl sein, Hohlheit, Aushöhlung, sich in einer Höhlung oder in dem hohlen Innern einer Sache verbergen.

[illegible] [II.] Subst. [illegible] action de faire bien, d'achever bien q. ch.; de parler ou de prononcer bien; l'art de lire bien le Coran | das gut machen, gute Ausführung; gute Aussprache; Kunstfertigkeit. [illegible] Beachtung und deutliche Aussprache jedes Buchstabens beim Lesen. — [illegible]

[illegible] [II.] Subst. 1. [illegible] action de faire tomber, de renverser, d'abattre, de démolir, en ruines [illegible] | das Niederwerfen, Umstürzen, Zerstören einer [illegible] [illegible] action d'accuser q. qn. d'injustice, de regarder comme injuste. | Beschuldigung der Ungerechtigkeit, für ungerecht erklären oder halten.

[illegible] [II.] Subst. [illegible] action de faire passer, de faire passer outre, de laisser commettre des vices, de regarder comme licite, de laisser impuni; permission, approbation; se permettre q. ch. à volonté, prendre la liberté de … | Das Ueberschreiten lassen, für erlaubt halten, Gestattung, Erlaubniss, Gutheissen einer Sache; sich selbst etwas erlauben, sich die Freiheit nehmen etwas zu thun.

[illegible] [II.] Subst. [illegible] action d'affamer, de rendre affamé, de faire périr par la faim. | das Hungern lassen, Aushungerung.

[illegible] [II.] Subst. [illegible] action de rendre creux ou concave; excavation. | das Aushöhlen, Aushöhlung (auch als Concretum). Pl. [illegible]

[illegible] [II.] Subst. [illegible] action d'aller autour, de parcourir le monde, de voyager. | das Herumgehen, Umherwandern, Reisen.

[illegible] [V.] Subst. [illegible] action de se munir, de s'armer; état d'être muni, d'être pourvu des choses nécessaires. | Ausrüstung, Ausschmückung (gerüstet sein, versehen sein).

[illegible] [II.] Subst. [illegible] action de se munir, de faire des apprêts, d'armer, d'équiper, de pourvoir avec tout ce qui est nécessaire, équipement, préparatifs, expédition. [illegible] | Ausrüstung, Ausschmückung, Ausstattung (einer Tochter die sich verheirathet). — [illegible] équiper (une armée), expédier avec tout ce qui est nécessaire; armer, orner; préparer les funérailles; faire le trousseau, faire la dot. | ausrüsten, ausstatten, mit allem Nöthigen versorgen, herstellen, die Ausstattung machen, die Leichenbegängniss verrichten, — [illegible] das Heer ausrüsten, das wohlgerüstete Heer im Feld stellen.

[illegible] [II.] Subst. [illegible] action d'accuser q. qn. d'ignorance, de trouver ou de juger q. qn. ignorant, de montrer ou de prouver l'ignorance de q. qn. | Jemanden dumm schelten, für dumm erklären, Jemandes Dummheit zeigen oder darlegen, auf Jemandes Dummheit aufmerksam machen.

[illegible] [Denom. v. [illegible] V.] Subst. [illegible] action de se réunir en régiment, en armée; rassemblement de troupes, de corps | das sich sammeln oder concentriren eines Heeres oder einer Heeresabtheilung; unter die Fahne treten.

[illegible] [II.] Subst. [illegible] [illegible] | Unsinn, thörichter Versuch. — [illegible] | [illegible]

[illegible] [Denom. v. [illegible] II.] Subst. [illegible] action de rassembler des troupes. | Sammlung oder Einberufung des Heeres.

[illegible] [II.] Subst. [illegible] action de faire exécuter une action [illegible]; de rendre [illegible], action de faire peur à q. qn. | [illegible] machen, schlecht und verächtlich machen, Furcht einjagen, zum Fürchten machen.

[illegible] oder [illegible] [VI.] Subst. [illegible] action de s'entre-aimer, amour ou affection mutuelle | gegenseitige Liebe oder Zuneigung. [illegible] sie lieben sich seit langer Zeit.

[illegible] [VI.] Subst. [illegible] action de s'exciter, de se pousser mutuellement à q. ch. | gegenseitiges Antreiben oder Anregen. vgl. [illegible]

[illegible] oder [illegible] [VI.] Subst. [illegible] action de se quereller, de disputer. | mit einander streiten (mit Worten), sich einander etwas streitig machen.

[illegible] [VI.] Subst. [illegible] action de s'écarter réciproquement de q. ch., de s'en défendre mutuellement l'accès. | gegenseitiges Abwehren, Abhalten von einer Sache.

[illegible] oder [illegible] [VI.] Subst. [illegible] action de se proposer réciproquement des énigmes à deviner, de être réciproquement de bonne sorte. | gegenseitiges Räthsel-Aufgeben; sich gegenseitig Sprüche sagen.

[illegible] [VI.] Subst. [illegible] action de se faire opposition, de se combattre, de lutter les uns contre les autres. | gegenseitiges Bekämpfen.

[illegible] [VI.] Subst. [illegible] action de se raconter réciproquement des nouvelles, de s'entretenir, de causer ensemble. | gegenseitige Unterhaltung durch Mittheilung von Neuigkeiten, Unterhaltung, Gespräch.

[illegible] [VI.] Subst. [illegible] action de faire la guerre ensemble, de guerroyer les uns contre les autres, combattre, livrer combat. | gegenseitiges Bekämpfen, Bekriegen, sich schlagen (im Felde).

[illegible] [VI.] Subst. [illegible] action de compter ensemble. | gegenseitige Abrechnung, mit einander Abrechnung halten.

[illegible] [VI.] Subst. [illegible] action de se porter réciproquement envie. | gegenseitiger Neid.

[illegible] [VI.] Subst. [illegible] action de se réunir, de se rassembler pour s'aider mutuellement. | Vereinigung zu gegenseitiger Hülfe.

[illegible] [VI.] Subst. [illegible] état d'être mis à part, d'être séparé; exception, séparation, action de se retirer. | das bei Seite sein; Ausnahme; Meiden, Vermeidung, Enthaltung von. — [illegible] se tenir séparé, s'abstenir, se retirer, se séparer, éviter q. ch., se garder de faire q. ch. | sich von etwas fern oder bei Seite halten, mit einer Sache nicht in Berührung kommen, sich hüten, meiden, vermeiden.

[illegible] [VI.] Subst., — [illegible] action de se partager, de se distribuer des portions. | Austheilung zu gleichen Theilen unter einander.

[illegible] [VI.] Subst., — [illegible] action de s'exciter mutuellement. | gegenseitiges Anreizen.

[illegible] [VI.] Subst. [illegible] action de se citer l'un l'autre devant le juge; se faire mutuellement un procès. | gegenseitiges Verklagen, vor Gericht bringen, mit einander processiren.

[illegible] [VI.] Subst. [illegible] action de se confédérer, de compisier. | Verschwörung, sich gegenseitig durch Schwur binden.

* [illegible] TEHÂLÜF [حلف VI.] Subst. [illegible] action d'afficher de la douceur. | das sich freundlich stellen, verstellte Freundlichkeit.

* [illegible] TEHÂLÜQ [حلق VI.] Subst. [illegible] action de simuler la simplicité, de faire le sot. | das sich dumm oder brutal geberden, dumm thun.

* [illegible] TEHÂMMÜL. [حمل VI.] Subst. [illegible] s'imposer soi-même à souvent, être injuste, partial envers q. qu., surcharger q. qu., s'imposer la charge d'autrui. | das sich selbst einem andern auflegen, auf einem (mit der ganzen Wucht) liegen, einem andern mehr auflegen oder mehr von ihm verlangen als er leisten kann, ungerecht oder parteilich gegen Jemand sein; das auf sich nehmen der Mühe welche eine Sache erfordert, sich für einen andern einer Sache unterziehen.

* [illegible] TEHÂMI. [حمى VI.] Subst. [illegible] action de se garder, de prendre garde. | das sich hüten, sich in Acht nehmen, auf seiner Hut sein; Vorsicht.

* [illegible] TEHÂWÜR. [حور VI.] Subst. — [illegible] action de s'entretenir, conversation. | Unterhaltung, Gespräch.

* [illegible] TEHÂWÜZ [حوز VI.] Subst. [illegible]

[illegible]

Unterhaltung, Zusammenkerung. — Jurispr. die im Besitz behalten eines Grundstücks u. dgl., dessen Ertrag man zu frommen Zwecken bestimmt.

* [illegible] TAHT. Subst. oder TAHTA. Praep. [illegible] [Gegentheil von فوق] le dessous, partie inférieure; Praepos. sous. | das Untere, Untere, untere Seite, der untere oder niedere Theil einer Sache, der untere Raum oder der Raum unter einer Sache. [illegible] sous-terrain. | unterirdisch [illegible] TAHT KALA, la place sous le château, c. à d. devant le château, la grande place dans une ville, place de la justice. | unter der Burg, d. i. der Platz vor der Burg, Hauptplatz einer Stadt, Gerichtsplatz. [illegible] TAHTINDA, en [illegible] sous q. ch., dessous. | unter einer Sache, unter ihm. [illegible] TAHT-I [illegible], sous sa main, en son pouvoir. | unter seiner Hand, in seiner Gewalt. [illegible] in seinem Besitz. [illegible]

[illegible]

action de s'arrêter, de s'attacher à q. ch., constance, persévérance. | das Feststehen, Stehen bleiben, nicht von der Stelle weichen; Beständigkeit, Beharrlichkeit.

* [illegible] TAHDJÎR. [حجر II.] Subst. [illegible] action de pétrifier, de changer en pierre. | Versteinerung, das zum Stein machen, einem Dinge das Ansehen des Steines geben.

* [illegible] TEHADDÜB. [حدب V.] Subst. [illegible] état d'être convexe, convexité. | äussere Wölbung, Convexität. [illegible] la convexité d'un globe. | äussere Wölbung einer Kugel.

* [illegible] TAHADDÜS. [حدث V.] Subst. [illegible] action de raconter, de causer; d'annoncer q. ch. de nouveau, de faire la conversation, [illegible]

[illegible]

[illegible] ... *démarcation des limites.* | Grenzbezeichnung. [illegible] *limiter une province.* | die Grenzen einer Provinz bestimmen. [illegible] *fixer le prix de q. ch.* | den [illegible] Preis einer Sache bestimmen. [illegible] *restreindre le pouvoir absolu (d'un prince).* | die Macht (z. B. eines Fürsten) beschränken.

تحذّر TAHAZZUR. [حذر V.] Subst. [illegible] *action de prendre garde.* | das sich in Acht nehmen, auf seiner Hut sein.

تحذير TAHZÎR. [حذر II.] Subst. [illegible] *action de faire prendre garde* [illegible] | das in Furcht setzen, bewirken dass Jemand sich in Acht nimmt; Warnung; das sich in Acht nehmen [illegible] Vorsicht.

[illegible]

تحرير TAHRÎR. [حرر II.] Subst. [illegible] *action de rendre libre, mettre en liberté, affranchir; action d'inscrire, d'enregistrer, de rédiger un écrit, écrire correctement et exactement; écrire.* | Freilassung [illegible] Eintragung in ein Register oder Buch. Aufzeichnung, Abfassung eines Schreibens [illegible] Schreiben. [illegible]

[illegible]

[illegible] TAHRÎK. [حرك II.] Subst. [illegible] *action de mettre en mouvement, de remuer, d'ébranler, de mouvoir, d'irriter, de provoquer; mouvement, excitation, instigation, agitation* [illegible] | das in Bewegung setzen [illegible] Erregung [illegible]

[illegible]

تحريم TAHRÎM. [حرم II.] Subst. [illegible] *action de défendre, d'interdire, de prohiber, de déclarer illicite* [illegible] | das Verbieten [illegible]

[illegible]

تحزّب TAHAZZUB. [حزب V.] Subst. [illegible] *action de se réunir par troupes, de se rassembler, se [illegible]; rassemblement, confédération.* [illegible] Verschwörung.

* [illegible] [V.] Subst. [illegible] action de s'affliger, tristesse, affliction, regret. | das sich betrüben, Betrübniss, Kummer, Traurigkeit, Bedauern.

* TAHZĪB. [II.] Subst. [illegible] action de réunir en troupes, de partager en sections. | das Sammeln in einzelne Haufen, in einzelne Abtheilungen theilen.

* TAHRĪN. [II.] Subst. [illegible] action d'attrister, d'affliger. | Betrübung.

* TAHASSUR. [V.] Subst. [illegible] action de soupirer après q. ch.; désir, regret. | das sich Sehnen nach einem entfernten Gegenstande, Sehnsucht, Verlangen, Bedauern (um etwas verlorenes).

* TAHASSUS. [V.] Subst. [illegible] action d'écouter, de prendre des informations. | das Hören, Horchen, sich erkundigen.

* TAHSĪN. [II.] Subst. [illegible] action de rendre beau, embellissement; de trouver beau, de louer; approbation. | das schön machen, Verschönerung; schön finden, Lob, Beifall. [illegible] approbation. | Beifallsruf.

* TAHAŠŠUD. [V.] Subst. [illegible] action de se réunir, de se rassembler, de s'attrouper. | Vereinigung, Zusammenschaarung. vgl. [illegible]

* TAHAŠŠUR. [V.] Subst. [illegible] résurrection. | die Wiedererweckung aus dem Grabe.

* TAHAŠŠUM. [V.] Subst. [illegible] action de rougir à cause de q. ch. indécent. | Erröthen über etwas Unschickliches.

* TAHŠIJE. [II.] Subst. [illegible] action d'écrire à la marge, écrire des notes marginales. | das am Rande (einer Buches) schreiben, Anmerkungen an den Rand schreiben.

* TAHŠĪM. [II.] Subst. [illegible] action de faire rougir (de honte, de colère etc.) | Erröthen machen (durch Beschämung, unziemliche Reden, Beleidigungen die den Zorn reizen u. s. w.).

* TAHSĪL. s. [illegible]

* TAHASSUN. [V.] Subst. [illegible] action de se retrancher. Verschanzung. — ETMEK. se retrancher, se fortifier dans un camp, se retirer, se s'enfermer et se défendre dans une forteresse. | sich verschanzen, sich in ein festes Lager oder eine Festung zurückziehen und dort vertheidigen.

* TAHSĪS. [II.] Subst. [illegible] action de rendre évident, manifeste. | klare Auseinandersetzung, Aufklärung.

* TAHSĪL. [II.] Subst. [illegible] action d'acquérir, acquisition (des biens, des connaissances etc.), étude; action d'obtenir, d'atteindre un but, obtention, action de gagner, profit, avantage; perception (faite des revenus); collecte (des impôts etc.). | das Erlangen, Erwerben, Verdienen, Erwerbung von Kenntnissen, Studium, Gewinn oder Gewinnst; Einsammlung von Steuern u. dgl. Pl. [illegible] acquisitions, revenus, connaissances | Erwerbungen, Einkünfte, Kenntnisse. — ETMEK. acquérir etc., faire la collecte des impôts. | erlangen, erwerben, die Steuern eintreiben. [illegible] eine schwer zu erlangende Vergünstigung. [illegible] Erwerbung oder Erlangung eines Privilegiums [illegible] Erlaubnis erhalten. [illegible] sein Brod mit Mühe und Arbeit verdienen. [illegible] oder [illegible] sich erneuern, wieder zu Kräften kommen. [illegible] wieder Macht gewinnen. [illegible] den Sandaim ablegen. [illegible] während des Erwerbens (nämlich von Kenntnissen), während (er) den Wissenschaften oblag, oder während der Lehrzeit. [illegible] Gewissheit erlangen. [illegible] sichere Kenntniss erlangen, sich überzeugen.

* [illegible] TAHSĪLDĀR. Subst. receveur. | Einnehmer, Zolleinnehmer.

* [illegible] TAHSĪLDĀRLYK. Subst. charge de receveur. | Einnehmerdienst.

* TAHSĪN. [II.] Subst. [illegible] action de retrancher, de fortifier, de renforcer. | Verschanzung, Befestigung, Einschliessen, Verschliessen, gut verwahren. [illegible] die Festigung der Reichs.

* TAHADDUR. [V.] Subst. [illegible] état d'être présent, action de se présenter. | das Zugegensein, Gegenwart (einer Person).

* TAHDĪR. [II.] Subst. [illegible] action d'exciter, de stimuler, de rendre avide. | Anreizung, Erweckung der Begierde.

* TAHATTUM. [V.] [illegible] TAHTĪM. [II.] Subst. [illegible] action de casser. | das Zerbrechen (in Stücke).

* TOHFE. Pl. [illegible] TUHAF. Subst. [illegible] don, présent, tout objet précieux propre à être offert en présent, chose rare, chose belle; grâce, faveur, bienfait. | Geschenk, Kostbarkeit, Rarität, jede hübsche Sache die sich zu einem Geschenk eignet, Gunstbezeugung, Wohlthat. — GETIRMEK donner, offrir, présenter. | geben, zum Geschenk machen.

* [illegible] TOHFE-GĀR. Subst. [illegible] qui apporte des présents, vassal, sujet. | Geschenke-Ueberbringer, d. i. Vasall, Unterthan.

* [illegible] TUHAFČY. Subst. [illegible] mercier, marchand d'articles de Paris. | Kleinhändler, Galanteriewaarenhändler der allerlei hübsche Sachen verkauft. Kom. s. v. [illegible]

* [illegible] TUHAFČYLYK. Subst. [illegible] mercerie, commerce d'articles de Paris. | Handel mit Galanteriewaaren. Kom. s. v. [illegible]

* TAHAFFUZ. [V.] Subst. 1. [illegible] action de se garder, de se protéger des maladies contagieuses, action de se défendre; défense. | das sich hüten, sich vertheidigen, sich schützen, sich in Acht nehmen, sich vor Ansteckung schützen. [illegible] TAHAFFUZ-CHĀNE lazaret. | Contumaz-Haus, Lazareth. 2. action d'imprimer dans sa mémoire. | das Merken, dem Gedächtniss einprägen.

* TAHAQQUQ. [V.] Subst. [illegible] action d'apprendre avec certitude; certitude, conviction, vérification. | Vergewisserung; das sich als sicher und gewiss oder als wahr herausstellen, Sicherheit, Gewissheit. [illegible] oder [illegible] moralische Gewissheit oder Ueberzeugung. [illegible] physische Gewissheit.

* TAHQĪR. [II.] Subst. [illegible] action d'humilier, d'abaisser; de regarder avec dédain, humiliation, avilissement, mépris. | Erniedrigung (in physischem und moralischem Sinne); Herabwürdigung, Demüthigung, geringschätzige Begegnung. — ETMEK. abaisser, déshonorer, dédaigner. | erniedrigen, herabwürdigen, verächtlich und schmählich machen.

* TAHQĪQ. [II.] Subst. [illegible] action de constater la vérité, vérification, confirmation, affirmation, certitude, vérité; action de rendre nécessaire; sens bien défini d'un mot; emploi d'un mot dans sa signification propre, approfondir l'examen d'une chose, l'étudier à fond. | Constatirung der Wahrheit, Bewahrheitung, Bestätigung, Versicherung, wahre Aussage, wahre Bedeutung; Ergründung des wahren Wesens einer Sache, tiefes und gründliches Eingehen. — ETMEK. vérifier, reconnaître pour vrai, rechercher si une chose est vraie, s'assurer d'un fait, assurer comme vrai. | bewahrheiten, bestätigen, als wahr erkennen oder zu erkennen suchen; für wahr halten, glauben; als wahr versichern. Lexicon. [illegible] TAHQĪQ-MEĞLISI. tribunal d'enquête, d'instruction. | das (zum eingeführte) gerichtliche Untersuchungs-Collegium. [illegible] eine Sache für deren Wahrheit man nicht einstehen kann, die sich nicht als wahr beweisen lässt. [illegible] sich

[illegible] einer [illegible] [illegible]. [illegible] um sich der Wahrheit zu versichern. [illegible] den Beweis führen. [illegible] sicher wissen.

[illegible] Adv. [illegible] à la vérité, certainement, [illegible], [illegible], certes | der Wahrheit gemäss, wahrhaftig, sicher, gewiss, untrüglich.

[illegible] Sbst. Pl. v. [illegible] les vérités, certitudes | die Wahrheiten, Gewissheiten.

[illegible] Adj. [illegible] certain, avéré, vrai, indubitable | sicher, wahr, nicht zu bezweifeln, untrüglich [illegible] sichere [illegible], untrügliche Beweise

[illegible] Adj.

[illegible] | die Wahrheit erkennen.

[illegible] [V.] Sbst. [illegible] action de chercher querelle | sich an Jemand reiben, Händel suchen.

[illegible] [V.] Sbst. [illegible] action de [illegible], présomption, arrogance, assertion arbitraire. | [illegible] Anmassung des [illegible] oder der [illegible]; den Herren spielen, [illegible] Herrn, [illegible] [illegible] willkürliche Behauptung.

[illegible] [II.] Sbst. [illegible] action de [illegible] un terrain. | [illegible] eines Platzes [illegible] andere zu hindern [illegible] zu bauen.

[illegible] [II.] Sbst. [illegible] action de rendre ferme, stable, solide, de consolider, d'assurer [illegible], action de tenir ferme, d'écarter ou éloigner de q. ch.; action de faire prononcer q. qn. [illegible] arbitre, de nommer [illegible] q. qn. juge, arbitre, gouverneur, [illegible] q. qn. son agent plénipotentiaire | Befestigung; Sicherung, [illegible] eines Gebäudes; das Festhalten, von einer Sache oder einer Gefahr [illegible]; Ernennung oder [illegible] Jemandes als Richter, als Schiedsrichter, als Statthalter oder Geschäftsführer.

[illegible] und [illegible] [II.] Sbst. [illegible] action d'expier, ou de dégager son serment (par des [illegible], [illegible] [illegible] etc., quand on ne veut [illegible] [illegible] l'accomplir à la lettre); action de dégager sa parole. | [illegible] von der Erfüllung eines Eides, [illegible] eines Eides durch [illegible] oder andere [illegible] Werke, sein Wort [illegible], Erfüllung eines Versprechens. [illegible] oder [illegible] pour l'acquit de serment

faite, par manière d'acquit, pour l'acquit de sa conscience, légèrement | als [illegible] des Eides, d. h. um sein Gewissen zu beruhigen, leichthin, [illegible], um der Sache genug zu thun.

[illegible] [V.] [illegible]

[illegible] [V.] Sbst. [illegible] action de proférer un serment, ou de donner sa parole avec réserve ou à condition. | Ablegung eines Eides mit Vorbehalt oder unter gewissen Bedingungen.

[illegible] [V.] Sbst. — [illegible] action de prétendre d'avoir rêvé q. ch. | Erzählen von Träumen die man nicht gehabt, Vorgeben von Träumen.

[illegible] [Denom. v. [illegible]] [illegible] action de se donner l'air doux. | das sich [illegible] benehmen und [illegible] zu erscheinen.

[illegible] [V.] Sbst. [illegible] action de se parer d'ornements, de faire toilette, [illegible] | Anlegung von Schmuck, sich putzen; geputzt oder geschmückt sein.

[illegible] [II.] Sbst. — [illegible] action d'orner, de parer, d'enrichir d'ornements, de pierres précieuses etc. | Schmückung, Ausschmückung, Belegung mit Edelsteinen u. dgl.

[illegible] [II.] Sbst. [illegible] action de faire jurer q. qn., de faire prêter serment, de [illegible] ou de demander le serment. | das Schwören lassen, einem den Eid [illegible].

[illegible] [II.] Sbst. 1 [illegible] action de [illegible], de [illegible]. | das [illegible], Glätten, [illegible], [illegible] 2 [Denom. v. [illegible]] action de faire ou décrire des cercles, de tournoyer; former un cercle; se former en cercle, faire un discours en présence d'un cercle d'auditeurs. | das Beschreiben eines Kreises, Kreise ziehen, in kreisförmigen Linien schreiben, im Kreise herumgehen oder fliegen, einen Kreis (Versammlung) bilden, vor einem Kreise von Zuhörern sprechen oder Vorlesungen halten.

[illegible] [II.] Sbst. 1. [illegible] action de déclarer permis, de rendre licite; épouser une femme après avoir trois fois divorcé avec elle, | als erlaubt erklären, Wiederverheiratung einer dreimal geschiedenen. 2. [illegible] action de dégager sa parole. Erfüllung eines Versprechens 3. [illegible] action de dissoudre, d'analyser; analyse chimique. | Auflösung (eines Körpers, eines Rätsels) Zersetzung, Zerlegung, chemische Analyse, Erforschung einer Geschwulst.

[illegible] [II.] Sbst. [illegible] action de rendre doux.

patient, endurant. | Beschäftigung; Ermahnung zu Geduld, zu [illegible]; Bestätigung.

[illegible] [V.] Sbst. [illegible] action de se laisser remercier, mériter les éloges ou les remerciements de q. qn., [illegible] à q. qn. un bienfait [illegible] | den sich danken lassen, sich loben lassen, Dank oder Lob verdienen, einem seine Wohlthaten oder Verdienste vorhalten.

[illegible] [V.] Sbst. [illegible] action de se montrer ferme, constant, brave, audacieux etc., fermeté, hardiesse, constance, bravoure | die sich fest zeigen, Festigkeit (des Charakters, des Glaubens), Tapferkeit, [illegible] (im Kampfe).

[illegible] [V.] Sbst. [illegible] action de se charger, de porter un fardeau, de supporter, de tolérer, force de supporter, patience, longanimité, tolérance. | das Ertragen, auf sich nehmen einer Last, Kraft zu tragen, Geduld, Langmuth, [illegible]; — [illegible] porter, supporter, souffrir, être patient, tolérer | ertragen, auf sich nehmen, erdulden, dulden (mit dem Accus. o. Dativ des Obj.) [illegible]

[illegible] ich dulde nicht dass man Jemand Unrecht thut

[illegible] es gehört grosse Geduld dazu dies zu ertragen.

[illegible]

Kälte und Hunger ertragen. [illegible]

[illegible] es ist unerträglich. [illegible] insupportable. | unerträglich, [illegible].

[illegible] Adj. — [illegible] impatient, peu endurant, qui ne peut pas souffrir ou supporter. | ungeduldig, wenig ertragend, der nichts ertragen oder erdulden kann.

[illegible] Sbst. impatience, | Ungeduld.

[illegible] Adj. qui fait perdre la patience, insupportable | die Geduld erschöpfend, unerträglich vgl. [illegible]

[illegible] [II.] Sbst. [illegible] action de louer Dieu en disant ou en répétant les mots [illegible] | Lobpreisung Gottes, insbes. durch Aussprechung oder Wiederholung der Worte „Gott sei gelobt".

[illegible] [II.] Sbst. [illegible] action d'irriter, de mettre en colère. | Erbitterung, Reizung zum Zorne. — 2. fehlerhafte Schreibart für [illegible] s. d. Figde

[illegible] [II.] Sbst. [illegible] action de torréfier, de [illegible], de moudre (le café); lieu ou pièce où l'on torréfie le café; nom d'un [illegible] à Constantinople. das Rösten und Pulverisieren des Kaffee's, Ort wo Kaffee ge-

[illegible] TAQ[illegible]. [[illegible] VI.] Subst. [illegible] action de se [illegible], [illegible] de l'[illegible], se disputer, se quereller. | sich einer dem andern [illegible] zeigen, sich streiten; Streit, Hader; mit einander [illegible].

[illegible] TAQ[illegible]. [[illegible] VI.] Subst. [illegible] action de parler, de [illegible], de faire un pari. | das Wetten, [illegible] eine Wette [illegible].

[illegible] TAQ[illegible]. [[illegible] VI.] Subst. [illegible] action de parler tout bas, de se communiquer des secrets. | heimlich mit einander sprechen.

[illegible] TAQ[illegible] oder [illegible] TAQ[illegible]. Subst. [illegible] vgl. [illegible] nom d'une année du cycle duodécimal de l'ère ancienne. | Name eines Jahres im zwölfjährigen Cyclus der alten Türken.

[illegible] TAQ[illegible]. Subst. Pl. v. [illegible]

[illegible] TAQ[illegible]. [[illegible] II.] Subst. [illegible] action d'avertir; avis, avertissement. | Benachrichtigung, Anzeige.

[illegible] TAQ[illegible]. Subst. [illegible] trône, siège; capitale. | Thron; Sitz, [illegible]. Residenz des Fürsten [illegible] oder [illegible] TAQ[illegible]. trône mobile, trône royal ou impérial. der [illegible], d. i. der königliche oder kaiserliche Thron [illegible] TAQ[illegible], grand [illegible].] [illegible]

[illegible]

[illegible] TAQ[illegible]-[illegible]. Subst. qui est assis sur le trône, roi. | der Thronende, auf dem Throne sitzende, König. [illegible] die im Staub thronenden, d. i. die Menschen, [illegible], die welche ein [illegible] Leben führen.

[illegible] TAQ[illegible]. Subst. [illegible] planche, table, [illegible], plaque (de métal, de pierre etc.): carreau, brique. | Brett, Tafel, [illegible] Holz, Metall, Stein u. dgl., wie [illegible]; wie die Form einer Tafel hat, [illegible]; ein Stück Pelzwerk [illegible] zu einer Seite des Kleides nöthig). [illegible] TAQ[illegible] [illegible]. | [illegible] oder [illegible] v. [illegible], pierre plate. | [illegible]

[illegible]

[illegible] [illegible] action d'amaigrir, de sécher, de faire se rider, devenir maigre | [illegible]. Abmagerung.

[illegible] TAQ[illegible]. [[illegible] II.] Subst. [illegible] action de cacher dans l'appartement des femmes, de [illegible] des regards (une femme). | im [illegible] verborgen halten (eine Frau) vgl. [illegible]

[illegible] TAQ[illegible]. [[illegible] II.] Subst. [illegible] action d'égratigner, de déchirer avec les ongles. | das Kratzen, mit den Nägeln verwunden oder [illegible].

[illegible] TAQ[illegible]. [[illegible] II.] Subst. [illegible] action de tromper par des ruses | Ueberlistung.

[illegible] TAQ[illegible]. [[illegible] II.] Subst. [illegible]

[illegible]

[illegible]

[illegible] action de se cacher, de disparaître. | sich Verbergen, Verschwinden.

[illegible] TAḪQÎQ. [[illegible] II.] Subst. [illegible] action de se rencoigner, se pelotonner. | das Bergen, Zusammenducken.

[illegible] TAḪQÎQ. [[illegible] II.] Subst. action d'étrangler, d'étouffer, de suffoquer. | Erdrosselung.

[illegible] TEḪAWWUŽ. [[illegible] V.] Subst. action de chercher à plonger, à s'enfoncer. | das hineinzudrängen, tief einzudringen suchen.

[illegible] TEḪAWWUF. [[illegible] V.] Subst. [illegible] action de s'épouvanter de q. ch., de s'effrayer; crainte, peur. | Furcht, [illegible], Befürchtung.

[illegible] TAḪ[illegible]. Subst. Pl. v. [illegible]

[illegible] TAḪ[illegible]. Subst. [illegible] borne, limite entre deux territoires. | Grenze. vgl. [illegible]

[illegible] TEḪAWWUN. [[illegible] V.] Subst. [illegible] action de tromper, de trahir, de causer un préjudice à q. qn. | Täuschung, Verrath, Veruntreuung; Schädigung, Beeinträchtigung.

[illegible] TAḪQÎQ. [[illegible] II.] Subst. entrer dans l'eau; plonger dans [illegible], remuer, agiter pour mélanger un liquide. | Tauchen, Hineintreten, Umrühren einer Flüssigkeit.

[illegible] TAḪQÎF. [[illegible] II.] Subst. 1. [illegible] action de faire peur, intimidation; das in Furcht jagen, Einschüchterung. — [illegible] faire peur, effrayer, épouvanter. | in Furcht jagen, erschrecken. Pl. [illegible] terreurs, périls, dangers. | Furcht, Schrecken, Gefahren. — 2. (als Concretum) [illegible] qui a peur, qui désespère. | ein Furchtsamer, Hoffnungsloser, Verzweifelnder.

[illegible] TAḪQÎL. [[illegible] II.] Subst. [illegible] action de faire participer q. qn. à q. ch., lui accorder q. ch. (se dit de Dieu). | das theilhaftig werden lassen, Verleihung durch göttliche Gnade.

[illegible] TAḪQÎN. [[illegible] II.] Subst. [illegible] action d'accuser q. qn. de perfidie. | Beschuldigung der Treulosigkeit, des Verraths. 2. [illegible] action d'amoindrir. | Verringerung. 3. [illegible] action de faire grande attention à q. ch., prendre garde; sorgfältige Beachtung einer Sache, ängstliche Vorsicht.

[illegible] TEḪAYYUR. [[illegible] V.] Subst. action de choisir, de préférer. | Auswahl. vgl. [illegible]

[illegible] TAḪQÎL s. [illegible]

[illegible] TEḪAYYUL. [[illegible] V.] Subst. [illegible] action d'imaginer, de s'imaginer; imagination. | Einbildung, Erinnerung, Andenkung [illegible] imaginable. | denkbar, vorstellbar. [illegible] imaginatif. | erfinderisch, sich leicht etwas einbildend. [illegible] qui imagine de belles choses. | der schöne Sachen ausdenkt. — [illegible] s'imaginer q. ch., se mettre q. ch. dans la tête; avoir des soupçons. | sich etwas einbilden, sich in den Kopf setzen, argwöhnen.

[illegible] TEḪAYYULÂT. Subst. Pl. d. Vorig. (imaginations. | Einbildungen.

[illegible] TAḪQÎB. [[illegible] II.] Subst. [illegible] action de frustrer, de priver q. qn. de son dû ou de ce à quoi il s'attend. | Täuschung der Erwartung oder der Hoffnung Jemandes. [illegible] er hat mich um meine Rechte gebracht. [illegible] er hat seine Gläubiger getäuscht (um das Ihrige gebracht).

[illegible] TAḪQÎR. [[illegible] II.] Subst. [illegible] action de donner le choix; d'avoir le choix libre. | die Wahl lassen, wählen lassen, zu freier Wahl stellen. Rhet. Eine rhetorische Figur, welche darin besteht, dass das letzte reimbildende Wort eines Verses vertauscht werden kann, indem mehrere Wörter einen ähnlichen Sinn ausdrücken, so dass das Schlusswort der Wahl des Lesers überlassen ist. s. Mehren, Rhet. d. Arab. Seite [illegible].

[illegible] TAḪQÎS. [[illegible] II.] Subst. [illegible] action d'humilier, d'abaisser, de mortifier. | Erniedrigung, Unterwerfung.

[illegible] TAḪQÎL. [[illegible] II.] Subst. [illegible] action de faire imaginer q. ch., action de présenter à l'imagination (telle ou telle chose); rendre q. qn. objet de quelque soupçon. | Vorspiegelung, Täuschung, Verdächtigung. Rhetor. rhetorische Figur, welche darin besteht, dass man ein Wort gebraucht, welches der Leser zunächst in der eigentlichen Bedeutung auffasst, während auch die bildliche Bedeutung desselben im Sinne ist. — [illegible] faire imaginer q. ch. | der Einbildungskraft etwas vorspiegeln.

[illegible] TEDÂBÎR. Subst. Pl. v. [illegible] délibérations, dispositions, mesures. | Berathungen, Anordnungen, Massregeln.

[illegible] TEDÂḪUL. [[illegible] VI.] Subst. [illegible] action de pénétrer l'un dans l'autre, se mêler. | das in einander hineingehen, eindringen, einander durchdringen, sich vermischen (oder in die Angelegenheiten des andern); in einander aufgehen (eine Zahl in der andern, bei der Division); von einem Termin zum andern bleiben (z. B. die Bezahlung der Miethe, der Zinsen für ein Capital u. s. w.). [illegible] être en retard (le payement d'une dette). | in Rückstand bleiben (so dass ein Termin erst mit Ablauf des folgenden bezahlt wird).

[illegible] TEDÂRUS. [[illegible] VI.] Subst. [illegible] action d'étudier, de lire et écrire. | das Studiren, Lesen und Schreiben.

[illegible] TEDÂRUK. [[illegible] VI.] Subst. [illegible] action de réparer, réparation; action de pourvoir, provision, préparatif, appareil, mesure pour empêcher un accident ou remédier à q. ch. | Ersetzung, Ersatz, Verhütung, Massregel, Vorbereitung, Rüstung, Herbeischaffung. — Rhet. Zurücknahme oder Einschränkung von etwas vorher Gesagtem, durch Adversativpartikel, wie aber, jedoch u. s. — [illegible] réparer, obvier, prendre des mesures, des expédients, se pourvoir, préparer. | wieder gut machen, ersetzen, einer Sache abhelfen; Vorkehrungen, Vorbereitungen treffen; sich mit etwas versorgen, Massregeln ergreifen. [illegible] faire réparer la perte. | den Verlust ersetzen, sich entschädigen. [illegible] remédier, apporter remède. | Gegenmittel anwenden oder bereiten. [illegible] einem Englische vorbeugen. [illegible] Vorbereitung zu einem Gastmahl. [illegible] Kriegsrüstungen. [illegible] für Verrath sorgen.

[illegible] TEDÂRUKÂT. Subst. Pl. d. Vorig.

[illegible] TEDÂRUK [illegible]. Vb. act. [illegible] faire des préparatifs, se préparer. | Vorbereitungen treffen, sich bereit machen. — Deriv. [illegible] TEDÂRUKLENMEK Vb. pass. — [illegible] pourvoir, munir, garnir. | Vorbereitungen treffen lassen, mit Vorräthen versorgen. [illegible] eine Festung verproviantiren.

[illegible] TEDÂRUKLU. Adj. qui a fait des préparatifs, préparé, prêt à..., muni, pourvu des choses nécessaires. | bereit zu etwas, versehen, gerüstet. [illegible] dem gehörigen versehen sein, bereit sein; sich bereit machen.

[illegible] TEDÂFU'. [[illegible] VI.] Subst. [illegible] action de repousser, d'éloigner l'un de l'autre; action de se défendre, défense. | gegenseitiges Wegstossen, von einander entfernen, von sich abhalten, sich vertheidigen; Vertheidigung.

[illegible] TEDÂFU'Î. Adj. [illegible] qui a rapport à la défense, défensif (un traité etc.). | die Vertheidigung betreffend. [illegible] traité défensif. | ein Defensiv-Tractat. [illegible] alliance défensive. | Defensiv-Bündniss.

[illegible] TEDÂLUF. [[illegible] VI.] Subst. action de se prendre en fouls. | Gedränge.

[illegible] TEDÂLUS. [[illegible] VI.] Subst. [illegible] action de se cacher mutuellement q. ch. | Verheimlichung einer Sache vor einander.

action de se cacher, se dérober. | das sich Verbergen.

* [illegible] TEDFI'. [[illegible] II.] Sbst. [illegible] action de repousser, de chasser, de rejeter avec violence; répulsion. | Verdrängung, Vertreibung.

* [illegible] TEDFIN. [[illegible] II.] Sbst. [illegible] action d'enterrer, de cacher; enterrement. | das Begraben, Vergraben, Verbergen, Begräbniss.

* [illegible] TEDKIK. [[illegible] II.] Sbst. [illegible] action de piler menu, de rendre mince, d'examiner minutieusement (au fig.), klein machen; genaue bis auf das Kleinste eingehende Untersuchung oder Anforschung.

[illegible] TEDELLUS. [[illegible] V.] Sbst. [illegible] dissimulation. | Verstellung. Verheimlichung.

* [illegible] TEDELLUL. [[illegible] V.] Sbst. [illegible] action de se flatter. | Schmeicheln, Liebkosung, Einschmeichelung mit [illegible]. 2. übertragene Bedeutung. — [illegible] action de s'habituer à q. ch., de prendre l'habitude de q. ch. | Angewöhnung.

* [illegible] TEDELLUL. [[illegible] V.] Sbst. [illegible] coquetterie | übermüthiges Benehmen, zu grosses Selbstvertrauen, besonders von Weibern gegen Männer, Coquetterie.

* [illegible] TEDELLI. [[illegible] V.] Sbst. [illegible] action de se laisser descendre; das sich herabsenken (wie an einem Seile). Theol. das sich wieder herabsenken oder zurückweichen aus der unmittelbaren Nähe Gottes [Gegentheil von [illegible]]; Rückkehr zu sich selbst aus der Extase; das sich herablassen Gottes (zu den Andächtigen). 2. — [illegible]

* [illegible] TEDLIL. [[illegible] II.] Sbst. [illegible] action de démontrer. | [illegible] 2. [illegible] démonstration. Beibringung eines Beweises, Beweisführung.

* [illegible] TEDLIS. [[illegible] II.] Sbst. [illegible] action de tromper (dans la vente en cachant les défauts de l'objet vendu); déguisement de la vérité. | Täuschung (beim Handel, durch Verhehlung der Fehler einer Waare), Entstellung der Wahrheit, Fälschung. Theol. Falsche Angabe der Quellen oder der Gewährsmänner einer Tradition, Fälschung der Tradition.

* [illegible] TEDLIK. [[illegible] II.] Sbst. [illegible] action de frotter, de frotter l'un l'autre. | das Reiben, aneinander reiben.

* [illegible] TEDLIL. [[illegible] II.] Sbst. [illegible] coquet- [illegible] terie naïve [illegible] Coquetterie. vgl. [illegible]

* [illegible] TEDLIH. [[illegible] II.] Sbst. [illegible] action de faire perdre la tête, de rendre fou q. qu. (une passion ou une vive émotion). | den Kopf verlieren lassen, das toll machen (eine Leidenschaft oder heftiger Affect).

* [illegible] TEDMUR oder [illegible] TEDMIR. N. pr. Tadmor oder Palmyra.

* [illegible] TEDEMMUR. [[illegible] V.] s. [illegible]

* [illegible] TEDEMMU'. [[illegible] V.] Sbst. [illegible] action de pleurer, être en larmes. | das Weinen, Thränenvergiessen.

* [illegible] TEDEMMUL. [[illegible] V.] Sbst. état d'être préparé à l'engrais, être engraissé, être amélioré par l'engrais (le sol). Düngung, gedüngt sein, durch Düngung verbessert sein (der Boden).

* [illegible] TEDEMMI. [[illegible] V.] Sbst. état d'être sali de fiente. Verunreinigung durch Unrath. vgl. [illegible]

* [illegible] TEDMIYET. [[illegible] II.] Sbst. [illegible] action de blesser à faire couler le sang. | blutige Verwundung.

* [illegible] TEDMIT. [[illegible] II.] Sbst. [illegible] action de rendre uni, égal. | Ebenung, Glättung (des Bodens).

* [illegible] TEDMIDJ. [[illegible] II.] Sbst. [illegible] action de faire entrer q. ch. dans une autre | Einfügung, Ineinanderfügung.

* [illegible] TEDMIR. [[illegible] II.] Sbst. [illegible] action de perdre, perte, ruine, destruction, dégât, extermination. | Verderbung, Vernichtung, Zerstörung, Störung. — LYREL. perdre, ruiner, anéantir, abîmer, mettre en désordre, troubler. | verderben, zerstören, zu Grunde richten, in Unordnung und Verwirrung bringen.

* [illegible] TEDMIS. [[illegible] II.] Sbst. [illegible] action de cacher, d'enterrer. | das Verbergen, Vergraben.

* [illegible] TEDMIK. [[illegible] II.] Sbst. [illegible] action de faire entrer, introduire, mettre une chose dans une autre | das Hineinbringen einer Sache in eine andere, in einander setzen, einfügen, hineinstecken.

* [illegible] TEDMIN. [[illegible] II.] Sbst. [illegible] action de salir d'ordures ou de fiente. | Verunreinigung durch Unrath. vgl. [illegible]

* [illegible] TEDENNUS. [[illegible] V.] Sbst. [illegible] action de se salir, se souiller, se gâter; état d'être souillé, d'être sal, abject, méprisable. | Besudelung, Befleckung, Verunreinigung, sich besudeln, schmutzig werden, verderben; verdorbener oder schlechter Zustand einer Sache, das Verdorben sein.

* [illegible] TEDENNI. [[illegible] V.] Sbst. [illegible] action d'approcher doucement, de s'approcher, de descendre, de déchoir | langsames und allmähliges Näherkommen, sich herabsenken, herablassen; allmähliges Sinken, schlechter werden.

* [illegible] TEDNIYET. [[illegible] II.] Sbst. [illegible] action d'approcher; action de descendre dans les détails de q. ch. | das näher bringen; näher auf eine Sache eingehen, sich im Grossen und Kleinen mit einer Sache beschäftigen.

* [illegible] TEDNIS. [[illegible] II.] Sbst. [illegible] action de salir, de souiller, de tacher q. ch.; action de ternir la réputation de q. qu. | Verunreinigung, Befleckung, Besudelung; Verunglimpfung, Beschimpfung. [illegible] gänzliche Befleckung.

* [illegible] TEDWIR. [[illegible] II.] Sbst. [illegible] action de tourner, de faire tourner, de faire aller en rond, de faire aller tout autour, d'imprimer une rotation, d'arrondir; cercle, circonférence, épicycle. (Astron.). das im Kreise herumgehen oder herumgehen lassen, Kreisung, Drehung; Beschreibung eines Kreises, die Runde machen; rund machen; Umkreis. Astr. Epicyclus — Pl. [illegible] TEDWIRAT

* [illegible] TEDWIM. [[illegible] II.] Sbst. [illegible] état d'être continuel, permanent; continuité, permanence; action de se tourner en rond, de pirouetter, de tourner sur soi-même, mouvement rotatoire; action de tourner, d'aller autour. | Fortdauer, Dauer; Drehung, Kreisung, Rotation, Umdrehung um sich selbst.

* [illegible] TEDWIN. [Denom. v. [illegible]] Sbst. [illegible] action de recueillir dans un volume (p. ex. les œuvres, les poésies d'un auteur). | das Zusammenstellen oder Sammeln (in einen Band) der Werke oder Gedichte eines Autors, Sammlung eines Diwan. — [illegible] recueillir dans un volume, enregistrer, inscrire, écrire l'histoire, écrire. | in einen Band zusammenschreiben oder einen Band, ein Buch schreiben, in ein Buch oder Register schreiben, eintragen, ein Geschichtswerk oder überhaupt die Geschichte schreiben; schreiben (im Allgemeinen).

* [illegible] TEDHISH. [[illegible] II.] Sbst. [illegible] action de consterner, de jeter dans la stupéfaction, de faire perdre la tête ou la présence d'esprit. | Berauben eines Jemand der Geistesgegenwart (durch Furcht, Schreck, Staunen u. dgl.)

[illegible] TEDHIS. [II.] Subst. action de noircir (comme le fait la mercure). Schwärzung (durch Rauch).

[illegible] [II.] Subst. [illegible] action d'oindre, d'enduire d'huile, de graisse etc., onction. | Bestreichung, Einölung, Bestreichen mit Oel.

[illegible] [V.] Subst. [illegible] action de faire l'entremetteur (pour de sa propre femme), maquerellage. | das sich zum Hahnrei machen, Hahnrei sein, Kuppelei.

[illegible] [V. Denom. v. [illegible]] Subst. [illegible] action de s'endetter, de contracter des dettes; état d'être endetté. | Schulden machen, Verschuldung.

[illegible]

[illegible] | Schnitt (des Kleides) [illegible] Haar oder Bart. [illegible] — [illegible] couper, tondre, [illegible] tailler la [illegible] | schneiden [illegible] — [illegible] | Taschenmesser.

[illegible] Shst. action de [illegible] etc. | [illegible] u. s. w. vgl. [illegible]

[illegible] Shst. [illegible] partie [illegible] | [illegible] Stück [illegible] z. B. [illegible] [illegible] ein [illegible] Stück z. B. [illegible] — vgl. [illegible]

[illegible] couper, tondre, tailler [illegible] | [illegible] u. w. [illegible]

[illegible] Part. [illegible] Adj. [illegible] | [illegible]

[illegible] VI. Shst. action de se serrer, état d'être serré les uns contre les autres. | [illegible] (in gerader Linie); — [illegible]

[illegible] VI. Shst. [illegible] d'être serré l'un à côté de l'autre, action de se tenir en ligne, en [illegible] | [illegible] bilden.

[illegible] VI. Shst. [illegible] satisfaction mutuelle, [illegible] l'un de l'autre, se [illegible] l'un à l'autre; | gegenseitige [illegible]

[illegible] s. [illegible]

[illegible] Shst. [illegible] | Sperber, Falke. 2. [illegible] | Cypresse.

[illegible] VI. Shst. [illegible] action de se citer l'un l'autre devant le juge. | [illegible]

[illegible] VI. Shst. [illegible] état d'être compagnons ou camarades. | Kameradschaft, [illegible]

[illegible] VI. Shst. [illegible] action de danser l'un avec l'autre. | mit einander tanzen.

[illegible] Shst. [illegible] — craquement; [illegible] | Platzen, geplatzt, Krach, Platz.

[illegible] VI. Shst. [illegible] action de s'agglomérer, état d'être aggloméré, agglomération. | Zusammenhäufung, festes Zusammenhängen. vgl. [illegible]

[illegible] VI. Shst. [illegible] état d'être entassé, entassement; foule, rassemblement. | Häufung, Anhäufung, Ueberhäufung, Haufen, Menge — [illegible] être entassé, se rassembler en foule. | einen Haufen bilden, sich häufen, angehäuft sein. [illegible] | Anhäufung von Geschäften.

[illegible] Shst. Pl. v. [illegible]

[illegible] Shst. Pl. v. [illegible]

[illegible] Ad. [illegible] craquer, crever, | krachen, platzen, — [illegible]

[illegible] Shst. trompette. | Trompete.

[illegible] Shst. [illegible] | Tirailleur [illegible]

[illegible] VI. Shst. [illegible] action de se laisser réciproquement [illegible] | [illegible] gegenseitig [illegible]

[illegible] Shst. [illegible] du Danube. | Donauboot.

[illegible] oder [illegible] Shst. tamarix. | die Tamariske.

[illegible] oder [illegible] Shst. [illegible] | Myrrhe.

[illegible] Shst. [illegible] chant, modulation, mélodie, fredon, [illegible] | Lied, Modulation, Melodie, [illegible] der Stimme oder des Tones, Triller, Ton; [illegible] — [illegible] oder [illegible] chanter. | singen. [illegible] chanteur, musicien. | Sänger, Musiker.

[illegible] Adj. [illegible] | trällern.

[illegible] Ad. [illegible]

[illegible] Shst. [illegible] | [illegible]

[illegible] Schwätzer, Tropfen, Destillation. — [illegible] | tröpfeln.

[illegible] Tabelle der Ziffern.

[illegible] Shst. Pl. v. [illegible] | Abkürzungen im Rechnungswesen.

[illegible] [Bed. [illegible]] [illegible] | [illegible]

[illegible] Shst. Pl. v. [illegible] — [illegible] partie supérieure de la poitrine. | der obere Theil der Brust (wo das Halsband [illegible]).

[illegible] Shst. [illegible] fraude, [illegible] hypocrisie, tromperie, mensonge, falsification; [illegible] | [illegible] Trug, [illegible] Lüge, Fälschung; [illegible]

[illegible] Shst. [illegible] en même temps, compagnon, ami [illegible] Freund. Pl. [illegible]

[illegible] Shst. [illegible] | Kühe, [illegible]

[illegible] Shst. [illegible] | [illegible] Quark.

[illegible] Shst. Pl. v. [illegible]

[illegible] Shst. [illegible] des doigts. | [illegible] Theil des [illegible] Gliedes).

[illegible] Shst. [illegible] | [illegible] Erde, [illegible] Grab, Grabmal, Grabcapelle eines Heiligen. [illegible] | [illegible] eines Grabmals.

[illegible] V. Shst. [illegible] action de tarder, [illegible] | das Zaudern, langes [illegible]

[illegible] V. Shst. [illegible] état d'être couvert de nuages, être sombre (le ciel, le front). | [illegible] (der Himmel, die Stirne), trübe sein.

[illegible] II. Shst. [illegible] action de se [illegible] | [illegible] Anhäufung, [illegible] 2. [illegible] Hver. action de se [illegible] | [illegible]

[illegible] Shst. [illegible] | [illegible] Kirche.

[illegible] s. [illegible]

[illegible] Shst. [illegible] | Magnesia.

[illegible] V. Shst. action d'attendre une occasion favorable. | Erwartung auf die Gelegenheit warten.

• [illegible] TERFÎʿ. [[illegible] V.] Sbst. action de se carrer. | gerade und hochmütig richten, [illegible], sich [illegible] in die Brust werfen.

P [illegible] TERAH. Sbst. = [illegible] getrockneter Quark, [illegible] (?).

P [illegible] TERHÎN. Sbst. [illegible] [illegible] und [illegible] Boden.

P [illegible] TERHIMED. Sbst. [illegible] [illegible] [illegible] | [illegible] Umschlag (um eine Wunde und dgl.)

• [illegible] TERKÎD. [[illegible] V.] Sbst. [illegible] action d'élever. | Aufziehung. v. [illegible]

• [illegible] TERBÎN. [[illegible] II.] Sbst. [illegible] action d'élever. | v. [illegible] Figur

• [illegible] TERBIJET [[illegible] II.] Sbst. [illegible] [illegible] action d'élever, de nourrir, d'apprêter, de [illegible], [illegible], soin, [illegible] des bestiaux, culture des plantes; éducation, instruction, bonnes moeurs; correction, punition; apprêt, préparation des étoffes; assaisonnement (des mets), [illegible]; composition littéraire. | [illegible], Ernährung, Aufziehung (eines Kindes oder eines Thieres), Pflege (der Pflanzen), Erziehung, [illegible], Bestrafung, Züchtigung; gute Sitten, Appretur (von Stoffen), Zurichtung [illegible] Würze der Speisen, Brühe, [illegible] oder [illegible] von [illegible] u. dgl. — [illegible] élever, nourrir, soigner, cultiver etc | aufziehen, ernähren, erziehen, ein Thier abrichten, Speisen u. dgl. zubereiten u. s. w. [illegible] ... donner à q. qu. une correction [illegible] eine Lehre geben, ihn züchtigen. [illegible] [illegible] durch [illegible] [illegible] TERBIJET-[illegible] Adj. und Sbst. élevé, instruit, [illegible]; élève, nourrisson | erzogen, unterrichtet, [illegible]; Zögling, Pflegling.

• [illegible] TERBÎH. [[illegible] II.] Sbst. action de faire le commerce, gagner sa vie dans le commerce. | Handel treiben.

• [illegible] TERBÎʿ. [[illegible] II.] Sbst. [illegible] action de quadrupler, de rendre quadrangulaire, de compter quatre, de faire une chose quatre fois; division en quatre parties égales; quadrature; quart d'un cercle. — [illegible] | Vervierfachung; viereckig machen, vier zählen, Viertheilung, viermal [illegible] Quadratur, Viertheil des Kreises, Abstand der Gestirne von einander um 90 Grad. [illegible] parfaitement carré. | vollständig viereckig, gleichseitig viereckig. [illegible] Quadrat-Elle. [illegible] oder [illegible] Quadratur des Zirkels

P • [illegible] TERBÎN. [[illegible] V.] Sbst. [illegible] PW action de donner des [illegible]. | Angeld geben, [illegible]

• [illegible] TERETTUB. [[illegible] V.] Sbst. [illegible] état d'être formé, d'être rangé ou disposé, être compté au nombre de ...; action de s'ensuivre. | das [illegible], geordnet sein, [illegible], an etwas gehören; Folge von etwas — [illegible] avoir lieu, provenir, résulter, s'ensuivre. | entstehen, entstehen, aus etwas hervorgehen oder folgen, die Folge von etwas sein. [illegible] welcher Art Entscheidung soll [illegible] aus dieser Rede hervorgehen? (d. h. was folgt daraus?)

P [illegible] TERTIRIDAN Vb [illegible] s'agiter.) sich bewegen. — [illegible]

T [illegible] TARTERMEK. s. [illegible] Deriz.

• [illegible] TERTERT. Sbst. [illegible] action de [illegible], [illegible]; [illegible] [illegible] und [illegible] in übereilter Rede. Zungenbeweglichkeit, Geschwätzigkeit; Erschlaffung.

• [illegible] TERTÎL. s. [illegible]

• [illegible] TERETTUR. [[illegible] V.] Sbst. [illegible] action de se mettre un fil autour du doigt pour se rappeler de q. ch.; se faire une marque. | sich einen Faden um den Finger wickeln um sich an eine Sache zu erinnern, sich ein Merkzeichen machen.

T [illegible] TARSMAK. Vb. act. LT [illegible] [illegible] (être, étendre) kleben, ankleben

s. [illegible] — Deriz. [illegible] TARTERMAK. Vb. caus. LT. [illegible] faire [illegible] etc. [illegible] lassen

T [illegible] TARSTMAK Vb. intr. [illegible] être ignorant, ignorer. | unwissend sein, nicht wissen.

T [illegible] TERTEMEK LT [illegible] [illegible]

[illegible] TERTAWÎR s. [illegible]

P [illegible] TART E MART. Sbst. confusion, [illegible]. | Wirrwarr, alles durch einander.

• [illegible] TERTÎB. [[illegible] II.] Sbst. [illegible] [illegible] action d'affermir, de fixer; action de disposer par ordre, de mettre chaque chose à sa place, de ranger; arrangement, ordre, disposition; ordonnance; système; plan, projet d'un ouvrage. Feststellung, Festsetzung, Aufstellung der Reihe nach, Anordnung, Ordnung, Reihenfolge, Reihe, systematische Anordnung, System, Methode, Plan, Entwurf, Verordnung. [illegible] [illegible] TERTÎBI [illegible] ordonnance d'un médecin, recette. | ärztliche Verordnung, Recept. [illegible] [illegible] ordre de bataille. Schlachtordnung. [illegible] méthodiquement, methodisch. [illegible] sans ordre. unordentlich. — [illegible] arranger, disposer, ordonner. | ordnen, anordnen, verordnen [illegible] [illegible] [illegible] [illegible] [illegible] [illegible] (an den Druckern).

• P [illegible] TERTÎBCIZ. Sbst. qui arrange, ordonnateur, compositeur. | Anordner, Ordner, Setzer in der Druckerei. [illegible] poser (l'échelle). | Steinsetzer (bei einem Bau).

• P [illegible] TERTÎBÂT. Sbst. arrangement, disposition, agencement. | Anordnung, Zusammenstellung.

• P [illegible] TERTÎBLENMIŠ. Adj. arrangé, mis en ordre. | geordnet, angeordnet, gereiht.

• [illegible] TERTÎBLI. Adj. u. Adv. qui a de l'ordre, de la règle, régulier, méthodique; régulièrement, méthodiquement. | ordentlich, vorgeordnet, methodisch. [illegible] [illegible] régulière. | Ordnung, Reihenfolge.

• [illegible] TERTÎL. [[illegible] II.] Sbst. récitation cadencée (spéc. du Coran). | gesangweise Recitation (insbes. des Koran).

• [illegible] TERSÎJET. [[illegible] II.] Sbst. [illegible] [illegible] action de pleurer un mort, faire une élégie ou un discours funèbre. | Beklagung eines Todten durch eine Elegie oder Leichenrede u. dgl.

• [illegible] TERDJÎH. [[illegible] V.] Sbst. [illegible] [illegible] avoir la prépondérance, de la supériorité. | das sich mehr nach einer Seite hinneigen (z. B. eine Wage); überwiegen; gewichtiger sein, mehr für sich haben (von Behauptungen u. dgl.).

• [illegible] TERDJEDJUF. [[illegible] V.] Sbst. être agité, trembler, branler. | Zittern, Beben, Schwanken.

[illegible] TERDJEN. Adj. u. Sbst. SL [illegible] [illegible] [illegible], sans pudeur. | [illegible], schamlos.

• [illegible] TERDJÎL. [[illegible] V.] Sbst. [illegible] action d'aller à pied, de mettre pied à terre; de descendre. | das zu Fuss gehen, den Fuss setzen, [illegible], den Fuss auf die Erde setzen, vom Pferde absteigen. V. [illegible] von [illegible] à Mann] ressembler à un homme | einem Manne gleichen, sich wie ein Mann [illegible]

• P [illegible] TERDJUMAN u. TERDJEMÂN. Sbst.

Pl. [illegible] [illegible] u. [illegible] interprète, drogman. | Uebersetzer, Dolmetscher. [illegible] [illegible] [illegible] [illegible] [illegible] premier drogman de la sublime porte | Oberdolmetsch der hohen Pforte. [illegible] [illegible] [illegible] drogman d'une ambassade. | Gesandtschaftsdolmetscher.

• P [illegible] TERDJUMANLYK. Sbst. fonction ou place d'interprète. | Dolmetscheramt, Amt des Dolmetschers.

• P [illegible] TERDJUMÂNÎ Sbst. — [illegible]

• [illegible] TERDJEME oder [illegible]. Sbst. interprétation, traduction; article, paragraphe; article biographique. | Uebersetzung, Verdolmetschung; Artikel oder Paragraph eines diplomatischen Schriftstückes u. dgl.; biographischer Artikel [Pl. [illegible]] — [illegible] traduire, interpréter. | übersetzen, verdolmetschen.

• [illegible] TERDÎD. [[illegible] V.] Sbst. [illegible]

[illegible]

de recommander, de perfectionner, d'achever. | das Versorgen, fördern, ganz oder fertig machen.

[illegible] TERSIL. [illegible II.] Sbst. [illegible] action *de rendre vil, d'avilir, de déshonorer, de détériorer, humiliation, avilissement.* | Verringerung, Verschlechterung, eine Sache geringer oder schlechter machen, den Werth einer Sache herabsetzen, die Achtung Jemandes schmälern, Erniedrigung, Demüthigung.

[illegible] TARSEK. Sbst. LT. [illegible] der harte Fettschwanz einer Art Schafe.

[illegible] TERSECHIN Adj. u. Sbst. *éloquent, disert.* | der fliessend spricht, beredt.

[illegible] TARZI oder [illegible] Sbst. [illegible] *tailleur* | Schneider.

[illegible] TERZIZ. [illegible II.] Sbst. [illegible] action *de lisser (le papier); de rendre égal, d'aplanir (une affaire).* Glättung (des Papiers u. dgl.), Ebnung.

[illegible] TERZIK. [illegible II.] Denom. von [illegible] Sbst. [illegible] action *de donner de quoi vivre, de nourrir* | Nahrung geben, Ernährung, Verleihung des täglichen Brodes.

[illegible] TERRIK Adj. u. Sbst *futile, futilité.* | nichtig, Nichtigkeit, nichtige Sache oder Rede. [illegible] TERRIK-VERRIK. Sieh daselbst. Erläuter.

[illegible] TERS. Sbst. Adj. u. Adv. 1. [illegible] [Gegentheil von [illegible]] *l'envers; le contraire, renversé, pris à rebours, au sens contraire; obstiné.* | das Rückseite, Kehrseite, das Umgekehrte; umgekehrt, verkehrt. [illegible] TERSINE *à l'envers,* umgekehrt, verkehrt, widerspenstig, störrig, eigensinnig [illegible] oder [illegible] — [illegible] oder [illegible] umwenden, das Aermel nach innen kehren. [illegible] *à rebours, verkehrt;* widerspenstig. 2. [illegible] *excrément, fiente.* | Dreck, Mist.

[illegible] TERS. Red. v. [illegible] Sbst. [illegible] *crainte, peur.* | Furcht.

[illegible] TERS. Sbst. [illegible] 1. *bouclier.* Schild. Pl. [illegible] TERASE, [illegible] TERASE und [illegible] TURAS. 2. *crotte dure du sol.* | harte Erdplatte.

[illegible] TERSE. Sbst. pers. Mohren.

[illegible] TERSA. Sbst [illegible] *infidèle, païen, chrétien.* | Ungläubiger (nicht Mohammedaner), Heide, Christ. [illegible] TERSA-[illegible] [illegible] Sohn eines Ungläubigen (Schimpfwort).

[illegible] TERSEK. s. [illegible]

[illegible] TERSEF. Sbst. LT. [illegible] *marche de la ruche.* Gang oder Gang der Kolben.

[illegible] TERSAN. [Partic. v. [illegible]] Adj. [illegible] *craintif, timide.* Furchtsam, furchtsam.

[illegible] TERSANE und [illegible] TERSANE. Sbst. *arsenal de marine.* | See-Arsenal.

[illegible] TERSANDYRMAK. Vb. caus. v. [illegible] *faire peur.* | Furcht einjagen.

[illegible] TERSUH. Sbst. — [illegible] LT. *coude.* | Ellenbogen.

[illegible] TERSEGHIN. Adj. u. Sbst. *craignant Dieu.* | Gottesfürchtig. [illegible] *crainte de Dieu.* | Gottesfurcht.

[illegible] TERSENDIL. [illegible V.] [illegible] action *de procéder brutalement, d'agir avec brutalité, de être tout doucement.* | das nicht thun, nicht gehen, nicht lernen.

[illegible] TERSELEMEK. Vb. act. Anf. [illegible] TERSLEK. sgl [illegible] — 1 *faire à l'envers, à rebours; mettre à l'envers; tourner, faire opposition, quereller, gronder sévèrement.* | das Umgekehrte thun, umkehren; sich widersetzen, widerspenstig sein, heftig schelten. 2. *fienter, engraisser (la terre), fumer.* Misten, den Unrath von sich geben [Kam. o. s. [illegible]]: den Acker düngen.

[illegible] TERSELIK. [illegible V.] Sbst. [illegible] action *de regarder attentivement (pour découvrir les traces de q. ch.)* | genaues Nachspüren.

[illegible] TERSAKIN. Adj. [illegible] *craintif, timide.* | Furchtsam, furchtsam.

[illegible] TERSIMEK. Vb intr. [illegible] *craindre, avoir peur, d'imaginer q. ch.* | fürchten, Furcht haben; sich Schreckbilder schaffen.

[illegible] TERSIL. [illegible II.] Sbst., [illegible]

[illegible] TERSIM. [illegible II.] Sbst. [illegible] action *de faire des traces, d'empreindre, de tirer des lignes, d'écrire: action de tenir q. qu. en surveillance, faire garder à vue, consigner q. qu.* | das Spuren-machen oder eindrücken, scharf aufdrücken (beim Schreiben), deutlich schreiben, Linien ziehen; im offenen Arrest halten, unter Aufsicht stellen.

[illegible] Sbst. LT. [illegible]

[illegible] TURSH. Adj. [illegible] *aigre, amer, acide.* | sauer, bitter, säurig; in übertragener Bedeutung: *grondeur, sombre, triste, chagrin.* | mürrisch, verdriesslich, traurig. [illegible] TURSH-[illegible] der ein finsteres Gesicht macht. [illegible] *aigre.* | finsteres Gesicht, saurer Ausdruck. [illegible] v. 100' oder [illegible] v. [illegible] *malveillant, misanthrope* übelwollend, verdriesslich. [illegible] v. [illegible] *aigrelet.* säuerlich, säuerlich.

[illegible] Vb. caus. v. [illegible]

[illegible] TURSHU und [illegible] Sbst. [illegible] Hahn.

[illegible] TERSHIH. [illegible V.] Sbst. [illegible] action *de transplanter, transvaser.* | Ausschwitzung, Durchsickern.

[illegible] und [illegible]

[illegible] TURSHUMSU. Adj. *aigrelet.* | säuerlich.

[illegible] TURSHUMIN. Adj. *aigre.* | sauer.

[illegible] TERSHE und [illegible] TURSHE. Sbst. [illegible] *oseille* | Sauerampfer.

[illegible] TERSH. Sbst. [Tahrif v. [illegible] Kam. o. s. [illegible]] 1. *partie d'empire.* | abgetheiltes oder abgetheiltes Stück. 2. *parchemin.* Pergament. 3. Adj., [illegible] *blanchâtre, grisâtre.* | pergamentfarbig (grau in grün oder blau schimmernd).

[illegible] u. [illegible]

[illegible] TURSHULAMAK. Vb act. [illegible] *faire aigrir, confire dans le sel.* säuern, sauer werden lassen, einsalzen (z. B. Früchte u. dgl.).

[illegible] TURSHI vulg. [illegible] TURSHU. Adj. u. Sbst. [illegible] *aigre, aigreur; sombre, triste, confit dans le sel ou le vinaigre; conserve de tout genre dans le vinaigre, choucroute.* | sauer, Säure; finster, verdriesslich, traurig; sauer eingemacht, in Essig eingelegte oder eingesalzene Früchte u. dgl., Sauerkraut [illegible] (Sauerkraut-Berg) ein Bergname des Libanon. [illegible] eine [illegible] Rübe. — [illegible] Kam. [illegible] *s'aigrir.* | sauer werden.

[illegible] TERBIJE. [illegible II.] Sbst. action *de nourrir avec soin, d'élever; traitement d'un malade (rigueur).* Erziehung (eigentlich sorgsame Pflege, Aufziehen eines Kindes, Krankenpflege. Rhet. der Ausdruck welcher eine rhetorische Figur begründet oder weiter fortführt v. Mehren. Rhet. S. 177. de Sacy en Mariat, n. 7.

[illegible] TERSHILEMEK. Vb. act. u. intr. [illegible] und [illegible] *aigrir; devenir aigre.* | sauer machen; sauer werden.

[illegible] TERASSUD. [illegible V.] Sbst — [illegible] action *d'observer attentivement, guetter, attendre; observation (des étoiles etc.)* | aufmerksames Beobachten und Erwarten, Aufpassen, Beobachtung (z. B. der Gestirne).

[illegible] TERASSU' [illegible V.] und [illegible] TERSI'. [illegible II.] Sbst. *gaité, enjouement.* | Heiterkeit.

[illegible] TERSIS. [illegible II.] Sbst. action *de rapprocher deux objets ensemble, de joindre l'un à l'autre, attacher le collé.* | fest an einanderfügen, zusammenbinden; den Schleier fest umbinden, so dass nur die Augen sichtbar sind.

[illegible] TERSI'. [illegible II.] Sbst. action *d'incruster, (d'or, d'argent, de pierreries etc.)* | Belegung mit Gold oder Edelsteinen. Rhetor. Parallelismus der Reime (in gereimter Prosa), sowohl hinsichtlich der grammatischen Form als der Bedeutung der Worte.

[illegible] TERSIF. [illegible II.] Sbst. [illegible] action *d'entourer l'un à l'autre.* | fest an einander heften.

a [illegible] TESMIN. [[illegible] II.] Sbst. [illegible] action de raffermir, de consolider. ; Fertigung, fest machen, Festigkeit geben.

a [illegible] TERZIYE. [[illegible] II.] Sbst. [illegible] action de contenter, de satisfaire, satisfaction, réparation. ; Genugthuung, Abbitte — ETMEK. donner satisfaction à q. qu., demander pardon, prononcer la formule de bénédiction. einem Genugthuung geben, eine Beleidigung abbitten, um Verzeihung bitten; die Segensformel [illegible] aussprechen.

a [illegible] TERTIB. [[illegible] II.] Sbst. [illegible] action de humecter, mouiller. Befeuchtung.

a [illegible] TERZIL. [[illegible] II.] Sbst. [illegible] action de peser (dans la balance) | mit der Wage wiegen.

a [illegible] TERA'I. [[illegible] V.] Sbst. [illegible] action de paître, aller paître. weiden, auf die Weide gehen.

a [illegible] TERHIB [[illegible] II.] Sbst. [illegible] action d'effrayer, d'épouvanter. | Erschrecken, in Furcht setzen.

[illegible] s. [illegible]

[illegible] s. [illegible]

[illegible] Sbst. provision | Mundvorrath.

[illegible] TERGHU u. TARGHU [oder [illegible] LT.] Sbst. [illegible] ordre du prince, diplôme royal | königlicher Befehl.

[illegible] Sbst. LT. [illegible] un petit oiseau | ein kleiner Vogel.

a [illegible] TERGHIB. [[illegible] II.] Sbst. [illegible] action de faire désirer | Erweckung eines Wunsches. — ETMEK. faire désirer, exciter l'émulation de q. qu. | Verlangen erwecken, Wetteifer erwecken.

a [illegible] TERFIH. Sbst. [illegible] bien-être. | Wohlbehagen.

a [illegible] TERFI'. [[illegible] V.] Sbst. [illegible] action de s'élever, de s'enorgueillir. | sich erheben, emporsteigen; Ueberhebung, Stolz.

a [illegible] TERFIK. [[illegible] V.] Sbst. [illegible] action de traiter q. qu. avec douceur, bienveillance. | Freundlichkeit, Wohlwollen, Leutseligkeit.

[illegible] TERFANDA vulg. [illegible] auch [illegible] Sbst. les primeurs de la saison. | die ersten Früchte der Jahreszeit. [illegible] les primeurs. | die erste Zeit der reifen Früchte.

a [illegible] TERFIH. [[illegible] II.] Sbst. [illegible] action d'honorer q. qu. | Ehrenerweisung.

a [illegible] TERFI'. [[illegible] II.] Sbst. [illegible] action d'exalter, d'élever, action d'enlever, d'ôter | Aufheben, in die Höhe heben; wegheben, Wegnehmen.

a [illegible] TERFIH. [Denom. v. [illegible]]

a [illegible] TERFIH [[illegible] II.] Sbst. [illegible] action d'assurer à q. qu. le bien-être, de traiter avec bienveillance | Sorge für das Wohl anderer, Wohlwollen, gütige und freundliche Behandlung der Untergebenen.

a [illegible] TERAKKUB. [[illegible] V.] Sbst. = [illegible] action d'attendre, d'observer, de contempler. | Erwartung, Beobachtung, Betrachtung.

a [illegible] TERAKKUS. [[illegible] V.] Sbst. [illegible] action de se mouvoir (en haut et en bas), de balancer, de sauter, de danser. | das sich auf und ab bewegen, schaukeln, hüpfen, tanzen.

a [illegible] TERAKKUK. [[illegible] V.] Sbst. action de s'attendrir sur q. qu., pitié, compassion. | Gerührtsein, Mitleid, Erbarmen.

[illegible] TARAKLAMAK, = [illegible]

a [illegible] TERAKKI. [[illegible] V.] Pl. [illegible] TERAKKIYAT. Sbst. [illegible] action de s'élever, de monter plus haut, ascension, avancement, progrès, accroissement, augmentation (de paye etc.). Erhöhung, Aufsteigen, Aufrücken, Zuwachs, Zunahme, Zulage, Fortschritt (in Kenntnissen). — ETMEK. augmenter. | zunehmen. — BULMAK oder — OLUNMAK. s'augmenter, être augmenté, avancer, s'accroître. sich mehren, wachsen, zunehmen, steigen. [illegible] augmenté | erhoben, vermehrt.

a [illegible] TERKIM. [[illegible] II.] Pl. [illegible] TERKIMAT. Sbst. [illegible] action d'élever, de faire monter, avancement, augmentation. | Erhebung, Erhöhung, Beförderung.

a [illegible] TERKI'. [[illegible] II.] Sbst. action d'administrer avec soin ses biens, de mener une vie régulière | guten Haushalten mit dem Seinigen, Ordnung und Sparsamkeit.

a [illegible] TERKISH [[illegible] II.] Sbst. [illegible] action d'embellir, d'orner (son discours de figures ou de métaphores). Ausschmückung, Zieren der Rede oder des Styles mit Bildern, rhetorischen Figuren u. dgl.

a [illegible] TERKIS. [[illegible] II.] Sbst. [illegible] action de faire sauter, de faire danser. | das Hüpfen lassen, Tanzen lassen.

a [illegible] TERKI'. [[illegible] II.] Sbst. 1. [illegible] action de rapiécer (un vêtement déchiré). | das Zusammenflicken, Flicke aufsetzen 2. — [illegible] action de ménager dans ses affaires. | Haushalten, Sparsamkeit.

a [illegible] TERKIK. 1. [[illegible] II.] Sbst. [illegible] action de rendre mince, fin, délicat, de diminuer, d'adoucir. | Verdünnerung, Verkleinerung, Erweichung; feiner, dünner, zierlicher, zarter machen. — Rhet. zierlicher Gebrauch eines Wortes, wie feine Metonymie. — 2. [Denom. v. [illegible] statt oder [illegible]] [illegible] action de faire q. qu. son esclave. einen zu seinem Knechte oder Sclaven machen.

a [illegible] TERKIM. [[illegible] II.] Sbst. [illegible] action d'écrire, de tracer des lignes, de orner, [illegible] geheime Verbindung (deren Glieder aufgeschrieben sind), Verschwörung.

a [illegible] TERKIN. [[illegible] II.] Sbst. [illegible] action d'effacer ce qui est écrit. | das Durchstreichen (des Geschriebenen), Ausstreichen aus der Liste, aus einem Protokoll u. s. w.

a [illegible] TERK. Sbst. [illegible] action de laisser; abandon, relâchement, cession. | das Lassen, Aufgeben, Ueberlassung; Theol. mys. Verlassen und Aufgeben der Welt; völlige Hingabe an Gott. — ETMEK. laisser, abandonner, délaisser, négliger, omettre, renoncer, quitter | lassen, ablassen, verlassen, verlassen, eine Sache gehen lassen wie sie einmal ist, aus der Acht lassen, entfernen, unterlassen, [illegible] sein Leben lassen. [illegible] auf seinen Kopf verzichten, seinen Kopf hingeben. [illegible] [illegible] TERK-I EDEB. manque de politesse | Unhöflichkeit, Grobheit. [illegible] [illegible], dire adieu. | Lebewohl sagen.

a [illegible] TERK u. [illegible] TERKE. Sbst. casque | Helm.

[illegible] TERKE. Sbst. pupitre. Poppel. Kope. (?)

p [illegible] Rad. v. [illegible] = [illegible]

[illegible] TURK. Sbst. Pl. [illegible] TURKAN. [illegible] Turc, Asie, turcoman; barbare, vagabond, insolent, rustre; poet. beau garçon, amant. Türke aus Asien, Bewohner von Turkestan und Hinterasien, Turkomane, Nomade (im Gegensatz zu [illegible]), Landstreicher, Soldat von der Leibwache, Trabant; ungebildeter Mensch, Tölpel. Poet. ein schöner Knabe, der Geliebte. — [illegible] türkisch. [illegible] türkisches Wesen, Grobheit; türkisches Land

[illegible] TURKE. Sbst. LT. [illegible] = [illegible]

[illegible] TURK. Adj. LT. [illegible]

a [illegible] TERAKKUB. [[illegible] V.] Sbst. état d'être composé, de se laisser composer; composition | Zusammensetzung. vgl. [illegible]

a [illegible] TEREKET, vulg. TEREKE. Sbst. succession, hérédité | Nachlass, Hinterlassenschaft, das worauf kein anderer Ansprüche hat.

p [illegible] TURKTAZ. Sbst. vagabondage, pillage; pillard. das Herumschweifen. Räuberei. Raubgesell.

p [illegible] TURKISTAN. N. pr. Turkestan.

p [illegible] TURK-SUWAR. Sbst. cavalier, cavalerie. | Reiter, Reiterei.

p [illegible] TERKESH u. [illegible] Sbst. [illegible] carquois. | Köcher.

[illegible] TERAKESHIN. Pl. [illegible] se suivre l'un l'autre. | einer dem andern auf dem Rücken sitzen (wie ein Köcher), in einer Reihe hinter einander gehen.

p [illegible] TURKMAN, vulg. [illegible] TURKMEN. Sbst. Turkmane. [illegible] TURKMENISTAN. Land der Turkmanen.

a [illegible] TERAKKUSH. [[illegible] V.] Sbst.

[illegible], [illegible] ! [illegible]

[illegible] LT. [illegible]

[illegible] Sbst. [illegible] | [illegible].

[illegible] Sbst. [illegible] qui tient à la selle ! [illegible] die [illegible] aufgeworfen wird. Kum. [illegible] an den [illegible] binden, hinten anbinden, hinten setzen.

[illegible] Adj. turc. | türkisch. Pl. [illegible] choses turques. | türkische Dinge (Sprache, Schriften und dgl.). Sbst. chanson. | Lied. [illegible]

[illegible] Sbst. Pl. [illegible] action de composer, composition, assemblage; rapport [illegible] en parties; [illegible] composé, phrase; [illegible] | Zusammensetzung, Vereinigung, Abfassung einer Schrift; das Ganze, in Bezug auf seine Theile; etwas zusammengesetztes (Wort, Phrase); [illegible] künstlichen Gedicht. [illegible] der Zusammensetzung gemäss, [illegible] zusammengesetzten Epitheton.

[illegible] Vb. [illegible] composer, [illegible]

[illegible] action de [illegible] | [illegible]

[illegible]

Prâne [illegible] Partic. praes. [illegible] transpirer, [illegible] | schwitzen, [illegible]

(vom Barte) Kum. [illegible] Vb. caus. faire [illegible] | in Schweiss bringen, u. s. w.

[illegible] LT. [illegible] qui rend vivant; qui publie. | der zum Leben bringt; der an die Öffentlichkeit bringt.

[illegible] Sbst. [illegible] auf dem Boden liegender Dunst [illegible]

[illegible] LT. [illegible]

[illegible]

[illegible] citron. | Citrone. [illegible] Adj. citrongelb.

[illegible] Sbst. [illegible] (plante) | [illegible]

[illegible] Sbst. [illegible]

[illegible] Vb. act. [illegible] serrer, presser, serrer le [illegible] | [illegible] pressen, [illegible]

[illegible] Sbst. [illegible] Kopf-Schedel; Schwirren der [illegible]

[illegible] Adj. compos. [illegible]

[illegible]

[illegible] *action d'effrayer, de faire peur.* [illegible]

[illegible] Sbst. *action de* [illegible] Klärung.

[illegible] Adj. u. Sbst. *frais; cru;* [illegible] frisches Gemüse oder Kraut. [illegible] *beurre frais.* [illegible] frische Butter. [illegible]

[illegible] | V. | Sbst. *crainte, peur.* | Furcht, sich fürchten. 2. | Denom. v. [illegible] | *se faire moine.* [illegible]

[illegible] Sbst. Pl. [illegible]

[illegible] Sbst. [illegible] *térébenthine (gomme).* | Terebinthen-[illegible]

[illegible] | II. | Sbst. *action de faire peur.* | [illegible]

[illegible] Sbst. [illegible] *opium.* [illegible] Theriak; [illegible] Opium. [illegible] Opium-[illegible] (der [illegible] Theriak als Gegengift gebraucht).

[illegible] Sbst. Pl. [illegible]

[illegible] Sbst. Tabrif v. [illegible] *potage au pain.* [illegible] mit Brod, Suppe.

[illegible] Vb. act. [illegible]

[illegible] Vb. intr. [illegible] *s'effrayer.* | sich entsetzen, [illegible] werden.

[illegible] Sbst. [illegible]

[illegible]

[illegible] Sbst. [illegible]

[illegible] Adv. u. Deriv. [illegible]

[illegible] Sbst. LT. [illegible]

[illegible] | VI. | Sbst. [illegible] *action de* [illegible] *dans le combat.* [illegible]

[illegible] | VI. | Sbst. [illegible] *action de se* [illegible]

[illegible] | VI. | Sbst. [illegible] *action de se faire* [illegible] | [illegible] 2. [illegible] *action de s'écarter,* [illegible] | [illegible] Abweichung.

[illegible] | VI. | Sbst. [illegible] *action de s'accroître; accroissement, augmentation.* | [illegible] Vermehrung.

[illegible] | V. | Sbst. [illegible] | des Schäumen. [illegible] der Wein schäumt.

[illegible] | II. | Sbst. *action de faire* [illegible] *battre le beurre.* [illegible]

[illegible] | II. | Sbst. [illegible] *action de fumer, de mettre l'engrais.* | Düngung (des Ackers)

[illegible] | II. | Sbst. [illegible] *action de faire* [illegible] (die Zeit).

[illegible] Sbst. [illegible]

[illegible]

[illegible] LT. [illegible] *qui est debout.* [illegible]

[illegible] | II. | Sbst. [illegible] *action de* [illegible] Wachen, Wachsein, [illegible] oder [illegible] werden.

[illegible] | Denom. v. [illegible] | Sbst. [illegible] *action d'* [illegible]

[illegible] LT. u. SL. [illegible] Sbst. [illegible] Kuhfladen, [illegible] Kuh-[illegible]

[illegible] Interj. SL. [illegible]

[illegible] Sbst. LT. [illegible] *règle, ordre, pompe, appareil magnifique.* | Verordnung, Befehl; Pracht, Aufzug. vgl. [illegible]

[illegible] Sbst. Tabrif v. [illegible] *atelier,* [illegible] Werkstätte, [illegible]

[illegible] Vb. act. [illegible] | dem Zwecke [illegible] Kom. u. v. [illegible]

[illegible] LT. [illegible] vgl. [illegible]

[illegible] | V. [illegible] | und [illegible] | II. | Sbst. *purification;* [illegible] *action d'acquitter la dîme* [illegible] | Reinigung, [illegible] (z. B. der Zeugen vor Gericht), [illegible]

[illegible] Vermögens (und dadurch Heiligung des übrigen Vermögens).

[illegible] Sbst. [illegible]

[illegible] | II. | Sbst. [illegible] *action de trembler,* [illegible] *de terre.* | Zittern, Beben, Erschütterung, Erdbeben

[illegible] LT. [illegible] *agriculture* | Ackerbau.

[illegible] Sbst. [illegible] *sorte de fromage* [illegible] Milch, die gekocht, getrocknet und dann zerrieben wird.

[illegible] LT. [illegible] | wohl Druckfehler für [illegible] |

[illegible] LT. [illegible] | [illegible] vgl. [illegible]

[illegible] u. Deriv. v. [illegible]

[illegible] | Denom. v. [illegible] | Sbst. *action d'attacher* [illegible] u. s. w. das [illegible]

[illegible] v. [illegible]

[illegible] | II. | Sbst. [illegible] *action d'* [illegible] | Ehebruch, [illegible]

[illegible] | Denom. v. [illegible] | Sbst. [illegible] *action de battre le briquet.* | Feueranschlagen (mit Stahl und Stein).

[illegible] | Denom. v. [illegible] | Sbst. [illegible] *action de se marier, de prendre en mariage.* | Verheirathung, einen Gatten oder eine Gattin nehmen.

[illegible] | V. | Sbst. [illegible]

[illegible] | Denom. v. [illegible] | Sbst. [illegible] *action d'accoupler, de joindre par mariage.* | Paarung [illegible]; Verheirathung (einen Gatten geben oder nehmen lassen).

[illegible] | II. | [illegible]

[illegible] | II. | Sbst. [illegible] *action d'altérer par le mensonge, de dénaturer, de contrefaire;* [illegible] | [illegible] Lüge, [illegible]

[illegible] | Denom. v. [illegible] | Sbst. [illegible] | [illegible] Verzierung mit Figuren

[illegible] | V. | Sbst. [illegible]

[illegible] | V. | Sbst. [illegible]

[illegible] (des Fruits).

[illegible] action de [illegible] | Verzierung, Verschönerung.

[illegible]

[illegible] action d'augmenter, [illegible] | Vermehrung, Vergrösserung.

[illegible] action d'altérer, de falsifier, [illegible] pour faux | Verfälschung, [illegible] Metalle oder Goldes); für falsch und [illegible] erklären.

[illegible] action d'écrire, d'élire. | [illegible]

[illegible] action d'orner, de peindre, d'embellir; [illegible] | [illegible] Verzierung.

[illegible] | Heupferd [illegible] | Hauptbalken. [illegible] | Himmel. [illegible]

[illegible] | ein Wind.

[illegible] 17. [illegible]

[illegible] action de s'interroger réciproquement. | gegenseitiges Fragen.

[illegible] action de se dire réciproquement des injures, de se faire des reproches. | gegenseitiges Schimpfen, einander beleidigen, Vorwürfe machen.

[illegible]

[illegible] de faire semblant d'écouter, d'écouter avec attention, [illegible] | [illegible] zusammen oder gemeinschaftlich [illegible]

[illegible] être égal l'un à l'autre, égalité. [illegible] Tag- und Nachtgleiche.

[illegible] indulgence mutuelle | [illegible] Nachsicht [illegible] nicht genau nehmen.

[illegible] action de louer ou [illegible] Dieu en disant le chapelet; chapelet. | Lobpreisung oder [illegible] (mit den Worten [illegible]) Abzählung des Rosenkranzes; [illegible] Rosenkranz, [illegible] mit 99 Kügelchen, nach der Zahl der Attribute Gottes [illegible] égrener le chapelet | den Rosenkranz durch die Finger laufen lassen. [illegible]

[illegible] Glauben und Sagen, dass [illegible] nicht [illegible] Verwandtschaften [illegible] Gebete [illegible] eine Art Cyperus. [illegible] Name einer [illegible]

[illegible]

[illegible] action de diviser en sept parties, de septupler, de [illegible] (de Dieu). | [illegible] Vergeltung [illegible]

[illegible] action de [illegible]

[illegible] crache. | Krug [illegible]

[illegible] action de voiler, de cacher. | Verhüllung, Verbergen.

[illegible] action d'allumer le feu, de chauffer. | Anzündung [illegible] Feuer im Ofen anzünden.

[illegible] action d'écrire, ou de parler en prose rimée; prose cadencée et rimée. | gereimtes Schreiben oder Sprechen, gereimte Prose.

[illegible] action de [illegible] | [illegible] Einbringung in eine [illegible]

[illegible] action d'emprisonner. | Einkerkerung, gefangen setzen.

[illegible] action de prendre [illegible] Frühstück im Ramazan. [illegible]

[illegible] action d'ensorceler, d'user de sortilège, de fasciner, action de tromper, [illegible] | Bezauberung, Behexung, Täuschung; [illegible]

[illegible] action de [illegible]

[illegible] action de se moquer, moquerie, [illegible] | Verspottung [illegible] Lächerlichkeit [illegible]

[illegible]

[illegible] action de chauffer. | Erwärmung, Erhitzung (eines kalten Gegenstandes).

[illegible]

[illegible]

[illegible]

[illegible]

• [illegible] [illegible]. [[illegible] V.] Sbst., [illegible] action d'[illegible]. | [illegible]. [illegible].

[illegible]

• [illegible] [illegible]. [[illegible] V.] Sbst. 1. [illegible] état d'être [illegible], d'être [illegible]: action de s'élever. | [illegible], Erhebung, hoch sein. 2. [illegible] action de se nommer, état d'être nommé ou appelé d'un nom, recevoir le nom de . . . | Nennung, sich nennen, genannt werden, einen Namen erhalten.

• [illegible] [illegible]. [[illegible] II.] Sbst. 1. action d'élever; exaltation. | Erhebung, [illegible]. 2. action de nommer, d'appeler, donner un nom. | Nennung, einen Namen geben. 3. [illegible] du nom de Dieu, action de prononcer la formule [illegible]. | Nennung des Namens Gottes, Aussprechen des [illegible]

• [illegible] [illegible]. [[illegible] II.] Sbst. 1. [illegible] action de traiter q. ch. avec douceur, d'agir, de procéder avec douceur. | [illegible], Milde, in den Handlungsweise, im Verfahren.

• [illegible] [illegible]. [[illegible] II.] Sbst. [illegible] action de fumer, d'engraisser la terre. | [illegible] des Bodens.

• [illegible] [illegible]. [[illegible] II.] Sbst. [illegible] action de river, d'attacher avec des clous. | das Nageln, [illegible].

• [illegible] [illegible]. Sbst. [Denom. v. [illegible]] Sbst. sorte de quatrain. | Vierzeilige Strophe, deren drei erste Glieder unter sich reimen, während das vierte Glied den Hauptreim des Gedichtes hat.

• [illegible] [illegible]. [[illegible] II.] Sbst. [illegible] action de faire [illegible]; action de divulguer, de rendre célèbre, répandre la renommée de q. ch. | das hören lassen, in die Oeffentlichkeit bringen, berühmt machen, den Ruf verbreiten.

• [illegible] [illegible]. [[illegible] II.] Sbst. action d'[illegible]. | Vergiftung.

• [illegible] [illegible]. [[illegible] II.] Sbst. [illegible] action d'engraisser, de donner de l'embonpoint: engraissement. | Mästung, dick und fett machen, Fett zu einer Speise thun.

• [illegible] [illegible]. [[illegible] II.] Sbst. action de monter, de se placer sur le sommet de q. ch. | hinaufsteigen, auf die Spitze steigen.

• [illegible] [illegible]. [Denom. v. [illegible]] [illegible] action de professer ou être adhérent d'un des quatres rites orthodoxes, observer la loi ou la tradition. Bekenntniss oder Uebertritt zu einer von den vier als orthodox anerkannten Secten; Befolgung der Vorschriften des Gesetzes oder der Tradition. vgl. [illegible]

• [illegible] [illegible]. [[illegible] II.] Sbst. [illegible] action d'étayer, d'appuyer; alléguer des autorités ([illegible]). | Stützung (durch Pfeiler u. dgl.); Begründung durch Belege oder Citationen vgl. [illegible] und [illegible]

• [illegible] [illegible]. [[illegible] II.] Sbst. action de faire une élévation de terre sur une fosse. | ein Grab mit einem aufgeworfenen Erdhügel versehen. — als Concret. nom d'une source au paradis. | Name einer Quelle oder eines Baches im Paradiese.

• [illegible] [illegible]. [[illegible] II.] Sbst. action de blâmer, de reprendre. | Tadel.

• [illegible] [illegible]. [[illegible] II.] Sbst. [illegible] action d'égaliser, de rendre égal, d'apprêter, arranger comme il faut, faire que q. ch. soit à point; action d'aplanir, de lisser, de polir, d'ajuster: égalisation, égalité. gleich und eben machen, Ebnung, [illegible], gerade machen, in's Gleiche bringen; etwas so machen wie es eben ist oder sein soll, zurichten; Gleichmachung, Gleichheit.

• [illegible] [illegible] [Denom. v. [illegible]] Sbst. [illegible] action de noircir, action de faire la minute d'un écrit; brouillon d'une lettre. | Schwärzung; den Entwurf einer Schrift entwerfen; als Concret. Concept oder erster Abschrift eines Briefes. — in übertragener Bedeut. chagrin, douleur, ennui. | Verdruss, Schmerz, Aerger.

• [illegible] [illegible]. [[illegible] II.] Sbst. [illegible] action de faire monter, d'élever. | Erhebung, Erhöhung.

• [illegible] [illegible]. [[illegible] II.] Sbst. — [illegible] action de permettre, de ne pas empêcher. Erlaubniss, nicht hindern.

• [illegible] [illegible]. [[illegible] II.] Sbst. — [illegible] action de différer, de remettre à un autre temps. | Aufschub, verschieben.

• [illegible] [illegible]. [[illegible] II.] Sbst. action de [illegible], de faire [illegible]. | [illegible], treiben.

• [illegible] [illegible] [Denom. v. [illegible] oder [illegible]] Sbst. action de curer ou de nettoyer les dents avec un cure-dents. | Ausstocherung der Zähne.

• [illegible] [illegible]. [[illegible] II.] Sbst., [illegible] action de représenter q. ch. comme permis à dessein: séduction, tentation, illusion, tromperie, fiction. | Verlockung, Anreizung zu einer Sache als einer leicht zu erlangenden und erlaubten [illegible] die Verlockungen des Teufels.

• [illegible] [illegible]. [[illegible] II.] Sbst. [illegible] action de faciliter, d'aplanir; adoucissement de la prononciation d'un mot. | Erleichterung, leichter machen, die Schwierigkeiten entfernen; Erweichung der Aussprache eines Wortes.

• [illegible] [illegible] und [illegible] [illegible]. [[illegible] II.] [illegible] action d'envoyer, d'expédier. | Sendung, Absendung.

• [illegible] [illegible]. [[illegible] V.] Sbst. négligence, manque de soin (en regard de ses affaires). | Vernachlässigung wichtiger Geschäfte (aus Trägheit, Gleichgültigkeit, Leichtsinn).

• [illegible] [illegible]. [[illegible] V.] [illegible] action de mendier. | das Betteln.

• [illegible] [illegible]. [[illegible] II.] [illegible] action de laisser couler, de faire couler. | das fliessen lassen, in Fluss bringen.

• [illegible] [illegible], [illegible] Sbst. le dedans. | das Innere. s. [illegible]

• [illegible] [illegible] Sbst., — [illegible]

• [illegible] [illegible]. [[illegible] V.] Sbst. action de regarder comme de mauvais augure, de faire q. ch. de sinistre. | etwas für ein böses Anzeichen halten (z. B. den Geschrei eines Thieres); etwas thun was schlimme Folgen hat.

• [illegible] [illegible]. [[illegible] VI.] Sbst. [illegible] [illegible] état d'être [illegible]. | Verflechtung, Verschlingung, verflochten sein.

• [illegible] [illegible]. [[illegible] VI.] Sbst. [illegible] ressemblance, se ressembler l'un à l'autre. | Aehnlichkeit, des einander gleichen, ähnlich sein.

• [illegible] [illegible]. [[illegible] VI.] Sbst. [illegible] action de se dire réciproquement des injures. | gegenseitiges Schimpfen.

• [illegible] [illegible]. [[illegible] VI.] Sbst. [illegible] action de se disputer, se quereller, état d'être brouillé ensemble. | sich streiten, hadern, zanken.

• [illegible] [illegible] [[illegible] VI.] Sbst. [illegible] action de s'associer; association, société, compagnie. | Vereinigung zu einer Genossenschaft, Gemeinschaft, Gemeinde.

• [illegible] [illegible] [[illegible] VI.] Sbst. [illegible] action de se diviser en branches, de se fendre, se fourcher; état d'être divisé. | Theilung in verschiedene Zweige, Verzweigung. vgl. [illegible] u. [illegible]

• [illegible] [illegible]. [[illegible] VI.] Sbst. — [illegible] ressemblance, se ressembler l'un à l'autre. | Aehnlichkeit, einander gleichen, ähnlich sein.

• [illegible] [illegible]. [[illegible] VI.] Sbst. [illegible] action de se plaindre les uns des autres, de se plaindre mutuellement. | sich übereinander beklagen; sich gegeneinander beklagen, seine Klage wechselseitig aussprechen.

• [illegible] [illegible] [[illegible] VI.] Sbst. [illegible] action de se consulter l'un avec l'autre. | gemeinschaftliche Berathung, wechselseitigen Rath geben.

• [illegible] [illegible]. [[illegible] VI.], — [illegible] s. a.

• [illegible] [illegible] [[illegible] V.] Sbst. [illegible] action de s'attacher fortement, de s'appliquer à q. ch.: application, assiduité. sich fest an etwas hängen, sich eifrig mit einer Sache beschäftigen, Fleiss, Ausdauer, eifriges Ergreifen einer Sache. [illegible] sich an Jemandes Saum hängen, d. i. sich unter seinen Schutz stellen, seinen Schutz erflehen.

• [illegible] [illegible]. [[illegible] V.] Sbst. ressemblance; assimilation. | Aehnlichkeit, Vergleichung. Refl. u. Pass. v. [illegible]

• [illegible] [illegible]. [[illegible] II.] Sbst. éloge de la beauté d'une femme dont on est amoureux (spéc. au commencement d'un poème) |

Preis der Schönheit der Geliebten, die erotische Einleitung eines Gedichtes.

• تشبيك teşbîk. [شبك II.] Subst. [illegible] action d'enlacer, entrelacement. | Verflechtung, Verschlingung.

p تشبيل [illegible]. Subst. [illegible] hameçon. | Angel.

• تشبيه teşbîh. [شبه II.] Subst. Pl. تشبيهات teşbîhât. [illegible] action de comparer, d'assimiler l'un à l'autre; comparaison, assimilation, allégorie, anthropomorphisme. | Vergleichung, Verähnlichung, Gleichheit, Allegorie. Theol. Verähnlichung oder Versinnbildlichung Gottes, Gegensatz von تعطيل

p تشت [illegible]. [corr. [illegible]] Subst. [illegible] plateau, cabaret, bassin, plat. | Becken, Becken, Präsentirbrett.

• تشتت [illegible]. [شت V.] Subst. [illegible] action de se disperser, état d'être dispersé ou séparé. | Zerstreuung. Refl. u. Pass. v. [illegible]

• تشتي [illegible]. [شتي V.] Subst. [illegible] action de passer l'hiver dans un lieu. | Verbringung des Winters an einem Orte, Winterquartier halten.

• تشتيت [illegible]. [شت II.] Subst. [illegible] action de disperser; dispersion. | Zerstreuung. vgl. تشتت

• تشجيع [illegible]. [شجع II.] Subst. [illegible] action d'exciter le courage de q. qn., de rendre brave, inspirer du courage à q. qn. | Ermuthigung, Anfeuerung zum Muthe, zum Kampfe.

• تشجين [illegible]. [شجن II.] Subst. action de causer de la peine à q. qn., action d'attrister, d'affliger. | Betrübung, Erweckung von Sorge, von Kummer.

• تشخص [illegible]. [شخص V.] Subst. action de se distinguer, de se présenter comme une personne, de prendre une forme distincte. | [illegible] sich unterscheiden, als Person auftreten, eine besondere Form annehmen.

• تشخيص [illegible]. [شخص II.] Subst. action de faire paraître distinctement, de faire paraître comme une personne, de personnifier, de distinguer, de reconnaître, de discerner; distinction, perception; diagnostic des maladies. | Unterscheidung, als Person erscheinen

de vraie. | Versammlung, Trennung von allem Andern.

• تشرّع [illegible]. [Denom. v. شريعة] Subst. [illegible] d'agir conformément à la loi divine. | dem Gesetz entsprechendes Handeln oder Handlungsweise.

• تشرّف [illegible]. [شرف V.] Subst. مشرف اولمق état d'être honoré, honneur qu'on reçoit. | das geehrt werden, Ehre die einem zu Theil wird.

• تشريح [illegible]. [شرح II.] Subst. [illegible] action de disséquer; dissection (des cadavres), anatomie. | Zerlegung, Anatomie.

• تشريد [illegible]. [شرد II.] Subst. action de chasser q. qn. | Verjagung, einen in schlechten Ruf bringen.

• تشريع [illegible]. 1. [Denom. v. شريعة] Subst. action d'obliger la loi divine. | Berufung auf das göttliche Gesetz. تشريعي [illegible] Adj. appartenant à la loi; gesetzlich, dem Gesetze gemäss. 2. [Denom. v. شرع] Fassung der Reime eines Gedichtes, so dass, wenn der letzte Versfuss weggenommen wird, ein vollständiger Vers nach anderem Metrum und mit anderen Reimen übrig bleibt; vgl. v. Mehren. Rhetor. S. 173. Hariri ed. de Sacy. S. 415 u. 412; oder so dass mehrere Glieder des Verses untereinander reimen.

• تشريف [illegible]. [شرف II.] Subst. مشرف ايلمك action d'honorer, d'illustrer, d'anoblir, de rendre honneur à q. qn.; de faire un présent d'honneur, de revêtir q. qn. d'une robe d'honneur, de rendre visite (à un inférieur). | Ehrenerweisung, Ehrung, Erhebung zu Ehren, Verleihung eines Ehrengeschenkes oder Ehrenkleides, Erweisung der Ehre eines Besuchs. Pl. تشريفات [illegible]. cérémonial et ordre du cérémonial de la cour. | Hofceremoniel, Hof-Rangordnung. تشريفاتجي [illegible], oder تشريفاتجي [illegible], grand-maître des cérémonies. | Ceremonienmeister.

• تشريق [illegible]. [شرق II.] Subst. action d'exposer au soleil pour sécher (la viande); les trois jours après la fête des sacrifices. | Ausspannung (des Fleisches eines Thieres) in die Sonne; die drei Tage nach dem Opferfeste, d. i. der 11—13 des Monats [illegible].

• تشريك [illegible]. [شرك II.] Subst. action d'associer, de faire participer. | als Genossen

action de faire associer, de faire connaître. | der Wissenheit, zur Kenntniss bringen.

• تشفّع [illegible]. [شفع V.] Subst. [illegible] شفاعت action d'intercéder pour q. qn.; action d'accepter l'intercession d'un autre | als Vermittler oder Fürsprecher für einen andern eintreten; die Vermittelung oder Fürsprache eines anderen annehmen.

• تشفّي [illegible]. [شفي V.] Subst. [illegible] guérison; se guérir. | Genesung. Refl. des Folgenden.

• تشفية [illegible]. [شفي II.] Subst. [illegible] action de guérir. | Heilung.

• تشفيع [illegible]. [شفع II.] Subst. action d'accueillir l'intercession de q. qn. en faveur d'un autre. | Annahme der Vermittelung des Einen für einen Andern.

• [illegible] LT. تشغلرو und تشغرى • [illegible]

[illegible] LT. [illegible]

• تشقّق [illegible]. [شق V.] Subst. [illegible] action de se fendre. | Spaltung. Refl. u. Pass. des Folgenden.

• تشقيق [illegible]. [شق II.] Subst. [illegible] action de fendre. | das Spalten, der Länge nach theilen.

• تشقية [illegible]. [شقي II.] Subst. action de jeter dans la misère, de rendre q. qn. malheureux, faire damner q. qn. | unglücklich machen, in Unglück und Elend stürzen, besonders: machen dass Jemand ewig verdammt wird.

• تشك [illegible]. [corr. [illegible]] Subst. [illegible] frais, frais. | Spalte, Loch. vgl. [illegible]

• تشكّر [illegible]. [شكر V.] Subst. action de remercier, reconnaissance, gratitude. | Dankbarkeit, Erkenntlichkeit (für Wohlthaten).

• تشكّك [illegible]. [شك V.] Subst. [illegible] action de douter; doute, soupçon. | Zweifel, Verdacht.

• تشكّل [illegible]. [شكل V.] Subst. [illegible] action de prendre la forme de q. ch. ou de q. qn.; état d'être formé, être de telle ou telle forme. | Gestaltung, Annehmen einer Gestalt.

[illegible]

[illegible] LT. [illegible] *[illegible], [illegible]; [illegible].* | [illegible]. vgl. [illegible]

[illegible] LT. [illegible] *[illegible] avec les dents; mordre* | mit den Zähnen packen; beissen.

[illegible] [illegible] V.] Sbst. [illegible] Refl. v. [illegible]

[illegible] LT. [illegible] vgl. [illegible] und [illegible]

[illegible] LT. [illegible] s. [illegible]

[illegible] [illegible] II.] Sbst. [illegible] *action de tromper l'espoir de q. qn.; action de souhaiter la mort à q. qn. qui demeure* | der Hoffnung berauben; einem Menschen Gesundheit wünschen (eigentl. einem wünschen, dass er nicht Gegenstand der Schadenfreude — [illegible] — werde).

[illegible] [illegible] II.] Sbst. [illegible] action de *retrousser ses habits, se mettre à l'ouvrage, s'appliquer, se hâter dans une affaire.* | Aufschürzung (der Kleider, der Aermel) um sich an die Arbeit zu machen; Beginn der Arbeit, Eifer bei einer Sache.

[illegible] [illegible]. 1. [illegible] II.] Sbst. *action de faire plaisanter, de rendre ridicule, de tourner en ridicule.* | Scherzen machen, Spass machen, über etwas lachen lassen. 2. [Denom. v. [illegible] Wachs] *action de cirer, d'enduire de cire, de mettre de la cire d'Espagne.* Ueberziehung mit Wachs, wichsen; mit Siegellack siegeln.

[illegible] [illegible] II.] Sbst. 1. [illegible] *action de mettre le vêtement des pèlerins.* Anlegung des Pilgerkleides. — 2 [illegible]

[illegible] [illegible] II.] Sbst. [illegible] *action de fleurir* | das Spiessen, Wittern, Schmarren.

[illegible] [illegible] V.] Sbst. Refl. v. [illegible] *action de se rider; convulsion, spasme.* | das sich runzeln, Zusammenziehen der Muskeln, Krampf.

[illegible] Adj. [illegible] *altéré (de soif), avide* [illegible]; begierig [illegible]

[illegible] [illegible] V.] Sbst. [illegible] *trouble; indisposition.* | Störung; Unpässlichkeit. Refl. von [illegible]

[illegible] [illegible] V.] Sbst. *action d'exprimer son désir.* | Verlangen nach etwas ausdrücken. Refl. von [illegible]

[illegible] LT. [illegible] s. [illegible]

[illegible] [illegible] II.] [illegible] Sbst. *action de faire rougir q. qn.* einen blossstellen vor Anderen, blamiren

[illegible] [illegible] II.] Sbst. [illegible] action de troubler, *de mêler, de déranger;* trouble, *dérangement, désordre, confusion; indisposition.* | Störung, Verwirrung, Störung der Gesundheit, Unpässlichkeit. [illegible] *se troubler, s'embrouiller.* | sich verwirren.

[illegible] [illegible] II.] Sbst. [illegible] *action d'enflammer q. qn. de désir de q. ch., d'inspirer un vif amour, action d'exciter, de stimuler.* | Entflammung, Erweckung eines heftigen Wunsches, der Liebe; Anfeuerung, Anregung zu etwas.

[illegible] [illegible] V.] s. [illegible] [illegible] II.] Sbst. [illegible] action de prononcer la *profession de foi musulmane* | Aussprechen des Glaubensbekenntnisses. [illegible]

[illegible] [illegible] II.] Sbst. [illegible] *action d'exciter dans q. qn. le désir d'une chose, de faire désirer* | Erweckung des Verlangens, der Begierde.

[illegible] [illegible] II.] Sbst. [illegible] action de *divulguer, de publier, de diffamer; de faire promener un criminel par les rues.* | Bekanntmachung, öffentlich von Jemand oder von einer Sache sprechen, [illegible], schlecht von Jemand sprechen, berüchtigt machen, Verlästerung; Schaustellung oder Herumführen eines Verbrechers in den Strassen.

[illegible] [illegible] [Denom. v. [illegible]] Sbst. [illegible] *état de devenir vieux, action de faire le vieux, de faire le* [illegible]. | das Altern, den Alten spielen, sich wie ein Alter oder wie ein [illegible] gebärden

[illegible] [illegible] V.] Sbst. [illegible] *action d'élever un édifice; construction; action de raffermir, de consolider.* | Aufführung eines Gebäudes, Errichtung; Festigung, fest und stark machen.

[illegible] [illegible] II.] Sbst. [illegible] *action de reconduire q. qn. et lui faire ses adieux; conduite.* | Geleit, Begleitung eines Fortgehenden (um nach einem Abschied zu nehmen). [illegible] *conduite d'un mort* | Leichenbegleitung.

[illegible] [illegible] II.] Sbst. [illegible] *action de blâmer q. qn. de q. ch., reprocher à q. qn. q. ch.* | Vorwurf, einem einen Vorwurf machen, schelten (mit dem Accus. der Person).

[illegible] [illegible] VI.] Sbst. [illegible] *action de rencontrer, de trouver par hasard; rencontre* | zufälliges Zusammentreffen (von Personen, Sachen, Umständen), Zufall

[illegible] [illegible] VI.] Sbst. [illegible] *action de s'entre-heurter, de s'entre-choquer.* | Zusammenstossen.

[illegible] s. [illegible]

[illegible] [illegible]. 1 b. [illegible]. Aor. [illegible] [illegible] projeter, imaginer. | einen Plan entwerfen. — [illegible] oder [illegible] Redhouse: to arrange (any scheme) in one's mind.

[illegible] [illegible] VI.] Sbst. *action de s'obstiner, opiniâtreté* | das sich Widersetzen, Eigensinn, Halsstarrigkeit.

[illegible] [illegible] V.] Sbst. [illegible] *action de se réconcilier, de faire la paix.* | Aussöhnung, Frieden machen.

[illegible] s. [illegible]

[illegible] s. [illegible]

[illegible] [illegible] V.] Sbst. [illegible] *action de résister la patience ou la constance, la fermeté, la persévérance; prendre patience, avoir patience, se donner patience.* | Geduldigung, Ausharren, sich bemühen geduldig, standhaft, [illegible] zu erscheinen.

[illegible] [illegible] II.] Sbst. *action de corriger; correction, rectification, vérification, rétablissement (de la santé), retouche (d'un tableau).* Arithm. *suppression des diviseurs.* | Wiederherstellung, Ausbesserung, Besserung (eines Kranken), Verbesserung,

[illegible] Barbiers).

* [illegible] TASKÎT. [[illegible] II.] Subst. [illegible] action de faire taire, de réduire au silence. | zum Schweigen bringen.

* [illegible] [[illegible] V.] Subst. [illegible] action de se résoudre, de prendre une résolution ferme, résolution, détermination, dessein que l'on forme, parti que l'on prend. | Entschluss, Beschluss, [illegible], Bestimmung. [illegible] eine Absicht [illegible], sich fest entschliessen, eine Sache fest bestimmen.

* [illegible] TESANNU'. [[illegible] V.] Subst. [illegible] action de démontrer un art, de se montrer artiste; [illegible], [illegible], déguisement, dissimulation. | das Zeigen einer Kunst, sich als Künstler zeigen, sich den Schein geben, Verstellung. [illegible] simulare.) Pl. [illegible] TESANNU'LER. [illegible] Verstellung, verstellter Manier. [illegible] [illegible] [illegible] [illegible] Verfahren voller List und [illegible].

* [illegible] TASNÎ'. [[illegible] II.] Subst. [illegible] action d'exercer un art, de faire q. ch. avec art, ou artistement. | Ausübung einer Kunst, künstliche Herstellung einer Sache, [illegible] machen, einer Sache einen künstlichen Schein geben.

* [illegible] TASNÎF. [[illegible] II.] Subst. [illegible] action de diviser, de répartir en différentes catégories; action de composer [illegible] littéraires, [illegible], publication d'un livre; ouvrage, livre. | Eintheilung, Abtheilung, Trennung nach verschiedenen Classen; Abfassung und Veröffentlichung eines Buches; [illegible] Werk, Buch. Pl. [illegible] TASNÎFÂT.

* [illegible] [illegible] [[illegible]] Subst. action de [illegible] | [illegible].

* [illegible] TESAWWUR. [[illegible] II.] Subst. action d'imaginer, de s'imaginer, de se faire une idée, de penser à q. ch., de méditer, [illegible], supposer, croire possible; idée; action de se montrer, se présenter, apparaître. | sich einbilden, an etwas denken, für möglich halten, sich als möglich vorstellen, sich im Geiste ein Bild oder Vorstellung von einer Sache machen, Einbildung; Idee; Bild oder Vorstellung von einer Sache; in die Erscheinung treten. [illegible] [illegible] Fragen verfahren. — Pl. تصورات

* [illegible] TESAWWUF. [Denom. v. صوفى] Subst. pratique de la doctrine des soufis, vie contemplative, théologie des soufis ou mystiques, mysticisme. | Lehre und Leben der Sufis [illegible]

Mysticisme, [illegible] homme mystique. | Mystiker, der ein beschauliches Leben führt. [illegible] Wissenschaft der Mystik.

* [illegible] TESAWWÜN. [[illegible] V.] Subst. [illegible] action de se garder; das sich hüten.

* [illegible] TASWÎB. [[illegible] II.] Subst. [illegible] action de juger bon, action d'approuver, de louer; approbation. | Belobung, Gutheissung, Billigung. [illegible] der [illegible] zu erkennen geben.

* [illegible] TASWÎR. [Denom. v. تصوير] Subst. [illegible] action de tracer ou de peindre des figures, des tableaux; action de faire un portrait q. ch. dans l'esprit d'un autre sous telle ou telle forme, d'exciter des idées. | Das Malen, Zeichnen, Malerei. Jemandem eine Vorstellung oder Vorstellungen beibringen, etwas [illegible] vorstellen. [illegible] Pl. [illegible] image, peinture, tableau, portrait, statue. | Bild, Gemälde; Bildniss. [illegible] peintre. | Maler. [illegible] peinture (art.). | Malerkunst, Bildnerei. [illegible] Schilderung. Subst.

* [illegible] TASWÎT. [Denom. v. صوتى] action de s'exprimer à la manière des mystiques. | [illegible] Worten [illegible] mystischen [illegible], mystische Ausdrucksweise, [illegible] seiner Gedanken, [illegible], in mystischer, den Sufis eigenthümliche Worte.

[illegible] TASHÎ. Tahrîf v. [illegible]

* [illegible] TESAYYÜD. [[illegible] med. ى V.] Subst. [illegible] action de chasser, d'aller à la chasse. | das Jagen, auf die Jagd gehen.

* [illegible] TESAYYÜF. [[illegible] med. ى V.] Subst. [illegible] action de passer l'été dans quelque endroit. | Verbringung des Sommers an einem Orte, Sommeraufenthalt.

* [illegible] TASYÎR. [[illegible] med. ى II.] Subst. [illegible] action de faire que q. qu. ou q. ch. devienne tel ou tel, rendre q. qu. ou q. ch. tel ou tel. | zu etwas machen, bewirken, dass Jemand oder eine Sache etwas wird.

* [illegible] TEZÂDD. [[illegible] VI.] Subst. [illegible] état d'être opposé l'un à l'autre, opposition mutuelle, contraste, hostilité, inimitié, antithèse, réunion de deux significations opposées dans le même mot. | [illegible] einander entgegengesetzt sein, Gegensatz, feindliches sich Gegenüberstehen, Feindschaft, entgegengesetzte Bedeutung eines und desselben Wortes.

* [illegible] TEZÂRU'. [[illegible] VI.] Subst. [illegible] action de se frapper mutuellement. | gegenseitiges Schlagen.

* [illegible] [illegible] v. [illegible]

* [illegible] TEZÂ'ÜF. [[illegible] VI.] Subst. [illegible] action de se doubler, de [illegible]

Verdoppelung, Vermehrung, Zuwachs. — [illegible] redoubler. | verdoppeln.

* [illegible] TEZÂ'ÎF. Subst. [Pl. [illegible]] les intervalles d'une chose pliée et repliée, les plis ou replis, l'intérieur d'une chose, au pluriel de temps: le cours du temps. | Falten, Zwischenräume der Falten, das Innere einer Sache; von der Zeit: das Innerhalb einer Zeit, der Verlauf der Zeit.

* [illegible] TEZÂYÜF. [[illegible] VI.] Subst. relation, rapport de deux choses ou de deux mots; qualité d'un terme relatif. | Beziehung, das sich auf einander beziehen, zu einander im Verhältniss stehen.

* [illegible] TEZADJÜR. [[illegible] V.] Subst. [illegible] état d'être affligé; angoisse, anxiété, agitation. | Beängstigung, Angst, Aufregung (des Gemüthes).

* [illegible] TEZAYYÜK. [[illegible] V.] Subst. [illegible] action de [illegible]. | das [illegible], Gedichte.

* تضرر TEZARRÜR. [ضر V.] Refl. u. Pass. [illegible]

* تضرع TEZARRU'. [ضرع V.] Subst. [illegible] action de supplier, de s'humilier, soumission, humilité, abaissement. | demüthiges Bitten, Demuth, Unterwürfigkeit.

* [illegible] TAZRÎR. [ضر II.] Subst. [illegible] action d'endommager. | Beschädigung, Schaden zufügen.

* [illegible] TAZRÎS. [[illegible] II.] Subst. [illegible] dentelure, surface inégale. | Auszackung, [illegible] Oberfläche. Pl. [illegible] TAZRÎSÂT. — [illegible] TAZRÎSLI. denté, inégal. | zackig, uneben, [illegible]

* [illegible] TEZA''UF. [ضعف V.] Subst. Refl. des Vorig.

* [illegible] TAZ'ÎF. [ضعف II.] Subst. 1. [illegible] action de doubler, de rendre double, de multiplier. | Verdoppelung [illegible], Verdreifachung, Vervielfältigung. 2. [illegible] action de regarder comme faible, de trouver faible. | für schwach halten. 3. [illegible] action d'affaiblir. | Schwächung, Abschwächung. [illegible] [illegible] Signale oder Zahl, [illegible] der Verbindung der [illegible] mit dem [illegible] zu verwandelnden Körper.

* تضليل TAZLÎL. [ضل II.] Subst. [illegible] action de séduire, d'égarer q. qu., action d'entraîner à l'erreur, trouver que q. qu. est dans l'erreur ou en mauvais chemin. | Verführung, Irreleitung, auf unrichtige Wege bringen; Beschuldigung des Irrthums, finden dass Jemand im Irrthum oder auf schlimmen Wege ist.

* تضمن TEZAMMÜN. [ضمن V.] Subst. 1. [illegible] action de se charger de q. ch.

[illegible] einer Sache, Bürgschaft, etwas auf sich nehmen. 2. حاوی و مشتمل اولمق état de contenir. | das in sich enthalten. Refl. von تضمين — [illegible] contenir, comprendre, renfermer. | enthalten, einschliessen, begreifen.

* تضمين TAZMÎN. [ضمن II.] Sbst. بر نسنه يى ديگر بر نسنه يه اشتمال ايلمك action de placer une chose dans une autre (comme dans un vers), d'insérer; insertion. | Hineinbringung einer Sache in eine andere, Einfügung. 2. [illegible] action de se porter garant d'une chose, de dédommager; indemnité, réparation. | Gewährleistung für etwas, Entschädigung, Schadloshaltung, Schadenersatz. — Rhetor. Einschaltung oder Anführung eines Verses oder der Worte eines andern Dichters in einem Gedichte. — Uebergreifen der Construction in einer grammatischen Periode aus einem Verse in den folgenden. — تضمين المزدوج Einschiebung eines Reimes vor den Hauptreim.

* تضييع TAZJÎ'. [ضيع II.] Sbst. action de perdre, de dissiper, de ruiner. | Verwüstung, Vergeudung. وقتی تضييع ايلمك die Zeit vergeuden.

* تضييف TAZJÎF. [ضيف II.] Sbst. action de donner ou de pratiquer l'hospitalité. | Ausübung der Gastfreundschaft, Bewirthung.

* تضييق TAZJÎK. [ضيق II.] Sbst. [illegible] | Gegentheil von تسهيل | action de rendre étroit, de presser, de resserrer, d'opprimer. | Beengung, Bedrückung, Bedrängung, Ausübung eines Druckes, drücken, pressen.

* تطابق TETÂBUK. [طبق VI.] Sbst. action de s'accorder, de convenir de q. ch. les uns avec les autres; être d'accord. | Einigung, Uebereinstimmung; sich einer nach dem andern richten.

* تطارق TETÂRUK. [طرق VI.] Sbst. بر برينك ايزينه كيتمك action de se suivre à la file. | einander auf dem Fusse folgen, einer in die Spur des andern treten.

* تطاول TETÂWUL. [طول VI.] Sbst. زور ايله ال اوزاتمق action d'étendre la main vers q. ch.; de prendre avec force; usurpation, oppression, tyrannie, violence. | Ausstrecken der Hand nach etwas, mit Gewalt nehmen; Anwendung der Gewalt, Usurpation, Tyrannei, Bedrückung, Gewaltthätigkeit.

* تطبع TETABBU'. [طبع V.] Sbst. بر نسنه ايله طبعلنمه آليشمق action de prendre une habitude. | Angewöhnung.

* تطبق TETABBUK. [طبق] Refl. v. تطبيق.

* تطبيع TATBÎ'. [طبع II.] Sbst. باصمق مهر ايله action d'imprimer (p. ex. un cachet), de faire une empreinte, une marque. | Eindrücken, Abdrücken, Abdruck.

* تطبيق TATBÎK. [طبق II.] Sbst. اويدرمق ، ياقشدرمق action d'accorder, d'adapter, d'ajuster, de comparer, de conformer. | das Anpassen, in Uebereinstimmung bringen; Vergleichen, Zusammenstellen, Gegenüberstellen. تطبيق مهر Abdruck des Siegels der einem Bevollmächtigten zur Vergleichung mit dem Siegel einer Urkunde u. dgl. übergeben wird.

* تطرب TETARRUB. [طرب V.] v. تطريب.

* تطرق TETARRUK. [طرق V.] Sbst. 1. قارشی سورز ، دعكلك متقابلة اورمق action de frapper à coups réitérés; action de se mettre en opposition, de contrarier; opposition. | wiederholt hintereinander schlagen, hämmern u. s. w., sich zum Kampfe gegen etwas in Bewegung setzen, sich widersetzen. — ETWAS unternehmen (etwas Unangenehmes). 2. [Denom. v. طريق u. طرق] راه بولمق action de se frayer le chemin, trouver moyen de faire ou d'obtenir q. ch. | sich Weg bahnen, Mittel und Wege zu etwas finden.

* تطريب TATRÎB. [طرب II.] Sbst. action d'exciter à la joie, d'égayer; action de chanter, de danser ou de sauter de joie. | Anreizung, Erheiterung, Gesang, Hüpfen und Springen vor Freude.

* تطريد TATRÎD. [طرد II.] Sbst. قوغمق action de chasser, d'éloigner. | Vertreibung.

* تطرير TATRÎR. [طرر II.] Sbst. طراز ايشلمك action de broder (un habit). | das Sticken.

* تطريس TATRÎS. [طرس II.] Sbst. action de retoucher une écriture effacée. | Schwärzung, Auffrischung verblichener Schrift.

* تطعيم TAT'ÎM. [طعم II.] Sbst. آشيلمق action d'enter, de greffer. | Pfropfen, Impfung.

* تطفئة TATFI'E. [طفأ II.] Sbst. action d'éteindre. | das Auslöschen.

* تطفيف TATFÎF. [طفف II.] Sbst. طرازی و اولچيده اكسك ويرمك action de vendre à faux poids. | schlecht Maass oder Gewicht geben.

* تطلب TETALLUB. [طلب II.] Sbst. [illegible] طلب ايتمك action de rechercher, de chercher avec soin, avec empressement. | Durchsuchen, sorgfältiges Suchen.

* تطلس TETALLUS. [طلس II.] Refl. v. تطليس.

* تطلع TETALLU'. [طلع V.] Sbst. دقت ايله بقوب آگلامق action de regarder avec soin, de considérer, d'examiner. | genaue Betrachtung, Prüfung.

* تطليب TATLÎB. [طلب II.] Sbst. آراتمق ، طلب ايلمك action de chercher. | das Suchen.

* تطليه TATLIJE. [طلی II.] Sbst. قابلامق ، بوياسترمق ، سورمك ، صيوامق ، يالدزلامق action d'enduire, d'oindre, de dorer. | das Ueberstreichen, Bestreichen, Ueberziehen, Beschmieren, Vergolden.

* تطليس TATLÎS. [طلس II.] Sbst. [illegible] action d'effacer (l'écriture). | Ausstreichen (des Geschriebenen). قابل التطليس effaçable. | auslöschlich, vertilgbar.

* تطليق TATLÎK. [طلق II.] Sbst. action de renvoyer, de rendre libre, de répudier sa femme; répudiation. | Fortschicken, gehen lassen, in der Freiheit geben; Verstossung der Frau, Scheidung.

* تطميع TATMÎ'. [طمع II.] Sbst. آرزومند قيلمق ، طمع ايتديرمك action d'exciter un désir, de rendre avide. | Erweckung einer Begierde, eines Verlangens.

* تطمين TATMÎN. [Denom. v. طمن] Sbst. راحتلندرمك ، تسكين action de tranquilliser. | Beruhigung. تطمين قلب ايتمك se tranquilliser. | sich beruhigen.

* تطواف v. تطويف.

* تطوس TETAWWUS. [Denom. v. طاوس] Sbst. action de se pavaner, de se parer comme un paon. | sich brüsten, sich putzen (wie ein Pfau), bunte Kleider anlegen oder tragen.

* تطوع TETAWWU'. [طوع V.] Sbst. action d'obéir, de faire spontanément; servir comme militaire volontaire; œuvre méritoire, surérogatoire et qui n'est pas de précepte rigoureux. | das Gehorchen, freiwillig thun; freiwilliger Gehorsam, freiwilliger Dienst (als Soldat), freiwillig gethanes gutes Werk, welches nicht durch das Gesetz vorgeschrieben ist. Pl. تطوعات.

* تطوف TETAWWUF. [طوف V.] Refl. v. تطويف.

* تطوق TETAWWUK. [Denom. v. طوق] Refl. v. تطويق.

* تطول TETAWWUL. [طول V.] Sbst. اوزانمق action de s'étendre, se prolonger, être long; action de se montrer fier ou hautain; action de se montrer généreux, de donner libéralement. | Ausdehnung, sich ausdehnen, lang sein; sich gross machen, stolz sein; Freigebigkeit.

* تطويف TATWÎF u. تطواف TATWÂF. [طوف II.] طولاشمق ، طولاشدرمق [illegible] action de tourner sans cesse autour de ... ou de faire tourner autour, de faire circuler. | beständiges oder oft wiederholtes Herumgehen oder herumgehen lassen, Kreisen, Kreisenlassen.

* تطويق TATWÎK. [Denom. v. طوق] Sbst. 1. بوينه طوق ، گردنلك كچورمك action de mettre (à q. qu. ou à un animal) un collier ou q. ch. en guise de collier. | Umhängung eines Halsbandes oder eines andern Gegenstandes um den Hals. 2. بر كمسنه يه بر ايش تكليف ايلمك action d'imposer à q. qu. q. ch. | Auferlegung (einer Pflicht). 3. اقتدار ويرمك action de donner à q. qu. le pouvoir de q. ch. | Ermächtigung zu etwas.

* تطويل TATWÎL. [طول II.] Sbst. اوزاتمق ، اوزون قيلمق action de prolonger, d'étendre. | Ausdehnung, Verlängerung. تطويل كلام prolixité. | Weitschweifigkeit (der Rede). تطويلا TATWÎLEN. Adv., = على وجه التطويل diffusément. | weitläufig, weitschweifig.

* تطهر TETAHHUR. [طهر V.] Sbst. [illegible] action de se purifier. | Reinheit. Refl. des Folgen.

* تطهير TAṬHÎR [طهر II.] Subst. [illegible] purification. | Reinigung.

* تطيّب TAṬAJJUB. [طيب V.] Subst. [illegible] action de se parfumer, être imprégné de bonnes odeurs. | das sich parfümiren, mit Wohlgeruch angefüllt sein, duften.

* تطيّر TEṬAJJUR. [طير V.] Subst. [Gegentheil von تفأل] action d'augurer mal, de tirer un mauvais augure de q. ch. | Unglücksahnung, etwas als böse Vorbedeutung ansehen.

* تطييب TAṬJÎB. [طيب II.] Subst. [illegible] action de rendre bon, de rendre agréable, de causer à q. qu. du plaisir, plaisanter, amuser, réjouir, adoucir; action de parfumer. | das gut machen, wieder gut machen, angenehm machen, Unterhaltung, [illegible], [illegible], [illegible]. Parfümirung, wohlriechend machen. [illegible] réparation, conciliation, satisfaction. Genugthuung, Versöhnung.

* تطيير TAṬJÎR. [طير II.] Subst. action de faire voler en l'air, agiter rapidement; action d'augurer mal. | fliegen machen, stark bewegen; Schlimmes ahnen, = تطيّر

* تطيين TAṬJÎN. [طين II.] Subst. action d'enduire de terre, d'argile, etc. | mit einer Erdart (wie Thon, Kalk, [illegible] u. dgl.) überziehen.

* تظالم TEẒÂLUM. [ظلم VI.] Subst. action de se causer réciproquement du tort, s'accuser réciproquement d'oppression auprès d'un tiers. | gegenseitige Benachtheiligung oder Bedrückung, einer über Unrecht oder Bedrückung von Seiten des andern klagen.

* تظاهر TEẒÂHUR. [ظهر VI.] Subst. action de se faire voir, de paraître, d'être visible l'un à l'autre, action de feindre, faire semblant. | sich einer dem andern zeigen, einander [illegible]; sich stellen, thun als ob . . . 2 [Denom. v. ظهر Rücken] action de se mettre dos contre dos, se prêter un appui mutuel, s'entre-aider. | sich Rücken gegen Rücken stellen, sich Rückenhalt gewähren, einander unterstützen.

* تظرّف TEẒARRUF. [ظرف V.] Subst. [illegible] action de faire le fin, le spirituel, le coquet, l'aimable, de chercher à briller par l'esprit jusqu'à l'affectation. | das Bestreben fein, geistreich witzig oder liebenswürdig zu erscheinen, den Geistreichen oder Witzigen spielen.

* تظفّر TEẒAFFUR. [ظفر V.] Subst. [illegible] action de remporter la victoire, de triompher. | Erlangung des Sieges, Triumph.

* تظلّل TEẒALLUL. [Denom. v. ظل] Subst. [illegible] état d'être à l'ombre, d'être sous la protection de q. qu. | das sich im Schatten befinden, sich unter Jemandes Schutze befinden.

* تظلّم TEẒALLUM, TAẒALLUM. [ظلم V.] Subst. [illegible] action de se plaindre du tort ou de l'oppression d'autrui. | Beklagung über erlittenes Unrecht oder Bedrückung. [illegible] تظلّم حال [illegible] se plaindre de sa condition malheureuse. | sich über seine bedrückte Lage beklagen.

* تظليل TAẒLÎL. [Denom. v ظل] Subst. [illegible] action d'ombrager, de mettre à l'ombre, de donner protection à q. qu. | Beschattung, in den Schatten bringen; Schutz gewähren.

* تظليم TAẒLÎM. [ظلم II.] Subst. action d'accuser q. qu. d'injustice, d'oppression, de regarder q. qu. comme oppresseur, comme tyran, de se plaindre de l'oppression. | Beschuldigung der Ungerechtigkeit, der Bedrückung, einen für einen Bedrücker oder Tyrannen halten, sich über Bedrückung beklagen. — تظلّم

* تظنّن TEẒANNUN. [ظن V.] Subst. [illegible] action de se former une opinion, de penser, de croire, de juger. | das Meinen, sich eine Meinung oder ein Urtheil bilden.

* تظهّر TEẒAHHUR. [Denom. v. ظهار] Subst. [illegible] action de répudier sa femme ou de faire vœu de s'abstenir de cohabiter avec sa femme en prononçant les paroles: tu es pour moi comme le dos de ma mère. | Verstossung der Frau oder Gelübde sich des Umgangs mit ihr zu enthalten, indem man die Worte spricht: انت علی كظهر امی

* تظهير TAẒHÎR. [ظهر II.] Subst. [illegible] action de tourner le dos, de négliger, d'abandonner, de répudier sa femme. | den Rücken wenden, Vernachlässigung, Aufgeben einer Sache; Verabschiedung der Frau, — den Vigden.

* تعاتب TE'ÂTUB. [عتب VI.] Subst. [illegible] action de se faire des reproches réciproques, se quereller. | sich gegenseitig Vorwürfe machen.

* تعاجيب TE'ÂĠÎB. Subst. Pl. v. [illegible] merveilles. | Wunder, Wunderdinge.

* تعادل TE'ÂDUL. [عدل VI.] Subst. action de se montrer réciproquement juste, équitable; équité réciproque. | Billigkeit gegen einander.

* تعادى TE'ÂDÎ. [عدا VI.] Subst. état d'être mutuellement hostiles, être ennemis les uns des autres. | gegenseitige Feindschaft, Verfeindung.

* تعارض TE'ÂRUẒ. [عرض VI] Subst. [illegible] action de se faire obstacle, se contrarier mutuellement; opposition, résistance. | gegenseitiges Hindern, sich bekämpfen. Widerstand.

* تعارف TE'ÂRUF. [عرف VI.] Subst. action de se connaître mutuellement, état d'être connu. | gegenseitiges Erkennen; allgemein bekannt und gewöhnlich sein.

* تعارف TE'ÂRUF. Subst. Pl. v. تعريف

* تعاسر TE'ÂSUR. [عسر VI.] Subst. [illegible] état d'être dur, pénible, difficile. | Schwierigkeit.

* تعاشر TE'ÂŠUR. [عشر VI.] Subst. [illegible] action de vivre en société, de vivre ensemble comme mari et femme. | geselliges Beisammenleben, eheliche Beiwohnung.

* تعاضد TE'ÂẒUD [عضد VI.] Subst. [illegible] action de s'entre-aider, assistance mutuelle. | gegenseitiger Beistand, gegenseitige Hülfeleistung.

* تعاطف TE'ÂṬUF [عطف VI.] Subst. [illegible] action de se témoigner mutuellement de l'inclination, de l'affection; sympathie mutuelle. | wechselseitige Zuneigung, gegenseitiges Wohlwollen, sich gegenseitig Freundschaft und Liebe erweisen.

* تعاطى TE'ÂṬÎ. [عطا VI.] Subst. — [illegible] action de prendre en main, de manier q. ch., action de s'appliquer à q. ch. | etwas in die Hand nehmen, handhaben, hantiren, Beschäftigung mit einer Sache.

* تعاقب TE'ÂQUB. [عقب VI.] Subst. [illegible] action de se suivre tour à tour, de se succéder l'un à l'autre, action de poursuivre. | einander folgen, wechselseitige Nachfolge; gegenseitige Verfolgung; Erfolge.

* تعالى TE'ÂLÂ. [علا VI. 3 Pf.] vollständiger [illegible] (Dieu) est infiniment élevé. | er (Gott) ist unendlich erhaben. vgl. [illegible]

* تعامى TE'ÂMÎ. [عمى VI.] Subst. action de faire semblant de ne pas se montrer, de ne pas remarquer q. ch. | sich stellen als ob man sich [illegible] nicht bekümmere.

* تعامل TE'ÂMUL. [عمل VI.] Subst. [illegible] action de traiter des affaires les uns avec les autres, être en rapport les uns avec les autres. | Geschäftsverbindung, mit einander Umgang oder Geschäfte haben, mit einander in Verbindung stehen.

* تعامى TE'ÂMÎ. [عمى VI.] Subst. [illegible] action de faire l'aveugle, de [illegible], faire semblant de ne pas remarquer q. ch.; verstellte Blindheit, sich stellen als ob man etwas nicht bemerke.

* تعانق TE'ÂNUQ. [عنق VI.] Subst. [illegible] action de s'embrasser, de se donner une accolade. | gegenseitige Umarmung.

* تعانى TE'ÂNÎ. [عنى VI] Subst. [illegible] action de se donner de la peine, action de travailler avec effort. | Anstrengung, Mühe bei der Arbeit, sich Mühe geben.

* تعاون TE'ÂWUN. [Denom. v. عون] Subst. [illegible] action de se prêter mutuellement secours. | gegenseitige Hülfeleistung.

* تعاويد TE'ÂWÎD. Subst. Pl. v. تعويد

* تعاهد TE'ÂHUD. [عهد VI.] Subst. [illegible] action de

[illegible] de [illegible], par [illegible], société, [illegible] mutuelle, [illegible]. | [illegible] gegenseitiges Vertrauen, gegenseitiges [illegible], Verbindung, Bündniss.

[illegible] [illegible] VI.] Subst. action de se [illegible] les uns les autres, de se [illegible] mutuellement des reproches. | gegenseitiger Tadeln, Vorwurfe machen, Schelten, Schimpfen.

[illegible] [illegible] [Denom. v. [illegible]] Subst. [illegible] action d'apparaître, de devenir visible. | Erscheinung, sichtbar werden.

[illegible] ta'ab oder ta'ab. Subst. action de se donner de la peine; travail, fatigue, lassitude. | Abmühung, Arbeit, Anstrengung, Mühe, Ermüdung, Müdigkeit. [illegible] sich abmühen. [illegible] qui reste toujours en [illegible]. | [illegible], der immer [illegible]. Kelt. [illegible] [illegible]

[illegible] ta'ib. Adj. [illegible] fatigué, las. | ermüdet.

[illegible] [illegible] [illegible V.] Subst. ferveur, dévotion, piété. | eifrige Andachtsübung, Frömmigkeit, Religiosität.

[illegible] ta'assur. [illegible V.] Subst. action de prendre un air sévère, de faire mauvaise mine à q. qn. | sich streng und finster zeigen, ein finsteres Gesicht machen. [illegible] faire mauvais accueil à q. qn. | einem ein finsteres Gesicht, d. h. schlecht aufnehmen.

[illegible] ta'[illegible]. [illegible II.] Subst. [illegible] action d'arranger, d'apprêter, de préparer, de disposer, de mettre en ordre. | Vorbereitung, Zurichtung, Vorbereitung, Einrichtung, Anstellung (in Ordnung).

[illegible] [illegible]. [illegible II.] Subst. [illegible] action de réduire à l'esclavage, rendre esclave; prendre pour domestique, [illegible]. | Dienstbarmachung, [illegible] machen, in Dienst nehmen; unterwerfen, erniedrigen.

[illegible] ta'bir. [illegible II.] Subst. 1. [illegible] action de faire passer, de faire traverser. | Ueberführung, Ueberbringung (von einem Orte zum andern). 2. — [illegible] action d'expliquer, d'interpréter; explication, interprétation, expression, locution, appellation, description, parole. | Erklärung, Auslegung, Ausdruck, Benennung, Wort. — [illegible] exprimer, [illegible] q. ch. | etwas ausdrücken. [illegible] seine Gedanken, seine Absicht oder seinen Willen zu erkennen geben. [illegible] explication des songes. | Traumdeutung.

[illegible] ta'[illegible]. [illegible V.] Subst. [illegible]

[illegible] action de transgresser, d'aller au-delà des bornes, de se départir des lois de [illegible]; [illegible] des [illegible]; [illegible] outrage. | Ueberschreitung des Maasses; Unterdrückung, [illegible] Gewalt, Unterdrückung, [illegible].

[illegible] ta'[illegible]. [illegible II.] Subst. [illegible] action de préparer, de disposer, d'apprêter. | Bereitmachung, [illegible].

[illegible] ta'[illegible]. [illegible V.] Subst.

[illegible] action de s'étonner; étonnement, admiration. | Erstaunen, Verwunderung, Bewundern. Kelt. [illegible]

[illegible] ta'[illegible]. [illegible V.] Subst. [illegible] action de se hâter. | Eile, sich beeilen.

[illegible] ta'[illegible]. [illegible II.] Subst. [illegible] action de mener à l'étonnement, de frapper d'admiration. | [illegible], in Staunen oder Verwunderung setzen.

[illegible] ta'[illegible]. [illegible II.] Subst. action de rendre faible, de fatiguer, d'importuner, de [illegible]. | Schwächung, Ermüdung, Ueberdruss verursachen, Belästigung, [illegible] Störung (transitiv). [illegible] ich [illegible] dich zu [illegible]. [illegible] durch [illegible] belästigen.

[illegible] ta'[illegible]. [illegible II.] Subst. [illegible] action de faire se hâter; hâte, promptitude. | Beeilung, Antreiben zur Eile; Eile, Eilfertigkeit. [illegible] à la hâte. | in Eile.

[illegible] ta'[illegible]. 1. [illegible II.] Subst. [illegible] action de marquer de points diacritiques (une lettre etc.). | das Setzen der diakritischen Punkte. 2. [Denom. v. [illegible]] action de traduire en persan. | Uebersetzung ins Persische.

[illegible] ta'dad. [illegible II.] Subst. [illegible] action de compter, d'énumérer; énumération, dénombrement. | Zählung, Aufzählung. [illegible] innombrablement, unzählig, unzählbar.

[illegible] ta'[illegible]. [illegible V.] Subst. [illegible] action de se multiplier, s'accroître en nombre; grand nombre, pluralité. | Wachsen an Zahl, sich mehren; Mehrheit, Vielheit, zahlreich (mehr als zwei) sein.

[illegible] ta'[illegible]. [illegible V.] Subst. [illegible] action de passer, de dépasser, de passer outre, de passer les limites du licite et du convenable; transgression, excès, outrage, violence, injustice; oppression, tyrannie, voie d'iniquité, [illegible]. | Ueberschreitung der Grenzen (sowohl in [illegible] Bedeutung als in übertragener Bedeutung, der Grenzen des Erlaubten, des Wahrscheinlichen u. s. w.). Ueberschreitung, Ueberhebung, Gewaltthätigkeit, Ungerechtigkeit, Bedrückung, Tyrannei, Frevelthat. [illegible]

[illegible] [illegible] q. ch. | [illegible] in Besitz nehmen. Juristisch. [illegible] Ueberschreitung des [illegible] Rechts auf einen Gegenstand; Missbrauch geliehener oder anvertrauter Dinge. Gramm. [illegible] d'être ou de devenir transitif (un verbe). | die transitive Eigenschaft eines Verbum, das transitiv sein oder zum Transitivum werden.

[illegible] ta'[illegible]. [illegible II.] Subst. action de faire passer [illegible] à un autre. | das Hinüberbringen, Ueberweisen, an einen andern Ort bringen. [illegible] Hinüberleitung des elektrischen Stromes von einem Körper auf einen andern, [illegible]. Gramm. action de rendre un verbe transitif, de rendre [illegible] transitif oder mehr machen, einem Verbum eine transitive Bedeutung geben, wie VI. als Transitivum construiren.

[illegible] ta'[illegible]. [illegible II.] = [illegible]

[illegible] ta'dil. [illegible II.] Subst. [illegible] action de rendre droit, de rendre égal, de rendre juste, de modifier, d'adoucir; égalisation, rectification. | Gleichmachung, Berichtigung, Mässigung, Milderung. [illegible] | Mässigung der Säfte. [illegible] | [illegible].

[illegible] ta'[illegible]. [illegible II.] Subst. [illegible] action d'[illegible]. | [illegible].

[illegible] ta'assur. [illegible V.] Subst. [illegible] action de s'[illegible] par la difficulté ou l'impossibilité de q. ch.; état d'être difficile (à faire, à comprendre, à atteindre, etc.), difficulté d'une chose; impossibilité de ... | [illegible] mit der Schwierigkeit oder Unmöglichkeit einer Sache, Schwierigkeit einer Arbeit, das Verständnisses u. s. w.), Unmöglichkeit der Ausführung.

[illegible] ta'[illegible]. [illegible II.] Subst. [illegible] action de punir, de châtier, de faire subir un supplice, action de fatiguer, d'importuner. | Bestrafung, Züchtigung, Leiden, [illegible]; Belästigung. — [illegible]

[illegible] ta'[illegible]. [illegible II.] Subst. 1. [illegible] action de s'[illegible], de [illegible] de [illegible]. | [illegible] mit [illegible]. 2. [illegible]

[illegible] ta'arruz. [illegible V.] Subst. [illegible] action de rencontrer, de s'opposer, de molester; opposition, [illegible]. | das [illegible], hinderlich sein, Belästigung, unberechtigte Einmischung, Angriff, Unrecht das man Jemand thut. [illegible]

[illegible] oder [illegible] affrontement. | [illegible].

[illegible] ta'[illegible]. [illegible V.] Subst. action de s'[illegible], de chercher à connaître q. ch. | etwas kennen zu lernen suchen, das sich unterrichten über eine Sache. Kelt. [illegible]

[illegible] ta'[illegible]. [illegible V.] Subst. [illegible] Kelt. des Folgenden. action de se [illegible], se [illegible]. | Entblössung, [illegible], sich entblössen. [illegible] seine Kleider ausziehen.

[illegible] ta'[illegible]. [illegible II.] Subst. [illegible] action de [illegible] q. qn. de [illegible]. | [illegible].

[illegible] ta'[illegible]. [illegible II.] Subst. [illegible] action d'élargir, de rendre large; action d'indiquer q. ch. indirectement, de faire allusion, action d'exposer, de décrire, action de contredire, de redire, de reprendre, critiquer, chicaner; contradiction. | Erwiderung; Änderung, nicht allen [illegible] [Gegentheil von [illegible]] | Erklärung [illegible]; Widerrede, Entgegnung, Einwurf, Tadel, Bemäkelung, Widerspruch. [illegible] seine Schritte weiter machen. [illegible] einem widersprechen. [illegible] contredit. | widersprochen.

* تعريف TA'RÎF. [عرف II.] Subst. [illegible] [Gegentheil v. تنكير] action de faire connaître q. ch. à q. qn., d'informer, d'instruire q. qn. de q. ch., d'affirmer; d'expliquer; définition, description, explication, affirmation, assertion, notification, déclaration, désignation, action de prédire l'avenir. | das wissen lassen, zur Kenntniss bringen, Erklärung, Beschreibung, Versicherung, Bestätigung, Anzeige, Voraussagung. Gramm. détermination. [Bestimmtmachung eines Wortes (durch den Artikel oder Hinzufügung eines andern Wortes; s. die arab. Gramm.) حرف تعريف oder ال تعريف der arabische Artikel. Log. définition. | Definition. تعريف حقيقى Begriffsbestimmung. تعريف لفظى Erklärung eines Wortes durch ein anderes, gewöhnlicheres. — 2. [Denom. v. عرفات] séjour et accomplissement des cérémonies sur le mont Arafat. | Aufenthalt und Vollziehung der religiösen Gebräuche auf dem Berge Arafat, während der Wallfahrt nach Mekka.

* [illegible] TA'RÎFET oder [illegible] TARIFE. Subst. (Nom unit. des Vbgdn.) tarif. | Preisverzeichniss.

* تعريق TA'RÎK. [عرق II.] Subst. [illegible] action de faire suer, de faire transpirer; [illegible], action d'étendre le vin avec de l'eau. | in Schweiss bringen, durchschwitzen lassen, dämpfen (eine Speise), Verdünnung des Weines mit Wasser. — [illegible]

* [illegible] TA'RÎK. [عرك II.] Subst. [illegible] action de frotter; action d'infliger un châtiment, une correction, un soufflet; action de se mêler, d'en venir aux mains. | das Reiben, Ertheilung einer Züchtigung, Ohrfeige, Handgemenge.

* تعزب TE'AZZÜB. [Denom. v. عزب] Subst. [illegible] état de célibataire. | Ehelosigkeit, Hagestolz bleiben.

* تعزز TE'AZZÜZ. [عز V.] Subst. [illegible] action d'usurper de la puissance, de la grandeur, de la considération. | Erlangung von Macht und Ansehen. Refl. v. تعزيز

* تعزل TE'AZZÜL. [عزل V.] Subst. [illegible] action de se retirer, de s'éloigner, de se séparer de ses compagnons, de faire défection, de se mettre à l'écart. | das sich zurückziehen, sich entfernen, bei Seite gehen, sich von seinen Gleichen trennen; Abfall. Refl. v. تعزيل

* تعزية TA'ZÎYE. [عزى II.] Subst., action de consoler, consolation, condoléance, lettre de condoléance. | Tröstung, Beileidsbezeugung (mündlich oder schriftlich).

* تعزير TA'ZÎR. [عزر II.] Subst. [illegible] action de réprimander, de blâmer, de donner une correction; réprimande, correction, [illegible]. | Tadel, Zurechtweisung, Züchtigung. Jurispr. châtiment corporel. | die geistlich oder gerichtlich zuerkannte körperliche Züchtigung von weniger als achtzig Streichen.

* تعزيز TA'ZÎZ. [عز II.] Subst. [illegible] action de rendre puissant, respecté, etc., action de vénérer. | Erhebung zu Macht, zu Ehren, Ehrenerweisung.

* تعزيل TA'ZÎL. [عزل II.] Subst. [illegible] action d'éloigner, de destituer. | Entfernung, Absetzung.

* تعس TA'S. Subst. [illegible] action de périr, de tomber, perdition; action de perdre sa réputation. | Untergang, Verderben, Sturz (in das Verderben); Verlust der Ehre, des guten Namens. [Gegentheil von انتعاش]

* تعسر TE'ASSÜR. [عسر V.] Subst. Refl. v. تعسير

* تعسف TE'ASSÜF. [عسف V.] Subst. [illegible] déviation du chemin droit; 1. excès, acte d'iniquité, outrage, violence, oppression. 2. action de conjecturer, de deviner à l'aventure. | Abkommen vom rechten Wege; 1. Ausschreifung, Gewaltthat, Bedrückung. 2. Rathen nach Gutdünken.

* تعسير TA'SÎR. [عسر II.] Subst. [illegible] action de rendre difficile, de mettre des obstacles. | Erschwerung.

* تعشق TE'ASHSHÜK. [عشق V.] Subst. [illegible] action de s'amouracher, état d'être épris d'amour. | das sich verlieben, verliebt sein.

* تعشى TE'ASHSHÎ. [عشى V.] Subst. [illegible] action de souper; repas du soir. | zur Nacht essen, Abendmahlzeit.

* تعشية TA'SHÎYE. [عشى II.] Subst. [illegible] action de donner à souper. | die Abendmahlzeit geben, Abend-Bewirthung.

* تعشير TA'SHÎR. [Denom. v. عشر] Subst. action de décimer, de prendre la dîme, de dîmer. | Zehnterhebung; Zehntenerhebung. [illegible] décimable; zehntpflichtig.

* تعصب TE'ASSÜB. [عصب V.] Subst. zèle aveugle, zèle religieux, fanatisme, bigoterie, partialité, népotisme. | blinder Eifer (für oder gegen eine Sache oder Person), Religionseifer, religiöse oder nationale Unduldsamkeit; Parteilichkeit, ungerechter Tadel anderer; Protection der Verwandten und Freunde. تعصبات principes de parti auxquels on est attaché. | Parteigrundsätze.

* تعصر TE'ASSÜR. [عصر V.] Refl. v. تعصير

* تعصى TE'ASSÎ. [عصى V.] Subst. [illegible] action de se révolter. | Empörung, Erregung eines Aufstandes.

* تعصير TA'SÎR. [عصر II.] Subst. [illegible] action d'exprimer (le jus, etc.). | Ausdrückung, Auspressung (z. B. des Saftes einer Frucht).

* تعضى TE'ADDÎ. [عضى V.] s. تعضية TA'DÎYE. [عضى II.] Subst. [illegible] partage. | Theilung.

* تعطش TE'ATTÜSH. [عطش V.] Subst. [illegible] état d'avoir soif; état d'être désireux. | das Dürsten, Verlangen nach etwas. Refl. v. تعطيش

* تعطف TE'ATTÜF. [عطف V.] Subst. [illegible] bienveillance, complaisance. | Wohlwollen, herablassende Güte und Freundlichkeit. Refl. von تعطيف

* تعطل TE'ATTÜL. [عطل V.] Subst. état de rester désœuvré, désœuvrement. | das unbeschäftigt sein, müssig sein, Müssiggang, Geschäftslosigkeit. Refl. v. تعطيل

* تعطير TA'TÎR. [عطر II.] Subst. [illegible] action de parfumer, d'imprégner d'odeurs liquides. | das wohlriechend machen (mit flüssigen Substanzen).

* تعطيس TA'TÎS. [عطس II.] Subst. [illegible] action de faire éternuer. | Erregung des Niesens, Jemand niesen machen.

* تعطيش TA'TÎSH. [عطش II.] Subst. [illegible] action de causer de la soif, de faire subir la soif. | Erweckung des Durstes, Durstenlassen. vgl. تعطش

* تعطيف TA'TÎF. [عطف II.] Subst. [illegible] action de plier, de courber, de fléchir, de rendre q. qn. complaisant ou bienveillant. | das Beugen, Zuwendenbeugen; geneigt machen, wohlwollend machen. vgl. تعطف

* تعطيل TA'TÎL. [عطل II.] Subst. action de rendre désœuvré, de mettre hors d'activité, de faire rester inactif, d'abolir; jour de repos, de fête, vacance. | das Müssig machen, ausser Thätigkeit oder ausser Wirksamkeit setzen, von der Arbeit abhalten; Bewirken dass eine Sache müssig, d. i. unbenutzt bleibt, unwirksam machen, nutzlos machen; müssig und unbenutzt bleiben; vgl. تعطل — Tag an dem nicht gearbeitet wird, Feiertag. تعطيل گونلرى les vacances | die Ferien. — Theol. Gegentheil von تشبيه und تشبيه Entkleidung Gottes von allen Eigenschaften, Leugnung der Eigenschaften Gottes.

* تعظم TE'AZZÜM. [عظم V.] Subst. [illegible] action de faire le grand seigneur; orgueil. | Grossthuerei, den Herrn spielen; Stolz, Hoffarth.

* تعظيم TA'ZÎM. [عظم II.] Subst. action d'honorer, de témoigner du respect, de vénérer; respect, honneur, vénération. | Ehrerbietung, Ehrenerweisung, Verehrung, Hochachtung.

نفسى [illegible] orgueil, amour-propre. | Selbstüberhebung.

a تعفّف TE'AFFÜF. [عفّ V.] Sbst. action de s'abstenir des choses défendues, de vivre chastement; continence. | Enthaltung von Verbotenem; Keuschheit, Enthaltung von [illegible] Lüsten.

a تعفّن TE'AFFÜN. [عفن V.] Sbst. [illegible] Refl. v. تعفين putréfaction | Verwesung. — [illegible] se putréfier, pourrir, [illegible] la pourriture. | faulig werden, in Fäulniss übergehen, faulig oder wie Aas riechen.

a تعفّى TE'AFFÎ [عفى V.] Sbst. état d'être effacé, disparu. Verschwunden, verblichen, verschwunden sein Refl. d [illegible].

a تعفية TA'FIJE. [عفى II.] Sbst. action de couvrir de poussière; action d'effacer. | das Verschwinden machen, mit Erde bedecken.

a تعفير TA'FÎR. [عفر II.] Sbst. action de couvrir de poussière, de salir de poussière; de cacher sous terre, d'enfouir, d'ensevelir. | Bedeckung mit Staub; Beschmutzung mit Staub; Verscharrung.

a تعفين TA'FÎN. [عفن II.] Sbst. [illegible] action de faire putréfier, de faire pourrir. | in Verwesung bringen, Fäulniss verursachen. vgl. تعفّن

a تعقّب TE'AQQÜB. [عقب V.] Sbst. action de s'informer soigneusement de q. ch.; investigation; action de critiquer, action de [illegible], de punir; action de [illegible]. | hinter einer Person oder Sache herzein, genaue Erkundigung; genaues Kritisiren, [illegible]; Strafe; Belästigung.

a تعقّد TE'AQQÜD [عقد V.] Sbst. [illegible] état d'être noué, de former un nœud, d'être [illegible]; action de se former, de prendre telle ou telle forme; consistance. | Verknüpfung, Verknotung, verknüpft, verknotet sein, einen Knoten bilden; Annehmen irgend einer Gestalt. Bildung. Gestaltung. [illegible]

a تعقّل TE'AQQÜL. [عقل V.] Sbst. action de réfléchir, finir par comprendre. | durch Nachdenken auf etwas kommen, an etwas denken, sich auf etwas besinnen.

a تعقيب TA'QÎB. [عقب II.] Sbst. action de suivre, de venir à la suite, de poursuivre, de rester en arrière. das Nachkommen, Nachfolgen, Verfolgen, [illegible] bleiben; nach dem [illegible] Gebet noch in der Moschee bleiben (um allein zu beten). Nach-Gebet. Gebet das nach Vollendung des [illegible] gehalten wird. Pl. تعقيبات TA'QÎBÂT.

a تعقيد TA'QÎD. [عقد II.] Sbst. [illegible] action de nouer fortement, de lier; difficulté, obscurité (d'un discours etc.); [illegible]. | Verknüpfung, Verknüpfung, Verwicklung; Verworrenheit und Undeutlichkeit des Sinnes oder der Construction, Schwierigkeit des Stiles, künstlicher [illegible].

a تعقير TA'QÎR. [عقر II.] Sbst. blessure grave. | schwere Verwundung.

a تعكّس TE'AKKÜS. [عكس V.] Sbst. état d'être renversé, d'être mis à rebours; se renverser. | Umkehrung (das Ende zuletzt, das Oberste zu unterst gekehrt sein); im Gehen oder Laufen, wie die Schlange, sich zurückwerfen.

a تعلّق TE'ALLÜQ. [علق V.] Sbst. Refl. v. تعليق état d'être suspendu, accroché, attaché; action de s'attacher, etc.; dépendance, attachement, rapport, parenté, amitié; das Angehängt sein, verbunden, verknüpft sein; sich anhängen, abhängen von, [illegible]; Abhängigkeit, Beziehung od. Verbindung mit; Verwandtschaft, Freundschaft; jemandes Anhang, d. h. seine Verwandten, Freunde, Clienten. Theol. myst. attachement aux choses mondaines. | das Hängen an weltlichen Dingen [Gegensatz von تجرّد]. — Pl.

تعلّقات dépendances; relations, parents, personnes ou choses dépendantes [von einem andern abhängige oder mit einem andern in Verbindung oder Beziehung stehende Dinge oder Personen. — [illegible] s'attacher, être attaché, dépendre, être en rapport avec..., être enclin à q. ch.; devenir ou être amoureux de q. qu. | einer Person oder Sache anhängen, ergeben sein, sich viel damit beschäftigen; in eine Person verliebt sein.

a تعلّل TE'ALLÜL. [علّ V.] Sbst. [illegible] Refl. v. تعليل action d'alléguer des prétextes, de s'excuser; de différer ou de retarder q. ch. sous tel ou tel prétexte, de s'occuper de q. ch. pour passer le temps, de s'amuser avec des bagatelles. | Vorschützung (von Abhaltungen u. s. w.), Vorwand, Entschuldigung, Aufschub; Verzögerung; Zeitvertreib, Tändelei.

a تعلّم TE'ALLÜM [علم V.] Sbst. 1. Refl. v. تعليم action de s'instruire, d'apprendre (une science, etc.). | das sich Unterrichten, Erlernung (einer Wissenschaft, Kunst u. s. w.) — [illegible] s'instruire, apprendre, prendre des leçons. | sich unterrichten, lernen, Unterricht nehmen. 2. — تعليم

a تعليق TA'LÎQ [علق II.] Sbst. [illegible]

vgl. تعلّق action de suspendre; action de mettre en rapport, de rendre dépendant de q. ch. ou de q. qu.; action d'attacher, de fixer les yeux sur q. ch.; action de différer, de remettre; attachement; suspension | das Anhängen, in Beziehung bringen, von etwas anderm abhängig machen; den Blick auf etwas heften; Aufschub, Verzögerung. Theol. myst. — تعليق Als Concret. sorte d'écriture. | Talikschrift, so genannt weil die Buchstaben [illegible] hängen scheinen.

a تعليقة TA'LÎQA. vulg. [illegible] Sbst. note marginale. | [illegible] Randbemerkung in einem Buche.

a تعليل TA'LÎL [علّ II.] Sbst. [illegible] action de causer, d'occasionner, d'alléguer des prétextes, de motiver. | Verursachung; Anführung der Ursachen und Gründe, Entschuldigung, Vorwand. vgl. تعلّل

a تعليم TA'LÎM. [علم II.] Sbst. action d'enseigner, d'instruire; enseignement, instruction, exercice (de troupes); modèle d'écriture (exemple pour un écolier). | Unterricht, Unterweisung, Übung, Waffenübung, Exerciren der Soldaten; Vorschrift für einen Schüler. — [illegible] faire exercer. | exerciren lassen, die Soldaten einexerciren. تعليم خانه oder تعليمگاه maison ou place d'exercice; école | Exercier-Haus oder Platz; Schule. تعليمجى oder [illegible] تعليمى instructeur militaire [Exerciermeister]. تعليمكر maître (d'école) | Lehrmeister, Schulmeister. Pl. تعليمات TA'LÎMÂT instructions; ordre par écrit | Unterweisungen, Anweisungen, Anordnungen, Verhaltungsbefehle; schriftlicher Verhaltungsbefehl.

a تعمّد TE'AMMÜD. [عمد V.] Sbst. 1. [illegible] action de se proposer q. ch.; action de faire q. ch. exprès, de propos délibéré; intention, préméditation, dessein prémédité de faire q. ch. | Vorbedacht, vorhergehende Ueberlegung, vorbedachtes und planmässiges Handeln; Absichtlichkeit. تعمّداً Adv. exprès, de propos délibéré. | absichtlich, mit Vorbedacht. — 2. baptême, être baptisé. | Taufe, getauft sein, sich taufen lassen.

a تعمّق TE'AMMÜQ. [عمق V.] Sbst. [illegible] Refl. v. تعميق action d'approfondir, de se plonger, de s'enfoncer dans q. ch. | Vertiefung, sich Versenken, tiefes Eindringen in eine Sache.

a تعمية TA'MIJE. [عمى II.] Sbst. [illegible] action de rendre aveugle, d'éblouir; action de cacher, de dérober, de rendre obscur ou énigmatique (p. ex. le sens de ses paroles), de parler en énigmes; énigme | Blendung, blind machen, Verbergen, Verdunkelung oder Verhüllung des Sinnes seiner Worte hinter räthselhaften Ausdrücken, in Räthseln sprechen; Räthsel. تعميه كلام [illegible] räthselhafter Ausdruck. [illegible] oder [illegible] على طريق التعميه räthselhaft, dunkel.

a تعميد TA'MÎD. [عمد II.] Sbst. 1. تعميد [illegible] action d'étayer, d'appuyer. | Stützung. — 2. action de baptiser, baptême. | Taufhandlung, Taufe.

a تعمير TA'MÎR. [عمر II.] Sbst. [illegible] معمور و مستقل [illegible] action de cultiver, de rendre peuplé, de faire prospérer, de mettre en [illegible] en état, de [illegible] q. ch., de réparer; — donner à quelqu'un une longue vie, prolonger la vie | [illegible], Anbau (z. B. einer Gegend); Gedeihen lassen, [illegible], [illegible], Ausbesserung; — Verlängerung des Lebens.

a تعميق TA'MÎQ [عمق II.] Sbst. [illegible] action de rendre profond, d'enfoncer, d'approfondir | Vertiefung, tief machen, tief eintauchen; Er-

ersetzung. تعميق أفكار tiefes Nachdenken, Eindringen in einen Gegenstand.

• تعميل TA'MÎL. [Denom. v. عامل] Sbst. عامل نصب ايتمك action de nommer q. qu. 'âmil (percepteur des revenus d'une province.) | Ernennung eines Steuereinnehmers oder Statthalters.

• تعميم TA'MÎM. [Denom. v. عام] Sbst. 1 عمومى قيلمق [Gegentheil v. تخصيص] action de rendre général, universel, commun; généralisation. | Verallgemeinerung, allgemein machen, dem allgemeinen Gebrauche übergeben, ein Wort im allgemeinen Sinne gebrauchen. — 2 [Denom. v. عمامه] باشنه قويمق صاريق, و حاكم قيلمق action de coiffer q. qu. du turban, de constituer q. qu. chef ou juge. | Aufsetzung des Turbans, Einsetzung Jemandes als Oberhaupt oder Richter.

• تعنّت TA'ANNUT. [عنت V.] Sbst. [illegible] action de chicaner q. qu. | einen schikaniren (z. B. bei einer Disputation die Einwürfe welche sich der Gegner giebt, zugleich benutzen).

• تعنّف TA'ANNUF. [عنف V.] Sbst. [illegible] action de s'opiniâtrer, de s'obstiner; obstination. | Eigensinn, Bestehen auf einer Sache.

• تعنّى TA'ANNÎ. [عنى V.] und تعنيه TA'NIYE [عنى II.] Sbst. زحمت چكمك [illegible] action de se donner de la peine; travail pénible, effort, fatigue. | Anstrengung, schwere Arbeit, Mühe, Ermüdung.

• تعنيف TA'NÎF. [عنف II.] Sbst. عنف و شدتله سوه و سرزنش ايتمك action de traiter q. qu. avec dureté, de reprocher sévèrement. | Strenge, harte Behandlung, strenger Tadel.

• تعوّج TA'AWWUDJ. [عوج V.] Refl. v. تعويج.

• تعوّد TA'AWWUD. [عود V.] Sbst. 1. Refl. v. تعويد — 2. [illegible] action d'aller souvent voir un malade. | öfterer Krankenbesuch.

• تعوّذ TA'AWWUZ. [عوذ V.] Refl. v. تعويذ.

• تعوّص TA'AWWUS. [عوص V.] Refl. v. تعويص.

• تعوّق TA'AWWUK. [عوق V.] Refl. v. تعويق.

• تعويج TA'WÎDJ. [عوج II.] Sbst. [illegible] action de tordre, de courber. | Krümmung, schief oder krumm machen.

• تعويذ TA'WÎZ. [عوذ II.] Sbst. action de garantir q. qu. (contre un danger) à l'aide d'une amulette, etc.; faire chercher refuge, faire se réfugier (auprès de Dieu). | Bewahrung (vor Schaden) durch Zaubermittel u. dgl., Schutz suchen lassen oder suchen (bei Gott); als Concret. amulette, ta'wîza | Amulet oder anderes Schutzmittel gegen schädliche Einflüsse. Pl. تعويذات ta'wîzât — [illegible] تعويذ ايلمك einen Kranken durch Zaubermittel heilen.

• تعويض TA'WÎZ [عوض II.] Sbst. عوض و بدل ويرمك، دگشتيرمك action de changer, de donner en échange, de remplacer une chose par une autre, de rendre la pareille, de récompenser, de compenser. | Tausch, Austauschung, Gleiches für Gleiches geben, Vergeltung, Ersetzung, Ausgleichung.

• تعويق TA'WÎK. [عوق II.] Sbst. ايشدن آليقومق، اگلندرمك action de faire tarder, de faire attendre, de retenir, de détourner de q. ch., de surprendre, de différer. | Verzögerung, Abhalten (von einem Geschäft), Aufhalten, Abwenden von einer Sache, Aufschub, Wartenlassen. بلا تعويق sans retard, unverzüglich.

• تعهّد TA'AHHUD [عهد V.] Sbst. اقرار، تعقّد، [illegible] action de s'engager, de s'obliger, de prendre sur soi, de promettre, de se confédérer; promesse. | Aufsichnehmen, Übernehmen einer Sache, sich verbindlich machen, für etwas stehen, Bündniss schliessen; Verpflichtung, Versprechen, gegebenes Wort. — ETMEK s'engager. | sich verpflichten zu u. s. w. (mit dem Accusativ der Sache). [illegible] تعهد ايلمك oder [illegible] ايلمكى sich zum Darlehn verpflichten.

• تعيّش TA'AYYUSH. [عيش V.] Sbst. [illegible] كچينمك مقدارى كسب ايلمك، تعيش Refl. v. تعييش action de s'entretenir, de chercher à gagner sa vie; entretien, subsistance | Arbeit um Broderwerb, Lebensunterhalt. — ETMEK vivre de q. ch., vivoter. | leben (von etwas), sein Leben hinbringen, dürftig leben, sich durchbringen.

• تعيّن TA'AYYUN. [عين V.] Sbst. [illegible] بللو بشلو اولمق، بللو اولمق être de paraître, apparaître; devenir clair, évident, déterminé, s'individualiser, être ou devenir nécessaire à l'exclusion de toute autre possibilité. | das Erscheinen, sich bemerkbar machen, in die Augen springen, sich als das einzig mögliche und nothwendige zeigen, so dass nichts anderes sein könnte; Individualisation.

• تعييب TA'YÎB. [عيب II.] Sbst. [illegible] آزارلق و سرزنش اتمك، عيب و قبيح ايتمك action de trouver en faute, de blâmer, de reprocher; reproche. | Tadeln an etwas finden, Tadel. Pl. تعييبات ta'yîbât.

• تعييد TA'YÎD. [Denom. v. عيد] Sbst. بيرام ايتمك action de célébrer un jour de fête ou une fête. | Festfeier.

• تعيير TA'YÎR. [عير II.] Sbst. [illegible] ايتمك، اوتاندرمق، عارلندرمق action de faire honte, de couvrir d'opprobre. | Beschämung, Beschimpfung, Schändung.

• تعييش TA'YÎSH. [عيش II.] Sbst. كچينمك مقدارى كسب ويرمك، گچيندرمك action de faire vivre q. qu. de telle ou telle manière, de donner à vivre, d'entretenir, de sustenter. | Gewährung des Lebensunterhaltes, von etwas leben lassen, zu leben geben.

• تعيين TA'YÎN. [عين II.] Sbst. گوسترمك، سيولرتمك ايتمك action de faire voir, de désigner, de nommer, de déterminer particulièrement et exclusivement, de spécifier, de fixer, d'appointer, de constituer; désignation, destination. | Zeigen, sehen lassen, Bezeichnung, ausschliessliche Bestimmung, Anweisung, Festsetzung, Anordnung, Einsetzung, Ernennung (zu einem Amte u. s. w.). تعيين اولنمش، معين و ايام ايچنده an der bestimmten Frist. — als Concret. Pl. تعيينات ta'yînât. — provision journalière (spéc. somme d'argent et provisions que recevaient autrefois les ambassadeurs étrangers), ration, portion. | tägliche Provision, insbes. die früher den Gesandten fremder Mächte ausgeworfene tägliche Geldspende und Kost, auch تعيينات [illegible] genannt; Kost, Nahrung, eine Portion Speise.

• تعيينجى TA'YÎNDJI. Sbst. 1. qui donne le ta'yîn. | der die Provision giebt, das ta'yîn verabreicht oder austheilt. 2. — [illegible] (qui reçoit le ta'yîn) soldat, cinâde. | der seine Zahlung erhält, Soldat, Schmarotzer. Kom. s. J. [illegible]

• تغابن TEGHÂBUN. [غبن VI.] Sbst. آلداتمق بربرينى، action de se tromper l'un l'autre, deception réciproque. | gegenseitige Täuschung, einander hintergehen, einander im Stiche lassen. يوم التغابن le jour du jugement dernier. | der jüngste Tag, an dem die falschen Götter und ihre Anbeter sich gegenseitig von einander getäuscht sehen.

• تغار TEGHÂR (TEGHAR u. TAGHAR Kl. u. LT.) auch تغار Sbst. écuelle, cruche, vase à eau, sac à provisions; provisions de voyage; mesure de dix mann. | irdener Napf, Krug, grosses Gefäss, Trog, Kübel, Eimer, Schlauch, Futtersack (der zu beiden Seiten des Sattels herabhängt); Futter, Mundvorrath, Reiseproviant, ein Maass = 10 من. — Demin. تغارجق petit sac. | Säckchen, Beutel (von Leder) u. [illegible]

• تغافل TEGHÂFUL. [غفل VI.] Sbst. [illegible] گورمزلكدن گلمك action de faire semblant de ne pas voir, de ne pas faire attention, de dissimuler (un affront); inattention, insouciance, négligence. | das nicht bemerken wollen, nicht zu beachten scheinen, sich unwissend stellen, absichtliches Übersehen einer Sache, Übersehen aus Nachlässigkeit; Nachsicht, Unachtsamkeit; Nichtbeachtung. — تغفل

• تغالب TEGHÂLUB. [غلب VI.] Sbst. [illegible] سعى ايتمك action de chercher à avoir la prépondérance. | das Oberhand zu gewinnen suchen (einer über den andern).

• تغامز TEGHÂMUZ. [غمز VI.] Sbst. بربرينه گوز ايله اشارت ايلمك action de se faire mutuellement des signes, de s'entendre, être en connivence les uns avec les autres. | gegenseitiges Zublinzeln, sich untereinander verständigen.

• تغاوى TEGHÂWÎ. [غوى VI.] Sbst.

[illegible] action de se plonger réciproquement dans l'eau. | einander untertauchen.

تقاصر TEQÂṢUR. [قصر VI.] Sbst. faiblesse réciproque; diversité. | gegenseitige Schwäche; Verschiedenheit.

تقلى TAQAS. (Abulg.) تقللي (LL.) oder طقلي (Ali Behir.) Sbst. — دالى 4 [illegible] | Gleim.

تقمير TAQMIR. [Denom. v. قمر] Sbst. [illegible] action de couvrir ou de salir de poussière; action de [illegible] de la poussière. | Bestäubung; Staubaufregung.

تقمى TEQAMMI. [قمى V.] Sbst. action de déjeuner, de dîner. | Frühstücken, Mahlzeit bei Tage halten [entgegengesetzt dem تعشى].

تقمية TAQMIYET. [قمى II.] Causat. des Vbgrds.

تقمى TEQAMMI. [قمى V.] Sbst. [illegible] action de prendre de la nourriture, se nourrir. | Nahrung zu sich nehmen, etwas geniessen.

تقميس TAQMISET. [قمس II.] Sbst. [illegible] Causativ des Vbgrds.

تقرد TEQARRUD. [قرد V.] und تقريد TAQRID. [قرد II.] Sbst. [illegible] action de chanter, chant en ramage des oiseaux. | Singen, Girren (von Vögeln).

تقرر TEQARRUR. [قر V.] und تقرير TAQRIR. [قر II.] Sbst. [illegible] action de se jeter aveuglément dans les périls, de braver les dangers. | sich blindlings in Gefahr stürzen.

تقريب TAQRIB. [قرب II.] Sbst. action de faire s'éloigner, d'éloigner, de bannir, d'exiler. | Vertreibung, Verbannung.

تقرد s. تقريد

تقرير TAQRIR. [قر II.] Sbst. التقرر — [illegible] und Causat. [illegible] action d'aveugler; illusion, action de tromper (dans une vente). | Täuschung, Verblendung, Betrug; [illegible] Illusion [illegible] | [illegible] Pl. تقريرات TAQRIRAT.

تقريس TAQRIS. [قرس II.] Sbst. [illegible] action de planter un arbre. | Pflanzen (eines Baumes).

تقريق TAQRIQ. [قرق II.] Sbst. 1. [illegible] action d'enfoncer dans l'eau, de faire périr dans l'eau, noyer. | Versenkung (in das Wasser), Ertränkung. 2. [illegible] action de bander (l'arc pour tirer), tendre q. ch. avec effort. | Spannung, den Bogen spannen oder die Sehne scharf anziehen, um den Pfeil abzuschiessen.

تقريم TAQRIM. [قرم II.] Sbst. action d'imposer à q. qn. une dette, un amende à payer. | Auferlegung einer Schuld, der Zahlung einer Geldstrafe.

تغزل TEGAZZUL. [غزل V.] Sbst. [illegible] action de faire des poésies érotiques, de faire la cour à une femme dans des vers. | Abfassung von Liebesgedichten, dichterische Liebeständelei.

تغزية TAGZIYET. [غزا II.] Sbst. [illegible] action d'envoyer des troupes en expédition. | Truppenaussendung.

تغسل TEGASSUL. [غسل V.] Sbst. [illegible] action de se laver. | Waschung, sich waschen. Refl. des Vbgds.

تغسيل TAGSIL. [غسل II.] Sbst. [illegible] action de laver. | Waschen. Causativ. des Vbgds.

تغشى TEGASSI. [غشى V.] Refl. d. Vbgds.

تغشية TAGSIYET. [غشى II.] Sbst. [illegible] action d'envelopper, de couvrir, de cacher. | Verhüllung, Verbergung.

تغشيش TAGŠIŠ. [غش II.] Sbst. action de tromper, de n'être pas sincère; action de falsifier, d'altérer par un mauvais mélange. | Täuschung, Falschheit; Fälschung, Verfälschung. [illegible] Fälschung der Metalle.

تغضب TEGAZZUB. [غضب V.] Sbst. [illegible] action de se mettre en colère, de se fâcher. | Ergrimmen, in Zorn gerathen, aufgebracht werden oder sein.

تغطس TEGATTUS. [غطس V.] Sbst. [illegible] action de plonger, de s'enfoncer entièrement dans l'eau. | Untertauchung. Refl. des Vbgds.

تغطيس TAGTIS. [غطس II.] Sbst. [illegible] action de plonger, de baptiser. | Untertauchung; Taufe.

تغفل TEGAFFUL. [غفل V.] Sbst. [illegible] action de négliger q. ch., de ne pas faire attention. | Vernachlässigung, ausser Acht lassen, Nichtbeachtung, auch = [illegible]

تغفيل TAGFIL. [غفل II.] Sbst. [illegible] action de rendre inconsidéré, de prendre au dépourvu, de surprendre [illegible] | [illegible] Überfallen, Ueberrumpelung, Ueberraschung. 2. [illegible] action de cacher. | Verbergung.

تغل TIGAL. Sbst. — [illegible] cour, [illegible] | Hof, Hürde.

تغلب TEGALLUB. [غلب V.] Sbst. [illegible] action de s'emparer de q. ch. par le droit du plus fort, être le plus fort, se rendre maître absolu de q. ch., être vainqueur; supériorité, prépondérance, oppression, usurpation (d'une ville etc.). | Geltendmachung oder Ausübung des Rechts des Stärkeren; mit Gewalt wegnehmen, der Stärkere sein, Sieger sein; Wegnahme, Ueberwältigung, Beraubung (einer Stadt, des feindlichen Landes u. s. w.).

[illegible] oder [illegible] Sbst. [illegible] | Helm.

تقلز TAQALLUZ oder تقلى TEQALLI. [Denom. v. [illegible]] Sbst. action de se parfumer avec de galia. | Anwendung des Galia. s. [illegible]

تقلى TIQLI. Sbst. LT. [illegible] agneau de trois mois. | ein drei Monat altes Lamm.

تغليب TAGLIB. [غلب II.] Sbst. action de rendre fort, de donner le prévaloir sur ... | das Überwiegend machen. Term. techn. der überwiegende Sprachgebrauch.

تغلية TAGLIYET. [غلى II.] Sbst. [illegible] action de mettre en ébullition, de faire bouillonner. | aufwallen oder aufsieden lassen, zum Kochen bringen.

تغليط TAGLIT. [غلط II.] Sbst. [illegible] action de faire q. qn. se tromper, d'induire en erreur, faire commettre une erreur, faire faire une faute; action de surprendre, d'abuser, de tromper; séduction. | Irreleitung, Verführung, bewirken dass Jemand sich irrt, sich täuscht, eine Sache mit einer andern verwechselt; Täuschung, Hintergehung.

تغليظ TAGLIZ. [غلظ II.] Sbst. [illegible] action de rendre gros, épais, dur, grossier. | dick, derb, hart, grob, rauh machen.

تغليف TAGLIF. [غلف II.] Sbst. action de renfermer (dans un étui, etc.), de cacher, de garder. | Einstecken (in ein Futteral, Scheide u. dgl.), verstecken, aufheben.

تغمد TEGAMMUD. [غمد V.] Sbst. [illegible] Refl. v. [illegible] action de se cacher, de se couvrir. | Verbergung, Verdeckung (refl.).

تغمش TIGMAŠ. LT. [illegible] | entsetzen, erheben. vgl. [illegible] 2. se taire. | schweigen.

[illegible] s. [illegible]

تغميد TAGMID. [غمد II.] Sbst. [illegible] action de cacher, de couvrir. | Verbergung, Verdeckung (activ).

تغميض TAGMIZ. [غمض II.] Sbst. action de fermer les yeux, de faire semblant de ne pas voir. | die Augen zudrücken, sich stellen als ob man etwas nicht sehe.

تغنم TEGANNUM. [غنم V.] Sbst. [illegible] action de regarder q. ch. comme bonne prise, action de profiter de q. ch. | etwas für gute Beute halten; aus einer Sache Vortheil ziehen, sich etwas zu Nutze machen.

تغنى TEGANNI. [غنى V.] s. تغنية TAGNIYET. [غنى II.] Sbst. action de chanter. | das Singen.

تقوه N. pr. LT. [illegible]

تقوط TIQAWWUT. [Denom. v. [illegible]] Sbst. [illegible] action de rendre les excréments, d'aller à la selle, [illegible] | natürliche Ausleerung, zu Stuhl gehen; von Kindern: in die Windeln machen.

[illegible] s. [illegible]

[illegible] [illegible] [[illegible] VI.] Subst. action d'induire en erreur, d'égarer, de séduire. | Irreführung, Verführung.

[illegible] [illegible] [[illegible] V.] Subst. Inf. v. [illegible] action de se changer; changement d'état, de forme etc., altération, corruption. | Veränderung, sich verändern (dem Wesen oder dem Zustande nach), verderben. [illegible] [illegible].

[illegible] [illegible] [[illegible] V.] Subst. [illegible] Refl. u. Pass. v. [illegible] action de s'ériger, de se mettre en colère, état d'être fâché, d'être en colère. | in Zorn gerathen, zornig sein, erzürnt werden.

[illegible] [illegible] [[illegible] II.] Subst. action de changer, d'altérer, de gâter; changement, altération, mutation. | Veränderung, Verderben. Activ u. Causativ v. [illegible]

[illegible] [illegible] [[illegible] II.] Subst. [illegible] action de fâcher, de mettre en colère, d'irriter. | Erzürnung. Activ u. Causativ v. [illegible]

[illegible] [illegible] Subst. v. [illegible] oder [illegible] Subst., vom [illegible] chaleur, ardeur, splendeur, rayon, chaleur de la fièvre, fièvre. | Hitze, Wärme, Glanz, Strahl, Fieberhitze, Fieber.

[illegible] [illegible] Subst. [illegible] erzählen, schwatzen; [illegible] crochet. | sprechen.

[illegible] [illegible] Subst. [illegible] [illegible] Apfel. [illegible] v. [illegible] pomme de terre. | Kartoffel. — [illegible]

[illegible] [illegible] [[illegible] VI.] Subst. [illegible] action de dire des obscénités, de commettre des millions immondes. | unsittliche Sprechen und Handeln, Schmutzerei, Vergehen gegen die öffentliche Sittlichkeit.

[illegible] [illegible] [[illegible] VI.] Subst. action de se vanter de ses talents, etc., de rivaliser de gloire. | Prahlen mit irgend welchen Eigenschaften, Talenten oder Leistungen; mit einem andern um den Ruhm streiten, den Vorrang streitig machen (besonders vom Dichtern untereinander).

[illegible] [illegible] [[illegible] VI.] Subst. [illegible] action de se disperser mutuellement. | einander [illegible]. Ueberholen.

[illegible] [illegible] [[illegible] VI.] Subst. [illegible] état d'être séparé l'un de l'autre; séparation. | Trennung, einzeln sein, von einander getrennt sein.

[illegible] [illegible] Subst. Pl. v. [illegible] u. [illegible]

[illegible] [illegible] **Subst. Pl. v. [illegible]**

[illegible] [illegible] [[illegible] VI.] s. [illegible]

[illegible] [illegible] Subst. Pl. v. [illegible]

[illegible] [illegible] [[illegible] VI.] **Subst** action de vouloir se surpasser les uns les autres; préséance, prééminence, supériorité de nombre ou de quantité; reste, différence. | gegenseitiges Streben nach Vorzug oder Vorrang, vorzüglicher oder besser sein wollen als andere; Ueberragen; Uebergewicht (an Zahl, Mass, Gewicht u. s. w.); das Mehr, Rest, Differenz (zwischen zwei Zahlen oder Grössen). [illegible] [illegible] Integral- und Differenzial-Rechnung.

[illegible] [illegible] [[illegible] VI.] Subst. [illegible] action de se chercher les uns les autres (sans se trouver). | einander suchen und nicht finden, einander verfehlen, einander verlieren.

[illegible] [illegible] [[illegible] VI.] Subst. [illegible] importance ou difficulté d'une affaire. | Wichtigkeit oder Schwierigkeit eines Geschäfts oder einer Angelegenheit.

[illegible] [illegible] [[illegible] VI.] Subst. [illegible] action de plaisanter, de badiner les uns avec les autres. | Scherzen mit einander.

[illegible] [illegible] s. [illegible]

[illegible] s. [illegible]

[illegible] [illegible] [[illegible]] Subst. état d'être à une certaine distance les uns des autres; action de différer les uns des autres; distance; différence, disparité, différence, le surplus, excédant, reste; vide, défaut. | Entfernung des Einen von dem andern, Abstand, Unterschied, Ungleichheit; das Mehr oder Weniger, Mangel, Fehl. [illegible] eine Differenz, ohne Unterschied.

[illegible] [illegible] Subst. v. [illegible]

[illegible] [illegible] [[illegible] V.] Subst. [illegible] action de s'ouvrir, de s'épanouir (une fleur). | das sich Oeffnen, Eröffnung, Entfaltung.

[illegible] [illegible] s. [illegible]

[illegible] [illegible] u. [illegible], nach [illegible] Subst.: [illegible] de rhume. | leise Krankheit [illegible] Angewöhnung.

[illegible] [illegible] s. [illegible] und [illegible]

[illegible] [illegible] [[illegible] II.] Subst. action d'ouvrir (l'estomac), donner l'appétition. | das Oeffnen (des Magens), Appetit reizen (vom Arzneien).

[illegible] [illegible] [[illegible] II.] Subst. action d'affaiblir, d'abattre, de faire perdre la force. | Schwächung, Abschwächung.

[illegible] [illegible] [[illegible] II.] Subst. [illegible] action de rechercher, d'examiner; recherche, examen, information, investigation. | genaue Durchsuchung, Untersuchung, Prüfung, Erkundigung; [illegible] inquisiteur, examinateur, inspecteur, Untersucher; Untersuchungscommissär (der in die Provinzen geschickt wird um die Verwaltung zu untersuchen).

[illegible] [illegible] s. [illegible] s. [illegible]

[illegible] [illegible] [[illegible] II.] Subst. action de rendre plus fort, de faire plusieurs tentes à son service. | [illegible] [illegible] (eines Zeltes, Hauses u. dgl.).

[illegible] [illegible] [[illegible] II.] Subst. [illegible] [illegible] **action de tenter; tentation, séduction.** | Versuchung, Verführung.

[illegible] [illegible] Subst. action de se arroger, c. à d. cérémonie du pèlerinage à la Mecque qui consiste à se raser, à couper les ongles, etc. | [illegible] oder [illegible] des Körpers bei der Wallfahrt.

[illegible] [illegible] [[illegible] V.] Subst. [illegible] action de sourdre; jaillissement. | Hervorbrechen aus dem Boden, Hervorquellen des Wassers. — [illegible] v. [illegible] [illegible] **apparition de l'aurore.** | Anbrechen des Tages, **der Morgenröthe.**

[illegible] [illegible] [[illegible] V.] **Subst.** [illegible] Refl. v. [illegible] action de s'affliger, de [illegible], [illegible] de la compassion. | sich [illegible] [illegible] [illegible]; Wehklagen, Betrübung.

[illegible] [illegible] **[[illegible] II.] Subst.** [illegible] action de donner une [illegible] à l'eau, de faire couler. | Wasser geben, Wasser lassen. — 2. [illegible] v. [illegible] action d'accuser q. qn de libertinage, de sollicitations; action de se livrer au désordre, [illegible]. | Beschuldigung der Liederlichkeit; Verleumdung, liederlicher Lebenswandel.

[illegible] [illegible] [[illegible] II.] Subst. action de frapper, d'affecter douloureusement, de faire éprouver un malheur, une calamité. | das Schlagen, schmerzlich berühren, Heimsuchung mit einem Unglück, Betrübung. [illegible] [illegible] mit einer Krankheit heimsuchen.

[illegible] [illegible] **[[illegible] V.]** — [illegible]

[illegible] [illegible] [[illegible] V.] Subst. [illegible] [illegible] action de rechercher, de s'informer; perquisition, recherche, enquête, information. | Untersuchung, Erforschung, Erkundigung.

[illegible] [illegible] [[illegible] II.] Subst. action d'expliquer le sens (d'un mot, d'un discours etc.) par des citations. | Erklärung des Sinnes (eines Wortes, einer Rede u. dgl.) durch Anführungen.

[illegible] [illegible] **[[illegible] V.] Subst.** [illegible] [illegible] action de se mettre en [illegible], [illegible], Aufschub, Zögerung.

[illegible] action de se rendre, se glorifier [illegible] | [illegible]

[illegible] [illegible] action de se donner des airs. | sich [illegible] sich rühmen, sich mit Anmaßung gebärden.

[illegible] action de rendre [illegible] par des hommages [illegible] d'honneur, considération, respect que l'on témoigne à q. qu. | [illegible] Ehrenerweisung, Achtung (gegen Jemand). — Gram. [illegible] prononciation [illegible] emphatique d'une consonne | doppelte Aussprache eines Vokals [illegible] eines Consonanten. — Rhetor. répétition d'un mot [illegible] | Nachdruck durch Wiederholung eines Wortes [illegible]

[illegible] action de déclarer qu'on est prêt à se [illegible] | Erklärung [illegible] für einen andern [illegible] | mit den Worten

[illegible]

[illegible] action de rendre (du sang) | [illegible]

[illegible] action [illegible] de faire l'original; action d'agir arbitrairement ou indépendamment. | Absonderung, sich absondern, den Sonderling spielen; willkürliches und unabhängiges Handeln, auf seinen Kopf bestehen.

[illegible] Subst. [illegible] de la Cour impériale [illegible] oder [illegible] an der Ubonique.

[illegible] action de se réjouir (se promener etc.), [illegible] amusement, distraction, délassement, promenade, partie de plaisir, voyage d'agrément [illegible] | Ergötzung, Ergötzlichkeit, Erheiterung des Gemüths; Lustbarkeit; Zerstreuung; Spaziergang, Spazierritt, Lustreise, Bezeichnung eines Schauspiels [illegible] | in früherer Zeit die [illegible] Kleidern [illegible]

[illegible] Subst. [illegible] [illegible] | [illegible]

[illegible] Subst. lieu [illegible] pour se promener, [illegible] de plaisir | Erholungsort, Vergnügungsort, Lustgarten.

[illegible] Vb. intr. [illegible] se délasser, se promener, etc. [illegible] sich erholen, spazieren gehen u. s. w. [illegible]

[illegible] action de se réjouir. | das sich freuen. Refl. v. [illegible]

[illegible] Subst. [illegible] action de se séparer, de s'isoler, se distinguer des autres, se singulariser, faire bande à part; état d'être seul ou séparé [illegible] singularité. | Absonderung, Unterscheidung von andern, Sonderbarkeit (der Lebensweise, der Ansichten u. dgl.), Leben auf eigene Faust; Auflehnung gegen die allgemeine Ordnung. vgl. [illegible]

[illegible] V. Subst. [illegible] état d'être séparé, séparation. | Trennung, Absonderung. Refl. v. [illegible]

[illegible] V. Subst. [illegible] action de tenir [illegible] de juger [illegible] par l'extérieur [illegible] l'apparence. | Heften des Blickes auf einen Gegenstand, Jemand nach seinem Aeussern oder eine Sache nach dem Aussehen beurtheilen.

[illegible]

d'amusement, de consoler. | Erheiterung, Erfreuung. Unterhaltung, Tröstung. Causat. v. [illegible]

[illegible] II. Subst. [illegible] action d'égayer, de réjouir. | Erfreuung, Erheiterung.

[illegible] II. Subst. [illegible] action d'isoler (des [illegible]) | das [illegible] aus dem [illegible]

[illegible] II. Subst. action d'isoler, de rendre seul et unique; isolement; | Absonderung, Vereinzelung, das einzig sein in seiner Art, Unvergleichlichkeit. — Theol. [illegible] Absonderung (von der Welt, oder der Gedanken von allem [illegible] zu mit Gott allein [illegible] Verehrung und [illegible] einzig und allein um seiner selbst willen, ohne Rücksicht auf Vergeltung.

[illegible] Vb. act. faire [illegible]

[illegible] II. Subst. [illegible] action de faire fuir, de [illegible] | Vertreibung, in die Flucht treiben.

[illegible]

[illegible] — [illegible] action de séparer, de disjoindre, de disperser, de distinguer, d'établir une différence. | Trennung, Zertheilung, Zerstreuung, Scheidung, Unterscheidung. [illegible] ein Heer auf-reiben und zerstreuen. — Logik. Hervorhebung des Unterschiedes zwischen zwei zu einer und derselben Gattung gehörigen Dingen. — Pl. [illegible] portions, parties d'un tout; choses rares, précieuses, bagatelles; raretés, curiosités. | Theile, einzelne Stücke eines Ganzen; Kleinigkeiten, Seltenheiten, Kostbarkeiten.

∘ تفريع [illegible] [فرع II.] Sbst. [illegible] action de faire peur à q. qn., d'effrayer, d'épouvanter. | Erschrecken, in Furcht setzen.

∘ تفس [illegible] Sbst. chaleur. | Hitze, Wärme.

P [illegible] v. [illegible]

∘ تفسح [illegible] [فسح V.] Sbst. [illegible] action de s'élargir; état d'être large et spacieux. | Erweiterung, sich erweitern, Geräumigkeit. Refl. v. تفسيح

∘ تفسره [illegible] [فسر II.] Sbst. 1. — [illegible] 2. action d'examiner l'urine d'un malade | ärztliche Prüfung des Urins eines Kranken. — als Concret. l'urine du malade que le médecin examine. | der Urin des Kranken.

P [illegible] Sbst. vgl. تفس chaleur (extérieure et intérieure); [illegible] de chaleur, [illegible]; inquiétude (du cœur). | Hitze (äussere und innere), [illegible]; innere Unruhe.

∘ تفسيح [illegible] [فسح II.] Sbst. [illegible] action de rendre spacieux, d'élargir, de dilater | Erweiterung, Ausweitung, geräumig machen.

P [illegible] Vb. intr. [illegible] être chaud, se chauffer; chauffer. | warm sein, sich wärmen; wärmen, erhitzen. [illegible] der heisse oder aufgesprungene Lippen hat. — vgl. [illegible]

∘ تفسير [illegible] [فسر II.] Sbst. action d'expliquer, de commenter; explication verbale ou grammaticale du Coran. | Erklärung; die wörtliche und grammatische Erklärung des Koran. vgl. تأويل — Pl. تفسيرات [illegible] explications, commentaires | Erklärungen, Commentare (im Allgemeinen). Sbst. [illegible] nähere Erklärung des in einem dunklen Worte enthaltenen Begriffs. تفسيرجي [illegible] commentateur | Erklärer.

P [illegible] Sbst. [illegible] réprimande, reproche | Tadel, [illegible].

∘ تفصح [illegible] [فصح V.] Sbst. action de parler avec facilité, de s'exprimer avec clarté. | Deutlichkeit der Rede, fliessender, gebildeter Ausdruck.

∘ تفصيل [illegible] 1. [فصل II.] Sbst. [illegible] (Gegensatz von [illegible]) action d'exposer en détail, de raconter q. ch. avec toutes les circonstances; discours détaillé et diffus, prolixité. | Ausführlichkeit, Eingehen in die Einzelheiten (bei einer Erzählung u. dgl.), Weitschweifigkeit. — Pl. [illegible] en détails. | die Einzelheiten. Adv. [illegible] — [illegible] oder [illegible] en détail, im Einzelnen, ausführlich. 2. (Denom. v. فصل Abschnitt) action de partager en plusieurs morceaux, division d'un livre en chapitres. | Theilung in einzelne Stücke, Eintheilung eines Buches in Abschnitte.

∘ تفضل [illegible] [فضل V.] Sbst. [illegible] action de se montrer supérieur à q. qn., d'accueillir; d'obliger q. qn. par des bienfaits, d'accorder une faveur, de se montrer généreux, de daigner de ...; accueil, prééminence, générosité; vulg. ayez la bonté. | Ueberlegenheit, Vortrefflichkeit; sich gegen einen andern überlegen zeigen, sich gnädig oder freigebig gegen Jemand erweisen, die Güte haben, Freigebigkeit; vulg. haben Sie die Güte! Adv. [illegible] — [illegible] gracieusement, cordialement. | vortrefflich. [illegible] prédilection. | Vorliebe.

∘ تفضيح [illegible] [فضح II.] Sbst. action de faire affront à q. qn. en faisant connaître ses défauts. | Beschämung oder Blossstellung Jemandes, indem man seine Fehler oder schlechten Handlungen aufdeckt.

∘ تفضيض [illegible] (Denom. v. فضة Silber) Sbst. action d'argenter, d'orner ou d'enrichir d'argent. | Versilberung, Verzierung oder Ausschmückung mit Silber.

∘ تفضيل [illegible] [فضل II.] Sbst. [illegible] action de préférer, de regarder q. qn. comme supérieur, d'accorder la préférence ou la prééminence; préférence accordée à q. qn., supériorité. | das Vorziehen, den Vorzug geben, Zugestehen des Vorzuges oder der Vortrefflichkeit; Vorzug, Vorrang. — [illegible] être préféré, avoir la supériorité. | vorgezogen werden, den Vorzug oder Vorrang haben. — Gramm. Comparativ und Superlativ.

∘ تفطر [illegible] [فطر V.] Sbst. [illegible] action de se fendre. | sich spalten.

∘ تفطن [illegible] [فطن V.] Sbst. action de comprendre. | Verständniss. Refl. v. تفطين

∘ تفطير [illegible] [فطر II.] Sbst. [illegible] action de faire rompre le jeûne à q. qn., de rompre le jeûne, c. à d. prendre quelque nourriture après avoir jeûné (pendant le mois de Ramazan). | Brechen des Fastens, d. h. während der Fastenzeit nach Sonnenuntergang etwas oder einem andern zu essen geben.

∘ تفطين [illegible] [فطن II.] Sbst. [illegible] action de faire comprendre. | Begreiflich machen, zum Verständniss bringen.

∘ تفعيل [illegible] Pl. [illegible] Sbst. pied d'un mètre de trois jusqu'à cinq syllabes. | Versfuss von drei bis zu fünf Silben.

∘ تفتح [illegible] [فتح V.] Sbst. — [illegible] action de s'ouvrir, de s'épanouir comme une fleur. | das sich öffnen, sich entfalten, wie eine aufblühende Blume.

∘ تفقد [illegible] [فقد V.] Sbst. [illegible] action de s'informer d'un absent ou de q. ch. | recherche, demande. | Erkundigung, Nachfrage, Suchen eines Abwesenden. [illegible] sich nach dem Befinden erkundigen.

∘ تفقه [illegible] [فقه V.] Sbst. [illegible] action de comprendre. | Verständniss. (Denom. v. فقه) action d'étudier la jurisprudence. | Studium der Rechtsgelehrsamkeit; sich zum Rechtsgelehrten ausbilden. Refl. des Figuren.

∘ تفقيه [illegible] [فقه II.] Sbst. [illegible] action de faire comprendre, de rendre intelligent, d'enseigner. | zum Verständniss bringen, Unterweisung, Belehrung. — (Denom. v. فقه) action d'enseigner la jurisprudence. | Unterricht in der Rechtsgelehrsamkeit.

[illegible], nur in Zusammensetzung mit [illegible] s. [illegible]

P [illegible] s. [illegible]

∘ تفكر [illegible] [فكر V.] u. [illegible] [فكر II.] Sbst. [illegible] action de réfléchir; méditation, considération, réflexion. | Bedenken, Nachdenken, Erwägung, Betrachtung.

∘ تفكك [illegible] [فك V.] 1. Refl. v. [illegible] 2. [illegible] désordre, confusion dans ce qu'on fait | Verwirrung, regelloses Handeln.

∘ تفكه [illegible] [فكه V.] Sbst. 1. [illegible] transport d'admiration. | Entzücken. 2. [illegible] regret, repentir. | Reue.

∘ تفكير [illegible] [فكر II.] Sbst. [illegible] action de réfléchir, de faire réfléchir, de donner à penser. | Nachdenken, nachdenken machen, zu denken geben. Concret. v. تفكر

∘ تفكيك [illegible] [فك II.] Sbst. [illegible] action de disjoindre, de séparer, de détacher. | Auflösung einer Verbindung, Lostrennung, Entbindung (von einer Obliegenheit u. dgl.). Gramm. Trennung zweier durch ein Teschdid vereinigter Consonanten, durch Wiederherstellung des ursprünglich dazwischen stehenden Vokals.

∘ [illegible] s. [illegible] Sbst. [illegible] craquement, craquètement, raillerie. | Spielzeug des [illegible], [illegible] Ausspruchs; Scherz.

∘ تفلس [illegible] [فلس V.] Sbst.

[illegible] action de se [illegible] de vivre dans la [illegible]. | [illegible] Refl. v. [illegible]

[illegible] Sbst. [illegible] fusil [illegible] Rohr, Gewehrlauf, [illegible] Flinte, Muskete, Büchse. [illegible] fusil de chasse; [illegible] carabine. | Karabiner. [illegible] tirer le fusil. | das Gewehr [illegible] charger le fusil, das Gewehr laden.

[illegible] Sbst. [illegible] fusilier; soldat d'infanterie, soldat de police, gendarme, soldat de marine. | [illegible] Füsilier, Soldat der Infanterie, Polizeisoldat, Soldat der Marine, auch [illegible]

[illegible] Sbst. [illegible] 1. Refl. v. [illegible] — 2. [illegible]

[illegible] action [illegible]

[illegible]

[illegible] oder [illegible] [V.] [illegible] [VI.] Sbst. [illegible] action de tirer un bon augure, de regarder q. ch. comme bon augure, de présager, de consulter le sort. | [illegible] für ein gutes Vorzeichen halten; Befragung des Loses.

[illegible] [V.] Sbst. [illegible] action de promener, [illegible] | das Ausspazieren, [illegible]

[illegible] [II.] Sbst. [illegible] action de donner commission, de recommander q. ch. à q. qu., de confier, d'abandonner aux mains de q. qu., de conférer des faveurs et des honneurs à q. qu., de remettre à q. qu., de donner en charge | Anvertrauung, Beauftragung, Übergabe einer Sache an Jemand, [illegible], Übertragung an eine Person, [illegible] einer Sache an einen Andern — [illegible]

[illegible]

[illegible] [VI.] Sbst. [illegible] action de se [illegible] de s'entretenir [illegible]

[illegible] [VI.] Sbst. [illegible] action de se [illegible] les uns les autres. | gegenseitige [illegible]

[illegible] Sbst. Pl. v. [illegible]

[illegible] Sbst. Pl. v. [illegible]

[illegible] [VI.] Sbst. [illegible] | Gegentheil v. [illegible] | action de s'approcher l'un de l'autre; accès, approchement. | gegenseitige Annäherung. — [illegible] approcher, avoir quelque ressemblance [illegible] | nahe kommen, ähnlich sein.

[illegible] [VI.] Sbst. [illegible] action de se prêter réciproquement; action de se rendre la pareille, de se [illegible] réciproquement | Wechselseitiges Borgen und Leihen, [illegible] vgl. [illegible]

[illegible]

[illegible] des Einen durch das Andere; völlige Trennung von einander.

* [illegible] TEKÂLÎF. Subst. Pl. v. [illegible]

* [illegible] TEKÂ'ÜD. [[illegible] VI.] Subst. [illegible] état en qualité de retraite, retraite, pension de retraite. | Dienstruhe, Ruhegehalt. — [illegible] mettre à la retraite. | aus dem Dienste entlassen, den Abschied geben (mit Pension); den Dienst verlassen, sich zur Ruhe setzen. [illegible]

* [illegible] TEKÂLÎF. Subst. Pl. v. [illegible]

* [illegible] TEKÂMUR. [[illegible] VI.] Subst. [illegible] action de jouer avec q. q. à un jeu de hasard. | Glücksspiel spielen.

* [illegible] TEKÂLUM. [[illegible] VI.] Subst. [illegible] action de s'entretenir, de parler, de causer ensemble, se donner mutuellement la parole. | Unterhaltung, mit einander sprechen, einander das Wort geben.

* [illegible] [illegible]. [[illegible] VI.] Subst. [illegible] action de se lever les uns contre les autres, en venir mutuellement aux mains. | sich gegeneinander erheben, handgemein werden.

* [illegible] [illegible] Subst. Pl. v. [illegible]

* [illegible] [illegible]. [[illegible] VI.] Subst. [illegible] action de résilier mutuellement le marché, de se désister d'un contrat. | beiderseitiges Zurücktreten von einem abgeschlossenen Handel, Aufheben des Kauf-Vertrags.

* [illegible] [illegible]. [[illegible] V.] Subst. [illegible] action de désapprouver. | Missbilligung, Missfallen an einer Sache. Kofl. v. [illegible]

* **[illegible]** **[illegible].** **[[illegible] V.]** Subst. **Kofl. v. [illegible]**

* [illegible] [illegible]. [[illegible]] Subst. action de construire une coupole, une voûte. | Errichtung einer Kuppel, eines Gewölbes.

* [illegible] [illegible]. [[illegible] V.] Subst. action d'accepter, de recevoir, d'accueillir. | Annehmen, Aufnahme.

* [illegible] [illegible]. [[illegible] II.] Subst. [illegible] action de désapprouver, reproche; réprimande. | Ausdruck des Missfallens, Missbilligung, Tadel.

* [illegible] [illegible]. [[illegible] II.] Subst. [illegible] action d'inhumer; enterrement. | Beerdigung.

* [illegible] [illegible]. [[illegible] II.] Subst. [illegible] action de serrer avec la main, de prendre, de contracter. | das Fassen mit der Hand, Zusammenziehen. [illegible]

* **[illegible] [illegible]. [[illegible] II.] Subst. [illegible] action d'embrasser, de baiser. | Küssen, [illegible], als Zeichen der Achtung. [illegible] die Hand küssen.**

* [illegible] [illegible]. [[illegible] II.] Subst. [illegible] action de mélanger, de [illegible]. | Mischung, Mengung; ein Unterer, mischen. | Mischen.

* [illegible] TAKBÎH. [[illegible] II.] Subst. [illegible] action de blâmer sur la mauvaise de sa famille; mie [illegible] | [illegible] oder Kargheit im Hausstande, [illegible] der Heiligen; geringer Anstand.

* [illegible] [illegible]. [[illegible] II.] Subst. [illegible] action de tuer. | vollständige Tödtung. [illegible] v. [illegible]

* [illegible] [illegible]. [[illegible] II.] Subst. [illegible] action de faire q. q. se précipiter avec impétuosité et inconsidérément dans q. ch., faire faire une attaque [illegible]. | Jemanden sich blindlings in eine Sache stürzen lassen, oder Tollkühnheit begehen lassen, zu einem kühnen Angriff antreiben oder führen.

* [illegible] [illegible]. [[illegible] V.] Subst. être d'être déterminé, d'être destiné, décrété. | durch vorher bestimmt sein. Kofl. v. [illegible]

* [illegible] [illegible]. [[illegible] V.] Subst. purification, sanctification (de soi-même). | Reinigung, Heiligung. Kofl. v. [illegible]

* [illegible] [illegible]. [[illegible] Pl. v. [illegible] V.] (à Dieu) est très-saint. | er (Gott) ist am heiligsten. vgl. [illegible]

* [illegible] [illegible]. [[illegible] V.] Subst. [illegible] action de marcher à la tête, de précéder; état d'être mis en première ligne, d'être préféré; préséance, priorité, antériorité, première place. | das Vorangehen, den Vorzug haben, Vorrang, Vorsitz, erste Stelle; das Vorhergehende, der Grund oder Ursache des darauf folgenden, das Vorhergehende der Zeit nach. [illegible] in der Vergangenheit [illegible] [illegible] — Pl. [illegible] die vorhergehenden Dinge, Prämissen, Antecedentien.

* [illegible] [illegible]. Subst. [illegible] offrande, présent, cadeau. | Darbringung, Geschenk. Pl. [illegible]

* [illegible] TAKDÎR. [[illegible] II.] Subst. action de décréter, de déterminer, d'apprécier, d'estimer, de reconnaître; appréciation, supposition, hypothèse. | Bestimmung, Schätzung, Messung (z. B. wie das Angicht), Annahme einer Sache als Grund vorhandener Folgen. [illegible] Bestimmung des Preises. — Theol. Pl. [illegible] [illegible] [illegible], destin, prédestination, [illegible] de Dieu, providence. | Schicksal, Vorausbestimmung, der unerforschliche Rathschluss Gottes, die göttliche Vorsehung. [illegible] action de déterminer le sens réel d'un mot ou d'une phrase. action de suppléer q. ch. pour déterminer le sens réel. Bestimmung des virtuellen Sinnes, der eigentliche Sinn eines Wortes oder Satzes, Ergänzung, Ergänzung eines Wortes, [illegible] Sinn [illegible]. [illegible] virtuellement [illegible] est (non par sa forme grammaticale). | dem eigentlichen Sinne nach (nicht der grammatischen Form oder dem Wortlaute nach). [Ergänzt v. [illegible]] — [illegible] oder [illegible] s'il est ce cas, en cas que... | falls einmal, im Falle dass. ... angenommen dass ... [illegible] angenommen dass er es thut, [illegible] in dem Falle dass er sich findet.

* [illegible] TAKDÎS. [[illegible] II.] Subst. [illegible] action de sanctifier, de purifier; sanctification, consécration. | Heiligung, Reinigung, Weihung. — Theol. sanctification de Dieu. | die Heiligung Gottes, d. i. Verehrung von Gott als frei von allen Eigenschaften die der Heiligkeit seines Wesens nicht entsprechen, die seinem Anteil [illegible] des göttlichen Wesens.

* [illegible] TAKDÎM. [[illegible] II.] Subst. [illegible] action de faire précéder, de faire avancer, de préférer, de préférer; action de présenter; présentation, offre; motion [illegible]. | das Vorangehenlassen, Voranschicken, den Vorzug geben, den Vorzug lassen, Voranstellen, Vorziehen, Vorlegung, Überreichung (eines Geschenks), Geschenk, Vorschlag, Darlegung einer Meinung oder Ansicht. — [illegible] [illegible] [illegible] (Gruss Anfang von Briefen). [illegible] Darbietung.

[illegible] I. T. [illegible] **[illegible], aigre** | leise, [illegible].

* [illegible] TAKARRUB. [[illegible] V.] Subst. [illegible] action de s'approcher, de se rapprocher; approche, accès, [illegible] Annäherung, nahe kommen, nahe sein; Zutritt bei Jemand; erlaubter Umgang. [illegible] das Herankommen eines Zeitpunktes. [illegible] Einbruch der Nacht. [illegible] Zutritt bei Jemand finden. [illegible] vertrauter Freund (der leichten Zutritt hat).

* [illegible] [illegible]. [[illegible] V.] **Subst.** [illegible] Kofl. v. [illegible] action de s'établir, état d'être établi, d'être consolidé; confirmation, ratification, forme détermination. | Feststellung (selbst selbst), Bestätigung, feste Entschlossenheit. — [illegible] se fixer, se déterminer. | sich fest setzen, sich fest entschliessen.

[illegible] I. T. [illegible] [illegible] adj. aigrir. | sauer werden, sauer sein.

* [illegible] TAKRÎB. [[illegible] II.] Subst. [illegible] action d'approcher; rapprochement, approche, approximation; occasion, moyen, motif, apparition; [illegible]. | Annäherung, näher bringen, näher kommen, an einem [illegible] Mittel zu ..., Gelegenheit zu ..., Beweggrund.

Darbringung. Opfer, Geschenk; Freundschaftlichkeit, [illegible]. Math. Approximation. Logik. Beweisführung von der Nothwendigkeit, [illegible] die Nothwendigkeit einer Sache führt. [illegible] eine Frau [illegible] die ihren Gemahl [illegible] durch irgend ein Geschenk [illegible]. [Kam. s. v. [illegible]] — [illegible] Kam. v. par apparence. [illegible] Schein, dem Anschein nach [illegible] Kam. v. [illegible] d'une manière ou d'autre. [illegible] irgend eine Weise. [illegible] par ce moyen, par ce motif. | vermittelst dessen, dadurch bewogen. [illegible] TAKRIBEN. Adv. [illegible] par approximation, approximativement, environ, à peu-près, presque, quasi. | annähernd, ungefähr, etwa, gleichsam. — [illegible] pas tout à fait vrai. | nicht ganz der Wahrheit gemäss, der Wahrheit ziemlich nahe.

تقرير TAKRIR. [II.] Sbst. [illegible] action de fixer, d'établir, de confirmer, d'exposer, de raconter; rapport, relation, exposé, note diplomatique, mémoire official, [illegible] | Befestigung, Festsetzung; Bestätigung, Erklärung, [illegible] Auslage, [illegible] Bericht, diplomatische Note; [illegible]. — [illegible] confirmer, raconter, faire un rapport, [illegible] | bestätigen, erzählen, [illegible] Bericht erstatten, eine Note überreichen. [illegible] sich an einem Orte fest niederlassen.

[illegible] TAKRIS. [II.] Sbst. [illegible] action de refroidir, de changer en glace. | Abkühlung, in Eis verwandeln, gefrieren lassen.

[illegible] TAKRIS. [Denom. v. [illegible]] Sbst. [illegible] action de former de la pâte de petits pains ronds. | das Kneten und Schneiden des Teiges zu kleinen runden Brödchen.

[illegible] TAKRIZ. [II.] Sbst. [illegible] action de louer; approbation d'un livre. | Belobung; lobende Empfehlung oder Begutachtung einer Sache [illegible].

[illegible] TAKRI'. [II.] Sbst. [illegible] action de gronder, de réprimander, de faire des reproches. | Schelten, Tadeln, Vorwürfe machen.

[illegible] TAKRIN. [II.] Sbst. [illegible] action de joindre ensemble, de lier, d'attacher ensemble. | Vereinigung, Verknüpfung.

[illegible] TAKSIT. [II.] Sbst. [illegible] action de partager, d'échelonner, de payer une dette par termes. | Theilung, [illegible] Ratenzahlung einer Schuld. als Concret. termes, somme due au bout du terme. | Termin, zum Termin fällige Zahlung, der (einem) zukommende Theil. — Pl. [illegible] TAKSITAT.

[illegible] TAKSIM. [II.] Sbst. [illegible] action de diviser, de répartir, de partager; division, répartition, partage. | Theilung, Vertheilung, Eintheilung, Austheilung; [illegible]; Division (arithm. Species). — Musik. prélude, ouverture. [illegible] Kam. s. v. [illegible] — Poetik. Vertheilung des [illegible] auf die einzelnen Verse oder Halbverse eines Gedichts, so dass jeder Vers [illegible] Ganzes bildet. — Rhetor. Vertheilung, d. i. Zusammenstellung des [illegible]. Rhet. d. Arab. S. 109 u. 111. — Als Nom. propr. Name eines [illegible] Wasserbehälters in Constantinopel, der [illegible].

[illegible] TAKSIMLU Adj. réparti, mesuré; getheilt, abgemessen, [illegible].

[illegible] 17. [illegible] — [illegible].

[illegible] TAKSIR. [II.] Sbst. action de dépouiller de l'écorce, de la coque | Abschälung. [illegible] monder l'orge | die Gerste reinigen, [illegible].

[illegible] TAKSIR. Sbst. PW. [illegible] | [illegible].

[illegible] TAKSIR. [II.] Sbst. action d'abréger, de raccourcir; abréviation, manquement, défaut, faute, erreur, négligence. | Kürzung, Verkürzung, [illegible]; Mangel, Fehler, [illegible] — [illegible] manquer, faillir, omettre, négliger. | [illegible] ... mon défaut [illegible]. — Pl. [illegible] TAKSIRAT und [illegible] TAKSIRAN. — Rel. [illegible] — Rel. eines [illegible].

[illegible] TAKSIT. [II.] Sbst. [illegible] action d'obtenir q. ch. d'espérer, d'accomplir, d'achever, d'effectuer, [illegible] | [illegible] Ausführung (eines Vorhabens), [illegible]. — [Denom. v. [illegible]] action de nommer un [illegible] juge. Ernennung zum Richter, [illegible].

[illegible] TAKATTU'. [V.] Refl. v. [illegible].

[illegible] TAKATTUR. [V.] Sbst. [illegible] action de tomber goutte à goutte, de dégoutter. | Herabträufeln.

[illegible] TAKTIB. [II.] Sbst. [illegible] action de froncer les sourcils, de rider le front. | Stirnrunzeln.

[illegible] TAKTIR. [II.] Sbst. [illegible] action de faire ou de laisser tomber goutte à goutte, de faire dégoutter, de distiller; distillation. | Herabträufeln lassen; Destillation. [vgl. [illegible]] [illegible] rétention d'urine. | Zurückhalten des Urins, Harnzwang.

[illegible] TAKTI'. [II.] Sbst. [illegible] action de couper en morceaux, de tailler, de partager; de scander un vers; taille, stature; format d'un livre; césure d'un vers. | das Zerschneiden, Zertheilen, Zerstückeln, Brandern; Zuschnitt, Statur, Grösse, Format eines Buches; Cäsur in einem Verse.

[illegible] TAKA'UD. [V.] Sbst. action de se détourner de q. ch., renoncer à q. ch. et s'occuper exclusivement d'une autre | Abstehen, Ablassen von einer Sache; mit Hinzuwendung [illegible] sich [illegible] einer Sache widmen.

[illegible] TAKA'UR. [V.] Sbst. [illegible] action d'examiner l'intérieur de q. ch., d'approfondir q. ch. | Untersuchung des Innern einer Sache; Ergründung.

[illegible] TAKAFFUL. [V.] Refl. v. [illegible].

[illegible] TAKAFFI. [V.] Sbst. [illegible] action de suivre q. qu., d'imiter l'exemple de q. qu., de prendre q. qu. ou q. ch. comme modèle. | Nachfolge, Nachahmung, als Beispiel oder als Muster nehmen. Refl. d. [illegible].

[illegible] TAKFIYET. [II.] Sbst. 1. Causativ des Vorigen. action de faire suivre q. qu. par un autre, de faire imiter par q. qu. l'exemple d'un autre. | nachfolgen oder nachahmen lassen, Aufstellung des Einen als Beispiel für einen Andern. 2. [Denom. v. [illegible]] action de faire des rimes. | Reime machen, in Reimen sprechen oder schreiben.

[illegible] TAKFIL. [II.] Sbst. [illegible] action de cadenasser, de fermer au cadenas. | Anlegung eines Vorlegeschlosses.

[illegible] TAKFIN. [II.] Sbst. action de couper la tête. | Köpfen.

[illegible] TAKLAK oder [illegible] TAKLA. Sbst. (n. gr. [illegible]) culbute. | Purzelbaum. [illegible] faire la culbute. | Purzelbäume schlagen, Rad schlagen.

[illegible] TAKALLUB. [V.] Sbst. [illegible] Refl. v. [illegible] action de se tourner; renversement, révolution, changement. | Umdrehung, Umkehrung, Veränderung; [illegible]. Pl. [illegible] TAKALLUBAT.

[illegible] TAKALLUD. [V.] Refl. v. [illegible].

[illegible] TAKLADAMAK. Vb. intr. Aut. [illegible] TAKLAMAK. craquer, claquer, faire du bruit. | knacken, klappern.

[illegible] Subst. [illegible] action de tourner, de retourner, de renverser, de bouleverser. | Umdrehung, Umkehrung, Umstürzung.

[illegible] Subst. action de mettre à q. qn. un collier, ou q. ch. en guise de collier, [illegible] action de donner à q. qn. l'investiture, [illegible] d'un emploi; action de regarder q. qn. comme autorité, suivre l'autorité ou l'exemple de q. qn.; action d'imiter, de singer, de contrefaire; imitation, [illegible]; action de croire aveuglément, foi aveugle. | [illegible] eines Halsbandes u. dgl., besonders als [illegible] oder Zeichen eines hohen Amtes; Belehnung mit einem Amte, Investitur; Anerkennung des Ansehens oder der Autorität Jemandes, Befolgung des Beispiels oder der Anordnung eines Andern, Nachahmung, [illegible]; Nachahmung, Nachäffung, [illegible] Theol. blinden Glauben [illegible]; [illegible] [illegible] [illegible] fait sur le modèle d'un autre. | Nachahmung, [illegible] Ding. [illegible] farce, pantomime, comédie. | Lustspiel, Possenspiel.

[illegible] Adv. à l'imitation, à l'instar, à l'exemple de, sur le modèle de. | als Nachahmung, nach dem Muster.

[illegible] Subst. imitateur, mime, [illegible] | Nachahmer, Nachäffer, Schauspieler, Possenreisser.

[illegible] Subst. imitateur. | Nachahmer.

[illegible] Adj. imité. | nachgeahmt.

[illegible] Subst. démonstration de joie et d'honneur à l'entrée solennelle d'un grand personnage dans une ville. | [illegible] und Ehrenbezeugungen beim Einzuge eines Fürsten in eine Stadt.

[illegible] Subst. [illegible] action d'arracher, d'ôter q. ch. de sa place, de déraciner. | das Wegnehmen, Ausreissen.

[illegible] Subst. [illegible] action de diminuer, d'amoindrir. | Verkleinerung, Verringerung (von Zahl und Menge).

[illegible] Subst. [illegible] action de couper (les ongles), de tailler (la plume). | Schneiden oder Beschneiden (die Nägel, eine Feder u. dgl.).

[illegible]

[illegible]

[illegible]

de Dieu, piété, abstinence, vertu. | Enthaltung von Bösem, Gottesfurcht, Frömmigkeit, Tugend. [illegible] temple. [illegible]

[illegible] Subst. [illegible] action de se nourrir, de vivre de q. ch. | der. sich nähren, von einem leben.

[illegible] Refl. v. [illegible]

[illegible]

[illegible]

[illegible]

[illegible] Refl. v. [illegible]

[illegible]

[illegible] Refl. des Pigmen.

[illegible] Subst. [illegible] action de raffermir, de renforcer, de consolider, de fortifier, corroboration, affermissement. | Festigung, Kräftigung, Stärkung, Befestigung. [illegible] | erstarken.

[illegible] action de découper en rond. [illegible] den Kragen des Rockes ausschneiden.

[illegible] action de [illegible] de cambrer, d'arquer. | krumm biegen, wölben.

[illegible] Subst. [illegible] action de dire que q. qn. a dit q. ch. | Sagen, dass einer etwas gesagt habe, einem etwas in den Mund legen.

[illegible] Subst. [illegible] action de rendre droit, de redresser, de rectifier; de peindre et détaillé comme il faut, de mettre en ordre, de disposer, d'ajuster (une mesure); de fixer le prix, de déterminer la valeur; disposition; [illegible] des biens. | Gerade machen, Geradeausrichtung, Aufrichtigkeit, in Ordnung bringen, [illegible] Ausdehnung, Aufstellung, [illegible] Bestimmung des Preises oder Werthes. [illegible] Tabelle [illegible] Kalender, Geschichtstafeln u. dgl.

[illegible]

[illegible]

[illegible] Subst. [illegible] action de prendre avec force, violence, oppression. | gewaltsames Wegnehmen, Gewalttat; Bedrückung, Unterdrückung.

[illegible] encore, noch, [illegible].

[illegible] Subst. [illegible] sonne. [illegible]

[illegible]

[illegible] Subst. [illegible]

[illegible] Adj. qui redoute, qui craint Dieu, pieux. | enthaltsam, gottesfürchtig, fromm. [illegible]

[illegible] Subst. [illegible] crainte, [illegible] de Dieu, observation des préceptes de la religion. Furcht, Gottesfurcht, Beobachtung der Vorschriften der Religion. — Theol. die Lehre, dass es erlaubt sei, im Falle der [illegible] Lebensgefahr seine Religion zu verläugnen.

[illegible] Subst. [illegible] action de s'attacher à q. ch.; adhérence, application, attention, soin, etc. | [illegible] Zusammenhaltung seiner Gedanken, Anstrengung. [illegible] Eifer bei der Arbeit.

[illegible] s'appliquer, [illegible] Fleiss und Mühe anwenden, [illegible]

[illegible]

[illegible] Subst. [illegible] action de [illegible] | [illegible] Gramm. [illegible] mettre les points [illegible] | Bestimmung der [illegible] des Wortes durch Setzung der Vokalpunkte oder diakritischen Zeichen. Logik. [illegible] restriction. | Beschränkung, [illegible] [illegible]

[illegible] Subst. [illegible] action d'arranger, d'orner, de finir. | in Ordnung bringen, [illegible]

[illegible]

[illegible] Subst. 1. [illegible] 2. [illegible] | [illegible]

[illegible] er macht sich Sorge um die geringste Kleinigkeit. [illegible] mache Dir keine Sorge. [illegible] in seiner Angst ergreift er die Flucht.

[illegible] s. [illegible]

p تلاشى TALAŠI. Sbst. [illegible] v. [illegible] inquiétude, dérangement, confusion. | Unruhe, Zerstörung, Verwirrung. [illegible] causer de l'inquiétude. | beunruhigen.

a تلاشى TALAŠI. [لشى VI.] Denom. v. [illegible] Sbst. état d'être réduit à rien, perdre son rang, etc. | zu Nichts werden, seinen Rang, Ehre u. s. w. verlieren.

p [illegible] TALAŠI. Sbst. [illegible] ronce. | Brombeerstrauch. [illegible]

a [illegible] TALASUQ. [VI.] Sbst. [illegible] état d'être collé l'un à l'autre. | aneinander kleben, fest zusammenhängen.

a تلاطف TALATUF. [لطف VI.] Sbst. action de montrer la bienveillance. | sich wohlwollend oder freundlich stellen, sich freundlich benehmen, vgl. [illegible]

a تلاطم TALATUM. [لطم VI.] Sbst. action de se souffleter l'un l'autre: agitation des vagues, choc des flots. | einander ohrfeigen; das Aneinanderschlagen der Wellen. [illegible] Brandung des Meeres.

a تلاعب TALA'UB. [لعب VI.] Sbst. [illegible] action de jouer, de jouer ensemble. | mit einander spielen.

[illegible] s. [illegible]

a تلافى TALAFI. [لفى VI.] Sbst. [illegible] action de chercher à regagner, rattraper, réparer (une perte, du temps perdu, etc.); réparation | das Wiedereinzubringen oder zu ersetzen suchen (einen Verlust, verlorene Zeit oder Versäumtes); Ersatz. [illegible] um den Fehler wieder gut zu machen. [illegible] den Verlust ersetzen.

a تلاقى TALAQI u. [illegible] [لقى VI.] Sbst. [illegible] action de se rencontrer; rencontre mutuelle; action d'accueillir, de recevoir q. qu. | gegenseitiges Entgegenkommen und sich treffen; Zusammenkunft, Begegnung; Aufnahme Jemandes. [illegible] der Auferstehungstag (Tag der gegenseitigen Begegnung).

[illegible] s. [illegible]

[illegible] s. [illegible]

a [illegible] Sbst. Pl. v. [illegible]

a [illegible] u. [illegible] Sbst. Pl. v. [illegible]

[illegible] s. [illegible]

[illegible] s. [illegible]

a تلاوت TILAWET. [Rad. تلى] Sbst. lecture d'un livre, spéc. d'un livre sacré, du Coran. | Lesen eines Buches, insbesondere heiligen Buches, Vortragung beim Lesen des Koran. — [illegible] être à haute voix, psalmodier. | laut lesen, absingen (den Koran oder ein anderes Buch).

a تلاوم TALAWUM. [لام VI.] Sbst. [illegible] action de s'adresser réciproquement des reproches; récrimination mutuelle. | gegenseitiger Tadel, einander Vorwerfen.

a تلاهى TALAHI. [لهى VI.] Sbst. [illegible] action de jouer, de s'amuser, de se divertir, de passer le temps. | Spielen, sich unterhalten, sich belustigen, sich die Zeit vertreiben.

p تلب TALAB und تلبا [illegible] Tahrif v. [illegible] demi-poste. | Vorpostena.

[illegible] s. [illegible]

a تلبس TELEBBUS. [لبس V.] Sbst. [illegible] action de s'habiller, de se vêtir, de se couvrir de q. ch.; état d'être vêtu; état d'être mêlé dans q. ch.; action de se mêler, de s'ingérer dans une affaire; action de s'attacher. | Bekleidung, sich bekleiden, bekleidet oder bedeckt sein; Einmischung; Anhaften, Anhängen.

a تلبيه TELBIJE. Sbst. exclamation de la formule [illegible] (pendant le pèlerinage). | wiederholter Ausruf der Formel [illegible] („Ich stehe zu Deinem Dienste", eine der vorgeschriebenen Ceremonien bei der Wallfahrt).

a تلبيس TELBIS. [لبس II.] Sbst. [illegible] action de couvrir, de voiler, de déguiser; fraude, ruse, intrigue, tromperie, fourberie, fausseté, confusion, illusion causée à q. qu. | Bekleidung, Verhüllung, Verkleidung, Verhüllung der Wahrheit, falsche Darstellung, Täuschung, Verfälschung, Betrug, Falschheit, Schelmerei, List. — [illegible] tromper, falsifier. | täuschen, fälschen. Kel ebstr. [illegible] Kel. concr. [illegible]

a تلثم TELETHTHUM und [illegible] [Denom. v. لثام] [illegible] action d'appliquer q. ch. (p. ex. le voile) sur la bouche (pour le baiser); action de baiser, d'embrasser. | den Schleier oder überhaupt eine Sache an den Mund bringen um es zu küssen. [illegible] auf den Mund küssen.

[illegible] s. [illegible]

[illegible] Sbst. [illegible] espion. | Kundschafter.

a تلجلج TELEDJLUDJ. [Denom. v. [illegible]] Sbst. [illegible] état d'être [illegible] en pleine mer, de se trouver en pleine mer. | das sich auf offener See befinden.

a [illegible] [Denom. v. [illegible]] Sbst. [illegible] action de mettre le mors, de brider. | Anlegung des Gebisses oder des Zaumes.

a [illegible] [Denom. v. [illegible] Grabhöhle.] Sbst. [illegible] action d'ensevelir dans une tombe. | Beisetzung in einer Grabhöhle.

a تلحين TELHIN. [لحن II.] Sbst. [illegible] action de lire en chantant, de psalmodier. | Lesen mit singender Stimme, Absingen.

p تلخ TALQ u. TELQ. Adj. u. Sbst. [illegible] amer, amertume. | bitter, Bitterkeit; im mystischen Sinne: das Elend dieser Welt. [illegible] eau amère, salée, saumâtre; larme. | Bitterwasser, Salzwasser; Thräne. [illegible] dont le fruit est amère; fruit amère. | bittere Frucht tragend; bittere oder wilde Frucht. [illegible] austère; dessen Gesicht finster, ernst. [illegible] qui a le palais (la bouche) amère. | der den Mund bitter hat. [illegible] oder [illegible] dont les paroles sont amères. | der bittere oder kränkende Reden führt. [illegible] qui est de mauvaise humeur, mürrisch, verdriesslich, übel gelaunt. [illegible] terre amère. | arbe bitter. Kel ebstr. [illegible] u. تلخى Sbst. amertume. | Bitterkeit [illegible] der Bitterkeit gekostet, bittere Erfahrungen gemacht hat.

a تلخيص TELQIS. [لخص II.] Sbst. action de résumer, de reprendre en peu de mots (un discours, etc.), de faire un rapport (au souverain); rapport que le ministre fait au souverain. | Zusammenfassung in wenigen Worten (z. B. eines längeren Vortrages), Berichterstattung, Geschäftsvortrag; der tägliche Bericht über Staatsgeschäfte, welchen der Vezir dem Sultan vorlegt. — [illegible] rapporteur, référendaire. | Berichterstatter, Referendar, Schreiber und Ueberbringer des TALQIS.

[illegible] s. [illegible]

a تلطيف TELTIF. [لطف II.] Sbst. action d'amollir, de rendre aimable. | [illegible] Erweichung.

a تلذذ TELEZZUZ. [لذ V.] Sbst. action de trouver goût, de prendre plaisir. | Geschmack an einer Sache, Genuss, Ergötzen.

a تلزق TELEZZUQ. [لزق V.] Sbst. [illegible] action de s'attacher, de se coller; état d'être visqueux, gluant, ductile. | das sich Anhängen; Klebrigkeit; Zähigkeit.

a تلصص TELESSUS. [لص V.] Sbst. [illegible] action de voler, de se faire voleur. | Rauben, Stehlen, Räuberei, Strassenraub.

a [illegible] [V.] Sbst. [illegible] action de nier, de cacher la vérité. | Läugnen, Verhehlung der Wahrheit.

a تلطف TELETTUF. [لطف V.] Sbst. [illegible] action de traiter avec douceur, avec bienveillance; douceur et amabilité dans ses rapports avec les autres. | Wohlwollen, Güte, Gefälligkeit, Liebesbezeugung, Liebkosung, freundliche Begegnung, gute Behandlung. Pl. [illegible] caresses, cajoleries. | Liebkosungen [illegible] Adv. [illegible] par faveur. | aus Gunst.

[illegible] TELTIQ. [illegible II.] Sbst. [illegible] action de [illegible], de [illegible]. | [illegible]. [illegible].

[illegible] TELTIF. [illegible II.] Sbst. action d'adoucir, d'amollir, de rendre plus tendre; marque de faveur. | Milderung, Erweichung; Milde gegen Andere, freundliches und herablassendes Benehmen des Höheren gegen den Niederen, Gunstbezeugung.

[illegible] TEL'IB I. [illegible II.] Sbst. — [illegible] jeu, divertissement. | Spiel, Zeitvertreib. 2. als Coner. qui aime à jouer. | einer der gern spielt.

[illegible] TELA''UB [illegible V.] u. [illegible] TAL'IB [illegible II.] Sbst. [illegible] action de jouer, de s'amuser, divertissement. | Spiel, Zeitvertreib, Belustigung.

[illegible] TEL'IN [Denom. v. [illegible]] Sbst. — [illegible] action de damner, de punir, de châtier (se dit de Dieu). | einen zum Gegenstande des Fluches oder der Verdammung machen (von Gott), göttliche Verdammung, Strafe.

[illegible] Sbst. sorte de vêtement. | Benennung eines Kleidungsstückes Abulg. S. [illegible]

[illegible]

fr. [illegible] TELEGRAF. Sbst. Telegraph.

[illegible] u. Deriv. v. [illegible]

[illegible] TELEF. Sbst. perte, ruine; dissipation. | Zugrunderichtung, Verderben, Verschwendung, Vergeudung (des Geldes, der Zeit u. s. w.). — [illegible] perdre, ruiner, tuer q. qn.; dissiper (ses biens), zu Grunde richten, umbringen, verschwenden. — [illegible] périr. | umkommen, zu Grunde gehen.

[illegible] TELEFFUT. [illegible V.] Sbst. [illegible] action de tourner le visage du côté de q. qn. ou de q. ch., de se tourner vers q. ch. | [illegible] des Gesichts (nach einer Person oder Sache), sich auf etwas zu wenden.

[illegible] [illegible V.] Sbst. [illegible] action de prononcer; prononciation, articulation. | das Aussprechen; Aussprache.

[illegible] [illegible V.] Refl. des Figuin.

[illegible] [illegible II.] Sbst. [illegible] action d'envelopper, de couvrir. | Einhüllung, Bedeckung.

[illegible] [illegible II.] Sbst. [illegible] action de rassembler, de réunir dans un livre; action de rapiécer, de rapetasser. | Zusammenbringen an einem Ort, Zusammenfügung, Zusammenflicken.

[illegible] als Kleid zusammengeflicktes.

[illegible] [illegible] Sbst. [illegible] rencontre. | Zusammentreffen, Begegnung [illegible] — als Präpos. en face de, gegenüber [illegible]

über. [illegible] de la part de .. | von Seiten ...

[illegible] TELEQQUF. [illegible V.] u. [illegible] TELQIF. [illegible II.] Sbst. [illegible] action de saisir (également par l'esprit). | schnelles Fassen, auffassen (auch geistig: schnell lernen, verstehen), aufschnappen, verschlingen.

[illegible] TELEQQUM. [illegible V.] Sbst. gloutonnerie (bruit de l'eau). | Schlucken (des Wassers). — [Denom. von [illegible]] [illegible] action d'avaler bouchée par bouchée. | schluckweise oder bissenweise verschlingen.

[illegible] TELEQQUN. [illegible V.] Sbst. [illegible] action de comprendre, de s'informer. | [illegible] Erkundigung. Refl. von [illegible]

[illegible] TELEQQI [illegible V.] Sbst. [illegible] action de rencontrer; rencontre, réception, accueil. | Zusammentreffen mit Jemand, Annahme, Aufnahme Jemandes. [illegible]

faire un bon accueil gut aufnehmen. [illegible] mauvais accueil. | schlechte Aufnahme.

[illegible] [illegible II.] Sbst. [illegible] action de surnommer, de donner un surnom ou un titre. | Benennung mit einem Beinamen, Beilegung eines Beinamens oder Titels.

[illegible] [illegible II.] Sbst. [illegible] action de joindre q. ch. sur une autre, d'ajouter, d'additionner. | [illegible] werden, aufsagen, [illegible].

[illegible] [illegible II.] Sbst. [illegible] action de greffer, d'enter, d'inoculer. | Pfropfung, Impfung, Einimpfung [illegible] Blatternimpfung.

[illegible] [Denom. v. [illegible]] Sbst. action de faire prendre à q. qn. une bouchée d'aliments. | einen Bissen zu essen geben.

[illegible] [illegible II.] Sbst. [illegible] action de faire comprendre, de faire entendre, d'instruire; information; instruction à un mort [illegible]. | Unterweisung (mündlich). Belehrung über eine Sache; die Unterweisung des Todten, eine Ceremonie welche bei dem Begräbnisse von dem [illegible]. vgl. Lane: Manners and customs of the modern Egyptians. Cp. [illegible]

[illegible] Tahrif. v. [illegible]

[illegible] Sbst. LT. [illegible] demande, désir. | Verlangen, Wunsch. vgl. [illegible]

[illegible] Sbst. LT. [illegible] refuge, asile. | Zuflucht, Asyl.

[illegible] Sbst. [illegible] sorte d'arme de guerre. | eine Art Geschütz oder Kriegsmaschine.

[illegible] oder [illegible] Sbst. [illegible] Partic. v. [illegible]

[illegible] u. [illegible]

[illegible] Sbst. LT. [illegible] crieur public. | Ausrufer.

[illegible] Sbst. LT. [illegible] — [illegible] mendiant. | Bettler. vgl. [illegible]

[illegible] Vb. act. LT. [illegible] piller. | plündern. vgl. [illegible]

[illegible] Vb. act. LT. [illegible] demander. | verlangen, bitten. — [illegible] — Deriv. [illegible]

Vb. caus. LT. [illegible]

[illegible] LT. [illegible]

Deriv. [illegible] Vb. act. u. [illegible]

[illegible] TELMIH. [illegible II.] Sbst. allusion. | Anspielung, kurze Andeutung eines bekannten Verses, Sprichworts u. dgl. (Rhetor.)

[illegible] TILMIZ u. TELMIZ. Sbst. [illegible] écolier, étudiant, élève, disciple. | Schüler, Student, Pflegebefohlener. Pl. [illegible] TELAMIZE u. [illegible] TELAMIZ.

[illegible] Sbst. LL. [illegible] | Stammler.

[illegible] LT. [illegible]

[illegible] LT. [illegible]

[illegible] Vb. [illegible] LT. [illegible] | rapport, [illegible].

[illegible] TELEWWUN. [illegible V.] Sbst. [illegible] action de se souiller, se salir; état d'être souillé. | Beschmutzung, Besudelung, Befleckung. Refl. v. [illegible]

[illegible] TELEWWUT. [Denom. v. [illegible]] action de se rendre coupable de crime de sodomie. | sich der Sodomie schuldig machen.

[illegible] u. Deriv. v. [illegible]

[illegible] TELEWWUN [Denom. v. [illegible]] Sbst. [illegible] action de se colorer; changement de couleur; inconstance. | sich färben; Farbenwechsel, Schillern der Farbe, Veränderlichkeit. [illegible] Unbeständigkeit des Charakters. — Pl. [illegible] mutations, changements; vicissitudes. | Veränderungen, Wechselfälle.

[illegible] TELWE. Sbst. lie, sédiment. | Hefe, Bodensatz. [illegible] marc de café. | Kaffeesatz. [illegible] la lie du peuple. | Grundhefen des Volks, d. i. Hefe des Volks.

[illegible] TELWIJ. [illegible II.] Sbst. [illegible] action de tordre. | das Drehen, Krümmen.

[illegible] TELWIS [illegible II.] Sbst. [illegible] action de souiller, de salir, de barbouiller; [illegible]. | Beschmutzung, Besudelung, Schmutz, Fleck. — Pl. [illegible] TELWISAT.

[illegible] TELWIH. [illegible II.] Sbst. action de faire apparaître; action de blanchir les cheveux ou la barbe de q. qn.; action de faire

[illegible] TEMÄSSÜS. [Denom. v. [illegible]] Sbst. [illegible] action d'embrasser le culte des Mages, c. à d. des adorateurs du feu. | Magier, d. i. Feueranbeter sein oder werden.

[illegible] TEMDIH. [[illegible] II.] Sbst. [illegible] action de louer, de glorifier (Dieu), de célébrer, de solenniser; prière chantée à l'aube du jour au haut des minarets. | das Loben, Rühmen, Lobpreisung (Gottes), Feiern (eines Festes); erster Morgengesang der Muezzin. [illegible] früher Morgengesang [illegible] der erste Morgenlobgesang. — [illegible]

[illegible] TEMEDDÜN. [[illegible] V.] Refl. v. [illegible]

[illegible] TEMEDDÜD. [[illegible] V.] Refl. v. [illegible]

[illegible] TEMEDDÜN. [Denom. v. [illegible]] Sbst. action de se fixer ou de s'établir dans une ville; état social policé; civilisation. | Niederlassung in einer Stadt, Bildung einer städtischen Gemeinde, städtisches oder staatliches Gemeinwesen; Civilisation.

[illegible] TEMDIH. [[illegible] II.] Sbst. [illegible] action de louer, de vanter, de combler d'éloges. | das Loben, Rühmen, mit Lob überhäufen.

[illegible] TEMDID. [[illegible] II.] Sbst. [illegible] action de prolonger, d'allonger, de tendre, de hausser, de faire durer plus longtemps. | Verlängerung, in die Länge ziehen (räumlich und zeitlich); streck ziehen, spannen.

[illegible] TEMR u. TEMER, colg. [illegible] Sbst. Pl. [illegible] ETMAR, datte (fruit). | Dattel. [illegible] TEMR-HINDI ([illegible]) oder [illegible] tamarin (fruit) | Tamarindenfrucht, indische Dattel.

[illegible] TEMR oder [illegible] TENNUR. Sbst. — four. | Ofen.

[illegible] TEMERRÜD. [[illegible] V.] Sbst. [illegible] action de s'obstiner; obstination, opiniâtreté, [illegible] | sich widersetzen: Widersetzlichkeit, Halsstarrigkeit, [illegible]

[illegible] Sbst. [illegible] action de polir | das Poliren.

[illegible] Sbst. le Coran. | Name des Koran.

[illegible] TEMERGÜ oder [illegible] Sbst. [illegible] | [illegible]

[illegible] TEMREN oder [illegible] Sbst. [Denom. [illegible]] fer de la flèche, pointe de dard, etc. | die eiserne Spitze des Pfeiles, Wurfspiesses u. dgl. [illegible] Lanzenspitze [illegible] Bolzen ohne Spitze.

[illegible] TEMRIH. [[illegible] II.] Sbst. [illegible] action d'oindre; onction. | Einreibung mit Salbe oder Oel.

[illegible] TEMRIR. [[illegible] II.] Sbst. [illegible] action de rendre amer. | Verbitterung, bitter machen. [illegible] diese Frucht macht den Mund bitter.

TEMR [illegible]

[illegible] [illegible] [illegible] Sbst. [illegible] action de louer, d'exalter. | Loben, Preisen.

[illegible] TEMRIZ. [[illegible] II.] Sbst. [illegible] action de soigner, de ménager. | Wartung, Pflege.

[illegible] TEMZIK. [[illegible] II.] Sbst. [illegible] action de déchirer, de mettre en pièces, de calomnier [illegible] | Zerreissung [illegible] guten Namens [illegible]

[illegible] TEMSAH. Sbst. Pl. [illegible] crocodile | Krokodil, [illegible]

[illegible] TEMESSÜH. [[illegible] V.] Sbst. [illegible] action de se sécher, s'essuyer. | sich abwischen (den Schweiss abwischen). [illegible] (nach dem Waschen).

[illegible] TEMESHÜR. [Denom. v. [illegible]] Sbst. [illegible] action de faire le bouffon, de se moquer, de rire aux dépens de q. qu. | den lustigen Rath, Lustigmacher (Hofnarren) spielen; Verspottung, Auslachen.

[illegible] TEMESSÜK. [[illegible] V.] Sbst. [illegible] action de saisir q. ch., de s'emparer de q. ch.; acte obligatoire, reconnaissance (d'une dette) | das Festhalten, Ergreifen; gerichtliche Anerkennung einer Schuld. — als Concret. Pl. [illegible] TEMESSÜKÄT. billet obligatoire; [illegible] Verpflichtung [illegible] — TEMESSÜK. s'obliger par écrit. | sich schriftlich verbindlich machen, unterschreiben [illegible] quittance. | Quittung.

[illegible] TEMESKÜN. [Denom. v. [illegible]] Sbst. [illegible] appauvrissement | Verarmung.

[illegible] TEMESSI. [[illegible] V.] Sbst. [illegible] avancement (d'une affaire). | das Vorwärtskommen, Fortgang einer Sache. Refl. s. Pfunde.

[illegible] TEMSIYET. [[illegible] II.] Sbst. [illegible] faire marcher, de faire avancer les affaires. | das Vorwärtsbringen, in Gang bringen, Förderung [illegible] die Angelegenheiten der Leute fördern.

[illegible] TEMSID. [[illegible] II.] Sbst. [illegible] action de [illegible] | [illegible]

[illegible] TEMSHIT. [[illegible] II.] Sbst. [illegible] action de peigner. | das Kämmen.

[illegible] TEMSHIN. [[illegible] II.] Sbst. [illegible] action de se rincer la bouche. | sich den Mund ausspülen.

[illegible] TEMASSUR. [[illegible] V.] Sbst. [illegible] | [illegible]

[illegible] TEMATTUT. [[illegible] V.] Sbst. [illegible] action d'allonger un récit; prolixité du discours. | Weitschweifigkeit (der Rede, einer Erzählung).

[illegible] TEMA'ÜN. [[illegible] V.] [illegible]

[illegible] TAMGA auch [illegible] Sbst. [illegible] marque, empreinte (faite avec un fer chaud), timbre, griffe, poinçon, coin, contrôle; cachet d'un prince, diplôme du souverain; droit de passage, [illegible] | Marke, eingebranntes Zeichen (auf Pferden u. s. w.), Brandmal; Stempel, Prägeeisen, Gold und Silberstempel; Siegel des Fürsten, fürstliches Handschreiben [illegible]; Wegzoll, Durchgangszoll, Plombe. [illegible] plomber (une marchandise), plomber. [illegible] TAMGALY oder [illegible] TAMGALYMARQUÉ, timbré, [illegible] Sbst. [illegible] TAMGAJY marqueur, percepteur, douanier. Stempler, Zolleinnehmer.

[illegible] TAMGALAMAK auch [illegible] Vb. act. marquer, timbrer, stigmatiser, mettre le poinçon, contrôler. | ein Zeichen einbrennen oder aufdrücken, brandmarken, stempeln. — Deriv. [illegible] TAMGALANMAK, Vb. refl. pass.

[illegible] TAMAG. Sbst. LT. [illegible] palais de la bouche, gosier. | Gaumen, Schlund. [illegible]

[illegible] TEMEKKÜN. [Denom. v. [illegible]] Sbst. — [illegible] Refl. des Vigula. action de s'établir, de fixer sa demeure; action de se rendre maître de q. ch.; puissance, pouvoir, autorité, influence; considération; devenir en état de faire q. ch. | das sich fest setzen an einem Orte, seine Wohnung nehmen; sich zum Herrn einer Sache machen, Macht, Gewalt, Ansehen, Einfluss; Festigkeit; etwas zu thun im Stande sein oder in Stand gelangen.

[illegible] TEMKIN. [Denom. v. [illegible]] [illegible] action d'établir, de faire résider, de rendre fixe, de fixer, de fonder, de donner consistance; action de rendre puissant, de donner le pouvoir de q. ch., mettre en état de faire q. ch.; puissance, autorité, dignité. | das fest machen, Festigung, Gründung, Begründung; eine Stelle zur Wohnung geben; in Stand setzen etwas zu thun. [illegible] einen zum Herrn einer Sache machen; Macht, Ansehen, Ehre, Würde. — Theol. [illegible] auf dem Wege des Speculativen [illegible] [illegible] — [illegible] fonder son opinion. | seine Ansicht begründen. [illegible] Herren in Amt und Würde, Leute von Einfluss. Rel. concr. [illegible] TEMKINLU [illegible] ein vornehmer Herr.

[illegible] TEMEL. (Republ.) Sbst. [illegible] fondement, base | Grund (eines Gebäudes). [illegible] fondation | Gründung, Grundlegung. [illegible] fondation | der gegrabene Grund. [illegible] — oder [illegible] — jeter ou poser les fondements. | den Grund legen. Rel. concr. [illegible] TEMELLI, fondé, basé, ferme, durable, permanent. | gegründet, fest, dauernd.

[illegible] *fondement; fourbe.* | unbegründet; unbeständig, leichtfertig.

تعللللمك TEMELLÜHEK. (ungebräuchlich) — Deriv. I. [illegible] Vb. act. = تأسيس *fonder.* | gründen. — II [illegible] Vb. refl. pass. *se fonder, être fondé, prendre racine.* | sich gründen, gegründet sein, wurzeln.

تملّح TEMELLÜH. [Denom. v. ملح] Sbst. [illegible] *action d'approuver.* | Billigung, Beistimmung.

تملّق TEMELLÜQ. [ملق V.] Sbst. [illegible] *action de flatter, de flagorner, flatterie, caresse, adulation.* | Schmeichelei; Liebkosung.

تملك TEMELLÜK. [ملك V.] Sbst. Refl. v. [illegible]

تملّل TEMELLÜL. [Denom. v. ملّ] Sbst. [illegible] *action d'embrasser une religion, de s'attacher à une doctrine.* | Annahme einer Lehre, Anhängen einer Religionspartei.

[illegible] TEMLÏ. [املاء II.] Sbst. [illegible] *action de remplir, de rendre plein.* | Anfüllung, voll machen.

تمليح TEMLÏH. I. [Denom. v. ملح] Sbst. [illegible] *action de saler, de mettre trop de sel.* | Salzen, Einsalzung, Versalzung. 2. [Denom. v. ملاح] [illegible] *action de produire q. ch. de beau ou d'élégant (se dit d'un poëte).* | etwas Schönes (sagen, eine schöne Dichtung) hervorbringen.

تمليس TEMLÏS. [ملس II.] Sbst. [illegible] *action de lisser, de rendre lisse.* | Glättung, glatt machen.

تمليك TEMLÏK. [ملك II.] Sbst. [illegible] *action de mettre en possession, de rendre q. qu. maître de q. ch., de donner en propriété; de rétablir q. qu. sous l'obéissance d'un autre; don en propriété héréditaire; possession.* | Einsetzung in den Besitz eines Gutes, Besitzgabe, Unterwerfung einer Person oder Sache unter die Gewalt Jemandes; Verleihung zu erblichem Besitz; Besitzthum, Erbgut.

تمليكي TEMLÏKÏ. Adj. *qui concerne la possession; donné en propriété; héréditaire.* | den Besitz betreffend; in Besitz gegeben; erblich.

تمليكيّة TEMLÏKIYYET. Sbst. *hérédité, droit de succession.* | erblicher Besitz, Erbfolge, Erbrecht. [illegible] erblich, nach dem Rechte der Erbfolge.

تمنّع TEMENNU'. Vb. intr. [illegible] Deriv. [illegible] TEMENNU'. [illegible]

[illegible] TEMEN. s. [illegible]

تمنّا TEMENNÂ. s. [illegible] oder richtiger تمنّي (a. a.) Sbst. *manière de saluer en* portant sa droite aux lèvres et ensuite au front. | eine Art zu grüssen und zu danken, indem man die innere Seite der Finger seiner rechten Hand küsst und dann an die Stirne legt.

تمنّع TEMENNU'. [منع V.] Sbst. [illegible] *action de se défendre, de se rendre inaccessible;* | Verhinderung, Unmöglichkeit der Ausführung, Unnahbarkeit. Refl. v. [illegible]

تمنّي TEMENNÏ. [منى V.] Sbst. [illegible] *action de souhaiter, de prier, de supplier, de demander une faveur; souhait, désir.* | Wünschen, Wunsch; demüthige oder bescheidene Bitte, Gesuch; Verlangen.

تمنيع TEMNÏ'. [منع II.] Sbst. [illegible] *action de prohiber, d'empêcher, de refuser, de défendre.* | Weigerung, Hinderung, Verweigerung.

تموّج TEMEWWÜDJ. [Denom. v. موج] Sbst. [illegible] *agitation de la mer.* | das Wogen des Meeres.

[illegible] (a.)

تموز TEMMÜZ. Sbst. *le mois de Juillet; chaleur de l'été* (der siebente Monat des syrisch-makedonischen Jahres (Juli); Sommerhitze.

[illegible]

تموّل TEMEWWÜL. [مال V.] Refl. v. [illegible]

تمويل TEMWÏL. [Denom. v. مول] *action de se faire maître ou seigneur.* | sich zum Meister oder zum Herrn machen.

تمويل TEMWÏL. [مال II.] Sbst. [illegible] *action d'enrichir, de rendre riche.* | Bereicherung, reich werden.

تمويه TEMWÏH. [موه II.] Sbst. [illegible] *action de pavoiser, de rendre uni, de rendre brillant, de dorer ou argenter q. ch., de donner une fausse apparence, de déguiser la vérité; dissimulation.* | Wässerung, z. B. einem Stoffe einen wellenartigen Schimmer geben, glänzend machen, einer Sache einen falschen Schein geben, Ausschmückung (einer Sache durch Colorit, Vergoldung u. dgl. oder einer Erzählung durch Zusätze oder Uebertreibung), Entstellung, Verkleidung der Wahrheit; Verstellung. [illegible] eine unverfälschte Urkunde.

تمهّد TEMEHHÜD. [مهد V.] Refl. v. [illegible]

تمهّر TEMEHHÜR. [مهر V.] Sbst. [illegible] *habileté, finesse d'esprit.* | Geschicklichkeit, Klugheit.

تمهّس TEMEHHÜS. [مهس V.] Sbst. [illegible] *action de se plonger, état d'être plongé dans l'eau* | das Tauchen, Untertauchen.

تمهّل TEMEHHÜL. [مهل V.] Refl. von [illegible] *action de prendre son temps* | sich Zeit nehmen.

تمهية TEMHÏYET. [مهي II.] Sbst. [illegible] *action d'aiguiser, de rendre pointu ou tranchant.* | Schärfung, scharf und spitz machen.

تمهيد TEMHÏD. [مهد II.] Sbst. [illegible] *action de donner un fondement large et solide, d'étendre, d'aplanir, d'arranger comme il faut, de consolider; affermissement, aplanissement, disposition, arrangement.* | auf breiter und fester Grundlage bauen, feste Begründung, Festigkeit; Anordnung, Einrichtung, eine Sache machen wie sie sein muss. [illegible] *établir des fondements; s'établir sur un principe, appuyer ses raisons.* | festen Grund legen, begründen; durch Gründe stützen. [illegible] *arrangement des affaires.* Anordnung, Einrichtung der Geschäfte.

تمهيل TEMHÏL. [مهل II.] Sbst. [illegible] *action d'accorder un délai; répit, trêve, retardement.* | Aufschub, Frist.

تمير TEMIR. Zusammenziehung v. [illegible]

تميّز TEMEYYÜZ. [ميز V.] Refl. v. تمييز

تميز TEMIZ auch [illegible] Adj. [illegible] *propre, net; pur, honnête, droit,* rein, sauber, reinlich; lauter, keusch, ehrbar, unbescholten, gut. [illegible] reines oder abgeklärtes Wasser. Refl. abstr. [illegible] oder [illegible] *propreté, pureté, honnêteté.* | Reinheit, Reinlichkeit, Unbescholtenheit.

تميزلمك TEMIZLEMEK n. [illegible] Vb. act. [illegible] *rendre pur, nettoyer, purifier, alléger, épurer.* — Deriv. [illegible] Vb. refl. u. pass. — [illegible] ungesäubert.

تميمة TEMÏMET. Sbst. *amulette (pour se garantir contre l'action du mauvais œil)* | Amulet gegen den bösen Blick.

تمين TEMIN. [Tahrif v. تومان] Sbst. *un tomân (ancienne pièce de monnaie française qui valait 5 sous de France)* | ein Artikel (eine französische Münze im Werthe von etwa 2 Groschen, die früher im Orient Umlauf hatte).

تمييز TEMYÏZ, auch [illegible]

TEMYÏZ. [ميز II.] Sbst. [illegible] *action de séparer, de discerner, de juger en différend; séparation, discernement, distinction, différence, spécification.* | Trennung von anderen, Trennung der Parteien, Schlichtung eines Streites; Unterscheidung, Unterschied; Unterscheidungsvermögen, Urtheil, Einsicht. [illegible] — [illegible] — Grammatik das die Unterscheidung bezeichnende Wort, Angabe des Unterschieds, Specification.

تمييل TEMYÏL. [ميل II.] Sbst. [illegible] *action de pencher, d'incliner, de courber.* | das Neigen, Biegen, Krümmen. [Activ. v. تميل]

[illegible] (ad.) [illegible]

[illegible] *silence.* | Schweigen, schweige [illegible]

p تن TEN. Subst. [illegible] corps; personne. Körper, Leib, Person, der eigene Körper, die eigene Person, Selbst. تن بتن TEN BE-TEN. l'un après l'autre; successivement. einer nach dem andern, hintereinander, nach und nach. تن داده [illegible] v. [illegible] consentir, accorder. | beistimmen, ergeben. تن پرست [illegible] égoïste | selbstsüchtig, selbstgefällig. [illegible] تن پرور [illegible] v. [illegible] égoïsme. | Selbstliebe. تن پرور [illegible] v. [illegible] mollesse, paresse, délicat. | Weichlichkeit, [illegible] v. [illegible] prendre du bon temps. ; seinen Körper pflegen, sich gute Zeit machen. Relat. Subst. [illegible] TENLIK u. [illegible] corpulence. | Beleibtheit. Mal. [illegible] تنلو TENLI u. [illegible] corpulent; beleibt. — vgl. [illegible] u. [illegible]

p a تن TEN u. تن TENN. Subst. thon (poisson.) der Thunfisch.

تنى TEN. X. pe. le Don (fleuve) [illegible].

a تناثر TENÂSÜR. [نثر VI.] Subst. [illegible] action de se répandre, de disperser, tomber çà et là, tomber par morceaux, s'émietter. | sich zerstreuen, hin und da oder stückweise abfallen, (z. B. das Laub), ausfallen (das Haar); vgl. [illegible] u. [illegible]

a تناجى TENÂDJÎ. [نجو VI.] Subst. [illegible] u. [illegible] action de se parler mutuellement à l'oreille, se communiquer des secrets | Flüstern, Mittheilung von Geheimnissen, einander mittheilen, heimlich sprechen.

a تنادّ TENÂDD. [ندّ VI.] Subst. — [illegible] action de se disperser, de fuir de tous côtés, avoir peur les uns des autres; dispersion. | Flucht nach allen Seiten, Zerstreuung; Furcht vor einander. يوم التنادّ le jour du jugement dernier. (Tag der Zerstreuung, d. i. der jüngste Tag. Kor. Sur. 40, 35. [nach anderer Lesart ohne Teschdid; vgl. التنادى]

a تنادم TENÂDÜM. [Denom. v. [illegible]] Subst. [illegible] action de se tenir compagnie les uns aux autres. | einander Gesellschaft leisten.

a تنادى TENÂDÎ. [ندى VI.] Subst. [illegible] action de s'appeler réciproquement les uns les autres, de se réunir en conversation. | einander rufen oder anreden, Zusammenberufung, Versammlung. يوم التنادى jour du jugement dernier. | Tag des gegenseitigen Rufens, d. i. der jüngste Tag (an welchem die [illegible] ihre [illegible] vergeblich um Beistand anrufen werden). vgl. تنادّ

a تنازع TENÂZÜ'. [نزع VI.] Subst. [illegible] action de se disputer, être en contestation. | Streit, Hader, einander eine Sache streitig machen.

p تناسان TEN ÂSÂN. Adj. [illegible] [vgl. آسان] bien-portant, en repos, tranquille. | dessen Körper in Ruhe, gesund. [illegible] TENÂSÂNI. tranquillité, bien-être, bonne santé. | Ruhe, Wohlbefinden, Behagen.

a تناسب TENÂSÜB. [نسب VI.] Subst. action de se correspondre, être en proportion; belle proportion. | das sich entsprechen (zweier Theile), das richtige Verhältniss zu einander, Ebenmass.

a تناسخ TENÂSÜKH. [نسخ VI.] Subst. [illegible] succession non interrompue | ununterbrochene Folge. — Jurispr. Uebergang der Erbschaft auf die Erben des vor dem Erblasser verstorbenen nächsten Erben. — Theol. Metempsychose, Seelenwanderung oder Wanderung der Seele in andere Körper. [illegible] Anhänger der Lehre der Metempsychose. [illegible] Bekenntniss oder Lehre von der Metempsychose.

a تناسى TENÂSÎ. [نسى VI.] [illegible]

a تناسل TENÂSÜL. [نسل VI.] Subst. [illegible] propagation par la génération. | Fortpflanzung durch Zeugung.

a تناسى TENÂSÎ. [نسى VI.] Subst. [illegible] action d'oublier (la faute), de faire semblant d'oublier, de pardonner à q. qu. q. ch. Vergessen, einer dem andern etwas vergessen, d. i. vergeben, nicht nachtragen, sich Mühe oder sich den Anschein geben etwas zu vergessen.

a تناشد TENÂSCHÜD. [نشد VI.] Subst. [illegible] action de se réciter des vers les uns aux autres. | einander Gedichte vortragen.

a تناصح TENÂSÜH. [نصح VI.] Subst. [illegible] action de se conseiller, de s'avertir réciproquement. | gegenseitiges Ermahnen, Rathgeben, Besserhandeln.

a تناصر TENÂSÜR. [نصر VI.] Subst. [illegible] action de s'entre-aider, de se secourir mutuellement. | gegenseitige Hülfeleistung.

a تناظر TENÂZÜR. [نظر VI.] Subst. [illegible] action de se regarder mutuellement. gegenseitiges Ansehen, Anblicken.

a تنافر TENÂFÜR. [نفر VI.] Subst. [illegible] action de s'effrayer, de s'effaroucher les uns des autres; action de se disperser. | sich vor einander scheuen, flüchten, scheu werden, vor einander fliehen, sich zerstreuen. — Rhetor. Uebelklang eines Wortes, oder Uebelklang der durch Zusammenstellung mancher Wörter entsteht.

a تناقض TENÂKÜZ. [نقض VI.] Subst. [illegible] action de se contredire, de se contrarier les uns les autres, de se désavouer réciproquement q. ch., contradiction réciproque, discordance entre deux ou plusieurs choses. | einander entgegen oder entgegengesetzt sein, einander widersprechen, einander etwas abläugnen oder abschlagen. Term. techn. das Zusammentreffen zweier sich widersprechenden Eigenschaften an einem und demselben Gegenstande.

a تناقص TENÂKÜS. [نقص VI.] Subst. [illegible] état d'être diminué, d'être amoindri. (Im Abst.) Verkleinerung, Verringerung, verringert sein oder werden; Kümmerlichkeit, Armlichkeit der Lage.

a تناقض TENÂKÜZ. [نقض VI.] Subst. [illegible] état d'être contradictoire, contraire ou opposé l'un à l'autre, avec exclusion d'un troisième; action de contredire; opposition, contraste, contradiction. | das einander entgegengesetzt sein (so dass Eins das Andere aufhebt. contradictorie), sich widersprechen; Gegensatz, Widerspruch. [illegible] diese beiden sind einander gerade entgegengesetzt. [illegible] in dem was er sagt liegt ein offener Widerspruch.

a تناكث TENÂKÜS. [نكث VI.] Subst. [illegible] action de rompre réciproquement (les alliances, etc.), de manquer aux traités. gegenseitiger Vertragsbruch oder Wortbruch.

a تناكح TENÂKÜH. [نكح VI.] Denom. v. [نكاح] Subst. [illegible] action de se marier, de cohabiter. | Verheirathung, Beiwohnung.

a تناكر TENÂKÜR. [نكر VI.] Subst. [illegible] action de faire l'ignorant; ignorance feinte. | sich unwissend oder von einer Sache nichts wissend stellen.

a تنانير TENÂNÎR. Subst. Pl. von تنور

a تناوب TENÂWÜB. [نوب VI.] Subst. [illegible] action de faire q. ch. tour à tour, d'alterner. | gegenseitiger Abwechseln, Ablösen, abwechselnd thun.

p تناور TEN-ÂWER. Adj. [illegible] corpulent. | wohlbeleibt.

a تناول TENÂWÜL. [نول VI.] Subst. [illegible] action de prendre, de prendre une nourriture, de manger, de boire. | das Nehmen, etwas zu sich nehmen, essen, trinken [illegible] Arznei nehmen.

a تناوم TENÂWÜM. [نوم VI.] Subst. [illegible] action de faire semblant de dormir. | sich schlafend stellen.

a تناهد TENÂHÜD. [نهد VI.] Subst. [illegible] action de se cotiser pour les frais de voyage. | gemeinschaftliches Tragen der Reisekosten.

a تناهى TENÂHÎ. [نهى VI.] Subst. [illegible] action de prohiber, de défendre, de s'interdire réciproquement l'usage de q. ch. | sich gegenseitig etwas verbieten, verwehren, untersagen. — [Denom. v. [illegible]], — [illegible] action de parvenir aux dernières limites, à l'extrémité, au but | zum Ende, zum Ziele, zum Zwecke gelangen.

p تنباكو TENBÂKÛ. Subst. tabac à fumer; persischer Rauchtabak, den man in der Wasserpfeife [نارگيله] raucht.

p تنبان TENBÂN. Subst. caleçon. | Unterhose.

p تنبل TENBEL. Adj. u. Subst. [illegible] paresseux, lent, engourdi. | träge, langsam, [illegible] Faulheit. [illegible] [illegible] | Faulheit.

[illegible] Vb. intr. être paresseux. | faulenzen.

[illegible] Sbst. [illegible] surcharge | Übergewicht, ein kleineres Bündel das der grösseren Ladung angefügt wird.

[illegible] Sbst. pandore, guitare à longue queue. Pandora, Guitarre mit langem Hals. v. [illegible]

[illegible] LT. [illegible] retraite. | Ruhegehalt, als Pension ertheilter Grundbesitz.

[illegible] [V.] Sbst. [illegible] action de s'éveiller; action de faire attention; être averti. | Erwachen, Aufmerken, Aufmerksamkeit einer Sache plötzlich zuwenden (in Folge einer Rede), aufmerksam gemacht werden.

[illegible] [II.] Sbst. [illegible] action d'avertir. | Benachrichtigung, Meldung, kund thun.

[illegible] [II.] Sbst. [illegible] action de faire croître, de faire pousser, de planter un arbre, d'élever un enfant. | das Wachsen lassen, Pflanzen; Aufziehen eines Kindes. — Alchem. [illegible]

[illegible] Vb. act. [illegible] [illegible]

[illegible]

[illegible] Sbst. [illegible] conserve, chancelière, [illegible] | kleine Pfanne, Kasserol. [illegible] [illegible] —

[illegible] [V.] Refl. [illegible]

[illegible] [Denom. v. [illegible]] Sbst. [illegible] Refl. v. [illegible] action d'observer les étoiles ou les astres. | Beobachtung der Gestirne (als Astrolog).

[illegible] [Red. [illegible]] 1. Vb. intr. [illegible] être serré, s'affliger; beengt sein, sich beengt fühlen, sich betrüben. Partic. [illegible] attristé, affligé. | betrübt. — 2. Vb. act. tendre, bander. | spannen, straff ziehen.

[illegible] [II.] Sbst. [illegible] action de [illegible], de rendre [illegible] [illegible]

[illegible]

[illegible] Sbst. [illegible] [illegible] | [illegible], [illegible] [illegible] qui a les rênes ou la bride forte, cheval rapide; mit starken Zügeln, [illegible] Pferd.

[illegible] = [illegible]

[illegible] und [illegible] [illegible] Sbst. [illegible] | [illegible]

[illegible] Adj. [illegible] partout, seul, [illegible] | [illegible] — Subst. [illegible]

[illegible] [V.] Sbst. [illegible] action de se reposer. | Erholung, Ruhe, Behagen.

[illegible] vulg. [illegible] Sbst. [illegible] v. [illegible] [illegible], four. | [illegible], Kohlenbecken, Ofen, der Heizapparat in orientalischen Zimmern [illegible] [illegible]

[illegible]

a تنزيل TENZIL. [نزل II.] Sbst. اندرمك indirmek action de faire descendre; abaissement, diminution, déduction, soustraction; action de faire descendre q. qn. dans sa maison, lui donner hospitalité, l'héberger, faire loger q. qn. chez un autre. | das Herabbringen lassen, herabsetzen, Erniedrigung, Verminderung, Abziehen (von einer Zahl oder Summe); Absteigen lassen (einen Gast bei sich), Beherbergung, in Quartier geben, bei einem andern einquartieren. — Theol. révélation divine, le Coran. | die göttliche Offenbarung; der Koran.

a تنزيه TENZIH. [نزه II.] Sbst. تقديس takdis [illegible] ابراق [illegible] action de rendre exempt de tout vice; sanctification; action de purger d'une accusation, d'un crime; action de purger la conscience. Freimachen von allem Fehl (eines andern), Heiligung, Reinigung von Verdacht, von Anschuldigung; Reinigung des Gewissens. — Theol. — التقديس sanctification, de Dieu, c. à d. croire, que Dieu est exempt de toute imperfection. Heiligung oder Freisprechung Gottes, Glaube oder Lehre dass Gott frei und von allen Unvollkommenheiten. المنزه TENZIH. Adj. exempt de . . . | frei von . . .

a تنسب TENESSUB. [نسب V.] Sbst. prétention d'appartenir à une famille. Anspruch auf Verwandtschaft mit Jemand oder mit einem Geschlecht.

a تنسج TENESSUDJ. [نسج V.] Sbst. توقولمش نسج . اورلمه . [illegible] tissage, Weben, Gewebe.

p تنسخ TENESUKH und تنسوخ , تنسخ . Pl تنسوخات [illegible] Sbst. vgl. تنسوق chose rare; pastilles du sérail. | etwas seltenes, wunderbares, Rarität, Serailpillerchen, eine Art stimulirende Pillen oder wohlriechende Pillerchen mit eingepressten Verzierungen, die von den Frauen auch als Schmuck oder Amulette am Halse oder an Armbändern u. s. w. getragen werden.

a تنسق TENESSUK. [نسق V.] Refl. v. تنسيق

a تنسك TENESSUK. [نسك V.] Sbst. حقى تعالى به قرنلق [illegible] action de servir Dieu; dévotion. | Gottesverehrung, Demüthigung vor Gott.

a تناسل TENASSUL. [نسل V.] Sbst. دلوقوب اورمك action de se multiplier par voie de génération. | Mehrung (seiner Art) durch Fortpflanzung.

a تنسم TENESSUM. [نسم V.] Sbst. روزكار حفيفجه لمك . صولوق آلمق action de respirer; exhalaison; souffle du vent. | Athmen, Hauchen, leichtes Wehen des Windes.

a تنسية TENSIJET. [نسى II.] Sbst. اونوتدرمق action de faire oublier q. ch. à q. qn. | Vergessen machen, einen etwas aus dem Gedächtnisse bringen.

p تنسيلو TENSILOU. Vb. intr. u. act. être considéré; considérer, causer de la consternation. | bestürzt sein, sich ängstigen; bestürzt werden, ängstigen. Partic. تنسيلمش TENSILMIŞ. considéré. | bestürzt.

a تنسيق TENSIK. [نسق II.] Sbst. نظم ويرمك . [illegible] action de ranger dans un certain ordre, d'arranger. | Aufstellung in einer gewissen Ordnung, regelmässige Anordnung, Aneinanderreihung. تنسيقات عسكريه TENSIKAT-I 'ASKERIJE. règlement de l'armée. | Heeresgesetz. (Redhouse: the new regulations for the army as to terms of service, recruiting, pensions, promotion, etc.)

a تنشير TENŞIR. [نشر II.] Sbst. [illegible] action de rendre vivant, de donner la vie, de rendre la vie; fig. affranchir, donner ou rendre la liberté; action d'animer une affaire, c. à d. de commencer, d'entamer une affaire. | Belebung, Wiederbelebung; Befreiung, Freilassung, einem Sklaven Freiheit und Leben wieder geben; Belebung eines Geschäfts, d. h. Beginn.

a تنشب TENEŞŞUB. [نشب V.] Refl. v. تنشيب

a تنشد TENEŞŞUD. [نشد V.] Sbst. براكنده صورتسدرمق action de s'informer, d'interroger sur q. ch. | sorgfältige Erkundigung nach einer Sache, Ausforschung.

a تنشير TENŞIR. [نشر II.] 1. [illegible] état d'être gâté et commencer à sentir (se dit de la viande). | angegangen sein und zu riechen anfangen (vom Fleische). — 2. برنسنه يه شروع [illegible] action d'entreprendre ou de commencer q. ch. | Unternehmen, Beginnen. — 3. [illegible] action d'éprouver un malheur. | einen Unfall erleiden.

تنشرى s. تنشير a. كمشرا TENŞIRA.

a تنشر TENEŞŞUR. [نشر V.] Refl. v. تنشير

a تنشط TENEŞŞUT. [نشط V.] Refl. v. تنشيط

a تنشف TENEŞŞUF. [نشف V.] Refl. v. تنشيف

a تنشؤ TENEŞŞU'. [نشأ V.] Sbst. دركون [illegible] action de se lever et se mettre à q. ch. | Aufstehen und sich an eine Sache machen, eine Arbeit beginnen.

p تنشوى TAN-ŞUI. Sbst. تختشو table sur laquelle, ou bassin dans lequel on lave le corps d'un mort. | Leichenbrett, Steinplatte oder Becken in dem der Leichnam gewaschen wird.

a تنشى TENEŞŞI. [نشى V.] Sbst. مست و سرخوش اولمق état d'être un peu enivré. | ein Räuschchen haben.

a تنشيب TENŞIB. [نشب II.] Sbst. 1. — انشاب , [illegible] ايلشدرمك action de faire dans . . ., de plonger dans q. ch., de faire s'attacher dans q. ch. | Hineinstecken, Befestigung im Innern einer Sache. — 2. روزكار ايلمك action de souffler; léger souffle du vent, action d'aspirer légèrement avec la bouche. | leises Wehen des Windes; Blasen (mit dem Munde).

a تنشير TENŞIR. [نشر II.] Sbst. 1. [illegible] action de répandre, de déployer, de désaligner. | Ausbreitung (einer Sache auf dem Boden), Verbreitung (eines Gerüchts unter den Leuten). — 2. [Denom. v. نشرة] [illegible] action de garantir ou de préserver q. qn. à l'aide d'une amulette. | Bewahrung (vor Krankheit u. dgl.) durch ein Zaubermittel oder Amulet, Präservation.

a تنشيط TENŞIT. [نشط II.] Sbst. [illegible] نشاط ويرمك action de rendre gai, donner de la vivacité à q. qn. | Ermunterung, Ermuthigung.

a تنشيف TENŞIF. [نشف II.] Sbst. [illegible] action d'essuyer, de sécher avec un linge, etc. | Abtrocknung; die Feuchtigkeit mit einem Tuche u. dgl. aufsaugen und abwischen.

a تنصب TENASSUB. [نصب V.] Refl. v. تنصيب

a تنصح TENASSUH. [نصح V.] Sbst. [illegible] آلوب قبول ايتمك action de se laisser conseiller. | sich rathen lassen, guten Rath annehmen.

a تنصر TENASSUR. [Denom. v. نصرانى] Sbst. action de se faire chrétien. | Uebertritt oder Bekehrung zum Christenthum.

a تنصيب TANSIB. [نصب II.] Sbst. دوكسكه دكمك action de dresser, d'élever, d'ériger. | Aufrichtung, aufrecht stellen.

a تنصير TANSIR. [Denom. v. نصرانى] action de faire embrasser à q. qn. la religion chrétienne. Bekehrung zum Christenthum.

a تنصيص TANSIS. [نص II.] Sbst. بر مقدمى كركى كبى اصلاح و منقح ايلمك [illegible] action d'examiner et traiter minutieusement, énoncer précisément et expressément. | genaue Untersuchung und Behandlung, ausdrückliche Darstellung. Gramm. [illegible] ausdrücklich bestimmte Vorschrift.

a تنصيف TANSIF. [نصف II.] Sbst. برنسنه يى ياريسنه آيكى بلوك ايلمك action de partager en deux moitiés ou parties égales. | Theilung in zwei Hälften oder gleiche Theile, in der Mitte durch theilen.

a تنضيج TANZIDJ. [نضج II.] Sbst. كركى كبى پشورمك action de faire cuire, de faire cuire parfaitement. | vollständig gar kochen, zu vollständiger Reife bringen.

a تنضيد TANZID. [نضد II.] Sbst. برى برى اوزرينه قويمق action de mettre en ordre les uns sur les autres. | über einander schichten.

a تنضير TANZIR. [نضر II.] Sbst. نضارتلو [illegible] action de donner de l'éclat à q. ch., de faire briller. | Glanz und Frische geben, Auffrischung.

a تنطس TENATTUS. [نطس V.] Sbst.

[illegible] action d'[illegible] ce qui peut [illegible]. | [illegible] für Reinlichkeit und Sicherheit, [illegible] Vermeidung alles Unreinen.

* [illegible] [illegible] V.] Subst. [illegible] action de se plonger dans q. ch., de s'engager trop loin (dans le discours) pour faire parade de son éloquence. | sich versenken in etwas, sich zu weit mit etwas einlassen, viele Worte machen um mit seiner Beredsamkeit zu prahlen.

* [illegible] [illegible] V.] Subst. 1. action de se mouiller, être mouillé; action de s'imprégner, de [illegible] q. ch. | sich mit einer Sache [illegible], [illegible]; eine Sache gewahr werden, etwas merken, Kunde erhalten. — 2. [Denom. v. [illegible]] Refl. v. [illegible] se mouiller, être mouillé; fig. se mettre en soupçon d'un crime, devenir suspect d'un crime. | [illegible] sich einer schlechten Handlung [illegible] machen oder in Verdacht gerathen. — 3. action de se tenir à l'écart de tout ce qui peut souiller, qui peut rendre suspect. | Vermeidung alles dessen was beflecken kann, sich rein erhalten (von Verdacht). — 4. [Denom. v. [illegible]] action de mettre des boucles d'oreilles. | Anlegung von Ohrgehängen.

* [illegible] [illegible] V.] Subst. [illegible] action de mettre une ceinture. | sich gürten. — 2. [Denom. v. [illegible]] [illegible] action de proférer des paroles, de parler. | sprechen.

* [illegible] [illegible] II.] Subst. [illegible] action d'accuser q. qu. d'adultère, de fornication, de mettre en suspicion d'un crime ou d'une turpitude. | Beschuldigung oder Verdächtigung Jemandes einer schlechten Handlung, eines Verbrechens oder Lasters, Verunglimpfung.

* [illegible] [illegible] II.] Subst. [illegible] action de [illegible]. | [illegible], bis an den Gürtel oder bis an die Mitte reichen (z. B. das Wasser).

* [illegible] [illegible] II.] Subst. [illegible] action de regarder, d'examiner q. ch. | Betrachtung, Prüfung.

* [illegible] [illegible] V.] Subst. [illegible] action de regarder avec attention, d'observer, d'agir lentement et avec précaution; attente. | genaues Betrachten und Beobachten, sich eine Sache genau ansehen, vorsichtige und bedächtige Handlung anwenden, erwarten; Erwartung [illegible].

* [illegible] [illegible] V.] Refl. v. [illegible]

* [illegible] [illegible] V.] Refl. v. [illegible]

* [illegible] [illegible] V.] Subst. [illegible] action de nettoyer, de purifier. | Reinigung, Säuberung.

* [illegible] [illegible] II.] Subst. [illegible] action d'arranger, de disposer, de mettre en ordre ou en série (p. ex. les perles en les enfilant sur un cordon, les mots en composant un vers ou un poème); ordre. | Anordnung, der Reihe nach aufstellen, aneinanderreihen (z. B. Perlen an einer Schnur, Worte zu Versen); Ordnung, Verordnung. Pl. [illegible] ordres, édits, code de justice. | die neuen politischen, [illegible] und militärischen und politischen Verordnungen.

* [illegible] [illegible] V.] Subst. [illegible] action de mettre des sandales. | Sandalen anlegen.

* [illegible] [illegible] V.] Subst. Refl. v. [illegible] action de se réjouir, de mener une vie agréable; jouissance, plaisir, prospérité. | sich ergötzen; Ergötzen, Ergötzlichkeit, angenehmes Leben, Lebensgenuss, Wohlfahrt.

* [illegible] [illegible] II.] Subst. action d'élever q. qu. (se dit de Dieu); action de maintenir q. qu. que Dieu l'élève. | Erhebung, Erhöhung; Wunsch, dass Gott Jemanden erhebe, mit den Worten [illegible]

* [illegible] [illegible] II.] Subst. action de ferrer (un cheval). | beschlagen, mit Hufeisen.

* [illegible] [illegible] II.] Subst. [illegible] action de faire q. qu. se réjouir, de préparer à q. qu. une vie agréable, de faire du bien, de donner q. qu. | Jemanden sich vergnügen lassen, Genuss verschaffen, einem ein angenehmes Leben bereiten, mit allen Bequemlichkeiten versorgen; Gutes thun, wohlthun; Vergnügen. — 2. [Denom. v. [illegible]] action d'apprendre, de dire oui, | Ja sagen, Einstimmung.

[illegible] (mongolisch) Subst. PN. [illegible]

* [illegible] [illegible] V.] Subst. [illegible] action de chanter, de fredonner. | das Singen, Trillern.

[illegible] S. pr. LT. [illegible]

[illegible] [illegible]

* [illegible] [illegible] II.] Subst. [illegible] action de troubler la vie de q. qu. | Störung (des Lebens Jemandes), Beleidigung, Beunruhigung.

[illegible] oder [illegible] Subst. [illegible] v. [illegible] oder [illegible] [illegible] | [illegible]

* [illegible] [illegible] V.] Subst. [illegible]

* [illegible] [illegible] V.] Subst. [illegible] répulsion qu'on éprouve pour q. ch., répugnance, dégoût, aversion, antipathie. | Abscheu, Ekel, Widerwillen gegen eine Sache.

* [illegible] [illegible] V.] Subst. [illegible] action de respirer, respiration; action de prendre haleine, de se reposer. | Athmung, Athem schöpfen, ein Athem [illegible], ein wenig ausruhen.

* [illegible] [illegible] [Denom. v. [illegible]] Subst. action de faire une [illegible]; action de prélever une plus grande partie de butin qu'on ne devait. | [illegible] einer nicht durch das Gesetz vorgeschriebenen Handlung oder Gebetes; mehr thun als verlangt wird; wie der Kriegsbeute einen grösseren Theil nehmen als einem rechtlich zukommt.

* [illegible] [illegible] II.] Subst. [illegible] action de souffler, de bouffer, d'enfler. | [illegible] Blasen, Aufblasen.

* [illegible] [illegible] II.] Subst. action de faire pénétrer q. ch. dans une autre; action de faire parvenir en but, de faire valoir (un ordre); de faire exécuter, de donner efficacité; [illegible] | [illegible] Eindringen oder Durchdringenlassen, zum Zwecke gelangen lassen, in Wirksamkeit setzen, einem Befehl Nachdruck geben, zur Ausführung bringen; [illegible]

* [illegible] [illegible] II.] Subst. [illegible] action de faire peur, d'effaroucher, de faire fuir, d'éloigner, de repousser, d'exciter de l'aversion, de l'antipathie, de faire [illegible] | [illegible] Schrecken einjagen, [illegible] Widerwillen erregen [illegible]

* [illegible] [illegible] II.] Subst. Case.

* [illegible]

* [illegible] [illegible]

* [illegible] [illegible] [Denom. v. [illegible]] Subst. action de se raser. | sich den Kopf [illegible].

* [illegible] [illegible] V.] Refl. v. [illegible]

* [illegible] [illegible] V.] Refl. v. [illegible]

[illegible] oder [illegible] Subst. [illegible] garde de nuit. | Wächter, Nachtwächter. — 2. [illegible] Nachtwache [illegible] bis zum Morgen [illegible]. LT. [illegible]

* [illegible] [illegible] V.] Subst. action de se transporter d'un lieu à un autre. | [illegible], sich von einer Stelle zu einer andern begeben.

* [illegible] [illegible] V.] Subst. action de [illegible], action de choisir par le triage; [illegible] | [illegible] Auswahl, [illegible]

* [illegible] [illegible] V.] Subst. [illegible] [illegible] Proben, Auswahl.

[illegible]

den Andern (z. B. des Kabels durch den Sohn), Verwandlung durch Fortpflanzung.

تـوالـی tewâlî. [وـى VI.] Subst. [illegible] action de se suivre sans interruption, succession non interrompue, continuation; suite. | ununterbrochene Folge, Fortsetzung, Reihe. علی التوالی sans interruption, successivement. | in einem fort, nach einander, der Reihe nach.

توأم tew'em Pers. [illegible]

Dual. توأمان tew'emân. Plur. توائم tewâ'im. Subst. [illegible] jumeau. | Zwilling. [illegible] zwei Zwillingsbrüder. [illegible] ein Zwillingsbruder. [illegible] Zwillingsbruder des Sieg, d. h. immer siegreich.

[illegible]

ad un rondeau [illegible], pointe | gedrehter Faden oder Strich, Kokard.

تویل tewîl, [illegible] Subst. vulg. [illegible] [illegible] Schlotterhose, Schamm der sich beim Schnarchen der Mandel ablöst.

[illegible]

[illegible] Subst. St. [illegible] vent avec pluie | Sturm oder Regen. vgl. [illegible]

[illegible] Adj. St. [illegible] renversé, retourné | umgekehrt.

توبه tewbe, vulg. tôbe. [Rad. تاب] Subst. [illegible] action de revenir (à Dieu); repentir, pénitence, vœu de ne plus pécher, de ne plus faire telle ou telle chose. | Rückkehr (zu Gott), Reue, Busse, Versprechen [illegible]

[illegible]

[illegible] (turqueluch). Subst. St. [illegible] cucule. | [illegible] die unter dem [illegible] getragen wird.

[illegible] tewzî'. [وزع II.] Subst. [illegible] action de disposer, d'apprêter, d'arranger, de préparer. | Zurichtung, Bereitung.

[illegible] tewbîkh. [وبخ II.] Subst. [illegible] action de réprimander; reproche, réprimande. | Tadel, Vorwurf, Schelten. — [illegible] Adv. par reproche | vorwurfsweise.

[illegible] Subst. [illegible] mûre. | Maulbeere. [illegible]

[illegible]

[illegible] TEVFIA Subst. [illegible] *antimoine, [illegible]; collyre.* | [illegible] — Alchim. *pierre philosophale.* | der Stein der Weisen.

[illegible] TEVFIK [illegible] II.] Subst. [illegible] *action d'[illegible], de [illegible] (un pion, etc.)*; [illegible] (eines Pferdes u. dgl.).

[illegible] TEVFIK [illegible] II.] Subst. [illegible] *action de [illegible], de mettre la corde*; [illegible] der Sehne an den Bogen, [illegible] des Bogens.

[illegible] TEVEMMUN. [illegible] V.] Subst. [illegible] *action de monter.* | Springen, Sprung.

[illegible] TEVEMMUR. [illegible] V.] Refl. der Figuren.

[illegible] TEVFIK. [illegible] II.] Subst. [illegible] *action de raffermir, de [illegible], de confirmer, de ratifier, de [illegible]* | Bekräftigung, Bestätigung, Bekräftigung, [illegible].

[illegible] Subst. [illegible] | [illegible].

[illegible] Subst. [illegible] | Herr, Prinz. Hul. [illegible]

[illegible] Subst. [illegible] *et [illegible]* | [illegible].

[illegible] TEVEHHUM. [illegible] V.] Subst. [illegible] *être hors de soi, [illegible], être en extase, [illegible]* | [illegible], Traurigkeit u. s. w. [illegible] sein, in [illegible] Gefühlsaufregung sein.

[illegible] TEVEHHUD. [illegible] V.] Subst. [illegible] *action d'[illegible] une douleur, de [illegible], de plaindre, de [illegible] de la [illegible]* | Empfindung oder Erduldung eines Schmerzes; [illegible], Bedauern, Bemitleidung.

[illegible] TEVEHHUR. [illegible] V.] Subst. [illegible] *action de s'[illegible], de s'[illegible]* | sich [illegible], sich [illegible].

[illegible] TEVEDDUH. [illegible] V.] Subst. [illegible] Refl. v. [illegible] *action de se [illegible] vers q. qn. ou vers q. ch., de s'[illegible] vers [illegible], de faire attention, de faire une faveur à q. qn., de se mettre en [illegible], de se [illegible] vers Dieu de [illegible] au [illegible]* | Zuwendung, [illegible] einer Person oder Sache, sich wohin begeben, wohin auf den Weg machen, [illegible] nach einem Orte, seine Aufmerksamkeit wohin richten, seine Gunst einem zuwenden; sich zur [illegible] wenden (ein Heer); sich zu Gott wenden, beten. Pl. [illegible] *marques de faveur.* | Gnadenbeweise.

[illegible] Adj. [illegible]

[illegible] TEVHIN. [illegible] II.] Subst. [illegible] *action de rendre [illegible]* | [illegible] machen, [illegible].

[illegible] TEVHIN. [illegible] II.] Subst. [illegible] Act. v. [illegible] *action de [illegible], de diriger [illegible], [illegible], [illegible] d'envoyer, d'expédier; mission; action de donner à quelqu'un un emploi, emploi, [illegible]* | [illegible], einen Gegenstand nach einer [illegible] Richtung geben, [illegible]; Ernennung zu einem Amte, Anstellung oder Bestätigung in einem Amte; [illegible] Pl. [illegible] die Ernennungen [illegible] (die in der Zeitung bekannt gemacht werden). [illegible] — Diplom, [illegible] | Bestallungsschreiben. [illegible] *adresser la parole à q. qn., demander.* — Rhetor. die [illegible]. — Prosod. der dem [illegible] vorhergehende Vokal, Vokal des Reimes.

[illegible] TEVAHHUD. [illegible] V.] Subst. [illegible] Refl. v. [illegible] *être seul, d'être unique; [illegible]; action de s'isoler* | Allein sein, Einzig sein, Absonderung.

[illegible] TEVAHHUŞ. [illegible] V.] Subst. [illegible] Refl. v. [illegible] *état d'être [illegible]; l'état d'avoir le [illegible]; action de s'effaroucher* | [illegible], [illegible] Verwilderung [illegible]; [illegible] des [illegible], [illegible] wild und scheu werden (vom Thiere); sich [illegible] fühlen, sich vor etwas scheuen, fürchten.

[illegible] TEVHID. [illegible] II.] Subst. [illegible] *action de rendre unique, de [illegible] q. qn. ou q. ch. comme seul et unique* | [illegible], [illegible] als die einzig in seiner Art ansehen oder dafür erklären. — Theol. *doctrine ou profession de l'unité de Dieu.* | Lehre und Bekenntniss der Einheit Gottes. — Theol. [illegible] Betrachtung Gottes in seiner absoluten Einheit, [illegible] von allem ausser Ihm, die [illegible] Stufe der mystischen Spekulation. — Gramm. *action de mettre au singulier; de donner à une lettre un seul point diacritique.* | Setzung oder Gebrauch des Singular, Punktierung eines Buchstaben mit nur einem diakritischen Punkte.

[illegible] TEVAHHUŞ. [illegible] II.] Subst. [illegible] *action de [illegible], de [illegible]* | Verwilderung, [illegible] wild und scheu machen. Comm. v. [illegible]

[illegible] TEVAHHUM. [illegible] Pl. Intr. LT. [illegible] *l'[illegible], [illegible]* | [illegible] Ankunft, [illegible], [illegible], [illegible] [illegible] das [illegible] in [illegible]. Ablg. [illegible]

[illegible] TEVEDDUD. [illegible] V.] Subst. [illegible] *action de se faire aimer, de rechercher l'affection de q. qu., de témoigner de l'amitié à q. qn.* | sich beliebt machen; Freundlichkeit und Höflichkeit gegen Andere; einem seine Freundschaft beweisen.

[illegible] TEVEDDUR. [illegible] V.] Refl. v. [illegible]

[illegible] TEVEDDUĞ. [illegible] V.] Subst. *action de se faire donner ou de prendre q. ch. en dépôt, de garder, de conserver* | sich etwas zur Aufbewahrung geben lassen, in Verwahrung nehmen, aufbewahren.

[illegible] TEPE, Subst. [illegible] *[illegible], [illegible], [illegible]* | Hügel, Hügel.

[illegible] TEVRİYE. [illegible] II.] Subst. [illegible] *action de se cacher, [illegible]* | Verbergung, sich verbergen, [illegible] sein.

[illegible] TEVDİ. [illegible] II.] Subst. *action de donner q. q. qui [illegible] en dépôt, de consigner, de confier à [illegible]; action de dire adieu, de prendre congé.* | Anvertrauung (einer Sache zur Aufbewahrung, eines Geheimnisses u. s. w.); Verabschiedung; Abschied nehmen.

[illegible] تورا [illegible]

[illegible] TURA. Subst. LT. [illegible] *[illegible], [illegible]* | [illegible], Kalk.

[illegible] TURA, [illegible] Subst. [illegible] *[illegible], pierre d'[illegible]* | Vorrang, Ehrenplatz, [illegible] [illegible]

[illegible] TURA, [illegible] Subst. [illegible] *qui est fait en forme de [illegible]* | [illegible], [illegible], [illegible]

[illegible] TURA v. [illegible]

[illegible] TURA, Subst. [illegible] *[illegible], prince* | [illegible], Herr, Fürst. Hul. [illegible]

[illegible] TURA. Subst. (türkisch) [illegible] [illegible] TURAKSIZ. Adj. [illegible] | [illegible].

[illegible] TURAK oder [illegible] TURAK. Subst. *[illegible]* | der Prellstock.

[illegible] LT. [illegible] *[illegible]* | [illegible].

[illegible] Subst. *flèche à pointe en forme d'ancre.* | Pfeil mit ankerförmiger Spitze.

[illegible] v. [illegible]

[illegible] TURALEN. v. [illegible] Subst. Lt. Absch. v. [illegible] *action de rester, de demeurer.* | das Bleiben, Verweilen. [illegible] als bleiben [illegible] Ablg. [illegible] —

2. Bel. abstr. v. تورا *dignité de prince.* | Fürstenwürde.

تورامق [illegible] Vb. [illegible] SL. [illegible] *s'assembler, s'unir* | zusammenkommen, sich vereinigen. — Deriv. I. تورالتمق und [illegible] Vb. caus. SL. [illegible] *faire descendre, descendre* (trans.) | herabbringen, herunterlassen. II. [illegible] Vb. recp. pass.

توران [illegible]. N. pr. Turan.

تورپه [illegible] s. [illegible]

[illegible] s. [illegible]

تورت oder تورت Adj. num. cardin. — تورت *quatre, trois.* — Ordin. [illegible] und [illegible] — Distr. [illegible]

تورك [illegible]. 1. [ورد .V] Sbst. [illegible] *action de descendre, d'arriver, d'apprendre.* — 2. [Denom. v. ورد] Refl. v. [illegible] *action de rougir, de se mettre du rouge; couleur de rose.* | roth werden, erröthen; sich roth färben, sich schminken; Rosenfarbe.

تورزی [illegible] s. [illegible]

تورسوق [illegible]. Sbst. *boîte en cuir en forme d'une cruche.* | krugförmiger Lederbehälter.

تورط [illegible]. [Denom. v. ورطه] Refl. v. [illegible]

تورع [illegible]. [ورع .V] Sbst. Refl. [illegible] *action de s'abstenir de q. ch. d'inconvenant ou illicite.* | Unterlassen einer unziemlichen oder unerlaubten Handlung; Gewissenhaftigkeit.

تورغان [illegible]. Sbst. [illegible] *gardien, sentinelle, garde.* | Wächter, Schildwache, Warte. SL.

تورغق [illegible]. Sbst. I. LT. [illegible] *couverture de cheval.* | Pferdedecke. — 2. LT. [illegible] SL. [illegible] 3. N. pr. SL. [illegible]

تورغلشی [illegible] Sbst. SL. [illegible] *action d'éloigner, de chasser* | Entfernung, Vertreibung.

تورغو [illegible]. Sbst. *enveloppe en soie d'un diplôme, etc.* | seidene Umhüllung (Scheide u. s. w.) um ein Diplom oder anderes Schriftstück. SL.

تورغوزمق [illegible]. s. [illegible]

[illegible] s. [illegible] s. [illegible]

تورقه [illegible] LT. [illegible] *[illegible].* | [illegible]. vgl. [illegible]

[illegible] s. [illegible] s. [illegible]

[illegible] s. [illegible]

تورلامق [illegible]. Vb. act. SL. [illegible] 1. *broder, étriller, [illegible].* — 2. *faire entrer dans le filet, dans le réseau* | in das Netz bringen, verstricken. — Deriv. [illegible] Vb. refl. pass.

تورلوغ [illegible] und تورلوق Sbst. [illegible] *action de border.* | Umsäumung, Weelung, Flechten (Vb. contexere, [illegible]).

تورلوك [illegible]. Sbst. u. Adj. [illegible] *sorte, espèce; divers.* | Art; verschieden. [illegible] von allerlei Art. [illegible] Farhad. Vb.

تورم [illegible]. [ورم .V] Sbst. [illegible] *action de s'enfler, état d'être enflé.* | Anschwellung. Refl. v. [illegible]

تورمه [illegible] oder تورمه auch [illegible] Sbst. *étoffe de laine fine.* | feiner wollener Stoff.

تورمق [illegible]. Vb. intr. — [illegible] *être debout, rester, [illegible].* | stehen, bleiben, leben. — Deriv. [illegible] Vb. caus. vgl. طورمق u. Deriv.

[illegible] s. [illegible] LT. [illegible]

[illegible] SL. [illegible] Name einer Pflanze.

[illegible] auch [illegible] oder [illegible] s. [illegible] LT. [illegible] s. [illegible]

[illegible] s. [illegible]

تورنه [illegible]. Sbst. [illegible] *faisan.* | Fasan.

[illegible] LT. [illegible] s. [illegible]

[illegible] Sbst. LT. [illegible] SL. [illegible] *[illegible]; barrière.* | Fangschlinge, Fenzel, Schranke, eine Art Palissade. vgl. تور — SL. [illegible]

[illegible] Sbst. SL. [illegible] *[illegible] de prince.* | Fürstengeschlecht.

توره [illegible]. Sbst. [illegible] *coutume, usage; spec. le code de Dschingis-khan* | Gesetz, Sitte, Gebrauch; insbes. das Gesetzbuch Dschingiskhans.

تورهمك [illegible]. Vb. intr. Aor. [illegible] *être nombreux, s'augmenter.* | zahlreich [illegible] werden, sich vermehren. (Redhouse: to breed and increase and multiply in a prolific manner.) — Deriv. [illegible] Vb. caus. (Redh.: to cause to breed greatly).

[illegible] (?) SL. [illegible]

توروق [illegible]. Sbst. LT. [illegible] *cheval [illegible].* | Fuchs (Pferd).

[illegible] Sbst. SL. [illegible] *chameau de deux ans; petit-fils.* | zweijähriges Kameel; Enkel, — d. Pfrd.

تورون [illegible]. Sbst. *petit-fils.* | Enkel, — [illegible]

[illegible] (ungar. [illegible]) Sbst. *diète hongroise.* | der ungarische Reichstag.

توری [illegible]. [وری .V] Sbst. [illegible] *action de se cacher.* | sich verbergen. Refl. v. توریه

توریب [illegible]. [وریب .II] Sbst. *action de faire aller ou mettre de travers, donner une direction diagonale; action d'insinuer indirectement* | quer durchgehen lassen, die Quere richten; Andeutung, Anspielung, etwas zu verstehen geben und errathen lassen.

توریه [illegible]. [وری .II] Sbst. [illegible] *action de cacher, de celer q. ch., de taire q. ch., de simuler l'ignorance de q. ch.; de mettre q. qn. à couvert d'un danger etc.; [illegible], dissimulation, ambiguïté.* | Verbergung, Verhehlung; Verschweigen einer Sache die man weiss, sich stellen als wisse man von einer Sache nichts; Jemanden decken, vor Gefahr u. s. w. schützen; Verstellung; Zweideutigkeit. Rhetor. [illegible], versteckte Ausdrucksweise. — v. Mehren. Rhetor. d. Arab. S. 103 ff. [illegible] auf verdeckte Weise zu erkennen geben. — Bel. concr. [illegible] *ambigu.* | zweideutig, doppelsinnig.

[illegible] s. [illegible]

توریث [illegible]. [ورث .II] Sbst. [illegible] *action de faire hériter, de constituer q. qn. héritier.* | Erblassung, einen als Erben einsetzen.

تورنج [illegible]. [Denom. v. [illegible]] Sbst. [illegible] *action de mettre la date* | Datirung (eines Briefes), Angabe des Datums einer bestimmten Begebenheit.

تورید [illegible]. [Denom. v. ورد Blüthe] *action de fleurir (se dit d'un arbre).* | das Blühen, Aufblühen eines Baumes. — [Denom. v. ورد Rose] *action de mettre du rouge.* | das Schminken, Roth auflegen.

تورش [illegible]. [ورش .II] Sbst. [illegible] *action d'exciter des inimitiés entre les gens.* | Erregung von Feindschaft, Aufhetzung der Leute gegeneinander.

تورط [illegible]. [ورط .II. Denom. v. ورطه] Sbst. [illegible] *action de précipiter q. qn. dans un abîme, dans la perte.* | Jemanden in einen Abgrund, in's Verderben stürzen.

تورع [illegible]. [ورع .II] Sbst. [illegible] *action de retenir q. qn. de q. ch., de faire q. qn. se garder, de faire s'abstenir.* | Zurückhaltung (von etwas Verbotenem, von Gefahr u. s. w.).

[illegible] [Denom. v. ورق] Sbst. [illegible] *action de se couvrir de feuilles (se dit d'un arbre).* | das Blätter treiben, sich mit Blättern bedecken (ein Baum).

تورم [illegible]. [ورم .II] Sbst. [illegible] *action de faire enfler, de faire se gonfler; action de mettre en colère* | Bewirken einer Geschwulst (durch Biss u. s. w.), einer Aufschwellung; in übertr. Bedeut.

[illegible]

mit ..., Anhänglichkeit bei ..., Verbindung mit Jemand (durch Heirath).

• توقصر TEWAKKUR. [وقصر V.] Subst. [illegible], Refl. v. [illegible] état d'être malade, d'être souffrant; langueur, torpeur. | Kränkeln, Leiden, Schmachten, Mattigkeit.

• توصيه TEWSIJET. [وصى II.] Subst. action de recommander; de léguer par testament; recommandation; testament. | Anempfehlung, Auftrag, Testament. — [illegible] enjoindre, recommander, exhorter, recommander, conseiller, faire un testament. beauftragen, ermahnen, anempfehlen, ein Testament machen. [illegible] lettre de recommandation. Empfehlungsschreiben.

• توحيد TEWHID. [وحد II.] Subst. [illegible] action d'intimider, d'effrayer. Einschüchterung.

• توصيف TEWSIF. [وصف II.] Subst. [illegible] action de décrire, de qualifier, d'expliquer, d'exposer les bonnes qualités de q. ch., de louer; description, qualification. | Beschreibung, [illegible], lobende Beschreibung, Hervorhebung der guten Eigenschaften und Vorzüge einer Sache.

• توصيل TEWSIL. [وصل II.] Subst. [illegible] Activ. v. [illegible] action de joindre étroitement, d'approcher et unir deux choses. | feste Zusammenfügung, Zusammenbringen, aneinander bringen, Vereinigung (zweier Dinge).

• توهين TEWHIN. [وهن II.] Subst. [illegible] Act. v. [illegible] action de causer de l'affaiblissement, de la douleur, torpeur, langueur. | Verursachung von Schwäche, Schmerz, Mattigkeit.

• توشيح TEWASSUH. [وشح V.] Refl. v. توشيح

• توضؤ TEWADDU'. [وضأ V.] Subst. [illegible] action de faire l'ablution avant la prière. | Waschung (vor dem Gebete).

• توضيح TEWDIH. [وضح II.] Subst. [illegible] action de manifester, de déclarer ouvertement; manifestation, déclaration. | Kundthun, offene Darlegung. Pl. [illegible] TEWDIHAT. manifestations, déclarations publiques. öffentliche Bekanntmachungen.

• توطن TEWATTUN. [وطن V. Denom.] Subst. Refl. v. توطين action de s'établir, de prendre pour domicile, se fixer, demeurer; action de s'habituer, de s'accoutumer. | Niederlassung an einem Orte (Stadt, Land u. s. w.), beständiges Verweilen (bleiben, wohnen), sich ansässig machen an einem Orte [mit [illegible] des Ortes]; Gewöhnung an etwas, Angewöhnung.

• توطئه TEWTI'E. [وطئ II.] Subst. [illegible] action de rendre plat, d'aplanir, d'aplanir (la route), de faciliter (l'entente d'un ouvrage par une introduction). | Beseitigung der Schwierigkeiten, Erleichterung des Verständnisses (eines Buches oder Vortrages des Lesers durch Vorrede, Einleitung u. s. w.)

• توطيد TEWTID. [وطد II.] Subst. [illegible] action de raffermir, de consolider, de rendre durable. | fest machen, dauerhaft machen, feststampfen.

• توطين TEWTIN. [Denom. v. وطن] Activ. u. Caus. v. توطن action de donner un lieu pour domicile, d'habituer q. qu. à q. ch. | einen Ort zur Wohnung oder Aufenthalt machen; einen an etwas gewöhnen.

• توظيف TEWZIF [Denom. v. وظيفه] Subst. [illegible] action d'assigner la paye, de payer le salaire. | Anweisung oder Auszahlung des Lohnes, Besoldung, Ablöhnung.

• توعد TEWA''UD. [وعد V.] Refl. v. توعيد

• توعر TEWA''UR. [وعر V.] Subst. Refl. v. توعير

• توعيد TEW'ID. [وعد II.] Subst. [illegible] action d'effrayer, d'intimider par des menaces. | Drohung, Einschüchterung durch Drohungen.

• توعير TEW'IR. [وعر II.] Subst. [illegible] action de rendre dur, inégal, rude, etc.; faire des difficultés à q. qu., retenir q. qu. de ses affaires. | rauh, hart, holperich, schwierig u. s. w. machen; Schwierigkeiten machen, einen von seinen Geschäften abhalten.

• توغير TEWGHIR. [وغر II.] Subst. [illegible] action de précéder, d'ordonner. | Vorangehen; Befehlen.

• توقيف TEWKIF. [وقف II.] Subst. [illegible] action de contrarier q. qu., de s'opposer, de retenir, de détourner de q. ch. | Zuwiderhandeln, sich entgegensetzen; abhalten (von einem Geschäfte). — [Denom. v. وقف WAKF] action de dire un de regarder q. qu. comme mauvais ou difficile à servir. | einen für unverträglich halten oder dafür erklären.

ا توغ TUGH. Subst., = توز poussière. | Staub.

توغ TUGH oder طوغ und [illegible] (mongolisch) Subst. [illegible] étendard, queue. | der Rossschweif (als Feldzeichen). — توغجى oder [illegible] LT. u. [illegible] porte-enseigne; Fahnenträger. (Abulgasi u. Ali Schir). Rel. abstr. [illegible] LT. [illegible]

[illegible] TUGHLAK Subst. [illegible] TUGHLAKH cœurs de frein. Ende des Zaumes [illegible] BK.

ا [illegible] TUGHAN oder [illegible] Subst., = طوغان faucon. | Falke.

ا [illegible] TUGHAN, auch [illegible] oder [illegible] Adj. u. Subst. né en même temps, des mêmes parents; jumeau. | zu gleicher Zeit geboren, Geschwister, Zwilling. Rel. abstr. [illegible]

ا توغيش TUGHUSH und [illegible] Subst. Sl. [illegible] d'un front der gährenden Land ohne Flusses. — tatarisch: prairie | Wiese.

[illegible] s. [illegible]

ا [illegible] TUGHAR. Subst. [illegible] outarde | Trappgans (otis alle tarda).

• توغر TEWAGHGHUR. [وغر V.] Subst. [illegible] Refl. v. [illegible] action de s'enflammer, de s'animer de colère. | in Hitze oder Zorn gerathen, Entbrennen des Zornes.

ا [illegible] u. [illegible] u. Deriv. s. [illegible] couper. | zerstückeln.

[illegible] s. [illegible]

• توغل TEWAGHGHUL. [وغل V.] Subst. [illegible] action de pénétrer bien avant dans une chose, de s'occuper sérieusement de q. ch. | tiefes Eindringen in eine Sache; weitgehen, sich weit einlassen auf etwas, sich ernstlich mit einer Sache beschäftigen.

[illegible] TUGHULGHA oder [illegible] (mongolisch) Subst. [illegible] casque. | Helm

[illegible] TUGLA. Subst., = [illegible] brique. [illegible] | Ziegel

[illegible] s. [illegible]

• توغم TEWAGHGHUM. [وغم V.] Subst. [illegible] action de se fâcher contre q. qu.; auf Jemand böse werden oder sein.

ا [illegible] TOGHMAK auch [illegible] oder [illegible] Vb. act. LT. [illegible] und [illegible] [illegible] semer, tisser | knüpfen, weben [illegible]

ا [illegible] TOGHMAK. Vb. intr. [illegible] naître; se lever (le soleil). | zur Welt kommen; aufgehen (die Sonne u. s. w.). [illegible] gentilis, generation — [illegible] natus, parius. Vb. — Deriv. I. [illegible] Vb. caus. — II. [illegible] Vb. pass. vgl. [illegible] s. Deriv.

ا [illegible] Vb. intr. LT. [illegible] être complet. | vollständig sein. Deriv. I. [illegible] Vb. caus. — II. [illegible] Vb. pass. vollst. vgl. [illegible]

ا [illegible] Vb. act. LT. [illegible]

ا [illegible] LT. [illegible] enfant, garçon. | Kind, Knabe, Bursch.

ا [illegible] TUGHUR. Subst. Sl. [illegible] (sic.) [illegible] tente. | Zelt, Nebenzelt.

ا [illegible] u. [illegible] Vb. recipr. se heurter, se battre. sich stossen, sich schlagen. s. [illegible]

[illegible] s. [illegible]

ا [illegible] TOGH. Subst. [illegible] naissance, noblesse. | Geburt, Herkommen, Adel

[illegible] Adj. num. cardin. — [illegible] Ordinale [illegible]

[illegible] Sbst. présent, cadeau, hommage. | Geschenk, Ehrengabe, Huldigung — [illegible] 2.

[illegible] Sbst. Sl. [illegible] nom d'un ordre. | Name eines Derwisch[illegible]

[illegible] Sbst. 1. [illegible] vgl. [illegible] 2. [illegible] Sl. [illegible] | [illegible] 3. [illegible] Sl. service, hommage. | Dienst, Huldigung. vgl. [illegible]

[illegible] Vb. recipr. Sl. [illegible] — Deriv. [illegible] Vb. caus. [illegible]

[illegible] Sbst. — [illegible] casque. | Helm. Sl. [illegible] | Pferdedecke.

[illegible] LT. [illegible] Deriv. II.

[illegible] Vb. act. [illegible] | [illegible] (Ali Schîr). VL.

[illegible] Sbst. Sl. [illegible] LT. [illegible] | Sattel; Pferdedecke.

[illegible]

[illegible] Actiy. zu [illegible]

[illegible] Sbst. action d'honorer, de traiter avec respect; honneur, respect. | Ehre, Achtung [illegible]

[illegible] Sbst. 1. action d'apposer le chiffre impérial [illegible] | Setzen des kaiserlichen Namenszuges [illegible] 2. chiffre de l'empereur [illegible] | der kaiserliche Namenszug [illegible] kaiserlicher Befehl, Diplom, Brevet u. dgl.

[illegible] Sbst. [illegible] grand dignitaire chargé de tracer le chiffre impérial sur les diplômes, etc. | Titel eines Beamten [illegible] kaiserlichen Namenszuges obliegt.

[illegible] Sbst. [illegible] Activ. v. [illegible] action d'arrêter, de retenir, de faire station, de faire; détention | Anhalten, zum Stehen bringen, [illegible] Aufenthalt; [illegible] Haft.

[illegible] Sbst. [illegible] cris, clameurs [illegible] | Lärm.

[illegible] Sbst. Sl. [illegible] Kies u. dgl.

[illegible] Sbst. Sl. [illegible] Adv. [illegible] ganz. vgl. [illegible]

[illegible] Adj. LT. [illegible] complet, fini. | ganz, vollendet. vgl. [illegible]

[illegible] Sbst [illegible] alle Erden [illegible] VL.

[illegible] Deriv.

[illegible] Sbst. action de se raffermir, se consolider. | Festigung [illegible] Refl. v. [illegible]

[illegible] Vb. act. Sl. [illegible] | erhalten.

[illegible] Sbst. [illegible] | Sprichw[illegible]

[illegible] Vb. intr. [illegible]

[illegible] Sbst. confiance en Dieu, résignation. | Vertrauen auf Gott, Ergebung in den Willen Gottes. — Rel.

[illegible] Vb. act. [illegible]

[illegible] LT. [illegible]

[illegible] Deriv.

[illegible] Sbst. [illegible]

[illegible] Vb. intr. Sl. [illegible] Deriv. [illegible] LT. [illegible]

[illegible] Vb. refl. pass. [illegible] bis zu Ende.

[illegible] Sl. [illegible] LT. Vb. act. [illegible] — Deriv. [illegible] Vb. pass. — [illegible] Vb. caus. — [illegible] Vb. recipr. Sl. [illegible] — [illegible] Deriv.

[illegible] Vb. act. Sl. [illegible] — Deriv. [illegible] Vb. recipr. Sl. [illegible]

[illegible]

[illegible] Sbst. [illegible] action de s'établir, de se placer. | [illegible] — [illegible]

[illegible]

[illegible] Adj. u. Adv. Sl. [illegible] complet. | ganz, vollendet, [illegible]

توكوس [illegible] Sbst. LT. [illegible] | [illegible].

توكوس [illegible] [LT. [illegible]] Sbst. = توكش [illegible]. [illegible].

توكوشمك [illegible] Vb. recipr. [illegible] [illegible].

توكولو [illegible] Adj. = دكل [illegible], [illegible].

توكوم [illegible] Sbst. LT. [illegible] = تولم [illegible]. | [illegible].

توكوى [illegible] Sbst. SL. [illegible] [illegible], [illegible] der [illegible].

توكيد [illegible] [ولكد LL.] Sbst. [illegible] action de [illegible], d'attacher, d'appuyer, d'insister; raffermissement, consolidation, insistance que l'on met à; Bekräftigung, Stärkung, [illegible], [illegible] bei einer Sache — Gramm. corroboratif. | Nachdruck, Verstärkung, [illegible] Gramm.

توكيل [illegible] [Denom. v. وكيل] Sbst. [illegible] action de faire q. qn [illegible], son procureur. | Stellung oder Ernennung eines Bevollmächtigten, eines Sachwalters.

توكيلمك [illegible] توليمك Deriv.

تول [illegible] Adj. u. Sbst. تول u. [illegible] veuf, veuve. | verwitwet, Witwe.

تول [illegible] Sbst. SL. [illegible] [illegible] des brebis et des vaches. | das Gebären der Schafe und Kühe vgl. [illegible].

تول [illegible] Sbst. SL. [illegible] cheval [illegible] pour affronter les dangers d'une bataille, d'un combat. | für den Kampf gewappnetes Ross, [illegible].

تولا [illegible] Bildungspartikel am Ende von Wörtern welche eine Farbe bezeichnen. SL.

تولام [illegible] Sbst. [illegible] combat, dispute. | Kampf, Streit.

تولا [illegible] Sbst. LT. [illegible] piège d'oiseau, Vogelfalle. vgl. [illegible].

تولا [illegible] Adj. = طولو SL. [illegible] plein, rempli. | voll, angefüllt.

تولاشيق [illegible] Adj. [illegible] SL. [illegible] qui ne va pas droit. | nicht gerade, gebogen, gewunden. vgl. [illegible].

تولاق [illegible] Sbst. [illegible] SL. [illegible] enveloppe du pied, chaussure. | Fusslappen, Strumpfsocken.

تولامشى [illegible] Sbst. SL. [illegible] cheval [illegible]. | Pferd, [illegible]. vgl. تول u. [illegible].

تولامق [illegible] Vb. act. SL. [illegible] harnacher un cheval. | ein Pferd aufzäumen oder satteln vgl. تول u. تولامشى.

تولامق [illegible] u. [illegible] Vb. act. [illegible] retrouver le bon chemin. | vom falschen Wege wieder auf den rechten Weg kommen.

تولاشمق [illegible] Vb. act. SL. [illegible] changer, échanger, [illegible]; changer les plumes (se dit des oiseaux). | wechseln, [illegible], die Farbe oder die Federn wechseln, sich mausern (von Vögeln). vgl. تولنمك u. [illegible].

تولان [illegible] Sbst. LT. [illegible] cheval fougueux. | [illegible] Pferd. (?) vgl. [illegible].

تولاى [illegible] Sbst. 1. [illegible] | [illegible] — 2. exclamation d'appel [illegible] — 3. [illegible] — 4. Gerund oder Partic. praes. v. تولامق [illegible] [illegible].

تولب [illegible] LT. (?)

تولبچ [illegible] [تولپچ V.] Sbst. [illegible] Refl. v. [illegible] action d'entrer, de pénétrer dans l'intérieur. | das Hineingehen, Eindringen.

تولد [illegible] [ولد V.] Sbst. [illegible] action de naître; [illegible] — [illegible] naître, être produit. | [illegible], geboren werden [illegible] Hadji Khalfa.

تولدرش [illegible] Sbst. SL. [illegible] [illegible]. vgl. [illegible].

تولشمق [illegible] Vb. act. SL. [illegible] tordre, [illegible]; aller autour, tourner. | drehen, [illegible], herum gehen, wenden, umwenden. [illegible] — Deriv. [illegible] Vb. refl. pass. LT. [illegible] se tourner. | sich wenden, die Seele [illegible]. — II. [illegible] Vb. refl. [illegible] — III. [illegible] Vb. recipr. und refl. SL. [illegible] — IV. [illegible] Vb. caus. LT. [illegible] vgl. [illegible].

تولغمه [illegible] oder [illegible] Sbst. SL. [illegible] corps de réserve, embuscade. | Hinterhalt, Truppe der auf der Lauer liegt, oder in den Rücken fällt.

تولغمه u. [illegible] = [illegible].

تولغه [illegible] Sbst. = طولغه [illegible]. Helm.

تولنمه [illegible] SL. [illegible] | [illegible] (?)

تولك [illegible] Sbst. LT. [illegible] [illegible] SL. [illegible] vgl. [illegible] u. تولامق change, échange, révolution, [illegible], compensation; changement des plumes (des oiseaux); épervier qui a changé ses plumes. | Wechsel, Tausch, Vergeltung, [illegible]; Federwechsel, Mauser der Vögel; [illegible] (Meninski).

تولك [illegible] Sbst. [vgl. [illegible]] refuge, asile. | Zuflucht, Asyl, Sicherheitsort, Versteck des Jägers. Kam. [illegible].

تولكچى [illegible] LT. [illegible] | Name einer [illegible] Völkerschaft.

تولكو [illegible] Sbst. [illegible] couleur. | Farbe.

تولم [illegible] Sbst. LT. [illegible] outre. | Schlauch.

تولغمق [illegible] Vb. act. LT. [illegible] tordre. | [illegible], drehen. vgl. [illegible].

تولمق [illegible] Vb. intr. [illegible] être rempli, se remplir. | voll sein, sich füllen. — Deriv. [illegible] Vb. caus. remplir. | anfüllen.

تولو [illegible] Adj. 1. طلو, [illegible] plein, rempli. | voll.

تولو [illegible] SL. [illegible] nom d'une montagne. | Name eines Berges.

تولواى [illegible] u. طولواى [illegible] Sbst. [illegible]. | [illegible].

تولوشاشو [illegible] Sbst. LT. [illegible] (fruit). | Frucht.

تولوكوار [illegible] Sbst. SL. [illegible] céréales autres que les grains. | alle Arten Kräuter ausser dem Getreide.

تولوم [illegible] Sbst. SL. [illegible] manière de chanter. | eine Art Gesang.

تولوم [illegible] Sbst. 1. SL. [illegible] LT. [illegible] armes. | Waffen, Kriegsgeräth. 2. = [illegible] pompe. | Pumpe. [illegible].

تولون [illegible] Adj. = [illegible] SL. [illegible] plein, rempli. | voll.

تولون [illegible] Sbst. [illegible]

تولونه [illegible] Adj. LT. [illegible] petit de stature. | kurz von Statur.

توليچ [illegible] [ولوج V.] Sbst. [illegible] Refl. v. [illegible] action de s'élever; être [illegible]; [illegible], trouble [illegible]; être hors de soi-même, être en extase. | [illegible], [illegible], [illegible], Extase.

تولنمك [illegible] Vb. intr. LL. [illegible] muer, changer des

* [illegible] TEQIBI. [[illegible] VI.] Sbst. [illegible] action de se faire réciproquement des présents. | gegenseitiges Beschenken.

* [illegible] TEHIRÜŠ. [[illegible] VI.] Sbst. [illegible] être irrité les uns contre les autres (comme les chiens), wütend gegeneinander sein, einander anknurren (wie die Hunde).

* [illegible] TEQÄHUT. [[illegible] VI.] Sbst. [illegible] action de tomber ou de se jeter à l'aveugle dans q. ch., se suivre aveuglément l'un l'autre. das sich Hineinstürzen in etwas, hintereinander her, oder übereinanderstürzen. [illegible] das Stürzen der Schmetterlinge in die Flamme.

* [illegible] [[illegible] VI.] Sbst. [illegible] action de se jeter ou se précipiter passionnément sur q. ch. | begieriges Stürzen auf oder an eine Sache. — [illegible] — action de se perdre, de se faire périr manifestement. | sich gegenseitig verderben, zu Grunde richten, umbringen.

* [illegible] Adj. vide. leer. — [illegible]

* [illegible] [[illegible] V. Denom. v. [illegible]] Sbst. action de se féliciter les uns les autres. | gegenseitiges Beglückwünschen.

* [illegible] Sbst. Pl. v. [illegible]

* [illegible] [[illegible] VI.] Sbst. [illegible]

[illegible]

[illegible] liër contre q. qu. Verschwörung. Abkommung [illegible] gegen Jemand.

* [illegible] [[illegible] II. Denom. v. [illegible]] Sbst. [illegible] action de voyager ou de cheminer pendant la chaleur du midi, [illegible] wandern während der Mittagshitze.

* [illegible] [[illegible] II. Denom. v. [illegible]] Sbst. [illegible] action de traiter q. qu. comme un [illegible], insulter, outrager, faire affront à q. qu. | einem [illegible] beugen.

* [illegible] [[illegible] V.] Sbst. [illegible] action de s'écrouler, être démoli, abattu. | zusammenstürzen, eingerissen werden.

* [illegible] [[illegible] V.] Sbst. action de se faire montrer le chemin, se laisser guider, se trouver en bon chemin. sich den Weg zeigen lassen, sich leiten lassen, [illegible]

[illegible]

[illegible] être agité | sich bewegen, geschüttelt werden. [illegible] Refl. v. [illegible]

* [illegible] [[illegible] V.] Sbst. [illegible] action de plaisanter, badinage. | Scherzen.

* [illegible] [[illegible] II.] Sbst. [illegible] action de se casser avec bruit, avec fracas. | mit lautem Geräusch oder Krachen zerplatzen oder zerbrechen.

* [illegible] [[illegible] V.] Sbst. [illegible] action de se moquer de q. qu. | Verspottung, sich über einen lustig machen.

* [illegible] [[illegible] II.] = [illegible]

* [illegible] [[illegible] II.] Sbst. [illegible] action de faire mouvoir, d'agiter, de secouer. | Bewegen, Schütteln.

[illegible]

[illegible] | [illegible] Dinge die Gestalt eines Halbmondes geben, krümmen, krummen Leben [illegible] oder erheben. — [illegible] [illegible] exclamation des [illegible], de cri de guerre: [illegible] Ausruf des Wortes [illegible] oder des Kriegsrufes [illegible].

p [illegible] [illegible] oder [illegible]. Adj. [illegible] grand de taille, fort, robuste | gross, stark

a [illegible] [illegible] [Ead [illegible]] Sbst. [illegible] odeur fétide | [illegible]

a [illegible] [illegible] [illegible] [Bed. [illegible]] Sbst. *p.* [illegible] soupçon, accusation (fausse); crime, faute, action coupable | Verdacht; Anschuldigung, Schuld, strafbare Handlung, Vergehen — Bei. [illegible] [illegible] compable, accusé | verdächtig einer Sache, angeschuldigt, schuldig

p [illegible] [illegible] Adj. u. Sbst. fort, robuste, courageux, [illegible] général d'armée, [illegible] tapfer; Feldherr.

a [illegible] [illegible] [illegible V.] Sbst. [illegible] action de s'abandonner [illegible] à une chose [illegible] Hingabe an eine Sache, [illegible]

a [illegible] [illegible] [illegible V.] Sbst. [illegible] action de chercher, d'explorer, de s'informer avec soin | sorgfältiges Suchen, [illegible]

a [illegible] [illegible] [illegible II.] Sbst. [illegible] Gratulation [illegible] action de féliciter, de complimenter q. qu. à l'occasion de q. ch. | Beglückwünschung — [illegible] féliciter, complimenter | zu einer Sache (dem Antritte eines Amtes u. d. g.) gratuliren, glückwünschen. [illegible] lettre de félicitation | Gratulationsschreiben.

[illegible] [illegible] [illegible] art., [illegible]

p [illegible] [illegible]. Sbst., [illegible] salive, [illegible] [illegible] cracher. [illegible]

p [illegible] [illegible] v. [illegible]

a [illegible] [illegible] [illegible V.] Sbst. 1. [illegible] remplacer, rentrer dans le devoir, Besserung, [illegible] — 2 [Denom. v. [illegible]] Refl. v. [illegible]

a [illegible] [illegible] [illegible V.] Sbst. [illegible] [Refl. v. [illegible]] action de s'aventurer, Ermuthigen (eines Gelandes); im übertragenen Sinne [illegible] action de se précipiter inconsidérément dans q. ch., témérité, [illegible], imprudence, courage aveugle, excès de colère, de fanatisme, [illegible] Uebereilung [illegible] Ueberstürzung, Uebereilung, Tollkühnheit, blinde Wuth, [illegible]

a [illegible] [illegible] [illegible V.] Refl. v. [illegible]

a [illegible] [illegible] [illegible V.] Sbst. 1. [illegible] étonnement, stupéfaction, [illegible], Bestürzung. — 2 [illegible]

a [illegible] [illegible] [illegible V.] Refl. v. [illegible]

a [illegible] [illegible] [illegible V.] Sbst. [illegible] action de brouiller la tête en [illegible]. [illegible] des Schlafs.

a [illegible] [illegible] [illegible II.] Sbst. [illegible] Ruhe, schlummer — [Denom. v. [illegible]] action de faire q. qu. juif, de convertir au judaïsme. Bekehrung zum Judenthume.

a [illegible] [illegible] [illegible II.] Sbst. [illegible] Activ v. [illegible] action de renverser, jeter à terre, démolir. [illegible]

a [illegible] [illegible] [illegible II.] Sbst. [illegible] action de mêler, de brouiller, de mettre en confusion. Vermengung, in Verwirrung bringen

a [illegible] [illegible] [illegible II.] Sbst. [illegible] action d'effrayer, d'épouvanter, de frapper de terreur, intimidation. Erschrecken, in Furcht jagen; Einschüchterung — als Concret Pl. [illegible] épouvantail, Schreckbild. — Rhetor. Nachdruck durch Wiederholung eines Wortes, [illegible]

a [illegible] [illegible] [illegible II.] — [illegible]

a [illegible] [illegible] [illegible II.] Sbst. [illegible] action d'alléger, de rendre léger; action de faciliter, de rendre facile à faire ou [illegible]; action de mépriser, de faire peu de cas de q. ch. | Erleichterung; [illegible]

p [illegible] [illegible] Adj. [illegible] vide | leer. [illegible] vide, [illegible]. [illegible] pauvre; [illegible] [illegible] oder [illegible] ignorant, [illegible] creux, hohl.

a [illegible] [illegible] v. [illegible]

a [illegible] [illegible] [illegible V.] Sbst. 1. [illegible] action de craindre, avoir peur, être effrayé | sich fürchten. [illegible] — 2 [illegible] action d'effrayer q. qu. | einen Furcht machen, in Furcht setzen.

a [illegible] [illegible] v. [illegible]

a [illegible] [illegible] [illegible V.] [illegible] être [illegible], mettre à la [illegible] par de [illegible] | Aufregung (z. B. des Staubes durch den Wind). Refl. v. [illegible]

a [illegible] [illegible] [illegible V.] Sbst. [illegible] action de s'attrouper, Zusammenrotten

p [illegible] [illegible] Sbst. [illegible] | [illegible]

a [illegible] [illegible] [illegible V.] Refl. d. [illegible]

a [illegible] [illegible] [illegible] [illegible II.] Sbst. [illegible] action d'arranger, de disposer; disposition des choses nécessaires, préparatif, apprêt | Bereithaltung, in Bereitschaft setzen, Vorbereitung. Pl. [illegible] préparatifs | Vorbereitungen

a [illegible] [illegible] [illegible II.] Sbst. [illegible] action de montrer ou de faire connaître à q. qu. une chose [illegible] | etwas [illegible] oder [illegible] lehren, einem durch etwas in Furcht setzen.

a [illegible] [illegible] [illegible II.] Sbst. [illegible] action d'exciter, de soulever, d'irriger. Aufregung (des Meeres, einer Leidenschaft u. s. w.), [illegible]

[illegible] [illegible] Sbst. théâtre [illegible] Schauspielhaus, Schauspiel

a [illegible] [illegible] [Bed. [illegible]] Sbst. [illegible] vague de la mer qui se brise | brandende Woge, Meereswoge

p [illegible] [illegible] Adj. [illegible] préparé, accompli, [illegible] | bereitet, vollendet, fertig, vollständig — [illegible] préparer, accomplir | bereiten, fertig machen, vollenden. — Bei. [illegible] perfection. | Vollendung.

[illegible] [illegible] Sbst. [illegible] 17 [illegible] Kaur

[illegible] v. [illegible]

a [illegible] [illegible] [illegible VI.] Sbst. action de se diriger du côté droit, de faire q. ch. avec la main droite | sich rechts wenden, etwas zur rechten Seite hin oder mit der rechten Hand thun

[illegible] [illegible] Sbst. [illegible] grande aiguille. | grosse Nadel, Packnadel.

[illegible] [illegible] Sbst., [illegible] ce qui est en bas, fond. | das Untere, Grund. — als Adv. en bas, [illegible], unter. [illegible] unter dem Feldzeichen. Abulg. 67.

p [illegible] [illegible] Adj. étonné, stupéfait, [illegible] erstaunt, überrascht. [illegible] ganz erstaunt

[illegible] [illegible] [illegible] Sbst. [illegible] colline, cime, sommet de la tête | Hügel, Spitze, Scheitel des Kopfes

[illegible] v. [illegible]

[illegible] [illegible] [illegible] Sbst.

[illegible] (Inder de Thibet) [illegible] Wolle (vgl. Tibet-Wolle).

[illegible] LT oder [illegible] Sbst. [illegible] canal, conduit d'eau. | Kanal, Wassergraben.

[illegible] Vb. intr. (Frequentativ d. Pic-la-) [illegible] d'agiter avec vivacité des pieds et des mains, trembler, sich heftig (mit Händen und Füssen) bewegen, zittern.

[illegible] und [illegible] Vb. act. u. intr. — [illegible] agiter, se mouvoir; trembler, erregen, erschüttern; sich bewegen; zittern [illegible] Ali Schir. [illegible] [illegible] Ali Schir. [illegible] — Deriv. I [illegible] Vb. refl. u. pass. — II [illegible] Vb. recipr. — III. [illegible] Vb. caus. — IV. [illegible] oder [illegible] Vb. refl. caus. — vgl. [illegible]

[illegible] Sbst. LT. [illegible] de banque. | Handtrommel.

[illegible] LT (oder [illegible] SL.) [illegible] Vb. act. [illegible] [illegible] — vgl. [illegible]

[illegible] Sbst. LT. [illegible] grande aiguille, grosse Nadel.

[illegible] Sbst. SL. [illegible] | Pfennig.

[illegible] SL.) Sbst. [illegible] action de rendre [illegible] de [illegible] Trennung, [illegible], Abscheidung.

[illegible] Adj. und Sbst. tremblant, | zitternd, vom Zittern [illegible] Schwäche u. s. w.)

[illegible] Vb. intr. SL. [illegible] trembler | Zittern. — Deriv. [illegible] Vb. recipr. — II. [illegible] Vb. caus. — III. [illegible] Vb. refl. pass. vgl. [illegible]

[illegible] Vb. act. [illegible] casser, briser, percer, trouer; [illegible] durchbrechen, [illegible], durchlöchern; [illegible] [1].

[illegible] Sbst. LT [illegible] pauvre, Elend.

[illegible] SL. [illegible] tout brisé, tout percé. | ganz zerbrochen, durchlöchert, zerbrochen.

[illegible] oder [illegible] u. [illegible] oder [illegible] = [illegible]

[illegible] [illegible] II. Denom. v. [illegible] Sbst. [illegible] action de rendre [illegible] | [illegible] Waisen machen.

[illegible] Vb. und [illegible] Sbst. Pl. [illegible]

[illegible] Sbst. LT. [illegible] | Vb. [illegible] — vgl. [illegible] Ali Schir] — [illegible] Imperat. v. [illegible]

[illegible] Sbst. Pl. v. [illegible] à plusieurs reprises, quelquefois, [illegible] Malen, [illegible]

[illegible] Sbst. [illegible] flèche; en général tout bois rond et poli, rouleau, cylindre, mât de navire, poutre transversale au milieu du plancher, essieu, timon, archet, flèche de la [illegible], bois de l'arbre, etc. | Pfeil, überhaupt jedes [illegible], grade Holz, Walze (z. B. der [illegible] zum [illegible] des Teiges); Mast [illegible] Balken, der Träger des [illegible] an der Decke, Kelterbaum, [illegible] u. s. w. [illegible] [illegible] [illegible] — In übertr. Bedeut. [illegible] de Mercure; [illegible]; [illegible] — Der Planet Merkur (nach [illegible] Himmelspfeil oder [illegible] Achse des Himmelskreises); Loos, Schicksal; Macht; Zorn.

[illegible] = [illegible]

[illegible] Sbst. [illegible]

[illegible] Sbst. LT. [illegible] prison. | [illegible]

[illegible] Sbst. — [illegible] LT. [illegible] (arbre). pieu, pilier, [illegible] Pfeiler, Pfahl, Mast.

[illegible] = [illegible]

[illegible] LT. [illegible] qui tremble [illegible] zitternder.

[illegible] Vb. act. SL. [illegible] ériger, élever, rendre droit | aufrichten, gerade machen. [illegible] beide Hände [illegible] Ali Schir. — Deriv. [illegible] Vb. refl. pass. SL. [illegible]

[illegible] Sbst. [illegible] tireur à l'arc, archer, Schütze (mit Pfeil und Bogen) [illegible] seinen Blick auf etwas werfen. — Bei. [illegible] oder [illegible] [illegible] métier de tirer à l'arc, art ou métier d'archer | Schiessen mit Pfeilen, die Kunst mit Pfeilen zu schiessen.

[illegible] Sbst. [illegible] de flèches. | Pfeilregen.

[illegible] Sbst. [illegible] carquois, [illegible] à mettre les flèches. Köcher, Pfeilkasten.

[illegible] Sbst. [illegible] archer, tireur à l'arc [illegible]

[illegible] Sbst. ronde. [illegible] [illegible]

[illegible] oder [illegible] Sbst. [illegible] petite flèche; [illegible] [illegible] Pfeilchen; [illegible] zu einem Glieder, einer Wunde.

[illegible] = [illegible]

[illegible] Sbst. [illegible] [illegible] qu'on place [illegible] la [illegible] [illegible] dem [illegible]

[illegible] Vb. act. [illegible] I. [illegible], [illegible], défendre, [illegible], [illegible] verbieten, verhindern. [illegible] [illegible] — 2. ériger, [illegible] aufrichten vgl. [illegible]

[illegible] Sbst. [illegible] de flèches. | Pfeilmacher.

[illegible] Sbst. 1. [illegible] und [illegible] — 2. — [illegible]

[illegible] [illegible] SL. [illegible] (1)

[illegible] Vb. intr. [illegible] Vb. intr. leben vgl. [illegible] — Deriv. I. [illegible] SL. oder [illegible] und [illegible] LT. Vb. caus. [illegible] ressusciter, vivifier, [illegible] | beleben, wieder beleben vgl. [illegible] — II. [illegible] Vb. refl. pass. [illegible] être ravivé, être [illegible] | belebt [illegible] werden, wieder lebendig werden.

[illegible] Sbst. Bei [illegible] trouble, [illegible] | Dunkelheit, Finsterniss, Betrübniss, [illegible]

[illegible] = [illegible]

[illegible] Vb. intr. [illegible] [illegible] Ali Schir.

[illegible] Vb. act. faire dire q. q. [illegible] Abulg. [illegible]

[illegible] Vb. intr. LT. [illegible] [illegible]

[illegible] Sbst. SL. [illegible] (1).

[illegible] Sbst. SL. [illegible] [illegible] Schwester.

[illegible] = [illegible]

[illegible] = [illegible]

[illegible] Vb. act. [illegible] [illegible] recueillir, rassembler, [illegible] [illegible], versammeln.

[illegible] Vb. [illegible] — [illegible] Devir. I. [illegible] Vb. caus. [illegible] mouvoir. | bewegen. — II. [illegible] Vb. caus. [illegible] | [illegible] — III. [illegible] Vb. refl. pass. [illegible] mouvoir. | sich bewegen. — IV. [illegible] Vb. pass. [illegible] | [illegible] sein oder werden, leben. Imperativ. [illegible] wach' auf!

[illegible] und [illegible] Vb. act. [illegible] égratigner, [illegible] avec les ongles. | kratzen, [illegible] Ali Sebir. — 2. Devir. [illegible] Vb. refl. und — II [illegible] Vb. recipr. [illegible] vgl. [illegible] arracher avec les ongles; [illegible] avec les ongles; [illegible], grimper. | mit den Nägeln greifen; sich oder einander [illegible] kratzen; sich anklammern, klettern.

[illegible] LT [illegible] | sich anschliessen an etwas [illegible] [illegible] vgl. [illegible]

[illegible] u. [illegible] AL Subst. [illegible] ongle | Kralle, Klaue, Nagel (am Finger).

[illegible]

[illegible] oder [illegible] 1. Adj. LT. [illegible] profond [illegible] — 2. Imperat. v. [illegible]

[illegible] Subst. [illegible] | Faden, Zwirn (zum Nähen).

[illegible] Adj. [illegible] obscur, sombre, trouble, triste [illegible] | [illegible], betrübt, traurig. [illegible] malheureux. | unglücklich. [illegible] affligé. | betrübt. [illegible] couleur sombre | dunkle Farbe. [illegible] brun | [illegible]

[illegible] Subst. [illegible] | [illegible] Rinde, Schale.

[illegible]

[illegible] Subst. AL. [illegible] Name eines Pflanze.

[illegible] Adj. — [illegible] vivant, [illegible] Bel. sbatr [illegible] das Leben.

[illegible] Subst. [illegible] | [illegible] Leben.

[illegible]

[illegible] Subst. [vgl. [illegible]] [illegible]

[illegible] après la [illegible] | bei der [illegible]

[illegible] oder [illegible] Subst. [illegible] | Ackervieh [illegible].

[illegible]

[illegible] — [illegible]

[illegible] Subst. — [illegible] | [illegible]

[illegible] Adj. und Adv. aigu, tranchant; aigre; fort, impétueux; [illegible], habile, vif, prompt. | scharf, schneidend, spitz; sauer; schnell, gewandt, [illegible]; lebhaft, feurig, heftig, [illegible] [illegible] | [illegible] scharf, spitz [illegible] qui a une odeur pénétrante. | scharf riechend, [illegible] [illegible] schnell oder leicht begreifend [illegible] leicht reizbar. [illegible] d'un coup de main, sur le champ. | [illegible], auf der Stelle. [illegible] aiguiser, aiguiser. | schärfen, [illegible] — Bel. [illegible] [illegible] Heftigkeit des [illegible] [illegible] promptement, [illegible] schnell, plötzlich [illegible] — Bel. [illegible] den Tod schnell sterben und [illegible] [illegible] lassen. Kam. e. e. [illegible] — Adv. [illegible] oder [illegible]

[illegible] Subst. [illegible] forte, [illegible] | [illegible] [illegible]

[illegible] Subst. crépitus ventris.

[illegible] LT [illegible] [illegible] dass sie [illegible] Reihe hinter einander [illegible] vgl. [illegible]

[illegible]

[illegible] Subst. — [illegible] Kegel.

[illegible]

[illegible] oder [illegible] Vb. intr. [v [illegible]] être prompt, se fâcher [illegible] | schnell [illegible], leicht in Zorn [illegible].

[illegible] Subst. tranchant, le fil [illegible] | Schneide, scharfe Seite [illegible] Messers, Säbels [illegible] u. s. w.

[illegible] Subst. [illegible] | Schwester der Mutter.

[illegible] und [illegible] u. [illegible]

[illegible] Subst. [illegible] | [illegible]

[illegible] [V.] Subst. [illegible] être facile; réussir, [illegible] | leicht werden, leicht sein; gelingen, Erfolg haben.

[illegible] und [illegible]

[illegible] Vb. refl. [illegible]

de dégoût, [illegible], éprouver des [illegible] | sich ekeln. [illegible]

Kam. e. e. [illegible] [vgl. [illegible]]

[illegible] [II.] Subst. [illegible] action de rendre facile, de faciliter, de faire réussir, de [illegible]; réussite, succès. | Erleichterung, Förderung, Gelingen, guter Erfolg, Glück haben bei einer Sache.

[illegible] Subst. [illegible] | Zahn, Hauer.

[illegible] und [illegible] Subst. [illegible] | Loch.

[illegible] — [illegible]

[illegible] und [illegible] Vb. act. [illegible] | mit den Zähnen fassen, beissen. — Devir. [illegible] Vb. recipr.

[illegible] und [illegible] Vb. act. [illegible] percer, perforer, fendre, ouvrir. | ein Loch machen, durchbohren, durchlöchern, spalten, öffnen. [illegible] den Boden des Schiffes durchbohrend oder spaltend. Ali Sebir. — Devir [illegible] Vb. pass. [illegible] LT

[illegible]

[illegible] Subst. [illegible] | Beil, Hacke.

[illegible] und [illegible] Subst. — [illegible] | [illegible]

[illegible] Subst. LT [illegible] disque, plateau. | Scheibe, Teller, Präsentierteller.

[illegible] Adj. LT. [illegible] profond [illegible]

[illegible] Subst. toute chose pointue, [illegible], sommet, [illegible] rayon de lumière, du soleil | alles spitzige, [illegible], Gipfel, Bergspitze, [illegible] oder Spitze des Berges, eines Thurmes u. s. w. [illegible] (Lichtstrahl), Sonnenstrahl. [illegible] in einem Glase [illegible] Sonnenstrahl, [illegible] Bergspitze. [illegible] Schwert [illegible] Schwertgurtel, oder von dem Schwerte [illegible] mit dem Schwerte [illegible] oder [illegible] der Planet Mars.

[illegible]

[illegible] Subst. [illegible] de l'enveloppe [illegible] oder [illegible]

[illegible] Kam. e. e. [illegible]

[illegible] oder [illegible] Subst. [illegible] oder [illegible] Wolle

[illegible] [V.] Subst.

[illegible] Refl. v. [illegible] action de se [illegible] | [illegible]

[illegible] Vb. act. [illegible] — Deriv. I. [illegible] Vb. pass. und II. [illegible] Vb. recipr. [illegible] und Deriv.

[illegible] Sbst. [illegible] action de s'assurer de q. ch., s'approprier avec certitude; certitude. | das sich Versichern; Gewissheit, Sicherheit; als gewiss erkennen; Bestätigung erhalten.

[illegible] Sbst. [illegible] Activ zu [illegible] action d'éveiller. | Erwecken, einen aufwecken.

[illegible] Adj. [illegible] semblable. | ähnlich, gleich. — Als Postpos., [illegible] comme. | wie. vgl. [illegible]

[illegible] Sbst. LT. [illegible]

[illegible] Sbst. LT. [illegible] épine. | Dorn. vgl. [illegible]

[illegible] Vb. intr. [illegible]

[illegible]

[illegible] Sbst. [illegible] épine. | Dorn, Stachel. — Bel. abstr. [illegible] — Bel. concr. [illegible] épineux | dornig.

[illegible] Sbst. LT. [illegible] grand vase. | grosses Gefäss.

[illegible] Sbst. Joghurt mit Graupen. [illegible]

[illegible] Postpos., — [illegible] comme | wie. vgl. [illegible]

[illegible] Sbst., — [illegible] langue. | Zunge. [illegible]

[illegible]

[illegible] TIL. Sbst. [illegible] | Zunge. — تيل oder دل langue | Zunge.

[illegible] LT. [illegible] | vielleicht [illegible] disque, plat. | Scheibe, Teller. (?)

[illegible] TILIS. Sbst. [illegible] trou, trace, vestige. | Loch, Fusspur, Spur.

[illegible] Adj. [illegible] fendu, percé. | durchschnitten, durchbohrt. vgl. [illegible]

تيمر TIM. Sbst. 1. [illegible] grande hôtellerie, caravansérail, halle pour le commerce. | grosses Karawanenhaus, Kaufhalle. — 2. [illegible] chagrin, tristesse. Kummer.

[illegible] TIMI. Sbst. [illegible] campagne, plaine, désert. | Gefilde, Ebene, Wüste.

[illegible] TIMID auch [illegible] Sbst. [illegible] maroquin. | braun gefärbtes Leder.

[illegible] TIMID. Sbst. [illegible] fui, point où l'on vise. | Ziel nach dem geschossen wird.

تيمار TIMAR. Sbst. [illegible] cure, soin (d'un malade, d'un animal, d'un jardin, etc.). | Pflege, Sorgfalt, Abwartung (eines Kranken, eines Thieres, eines Gartens u. s. w.) — ETMEK. soigner. | pflegen, abwarten (mit dem Accus. oder mit dem Dativ des Objects). [illegible] تيمارخانه timâr-qânè, [illegible] maison de santé, hôpital des fous. | Krankenhaus, Irrenhaus. تيمارجى oder تيمار [illegible] [illegible] garde-malade. | Krankenwärter. — 2. pension; fief, timar. Versorgung, d. i. Belehnung mit einem Grundstücke mit der Bedingung persönlichen Kriegsdienstes zu Pferde und Ausrüstung auf eigene Kosten. (Redhouse: a military fief, the value of which was under 20,000 (or 3000?) Akchs in the Doomsday Book of the empire). — [illegible] [illegible] oder [illegible] timariot. | Inhaber eines solchen Lehen. — Rel. abstr. [illegible]

[illegible] TIMSAH. Sbst. Crocodile, Krokodil. Abuska.

[illegible] TIMAN oder [illegible] TASHAN. Vb. act. [illegible] retenir, empêcher. | verweigern, abschlagen, verhindern.

[illegible] TEMAN oder [illegible] Vb. act. [illegible] dire. | sagen.

[illegible] N. pr. LT. [illegible]

[illegible] TIN-TIN. Adv. goutte à goutte. | tropfenweise. vgl. [illegible] Sl. [illegible]

[illegible] TIMIT. Sbst. Demin. v. تيمر

[illegible] TIMIR-TIP. que cela soit ou non; [illegible] oder nicht. Sl. [illegible]

[illegible] TIASHCH. [ad V.] Sbst. [illegible] action de se diriger tout droit vers un lieu, de se proposer q. ch. | gerade auf etwas losgehen, sich etwas vornehmen, Vorsatz, Vorhaben. — Theol. purification avec du sable (au lieu d'eau). | Reinigung oder Abwaschung mit Sand, Asche u. dgl. wenn kein Wasser vorhanden ist.

[illegible] TASHARCH. [ad V.] Sbst. [illegible] prospérité. se trouver heureux; regarder q. ch. comme de bon augure. | sich in glücklichen Umständen befinden; etwas für ein Glück oder für glückliche Vorbedeutung nehmen. [illegible] Adv. heureusement. | glücklicher Weise.

تيمور TIMUR. Sbst. [alte Schreibart für تمر oder دمير] fer. tout instrument fait de fer, ancre. | Eisen, jedes Instrument von Eisen, Anker. [illegible] Sinnbild des Starkseins [illegible] Sl. [illegible] celui qui met. | ein Vogel der seine Federn bekommen hat [illegible]

[illegible] Sl. [illegible] (Eisenflügel) Name eines Vogels (eine Art Kaitz). [illegible] (Eisenkopf) das Inventar an Vieh, Ackerbau und Geräthschaften die zu einem Grundstücke gehören; ein alter Knecht. (Redhouse: the stock in trade of cattle, seed, and implements, belonging to a farm, and let with it; an old servant or pensioner. — This is the term which was applied to Charles XII of Sweden, and meaning „an established pensioner", but translated by his biographers „iron-headed" or „obstinate".) [illegible] Beiname des Vaters [illegible] [illegible] oder kurz [illegible] Tamerlan.

[illegible] TIUR. Sbst. Sl. [illegible] épine. | Dorn.

[illegible] TIASHR. [ad II.] Sbst. 1. [illegible] — 2. [Denom. v. [illegible]] [illegible] — die Waschung mit Sand verrichten lassen.

[illegible] TIASIS [ad II.] Sbst. [illegible] action de souhaiter du bonheur à q. qn.; de féliciter q. qn. | Glückwünschung.

تين TIN oder [illegible] TIAUCH. Sbst. [illegible] écureuil. | das Eichhörnchen.

[illegible] TIN. Sbst. [Collectiv. v. [illegible]] figues. | Feigen.

[illegible] TINE. Sbst. repos, silence. | Ruhe. vgl. [illegible] u. [illegible] II. caus. Abulg. u. Ali Schir.

[illegible] s. [illegible]

[illegible] TINGE oder [illegible] Sbst. [illegible] repos, pause. | Ruhe, Pause.

[illegible] TININ, — [illegible] matin. | Morgen. [illegible] TININ-EL. LT. [illegible] Morgenwind.

[illegible] TING. Adj. [illegible] égal, pareil, semblable. | gleich, ähnlich. [illegible] — Rel. abstr. [illegible] égalité. | Gleichheit.

[illegible] TINGLASH oder [illegible] Vb. intr. [illegible] être égal, ressembler. | gleich sein, ähnlich sein. Deriv. [illegible] oder [illegible] Vb. caus. [illegible] rendre égal. | gleichmachen, ebnen.

[illegible] TINGLE Sbst. [illegible] Diese. | Gut. Rel. abstr. [illegible] Gottheit, Göttlichkeit.

[illegible] TINGIR o. [illegible] Sbst. [illegible] mer, fleuve. | Meer, Fluss.

[illegible] TINGLAMAK und [illegible] Vb. act. [illegible] rendre égal. | gleichmachen. Deriv. [illegible] TINGLASHMAK, Vb. recipr. [illegible] être égaux les uns aux autres, rivaliser, rivaliser de vitesse. | einander gleichen oder an gleichen suchen, um die Wette laufen, sich bemühen um einem andern gleich oder voran zu kommen.

[illegible] TINGLAMAK. Vb. intr. Sl. [illegible] écouter, obéir. | hören, gehorchen. [illegible] nicht hörend, nicht gehorchend. Abulg. 125.

[illegible] faire jour. | tagen.

[illegible] TINSHAUR oder [illegible] Sbst. [illegible] faiblesse. | Schwäche, Schwachheit.

[illegible] TENMAK oder [illegible] u. [illegible] TINMAK. Vb. intr. [illegible] LT [illegible] Sl. [illegible] se reposer. | ruhen. — Deriv. I. [illegible] TEIANMAK. Vb. refl. LT. [illegible] se reposer, s'appuyer. | ruhen, sich stützen. — II. [illegible] Vb. caus. LT. [illegible] faire reposer, reposer. | ruhen lassen; ruhen. Sl. [illegible]

[illegible] TINMAK. Vb. intr. [Refl. v. [illegible]] [illegible] dire. sagen. — Deriv. [illegible] Vb. caus. [illegible] Sl.

[illegible] TINE. Sbst. toile d'araignée. | Spinngewebe.

[illegible] TINA. Sbst. [illegible] figue. | Feige. vgl. [illegible]

[illegible] TIEU — [illegible] [Gerund. v. [illegible]] disant, ayant dit, c'est-à-dire. | gesagt, so sagend, das heisst, nämlich.

[illegible] oder [illegible] Vb. act. — [illegible] [illegible] und [illegible] tordre, entourer, mettre à l'envers. | drehen, z. B. den Rosenkranz zwischen den Fingern; umdrehen, umkehren; [illegible] oder [illegible]. — Deriv. I. [illegible] Vb caus. — II. [illegible] und [illegible] Vb. refl. pass. Sl.

[illegible] TIUREN oder [illegible]. Adj. u. Sbst [illegible] rond, courbé, tordu. | rund, krumm, gewunden; der eiserne Zapfen um den sich der obere Mühlstein dreht.

[illegible] Adj. indigne. [illegible], unwürdig, unanständig.

[illegible] Adj. digne, convenable. | geziemend, würdig. [illegible]

[illegible]

ث

ث sa, s. [illegible] quatrième lettre de l'alphabet turc; prononciation arabe th (anglais), prononciation turque s; valeur numérique 500. | vierter Buchstabe des arabischen, fünfter des persisch-türkischen Alphabets; Aussprache, arabisch th (englisch), türkisch s; Zahlwerth 500.

[illegible]

[illegible]

ج

[illegible]

[illegible] čapkyn und [illegible] Adj. u. Sbst. vgl. [illegible] qui ne [illegible], coureur; cheval qui galoppe; vagabond, fripon, polisson. | schnell laufend, Läufer; Pferd welches Galopp läuft, Herumstreicher, Taugenichts, Lump, Gassenbube. — [illegible] hernie dégagé | mit Silber [illegible] Kamm. — Nom. abstr. [illegible] čapkynlyk, [illegible] du cheval; course, vitesse; vagabondage. | Galopp eines Pferdes; Lauf, Schnelligkeit; Herumtreiben, Ausschweifen.

[illegible] čabyk oder [illegible] čapyk und [illegible] Adj. u. Adv. vite, agile, leste, prompt; hâtif. | schnell, gewandt, geschickt, rasch; bald, sogleich. [illegible] [illegible] beim Gehen schnell den Körper bewegend, schnell gehend. [illegible] schnell mit der Hand, geschickt. [illegible] č.-suvar, schnell reitend, geschickter Reiter, kühner Reiter, Kunstreiter. — Nom. abstr. [illegible] u. [illegible] vitesse, agilité, adresse, promptitude. | Schnelligkeit, Gewandtheit, Behendigkeit, Fingerfertigkeit.

[illegible] čapul u. [illegible] Sbst., [illegible] incursion, [illegible], Überfall, [illegible] in Feindesland. Kom. s. v. [illegible] u. s.

[illegible] čabalamak. Vb. intr. vgl. [illegible] [illegible], faire [illegible], s'agiter. | [illegible], sich regen, sich bewegen.

[illegible] čapulǰu ([illegible]) [illegible] und [illegible] verkürzt [illegible] und [illegible] Adj. und Sbst. [illegible] [illegible], [illegible]; [illegible] | [illegible], [illegible], [illegible], [illegible]. — Nom. abstr. [illegible] und [illegible] [illegible], [illegible]; [illegible] [illegible], [illegible]; [illegible].

[illegible] čapmak und [illegible] Vb. act. Aor. [illegible] čapar. St. [illegible] [illegible] courir, galoper, faire une incursion dans un pays; attaquer; tirer l'épée, blesser, couper, frapper en coupant. | laufen, rennen, galoppiren; einen Einfall oder eine Streifzug in ein Land machen; feindlich einfallen, anfallen, angreifen; (mit dem Schwerte) einhauen, abhauen, verwunden. [illegible] [illegible] Oguz griff den Tamran an. Abulg. — Deriv. I. [illegible] čaptyrmak. Vb. caus. — II. [illegible] čapyšmak. Vb. recipr. — III. [illegible] čapylmak. Vb. pass. [illegible] être envahi à courir; être attaqué. | rennen gelassen werden; ein Einfall gemacht werden; angegriffen oder verwundet werden; einen Einfall erleiden u. s. w. — IV. [illegible] čapynmak. Vb. refl. [illegible], [illegible]. | [illegible], [illegible].

[illegible] čapmakly u. [illegible] Sbst. [illegible], incursion. | Lauf, [illegible] u. s. w. s. d. [illegible].

[illegible] čapyr u. [illegible] Sbst. [illegible] [illegible] s. d. Vigrie.

[illegible] čaput. Sbst. guenille, haillon. | Lappen, Lumpen.

[illegible] čapyk und [illegible] čapyk oder [illegible] Sbst. I. [illegible] [illegible]; pan de la robe [illegible] Klumpen an einem Kleide. Kom. s. v. [illegible] — II. [illegible] [illegible] [illegible]; Jemand dessen Aussehen die Spur einer Verwundung trägt.

[illegible] u. [illegible] u. [illegible]

[illegible] s. [illegible]

[illegible] čaka s. [illegible]

[illegible] čata oder [illegible] auch [illegible] und [illegible] Sbst. (sgr. [illegible]). [illegible] [illegible] houe, bêche | Hacke (der Gärtner), Grabscheit, Spaten.

[illegible] čatalamak. Vb. act. [illegible] houer, creuser. | hacken, graben.

[illegible] čâbi. [illegible] Sbst. [illegible] collecteur de revenus de l'État, d'un vakf, etc. | Einnehmer von Staats- und andern Einkünften, vgl. [illegible] — Nom. abstr. [illegible] collecte. | Sammlung (von Almosen u. dgl.).

[illegible] čaparčy, auch [illegible] Adj. u. Sbst. qui court, coureur; guerrier. | laufend, Läufer; Krieger. Abulg. vgl. [illegible]

[illegible] čat. Sbst. (mot imitatif qui exprime le choc d'une chose contre l'autre) [illegible]. | Klatsch, Klapp (der Schall beim Zusammenstossen zweier Körper). [illegible] čat-čat oder čat a čat etmek. claquer, klappen (z. B. mit den Zähnen). [illegible] čat pat. de temps à autre. | dann und wann (aber selten).

[illegible] čatak oder [illegible] Sbst. St. [illegible] [illegible] [illegible] das Brett am obern Ende der Zeltstange, vgl. [illegible]

[illegible] čatak. Sbst. St. [illegible] compagnon, ami. | Genosse, Freund.

[illegible] s. [illegible]

[illegible] s. [illegible] Deriv.

[illegible] čatyrdamak auch [illegible] oder [illegible] čytyrdamak, Vb. intr. Aor. [illegible] čatyrdar. [illegible] [illegible] bruire, claquer, craquer, faire du bruit [illegible] zusammenschlagen, klatschen, klappen, knistern, prasseln. [illegible] [illegible] vor Kugeln klappern, klapperdürr sein. [illegible] [illegible] [illegible] (des arbres). | laut klatschen (von den Adern, wenn das Blut zurücktritt). Kom. s. v. [illegible] — Deriv. [illegible] čatyrdatmak oder [illegible] Vb. caus. [illegible] faire claquer. | klappen lassen [illegible] — [illegible] [illegible] mit den Fingern klatschen.

[illegible] čatyrty und [illegible] čytyrty. Sbst. claquement, bruit, pétillement. | Klatsch, Klang (welchen zwei zusammenstossende Körper geben), Knistern (des Feuers), vgl. [illegible]

[illegible] čatyra-patyra. Sbst. u. Adv. [illegible] (de langage). | das Radebrechen; gebrochen (sprechen). [illegible] to be able to say a few words of a language in a broken manner. vgl. [illegible]

[illegible] u. [illegible] Deriv.

[illegible] čatyk, čatuk. Adj. attaché, joint l'un à l'autre. mis ensemble, engrené. | zusammengefügt, an- oder eingefügt, [illegible], [illegible] [illegible] dessen Augenbrauen zusammengewachsen.

[illegible] čatyly. Adj. attaché; lié d'amitié. | zusammengefügt; freundschaftlich verbunden.

[illegible] čatlaryk, s. [illegible]

[illegible] čatlak auch [illegible]

[illegible] Adj. u. Sbst. [illegible] [illegible] fendu, crevé; fente, fissure, crevasse. | [illegible], [illegible], [illegible]; Spalte, Riss, Kluft, [illegible], Sprung. Ritze, Scharte.

[illegible] čatlamak oder [illegible] und [illegible] Vb. intr. Aor. [illegible] čatlar. [illegible] [illegible] crever (intr.), se fendre, éclater, se crevasser. | bersten, platzen, aufspringen, Risse bekommen — Deriv. [illegible] čatlatmak u. [illegible] Vb. caus. faire crever, fendre, rompre, faire claquer (p. ex. les doigts). | bersten machen, sprengen, spalten. [illegible] [illegible] den [illegible] [illegible] [illegible], d. i. richtig aussprechen. [illegible] — [illegible]

[illegible] čatlady. Sbst. fente, crevasse; nom d'une porte à Constantinople. | Spalte, Kluft; Name eines Stadtthores an der Südseite von Constantinopel.

[illegible] čatalyk oder [illegible] [illegible]. Sbst. (arabisirt) [illegible] catholique; prélat chrétien, patriarche | Katholik; kirchlicher (christlicher) Würdenträger, Patriarch.

[illegible] čatma. Sbst., — [illegible] assemblage (d'une charpente). | Gefüge, Zusammenfügung.

[illegible] s. [illegible]

[illegible] čatmak, auch [illegible] Vb. intr. u. act. Aor. [illegible] čatar. [illegible] [illegible] [illegible] se joindre, être joint et attaché; se toucher, être proche (la [illegible]); se heurter, s'aborder et se briser (deux navires); s'engrener, être mis l'un dans l'autre; [illegible], [illegible], [illegible] [illegible] à longs points. | [illegible], nahe sein ([illegible] und zeitlich), dicht neben einander stehen (z. B. [illegible] eines Dichters); zusammengefügt oder eingefügt sein, sich berühren, fest [illegible], [illegible], dicht [illegible] [illegible], [illegible], [illegible] (zwei Schiffe [illegible]), [illegible] mit Jemand, [illegible] [illegible] (von Personen), befreundet sein, sich kennen lernen, Freundschaft schliessen; von der Zeit: nahe sein, kommen (von Thieren deren Gebärzeit nahe ist, Zeit der [illegible], Zeit der Reife); activ. nahe bringen, verbinden, einfügen, anfügen, [illegible]. [illegible] [illegible] oder [illegible] [illegible] [illegible]

[illegible]

[illegible] (die Flügel). [illegible]

[illegible] Kommandowort [illegible] — Deriv. I. [illegible] Vb. caus. faire frapper [illegible] — II. [illegible] Vb. recipr. [illegible] — III. [illegible] Vb. recipr. caus. [illegible]

[illegible] Vb. pass. [illegible]

[illegible] Sbst. [illegible]

[illegible] N. pr. LT. [illegible]

[illegible] Sbst. LT. [illegible] crieur, héraut, porteur d'une nouvelle ou d'un ordre. | Ausrufer, Herold, [illegible]

[illegible] Adj. qui tire. [illegible]

[illegible] Sbst. [illegible]

[illegible] Adj. u. Sbst. quadrangulaire, [illegible] place quadrangulaire; marché, [illegible] | Viereck, viereckiger Platz, Marktplatz, [illegible]

[illegible] Sbst. [illegible]

[illegible] Sbst. [illegible]

[illegible] N. pr. le point le plus [illegible]

[illegible] Sbst. [illegible]

[illegible] Adj. [illegible]

[illegible] Sbst. [illegible]

[illegible] Sbst. [illegible] Vb. act. [illegible] — Deriv. [illegible]

[illegible] Adj. [illegible]

[illegible] Sbst. [illegible]

چاره ـ چارهلجارم [illegible]

چاروب čārūb, auch [illegible] Sbst. [illegible] balai. | Besen. — [illegible] balayer. | fegen. [illegible] balayeur. | Feger, Auskehrer.

چاره čāre oder چار čār. Sbst. علاج و تدبیر remède, moyen. | Mittel gegen etwas, Abhülfe. — [illegible] trouver du remède, remédier. | ein Mittel finden gegen ..., abhelfen. — [illegible] être guéri. | geheilt werden. [illegible] que faire? was soll man thun? [illegible] il n'y a pas moyen. | es hat kein Mittel, [illegible] sans remède; sans moyens, [illegible] | Hülflosigkeit. [illegible] Retter in der Noth. — Rel. abstr. [illegible]

[illegible] Adj. Fem. [illegible] qui court, qui passe (le temps); qui a cours (l'argent); qui a lieu, qui s'exécute ou reçoit son exécution (un ordre etc.), qui est conforme à ... | Strömend, was im Umlauf ist (Geld u. s. w.), vergehend, verfliessend (die Zeit), sich ereignend, stattfindend, wohin laufend, herrschend; was befolgt wird (z. B. ein Befehl, eine Sitte u. s. w.), gebräuchlich; zu bestimmten Zeitpunkten regelmässig erfolgend. — [illegible] se passer, avoir lieu, trouver son exécution. | [illegible], im Umlauf sein, sich ereignen, stattfinden, befolgt werden. [illegible] die Strömenden Gewässer. [illegible] le prix courant. | der gewöhnliche Preis. [illegible] die zwischen ihnen bestehende Freundschaft.

[illegible] Sbst. [illegible] jeune fille, jeune servante ou esclave. | Mädchen, junge Sclavin (u. dienst).

[illegible] (russisch) Sbst. la czarine. | die Kaiserin von Russland.

[illegible] Vulg. [illegible] Sbst. un quart; un quart d'heure. | Viertheil; ein Viertel z. B. von einem Schlachtvieh; Viertelstunde.

[illegible] Adj. qui coupe, qui décide, [illegible]

[illegible] Sbst. [illegible] l'empereur. | der Kaiser. [illegible] der deutsche Kaiser.

[illegible] Adj. hardi, courageux, audacieux. | kühn, muthig, unternehmend.

[illegible] Sbst. [illegible]

[illegible] Tehrif s. [illegible]

[illegible] Vb. act. [illegible] [illegible]: [illegible] [illegible]

[illegible] Sbst. [illegible] [illegible] [illegible]. [illegible] Rel. abstr. [illegible] [illegible] [illegible] [illegible] (milit.) [illegible] [illegible].

[illegible] = [illegible]

[illegible] oder [illegible] Adj. [illegible] dispersé. [illegible] [illegible].

[illegible] Sbst. [illegible] midi, temps du dîner, le déjeuner. | [illegible] Mittagszeit, Frühstück. — [illegible] — [illegible] déjeuner. [illegible]

[illegible] oder [illegible] [illegible] [illegible] —

[illegible] Tahrif von [illegible] Rel. abstr. [illegible] Vb. deriv. [illegible] u. [illegible]

[illegible] und [illegible] oder [illegible] Sbst. petite corbeille pour y mettre le pain etc.; corbeille ou boîte à ouvrage (des femmes). | Brotkörbchen, Arbeitskästchen der Frauen.

[illegible] Vb. intr. [illegible] être tremblant, agité, se trembler. | bewegt, gerührt [illegible] — Deriv. [illegible] Vb. caus.

[illegible] u. [illegible] Sbst. [illegible] le peu d'une chose que l'on prend pour la goûter; goût, saveur, avant-goût. | das Wenige von einer Sache das man nimmt um sie zu kosten; Geschmack, Wohlgeschmack, Vorgeschmack. [illegible] oder [illegible] goûter, tâter (d'un mets). | kosten.

[illegible] oder [illegible] Sbst. [illegible] dégustateur (l'un des 40 pages de l'intérieur). | Vorkoster, [illegible], Truchsess (einer der vierzig Pagen des inneren Palastes). — [illegible] Ober-Truchsess. — Rel. abstr. [illegible] action de goûter, fonction de dégustateur. | das Kosten; Vorkoster-Amt.

[illegible] quantité; espace de temps et de lieu; temps, saison, âge; moment, heure; lieu, endroit; état d'être complet; santé. | Raum (in Bezug auf Zeit, Raum und Quantität), Quantität, Vorrath; Zeitraum, Zeitpunkt, Jahreszeit, Lebenszeit, Stunde, die rechte Zeit zu einer Sache; Ort, Stelle, die rechte Stelle; der rechte Zustand, Vollständigkeit, Wohlbefinden, Gesundheit. [illegible] oder [illegible] combien de fois. | wie oft. [illegible] oder [illegible] [illegible]. | damals, zu jener Zeit. [illegible] [illegible] [illegible] [illegible] la place de son armée. | als er die Stelle seines Heeres gesehen. Abulg. 193. — Adj. [illegible] entier, sain, bien portant, [illegible]. | vollständig, ganz, im Wohlbefinden, gesund, [illegible]. [illegible] der ganze Gipfel des Berges. Kum. s. v. — [illegible] die ganze Stelle (des Berges) wo der [illegible] Kum. s. v. [illegible] — Adv. [illegible] tant, autant que, jusque, jusqu'à ce que, à un tel point que, jusqu'à ce qu'enfin, à peu près, presque. | so viel, so gross, [illegible], bis, bis endlich, beinahe. [illegible] il n'y a pas jusqu'aux [illegible] qui, dans leurs jours de fête, etc. | bis auf das [illegible], die an ihren Festtagen u. s. w. ([illegible]). [illegible] omnia tibi felicitas usque adeo gratis obtigit, ut ..... ([illegible]) — Rel. concr. [illegible] oder [illegible] — I. Sbst. [illegible] quantité, mesure, état d'être entier, [illegible]. | Quantität, Mass; das richtige Mass, Vollständigkeit, ganz und unversehrt sein, [illegible]. — 2. Adj. u. Adv. [illegible] VL. [illegible] égal, véritable, presque, comme [illegible] grand [illegible] oder so viel wie, gleich, ähnlich, fast, wie, gleichsam. [illegible] thesaurus beneficentiae ejus ceterum mundum aequat. [illegible] VL. [illegible] vom Morgen bis fast zum Abend. Ali Schir. [illegible] fast so gross wie ein Apfel. — [illegible] Ali Schir. Q. [illegible] so viel Vorräthe. Abulg. 59. [illegible] was für ein grosser Ort. Abulg. 55. [illegible] wie gross sein Heer war. Ibid. — Rel. concr. [illegible] und

[illegible] [illegible] [illegible]

[illegible] Sbst. vgl. [illegible] durch [illegible] die Zeitpläne gedacht worden.

[illegible] oder [illegible] (LT) [illegible] u. [illegible] Sbst. [illegible] arrière-garde; commandant de l'arrière-garde. | Nachtrab des Heeres; Führer des Nachtrabs. Rel. abstr. [illegible] dignité et charge de celui qui commande l'arrière-garde. | Würde und Rang des Führers der Nachhut.

[illegible] Sbst. [illegible] [illegible] jabot ou poche des oiseaux. | Kropf der Vögel.

[illegible] u. [illegible] oder [illegible] Sbst. [illegible] LT. u. [illegible] vin; [illegible]. | Wein; Weinschenke. vgl. [illegible]

[illegible] u. [illegible] Deriv.

[illegible] Sbst. Abstr. v. [illegible] cri, chanson. | Geschrei u. s. w., Gesang.

[illegible] Adj. | Partic. v. [illegible] qui crie, etc. | schreiend u. s. w. besonders von Vögeln, wie Pfau, [illegible] u. s.

[illegible] u. [illegible] Vb. act. [illegible] u. [illegible] Abulg. Aor. [illegible] crier, appeler, [illegible], [illegible], chanter, [illegible], etc. (du cri des animaux). | schreien (von Menschen und Thieren), rufen, [illegible], herausrufen, zusammenrufen, herbeirufen, einladen; singen; brüllen. [illegible] da er eingeladen wurde. Abulg. [illegible] chanter des chansons. | Lieder singen. Deriv. I. [illegible] Abulg. Vb. caus. faire crier (p. ex. q. qn. de douleur), faire appeler; faire chanter. | schreien lassen oder machen (z. B. Jemand vor Schmerz), rufen lassen, singen lassen. — II. [illegible] Vb. recipr. crier entre soi ou ensemble, s'appeler les uns les autres; [illegible] schreien, einander anschreien, einander rufen. — III. [illegible] oder [illegible] Vb. pass. être crié, être appelé. | gerufen werden; gerufen werden.

[illegible] Sbst. crieur [illegible]

… Körper.

چاپين čapyn. Sbst. [illegible] LT. SL. [illegible]

[illegible] Adj. action de déchirer; déchirer, fendre; déchiré, mis en pièces; [illegible] — déchirer, fendre, mettre en pièces. [illegible] [Kom. s. v. [illegible]] [illegible]

[illegible]

Adj. [illegible] qui prend un [illegible] place, [illegible] — LT. s. v. [illegible]

[illegible] Adj. u. Sbst. LT. [illegible]

[illegible] Sbst. SL. [illegible] Name einer Pflanze. — N. pr. SL. [illegible] Name einer türkischen [illegible]

[illegible] Adj. u. Sbst. agile, prompt, [illegible]

[illegible] Sbst. LT. [illegible]

[illegible] Adj. qui [illegible]

Pl. [illegible]

[illegible] Sbst. [illegible] Adj. u. Sbst. [illegible]

[illegible] Sbst. LL. instrument de musique; son d'instrument. | Klang eines musikalischen Instruments. [illegible]

[illegible] Adj. u. Sbst. [illegible]

[illegible] Sbst. [illegible]

[illegible] Adj. [v. [illegible]] frappé, [illegible]

[illegible]

[illegible]; qui forme une collection, un recueil, etc., collecteur ou compilateur; grande [illegible]. | enthaltend, in sich vereinigend, umfassend, in sich begreifend, zusammenfassend; gross, allgemein, zusammengedrängt, bündig, wesentlich; [illegible], Sammler (von Schriften); Allumfassendes Sammelwerk; grosse [illegible] oder geweihte Moschee. Rhet. Vereinigungspunkt beider Reime der Hemistichen. v. Mehren Rhetor. S. 34. جوامع الكلم [illegible] Rede, Sinnspruch (der Lehre) v. Mehren. S. 123. جمع الكلم bündige Rede, die viel mit wenig Worten ausdrückt. جوامع الكلم der Koran. جامع التواريخ Sammelwerk der Geschichten, d. i. allgemeine Weltgeschichte.

a جمعی dima'î. Rel. adj. der Vereinigte. Fem. جمعیت dima'iyet, — [illegible] universalité, collection, réunion. | Allgemeinheit, Zusammenfassung, Vereinigung.

[illegible] (amera Shet. [illegible] Bétel

p جمعول dimol. Shet. [illegible] bâtard, fils illégitime, dégénéré, pervers. Bastard, ausgearteter, verworfener Mensch.

p [illegible] dimele oder [illegible] s. جمع s. v. [illegible]

p [illegible] dimet Shet. vgl. [illegible] étoffe suffisante pour faire un vêtement; un morceau d'étoffe de valeur; [illegible]; ce qu'on donne à q. qu. pour se procurer des vêtements; traitement, gages, solde, appointement | Stück Zeug zu einem Kleide; Stück Baumwollenstoff; Hülle, Lappe; Kleidergeld, Sold; Gehalt, Besoldung.

p [illegible] dimenim Shet. vgl. d. Vorigen. gages, appointements. | Kleidergeld, Gehalt, Besoldung.

[illegible] s. d. Vorigen.

[illegible] Vb. act. [illegible] parler à contre cœur; [illegible] oder mit Widerwillen sprechen.

[illegible]

[illegible] Kutschen, Schlitten.

[illegible] Vb. act. [illegible] | mit Koth, Schleim u. dgl. [illegible] vgl. d. Vorige.

[illegible]

[illegible]

p جامه dâme. Shet. pièce d'étoffe, vêtement, habit, couverture, enveloppe | Stück Zeug; Kleid, Gewand, Decke, Hülle.

[illegible]

[illegible] coffre ou armoire à serrer les vêtements, valise, porte-manteau. | Kleiderkasten oder Kleiderschrank, Truhe, Mantelsack. جامه شوی dame-sûy, vulg. جامه شور action de blanchir; blanchisseur; linge. | das Waschen; Wäscher; Wäsche. جامه کن dame-kin oder جامه کنه dame-kine oder جامه کده — [illegible] garde-robe, salle dans les bains où l'on ôte ses vêtements, salle couverte dans les maisons qui sert d'antichambre, de salle à manger, etc. | Kleiderzimmer in den Badehäusern, wo man sich an- und auskleidet; offenes Zimmer, das zugleich als Vorzimmer und Speisezimmer dient.

p [illegible] d'ara. Shet. شعر, غزل, [illegible] morceau de poésie (qui excède neuf vers); poème. | Gedicht, Stück in gereimter Rede (von mehr als neun Versen). [illegible] جامه گوی [illegible] composé, poète | Schönredner, Dichter, — [illegible] oder [illegible]

p جان dan. Shet. نفس, روح, Plur. [illegible] âme, esprit, vie; la propre existence; un individu, une personne; les gens. | Seele, Geist, Leben, Lebenskraft, [illegible]; das eigene Selbst, eine Seele, Person. — [illegible]

[illegible]

[illegible], attachant, [illegible]. جان ور d-âver, — جانور animé, animal. | belebt, beseelt; Thier. [illegible] oder جانباز dinbâz. qui joue sa vie, danseur de corde, [illegible], piqueur; marchand de chevaux, [illegible]. | der mit dem Leben spielt, Wagehals, Seiltänzer, Pferdebändiger, Pferdehändler. جان بخش d-baxš. qui donne de la vie, qui ravive le cœur ou l'esprit. | Leben gebend, erquickend, belebend, — d-[illegible]. جان خراش d-xirâš. qui blesse le cœur. | die Seele verwundend, schmerzlich. جاندار dândâr. animé, animal; qui possède une âme; qui garde la vie, qui porte les armes du prince, écuyer. | Leben habend, belebt; Thier; das Leben bewahrend, der Waffenträger des Fürsten (cf. de Sacy, Chrest. Arabe II. pag. 178 [illegible], Histoire des Sultans Mamlouks, Tome I. pag. 14) جانداری vivacité; vivification; action de garder la vie. | Lebhaftigkeit, Belebung, Bewahrung des Lebens. [illegible] d-[illegible]. [illegible]. | die Seele [illegible] جانسپر d-sipâr. qui recommande son âme, qui s'expose aux dangers, dévoué | das Leben hingebend, sich widmend, sich ergebend. [illegible]

[illegible]

جغال s. جغاله s. جغاتی

جغتای ǵaǵataj und جغتای ǵaǵan. Sbst. Sl. رکاب و قلمه طغف 1. étrier. | Steigbügel. 2. Name einer Völkerschaft.

جانان ǵânân. Sbst. u. Adj., — Fem. arab. جانانه ǵânâne. amant, amante, le bien-aimé. | geliebt; der oder die Geliebte. — 2. Plur. v. جان

جانب ǵânib [جنب L.] Sbst. طرف côté, flanc, direction; respect, majesté. | Seite, Richtung; Achtung; Würde, Majestät [illegible]. جانبندن de sa part. | in seinem Auftrage. — Duel جانبین ǵânibeïn. les deux côtés, les deux parties. | die beiden Seiten, beiden Theile. — Adv. جانبا ǵâniben. vers. | gegen. — [illegible] von allen Seiten. — جانب [illegible] von allerhöchster Stelle.

[illegible] wohlwollend, gnädig.

جان s. جانباز

جانبدار ǵânib-dâr. Adj. und Sbst. adhérent, aide, partisan. | der zur Seite steht, Anhänger, Beistand; der einer andern Parthei nimmt, parteiisch. — Hal. abstr. جانبداری adhérence, partialité. | Anhang, Parteinahme.

جانبی ǵânibî. Adj. latéral, étranger. | zur Seite stehend, fremd.

جانفته s. جانفه

جانح ǵânih [جنح L.] Adj. u. Sbst. qui penche vers . . ., [illegible] de mauvaise conduite. | der zu einer Seite (neben einem Fehler) Neigung hat, sich zum Schlechten neigt.

جانطه ǵanta oder جانطه Sbst. [illegible] sac à provisions, havresac. | Ranzen, Patronentasche. [illegible] Tornister des Soldaten. [illegible] Jagdtasche.

جانفزا und جانفرسا [illegible] für [illegible] s. جانفزا

جانقاه Sbst. Sl. [illegible] terrain en sol incliné. | [illegible] (wie in einem Thale, einem Walde)

جانفس ǵânfes, vulg. ǵanfes. Sbst. [Tahrif v. جانفزا] [illegible] étoffe changeante, taffetas. | ein schillernder Stoff, Wechseltaft.

Kam. u. v. [illegible] (Redhouse: plain silk stuff, gros de Naples).

جانلق Sl. [illegible] obscurcissement du ciel. | Verfinsterung des Himmels.

جانقه Sl. [illegible] griffe, poignée. | Klaue, Faust.

جانقرتی ǵanqyrtî. Sbst. [illegible] Klimpern. [illegible] das Tönen oder Klingen eines Beckens. Kam. u. v. [illegible]

جانکی ǵenkî und جانکی [illegible] Sbst. Sl. u. LT. [illegible] consultation, délibération. | Berathung.

جانه s. جانه

جانکه s. جانکه

جانلانمق ǵanlanmaq. Vb. refl. v. جان Aor. جانلانور ǵanlanyr. se vivifier, sich beleben, Leben erhalten, lebhaft werden, leben.

جانلو ǵanly, — جانلو ǵanly. s. جان

جانور ǵânawâr oder جانور ǵânwar. Sbst. جانور animal; bête féroce; pers. sauvage. | Thier (im Allgemeinen), wildes, wildes, schädliches oder lästiges Thier, Schwein, Ebers; in übertr. Bedeutung, dummer Mensch. Demin. جانورجك

جانه ǵâne. Sbst. [illegible] petit d'animal : [illegible] Thier.

جانی ǵânî oder [illegible] Sbst. [illegible] malfaiteur; double [illegible] | Kern, Kernlade; das Weiche unter dem Kern. [illegible] Klumpen; in übertr. Bedeut. [illegible] Geschwindigkeit. [illegible] Mensch. Kam. u. v. [illegible]

جانی ǵânî. Adj. [illegible] cher, chéri. | werthgeschätzt, von Herzen lieb.

جانی ǵânî [جنا L.] Adj. u. Sbst. [illegible] qui prêche, criminel, coupable. | der sich etwas zu Schulden kommen lässt, schuldig, straffällig, Verbrecher.

جاو ǵaw. 1. Sbst. Sl. [illegible] Calmi qui tremble, courant. Zobel, Marderfell, Fuchs. 2. N. pr. Name einer Stadt, dreissig Tagereisen von Khanbalyk oder Peking. Sl.

جاو ǵaw. Sbst. 1. bruit, clameur, renommée. | Stimme, Lärm; Ruf, Gerücht. — [illegible] faire courir le bruit, divulguer. | جاو [illegible] das Gerücht verbreiten. vgl. [illegible] — جاو جاو ǵaw-ǵaw. gazouillement des oiseaux. | Gezwitscher der Vögel. — 2. Sl. [illegible] homme de réputation. | berühmter Mann. — 3. [illegible] Sl. u. FW. bon du trésor. | eine Art Papiergeld. — 4. N. pr. [illegible] Name einer türkmenischen Völkerschaft.

جاوجی ǵawǵy. Sl. [illegible] [illegible]

جاوید ǵâwid, auch جاوید [illegible] Adj. éternel | ewig [illegible] des Buch [illegible]. (Chrestom. orientale, Pag. 41.) — Hal. abstr. جاویدانلق und [illegible] Éternité. | Ewigkeit, ewige Dauer.

جاودار ǵawdar auch جاودار ǵaldar Sbst. origin. Roggen. جاودار [illegible] pain noir. | Schwarzbrod.

جاورس und جاورس Sbst. Sl. [illegible] [illegible] rondes, grands rideaux devant la porte | Umhang; grosser Vorhang an der Thür.

جاورقلمق und جاورقلمق Sbst. — LT. [illegible] contrainte. | Herumbrechen.

جاورس ǵâwrus. Sbst. sorte de mélange dont on prépare un [illegible]; grosse perle que l'on met à certains intervalles entre les perles plus petites. | eine Art Hirse aus welcher ein gegohrenes Getränk bereitet wird; grosse Perle (die zwischen einer Anzahl kleinerer gereiht ist)

جاوره s. جاوره ǵawrene

جاوره s. جاوره ǵawren.

جاوش ǵâus oder جاوش ǵawš. Sbst. huissier de chambre, appariteur; chef d'une troupe; sergent-major. | Herold, Hofmarschall; Amtsbote oder Amtsvogt; Führer einer Schaar; nach der neuen Heeresorganisation Feldwebel. [illegible] oder [illegible] chef des huissiers. | oberster [illegible] Oberfeldwebel. (Redhouse: the chief pursuivant, herald or messenger of state, now in some respects a minister of justice). جاوش [illegible] huppe. | Wiedehopf.

جاوشلنمق ǵawšlanmaq. Vb. refl. [vgl. جاو] se répandre en bruit, faire le récit [illegible] de q. ch., être en réputation. | sich verbreiten (an Gerücht); bekannt oder bekannt werden, einen Namen erhalten.

جاوشوم Sl. [illegible] Gesindere oder Sieb (?). vgl. [illegible]

جاولی ǵawly. Sbst. LT. [illegible] pouvoir, faucon de chasse. | Habichen; Jagdfalke.

جاولیه Sbst. [illegible] eine Art Getreidesieb. Sl.

جاوله s. جاوله

جاه ǵâh, auch [illegible] vgl. جاه Sbst. place, office, dignité, magnificence, puissance; prospérité; corpulence. | Platz, Amt, Würde, Ehre, Macht, Glück, Wohlergehen; Dicke, Corpulenz. — Hal. concr. جاهلو — [illegible] corpulent. | wohlbeleibt. — [illegible] oder [illegible] 'Ali-ǵâh. qui occupe un rang élevé en dignité. | vornehm, von hohem Range.

جاه ǵâh. Sbst. puits, fosse. | Brunnen, Grube, tiefes Loch. [illegible] fosse profonde : das man Grube gräbt. In übertr. Bedeutung: ein hinter, hinterlistiger Mensch. [illegible] fossette du menton. | Grübchen im Kinn. [illegible] verseau du zodiaque. | der Wassermann (Himmelszeichen).

جاهد ǵâhid. [جهد L.] Adj. u. Sbst. qui travaille avec assiduité, qui fait des efforts, studieux, diligent, laborieux. | eifrig arbeitend, sich anstrengend, fleissig, arbeitsam.

جاهسار ǵâhsâr oder جاهسار ǵâh-sâr. Sbst. [illegible] lieu où il y a beaucoup de puits. | Ort wo sich viele Brunnen oder Gruben finden. vgl. [illegible]

جاهص ǵâhis [جهص L.] Adj. und Sbst. fin, rusé, doué d'un esprit vif. | fein, witzig, schlau.

جاهل cahil [جهل I.] Adj. u. Sbst. Gegentheil v. عاقل qui ne sait, ne connaît pas, qui n'a pas d'expérience, ignorant, inexpérimenté, sot, fou; idolâtre. | nicht wissend, unerfahren, unwissend, dumm, unverständig, thöricht; Narr; unwissend in Dingen der Religion; Heide, Götzendiener. — Rel. abstr. جاهللك — جاهليت.

جاهليت cahiliyet. Sbst. ignorance, epoch. des anciens ... l'état de l'idolâtrie avant la venue de Mohammed. | Unwissenheit. insbes. in Dingen der Religion; das altarabische Heidenthum, in der Zeit vor Mohammed.

[illegible]

Schwerigkeit merkt [Kom. s. v. [illegible]]. — Bel. conv. [illegible] ČAPARLY [illegible]

[illegible] nicht in der Rede schwierig oder verwickelt zu sein, sich deutlich ausdrücken. [Kom. s. v. [illegible]] [illegible] die Pferde schwerfällig und nicht mit der regelmässigen Bewegung ziehen und im Ziehbank gehen [Kom. s. v. [illegible]].

[illegible] ÇAPARČYLANMAK. Vb. intr. être difficile, être pénible. | schwierig sein. Kom. s. v. [illegible]

[illegible] ČAPAK s. [illegible] Sbst. chassie. | Augenschleim. — Bel. conv. [illegible] ČAPAKLY. chassieux. | triefig (vom Auge).

[illegible] ČAPAKLANMAK. Vb. intr. avoir les yeux chassieux. | triefige Augen haben.

[illegible] Sbst. Pl. v. [illegible]

[illegible] ČAPALAMAK s. [illegible]

[illegible] ČAPALAMAK. s. [illegible]

[illegible]

rolle en petits paliers à ... eine Art Unterkleid oder Hemd mit kurzen Aermeln.

[illegible] Sbst. Demin. v. [illegible]

[illegible] Sbst. endroit boueux, glissant; traîneau, glissoir, balançoire. | schlüpfriger Ort wo man ausgleitet; Rutschbahn, Schaukel, Schlitten, Glätte, Schaukel. s. [illegible] BK.

[illegible] s. [illegible] s. v. [illegible]

[illegible] Sbst. magasin à poudre. Pulvermagazin, Pulvervorrath. vgl. [illegible]

[illegible] ČEBR. Sbst. action de forcer, de contraindre à q. ch.; force, contrainte; violence, vexation; exclusion du libre arbitre; action de panser, de bander et remettre (un os cassé); réunion de plusieurs parties en un seul corps; action de ramener les parties au tout, les fractions à un nombre complet; algèbre | Zwang, Gewalt, Gewaltanwendung, Gewaltthat, Bedrückung, Flickerei, Einrenkung oder Einrichtung und Verbindung eines verrenkten ... [illegible]

oder Sphäre der göttlichen Allmacht. (Redhouse: god's quality of being the irresistible Ruler and Constrainer.

[illegible] s. [illegible]

[illegible] Sbst. ... | [illegible] Frucht. [illegible] marc de raisins. | Weintrebern

[illegible] oder [illegible] Adj. u. Sbst., — [illegible] embrouillé, compliqué, confus, en désordre, difficile, pénible, chose ... | verwickelt, verwirrt, in Unordnung, schwierig; ... [illegible] sich widersprechende Reden, ... [illegible] ein Mann von schwierigem Charakter, mit dem schwer auszukommen. — Kom. an vielen Stellen — Bel. abstr. [illegible] confusion, désordre, embarras. Verwickelung, Verwirrung, Hinderniss. Kom s. v. [illegible]

[illegible] Vb. refl. s'embrouiller, être embarrassé. | sich verwickeln, z. B. in seiner Rede. Kom. s. v. [illegible]

[illegible]

rager, chaîne de montagnes. | Berg, Gebirge, Bergkette.

p چپل ČEPEL Adj. laid, vilain, sale. | hässlich, schlecht, schmutzig, ekelhaft. چپل بیل صوقلقی = علتی schlechte (venerische) Krankheit. چپل ارض schlechter Boden. چپل [illegible] schlechte Angewohnheit.

t چپلاتمق ČEPLATMAQ, auch چپلاتمق Vb. act. — ČEPLAQ ETMEK. rendre nu, dépouiller, déshabiller, peler, écorcher. | entblössen, ausziehen, schälen, abschälen. Kam. s. v. [illegible]

t چپلاق ČEPLAQ, auch چپلاق Adj. [illegible] p [illegible] nu, dépouillé | nackt, bloss, kahl. چپلاق چپلاق ČEPLAQ-ČYPLAQ, nackt und kahl. — Bel. abstr. چپلاقلق ČEPLAQLYQ, nudité. | Nacktheit.

a چبلت ČIBILLET [Red. جبل] Sbst. nature, naturel, qualité innée, constitution, complexion du corps. | Natur einer Sache oder Person, angeborene Eigenschaft des Charakters, Leibesbeschaffenheit.

t چپلقوب ČAMBALAQLYN Sbst. amethyste (pierre). | der Amethyst.

p [illegible] ČEPLEK, ČEPLEK Adj. vgl. چپل sale, malpropre, impur, indécent, lâche. | unrein, unsauber, unreinlich, schmutzig.

t [illegible] ČAPAQLANMAQ Vb. intr. s. چپل être laid, se souiller, avoir les yeux chassieux. | hässlich sein, sich beschmutzen, triefige Augen haben.

t چپلنو s. چپلو

p چپلوس s. چپلوس

a چبلی ČIBILLI, Sbst. s. چبلت naturel, caractère. | Natur, Naturell, Charakter. چبلت [illegible] das ursprüngliche Naturell, der angeborene Charakter.

a چبلی ČIBILLI Adj. Fem. چبلیه inné, donné par la nature. | natürlich, angeboren. امراض چبلیه angeborene Krankheiten.

a چبلی ČEBELI Adj. Fem. چبلیه MONTAGNARD, montagneux, montagnard, sauvage, rebelle. | gebirgisch, Bergbewohner; wild, rebellisch.

t [illegible] s. [illegible] s. [illegible]

a [illegible] ČUBN, ČUBN Sbst. 1. [illegible] pusillanimité, manque de courage | Furchtsamkeit, Feigheit. — 2 [illegible] fromage. | Käse [auch جبنة].

t [illegible] ČIBIN und [illegible] ČEPIN Sbst. [illegible] moucha, cousin (insecte). | Fliege, Mücke.

p [illegible] ČAPAN Adj. s. Sbst. [Partic. v. [illegible]] qui se vide, qui fait une incursion, qui pille. | schnell laufend, der einen Einfall macht, Plünderer.

p [illegible] ČEPANDAZLYQ [illegible] u. [illegible] s. d. Figur.

[illegible] ČEPARAN und [illegible] ČYPLAQ.

montagnes. Vorhang oder kleines Zelt [illegible] man sich bedient um sich vor Insecten zu schützen, Mückennetz. — 2. [illegible] chambre nuptiale. | Brautgemach, Brautkammer. LL.

t چپنو s. چپنو

a [illegible] ČAPARUT. Sbst. organ. Sesie.

t [illegible] ČYBYQ, ČUBUQ oder [illegible] Sbst. baguette, barreau de métal, etc., tuyau de pipe, pipe; raie (sur une étoffe). | Stab, Stock (von Holz, Metall u. s.), Rohr, Pfeifenrohr, Tabakspfeife; Streifen (auf einem gewebten Stoffe). [illegible] Ladestock. [illegible] [illegible] Weihrohre. Hosen-Glitz. — Bel. concr. [illegible] ČYBUQČY, CYBUKLY. repl. | gestreift; als N. pr. Name eines Dorfes an der asiatischen Seite des Bosporus. [illegible] schwarz und weissstreifig gestreift. — Demin. [illegible] ČUBUQČYQ s. [illegible] ČUBUQČUQ.

t [illegible] ČABALAMAQ. Vb. act. battre avec une baguette; épousseter avec un bâton; faire passer par les baguettes; [illegible] | mit dem Stocke schlagen, ausklopfen, Spiessruthen laufen lassen; streifig machen.

a [illegible] ČEBHET, s. چبهه

p [illegible] ČEBE. Sbst. [nicht zu verwechseln mit [illegible]] cuirasse, toute armure de fer. | Harnisch, Rüstung von Eisen. جبه [illegible] cuirassier. [illegible] mit Harnisch bedeckt, gehanzert. [illegible] ČEBE-XĀNE. arsenal militaire, arsenal de munitions, magasin à poudre. | Zeughaus, Munition, Pulvermagazin und Pulvervorrath. — [illegible] — Bel. concr. [illegible] ČEBELI. cuirassé; cuirassier | gehanzert, gehanzerter Mann, Leibmantel, Kriegsleute welche die Lehnsträger stellen. Zeitschr. d. D. M. G. Bd. XVI. S. 271 (Redhouse: a kind of irregular horse guard).

t [illegible] ČEBEČI. Sbst. fourbisseur, cuirassier; ci-devant: intendant des poudrières et arsenaux militaires | Zeugschmied, Gehanzerter; früher: Aufseher der grossherrlichen Pulvermühlen und Kriegsarsenale der Land-Armee, auch ČEBEXĀNE-Beis betitelt.

a [illegible] ČEBHE, Sbst., = [illegible] p front. | Stirn. [illegible] ČEBHESI [illegible] und [illegible] — [illegible]

t [illegible] ČEPIŠ. Sbst. s. [illegible]

a [illegible] ČEBIRE. vulg. [illegible] ČEBIRE. Sbst. Gamage, bracelet. | Schiene (aus Blechteilen gebogener Glieder); Armband (als Schmuck).

p [illegible] ČEPIRMAQ. Vb. intr. [Denom. v. چپ] aller à gauche; [illegible] q. qu. ou q. ch. | von linken Seite einwirken oder abweichen, sich zur linken Seite neigen; auf Seite gehen, abweichen; einem Person oder Sache aus dem Wege gehen, sie vermeiden.

a [illegible] ČEBIN. 1. Sbst. — [illegible] front. | Stirn. Dual. [illegible] ČEBINAN. les deux extrémités du front entre les sourcils et les cheveux. | die beiden Seiten der Stirn. [illegible] oder [illegible] s. d. m.

sich mit der Stirn auf den Boden niederwirft. — 2. Adj. s. Sbst. [illegible] lâche, poltron, | furchtsam, Feigling.

p [illegible] ČEPIS. Sbst. [illegible] [illegible] [illegible] Sk. [illegible] d'une Weihrebe.

t [illegible] ČEY. N. pr. Sl. [illegible] [illegible] bei Rohrmann. | die Zigeuner (?) vgl. Zeitschrift der deutsch. morgenl. Gesellsch. III. S. 332.

t [illegible] ČAY. Sbst. combat, guerre. | Treffen, Krieg, Kampf. (Ahmedija). vgl. [illegible]

t [illegible] ČEY. Sbst. Sl. [illegible] [illegible] band | Band

t [illegible] ČYT. Int. [illegible] | Klitsch, Klitsch. Hiedeglu.

t [illegible] ČIT s. [illegible] Sbst. [illegible] | Reihe, Zaun

p [illegible] s. [illegible]

t [illegible] ČYTAR. Sbst. espèce d'étoffe rayée. | eine Art gestreiften Zeuges. Kam. s. v. [illegible]

t [illegible] ČATAL. Sbst. u. Adj. fourche, fourchu à deux dents, fourchette; fourche; équivoque. | Gabel, Zwiesel; gabelförmig gespalten; doppelsinnig, zweideutig. [illegible] ein Thier mit gespaltenem Hufe (Klauen). [illegible] Weg der sich in zwei [illegible] theilt. [illegible] in viele Arme und Zweige getheilt (ein Baum u. dgl.). [illegible] aufsteigender Staub der sich in der Luft theilt. [Kam. s. v. [illegible]] [illegible] zweideutiger Ausdruck. [illegible] doppelt sehen. [Kam. s. [illegible]] — Demin. [illegible] ČATALDŽYQ, petite fourchette. | kleine Gabel.

t [illegible] ČATALLAŠMAQ s. [illegible] Vb. recipr. se ramifier (un arbre); se compliquer, être compliqué (une affaire, etc.). | sich verzweigen, nach verschiedenen Seiten hin theilen; schwierig und verwickelt sein oder werden. Redhouse: to become intricate or complicated (any question or business).

t [illegible] ČATALLANMAQ. Vb. refl. pass. devenir fourche, se fourcher. | sich gabelförmig theilen, sich spalten. [illegible] überschnappen (von der Stimme, Kam. s. v. [illegible])

[illegible] die Frage hat sich getheilt, ist zweifelhaft, unentschieden. — vgl. d. Vergle.

p [illegible] ČATR, ČETR s. [illegible] ČETR. Sbst. [illegible] tente, rideau, voile, parasol. Zelt, Vorhang, Schleier, Sonnenschirm. Redhouse: a tent, a veil, a veil. (Quatremère, hist. des Mongols, I. S. 205 u. 57. Histoire des Mamlouks I. 134.)

t [illegible] ČATYRMAQ, ČYTYRMAQ s. [illegible] ČATYRDY, ČYTYRDY, s. [illegible] s. [illegible]

t [illegible] s. [illegible]

t [illegible] s. [illegible]

[illegible] ÇATLAGLY oder [illegible] ÇATLAGHÔ. Sbst. [illegible] SL. [illegible] fruit du térébinthe. | Frucht der Terebinthe [illegible] u. s. w. [illegible]

[illegible] und Dergl. s. [illegible]

[illegible] ÇATLAGY. Adj. compliqué, entrelacé, [illegible] (arbres, broussailles, etc.); [illegible] (un [illegible]). | verwickelt, verschlungen, [illegible] (von Bäumen, Sträuchern u. s. w.) [illegible] ... Theil. [illegible]

[illegible] Dergl. s. [illegible]

[illegible] Vb. act. [illegible] | mit einer Hecke umgeben, einzäunen.

[illegible] s. [illegible] Sbst. fruit du térébinthe. | Frucht des Terebinthenbaumes [illegible] die Terebinthe [illegible] Cypresse.]

[illegible] Sbst. taille (marque des boulangers, bouchers, etc.); Kerbholz, Kerbstock (beim Verkauf auf Borg oder wöchentliche Zahlung).

[illegible] Vb. intr. [illegible] gagner. gewinnen. Hindeglu

[illegible] Sbst. dentelle [illegible] eine Art gelbe Spitze. [illegible] mit Spitzen besetztes [illegible].

[illegible] s. [illegible]

[illegible] Sbst. [illegible] SL. excursion pour faire du butin, pillage. | Raubzug. [illegible] soldat qui prend part à une telle excursion. | Raubkrieger.

[illegible] Sbst. 1. auch [illegible] sorte de bottine (des femmes). | eine Art leichter Stiefel der Frauen zum Ausgehen, [illegible] Kam. s. v. [illegible] 2. auch [illegible] und [illegible] chat. | Katze. [illegible] Katzenkraut, [illegible] BK. s. v. [illegible]

[illegible] oder [illegible] Adj. difficile. | schwierig. [illegible] opiniâtreté. | Eigensinn, Halsstarrigkeit. — Rel. abstr. [illegible] difficulté. | Schwierigkeit. [illegible] einem Schwierigkeiten machen. Kam. s. v. [illegible]

[illegible] [Rad. [illegible]] Sbst. [illegible] cauchemar. | Alpdrücken

[illegible] [Rad. [illegible]] Sbst. [illegible] corps, masse, objet d'une certaine volume qu'on voit de loin. | Körper, ein Gegenstand den man in der Ferne nicht ohne nach gewusst seine Gestalt zu erkennen

[illegible] [Rad. [illegible]] Sbst. [illegible] corps, stature, taille et volume du corps; port, habitude du corps. | Körper, Statur, Haltung, Grösse des Körpers. — Rel. concr. [illegible]

[illegible] — [illegible] petit de taille | klein von Statur. [illegible] corpulent, grand, lourd. | gross, plump. — Rel. abstr. [illegible] — [illegible] Plumpheit der Gestalt.

[illegible] Adj. — [illegible] grand | gross.

[illegible] [[illegible] f.] Sbst. action de rester à la même place, sans bouger. | unbeweglich an einer Stelle fest stehen oder liegen.

[illegible] und [illegible] Sbst. 1. [illegible] crible. | Wurfschaufel zum Reinigen des Getreides; Getreidesieb. 2. — [illegible] [illegible] de grains. | Körnerhaufen. Kam. s. v. [illegible] u. [illegible]

[illegible] LT. [illegible] (?)

[illegible] s. [illegible] SL. [illegible] crédit. [illegible]

[illegible] SL. [illegible] Völkerschaft

[illegible] s. [illegible]

[illegible] LT. [illegible] doux, agréable. | [illegible], angenehm

[illegible] auch [illegible] und [illegible] Sbst. 1. fleur; bouton, petite pierre. | Blume, Blüte; Blümchen, Blattern, Perle [illegible] fleurir; orné de petite [illegible] | Blüthen treiben, blühen; die Blattern haben. [illegible] der grüne Schimmel auf stehendem Wasser. [illegible] oder [illegible] [illegible] Sommersprosse. — 2. in übertragener Bedeutung: espiègle, [illegible] (etwa wie das deutsche Früchtchen). [illegible] was für ein Früchtchen ist dieser Herr! — Rel. abstr. [illegible] parterre de fleurs. | Blumenbeet. — Rel. concr. [illegible]

[illegible] Vb. intr. fleurir. | blühen

[illegible] LT. [illegible] petit doigt. | kleiner Finger.

[illegible] LT. [illegible] | Reise

[illegible] Sbst. SL. [illegible] | [illegible] Schwester.

[illegible] oder [illegible] Sbst. [illegible] | [illegible] Schwarm von einem Schafe LT. u. SL.

[illegible] [[illegible] III.] Sbst. action de se serrer, se presser, percer dans la foule; action de repousser, chercher à éloigner q. qn. de q. ch.; action d'en venir aux mains. | Gedränge; Wegdrängen, Wegschaffen; Handgemenge.

[illegible] und [illegible] Sbst. [illegible] action de nier une chose que l'on sait vraie | Verläugnung —

[illegible] oder [illegible] | [illegible].

[illegible] und [illegible] Sbst. lieu de retraite pour les reptiles et les bêtes sauvages. | Versteck wilder Thiere, Schlangen u. s. w.

[illegible] Sbst. [illegible] action d'égratigner, d'ôter avec les ongles, de gratter; action de [illegible], d'en venir aux mains; [illegible] | Kratzen; Handgemein werden; [illegible]

[illegible] Sbst. [illegible] action de peler, dépouiller de l'écorce ou de la peau. | Abschälen, Abhäuten.

[illegible] s. [illegible]

[illegible] [Rad. [illegible]] Sbst. feu violent; feu de l'enfer. | heftig brennendes Feuer; Feuer der Hölle.

[illegible] Adj. infernal, höllisch.

[illegible] Sbst. SL. [illegible] clair, [illegible]. | Gefiecht von dünnen Zweigen

[illegible] s. [illegible] [Rad. v. [illegible]] [illegible] Sbst. Concret. [illegible] SL. homme guerrier, courageux, querelleur, opiniâtre. | ein kriegerischer Mann, Raufbold, ein Hartnäckiger.

[illegible] Sbst. [illegible] fourreau d'une épée; gaîne d'un couteau. | Scheide (eines Säbels, Messers u. dgl.). BK.

[illegible] Dial. für [illegible] s. [illegible] Dergl.

[illegible] s. [illegible]

[illegible] Sbst. action de se vanter, de s'attribuer des mérites que l'on n'a pas. | Grosssprecherei, Prahlerei.

[illegible] u. [illegible] Dial. für [illegible] u. [illegible].

[illegible] oder [illegible] Vb. refl. [Rad. [illegible]] s'efforcer, s'opiniâtrer, lutter. | sich anstrengen, hartnäckig auf etwas bestehen, kämpfen.

[illegible] [Rad. [illegible]] Adj. u. Sbst. [illegible] vantard. | Grosssprecher.

[illegible] Sbst. [illegible] grand-père, aïeul, ancêtre. | Grossvater, Ahn. — Pl. [illegible] s. [illegible] [illegible] Ahnen einer Familie. [illegible] oder [illegible] vom Vater auf Sohn, von Geschlecht zu Geschlecht [illegible]. — 2. dignité, gloire, honneurs; bonheur, chance, sort, fortune, destin. | Würde, Ruhm, Ehren; Glück, was einem bevorsteht hat.

[illegible] Sbst. [illegible] — [illegible] Gegentheil von [illegible] action de s'efforcer, application, effort, [illegible] | Anstrengung, Fleiss, Eifer bei einer Sache; [illegible]

[illegible] *fruit du térébinthe.* | Frucht der Terebinthe. [illegible]

[illegible] und Deriv. s. [illegible]

[illegible] Adj. *compliqué, entrelacé, embrouillé* (arbres, broussailles, etc.); *plein de détours* (un vallon). | verwickelt, verschlungen, [illegible] vielfach verzweigt, voller Umwege (ein enges Thal). [illegible]

[illegible] Deriv. s. [illegible]

[illegible] Vb. act. [illegible] *environner d'une haie*, [illegible] | mit einer Hecke umgeben, [illegible]

[illegible] *fruit du térébinthe.* | Frucht des Terebinthenbaumes. [illegible]

[illegible]

[illegible] *gros et lourd*, [illegible] | [illegible] — Rel. abstr. [illegible]

[illegible] Adj. [illegible] *grand*, [illegible] | gross.

[illegible] Sbst. *action de rester à la même place, sans bouger.* | unbeweglich an einer Stelle [illegible] sitzen oder liegen.

[illegible] Sbst. 1. [illegible] BK [illegible] *criblée*, | [illegible] Gewandes; [illegible] 2., — [illegible] *tas de grains.* | [illegible] Kam. [illegible]

[illegible]

[illegible] Grimm oder [illegible] | [illegible]

[illegible] Sbst. *lieu de retraite pour les reptiles et les bêtes sauvages.* | Versteck wilder Thiere, [illegible] u. s. w.

[illegible] Sbst. [illegible] *action d'égratigner, d'être entre les ongles, de gratter; action de combattre, d'en venir aux mains;* [illegible] | Kratzen; Handgemein werden; [illegible]

[illegible] Sbst. [illegible] *action de peler, dépouiller de l'écorce ou de la peau.* | Abschälen, Abhäuten.

[illegible]

mit Ernst und Eifer — Adv. جدا [illegible], — [illegible] *sérieux, sérieusement, expressément* | [illegible], mit Ernst, ausdrücklich. — Adj. جدّى [illegible] *sérieux, réel* | ernstlich, wirklich zur Sache gehörig, nicht zum Spass.

جدا [illegible] Adj. u. Adv. [illegible] *séparé, éloigné, distinct* | getrennt, geschieden, fern von dem andern. — [illegible] *séparer, distinguer* | trennen, scheiden. [illegible] جدا weit aus den Augen. [illegible] جدا weit abkommen von ..., sich weit verlaufen [illegible] جدا einer der weit von dem Seinigen getrennt ist. — Bel. abstr. جدالى [illegible] جدالق [illegible] *séparation, distinction* | Trennung, Scheidung. — Adv. [illegible] *séparément, à part, séparément* | bei Seite, besonders, auf verschiedene Weise.

جدار [illegible] Sbst. حيطان، ديوار *mur, muraille* | Mauer, Wand. — Pl. جدر [illegible] u. [illegible].

جدار [illegible] Sbst. *entraves pour lier les pieds des chevaux, etc.* | Strick oder Fussschlinge für Pferde, Esel u. dgl. RK. vgl. [illegible]

جداسه [illegible] s. جدا

جدال [illegible] [جدل III.] Sbst. [illegible] *action de se disputer, querelle; action d'exercer la polémique, disputation; action de se battre, combat, guerre* | Streit, Disputation, Kampf, Krieg. — [illegible] *se disputer, combattre* | streiten, kämpfen. — vgl. [illegible]

جداوى [illegible] s. جدا

جداه [illegible] s. جدله

جدامسع [illegible] Sbst. Pl. [illegible] *genre de [illegible]* | [illegible].

جدامسوز [illegible] oder [illegible] Sbst. [illegible] Vb. intr. *supporter, souffrir* | erdulden, ertragen. [illegible] جداى [illegible] da er diesen Schimpf nicht ertragen konnte. Ahlg. S. 134.

جداول [illegible] Sbst. Pl. v. جدول

جدالى [illegible] s. جدا

جدّه [illegible] Pl. [illegible] Sbst. [Fem. v. جدّ] [illegible] *grand-mère, aïeule* | Grossmutter, Ahne. [illegible] جدّه Mutter des Vaters. [illegible] جدّه Mutter der Mutter.

جدّه [illegible] Sbst. [illegible] *route; ligne, raie* | Weg; Linie, Streifen.

جدث [illegible] Sbst. مزار، قبر *tombeau, sépulcre* | Grab, Grabmal. — Pl. اجداث [illegible].

جدر [illegible] Sbst. [illegible] *mur, muraille, paroi* | Mauer, Wand.

جدر [illegible] Sbst. — جدار *mur, muraille* | Mauer, Wand.

جدر [illegible] Pl. v. جدار

جدران [illegible] oder جدران [illegible] Pl. v. جدر

جدرى [illegible] LT [illegible] *[illegible]* | [illegible].

جدرى [illegible] Sbst. [illegible] *petite vérole; marque laissée par la petite vérole* | Pockenkrankheit, Pockennarbe. [illegible] جدرى [illegible] oder [illegible] — [illegible] *vaccine, virus de vaccine* | Kuhpocken, Kuhpockenlymphe.

جدع [illegible] Sbst. [illegible] *action de mutiler; mutilation, amputation; action de mettre en prison* | Verstümmelung (an Ohren, Nase); Abhauung oder Amputation eines Gliedes; Einkerkerung.

جدع [illegible] Sbst. *ne pas croître (en parlant d'un enfant rachitique)* | das nicht wachsen, Missrathen (eines kränklichen Kindes).

جدعه [illegible] Sbst. *moignon ce qui reste d'un membre mutilé* | Stummel von einem abgeschnittenen Gliede.

جدعه [illegible] s. [illegible]

جدل [illegible] Sbst. *altercation, dispute* | Zank, Streit. — [illegible] *disputer* | streiten (mit Worten) — Logik: Beweise durch Schlüsse die auf allgemein gültigen Ubersätzen beruhen, Beweisführung; die Topik des Aristoteles; علم جدل Dialektik, Polemik. de Sacy, Anthol. Gramm. 472.

جدم [illegible] s. جذم

جدوار [illegible] Sbst., — زدوار *[illegible]* | Zitwerwurzel (curcuma zedoaria).

جدود [illegible] Sbst. Pl. v. جدّ

جدوره [illegible] Sbst. Pl. v. [illegible]

جدور [illegible] s. جدر

جدول [illegible] [Bed. جدل] Sbst. Pl. جداول [illegible] 1. [illegible] *ruisseau, rigole* | kleiner Bach, Rinnsal, Graben (in Gärten, Wiesen u. s. w.) [illegible] ein Bächlein das aus einem Garten in einen andern fliesst. — 2. in übertr. Bedeut.: *ligne, lignage d'un livre de comptes, d'un registre; table de calcul; colonne dans un livre* | Linie, Tafel oder Tabelle mit Linien, Rechentafel, Rubrik oder Colonne in einem Rechnung oder in einem Buche, mathematische oder statistische Tafel. [illegible] جدول [illegible] *règle (à tirer des lignes)* | Lineal, Linienbrett.

جدى [illegible] Sbst. [illegible] *chevreau, bouc; capricorne (constellation)* | Böcklein, der Steinbock (am Himmel).

جدى [illegible] Sbst. Dimin. d. Vhgth. *l'étoile polaire* | der Polarstern.

جدى [illegible] s. جدّ

جديد [illegible] [Bed. جدّ] Adj. [illegible] *neuf, nouveau, récent* | neu, frisch. — Dual الجديدان [illegible] *le jour et la nuit* |

جديره [illegible] [Bed. جدير] Adj. 1. — [illegible] *convenable, apte, digne de, propre à* | ziemend, passend. — 2. [Dimin. v. جدر Pocke] *affecté de la petite vérole*, pockenkrank.

[illegible] s. [illegible]

جذام [illegible] vulg. [illegible] Sbst. *éléphantiasis* | Elephantiasis. [illegible] جذام *léproserie* | Lazareth für Aussätzige. — Bel. abstr. جذاملى [illegible]

جذب [illegible] Sbst. [illegible] *action de tirer, d'attirer; attraction* | das Ziehen, Anziehen, Anziehung. — [illegible] *attirer* | anziehen.

جذبه [illegible] Sbst. *attraction, entraînement, force d'attraction* | Anziehung (mit Gewalt), Anziehungskraft. — Pl. جذبات [illegible] *attractions, alléchements, attraits* | Anziehungen, Reize.

جذر [illegible] vulg. [illegible] oder [illegible] Pl. جذور [illegible] Sbst. 1. [illegible] *racine, origine* | Wurzel, Ursprung. — Arithm. Wurzel-Zahl. جذر مربع [illegible] *racine carrée* | Quadratwurzel. جذر مكعب [illegible] Cubikwurzel. جذر [illegible] Biquadratwurzel. جذر [illegible] [illegible] Wurzel. جذر اصم [illegible] irrationale Wurzel. — 2. *reflux de la mer* | die Ebbe s. جزر

جذل [illegible] Pl. اجذال [illegible] u. جذول [illegible] Sbst. [illegible] *tronc d'arbre dont on a coupé les branches, chicot d'arbre* | Baumstrunk, im Boden zurückgebliebene Wurzel.

جذلان [illegible] Adj. *gai, joyeux, content* | heiter, fröhlich, zufrieden — Pl. جذالى [illegible]

جذم [illegible] Sbst. [illegible] *action de couper, de mettre en morceaux; retranchement, amputation* | Abschneidung, Verstümmelung, Abhauung eines Gliedes — [illegible] *couper, amputer* | beschneiden, amputiren. — als Concret, s. [illegible] *chicot d'arbre* | Baumstumpf.

جذمه [illegible] vulg. [illegible] Sbst. [illegible] *moignon d'une main coupée* | Stummel einer abgeschnittenen Hand. — Pl. جذمات [illegible] und جذمارات [illegible].

جذوب [illegible] Adj. [illegible] *attirant, charmant* | anziehend, reizend.

جذور [illegible] Sbst. Pl. v. جذر

جذول [illegible] Sbst. Pl. v. جذل

جذمير [illegible] [Bed. جذم] Adj. [illegible] *mutilé, coupé* | verstümmelt, verstümmelt, amputirt.

جر [illegible] Sbst. [illegible] *action de tirer, traîner, étendre; traction, attraction* | Ziehen, Schleppen, Anziehung, Herbeiziehung. جرّ [illegible] *s'étendre en discours* | lange Rede [illegible] جرّ [illegible] *[illegible]* | [illegible]. — Gramm.

[illegible] Sbst. [illegible] des Radrwesi [illegible], der Genitiv. vgl. d. arab. Gramm.

[illegible] Sbst. 1. enfant, garçon. | Kind, Knabe, Bursche. — 2. messager, courrier. | Bote, Eilbote vgl. چپر

[illegible] Sbst. [illegible] | Spalte; Graben (im Belagerungen).

[illegible] Sbst. [illegible] de cheval | [illegible]

[illegible] Sbst., [illegible] de mâle du [illegible] animal, [illegible] | das Männchen jedes Thieres. Bock, den [illegible]

[illegible] Verstärkungspartikel [illegible] | ganz nackt.

[illegible] Sbst. [Verkürzung v. [illegible]] [illegible], traitement; dépenses quotidiennes | Besoldung; tägliche Ausgaben.

[illegible] Conj. pourquoi? dans quel but? | warum? [illegible] das ohne Wie und Warum, d. i. Gott.

[illegible] Sbst. [illegible] action de paître, de pâturer. | das Weiden, als Concret pâturage, prairie | Weide. — [illegible] mener paître. | weiden lassen, auf die Weide treiben. [illegible] Weideplatz.

[illegible] Sbst. [illegible] bois résineux | Kienholz, Kienstock. [illegible] pin sauvage. | Kienbaum.

[illegible] s. [illegible]

[illegible] Sbst. [illegible] petit sac, bourse; sacoche. | Säckchen (von Leder), Ledertasche (für Reisen), Mantelsack.

[illegible] oder [illegible] oder [illegible] Sbst. [illegible] courage, bravoure, audace, présomption. | Muth, Tapferkeit, Verwegenheit, Kühnheit. — [illegible] wagen. — [illegible] courageux, audacieux. | kühn, verwegen.

[illegible] Vb. intr. être courageux, oser. | muthig, tapfer, kühn sein; wagen. — Deriv. [illegible] — Vb. caus. rendre courageux, exciter, animer, faire oser. | muthig [illegible] machen, Muth einsprechen, [illegible], wagen lassen. Kam.

[illegible] Sbst. Pl. v. [illegible] u. [illegible]

[illegible] [Rad. [illegible]] Sbst. chirurgien. | Feldscherer, Wundarzt.

[illegible] Sbst. blessure, plaie, [illegible] | Wunde, offene Stelle, [illegible] der Wunde [illegible]

[illegible] Adj. u. Sbst. chirurgical, chirurgien. | chirurgisch, Wundarzt.

[illegible] Sbst. coll. [illegible] [illegible] | Heuschrecke. Nom. unit. [illegible]

[illegible] 1. [Rad. [illegible]] Adj. und Sbst. qui tire, traîne à soi; attirant; qui emporte, enlève (p. ex. du butin, des prisonniers, etc.); courageux, valeureux, importun; soldat valeureux, [illegible]; — [illegible] (qui [illegible], qui traîne à sa suite des hommes de service et des bagages) [illegible], anziehend, [illegible]; mit sich schleppend, fortführend (z. B. Beute, Gefangene u. s. w.); muthig, tapfer, [illegible], zudringlich; tapferer Soldat, [illegible]; [illegible] Heer (mit grossem Gefolge) [illegible] Heer, auch [illegible] Lerche — [illegible] Sbst. [illegible] | [illegible] [illegible] moutier. | [illegible]

— 2. [Denom. v. [illegible]] potier. | Töpfer.

[illegible] Sbst. Pl. v. [illegible]

[illegible] Sbst. [illegible] cavier | [illegible]

[illegible] Sbst. auch [illegible] mèche allumée, flambeau, lumière, lanterne, [illegible]; guide, [illegible] | angezündetes Licht, Leuchte, Fackel, Lampe, Laterne, Licht, Führer (der auf dem Wege leuchtet); Pflegling, Lehrling, Schüler, Lehrbursche. [illegible] Umzug (der um eine Lampe gepflegt wird) [illegible] oder [illegible] Lichtauslöscher (Benennung solcher Religionsgemeinschaften deren Ceremonien den Moslems unbekannt sind). Pl. [illegible] illumination. | Illumination.

[illegible] oder [illegible] Sbst. candélabre, chandelier; cheval qui [illegible] | Leuchter mit Leuchter; leuchtendes Pferd.

[illegible] Sbst. papillon de nuit. | Nachtschmetterling, Motte (die um das Licht fliegt).

[illegible] Sbst. [illegible] | Laterne (Glas und Gehäuse).

[illegible] Sbst. chandelier, candélabre | Leuchter.

[illegible] Sbst. [illegible] | Leuchthalter.

[illegible] = [illegible]

[illegible] Sbst. Tabrif v. [illegible] chandelier, candélabre | Leuchter.

[illegible] LT [illegible] = [illegible]

[illegible] u. [illegible] Sbst. pâturage, prairie | Weideplatz, Wiese u. [illegible]

[illegible] Sbst. animal au pâturage | weidendes Thier.

[illegible] u. [illegible] Sbst. [illegible] pâturage | Weide, Futter.

[illegible] Sbst. flambeau, torche. | Fackel, Leuchte (zu nächtlichem Fischfang). [illegible] Kam. [illegible]

[illegible] Bl. [illegible] de même taille [illegible]

[illegible] s. [illegible]

[illegible] oder [illegible] Vb. caus. [illegible] faire paître | weiden lassen, auf die Weide treiben.

[illegible] Bl. [illegible] forme des jeux | Gedicht, Form oder Zeichen der Wege.

[illegible] Sbst. chirurgien. | Wundarzt.

[illegible] [Rad. [illegible]] Sbst. 1. [illegible] jeunesse et beauté d'une femme. | jugendliche Schönheit (einer Frau oder Mädchens). — 2. [illegible] administration des biens d'un autre. | Verwaltung der Besitzgüter eines Andern, Stellvertretung.

[illegible] Sbst. paye, gages, ce qui est payé par jour à q. qu. | fortlaufende Besoldung, laufende Einkünfte, — [illegible]

[illegible] Sbst. Pl. v. [illegible]

[illegible] Sbst. Pl. v. [illegible]

[illegible] Sbst. Pl. v. [illegible]

[illegible] Sbst. [illegible] Rinde.

[illegible] Adj. u. Sbst. [Rad. v. [illegible]] [illegible] gras, visqueux, ample, corpulent, fort, robuste; [illegible] | fett, glatt, geschmeidig, dick, stark, plump; Fettigkeit [illegible] gras, corpulent. | fett, corpulent. [illegible] habile, adroit. | dessen Hand glatt oder geschmeidig, d. i. geschickt; [illegible] flatteur; [illegible] Schmeichler, [illegible] schmeichelnde, [illegible]

[illegible] u. [illegible]

[illegible] Adj. [illegible] ingénieux. | pfiffig, witzig.

[illegible] Sbst. [illegible], [illegible] et promptitude à la réponse | Pfiffigkeit, Witz, Gewandtheit zu Antworten, [illegible] Antwort bereit haben.

[illegible] Adj. u. Sbst. [illegible] gras; [illegible] | Fett; Fettigkeit vgl. [illegible]

[illegible] u. [illegible] Vb. act. [illegible] 1. marquer le bois par le cordeau rouge [illegible] | das Zimmerholz mit der rothen Schnur [illegible] zeichnen. — 2. [illegible] in der Sonne bleichen; walken, waschen.

[illegible] Adj. [illegible] | [illegible]

[illegible] Sbst. [Abstr. v. [illegible]] [illegible], [illegible]; acquisition de biens terrestres | Fettheit, Weichheit, [illegible], Lauterkeit, Erwerbung irdischer Güter.

[illegible] Sbst. [illegible] cordeau du charpentier; ligne droite. | [illegible], die rothe Schnur der Zimmerleute (zum Zeichnen des Holzes); gerade Linie.

[illegible] oder [illegible] [illegible]

cher, Walken vgl. [illegible] — Rel. abstr. [illegible] oder [illegible] Bleicherei, Bleicherhandwerk.

[illegible] čaaltmak. Vb. intr. [illegible] | être gros, être fort, plus fort que … | fett sein, stark sein, stärker sein als …, mehr vermögen als …

[illegible] čeraky. Sbst. Pl. [illegible] jarre, cruche. | irdener Krug

[illegible]

[illegible] čyrylan. Sbst. 1. — [illegible] grillon | Heimchen, Grille. — 2. [illegible] Holzbläser, Kleber

[illegible] čyrylamakmak. Vb. intr. grésillonner [illegible]

[illegible] čyrtmak. Vb. intr. (ch) et [illegible] | prahlen. [illegible] čyrtawy. qui se vante, laut prahlend, schnarrend, Schreihals.

[illegible] Sbst. marteau-piqueur (meunier). | der Tanzschläger.

[illegible] Sbst. [illegible] racine | Wurzel.

[illegible] Sbst. [illegible] rondeau a remuer. | [illegible] Drechsler.

[illegible] Sbst. [illegible] grillon. | Heimchen, Grille. — 2. chant de grillon. | Zirpen der Grille

[illegible] Sbst. [illegible] 1. grillon. | Heimchen, Grille. 2. carde [illegible] | Werkzeug zum Reinigen der Baumwolle von den Schalen — vgl. [illegible]

[illegible] auch [illegible] Sbst. LT. u. Pl. [illegible] comte fabuleux. | Märchen.

[illegible] und [illegible] Sbst. — [illegible] grillon | Heimchen

[illegible] Sbst. LT. [illegible] [illegible] Gericht zum Kosten. — vgl. [illegible]

[illegible] auch [illegible] Sbst. Tabrif v. [illegible] oder [illegible] châssis (de fenêtre, de papier). | Rahmen, Fensterrahmen, Papierfenster. [illegible] papier [illegible], papier d'emballage. | Fensterpapier, überh. schlechte Papiersorte.

[illegible] Sbst. faiseur de châssis | Rahmenmacher.

[illegible] Vb. act. faire des châssis, garnir les croisées avec du papier (au lieu de verres) | Rahmen machen, die Fensterrahmen mit Papier bekleben (anstatt der Glasscheiben)

[illegible] Sbst. [illegible] marchand ambulant, colporteur. | wandernder Trödler, Hausierer, Kleinkrämer. — Rel. abstr. [illegible] čerčilik état de marchand ambulant. Kleinhandel, Hausiererhandel.

[illegible] Sbst. 1. [illegible] action de blâmer; blâmer. | Verwendung. — [illegible] blâmer. | verwenden. — 2. action de réfuter, d'accuser de mensonge, de récuser q. qu. comme faux témoin. Widerlegung, der Lüge oder des falschen Zeugnisses beschuldigen, als falschen Zeugen [illegible]

[illegible] Sbst. [illegible] blessure. plaie | Wunde. — Pl. [illegible] o. [illegible] Nom. unit. [illegible]

[illegible] oder [illegible] Sbst. [illegible] faucon. | Edelfalke.

[illegible] Sbst. roue, rotation, tour, à tourner, dévidoir, machine, pressoir, arbalète, [illegible]; sphère céleste, le firmament, le ciel, le monde entier, la fortune; qui tourne, égaré. | alles was sich im Kreise dreht, Rad, Scheibe, kreisförmige Bewegung, Kreislauf, Kreis, Maschine zum Drehen oder mit Räderwerk, [illegible], Drehscheibe des Töpfers, Spinnrad, Presse, drehbare [illegible] | [illegible] oder [illegible] | Armbrust; der Himmel, Himmelsgewölbe; die Welt, das Glück, Schicksal, einer der im Kreise herumgeht, in der Irre geht; kreisförmiger Ausschnitt am Kleide, Randeinfassung am Hemde oder am Koftan, auch das Hemd oder der Kaftan selbst. [vgl. [illegible] | [illegible] sphère céleste; fleur de passion, grenadille; cheval de frise, (pièce de bois hérissée de longues pointes: [illegible] RK] | Himmelskreis; Passionsblume; spanische Reiter. [illegible] tourner [illegible] [illegible] rouage | Räderwerk.

[illegible] banc de tourneur. | Drechselbank (mit ihren Vorkehrungen). — Rel. abstr. [illegible] vulg. [illegible] [illegible] de roues | mit Rädern versehen.

[illegible] Sbst. — [illegible] tourbillon d'eau. | Wasserstrudel.

[illegible] Sbst. qui se tourne; danseur; [illegible] égaré; qui tourne | der sich im Kreise dreht; Tänzer; der im Kreise oder in der Irre umhergeht, einer der dreht, Drechsler, Spinner u. s.

[illegible] Vb. act., — [illegible] travailler au tour, [illegible] | mit dem Rade arbeiten, drehen, drechseln, schleifen u. s. w. [illegible] das Rasiermesser schleifen. — Deriv. [illegible] Vb. pass. Kaus. u. s. w. [illegible]

[illegible] Sbst. [illegible] qui se tourne autour, roue, etc., action de se tourner, de circuler. | alles was sich dreht, das sich drehen, Rad u. s. w., herumschweifen [illegible] Druckerpresse. — vgl. [illegible] und [illegible]

[illegible]

[illegible]

[illegible]

[illegible] [Rad. [illegible]] Sbst. capi[illegible] daine [illegible], comte [illegible] des pèlerins. | Kreuzung; [illegible] Bedeutung der Pilgerkarawane. [illegible] — [illegible] Anführer der Pilgerkarawane.

[illegible] und [illegible] oder [illegible] Sbst. [illegible] cheval [illegible] | [illegible] Pferd, Fohle

[illegible] Sbst. [illegible] noix | Nuss. — Pl. [illegible] u. [illegible]

[illegible] Sbst. confitures servies au dessert. Süssigkeiten die als Dessert in kleinen Tellern gereicht werden.

[illegible] Vb. intr. prendre un peu de dessert ou des confitures | vom Confekt oder dem Dessert naschen.

[illegible] Sbst. [illegible] cloche, clochette, sonnette. | Glocke, Klingel, Schelle. — Pl. [illegible] u. [illegible]

[illegible] Sbst. nombre ou vivres qu'on donne aux derviches mendiants | Almosen (an Nahrungsmitteln) welches man den bettelnden Derwischen giebt

[illegible] Sbst. — [illegible] besace des derviches mendiants. | Bettelsack der Derwische.

[illegible] auch [illegible] [illegible] o. [illegible] Sbst. claquements des dents. | Zähneklappern

[illegible] Sbst. [illegible] craquement. | Krachen (wenn man Holz zerbricht)

[illegible] oder [illegible] Sbst. — [illegible] Tabrif. v. [illegible] pâte de cordonnier, etc. colle forte, glu. | eine Art Kleister; Schusterpech, Kleister-Pulver — Nom. u. v. [illegible] — [illegible] asphodèle. | die Pflanze aus deren Wurzel das Kleister-Pulver bereitet wird, Goldwurz, [illegible]

[illegible] Vb. act. coller | leimen.

[illegible] u. [illegible]

[illegible] Sbst. [illegible] action d'avaler une gorgée. | das Schlucken, Hinunterschlucken. — [illegible] avaler une gorgée. | schlucken, hinunterschlucken.

[illegible] Sbst. gorgée, ce qu'on boit d'un trait; lie et ce qui reste au fond d'un verre | Schluck, Trunk, ein Zug; Bodensatz, was im Glase zurückbleibt.

[illegible] Sbst. — [illegible] faucon. | Falke, Edelfalke.

[illegible] Sbst. Tabrif v. [illegible] action de tordre | [illegible]

[illegible]

[illegible] N. pr. Name eines [illegible] oder einer Promenade in Herat.

[illegible] Vb. intr. [illegible] s'adonner [illegible]

... sur une pincette, s'attacher | sich beilegen, sich die Zeit vertreiben.

[illegible] Sbst. [illegible] chiffre du souverain. | Namenszug des Herrschers.

[illegible] Sbst. [illegible] plaisir, divertissement. | Vergnügen, Belustigung.

[illegible] Sbst. action d'enlever, d'emporter tout (en balayant). | das Wegräumen, Wegfegen.

[illegible] Sbst. torgo, bord rongé par l'eau. | hohes, überhängendes Ufer.

[illegible] Sbst. pièce de 3 bouches de [illegible]. | Drehkranz. [illegible]

[illegible]

[illegible] Sbst. in Zusammensetzung: [illegible] escarmouche; coureur, incursion | Scharmützel, Streifzug.

[illegible] escarmoucheur, éclaireur, soldat de l'avant-garde. | Scharmützler, Soldat des Vordertreffens, Vortrupp (gewöhnlich im Plural). [illegible] escarmouche | Scharmützel. — Rel. abstr. [illegible] escarmouche | Scharmützel — [illegible] escarmoucher, conduire l'avant-garde, battre l'estrade | scharmützeln, den Vortrupp führen, einen Streifzug machen.

[illegible] Vb. recipr. — [illegible] escarmoucher, etc. | scharmützeln u. s. w.

[illegible]

[illegible] LT. [illegible] pourri. | [illegible]

[illegible]

[illegible] Sbst. économe, frugalité, parcimonie | Sparsamkeit.

[illegible] Sbst. Pl. [illegible] 1. sorte de [illegible]. | eine Art Koch. — 2. bout conique de flèche. | konische Pfeilspitze.

[illegible] Vb. act. salir, souiller. | beschmutzen. — Deriv. [illegible] Vb. refl. pass. se salir, être sali. | sich beschmutzen, schmutzig werden oder sein. — vgl. [illegible]

[illegible] LT. [illegible] penser, réfléchir, méditer. | denken, nachdenken.

[illegible] Adj. u. Sbst. sale, malpropre, difforme, laid; chose sale, malpropre, laide. | schmutzig, hässlich; etwas Unreines, Hässliches, Ekelhaftes, z. B. eine eiternde Wunde. — Rel. abstr. [illegible] saleté, laideur, difformité; qualité qui inspire de l'aversion, de la répugnance. | Unflath, Schmutz, Hässlichkeit; [illegible]

[illegible]

[illegible] grognement, frémissement; crier; pétiller sur le feu. | [illegible] (Vögel), das [illegible] u. s. w.), knistern (Speisen über dem Feuer), [illegible]. Abeiq. [illegible]

[illegible]

[illegible] Sbst. [illegible] 1. action de couper, de retrancher, de tondre. | das Schneiden, Abschneiden, Abscheren. — 2. action de commettre un crime | Begehen eines Verbrechens, einer Sünde. vgl. das Figurale.

[illegible] Sbst. [illegible] crime, délit, péché, faute. | Verbrechen, Vergehen, Sünde, Schuld. — [illegible] was bin ich Schuld daran? [illegible] sans faute, innocent | ohne Schuld, unschuldig. — Rel. concret. [illegible] coupable. | schuldig.

[illegible] oder [illegible], in Zusammensetzung mit [illegible]. — [illegible] sans doute, certainement, donc, par conséquent. | sicher, ohne Zweifel; allerdings, also, folglich.

[illegible] Sbst. [illegible] corps, substance; corps céleste. | Körper, [illegible]

[illegible]

[illegible] Sbst. [illegible] — Kom. [illegible] BK. [illegible]

[illegible] cheval, cheval [illegible] | Pferd, [illegible]

[illegible] Sbst. [illegible] vgl. [illegible] | [illegible]

[illegible] Sbst. [illegible] pâturage. | Weide.

[illegible] Sbst. [illegible] pâturage. | weidendes, grasendes Thier.

[illegible] Sbst. — طرنق griffe. | Klaue, Kralle.

[illegible] Sbst. [illegible] | Schall, Widerhall, Lärm, Neuigkeit.

[illegible] Vb. intr. [illegible]

[illegible] Sbst. [illegible] | Kahn, Nachen. — Kom. s. v. [illegible]

[illegible] Sbst. [illegible] | [illegible] von Metall. (Redhouse).

[illegible] Sbst. [illegible] BK.

[illegible] Vb. act. [illegible] BK.

[illegible] Sbst. [illegible] | das Faulen.

[illegible] Adj. u. Sbst. — [illegible] | fett, [illegible]; Fettigkeit, Fett [vgl. [illegible]].

[illegible] Sbst. vgl. [illegible] — 2. [illegible] — 3. Adj. [illegible]

[illegible] Sbst. [illegible] Zol. abstr. [illegible]

[illegible] Sbst. [illegible]

[illegible] die Ihbla [الاكرك].

[illegible] Adj. courageux, hardi. | muthig, tapfer, kühn. [illegible]

[illegible] Sbst. [illegible] | [illegible] — [illegible]

[illegible] Sbst. Pl. [illegible] | [illegible] Feld, [illegible] SL. [illegible]

[illegible] 60 aunes carrées. | 60 Ellen in's Gevierte.

[illegible] s. [illegible]

[illegible] Sbst. [illegible] | Aal.

[illegible] [Red. [illegible]] Sbst. [illegible]

[illegible] vulg. [illegible] Sbst. [illegible] Dscherid spielen.

[illegible] Vb. intr. [illegible]

[illegible] Sbst. [illegible] Pl. [illegible]

[illegible] Sbst. [illegible] | [illegible]

[illegible] Adj. [illegible] Abulg. S. 12.

[illegible] Sbst. [illegible] — Zol. abstr. [illegible]

[illegible] Sbst. [illegible] | Soldat.

[illegible] Vb. act. SL. [illegible]

[illegible] LT. [illegible]

[illegible] Sbst. 1. [illegible] — 2. [illegible]

[illegible] Vb. act. [illegible]

[illegible] Sbst. LT. [illegible] | Braten.

[illegible] Sbst. 1. LT. [illegible] — 2. SL. [illegible]

[illegible] Sbst. u. Adv. [illegible]

[illegible] [Red.] [illegible] Sbst. — Pl. [illegible]

[illegible] Sbst. [illegible] | Adj. BK.

[illegible] Sbst. 1. [illegible] — 2. [illegible]

[illegible] Sbst. [illegible]

• جزاره djezâre. Sbst. [illegible] | Kameralistik, [illegible]

• جزالت djezâlet. [Red. جزل] Sbst. [illegible] grandeur; esprit, [illegible] pénétration. | Grösse, [illegible] der Gedanken und des Ausdrucks (dictio copiosa). Geist, Scharfsinnigkeit, [illegible]

• جزالنمق djezâlanmaq u. جزالنمه [illegible] Vb. refl. [illegible] جزا بولمق être récompensé, être puni. | seinen Lohn erhalten, bestraft werden. — Deriv. جزالندرمق djezâlandyrmaq. Vb. caus. faire récompenser ou punir q. qn. | belohnen oder bestrafen lassen.

• جزائر djezâïr. Sbst. Pl. v. جزيره; als Nom. propr. Alger. — Rel. concr. جزائرلو djezâïrly, algérien, d'Alger. | aus Algier.

[illegible]

[illegible], de faure. | das [illegible], [illegible], [illegible], [illegible]; [illegible].

a جهلى [illegible] Adj. fait, contrefait, [illegible]. | [illegible], [illegible], [illegible].

[illegible] جهنم [illegible]

[illegible] LT. [illegible]

p [illegible] Sbst. écran, paravent. | [illegible], [illegible] Wand.

[illegible]

[illegible] LT. [illegible] Sebakal.

p [illegible] Sbst. fruit vert, amande verte. | [illegible] Frucht, grüne Mandel. [illegible] amandier. | Mandelbaum.

[illegible]

[illegible] LT. [illegible] [illegible] [illegible]

[illegible] LT. [illegible]

[illegible] LT. [illegible] Sebakal.

[illegible] Vb. [illegible] fouler aux pieds. | [illegible]. Deriv. [illegible] Vb. caus. faire fouler. | [illegible] lassen.

[illegible] und [illegible] Vb. refl. [illegible] se gratter, [illegible] | sich [illegible], [illegible].

[illegible]

[illegible] Sperling.

[illegible] Sbst. [illegible], aigrette, panache | Federbusch, [illegible].

[illegible] erlernen. [illegible] — [illegible] être de pair. | gleich sein. [illegible] Arbeitstiere führen, d. i. den Acker bestellen. — [illegible] bœuf de labour. | Arbeitstier. — Rel. abstr. [illegible] ferme, maison de campagne, métairie | Landgut, Landhaus, [illegible].

p [illegible] Sbst. [illegible] claies, clôtures en bois. | Holzverschlag, Holzgitter [illegible].

[illegible] Sbst. laboureur, cultivateur. | Pflüger, Ackerbauer. — Rel. abstr. [illegible] labourage, agriculture, Ackerbau.

[illegible] Vb. recipr. [illegible]

[illegible]

[illegible] čeviren s. [illegible]

[illegible] čeyn. | Pl. [illegible] čeyrek und [illegible] čeyrekler. | Sbst. [illegible] paupière | Augenlid. — 2. [illegible] cep de vigne. | Weinrebe. Weinstock.

[illegible] Sbst. [illegible] petit, homme méprisable. | Knabe; verächtlicher, erbärmlicher Kerl.

[illegible] s. [illegible] | Bed. [illegible] Sbst. se sécher, devenir sec, aride. | trocken werden.

[illegible] čan, čyn, s. [illegible]

[illegible] čan LT. [illegible] Tirelire des Plätzen. vgl. [illegible]

[illegible] čyk. — [illegible] Demi-nutivpartikel am Ende der Wörter. s. d. Gramm.

[illegible] s. [illegible]

[illegible] s. [illegible]

[illegible] čykan, [illegible] čykarylmak, [illegible] čykarmak, [illegible] čykartmak. s. [illegible]

[illegible] Sbst., se [illegible] chacal. der Schakal.

[illegible] čakčak. Sbst., — [illegible] tic-tac du moulin. | das Geklapper einer Mühle.

[illegible] čakčaky. Sbst. nom d'un instrument de musique. Name eines musikalischen Instruments.

[illegible] s. [illegible]

[illegible] čykartmak s. [illegible]

[illegible] čykryk s. [illegible]

[illegible] čykryk s. [illegible] Sbst. roue à tourner; rouet; roue, dévidoir. | Drehrad (der Drechsler, Töpfer u. dgl.), Spinnrad, Brunnenrad oder Wasserrad. hum. s. v. [illegible]

[illegible] čykrykčy, Sbst. tourneur. | Dreher, Drechsler.

[illegible] čykarmak s. [illegible]

[illegible] čykarmak s. [illegible]

[illegible] čykyš. Sbst. v. [illegible] action de sortir, de s'élever, de monter, etc. | das Hervor- oder Herauskommen, sich Erheben, Aufschneiden, Prahlen, Emporsteigen. vgl. [illegible] — [illegible] réprimander q. qu. | einen schelten, tadeln.

[illegible] Sbst. [illegible] toupie, sabot | Kreisel, Schnurre (Spielzeug für Kinder). hum. s. v. [illegible]

[illegible] s. [illegible]

[illegible] s. [illegible]

[illegible] čykmyš, nach [illegible] s. [illegible] Adj. | [illegible] ce qui ressort, qui est sorti de sa place; détaché, disloqué, luxé; sorti, fendu, saillant. | hervorgekommen, herausgegangen (aus seiner Stelle), hervorspringend, hervortretend (aus der geraden Linie); verrenkt (ein Glied); geborsten, gesprungen, was einen Riss hat. [illegible] verrenkt sein. [illegible] [illegible] grünschnabel und misslaunisches, sprungenes umbinden.

[illegible] Sbst. chirurgien (qui remet les membres disloqués); renoueur de membres. | Chirurg (der verrenkte Glieder einrichtet); Topfbinder.

[illegible] Sbst. caillou, gravier. | Kiesel, Kies s. [illegible]

[illegible] Sbst. claquet. Klapper. s. [illegible]

[illegible] Sbst. [illegible] Meise.

[illegible] s. [illegible] Sbst. petit canon, perrier. | kleine Kanone, Drehbasse.

[illegible] Partic. d. Vb. neg. v. [illegible] qui ne sort pas, qui n'a pas d'issue. | was nicht herausgeht, keinen Ausgang hat. [illegible] oder [illegible] impasse, cul-de-sac. | Sackgasse.

[illegible] s. [illegible]

[illegible] čykmak, nach [illegible] Vb. intr. Aor. [illegible] čykar. — Imperat. [illegible] oder [illegible] sortir, provenir, émaner, paraître (en livre, une ordonnance), se présenter, naître, se lever, pousser, devenir, résulter; se disloquer; partir; monter; sauter. | heraus- oder hinausgehen (-kommen, -fahren, -fliessen u. s. w.); aus einer Stelle kommen oder gehen, sich loslösen, sich verschieben, sich verrenken; zum Vorschein kommen, sichtbar werden, erscheinen, in die Öffentlichkeit treten (z. B. ein Buch, ein Befehl), aufgehen (die Sonne, Sterne, der Saat); durchbrechen (z. B. ein neuer Zahn); sich zeigen, sich erweisen, sich ergeben aus ..., sich herausstellen; steigen, aufsteigen, einen Berg besteigen, emporkommen, sich erheben; im Preise steigen, sich belaufen auf ... brauchbar sein oder werden, kosten; abreisen, aufbrechen, abziehen; aufkommen, in Gebrauch kommen; aus einer Sache werden, aus etwas entstehen, entspringen, zu etwas werden, [illegible] werden, sein. [illegible] se présenter, sortir implicitement, plötzlich zum Vorschein kommen, hervorkommen [illegible] être en état de sortir, de provenir, de produire, [illegible] können, hervorbringen können. [illegible] hausser en prix. | im Preise steigen. [illegible] perdre son argent, supporter les frais. | Geld verlieren, die Kosten davon tragen, zahlen müssen. [illegible] cela lui a coûté beaucoup d'argent. | es hat ihm viel gekostet, hat ihn theuer zu stehen gekommen. [illegible] perdre la tête, perdre la raison; être obstiné, s'emporter (un cheval). | den Kopf verlieren, das Leben verlieren; nicht gehorchen, widerspenstig sein; durchgehen (von Pferden). [illegible] il a failli lui en coûter la vie. | es hätte ihm beinahe das Leben gekostet. [illegible] finir. | durchführen, zu Ende kommen. [illegible] payer ses dettes. | aus den Schulden kommen. [illegible] perdre sa route, s'égarer; se fourvoyer dans le raisonnement. | vom Wege abkommen, sich verirren, sich verirren, sich in Ausflüchten, Reden u. dgl. verlieren. [illegible] monter au haut. | in die Höhe kommen, steigen. [illegible] se faire passer pour le maître de q. ch., prendre le parti de q. qu. | sich als Besitzer einer Sache, als Herr oder Beschützer benehmen; eine Sache (etwas Gefundenes u. dgl.) als sein Eigenthum in Anspruch nehmen; für Jemand Partei nehmen. [illegible] dès que la flèche est partie, c. à d. après coup. | sobald der Pfeil abgeschossen, d. i. sobald die Sache geschehen, zugleich. [illegible] il a une mauvaise réputation. | er ist in schlechtem Ruf gekommen, steht in schlechtem Rufe. — Deriv. [illegible]

[illegible] čykylmak. Vb. pass. [illegible] ein Berg der bestiegen werden kann. hum. s. v. [illegible] — II. [illegible] čykarmak Vb. caus. Aor. [illegible] čykarir. — Imper. [illegible] faire sortir, etc.; mettre dehors; extraire, tirer; dépenser (de l'argent); heraus- oder hinaus- u. s. w. bringen (treiben, schicken, ziehen, werfen, ziehen u. s. w.), vertreiben, verstossen, herausgeben, von sich geben, ausgeben (z. B. Geld), auf[illegible]; heraus bringen, ausdrücken, ausfindig machen, [illegible], eine Aufgabe lösen; steigen lassen, aufsteigen lassen, besteigen lassen. Zweige treiben; herauskommen lassen, in Gebrauch bringen, erlassen. [illegible] élever la tête | den Kopf erheben. [illegible] ôter de la tête (un idée), dissuader, [illegible] à q. qu.; rendre [illegible] | einem etwas aus dem Kopfe treiben, etwas ausreden; einen den Kopf verdrehen; [illegible] [illegible] faire écrire la petite vérole. | Pocken haben (eig. treiben). [illegible] dépenser de l'argent. | Geld ausgeben. [illegible] faire dépenser de l'argent. | einen in Unkosten setzen. [illegible] Funken geben (der Feuerstahl). [illegible] tirer la langue. die Zunge ausstrecken. [illegible] enlever une tache. | einen Fleck reinigen. [illegible] oder [illegible] rendre public. an die Öffentlichkeit bringen. [illegible] eine in Schwung treibende Hilfe. [illegible] rompre en expédition. | ins Feld senden. [illegible] oublier. | aus dem Geiste bringen, vergessen. [illegible] produire un son, résonner. | einen Schall hervorbringen, klingen. [illegible] frische Zweige treiben. [illegible] dénicher, tirer le nid. | ausnisten. [illegible] arracher l'œil à q. qu. | ein Auge ausreissen. [illegible] herausziehen, heraustreiben. [illegible] mettre à exécution. | zur Ausführung bringen. [illegible] sprechen was nicht zur Ausführung kommt. [illegible] Vergrabenes ausscharren. [illegible] tirer l'épée. | das Schwert ziehen. — III. [illegible] čykartylmak Vb. caus. pass. être mis dehors, etc. | herausgebracht werden u. s. w. [illegible] être car [illegible] [illegible] | das Werk gesetzt werden, eine Thatsache gemacht oder [illegible] werden oder sein. [Kum. u. v. [illegible]] — [illegible] [illegible] gewaltsam von seiner Stelle gestossen werden. — IV. [illegible] [illegible]. Vb. recipr. Act. [illegible] [illegible], se pousser, se [illegible] mutuellement, se [illegible] l'un à l'autre [illegible] [illegible] en [illegible], rivaliser, être en [illegible], chercher à se surpasser les uns les autres; [illegible] einander anstossen, es einer dem andern zuvorthun wollen, einander gleichkommen oder zu übertreffen suchen, wetteifern, concurriren; sich hervorthun, seinen Muth, Geschicklichkeit u. s. w. zeigen; sich messen, vergleichen mit Jemanden. Kum. u. v. [illegible] — V. [illegible] [illegible]. Vb. recipr. neg., es einem andern nicht gleichthun, oder nicht gleichthun können, nicht mit ihm wetteifern.

[illegible] [illegible]. s. [illegible].

[illegible] [illegible]. Sbst. Abstr. v. [illegible] qui est issu, [illegible], | das Hervorgehen, das Hervorgegangen, [illegible] [illegible]. [illegible] [illegible] oder [illegible] [illegible] [illegible] [illegible] [illegible] du sérail. | aus dem Serail hervorgegangen. [illegible] [illegible] [illegible] [illegible] [illegible] [illegible].

[illegible] [illegible] u. [illegible] Sbst. [illegible] [illegible] [illegible] [illegible] L.L. sorte de vase, de [illegible] en [illegible], [illegible]; [illegible] d'argent. | Becken, [illegible] von Leinwand oder Messing, [illegible], [illegible].

[illegible] [illegible]. Sbst. [illegible], [illegible], [illegible], [illegible], [illegible], [illegible]. | [illegible], Vertiefung, Grube, Höhle; Schlucht, Thal. [illegible] [illegible] [illegible], | Grübchen im Kinn. [illegible] [illegible] [illegible] die Achselhöhlen. [illegible] [illegible] [illegible] die Kniekehlen. — Adj. [illegible] [illegible] [illegible], profond. | Tief. — Adj. [illegible] [illegible] [illegible] [illegible], [illegible] | [illegible], [illegible], bis und da [illegible] oder eingedrückt (eine Fläche). [illegible] [illegible]. Adj. [illegible], profond. | vertieft, [illegible], tief, — [illegible].

[illegible] [illegible] [illegible]. Vb. act. [illegible], [illegible] ein Loch machen, aushöhlen.

[illegible] [illegible] [illegible]. Vb. pass. [illegible] [illegible] [illegible] [illegible] [illegible] [illegible] [illegible], se [illegible]. | [illegible] werden [illegible] [illegible], eine Höhlung oder Vertiefung bilden, sich höhlen.

[illegible] [illegible]. Sbst. chocolat. | Schokolade. [illegible] [illegible] [illegible] [illegible], chocolatière. | Schokoladenkanne. [illegible] [illegible] chocolatier. chocolatier, Schokoladeverkäufer.

[illegible] [illegible]. s. [illegible].

[illegible] [illegible] Sbst. s. [illegible].

[illegible] [illegible] u. [illegible] [illegible]. Sbst. [illegible] [illegible] [illegible] [illegible] [illegible] [illegible] [illegible] [illegible] [illegible] [illegible] [illegible] [illegible] [illegible] de signature, point [illegible]; [illegible], [illegible], [illegible]. | [illegible]; schrift-

lich ausgefertigte [illegible] Bezeichnung; Loos, Antheil.

[illegible] [illegible]. Sbst. [illegible] — [illegible] [illegible] Tropfen, vgl. [illegible].

[illegible] [illegible] oder [illegible] [illegible] u. [illegible] [illegible]. Diminutivpartikel, — [illegible] s. d. Gramm.

[illegible] [illegible]. Sbst., — [illegible] [illegible], [illegible] | Thau, Nebel.

[illegible] [illegible]. Sbst., — [illegible] [illegible]. | [illegible]

[illegible] [illegible]. Adj., — [illegible] [illegible]. | [illegible], [illegible].

[illegible] [illegible]. s. [illegible].

[illegible] [illegible]. s. [illegible].

[illegible] [illegible] u. [illegible] Sbst. [illegible] [illegible]. | die Lerche.

[illegible] [illegible]. s. [illegible].

[illegible] [illegible]. Sbst. [illegible] [illegible], [illegible] (de la tête, d'une montagne). | Gipfel, Scheitel.

[illegible] [illegible]. Sbst. [illegible] — [illegible] [illegible]. | Tropfen.

[illegible] [illegible]. Partic. v. [illegible].

[illegible] [illegible] u. [illegible] [illegible]. Vb. caus. u. [illegible] distiller. | tröpfeln lassen, distilliren.

[illegible] s. [illegible].

[illegible] [illegible] auch [illegible]. Sbst. petite galère, galiote. | kleines Ruderschiff mit einem Maste und drei bis vier Stück Geschützen, das bei Windstille gerudert wird. vgl. [illegible].

[illegible] [illegible] u. [illegible] Sbst., — [illegible] [illegible]. | [illegible].

[illegible] [illegible]. s. [illegible].

[illegible] [illegible] (und [illegible]). [illegible] [illegible] [illegible] [illegible] [illegible] piastres espèces sonnantes. | er gab ihm [illegible] Piaster in klingender Münze. vgl. [illegible] [illegible].

[illegible] [illegible]. Vb. act. [illegible] [illegible] faire sortir le [illegible], [illegible], [illegible]. — Deriv. [illegible] [illegible]. Vb. pass.

[illegible] [illegible] u. [illegible]. Sbst. grande galère. | grosse Galeere. [illegible] [illegible] galère. | leichte Galeere. — vgl. [illegible].

[illegible] [illegible]. Sbst. [illegible]. | [illegible].

[illegible] [illegible] oder [illegible]. Sbst. plante [illegible]. | Name einer Pflanze, die als Arzneimittel gebraucht wird und die den [illegible] soll. [illegible] [illegible] Kum. u. v. [illegible] — [illegible] [illegible] [illegible]. Kum. u. v. [illegible] [illegible] in Aegypten [illegible] genannt.

[illegible] [illegible]. Sbst. LL. [illegible] [illegible]. | die Brombeere.

[illegible] [illegible] (vgr. [illegible] oder [illegible]) Sbst. [illegible] [illegible] les parties intérieures du corps, l'intérieur de q. ch., [illegible], [illegible], [illegible]; au figur. compassion, [illegible]; [illegible], [illegible]. | die innern Theile des

menschlichen und thierischen Körpers, überh. das Innere oder Mitte einer Sache, Eingeweide, Lunge, Leber, Herz; im übertr. Liebe, Mitleid, Erbarmen; Muth, Zorn; Unruhe, Schaden. [illegible] [illegible] [illegible] d. [illegible]. | Lunge. [illegible] [illegible] [illegible] d. foie. | Leber. [illegible] [illegible] [illegible] [illegible]. | Eingeweide. [illegible] [illegible] [illegible] [illegible], membrane du [illegible]. | das Häutchen an der Leber. [illegible] [illegible] [illegible] [illegible] [illegible], [illegible] [illegible] [illegible] [illegible], [illegible], enfant chéri. | Herzblättchen, Herzwinkel, Liebling (als Zärtlichkeitsausdruck). [illegible] [illegible] oder [illegible] [illegible] [illegible] [illegible], mon cœur, mon cher (en parlant aux enfants). | mein Herzchen (zu Kindern). [illegible] [illegible] [illegible] [illegible] qui [illegible] le cœur, [illegible]. | das Herz oder das Innere durchbohrend, [illegible], [illegible]. [illegible] [illegible] [illegible] [illegible] [illegible] Rede führt. [illegible] [illegible] [illegible] qui brûle le cœur, brûlant. | das Herz entzündend, beleidigend, [illegible]. [illegible] [illegible] [illegible] [illegible], [illegible] du foie. | Leberwurst.

[illegible] [illegible] oder [illegible] [illegible]. s. [illegible].

[illegible] [illegible] oder [illegible] [illegible]. Vb. act. [illegible] (la [illegible]). | schelten, klagen.

[illegible] [illegible]. Sbst. qui [illegible] des [illegible]. | [illegible].

[illegible] [illegible] auch [illegible] [illegible] [illegible] [illegible] Sbst. [illegible] [illegible] LL. grelot, sonnette. | Klingel, Schelle.

[illegible] [illegible]. s. [illegible].

[illegible] [illegible]. Sbst. [illegible], [illegible], graine, [illegible]. | Kern (einer Frucht), Samenkorn; Gran (Gewicht). — Adj. [illegible], [illegible] [illegible].

[illegible] [illegible]. Vb. intr. se former en [illegible], en graine. | Kerne oder Körner ansetzen, sich zum Korne bilden. Kum. u. v. [illegible]

[illegible] [illegible]. Sbst., — [illegible] Sbst. son clair et aigu. | heller oder schneidender Ton, Klang der Metalle, Saiten, Schwirren der Bogensehne u. s. w. Kum. u. v. [illegible]

[illegible] [illegible] und [illegible] [illegible].

[illegible] [illegible] [illegible] [illegible] Sbst. LL. [illegible] [illegible], [illegible]. | Länder, Ritter.

[illegible] [illegible]. Sbst. [illegible] [illegible] [illegible]. | Heuschrecke. [illegible] [illegible] [illegible] [illegible] [illegible] grillon. | Heimchen, auch die andern Heuschrecke. [illegible] [illegible] [illegible] [illegible] [illegible] [illegible]. | [illegible], Kum. [illegible] [illegible] Name einer wohlriechenden Pflanze [illegible] oder einer wohlriechenden Blume. [illegible] [illegible] [illegible] Kum. u. v. [illegible]

[illegible] [illegible] s. [illegible].

[illegible] [illegible] u. [illegible] [illegible]. Vb. intr. [illegible], produire un son clair et aigu. | hellen Klingen (von Metallen) | [illegible] (von der Bogensehne). vgl. [illegible] Kum.

چکره [illegible] Sbst. [illegible] PK. goutte, mince jet d'eau. | Tropfen, dünner Wasserstrahl (wie aus einer Spritze).

[illegible] oder [illegible] Vb. intr. [illegible] tourner, se tourner; avoir des vertiges. | sich drehen, drehend sein, Schwindel haben [illegible] vertige. | Schwindel.

[illegible] Sbst. [illegible] tiraillement; querelle, dispute. | Reissen, Zerren, Zanken. vgl. [illegible]

چکش [illegible] Sbst. action de dégoutter, couler goutte à goutte. | das Tropfen, tropfenweise fliessen. vgl. [illegible]

[illegible] Deriv.

[illegible] Sbst. querelleur. | Zänker. vgl. [illegible]

[illegible]

(Redh. (to have a chamace) to dispute [illegible] with any one.)

[illegible] چكچه [illegible] (?) [illegible] Kom.

t چكي ČEKI. Sbst. balance pour peser du bois, des pierres, etc., pesée de 180 ocq. | Wage zum Abwiegen von Holz, Steinen u. s. w., Gewicht von 180 Okka. (Redh. a horse-load, a weight of 180 okkas or about 500 lbs.) [illegible] der Stein welcher als Gewicht auf die Wage gelegt wird. Kom. s. v. [illegible]

[illegible]

… [illegible] Kom. s. v. … apprendre, [illegible], mit Anwendung [illegible] [Kom. s. v. [illegible]] blank, [illegible] (von dem [illegible] Gelde). [illegible] [illegible] (blanker) Geld. [illegible] oder einfach [illegible] rubicam. | Rebhuhn [illegible]. [illegible] oder einfach [illegible] perdrix grise, gelinotte de bois, francolin. | das kleine graue Rebhuhn, Birk-, Holzhuhn, Haselhuhn. p [illegible] — Bel. constr. [illegible] qui a des taches de rousseur. | sommersprossig.

p جل [illegible]

a [illegible] Sbst. [illegible] 1. action de rendre brillant, de polir; [illegible], éclat, splendeur. | [illegible]; Rost, Schmutz u. dgl. von einer [illegible] abnehmen, abputzen, glatt und glänzend machen; Glanz, Helle. — 2. [illegible] action de bannir, d'exiler, état de bannissement, exil. | [illegible] …

… [illegible] de la police. | Abgehärtetheit des Herzens, des Körpers u. s. w., [illegible], [illegible], Kühnheit, Muth, Unerschrockenheit, Schamlosigkeit, [illegible]. — Bel. constr. جلادتلو [illegible], courageux, hardi, robuste. | [illegible], kühn, verwegen, stark. جلادتسز [illegible]

t چلاق [illegible] s. چلاق

a جلاس [illegible] [جلس III.] Sbst. [illegible] action d'être assis en compagnie de q. qu., tenir compagnie à q. qu. | Beisammensitzen (in Gesellschaft mit einem andern).

a جلاس [illegible] Pl. v. جالس

a جلاع [illegible] [جلع III.] Sbst. [illegible] action de se disputer avec q. qu. (au jeu, etc.). | (In Streit gerathen (beim Spiele oder in Gesellschaft).

[illegible]

[illegible], [illegible] (vom Korn); als Sbst. [illegible] | [illegible]

[illegible] Vb. intr. [illegible] (en œuf) [illegible] werden (ein Ei).

[illegible] Sbst. — [illegible] | [illegible] Punctuation (auf einem Worte) | Kam. s. v. [illegible]

[illegible] Sbst. 1. LT. [illegible] vgl. [illegible] vase de bois, [illegible] | hölzernes Gefäss, Eimer, Fass [illegible] zum Herausschöpfen aus dem [illegible] — 2. la première et plus grande plume de l'aile [illegible] Feder am Flügel (Bidschli).

[illegible]

[illegible] Sbst. [illegible], homme de la garde urbaine. | [illegible]

[illegible] (ÖYLWAT, [illegible]) vulg. [illegible] [Rad. [illegible]] Sbst. éclat, beauté, charme, grâce, apparition d'un objet brillant ou d'une personne parée; parure d'une [illegible]; cérémonie de la [illegible] d'une jeune mariée; démarche et présentation de la beauté, coquetterie, caresse, geste amoureux; [illegible] | Glanz, Schönheit, Reiz, Lieblichkeit, Liebkosung, Koketterie, verliebtes Benehmen, Schmeichelei; deutliches Erscheinen, Klarheit; Erscheinen eines glänzenden Gegenstandes oder einer geputzten Person; Brautschmuck, Ceremonie der Entschleierung einer Braut; Schminke. — [illegible] apparaître; faire paraître. | erscheinen, sich zeigen; erscheinen lassen. [illegible]

[illegible] brillant, resplendissant, clair, évident, manifeste; (en parlant de la voix) clair, haut. | glänzend, klar, deutlich, offenbar; von der Stimme: hell, laut, als Sbst. sorte d'écriture. | eine Art Schrift, ähnlich dem [illegible]. — Femin. [illegible], als Sbst. chose claire et évidente, [illegible] | [illegible] Sache, wahre Begebenheit.

[illegible] [Rad. [illegible]] Sbst. [illegible] exposé en vente. | zum Verkauf gebrachter Sclave. — Pl. [illegible] und [illegible] — Fem. [illegible]

[illegible] Sbst. [illegible] croix. | das Kreuz.

[illegible] [Rad. [illegible]] Adj. und Sbst. 1. [illegible]

[illegible]

[illegible] Rad. v. [illegible]

[illegible] djemm. Sbst. u. Adj. [illegible] état d'être abondant, être complet, être au comble; action de combler; foule, multitude; [illegible], abondant, nombreux, complet | [illegible], grosse Menge, Fülle; Anfüllung über das Mass; Haufen, Gedränge. [illegible] Adv. [illegible] en foule, en grand nombre. | in Menge, in grosser Anzahl, überreichlich.

[illegible] djimâ [illegible] Sbst. [illegible] être rétif. | Widerspenstigkeit, Halsstarrigkeit (von einem Pferde, einer Frau die gegen den Willen des Mannes in ihre Familie zurückkehrt). vgl. [illegible]

[illegible] djemâd. [Rad. [illegible]] Sbst. [illegible] corps inanimé et inorganique, fossile. | unbelebter und unorganischer Körper (wie Steine, Metalle u. s. w.). Mineral. — Pl. [illegible] djemâdât. le règne fossile; das Mineralreich. — vgl. [illegible]

[illegible] djemâdî Adj. inanimé et inorganique. | unbelebt und unorganisch.

[illegible] djemâd oder djumâd. vulg. [illegible] djemâdî. Sbst. nom des 5me et 6me mois de l'année lunaire. | Name des fünften und sechsten Monats des mohammedanischen Jahres. [illegible] djemâdî-'l-ewwel. vulg. [illegible] Abb. [illegible] der erste d. [illegible] djemâdî-'l-âchir. vulg. [illegible] Abb. [illegible] der zweite d. vgl. Zeitschr. der D. M. G. VIII. [illegible]

[illegible] djemâl. Sbst. [illegible] peuple, la foule. | die Menge, das Volk. Adv. [illegible] en foule, [illegible], tout qu'ils sont | in Menge, insgesammt.

[illegible] Sbst. Pl. v. [illegible]

[illegible] Sbst. cœur du palmier. | das obere Mark des Palmbaums, d. i. das Gehirn, einem Kohlkopf ähnlichen Blätter, das nicht abgeschnitten werden dürfen, weil dann der Baum eingeht.

[illegible] Adj. u. Sbst. [illegible] qui marche vite, dromadaire. | schnell schreitend; schnell gehendes Kameel, Dromedar. [illegible]

[illegible] Sbst. [illegible] chamelier, conducteur de dromadaires. | Kameelführer.

[illegible] Adj. — [illegible] cramoisi. | karmoisin. [illegible] drap de couleur cramoisie. | rothes Tuch.

[illegible] Adj. u. Sbst. PW. [illegible] lassif, impudent, impudique; [illegible]

[illegible] envergure, [illegible] Unverschämtheit; Treulosigkeit; Täuschung; Schmach.

[illegible] Adj. [Rad. [illegible]] Sbst. PW. [illegible] qui se rase la tête; qui fait l'amour en cachette; qui court après les femmes | der sich den Kopf rasirt; der Liebesabenteuer treibt, den Weibern nachläuft. Liebesaffaire [illegible]

[illegible] s. [illegible]

[illegible] Sbst. [illegible] action de s'accoupler pour la génération; coït. | geschlechtliche Beiwohnung.

[illegible] Sbst. [illegible] troupe d'hommes, réunion, rassemblement, ensemble, société, foule, multitude, corps de troupes, communauté, congrégation. | Vereinigung von Menschen an einem Orte, Gesellschaft, Menge, Truppe, Gesammtheit, Gemeinde. [illegible] oder [illegible] la communauté des fidèles. | die Gemeinde der Gläubigen. [illegible] président d'une assemblée. | Vorsitzender einer Versammlung.

[illegible] Sbst. [illegible] | Kezle.

[illegible] [Rad. [illegible]] Sbst. [illegible] beauté. | Schönheit. [illegible] espèce de jeu, de déguisement ou d'imitation de figures humaines. | eine Art Spiel (Verkleidung u. dgl.). Hinacht.

[illegible] Adj. [illegible] très-beau, sehr schön.

[illegible] Sbst. Pl. v. [illegible]

[illegible] Sbst. [illegible] chamelier. | Kameeltreiber.

[illegible] Sbst. collect. — [illegible] perles; ceinture enrichie de perles ou de verroteries, etc. | Perlen; Perlenschmuck, mit Perlen u. dgl. besetzter Gürtel.

[illegible] Vb. caus. v. [illegible]

[illegible] Sbst. Pl. v. [illegible]

[illegible] Sbst. (cimbalo) clavecin, piano-forte. | Klavier, Piano-forte.

[illegible] auch [illegible] écuelle de bois, [illegible] | hölzerner Napf oder Schale zum Trinken. vgl. [illegible]

[illegible] Sbst. PW. [illegible] chaman. | Hund. vgl. [illegible]

[illegible] Sbst. [illegible] fouet. | eine Art Peitsche; Schnur aus welcher die Peitsche geflochten wird.

[illegible] Sbst. [illegible] écuelle en [illegible] de bois. | Hirtenkelle; hölzerne Schale zum Trinken. — Pl. [illegible] und [illegible]

[illegible] oder [illegible], auch [illegible] Sbst., [illegible] écuelle de bois. | hölzerner Napf, Trinkschale. Sadi, Comm. [illegible] ed. Constant. P. 173. [illegible] cuillère (de bois). | Löffel (von Holz). vgl. [illegible]

[illegible] Sbst. [illegible] lieu où l'on se rassemble. | Ort, wo eine Versammlung oder Zusammenkunft stattfindet.

[illegible] Sbst. [illegible] action de s'emporter (d'un cheval), être rétif. | das Durchgehen eines Pferdes, wild sein, den Reiter nicht aufsteigen lassen.

[illegible] Sbst. [illegible] action de s'épousseter. | Verdickung. vgl. [illegible]

[illegible] Sbst. [illegible] sol ferme et dur. | harter und fester Boden, [illegible] — Pl. [illegible] pierres fortes. | feste Plätze.

[illegible] Sbst. LT. [illegible] | Krallen.

[illegible] und [illegible] Sbst. action de pincer, pinçon, pincement. | Kneifen (mit den Fingern).

[illegible] und [illegible] Vb. act. pincer. | kneifen (mit den Fingern).

[illegible] Sbst. LT. [illegible] [illegible]

[illegible] Sbst. [illegible] petits pinces. | [illegible]

[illegible] Vb. act. Aor. [illegible] pincer. | kneifen (mit den Fingern).

[illegible] Sbst. Pl. [illegible] [illegible] braise allumée, charbon ardent; [illegible] chaleur de l'air au commencement du printemps, chaleur vitale. | glühende Kohle; Kohlenfeuer; die warme Luft oder die drei Erwärmungen der Lebenswärme im Anfange des Frühlings, die erste, welche die Luft erwärmt, dreissig Tage vor dem Frühlingsäquinoctium, die zweite, sieben Tage später, welche das Wasser erwärmt, die dritte, [illegible] Tage vor dem Aequinoctium, welche die Erde erwärmt. — Thenk. [illegible] Wesen, Naturanlage und Gewohnheiten des Menschen. [illegible] die in der Luft [illegible]

[illegible] Kom. [illegible] — [illegible] à la [illegible] | [illegible] bei der Weltfahrt.

[illegible] Adj. [illegible] Kom. s. v. [illegible] Adv.

[illegible] ibid s. v. [illegible]

[illegible] Vb. act. [illegible] Kom. [illegible] in [illegible] | [illegible] (das Kleid). s. v. [illegible] Derlv. [illegible]

[illegible] Vb. refl. [illegible] Kom. se [illegible], se disposer à faire [illegible] | sich [illegible], d. i. bereit machen, [illegible]

[illegible] Adj. u. Sbst. [illegible] Pl. [illegible] Pl. [illegible] Ali Sehir. Q. Pl. arab. [illegible] Raschid-eddin Hist. des Mongols, [illegible] I. 226, not. 68. — Rel. abstr. [illegible]

[illegible]

[illegible] N. pr. [illegible] Perses. | Name eines Königs der alten Perser, [illegible]

[illegible] Sbst. [illegible]

[illegible] Sbst. [illegible] Gramm. [illegible] pluriel. | der Plural (vgl. d. arab. Gramm.). — Arithm. die Addition. — Rhetor. [illegible] — Theol. myst. [illegible] — Plur. [illegible] Gramm. [illegible]

[illegible] Sbst. [illegible]

[illegible] Sbst. [illegible]

[illegible] Vb. refl. [illegible] Gramm. [illegible] Derlv. [illegible] Vb. caus. [illegible]

[illegible] en verbe au pluriel. | den Plural eines Wortes bilden.

[illegible] Sbst. réunion, [illegible] | Versammlung, Gesellschaft; Sammlung des Geistes [illegible] — Theol. myst. das Streben in der Gottheit zu leben, sich in Gott zu versenken.

[illegible] Sbst. lieu de réunion, de rassemblement | Versammlungsort.

[illegible] Sbst. [illegible]

[illegible] s. [illegible]

[illegible] Sbst. [illegible] | [illegible] Kom. s. v. [illegible]

[illegible] Vb. act. [illegible] Kom. s. v. [illegible]

[illegible] Vb. intr. [illegible]

[illegible] Sbst. [illegible] Pl. [illegible]

[illegible] Pl. v. [illegible]

[illegible] Sbst. [illegible]

[illegible]

[illegible] Sbst. [illegible] Gramm. [illegible] — Adv. [illegible] — Rel. abstr. [illegible]

[illegible] s. [illegible]

[illegible] Sbst. [illegible] prairie, verger, jardin, [illegible] | Wiese, Garten [illegible] — [illegible]

[illegible] (plante). | [illegible] — [illegible] jardinier. | Gärtner. [illegible] lieu de verdure, prairie. | Wiese. [illegible] | die Wiese [illegible] tapis de verdure. | [illegible] — Rel. abstr. [illegible] lieu de verdure. | Wiese.

[illegible] Sbst. Tahrif v. [illegible] | Kümmel.

[illegible] [Rad. [illegible]] Adj. rétif, opiniâtre. | widerspenstig, [illegible] (von Pferden).

[illegible] [illegible 1.] Sbst. [illegible]

[illegible] Sbst. [illegible]

[illegible] Sbst. Pl. v. [illegible]

[illegible] Sbst. [illegible] l'état, république. | die Menge, das Volk; der Staat, Republik. [illegible]

[illegible] Sbst. [illegible] république [illegible] | [illegible] Republik.

[illegible] Tahrif v. [illegible] | alle zusammen.

[illegible] Vb. intr. [illegible]

[illegible] Adj. u. Sbst. [illegible] — Adv. [illegible]

[illegible] réunion. | Vereinigung, Versammlung.

[illegible] Sbst. lieu de réunion. | Versammlungsort, [illegible]

[illegible] Fem. [illegible] Adj. [illegible] Pl. [illegible]

[illegible] Sbst. collect. v. Singul. [illegible]

[illegible] génie, démons [illegible] | Genien, Dämonen [illegible]

[illegible] die Reste der Genien. [illegible] die Genien [illegible]

[illegible] ... Subst. ... petit doigt. | der kleine Finger. [illegible]

[illegible] ... Subst. ... crime. | Vergehen ... criminal | Verbrechen.

[illegible] ... plusieurs. | einige ... [illegible]

[illegible] ... | [illegible] ... Markt)

[illegible] ... Subst. genre, espèce, sorte, classe, catégorie, race, famille, lignage. | Geschlecht, Art, Gattung, Klasse, Rasse, Familie; Abkunft, Stamm; als Adj. de race. | von guter Abkunft. — [illegible] ... Pl. ... marchandises. | Güter, bewegliches Besitzthum, Handelsgut, Waaren. ... [illegible]

[illegible] ... Subst. ... [illegible] ... | Reich der [illegible]

[illegible] ... Subst. champ de bataille. | Schlachtfeld. — [illegible]

[illegible] ... Subst. guerrier, combattant, soldat. | Krieger, Kämpfer, Soldat

[illegible] ... | Nachgiebigkeit.

[illegible] ... Subst. 1. cour, enclos. | Hecke, [illegible] (von Holz oder Eisen). — [illegible] ... Waldung, Wälder.

[illegible]

جحوك [illegible]. [جحف I.] Sbst. [illegible] action de dévier de la voie droite, de s'écarter. | Abweichen vom geraden Wege, Verirrung.

جحود [illegible]. [Infin. v. جحد] Sbst. [illegible] faire, [illegible], être [illegible] d'un [illegible]. | [illegible], Wahnsinn, [illegible].

[illegible] [illegible]. [illegible] oder [illegible] der Jugend. — Rel. sbst. [illegible] [illegible] | [illegible].

p [illegible] [illegible] s. [illegible]

p [illegible] [illegible]

a جنى [illegible] [Rad. جنى] Sbst. und Adj. [illegible] fruit cueilli, arraché de l'arbre, cueilli récemment, frais. | gepflückte Frucht; gepflückt, bes. frisch gepflückt, frisch.

a جنى [illegible] (von dem letzten [illegible])

Sbst. Singular zu جن — démon, génie, fée. | Dämon (guter und böser, männlicher und weiblicher). — als Adj. appartenant aux démons: merveilleux. | dämonisch; wunderbar.

a [illegible] [illegible] Sbst. [illegible] Femin. [illegible] — Plural [illegible] und [illegible] animal (cheval, etc.) mené en main, cheval de main, cheval de parade. | ein Thier welches man an der Hand führt, Handpferd, Paradepferd. [illegible] [illegible] écuyer | Stallmeister, — [illegible]

p [illegible] Adj. [illegible] cueilli | gepflückt s. [illegible]

a [illegible] [illegible]. [Denom. v. جنس] Adj. [illegible] appartenant au même genre, à la même espèce qu'un autre, homogène; qui est de pure race. | gleichartig, von gleicher Abkunft mit einem andern, von guter oder reiner Abkunft, reiner Race.

a جنين [illegible]. [Rad. جن] Adj. und Sbst. [illegible] ce qui est caché au fond; embryon, fœtus. | in der Tiefe verborgen; Embryo — Pl. [illegible] [illegible] u. [illegible] [illegible].

p [illegible] Adj. [illegible] vgl. [illegible] de cette manière, tel, tellement. | auf diese Weise, ebenso (wie jenes).

[illegible] Sbst. LT. [illegible] graisse. | Fett, Fettigkeit.

p جو [illegible]. Sbst. [illegible] orge, grain d'orge; un grain. | Gerste, Gerstenkorn; ein Körnchen. جو [illegible] [illegible] autant qu'un grain d'orge, so viel wie ein Gerstenkorn, d. i. sehr wenig. جو [illegible] [illegible] oder [illegible] [illegible] grain à grain, morceau à morceau [illegible] Körnchen um Körnchen, Stück für Stück, eines nach dem andern. [illegible] der Gerste verkauft und Roggen wiegt, d. i. ein schlauer Betrüger.

p جو [illegible] Sbst. — [illegible] jung | Joch.

p جو [illegible] Sbst. — [illegible] fleuve, rivière | Fluss.

p جو [illegible] Rad. v. جستن in Zusammensetzungen: qui cherche, qui désire. | suchend, strebend nach, begierig. [illegible] kampfbegierig.

a جو [illegible]. Sbst. [illegible] l'espace entre le ciel et la terre; vaste plaine. | der leere Luftraum; Atmosphäre; weite Ebene.

[illegible] [illegible]. Sbst. cri du moineau. | Zirpen eines kleinen Vogels. [illegible] crier, pépier. | zirpen.

p جو [illegible]. Adv. [illegible] comme, ainsi, pareillement. | wie, gleich s. [illegible]

a جواب [illegible]. [Rad. [illegible]] Sbst. réponse, réplique. | Antwort, Widerrede. — [illegible]. — [illegible]. — [illegible], répondre, antworten. بى جواب [illegible] sans réponse, ohne Antwort, schweigend. [illegible] prêt à répondre. | zur Antwort bereit, flink mit Antwort verlegen. جواب [illegible] oder [illegible] جواب réponse catégorique. | bestimmte Antwort. — Rel. sbst. [illegible] [illegible]. Kam. s. v. [illegible]

a p [illegible] [illegible]. Adj. u. Sbst. [illegible] qui répond. | der Antwortende, Widersprechende.

a t [illegible] [illegible]. Vb. recipr. [illegible] se répondre les uns aux autres. | einander antworten.

a p [illegible] [illegible]. Sbst. lettre de réponse. | Antwortschreiben.

[illegible] [illegible] und [illegible] Sbst. LT. [illegible] [illegible]. | [illegible].

a جواد [illegible]. [Rad. [illegible]] Adj. und Sbst. — [illegible] libéral, généreux. | freigebig, [illegible] — Pl. [illegible] [illegible] [illegible] cheval de race. | edles Ross.

a [illegible] [illegible] Sbst. Pl. v. [illegible]

a [illegible] [illegible] [Pl. v. [illegible] Rad. [illegible]] Sbst. [illegible] [illegible] Trockenheit, Dürre, Unfruchtbarkeit.

a [illegible] [illegible] Sbst. Pl. v. [illegible]

a جوار [illegible]. [جور Inf. Denom.] 1. Sbst. [illegible] être voisin de q. qu., voisinage, proximité. | benachbart sein, Nachbarschaft. — 2. Adj. [illegible] [illegible] voisin, proche | benachbart, nahe.

a جوار [illegible] Sbst. = [illegible]

a جوارح [illegible]. Sbst. Pl. v. جارحه

a جوارش [illegible]. Sbst. p [illegible] — Pl. [illegible] [illegible]. médicament qu'on prend pour la digestion | eine Arznei zur Beförderung der Verdauung oder zur Stärkung des Magens. Kam. s. v. [illegible]

a جوارى [illegible] Sbst. Pl. v. جاريه

a جواز [illegible] [Rad. جوز]. Sbst. [illegible] [illegible] être permis. | Zulässigkeit, Erlaubniss. — [illegible] [illegible] permettre. [illegible]

a [illegible] [illegible] Sbst. Pl. v. [illegible]

a [illegible] [illegible]. Sbst. Pl. v. [illegible]

a [illegible] [illegible]. Sbst. Pl. v. [illegible]

p جوال [illegible] u. [illegible] [illegible]. Sbst. [illegible] sac (à blé). | Sack (von grober Leinwand), Getreidesack. [illegible] ein Sack Getreide.

a جوال [illegible]. [Rad. [illegible]] Adj. qui tourne continuellement; qui voyage beaucoup de tout côté, vagabond. | sich beständig drehend; Länderdurchstreifer; Herumtreiber.

a [illegible] [illegible]. Pl. v. [illegible]

p [illegible] [illegible], und [illegible] vulg. [illegible]. Sbst. grande aiguille à coudre des sacs. | Packnadel.

a جوالق [illegible]. Sbst. [illegible] — جوال grand sac à blé. | Getreidesack.

a جوامع [illegible]. Sbst. Pl. v. جامع

a [illegible] [illegible]. Sbst. Pl. v. [illegible]

a جوامع [illegible]. Sbst. Pl. v. جمع

a [illegible] [illegible]. Sbst. Pl. v. [illegible]

a [illegible] [illegible]. Sbst. Pl. v. [illegible]

p جوان [illegible] oder [illegible] Adj. und Sbst. [illegible] jeune, adolescent, jeune homme. | jung, jugendlich, Jüngling. — Pl. جوانان [illegible], u. جوانلر [illegible] — Rel. sbst. جوانى [illegible] und [illegible] [illegible]. jeunesse. | Jugend. [illegible] l'âge de l'adolescence. | Jugendalter, Alterstufe der Jugend.

p [illegible] [illegible]. Adv. comme un jeune homme, courageusement. | nach Art der Jugend, muthig, kühn.

a [illegible] [illegible]. Sbst. Pl. v. [illegible]

p [illegible] [illegible]. Adj. dont le bonheur est jeune, heureux. | dessen Glück neu, jung, d. i. im Aufsteigen begriffen, ein Glücklicher.

[illegible] [illegible], oder [illegible] LT. Sbst. ([illegible]) PW. [illegible] [illegible] main gauche, côté gauche, aile gauche de l'armée. | linke Hand, linke Seite, linker Heeresflügel; Gegentheil v. [illegible]

p [illegible] [illegible], vulg. [illegible] Adj. libéral, généreux; brave, courageux. | freigebig, [illegible], muthig. — Rel. sbst. [illegible] [illegible], und [illegible] [illegible], vulg. [illegible]. libéralité, bravoure. | Freigebigkeit, [illegible], Muth.

p جوانى [illegible] s. جوان

a جواهر [illegible]. Sbst. Pl. v. جوهر pierres précieuses, perles. | Edelsteine, Perlen; im Türk. als Singular: Juwel; davon der Plur. جواهرات [illegible].

a t [illegible] [illegible]. Sbst. [illegible] joaillier, Juwelier. — Rel. sbst. [illegible] [illegible] joaillerie, bijouterie. | Juwelierkunst, Juwelenhandel.

a [illegible] [illegible]. Sbst. — [illegible]

[illegible] Thieres, eines Vogels. [illegible] vgl. [illegible]

[illegible] Sbst. [illegible] | [illegible] (des [illegible]), [illegible] LL.

[illegible] Sbst. [illegible] | [illegible] vgl. [illegible]

[illegible] Sbst. [illegible] petit [illegible] | [illegible]

[illegible]

[illegible] Sbst. [illegible] | Turk.

[illegible] Adj. [illegible] | viel, sehr.

[illegible] Sbst. [illegible]

[illegible] LT. [illegible] | unglücklich.

[illegible] Sbst. [illegible] plaie [illegible] oder starker Regen.

[illegible] Sbst. [illegible] Freigebigkeit, Güte, Wohlthätigkeit. [illegible]

[illegible]

[illegible] Pl. [illegible]

[illegible] Sbst. vgl. [illegible] | Regen [illegible]

LL. [illegible] Kam. [illegible] | Treppe.

[illegible] Sbst. [illegible] | [illegible]

[illegible] Vb. [illegible]

[illegible] | bist du voll?

[illegible]

[illegible] Adj. [illegible] | sehr reichlich [illegible] (ein Regen).

[illegible] N. pr. [illegible] Ararat. | [illegible] im Norden von Mesopotamien, der Ararat.

[illegible] Sbst. [illegible] Ungerechtigkeit, Gewaltthätigkeit, [illegible] Tyrannei. — [illegible] ungerecht sein, [illegible] Ungerechter, Tyrann.

[illegible] Sbst. [illegible] | [illegible] Schule oder Becher.

[illegible] Sbst. [illegible] | [illegible]

[illegible] Sbst. collect. petits morceaux de bois, épines | kleine Holzstückchen, Splitter, Schnitzel, Dornen. — Rel. [illegible]

[illegible] | [illegible] Splitter oder Dornen. vgl. [illegible]

[illegible] LT. [illegible]

[illegible] Sbst. [illegible] chaussette | Strumpf, Socke.

[illegible] Sbst. u. Adj. Tahrif. [illegible] | [illegible] Wasser. — Rel. [illegible] | [illegible] Rumpf, [illegible]

[illegible] Sbst. [illegible] | [illegible] Brühe.

[illegible] LT. [illegible]

[illegible] Sbst. qui fait ou distribue la soupe; [illegible] intendant de la maison, [illegible] boutique, mangeur de soupe, c. à d. homme riche; autrefois le colonel d'un régiment de janissaires. | Suppenmacher, Suppenvertheiler, Suppenesser, d. h. ein Reicher, [illegible]; [illegible] früher Oberster eines Janitscharenregiments. [illegible] homme de la garde [illegible] | [illegible]

[illegible]

[illegible] Sbst. LT. [illegible] petit [illegible] | [illegible]

[illegible]

[illegible] Sbst. Pl. [illegible]

[illegible] Sbst. [illegible] | Heimchen, [illegible]

[illegible] Sbst. Sl. [illegible] | [illegible] Mund [illegible] Milch [illegible]

[illegible] LL. [illegible]

[illegible] Sbst. Sl. [illegible] | [illegible]

[illegible] Sbst. [illegible] | Erzählung, [illegible] Sl. LT. Vb. vgl. [illegible]

[illegible] Sbst. collect. [illegible] | [illegible] Splitter, [illegible] LL. [illegible]

[illegible] Kam. [illegible]

[illegible] Sbst. Sl. [illegible] | [illegible]

[illegible]

[illegible] Sbst. LT. action de se tourner; [illegible] | das Drehen; [illegible] — als Adj. [illegible] vgl. [illegible]

[illegible] Sbst. [illegible] sorte de gâteau, petit pain [illegible] disque | eine Art Kuchen oder Semmel [illegible] Scheibe [illegible] | die Sonnenscheibe. [illegible] | Schwindel.

[illegible] LL. u. Kam.

[illegible] Adj. u. Sbst. [illegible] | [illegible] — Redensart: [illegible] | wildes Thier [illegible] Kam. [illegible]

[illegible] Kam. u. v. [illegible]

[illegible]

[illegible] Sl. [illegible] verbraucht [illegible]

[illegible] Vb. [illegible] Sl.

[illegible]

[illegible] Vb. [illegible] Rel. [illegible]

[illegible] Vb. pass. [illegible]

[illegible] LT. [illegible]

[illegible] Sbst. [illegible]

[illegible] Vb. refl. se contourner | sich zusammenwinden [illegible] (wie eine Schlange) Kam. u. v.

[illegible] Adj. [illegible]

[illegible]

[illegible]

[illegible] LT. [illegible] | [illegible] Ungerechtigkeit [illegible]

[illegible] Vb. [illegible] | [illegible]

p جوشن dewšen Sbst. [illegible] cuirasse en cotte de mailles. | Panzer oder Harnisch (von Ringen und Schuppen). جوشن [illegible] oder جوشن ور [illegible] mit solchem Panzer bedeckt. جوشن [illegible] Panzerverfertiger.

p جوشمق [illegible] Vb. intr. vgl. جوش [illegible] être en effervescence, s'échauffer, être en colère. | aufwallen, sich erhitzen, zornig werden [illegible] | BK. [illegible]

p جوشیر [illegible] Sbst. 1. [illegible] | Weizen. — 2. [illegible] BK.

[illegible]

[illegible]

[illegible]

[illegible] ÇYLLAMAK Vb. act. SL. [illegible] prendre une aiguille avec les doigts. | einen Stachel u. dgl. mit den Fingerspitzen fassen.

[illegible] s. [illegible]

[illegible] Sbst. SL. [illegible] qui fait naturellement mine; [illegible] de l'épée de Djinguizkhan; le diable. | der ein böses Gesicht macht; Griff am Säbel Tschingizkhans. [illegible] Teufel.

[illegible] LT. [illegible] vgl. [illegible]

[illegible] Sbst. [illegible] | Mann. Ferhad. TL.

[illegible] und [illegible] s. [illegible]

[illegible] Sbst. [illegible] tante. | Mutterschwester.

[illegible] Sbst. jouet d'enfant. | [illegible] Kinderspielzeug. [illegible] jolie. | hübsch, niedlich

[illegible] s. [illegible]

[illegible] N. pr. la rivière Oxus | der Fluss Amudarja (der Oxus der Alten), der Iran von Turan trennt

[illegible] Sbst. [illegible] | der Hals.

[illegible] [Rad. [illegible]] Adj. [illegible] | gut.

[illegible] Sbst. LT. [illegible]

[illegible] s. [illegible]

[illegible] [Rad. [illegible]] Vb. act. [illegible] cueillir; élire, choisir. | zusammenbringen; Früchte lesen, pflücken, auslesen. — Partic [illegible] und [illegible]

[illegible] s. [illegible]

[illegible] auch [illegible] und [illegible] Sbst. [illegible] visage, face, teint de visage. | Gesicht, Wange, Gesichtsfarbe. — Rel. abstr. und concr. [illegible] LT. [illegible]

[illegible] und [illegible] Sbst. Pl. v. [illegible] voisins | Nachbarn

[illegible] vulg. [illegible] Sbst. LT. [illegible] grenat; Granat, als Adj. fauve. | rothgelb, röthlich, braunroth.

[illegible] Sbst. instrument avec lequel on arrondit le cuivre. | Werkzeug zum Biegen der Baumwolle. Kom. s. v. [illegible] vgl. [illegible]

[illegible] s. [illegible]

[illegible] Sbst. LT [illegible] jeune homme de talent et bien instruit. | fähiger und unterrichteter Jüngling. vgl. [illegible]

[illegible] oder [illegible] Vb. act. und intr. [illegible] tourner, etc., se tourner. [illegible] drehen, wenden, sich umwenden, umdrehen, u. s. w. | s. [illegible] s. [illegible]

[illegible] — [illegible] pourrir. faulen.

[illegible] Sbst. — [illegible] armée. | Heer.

[illegible] LT. [illegible] cheval bigarré. | buntes oder dreifarbig gefleckten Pferd.

[illegible] und [illegible] Adj. und Sbst. fort, vaillant, courageux, victorieux. | stark, tapfer, muthig, siegreich. [illegible] qui se hâte, prompt | eilfertig, schnell bei der Hand. — Rel. abstr. [illegible] oder [illegible] courage, force, vaillance. | Muth.

[illegible] Adj. — [illegible] coureur; agile. | schnell, muthig (von Pferden).

[illegible] Sbst. poignée. | Handvoll

[illegible] s. [illegible]

[illegible] LT. [illegible] Gegentheil von [illegible]

[illegible] Sbst. [illegible] chose quelconque, quelque chose, qui existe | Etwas, irgend etwas, was ist. [illegible] rien, qui n'est rien | ein Nichts. — Dimin. [illegible] un petit peu. ein klein wenig.

[illegible] Sbst. [illegible] côté, plage | Seite, Gegend

[illegible] s. [illegible]

[illegible] s. [illegible]

[illegible] s. [illegible]

[illegible] s. [illegible]

[illegible] s. [illegible]

[illegible] LT. [illegible] [nicht ... [illegible]]

[illegible] Vb. intr. LT. [illegible] se tourner | sich drehen

[illegible] und [illegible] Sbst. [illegible] hérisson | Igel.

[illegible] Sbst. [illegible] cause, motif. | Ursache, Grund, Beweggrund. [illegible] — [illegible] Dieu. | der Urheber der Ursachen, d. i. Gott

[illegible] s. [illegible]

[illegible] Sbst. LT. [illegible] | Hasenscharte

[illegible] — [illegible] qu'est-ce? | was ist es? [illegible] — [illegible] qu'est cela? | was ist das? Als Sbst. énigme. | Räthsel. — 2. — [illegible] qualité ou état d'une chose. | Eigenschaft und Wesen einer Sache

[illegible] — [illegible]

[illegible] s. [illegible]

[illegible] Sbst. [illegible] armée. | Heer. Plur. [illegible]

[illegible] Sbst. placement, lavement [illegible] ([illegible]) [illegible] | [illegible] (Stahl oder Urin). — [illegible] placer, écraser de [illegible] | den Urin lassen, zu Stuhle gehen [illegible] [illegible] | Ausleerung durch Stahl. [illegible] | Urinlassen.

[illegible] [illegible] petit de lièvre | Häschen

[illegible] Vb. act. démonter. | aufbinden. — Deriv. I. [illegible] Vb. refl. se déshabiller. | sich entkleiden. — II. [illegible] Vb. refl. caus. déshabiller. | entkleiden.

[illegible] Sbst. [illegible] cri, pleurs | Schrei, Weinen. SL.

[illegible] Sbst. [illegible] | [illegible]

[illegible] Sbst. — [illegible] paravent, écran. | Vorsatzschirm. SL. BK.

[illegible] und [illegible] s. [illegible]

[illegible] Sbst. SL. [illegible] pauvre | ein Armer. vgl. [illegible]

[illegible] Sbst. SL. [illegible] cousin | Sohn der Mutterschwester.

[illegible] Sbst. collier de faucon et d'éperviers. | seidenes Band, welches um den Falken und Sperber um den Hals legt. LT.

[illegible] Sbst. LT. [illegible] pauvreté | Armuth. vgl. [illegible]

[illegible] oder [illegible] s. [illegible] Sbst. 1. [illegible] | [illegible] — 2. s. [illegible] Kom. und BK. [illegible] | [illegible]

[illegible] s. [illegible]

[illegible] Sbst. SL. [illegible] | [illegible], der nach dem Thauwinde eine harte Oberfläche erhalten; Masse, deren Oberfläche durch Eiss [illegible] ist.

[illegible] LT [illegible] s. [illegible]

[illegible] Sbst. collier de faucon. | Halsband oder Riemen, der dem Falken um den Hals gelegt wird. SL. vgl. [illegible] und [illegible]

[illegible] Sbst. SL. [illegible] enveloppe (de drap). | ein Tuch, in welches man etwas bindet und die Zipfel zusammenknüpft, vulg. Tasche

[illegible] Sbst. und Adj. [illegible] Plur. [illegible] cadavre, [illegible] | verwesender Leichnam, Aas, [illegible], stinkend. [illegible] [illegible]

[illegible] Sbst. LT. [illegible] tumeur, clou, etc. etwas hervortretendes, Beule, Geschwulst [Partic. v. [illegible]]

[illegible] Sbst. LT. [illegible] [illegible] cavité de l'oreille. | [illegible]

... oder Vertiefung hinter dem Obrläppchen; Kerbe am Bogen, in dem die Sehne befestigt wird.

[illegible] ... Sbst. und Vb. s. ... und ...

[illegible] LT. ... hauteur, élévation | Höhe, Anhöhe.

[illegible] LT. Sbst. ...

[illegible] ... roh, ungekocht, nicht gar ... zu essen, nicht gar ... Kam. s. v. ... — ... à demi cru | halb roh. — ... crudité | das Rohsein.

[illegible]

[illegible] LT. ... jujube rouge | die rothe Brustbeere.

[illegible]

[illegible] Sbst. grande écuelle | grosse Schüssel, Napf.

[illegible] ... rude, prompt, agile | schnell.

[illegible] Vb. ... chasser, poursuivre, chercher ... treiben, jagen, verfolgen, suchen ...

[illegible] Sbst. LT. ... jujube rouge | rothe Brustbeere.

[illegible] ... Sbst. ... bride ... Zügel, Halfter. — ...

[illegible] Postpos. ...

[illegible] Ali Sebir. ...

[illegible] LT. ... Sbst. ... China | China. ... China und Cochinchina.

[illegible] Adj. ... droit, vrai, sincère | recht, wahr, aufrichtig. ... nicht die Wahrheit sprechen. Sadi ... Gulist. ... — ... Abulg. ... 57.

[illegible] LT. ... Sbst. ... Tabriz ... Kraken (einer Raubvogels, einer Katze u. s. w.) Kam. s. v. ...

[illegible] Sbst. ... der Weber ... Kam. s. v. ...

[illegible] LT. ... Sbst. petite partie d'une grappe ... Kam. s. v. ...

[illegible] Vb. ... LT. ...

[illegible] LT. ... Sbst. ... Kam. ...

[illegible] Sbst. ... Vogelfutter, Lockspeise.

[illegible] Sbst. [illegible] des oiseaux. | Kropf der Vögel

[illegible] (ihl. Adj) und Sbst. de Chine; porcelaine de Chine; [illegible] | chinesisch; chinesisches Porzellan, [illegible] Porzellan (Tassen, Teller, u. dgl.); [illegible]

[illegible] Sbst. — [illegible] | [illegible]

[illegible] Vb. act. und [illegible] Vb. pass. u. [illegible]

[illegible] Sbst. Bl. [illegible]

[illegible] chemin. | Drehung oder Wendung des Weges. [illegible] | [illegible]

[illegible] Sbst. [illegible] | Umdrehung u. s. w., u. [illegible]

[illegible] Sbst. Pl. v. [illegible]

[illegible] Sbst. [illegible] | Vereinigung, Zusammenkunft

[illegible] Sbst. [illegible] | [illegible]

[illegible] Sbst. v. [illegible] | Nagel, [illegible]

[illegible] Bl. [illegible] | [illegible]

[illegible] [Rad. [illegible]] Sbst. [illegible] | das Kommen, Ankunft

ح

[illegible] — im Türkischen oft für ج gesetzt. [illegible] lettre de l'alphabet arabe, [illegible] de l'alphabet persan et turc; prononciation H fortement aspiré, — valeur numérique 8; abréviation de [illegible] | achter Buchstabe des arabischen, [illegible] des persisch-türkischen Alphabets; [illegible] Zahlwerth im [illegible] 8; Abkürzung des [illegible]

[illegible] Abréviation de [illegible] | Abkürzung des [illegible]

[illegible] Sbst. nom de la lettre ح | Name des Buchstabens [illegible]

[illegible] [Rad. [illegible]] Sbst. [illegible] juge. | Richter. [illegible] u. [illegible] nom d'un héros arabe, célèbre par sa générosité. | Name eines durch Freigebigkeit berühmten arabischen Helden. [illegible] du caractère de Hatem, c. à d. libéral. | vom Charakter Hatems, d. i. freigebig — Adj. rel. [illegible] libéral, généreux. | [illegible], d. i. freigebig, mild.

[illegible] [Rad. [illegible]] Sbst. pèlerin. | Pilger. — Plur. [illegible]

[illegible] — vgl. [illegible]

[illegible] Sbst. [illegible] croix, signe de la croix, crucifix. | Kreuz, Zeichen des Kreuzes, Kruzifix. — [illegible] faire le signe de la croix | das Zeichen des Kreuzes machen [illegible] crucifier. | kreuzigen.

[illegible] Sbst. Pl. v. [illegible]

[illegible] [Rad. [illegible]] Sbst. qui cache, qui dérobe aux yeux; voile, rideau, portière; gardien de l'entrée, chambellan, [illegible] oder des Vorhanges, der Wächter [illegible]; Vorhang, Thürvorhang; Wächter des Eingangs, Thürhüter, Kämmerer (bei den Khalifen in Bagdad, Aegypten und Spanien der erste Minister). [illegible] | Augenlid [illegible] der Engel Gabriel [illegible] Kämmerer des Schöpfers). — Plur. [illegible]

[illegible] [Rad. [illegible]] Sbst. [illegible] besoin. | Bedürfniss, Bedürfnisse, Noth, Mangel, Armuth. [illegible] temps de nécessité, en cas de besoin. | zur Zeit der Noth, wenn es nöthig ist. [illegible] | [illegible] nicht dass! [illegible] n'est pas nécessaire. | [illegible] [illegible] faire ses besoins. | seine Nothdurft verrichten (euphemistisch). [illegible] — Pl. [illegible]

[illegible] Sbst. Fem. v. [illegible] pèlerine; se dit par politesse d'une dame qu'on n'appelle pas par son nom. | Pilgerin; höfliche Bezeichnung einer Frau, die man nicht mit Namen nennen will. — Plur. [illegible]

[illegible] Adj. qui a besoin, nécessiteux. | der Noth hat, bedürftig.

[illegible] [Rad. [illegible]] Sbst. tout chose qui sépare, comme une cloison, un mur, une digue. | Scheidewand, Mauer, hoher Damm.

[illegible] vgl. [illegible] Sbst. Hadji, qui a fait le pèlerinage à la Mecque. | Pilger, der die Wallfahrt nach Mekka gemacht hat.

[illegible] Fest, welches nach Rückkehr der Pilgerkarawane gefeiert wird. [illegible] | ein Ausbesserung [illegible]. [illegible] | die [illegible] [illegible] | [illegible]

[illegible] [Rad. [illegible]] Adj. [illegible] aigu, tranchant, pointu; aigre, d'un goût fort. | scharf, spitz; scharf, [illegible] [illegible] Drohart

[illegible] Sbst. Fem. des Adjek. [illegible] angle pointu. | spitzer Winkel, [illegible]

[illegible]

[illegible] [Rad. [illegible]] Adj. und Sbst. [illegible] — Gegentheil von [illegible] — ce dont l'existence a commencé ou commence dans le cours du temps, qui n'a pas existé d'éternité; qui arrive, se passe; récent, nouveau; jeune homme; chose neuve, accident, nouvelle. | was im Laufe der Zeit zu sein begonnen hat oder beginnt, [illegible]; neu; Jüngling; etwas Neues, Neuigkeit, Vorfall. — [illegible] arriver, se passer, être nouveau | sich ereignen, vorkommen, entstehen; neu sein.

[illegible] Adj. und Sbst. — Fem. des Adjek. u. Nom. [illegible] accident, malheur; nouvelle, avis. | Vorkommniss, Vorfall, [illegible] Zufall, Unglücksfall; Nachricht, Zeitung. — Pl. [illegible] [illegible]; letzteres im Türkischen als Singular gebräuchlich: [illegible] une nouvelle, un événement | eine Neuigkeit, ein Ereigniss.

[illegible] [Rad. [illegible]] Sbst. chamelier qui fait marcher le chameau en [illegible] | [illegible], der das [illegible] durch [illegible] — Pl. [illegible]

[illegible] Num. ord. [illegible] le onzième. | der elfte.

[illegible] [Rad. [illegible]] Adj. intelligent, expérimenté, ingénieux, habile | einsichtig, erfahren, geschickt, scharfsinnig, [illegible] médecin habile | ein geschickter Arzt

[illegible] [Rad. [illegible]] Adj. [illegible] chaud. | warm, heiss. — Fem. [illegible] [illegible] Quellen [illegible] die heisse Zone

[illegible] Sbst. place d'une ville, grande rue | Platz, Strasse in einer Stadt. — Pl. [illegible]

[illegible] [Rad. [illegible]] Sbst. laboureur, cultivateur. | Ackerbauer

[illegible] — [illegible] bêcher, remuer avec [illegible] | ackern.

[illegible] [Rad. [illegible]] Sbst. [illegible] gardien, défenseur, commandant d'une ville, protecteur. | Wächter, Beschützer, Vertheidiger, Befehlshaber einer Garnison.

[illegible] [Rad. [illegible]] Adj. und Sbst. [illegible] avide, désireux, ambitieux. | gierig, begierig, ehrgeizig [illegible] nach einem Amte strebend

[illegible] Sbst. [illegible], gargousse. | Kardusse, Patrone [illegible] Kardusenkasten (auf einem Schiffe).

[illegible] [Rad. [illegible]] Adj. ardent, [illegible] | brennend.

[illegible]

[illegible] [Rad. [illegible]] Adj. u. Sbst. prudent, circonspect; [illegible] | klug, vorsichtig; [illegible] — Pl. [illegible]

[illegible] [Rad. [illegible]] Sbst. arithméticien. | ein Rechner.

[illegible] [Rad. [illegible]] Adj. qui sent, s'aperçoit, [illegible] | empfindend, wahrnehmend.

[illegible] Sbst. [illegible] faculté de sentir, sens | Empfindungsvermögen, Sinn. [illegible] mit Sinnen oder Empfindung begabt. [illegible] | Sitz der Empfindung im Gehirn. [illegible] das allgemeine Empfindungsvermögen. — Pl. [illegible]

[illegible] [Rad. [illegible]] Adj. u. Sbst. [illegible] | seidener Kleider Pl. [illegible]

[illegible] [Rad. [illegible]] Adj. und Sbst. [illegible] | [illegible] oder Waffen (Helm und Panzer) — Pl. [illegible]

[illegible] [Rad. [illegible]] Adj. und Sbst. qui retranche, extirpe. | der abschneidende, gänzlich wegschafft, ausrottet.

[illegible] Adj. [v. [illegible]] [illegible] sensible, [illegible] | sinnlich, empfindend, empfindlich. — Rel. abstr. [illegible] sensibilité | Empfindsamkeit. — Rel. concr. [illegible] [illegible] | sinnlich.

[illegible] Adv. sensiblement | empfindlich.

[illegible] oder [illegible] [Rad. [illegible]] Interj. [illegible] Dieu garde! que cela ne soit pas! | Gott bewahre! das sei ja nicht! [illegible] refuser. | verweigern. [illegible] avec votre permission | mit Ihrer Erlaubniss

[illegible] [Rad. [illegible]] Adj. und Sbst. qui rassemble, réunit | der zusammenbringt.

[illegible] v. [illegible]

[illegible] v. [illegible]

[illegible] [Rad. [illegible]] Sbst. bord (d'un habit), marge; glose marginale; postscriptum | Rand, Saum; Randglosse; Nachschrift in einem Briefe. — Pl. [illegible] — Rel. concr. [illegible]

[illegible] [Rad. [illegible]] Adj. und Sbst. qui entoure, assiège | umschliessend, belagernd. [illegible] — Medic. astringent. | zusammenziehendes Heilmittel. — [illegible]

[illegible] [Rad. [illegible]] Adj. und Sbst. qui arrive, qui a lieu; produit, production, fruit, récolte; profit, résultat. | vorkommend, entstehend, hervorgebracht; das Hervorgebrachte, Product, Frucht, Feldfrüchte, Ernte; Ergebniss, Resultat, Gewinn von einer Sache. — [illegible] provenir, résulter. | [illegible], hervorgehen, sich ergeben aus. — [illegible] acquérir, recueillir | erlangen, erwerben, einsammeln. [illegible] oder [illegible] sans produit, sans résultat, [illegible] | ohne Erfolg, [illegible], unfruchtbar. [illegible] produit de multiplication | Product (bei Multiplication). [illegible]

[illegible] [illegible] [Rad. [illegible]] Adj. und Sbst. Pl. [illegible] présent; [illegible] prêt, préparé, prompt. | zugegen, nahe, bereit, fertig. — als Sbst. concr. celui qui est présent; argent comptant. | der oder das Anwesende; baares oder bereitliegendes Geld. — [illegible] être présent, être prêt | zugegen sein, bereit sein. [illegible] homme prompt à répartir. | der immer eine Antwort bereit hat. — Gramm. la deuxième personne | die zweite Person (eigentlich der Anwesende, als Gegensatz von [illegible]) [illegible] die zweite Person des Imperativs eines activen Verbums. — Rel. abstr. [illegible] disposition, promptitude, préparatif | Bereitschaft, Vorbereitung

[illegible] Adj. und Adv. préparé, disposé, prompt; promptement | zugegen, bereit.

[illegible] Vb. act. [illegible] apprêter, préparer. | bereiten, anbereiten, in Bereitschaft setzen. — Deriv. [illegible] — Vb. refl. pass. [illegible] s'apprêter, se disposer; être prêt. | sich bereiten, sich bereit halten.

[illegible] [Rad. [illegible]] Sbst. [illegible] | [illegible]

[illegible] Partic. v. [illegible]

[illegible] vulg. [illegible] [Rad. [illegible]] Sbst. [illegible] bord, marge, côté. | Rand, Seite. — Plur. [illegible] — Dual [illegible] les deux côtés, les deux parties | die beiden Seiten, beide Theile.

[illegible] [Rad. [illegible]] Sbst. [illegible] petit-fils. | Enkel. — Pl. [illegible]

[illegible] [Rad. [illegible]] Sbst. [illegible] premier état de q. ch., nature, naturel ou caractère inné. | das ursprüngliche oder angeborene Wesen einer Sache oder Person.

[illegible] [Rad. [illegible]] Adj. und Sbst. [illegible] qui garde, conserve q. ch.; gardien, intendant, gouverneur, conservateur (se dit de Dieu); qui sait par cœur, spéc. qui sait par cœur le Koran | bewahrend, behaltend; Wächter, Verwalter, Statthalter; der Bewahrer, d. i. Gott; der etwas im Gedächtniss bewahrt, insbes. der den Koran auswendig weiss. [illegible] Bibliothekar.

[illegible] Adj. und Sbst. Fem. der Vögte, mémoire. | das Gedächtniss. [illegible] die bewahrende Kraft.

[illegible] [Rad. [illegible]] Adj. [illegible] très-plein. | sehr voll. — Fem. [illegible] qui abonde en lait. | milchreich.

[illegible] [Rad. [illegible]] Sbst. femme chaste et vertueuse. | tugendsame Frau

[illegible] [Rad. [illegible]] Adj. und [illegible]

[illegible] Sbst. [illegible] qui juge, [illegible], juge, arbitre, magistrat, gouverneur d'une ville ou d'une province, souverain, prince. | richtend, entscheidend; Richter, Schiedsrichter; obrigkeitliche Person; Statthalter oder Befehlshaber, Fürst [illegible] le prince actuel, le prince d'alors | der in jetziger Zeit, oder in damaliger Zeit regierende Fürst. [illegible] le juge absolu, c. à d. Dieu. der absolute Richter, d. i. Gott. — [illegible] être arbitre; dominer, commander; | entscheiden, richten; herrschen.

[illegible] Adv. en juge, en maître, magistralement, royalement. | als Richter, richterlich, obrigkeitlich, fürstlich (z. B. eine Entscheidung, Handlung, Ausspruch u. s. w.)

[illegible] Sbst. Fem. v. [illegible] princesse, souveraine. | Fürstin.

[illegible] [Rad. [illegible]] Adj. und Sbst. [illegible] qui raconte, narrateur. | erzählend, Erzähler.

[illegible] Sbst. état, condition, situation, position, disposition, circonstance, manière d'être, le temps présent, le mois courant, etc. Zustand, Lage, Umstände, in denen sich eine Sache oder Person befindet, Weise, Wesen, Befinden; die gegenwärtige Zeit, der laufende Monat, die laufende Woche — Gramm. le présent; terme circonstanciel | das Präsens; Umstandsausdruck. — vgl. die arab. Gramm. — Theol. myst. [Pl. [illegible]] extase. | der vorübergehende Zustand der inneren Begeisterung. vgl. [illegible]. — Pl. [illegible] ahwâl, und [illegible] circonstances, affaires. Zustände, Lagen, Angelegenheiten, Geschäfte — [illegible] sur le champ, immédiatement. | auf der Stelle, sogleich. [illegible] ou tout cas. | auf jeden Fall, unter allen Umständen. [illegible] qu'est-ce qui est arrivé, | was giebt es! was ist vorgefallen? [illegible] être à son aise | in seinem Zustande sein, d. i. sich wohlbefinden, mit seiner Lage zufrieden sein, weder sich selbst noch Andern Anlass zu Beunruhigung geben. [illegible] geh ruhig deiner Wege. [illegible] das durch sein Wesen oder für sich selbst sprechen eines unbelebten Gegenstandes. — Rel. abstr. [illegible] oder [illegible] Unbeständen, unglückliche Umstände, schlechte Verhältnisse.

[illegible] vulg. [illegible] Adv. actuellement, présentement, maintenant. | gegenwärtig, jetzt eben.

[illegible] Sbst. Tahrîf v. [illegible] tante | Mutterschwester.

[illegible] vulg. [illegible] Sbst. Nom. unit. von [illegible] état, qualité; chose. | Zustand, Eigenschaft; Sache, Ding (ganz unbestimmt), das Ding, euphemistisch für Abtritt. — Pl. [illegible]

[illegible] collier de chevaux, de brebis, de chiens, etc. | Halsband für Thiere.

[illegible]

[illegible] s'informer les uns des autres; délibérer. | sich nach einander erkundigen; sich berathen.

[illegible] [Rad. [illegible]] Adj. orné, geschmückt. — Fem. [illegible] femme ornée, parée d'ornements | geputzte Frau.

[illegible] Sbst. auch [illegible] und [illegible] Sbst. grand et gros tapis. | grosser und grober Teppich.

[illegible] Adj. und Sbst. von [illegible] qui a rapport à l'état; présent, actuel; le temps présent | umständlich, gegenwärtig; die Gegenwart. — Adv. [illegible] actuellement, présentement. gegenwärtig, jetzt. — [illegible]

[illegible] Tahrîf. v. [illegible]

[illegible] [Rad. [illegible]] Adj. und Sbst. [illegible] qui [illegible], [illegible]. | lebend, ein Lebender vgl. — [illegible]

[illegible] [Rad. [illegible]] Adj. [illegible] aigre, acide, amer, aigri. | sauer, bitter, ranzig. vgl. [illegible]

[illegible] [Rad. [illegible]] Adj. und Sbst. [illegible] qui porte, porteur. | tragend; Träger, Lastträger. [illegible] der Träger der Offenbarung, d. i. der Engel Gabriel. — vgl. [illegible]

[illegible] Adj. und Sbst. Fem. [illegible] enceinte, grosse; femme enceinte. | schwanger, trächtig; schwangere Frau. — Rel. abstr. [illegible] état de grossesse. | Schwangerschaft.

[illegible] [Rad. [illegible]] Adj. und Sbst. [illegible] qui protège, protecteur, défenseur. | beschützend; Beschützer, Vertheidiger — Pl. [illegible]

[illegible] Pers. Partic. von [illegible]

[illegible] Sbst. [illegible] boutique, taverne. | Bude, Laden, Weinhaus. — Plural [illegible]

[illegible]

[illegible] auch [illegible] Sbst. [illegible] poil du drap. | Noppe oder Scheerwolle des Tuches, die obere Seite des Sammets. — Rel. [illegible] und [illegible] wollig, [illegible]. — Als Sbst. [illegible]

[illegible] Sbst. [illegible], office, garde-manger. | Speisekammer.

[illegible] [Rad. [illegible]] Adj. [illegible] qui rassemble, contient. | zusammenbringend, enthaltend. — vgl. [illegible]

[illegible] Sbst. cavier. | Kaviar.

[illegible] [Rad. [illegible]] Adj. und Sbst. [illegible] ce qui manque, ce dont on a besoin. | das Fehlende, Nothwendige, dessen man bedarf.

[illegible] [Rad. [illegible]] Adj. und Sbst. [illegible] qui se détourne. [illegible]

[illegible] Sbst. [illegible] lieu où l'on fait halte, station, auberge | Ort, wo man vom Wege abbiegt, d. h. absteigt, Halt macht; Station, Herberge.

[illegible] [Rad. [illegible]] Adj. u. Sbst. [illegible] qui s'étonne, erstaunend — vgl. [illegible]

[illegible] [Rad. [illegible]] Adj. u. Sbst. [illegible] qui [illegible] — vgl. [illegible]

[illegible] und [illegible]

[illegible] Sbst. Tahrîf v. [illegible] oder [illegible] bambou. | Bambus.

[illegible] [Rad. [illegible]] Sbst. vulg. [illegible] Fem. femme qui a ses règles | Frau im Zustande der monatlichen Reinigung.

[illegible] [Rad. [illegible]] Sbst. [illegible] mur, muraille, clôture, carriole | Mauer, Wand, Ringmauer, Umhegung.

[illegible] [Rad. [illegible]] Sbst. tisserand. | Weber.

[illegible] [Rad. [illegible]] Adj. u. Sbst. qui cache, dérobe à la vue; voile, rideau. | verhüllend; Verhüller, Vorhang, Hülle. — [illegible] Hülle sein, d. i. verhüllen, bedecken. [illegible] et u. manifeste. | unverhüllt, offenbar.

[illegible] Sbst. collect. grain, graines; baie; pilule. | Korn; Beere, überhaupt runde und rundliche Frucht; Pille. — Plur. [illegible] und [illegible] — [illegible] oder [illegible] vulg. [illegible] Erdmandel (?). [illegible] [illegible] vulg. [illegible] Kirschenkern.

[illegible] und [illegible] Sbst. [illegible] amour, affection, amitié. | Liebe, Zuneigung, Freundschaft. [illegible] amour de la patrie | Vaterlandsliebe. [illegible] amour de soi-même, égoïsme. | Selbstliebe.

[illegible] [Rad. [illegible]] Sbst. den. présent. | Geschenk.

[illegible] u. [illegible] Sbst. collect. und [illegible] Nom. unit. bulle d'eau, [illegible]. | Wasserbläschen, [illegible].

[illegible] Sbst. Pl. v. [illegible]

[illegible] [Rad. [illegible]] Sbst. [illegible] marque, signe, vestige, trace. | Zeichen, Spur. — Pl. [illegible]

[illegible] Sbst. [illegible] | Truppe.

[illegible] Tahrîf v. [illegible]

[illegible] Sbst. Pl. v. [illegible]

[illegible] [Rad. [illegible]] Sbst. [illegible] cordier. | Seiler.

action d'empêcher, de défendre, d'interdire: empêchement, [illegible]; action de garder: garde, conservation | Verhinderung, [illegible], nicht [illegible]; Obhut, Erhaltung — Jurispr. interdiction prononcée contre une personne mineure ou imbécile ou prodigue, etc. | Anordnung, durch welche einer minderjährigen oder [illegible] oder [illegible] Person die Verfügung über ihr Vermögen entzogen wird — als Concret. chose interdite ou défendue. | etwas Verbotenes, Verwehrtes

[illegible] Subst. chose interdite ou défendue; [illegible]; mur, muraille | etwas Verbotenes; [illegible] Mauer. — Pl. [illegible] [illegible] Mauern, [illegible]. — [illegible] ein Theil der Mauer an der südlichen Seite des Tempels zu Mekka, [illegible]

[illegible] Subst. action d'empêcher | Verhinderung — [illegible]

[illegible] Subst. [illegible] pierre, [illegible] | Stein; [illegible]. — Alchem. pierre philosophale. der Stein der Weisen. [illegible] EL-ESWED, der schwarze Stein am Tempel zu Mekka

[illegible] Subst. Pl. v. [illegible]

[illegible] [illegible] Subst. [illegible] action d'empêcher, d'interdire. | Verhinderung, Untersagung.

[illegible] Subst. [illegible] [illegible] Name.

[illegible] Subst. [illegible] petite chambre, cabinet, cellule, niche | Kämmerchen, Kabinet, Zelle; Nische in der Wand. — Pl. [illegible]

[illegible] [Rad. [illegible]] Subst. chambre [illegible] [illegible] Subst. — [illegible]

[illegible] Subst. état d'être proéminent; élévation à la surface d'un corps, tumeur, [illegible] | das rund Hervorstehen, rund hervorstehende Erhöhung an der Oberfläche eines Körpers, Buckel u. dgl.; Dicke. [illegible] [illegible] Brust. — 2. action de mettre des [illegible] | [illegible]

[illegible] Subst. [illegible]

[illegible] Subst. [illegible] action d'assigner des limites; borne, [illegible], limite, frontière, barrière [illegible]; district; degré; sphère ou place de chacun; [illegible] faculté de faire q. ch., [illegible] point ou degré jusqu'où l'on parvient, [illegible] | Begrenzung; Grenze, Schranke; Bezirk, Bereich; Grad, Stufe; Wirkungskreis, Kraftbereich, Machtbereich; [illegible] Ende, Spitze, Schneide; Punkt, [illegible] Grad, [illegible] — Jurispr. Strafe, Züchtigung, [illegible]

von 12 Zeichen. — Log. Definition. — Astron. das Bereich eines der zwölf Bilder des Thierkreises, = 1/12 der Ekliptik oder 30 Grad. — Plur. [illegible] [illegible] [illegible] [illegible] [illegible] [illegible] des cornes, [illegible] | [illegible] —

[illegible] [illegible] c'est au dessus de mes forces | das ist nicht mein Bereich, d. i. geht über meine Kräfte, ich darf nicht, kann nicht. [illegible] je sais ce qu'il me faut | ich kenne meine Stellung, weiss, was mir ziemt. [illegible] en vérité | in der That [illegible] [illegible] c'est incommensurable, [illegible] | ist unbegrenzt und unzählbar. [illegible] welche Macht (oder Recht) hat er dazu. [illegible] [illegible] [illegible] | [illegible]

[illegible] [illegible] [illegible] dans l'intérieur d'un espace; pendant le cours d'un temps | innerhalb (von Raum und Zeit). vgl. Zeitschr. der D. M. G., Bd. VIII, [illegible]

[illegible] Subst. Pl. v. [illegible]

[illegible] Subst. Pl. v. [illegible]

[illegible] [Rad. [illegible] III.] Subst. action de converser, de s'entretenir; conversation | Unterhaltung.

[illegible] [Rad. [illegible]] Subst. [illegible] | Neuheit; Jugend.

[illegible] [Rad. [illegible]] Subst. [illegible] deuil; vêtement de deuil | Trauer, Trauerkleidung. [illegible] Trauerzeit.

[illegible] [Rad. [illegible]] Subst. [illegible] forgeron; [illegible] | [illegible]

[illegible] Subst. Pl. v. [illegible]

[illegible] Subst. Pl. v. [illegible]

[illegible] Subst. [illegible] [illegible] | [illegible]

[illegible] [Rad. [illegible]] Subst. [illegible] tranchant, l'aigu (de la lame); [illegible], [illegible], force, colère, emportement, impétuosité. | Schärfe; Heftigkeit, [illegible], Zorn, Jähzorn. [illegible] [illegible] en colère. | in Zorn gerathen [illegible] impétueusement, violemment | heftig. — Rel. [illegible] impétueux, violent, emporté. | heftig, zornig, hitzig

[illegible] Subst. [illegible] [illegible] Ziehbank (der Nestler, Drahtzieher). — Redhouse: a wire-drawer's gauge; a rolling machine for making wire, bars, plates,

etc. of metal. [illegible] [illegible] wall bores. — [illegible] [illegible] passer par la filière. | durch das Eisen ziehen.

[illegible] [illegible] Vb. refl. s'emporter, se mettre en colère. | in Zorn gerathen, heftig werden, — [illegible]

[illegible] Subst. chose nouvelle, accident, cas fortuit, changement du sort; [illegible] qui met l'homme dans l'impureté légale. | etwas Neues, Begebenheit, Zufall, Wechselfall; zufällige Verunreinigung, die eine Abwaschung erfordert — [illegible] einen Zufall haben, sich verunreinigen, — [illegible]. — Pl. [illegible] und [illegible]

[illegible] [Rad. [illegible]] Subst. nouveauté d'une chose, apparition | Neuheit einer Sache, Erscheinung, zum Vorschein kommen.

[illegible] Subst. accidents qui mettent l'homme dans l'impureté légale; changement du sort, apparition d'une chose. | Zufall [illegible] Sinne, — [illegible] | Erscheinung, zum Vorschein kommen

[illegible] Vb. intr. s'embarrasser, se [illegible] | [illegible] [illegible]

[illegible] Subst. [illegible] action de [illegible], de faire [illegible]; action de hâter, d'accélérer; action d'entourer de q. ch. | [illegible], [illegible], Umzäunung, [illegible]

[illegible] Subst. [illegible] [illegible], pente, penchant, [illegible] | Abhang, Vertiefung, Thal

[illegible] Subst. [illegible] action de supposer, de conjecturer | Vermuthung (z. B. über den Sinn eines Wortes oder einer dunklen Stelle).

[illegible] Subst. [illegible] prunelle, pupille de l'œil. | Augapfel, Augenstern. — Plur. [illegible] [illegible]

[illegible] [[illegible] I.] Subst. [illegible] être nouveau; [illegible], arriver pendant le cours du temps; être temporel | [illegible] im Laufe der Zeit Beginnen, Entstehen, [illegible], sich ereignen, das Neue [illegible] Sache. — [illegible] [illegible] | sich ereignen, vorkommen.

[illegible] Subst. descente, pente rapide. | steiler Abhang vgl. [illegible]

[illegible] [[illegible] I.] Subst. action de descendre. | das Herabsteigen. vgl. [illegible]

[illegible] [Rad. [illegible]] Adj. à Subst. [illegible] nouveau, récent; nouvelle, relation d'un fait, etc.; tradition concernant les paroles ou les faits du prophète | neu; Neuigkeit, Nachricht, Erzählung einer Begebenheit; Ueberlieferung der Aussprüche und Handlungen Mohammeds. — Pl. [illegible]

[illegible] Subst. [illegible] | [illegible] Ruhm, [illegible] u. dgl.

[illegible] Subst. [illegible] | [illegible]

[illegible] Subst. [illegible]

[illegible] Subst. [illegible] | [illegible] Begierde [illegible]

[illegible] Subst. [illegible] | [illegible] Lage einer Person, in körperlicher und geistiger Beziehung.

[illegible] Subst. 1. Pl. [illegible] | [illegible] des Alphabets [illegible] Adj. [illegible] Wort für Wort [illegible] Subst. [illegible] Kritiker [illegible] Subst. [illegible]

[illegible] Subst. Pl. [illegible] | [illegible] Gesellschaft [illegible] Handwerker.

[illegible] Subst. — Pl. [illegible] | [illegible]

[illegible] Subst. [illegible] | [illegible] Theol. [illegible]

[illegible] Subst. [illegible] | [illegible]

[illegible] Adj. [illegible] | [illegible]

[illegible] Subst. [illegible] | [illegible] — [illegible]

[illegible] se mouvoir, agir. | sich bewegen, handeln. [illegible] | sich in Bewegung setzen [illegible] | in Bewegung bringen. [illegible] Subst. [illegible] | [illegible]

[illegible] Subst. Pl. [illegible] | [illegible]

[illegible] Subst. [illegible] | [illegible]

[illegible] Subst. [illegible] | [illegible]

[illegible] Subst. [illegible] | [illegible]

[illegible] Subst. [illegible] | [illegible]

[illegible] Subst. [illegible] | [illegible] kleine Eingeborene [illegible]

[illegible] Subst. [illegible] | [illegible]

[illegible] Subst. Pl. [illegible]

[illegible] Subst. [illegible] | Wärme, Hitze.

[illegible] Subst. [illegible]

[illegible] | Freiheit, freier Stand [illegible]

[illegible] Subst. [illegible] | [illegible]

[illegible] Subst. [illegible] | [illegible]

[illegible] Subst. Pl. [illegible]

[illegible] Adj. [illegible] | [illegible]

[illegible] Adj. [illegible] | [illegible]

[illegible] Subst. [illegible] | Freiheit [illegible]

[illegible] Adj. [illegible] | [illegible]

[illegible] Adj. [illegible] | Seide, Seidenstoff.

[illegible] Subst. [illegible] | [illegible]

[illegible] Adj. [illegible] | gierig.

[illegible] Adj. [illegible] | [illegible]

[illegible] Subst. [illegible] | [illegible]

[illegible] Adj. [illegible] | [illegible]

[illegible] Subst. [illegible] | [illegible]

[illegible] Adj. [illegible] | [illegible]

[illegible] Adj. u. Subst. [illegible] | [illegible]

[illegible] Subst. [illegible] | [illegible] Schneider [illegible]

[illegible] Subst. [illegible]

[illegible] *mortifier.* | Entkräftet, [illegible] Hin-deyin.

[illegible] [Rad. [illegible]] Sbst. [illegible] *maigre; mollet.* | [illegible] Wade.

[illegible] s. [illegible]

[illegible] Sbst. *troupe d'hommes, cohorte; secte;* [illegible] *des 120 sections du Coran.* | Abtheilung; [illegible] Menschen; Sekte; einer der 120 Abschnitte des Korans. — Pl. احزاب [illegible] *parties, partisans, alliés.* | Abtheilungen u. s. w., Parteigänger, Anhänger, Verbündete.

[illegible] Sbst. *circonspection, considération, circonspection, précaution,* [illegible] | [illegible], Ueberlegung, [illegible], Umsicht, Vorsicht, Klugheit, sicheres Urtheil. — [illegible] *se résoudre, considérer.* | sich entschliessen, überlegen. vgl. [illegible]

[illegible] Sbst. [illegible] *tristesse, affliction, mélancolie.* | Traurigkeit, Betrübniss, Qual, [illegible] — [illegible] | [illegible] (als [illegible]). — Plur. [illegible] *afflictions* | Betrübnisse, Verdriesslichkeiten, Aergernisse. — Mel. [illegible] *triste.*, traurig.

[illegible] Adj. und Sbst. = [illegible]

[illegible] Sbst. *le mois de Juillet.* | der Monat Juli des syrisch-römischen Jahres.

[illegible] [Rad. [illegible]] Adj. und Sbst. [illegible] *triste, affligé, mélancolique.* | traurig; ein Trauernder, Betrübter.

[illegible] Sbst. Plur. [illegible] *action et faculté de sentir, d'apercevoir, d'entendre; perception par les sens, sensation; sens; instinct des animaux.* | das Fühlen, Empfinden, Hören, Riechen, Schmecken, Sehen; Wahrnehmung durch die Sinne; Sinn; Instinkt der Thiere. — [illegible] *sentir, s'apercevoir.* | fühlen, wahrnehmen, empfinden; instinktmässig wissen. [illegible] حسن [illegible] *sensibilité.* | Empfindlichkeit. [illegible] *la faculté de l'esprit humain, qui reçoit d'abord toutes les impressions des sens extérieurs; sens commun.* | die Fähigkeit des menschlichen Geistes, alle Eindrücke durch die äusseren Sinne wahrzunehmen, das allgemeine Empfindungsvermögen (omnium specierum sensibus externis perceptarum receptaculum. Fleischer. Catal. Bibl. Senat. Lips. p. [illegible]), der gemeine Menschenverstand. — Mel. [illegible]

[illegible] [illegible] Sbst. [illegible] *action de calculer; calcul, arithmétique; compte.* | das Rechnen; Berechnung, Rechenkunst [vulg. علم حساب [illegible]]. Rechnung (geschriebene). — [illegible] *compter, calculer.* | zählen, rechnen. — [illegible] *rendre un compte.* | Rechnung führen. — [illegible] *rendre compte.* | Rechnung oder Rechenschaft ablegen. — [illegible] *régler un compte.* | eine Rechnung [illegible], eine Rechnung bezahlen. [illegible] oder [illegible] *banqueroute.* | [illegible] [illegible] *livre de compte, compte par écrit.* | Rechnungsbuch, schriftliche Berechnung.

[illegible] [حساب I.] Sbst. [illegible] *action de compter, de calculer; fonction d'un calculateur, estimation.* | das Zählen, Rechnen; Amt eines Calculators; Schätzung.

[illegible] Sbst. [illegible] *qui rend compte; arithméticien.* | der Rechnung ablegt; Rechner.

[illegible] Sbst. [illegible] *teneur de livres.* | Buchhalter.

[illegible] und [illegible] Nom. recipr. *compter ensemble.* | mit einander rechnen, gegenseitig die Rechnung abschliessen.

[illegible] Sbst. = [illegible] Rechnungsschreiber, Buchhalter.

[illegible] Sbst. Pl. v. [illegible]

[illegible] [illegible] Sbst. [illegible] *action d'ennuyer; envie.* | Beneidung, Neid.

[illegible] Sbst. Pl. v. [illegible]

[illegible] Adj. *sensible, sensitif.* | mit sinnlicher Empfindung begabt.

[illegible] Sbst. [illegible] *cimeterre tranchant.* | scharfer Säbel.

[illegible] Pl. v. [illegible]

[illegible] Sbst. [illegible] *action de compter, de calculer.* | das Zählen, Rechnen.

[illegible] Sbst. [illegible] *ce qui suffit; portion, lot, quantité, nombre, mesure, valeur; valeur individuelle, mérite personnel, rang, noblesse; conformité.* | das Genügende; Theil, der einem zukommt, Antheil; Maass, Zahl, Werth; persönlicher Werth, Verdienst; Gemässheit. [illegible] oder [illegible] *conformément à l'ordre,* in Gemässheit des Befehls, gemäss der Anweisung. [illegible] *selon la nécessité.* | der Nothwendigkeit gemäss. [illegible] oder [illegible] *en raison de.* | aus dem Grunde, weil. [illegible] einem über sein Befinden, Umstände u. s. w. Mittheilung machen, einem seine Noth klagen. — [illegible] persönlicher Werth und edle Herkunft.

[illegible] [illegible] Sbst. [illegible] *action de penser, de croire; opinion, conjecture.* | das Meinen, Glauben; Meinung, Vermuthung.

[illegible] [illegible] Sbst. [illegible] *action de compter, de calculer.* | Berechnung. — [illegible] *peine, châtiment.* | Strafe.

[illegible] [Rad. [illegible]] Sbst. [illegible] *l'action de compter sur la récompense de Dieu, récompense divine; conseil,* [illegible] | das Rechnen auf die göttliche Vergeltung; göttliche Vergeltung; Einsicht, Rath; Amt des Marktaufsehers.

[illegible] [illegible] *en comptant sur la récompense de Dieu.* | in Rechnung auf Gottes Lohn.

[illegible] s. [illegible]

[illegible] Sbst. [illegible] *action d'envier; envie, malveillance.* | Beneidung, Neid, Missgunst. — [illegible] *être envieux.* | neidisch sein, einen beneiden.

[illegible] Sbst. *envieux.* | Neider, = [illegible] und [illegible]

[illegible] Pl. v. [illegible]

[illegible] [Rad. [illegible]] Sbst. [illegible] — Plur. [illegible] *soupir, regret, repentir.* | Seufzer, Sehnen; Bedauern, Schmerz über Verlorenes, Reue. — [illegible] *regretter, se repentir.* | bedauern, bereuen.

[illegible] Sbst. *qui regrette, se repent.* | einer, der Bedauern oder Reue empfindet.

[illegible] Vb. refl. = [illegible]

[illegible] Sbst. [illegible] *action de couper, de retrancher, d'extirper.* | das Abschneiden, Ausschneiden, gänzlich wegschaffen, ausrotten.

[illegible] حسن [illegible] Adj. [illegible] *beau, joli; bon.* | schön, hübsch; gut. [illegible] *d'une jolie manière.* | auf eine schöne Weise. — Fem. [illegible] [illegible] gute Charaktereigenschaften.

حسن [illegible] Sbst. [illegible] [Gegentheil von [illegible]] *beauté, grâce, élégance, bonne qualité, bon état d'une chose; habileté, adresse à faire q. ch.* | Schönheit, Anmuth, Annehmlichkeit; gute Eigenschaft oder guter Zustand einer Sache; Güte einer Sache; Geschicklichkeit. [illegible] حسن oder [illegible] *le propre ordinaire, le libre arbitre.* | freie Wahl, freier Wille. [illegible] حسن *belle manière de s'exprimer.* | schöne Ausdrucksweise. [illegible] حسن *bon naturel, bon caractère.* | guter Charakter. [illegible] حسن *bon procédé.* | schönes oder gutes Verfahren. [illegible] حسن *bonne opinion.* | gute Meinung von einer Sache. [illegible] حسن *belle écriture.* | schöne Handschrift. [illegible] — [illegible] oder [illegible] [illegible] | verschönern.

[illegible] Sbst. [illegible] *belle, jolie femme.* | schöne Frau.

[illegible] s. [illegible]

[illegible] 1. Adj. Femin. von [illegible] 2. Sbst. [illegible] *bonne action, bonne œuvre, bienfait; fondation pieuse.* | gute That, gutes Werk, Wohlthat; fromme Stiftung. — Pl. [illegible]

[illegible] 1. Adj. Femin. von [illegible] *très-beau.* | sehr schön. [illegible] die 99 Namen Gottes. — 2. Sbst. [illegible] *ce qui est beau et bon; bonne qualité, bonne action, bonne œuvre, bienfait; bien suprême.* | alles, was schön und gut; gute Eigenschaft, gutes Werk, schöne Handlung; Schönheit, Tugend; Güte; Wohlthat; höchstes Gut. — Dual [illegible] *les deux belles choses, c. à d. la victoire et le martyre.* | die beiden schönen Dinge d. i. Sieg und Märtyrerthum. — Pl. [illegible]

[illegible] *bonnes qualités du caractère.* | gute Charaktereigenschaften.

[illegible] Sbst. *action de baiser.* | das [illegible], Einschlürfung.

[illegible] Sbst. Nom. unit. *un trait (en buvant).* | ein Zug beim Trinken, eine Einschlürfung.

[illegible] Adj. u. Sbst. *envieux.* | neidisch; ein Neider.

[illegible] Sbst. s. [illegible]

[illegible] Adj. [illegible] [Gegentheil v. [illegible]] *sensuel; sensible.* | sinnlich, was durch die Sinne wahrgenommen wird; was durch die Sinne wahrnimmt. — Rel. abstr. [illegible] *sensibilité.* | Empfindbarkeit.

[illegible] Adj. u. Sbst. [illegible] *qui a de mérite personnel.* | persönlich [illegible]; der persönliches Verdienst besitzt.

[illegible] Adj. u. Sbst. [illegible]

[illegible] Sbst. Pl. v. [illegible]

[illegible] s. [illegible]

[illegible] und [illegible] [Rad. [illegible]] Sbst. *le dernier souffle d'un mourant.* | der letzte Lebensrest eines Sterbenden.

[illegible] Sbst. Pl. v. [illegible]

[illegible] Sbst. Tahrif von [illegible] *[illegible].* | [illegible]

[illegible] Sbst. [illegible] *action de réunir, d'assembler; de former en corps de troupes; assemblée, réunion.* | Versammeln; Truppen [illegible]; Versammlung, Zusammenkunft, Zusammenberufung.

[illegible] Sbst. [illegible] *action de rassembler; spéc. le genre humain au dernier jour; résurrection.* | Versammlung, [illegible] des Menschengeschlechts am jüngsten Tage; Auferweckung der Todten. [illegible] der jüngste Tag.

[illegible] [Rad. [illegible]] Sbst. collect. (Pl. des Singul.) *petits animaux, insectes, reptiles; la canaille.* | kleine Thiere, Insekten, Gewürm; Ungeziefer; [illegible] Volk, Gesindel.

[illegible] Sbst. (Rel. abstr. [illegible]) *[illegible], [illegible], [illegible].* | [illegible] Sadi. Comm. zu Gulist. S. 41. 122. [illegible] in wunderer, schnurrhafter Weise Sadi l. c. 251.

[illegible] und [illegible] Adj. und Sbst. [Deuom. v. [illegible] [illegible] *[illegible], gaillard.* | munter, scherzhaft, ausgelassen (von einem Liebhaber). Kam. s. v. [illegible]

[illegible] und [illegible] Vb act. Aor. [illegible] *passer à l'eau bouillante, échauder; mettre à rafraîchir dans le puits ou dans la glace.* | [illegible] mit heissem Wasser begiessen; mit Eis abkühlen. [illegible] und [illegible] *viande bouillie.* | [illegible] Fleisch. [illegible] Vb pass.

[illegible] Sbst. 1. [illegible] *action de faire rougir q. qn.* | Erröthen machen, Beschämung. — 2. [illegible] *pudeur, honte.* | das Erröthen vor Scham.

[illegible] Sbst. 1. [illegible] *action de se mettre en colère.* | das Zornigwerden. — 2. [illegible] *action de mettre q. qn. en colère.* | einen erzürnen.

[illegible] Sbst. collect. Plur. [illegible] *suite, domestiques, clients.* | Gefolge; Dienerschaft, Clienten. [illegible] Nomade. Kam. s. v. [illegible] und oft.

[illegible] und [illegible] Sbst. *suite, entourage nombreux, pompe, magnificence, majesté.* | grosses Gefolge, zahlreiche Umgebung, Pracht, Grossartigkeit, Majestät. [illegible] die Majestät des Hauses Osman. — Rel. concr. [illegible] *magnifique, majestueux.* | prächtig, majestätisch.

[illegible] Sbst. s. [illegible] *pudeur, honte, timidité, respect.* | Erröthung, sich schämen, Schüchternheit, Ehrfurcht, Hochachtung.

[illegible] Sbst. *action de remplir, de bourrer.* | Ausfüllung, Ausstopfung. — als Concret. — *bourre pour remplir des coussins, etc., doublure d'un habit; — hommes de la classe inférieure.* | Ausfüllung eines Kissens u. dgl., Futter oder Wattirung eines Kleides; gemeines Volk. — Metr. was zwischen dem ersten und dem letzten Fuss eines Verses steht. — Adj. rel. [illegible] Plur. [illegible] *[illegible].* | Lückenbüsser, überflüssig eingeschobene Worte.

[illegible] und [illegible] [Rad. [illegible]] Sbst. *viscères, intestins; gens de basse condition.* | Eingeweide; niederes Volk.

[illegible] s. [illegible]

[illegible] Sbst. [illegible] *[illegible] en cuir qu'on met sur la selle.* | lederne Satteltasche.

[illegible] und [illegible] Sbst. *viscères.* | Eingeweide (Lunge, Nieren, Leber). — Plur. [illegible]

[illegible] [Rad. [illegible]] Sbst. [illegible] *[illegible], [illegible]; [illegible]; fane* [illegible] *femmes.* | Kissen, [illegible]; Ausstopfung; Busenkissen oder Hüftenkissen der Frauen.

[illegible] Sbst. [illegible] *herbe sèche, foin; [illegible] fait de la poudre des feuilles de chanvre.* | getrocknete Kräuter, Heu; ein Präparat aus den Blättern der Hanfpflanze, welches eine Art geistiger Exaltation hervorbringt.

[illegible] Sbst. Nom. unit. *une herbe ou une fleur sèche.* | eine vertrocknete Pflanze oder Blume.

[illegible] [Rad. [illegible]] Adj. und Sbst. [illegible] *vieux* [illegible] | alt und abgetragen; ein altes Kleid.

[illegible] [Rad. [illegible]] Adj. und Sbst. [illegible] *qui a honte, timide.* | schüchtern, ein Schüchterner.

[illegible] oder [illegible] [Nom. unit. von [illegible]] Sbst. *caillou; calcul, pierre dans la vessie.* | Kiesel, kleiner Stein, Blasenstein. [illegible] *lithiasis.* | die Steinkrankheit.

[illegible] [Rad. [illegible]] Sbst. *action de moissonner ou de faucher; moisson.* | das Mähen (Getreide oder Heu); Ernte, Erntezeit. — bildl. *la mort.* | der Tod.

[illegible] Sbst. *moissonneur.* | Schnitter.

[illegible] [[illegible] III.] Sbst. *action de cerner; siège, blocus.* | Umzingelung, Belagerung. — [illegible] — [illegible] assiéger. [illegible] — als Concret. *enceinte d'une ville; fort, citadelle.* | Ringmauer einer Stadt, Festung. — Rel. concr. [illegible] *habitant d'une ville fortifiée; soldat de la garnison d'une ville ou d'une forteresse.* | Bewohner oder Soldat in einer Festung.

[illegible] Sbst. Plur. s. [illegible] *assiégeants.* | Belagerer.

[illegible] Sbst. *qui travaille aux fortifications.* | Arbeiter am Festungsbau.

[illegible] [Denom. von [illegible]] Sbst. [illegible] *action d'assigner à q. qn. sa quote-part; distribution.* | Anweisung eines Antheils; Zutheilung, Vertheilung.

[illegible] [Rad. [illegible]] Sbst. *jugement ferme et solide.* | festes und richtiges Urtheil.

[illegible] Shet. [illegible] (pellicule séparée du grain). | Spreu, [illegible].

[illegible] Shet. femme chaste et vertueuse; épouse légitime. | tugendhafte, keusche, ehrsame Frau; die rechtmässige Gattin. — Pl. [illegible] — Nom. unit. [illegible]

[illegible] Shet. [illegible] cheval entier, étalon. | Hengst.

[illegible] 1.| Shet [illegible] état d'être fort ou fortifié, d'être imprenable; fermeté, fortification; chasteté et vertu d'une femme | Festigkeit, Unangreifbarkeit einer Festung; Keuschheit und Tugend einer Frau.

[illegible] Shet. Pl. v. [illegible]

[illegible] Shet. Pl. v. [illegible]

[illegible] Shet. [illegible] rougeole (maladie) | die Röthein od. Masern. — Plur. [illegible] petites [illegible] — Relat. [illegible] qui a la rougeole | an den Masern krank. [illegible] fièvre [illegible] | das Fleckfieber.

[illegible] [Rad. [illegible]] Shet [illegible] portion, quote-part, lot | Theil, Antheil. — Plur. [illegible] [illegible] oder [illegible] récolte de l'histoire, affabulation | Nutzanwendung einer Erzählung. [illegible] da mir aus nichts weiter blieb, als mein Leben. [illegible] participant; actionnaire. | Theilhaber; Actionär. — [illegible]

[illegible] Shet distributeur, Vertheiler, Austheiler.

[illegible] Adj. und Shet. participant, theilhaftig, Theilhaber. — [illegible] participer, prendre part, | theilnehmen, Theil haben. — [illegible] faire participer; communiquer. | theilnehmen lassen, mittheilen. [illegible] (oder [illegible]) actionnaire. | Actionär. — Rel. abstr. [illegible] participation. Theilhaben, Mitgenossenschaft. [illegible] qui prend part | Theilnehmer — [illegible]

[illegible] und [illegible] Vb. recipr. — [illegible] se partager [illegible] se communiquer. | unter einander theilen, einander theilnehmen lassen, einander mittheilen.

[illegible] Shet. [illegible] action de [illegible], moisson, récolte. | Schneiden des Getreides, Ernte.

[illegible] Shet. action de [illegible], de [illegible], de resserrer dans une certaine étendue, entourer, [illegible] [illegible] [illegible] | Beschränkung, Einschränkung in bestimmte oder enge Grenzen; Belagerung, Zurückhaltung, Ergreifen, Nehmen, Festhalten. [illegible] fixer le regard sur q. ch. — [illegible] fixer l'attention sur q. ch. | seine Aufmerksamkeit auf eine Sache heften. [illegible] déterminer le sens d'un mot | den Sinn eines Wortes genau bestimmen. — [illegible]

[illegible] Shet. [illegible] difficulté de parler, langue embarrassée; [illegible] | Beklemmung, Angst, Beengung der Sprache. [illegible] — [illegible] être embarrassé (dans sa parole, etc.) | eingeengt, beengt sein, gehindert sein, z. B. im Ausdruck. [illegible]

[illegible] Shet. [illegible] Tebriz [illegible]

[illegible] Matte.

[illegible] Shet. Pl. v. [illegible]

[illegible] Shet [illegible] lieu fortifié, forteresse, citadelle | befestigter Ort, Festung. Pl. [illegible]

[illegible] Shet [illegible] chasteté, vertu (d'une femme) | Keuschheit (einer Frau).

[illegible] Adj. und Shet. [illegible] femme chaste | tugendhafte Frau.

[illegible] [Rad. [illegible] 1.] Shet. [illegible] action de prévenir, d'arriver (au [illegible]), d'avoir lieu; réalisation | das Vorkommen, Stattfinden, Eintreten einer Sache; Verwirklichung. [illegible] [illegible] naître, se réaliser, s'accomplir | entstehen, vorkommen, eintreten, sich verwirklichen, gelingen. [illegible] faire naître, produire, faire réussir, obtenir | hervorbringen, gelingen lassen; erlangen. [illegible] accomplissement d'un désir. | Erfüllung oder Erreichung eines Wunsches.

[illegible] Adj. qui a lieu, qui s'accomplit, qui réussit. | stattfindend, gelingend. — Rel. abstr. [illegible] réussite. | das Gelingen.

[illegible] Shet. Pl. v. [illegible]

[illegible] [Rad. [illegible]] Adj. [illegible] | [illegible] — Fem. [illegible] — [illegible]

[illegible] [Rad. [illegible]] Adj. [illegible] triste, affligé | [illegible], betrübt. — 2. Shet. — [illegible] visage [illegible] | Gesicht (von Rohr u. dgl.), Matte [illegible]

[illegible] Name verschiedener Arten Rohr, Schilf, des Papyrusstaude.

[illegible] Shet. [illegible] | Muttermilch, [illegible]

[illegible] [Rad. [illegible]] Adj. [illegible] jugement solide | fest, entscheidend, scharf im Urtheil.

[illegible] [Rad. [illegible]] Shet. [illegible] | Ueberrest, Ueberbleibsel.

[illegible] [Rad. [illegible]] Adj. u. Shet. [illegible] fortifié, forteresse; prison d'état | befestigt, fest; Festung; Staatsgefängniss.

[illegible] Shet. [illegible] action de pousser, de stimuler; excitation, instigation | Antreibung, Anreizung. — 2. ce qui pousse, qui excite, aiguillon. | das Antreibende; Stachel.

[illegible] Pl. v. [illegible]

[illegible] [Rad. [illegible]] Shet. [illegible] présence (d'une personne ou d'une chose). | Gegenwart, das Zugegensein.

[illegible] [Rad. [illegible] 1.] Shet. action d'élever ou de soigner un enfant. | Aufziehung, Pflege und Unterhalt eines Kindes.

[illegible] Pl. v. [illegible]

[illegible] Shet. [illegible] [illegible] action de ne pas être en voyage ou en campagne, état de paix et de repos. | das zu Hause oder daheim sein, nicht auf der Reise oder im Felde sein; in Ruhe und Friede [illegible] im Felde und zu Hause, in Krieg und Frieden. — Adj. relat. [illegible] qui n'est pas en voyage ou à la campagne, domicilié, opposé aux [illegible] | zu Hause, nicht auf der Reise oder im Felde; ansässig [Gegentheil von [illegible]].

[illegible] Shet. Pl. [illegible] présence, résidence, lieu de résidence; prince résidant; majesté, excellence [mot comme terme de respect]. | Gegenwart; Residenz, Hauptstadt, fürstliches Schloss; residirender Fürst; Majestät, Excellenz u. s. w., dient wie [illegible] als Ausdruck der Hochachtung, in verschiedenen Graden, und steht vor dem Namen oder dem Worte im [illegible], nach dem Worte im Plural mit dem Suffix der 3ten Person des Pronom. [illegible] la majesté de Dieu. | die Majestät Gottes, oder die göttliche Majestät [illegible] der heilige Prophet. [illegible] die heiligen Engel. [illegible] Se. Majestät der Kaiser [illegible] Se. Excellenz der Pascha. — In der Anrede, mit dem Suffix der zweiten Person. [illegible]

[illegible] Vb. act. SL. [illegible] prendre une [illegible] avec les doigts | einen Stachel u. dgl. mit den Fingerspitzen fassen

[illegible] s. [illegible]

[illegible] Sbst. SL. [illegible] qui fait mauvaise mine; [illegible] de l'époque de Djenghizkhan; le diable. | der ein böses Gesicht macht: [illegible]; böser Dämon, Teufel

[illegible] LT. [illegible] vgl. [illegible]

[illegible] Sbst. [illegible] Mann, Verband. VI.

[illegible] und [illegible] s. [illegible]

[illegible] Sbst. [illegible] Mutterschwester.

[illegible] Sbst. jouet d'enfant | [illegible] Kinderspielzeug [illegible] poli. | hübsch, zierlich

[illegible] s. [illegible]

[illegible] N. pr. la rivière Oxus | der Fluss Amudarja (der Oxus der Alten), der Iran von Turan trennt.

[illegible] Sbst. [illegible] cou | der Hals

[illegible] [Red. [illegible]] Adj. bon. | gut

[illegible] Sbst. LT. [illegible]

[illegible] s. [illegible]

[illegible] [Red. [illegible]] Vb. act. [illegible] réveiller; [illegible] | [illegible] Früchte lesen, pflücken, sammeln. — Partic. [illegible]

[illegible] s. [illegible]

[illegible] und [illegible] Sbst. visage, joue, teint du visage. | Gesicht, Wange, Gesichtsfarbe. — Rel. abstr. und concr. [illegible] LT. [illegible]

[illegible] und [illegible] Sbst. Pl. v. [illegible] voisins | Nachbarn

[illegible] vulg. [illegible] Sbst. LT. [illegible] | Granite, als Adj. fauve. | rothgelb, röthlich, braunroth

[illegible] Sbst. instrument pour [illegible] le coton | Werkzeug zum Reinigen der Baumwolle. [illegible] vgl. [illegible]

[illegible] s. [illegible]

[illegible] Sbst. LT. [illegible] jeune homme de talent et bien instruit. | Fähiger und unterrichteter Jüngling. vgl. [illegible]

[illegible] oder [illegible] Vb. act. und intr. [illegible] tourner, etc., se tourner. | drehen, wenden, sich umwenden, umwinden, u. s. w.; s. [illegible]

[illegible] — [illegible] pourrir. | faulen.

[illegible] Sbst. — [illegible] armée. | Heer.

[illegible] LT. [illegible] cheval bigarré. | buntes oder dreifarbig gefärbtes Pferd.

[illegible] und [illegible] Adj. und Sbst. fort, vaillant, courageux, victorieux. | stark, tapfer, muthig, siegreich. [illegible] qui se hâte, prompt | eilfertig, schnell bei der Hand. — Rel. abstr. [illegible] courage, force, vaillance | Muth.

[illegible] Adj. — [illegible] courageux; agile | schnell, muthig (von Pferden).

[illegible] Sbst. poignée. | Handvoll.

[illegible] s. [illegible]

[illegible] LT. [illegible] Gegentheil von [illegible]

[illegible] Sbst. [illegible] chose quelconque, quelque chose, qui existe | Etwas, irgend etwas, was ist, [illegible] un rien, qui n'est rien | ein Nichts. — Demin. [illegible] un petit peu, ein klein wenig.

[illegible] Sbst. [illegible] côté, plage. | Seite, Gegend.

[illegible] s. [illegible]

[illegible] s. [illegible]

[illegible] s. [illegible]

[illegible] s. [illegible]

[illegible] s. [illegible]

[illegible] LT. [illegible]

[illegible] Vb. intr. LT. [illegible] se tourner | sich drehen.

[illegible] und [illegible] Sbst. [illegible]

[illegible] Sbst. [illegible] cause, motif | Ursache, Grund, Beweggrund. [illegible] Dieu, | der Urheber der Ursachen, d. i. Gott.

[illegible] s. [illegible]

[illegible] Sbst. LT. [illegible]

[illegible] — [illegible] qu'est-ce? | was ist es? [illegible] qu'est cela? | was ist das? Als Sbst. énigme. | Räthsel. — 2. [illegible] qualité ou état d'une chose. | Eigenschaft und Wesen einer Sache

[illegible] — [illegible]

[illegible] s. [illegible]

[illegible] Sbst. [illegible] armée. | Heer. Plur. [illegible]

[illegible] Sbst. [illegible]

[illegible] | unterirdisches Behältniss, Ausleerung (Stuhl oder Urin). — [illegible] pisser, évacuer [illegible] den Urin lassen, zu Stuhle gehen. [illegible] évacuation des excréments | Ausleerung durch Stuhl. [illegible] | Urinlassen.

[illegible] Sbst. [illegible] petit de lièvre. | Häschen.

[illegible] Vb. act. dénouer. | entbinden. — Deriv. I. [illegible] Vb. refl. se déshabiller | sich entkleiden. — II. [illegible] Vb. refl. caus. déshabiller. | entkleiden.

[illegible] Sbst. [illegible] pierre. | [illegible] SL.

[illegible] Sbst. avalanche. | [illegible]

[illegible] Sbst. [illegible] | [illegible] SL. BK.

[illegible] und [illegible] s. [illegible]

[illegible] Sbst. SL. [illegible] pauvre | ein Armer. vgl. [illegible]

[illegible] Sbst. SL. [illegible] Sohn der Mutterschwester.

[illegible] Sbst. collier de faucon et d'épervier | [illegible] Band, welches man dem Falken und Sperber um den Hals legt. LT

[illegible] Sbst. LT. [illegible] pauvreté | Armuth vgl. [illegible]

[illegible] oder [illegible] Sbst. [illegible] | Linsen — 2. [illegible] Kom. und BK. taches de rousseur. | Sommersprossen.

[illegible] s. [illegible]

[illegible] Sbst. SL. [illegible] Thauwinde eine harte Oberfläche erhält; [illegible], deren Oberfläche durch Eis verhärtet ist.

[illegible] LT. [illegible]

[illegible] Sbst. collier de faucon. | Halsband oder Riemen, der dem Falken um den Hals gelegt wird. SL. vgl. [illegible] und [illegible]

[illegible] Sbst. SL. [illegible] enveloppe (de drap). | ein Tuch, in welches man etwas bindet und die Zipfel zusammenknüpft, [illegible]

[illegible] Sbst. und Adj. [illegible] Plur. [illegible] cadavre; puant, impur. | verwesender Leichnam, Aas; unrein, stinkend. [illegible]

[illegible] Sbst. LT. [illegible] [Partic. v. [illegible]]

[illegible] Sbst. LT. [illegible] cavité de l'oreille. | Einschnitt oder Vertiefung hinter dem [illegible]; Kerbe am Bogen, in dem die Sehne [illegible] wird.

[illegible] (TSEBYN. s. [illegible]

[illegible] (TSKNAB. Shel. und Vh. s. [illegible] und [illegible]

[illegible] (TSHOLAYA. s. [illegible]

[illegible] (TSEYS. Shel. LT. [illegible] hauteur, élévation | Höhe, Anhöhe.

[illegible] (TSEYLDAN. LT. Shel. [illegible]

[illegible] (Ad. oder [illegible] auch [illegible] Adj. [illegible] crû | roh, ungekocht, nicht gar. [illegible] roh lassen, nicht gar kochen. Kom. s. v. [illegible] — [illegible] à demi crû | halb roh. — Rel. abstr. [illegible] crudité | das Rohsein.

[illegible] Shel. — [illegible] | Thee.

[illegible] s. [illegible]

[illegible] Shel. LT. [illegible] jujube rouge | die rothe Brustbeere

[illegible] (vulg. [illegible]), auch [illegible] und [illegible] Shel. (armenisch) St. [illegible] nom d'une fleur sauvage | Name einer Waldblume, eine Art wilder Vergissmeinnicht.

[illegible] Shel. chemise en étoffe de laine | wollenes Hemd oder Kamisol.

[illegible] s. [illegible]

[illegible] Shel. [illegible] | ein Kleidungsstück. Bürh. Abulg. 186

[illegible] oder [illegible] Shel. — [illegible] St. [illegible] | [illegible]

[illegible] Shel. Q. [illegible] (?) [illegible] | [illegible] Ali Schir. Q

[illegible] Shel. nom d'un fruit ou d'une baie | Name einer Frucht oder Beere. [illegible]

[illegible] St.

[illegible], auch [illegible] und [illegible] Shel. 1. St. [illegible] broderie ou [illegible] représentant des fleurs etc. | seidene Stickereien, die Laub u. dgl. darstellen. — 2. (épaule) Schulter. vgl. [illegible]

[illegible], und [illegible] — [illegible] Bildungssilbe zu Bildung von Deminutiven, Adjectiven und Substantiven.

[illegible] St. [illegible] menu, fin | [illegible] oder [illegible] Dinge [illegible]

[Bud. v. [illegible]]

[illegible] s. [illegible]

[illegible] Shel. [illegible] nation, peuple. | Nation, Volk.

[illegible] und [illegible] Shel. LT. [illegible] grande écuelle | grosse Schüssel, Napf.

[illegible] s. [illegible]

[illegible] Adj. St. [illegible] vite, prompt, agile | schnell.

[illegible] Vb. act. St. [illegible] chasser, poursuivre, chercher, désirer, traîner. | jagen, verfolgen, suchen, wünschen.

[illegible] Shel. LT. [illegible] jujube rouge | rothe Brustbeere.

[illegible] und [illegible] Shel. — [illegible] gazelle | Gazelle.

[illegible] oder [illegible] auch [illegible] Shel. [illegible] bride | Zügel, Halfter. — Rel. concr. [illegible] Abulg. 153. [illegible]

[illegible], auch [illegible] Postpos. — [illegible] comme. | wie. [illegible] Ali Schir.

[illegible] comme lui. | wie er. — [illegible]

[illegible] St. [illegible]

[illegible]

[illegible] s. [illegible]

[illegible] oder [illegible] Shel. [illegible] St. [illegible]

[illegible] oder [illegible] Adj. und Shel. [illegible] fou, insensé. | närrisch, wahnsinnig. vgl. [illegible]

[illegible] oder [illegible] Shel. [illegible] St. [illegible] ein Thier von der Grösse einer Katze, eine dessen Fell zum Pelze nutzt.

[illegible] LT. [illegible] signe, marque | Zeichen

[illegible] s. [illegible]

[illegible] St. [illegible] action de chasser, de rechercher. | das Treiben, Jagen, suchend umherirren. vgl. [illegible]

[illegible] — [illegible]

[illegible] Shel. nom de la lettre [illegible] | Name des Buchstaben d. i. [illegible] und [illegible]

[illegible] Shel. gomme. | Gummi, Harzpasta.

[illegible] Vb. act. auch [illegible] assembler, recueillir. | zusammen bringen, [illegible]

[illegible] oder [illegible] und [illegible] Partic. nur in Zusammens. [illegible] de grand matin, à temps. | früh morgens, bei Zeiten

[illegible] Bud. von [illegible] 1. in Zusammensetzung: qui recueille, rassemble, etc.; recueilli, rassemblé. | zusammenbringend u. s. w.; gepflückt, zusammengebracht u. s. w. — 2. [illegible] Shel. pli, ride; boucle de cheveux. | Falte, Runzel; Locke, Lockenring.

[illegible] Nom. propr. [illegible] la Chine | China. [illegible] China und Cochinchina.

[illegible] Adj. [illegible] droit, vrai, sincère. | recht, wahr, aufrichtig. [illegible] nicht die Wahrheit sprechen. Bud. ou Gullet 250. — Rel. abstr. [illegible] vérité. | Wahrheit. Abulgasi. 37.

[illegible] (?) LT. [illegible] le reste, résidu | Ueberrest, Ueberbleibsel.

[illegible] LT. [illegible]

[illegible] LT. [illegible]

[illegible] LT [illegible] roche. | Fels.

[illegible] — [illegible]

[illegible] Shel. Tebriz [illegible] griffes (d'un oiseau de proie, etc.) | Krallen (eines Raubvogels, einer Katze u. s. w.) Kom. s. v. [illegible]

[illegible] s. [illegible] und [illegible]

[illegible] Shel. règle de tisserand. | Streichruthe der Weber, zum Auseinanderhalten der Fäden zu beiden Seiten des Aufzugs.

Kom. s. v. [illegible]

[illegible] Shel. — [illegible]

[illegible] LT. [illegible] poussière. | Staub.

[illegible] Shel. petite partie d'une grappe attachée à une autre plus grande. eine kleine Traube, die an einer grösseren hängt. Kom. s. v. [illegible]

[illegible] oder [illegible], und [illegible] Shel. s. [illegible] bouchée, un peu de nourriture. | ein Schluck, d. i. ein Bissen; eine kaum nothdürftige Mahlzeit, Kom. s. v. [illegible] und Sihah.

[illegible] Vb. intr. LT. [illegible] conclure par analogie, tirer une conclusion. | aus der Analogie schliessen, folgern.

[illegible] LT. [illegible] 1. [illegible] St. [illegible] 2. [illegible] — [illegible]

[illegible] LT. [illegible]

[illegible] oder [illegible] auch [illegible] Vb. act. Aor. [illegible] [illegible]; fondre, refondre. | [illegible]; [illegible], [illegible]. [illegible] fouler aux pieds. | mit Füssen treten.

[illegible] Shel. [illegible] graines ou nourriture pour les oiseaux; appât. | Körner, Vogelfutter, Lockspeise.

چینه‌دان čīne-dān Sbst. *le gésier des oiseaux.* | Kropf der Vögel.

چینی (inf. Adj.) und Sbst. *de Chine, porcelaine de Chine; couronne de poils* | chinesisch; chinesisches Porzellan, [illegible] (Turban, Teller, u. dgl.); [illegible]

[illegible] Sbst. — [illegible] | [illegible]

[illegible] Vb. act. und [illegible] Vb. pass. [illegible]

[illegible] Sbst. St. I. [illegible] *courbure du chemin* | Drehung oder Wendung des Weges. — [illegible] *tourbillon* | [illegible]

[illegible] Sbst. — [illegible] *rodes, etc.* | Umgebung u. s. w., s. [illegible]

[illegible] Sbst. Pl. v. [illegible]

[illegible] Sbst. *assemblée.* | Versammlung, Zusammenkunft.

[illegible] Sbst. *enf-argent.* | Geschäfte.

[illegible] Sbst. [illegible] | Kugel, Kreuz, [illegible]

[illegible] St. [illegible] *bavarder* [illegible]

[illegible] [Red. [illegible]] Sbst. [illegible] *venue, arrivée* | das Kommen, Ankunft.

ح

ح [illegible] oder [illegible] — des unpunktierte [illegible] oder [illegible] des Wortes [illegible]. — im Türkischen oft für ه gesetzt. *sixième lettre de l'alphabet arabe, huitième de l'alphabet persan et turc; prononciation H fortement aspiré.* — *valeur numérique* 8; *abréviation de* [illegible] | sechster Buchstabe des Arabischen, achter des persisch-türkischen Alphabets; ausgesprochen wie ein tief, ohne [illegible] Geräusch, aus der Kehle gehobenes H; Zahlwerth in Chronogrammen 8; Abkürzung des Monatsnamens [illegible] — ح

[illegible] *Abréviation de* جمادی الاولی | Abkürzung des Monatsnamens [illegible]

[illegible] Sbst. *nom de la lettre* ح | Name des Buchstabens [illegible]

[illegible] [Red. [illegible]] Sbst. [illegible] *juge* | Richter. [illegible] *d'un héros arabe, célèbre par sa générosité* | Name eines durch Freigebigkeit berühmten arabischen Helden. [illegible] *de caractère de Hatem, c. à d. libéral* | vom Charakter Hatems, d. i. freigebig. — Adj. [illegible] *libéral, généreux* | freigebig, edel.

[illegible] [Red. [illegible]] Sbst. *pèlerin* | Pilger. — Plur. [illegible]

[illegible] — vgl. [illegible]

[illegible] Sbst. *croix, signe de la croix, crucifix* | Kreuz, Zeichen des Kreuzes, Kruzifix. — [illegible] *faire le signe de la croix* | das Zeichen des Kreuzes machen. [illegible] *crucifier* | kreuzigen.

[illegible] Sbst. Pl. v. [illegible]

[illegible] [Red. [illegible]] Sbst. *qui cache, qui dérobe aux yeux; voile, rideau, portière; gardien de l'entrée, chambellan* | der [illegible] oder das Verborgende, den Blicken entziehende; Schleier; Vorhang, Thürvorhang; Wächter des Eingangs, Thürhüter, Kämmerer (bei den Khalifen in Bagdad, Aegypten und Spanien der erste Minister). [illegible] *paupière* | Augenlid. [illegible] oder [illegible] der Engel Gabriel (wörtl. der Kämmerer des Schöpfers). — Plur. [illegible] [illegible]

[illegible] [Red. [illegible]] Sbst. *nécessité, besoin* [illegible], Nothwendigkeit, Bedürfniss, Noth, Mangel, Armuth. [illegible] *au temps de nécessité, en cas de besoin* | zur Zeit der Noth, wenn es nöthig ist. [illegible] *quel besoin? à quoi bon?* [illegible] was bedarf es (der Sache)? wozu? [illegible] *que m'importe?* | was kümmert mich das? [illegible] *cela ne me regarde pas* | das kümmert mich nicht, geht mich nichts an. [illegible] *n'est pas nécessaire* | dazu ist kein Bedürfniss [illegible] [illegible] *faire ses besoins* [illegible] Kothdurft verrichten (euphemistisch). [illegible] *se soucier de...* | sich kümmern um ... — Pl. [illegible]

[illegible] Sbst. Fem. v. [illegible] *pèlerine; se dit par politesse d'une dame qu'on n'appelle pas par son nom* | Pilgerin; höfliche Bezeichnung einer Frau, die man nicht mit Namen nennen will. — Plur. [illegible]

[illegible] Adj. *qui a besoin, nécessiteux* | der Noth hat, bedürftig.

[illegible] [Red. [illegible]] Sbst. *toute chose qui sépare, comme une cloison, un mur, une digue* | Scheidewand, Mauer, hoher Damm.

[illegible] vgl. [illegible] Sbst. *Hadji, qui a fait le pèlerinage à la Mecque* | Pilger, der die Wallfahrt nach Mekka gemacht hat.

vgl. [illegible] Fest, welches nach Rückkehr der Pilgerkarawane gefeiert wird. [illegible] *bilboquet.* | ein Kinderspielzeug (eine Art Federball oder Storchauf). [illegible] *la voie lactée* | die Milchstrasse. [illegible] *mandragore* | Alraunwurzel. [illegible]

[illegible] [Red. [illegible]] Adj. [illegible] *aigu, tranchant, pointu; aigre, d'un goût fort* | scharf, spitz; sauer, starkschmeckend. [illegible] *triangle acutangle* | ein spitzwinkeliges Dreieck.

[illegible] Sbst. Fem. des Vb. Adj. [illegible] *angle pointu* | spitzer Winkel, [illegible] [illegible]

[illegible] s. [illegible]

[illegible] [Red. [illegible]] Adj. und Sbst. [illegible] — Gegentheil von [illegible] — *ce dont l'existence a commencé ou commence dans le cours du temps, qui n'a pas existé d'éternité; qui arrive, se passe; récent, nouveau; jeune homme; chose neuve, accident, nouvelle* | was im Laufe der Zeit zu sein begonnen hat oder beginnt, zeitlich, nicht von Ewigkeit her bestehend; [illegible], sich ereignend; neu; Jüngling; etwas Neues, Neuigkeit, Vorfall. — [illegible] *arriver, se passer, être nouveau* | sich ereignen, vorkommen, entstehen; neu sein.

[illegible] Adj. und Sbst. — Fem. des Vb. Adj. u. Nom. [illegible] *accident, malheur; nouvelle, avis* | Vorkommniss, Vorfall; übler Zufall, Unglücksfall; Nachricht, Kenntniss. — Pl. [illegible] und [illegible] letzteres im Türkischen als Singular gebräuchlich: [illegible] *une nouvelle, un événement* | eine Neuigkeit, ein Ereigniss.

[illegible] [Red. [illegible]] Sbst. *chamelier qui fait marcher le chameau en* [illegible] | [illegible], der das [illegible] durch Uebung [illegible]. — Pl. [illegible]

[illegible] Num. ord. [illegible] le onzième. | der elfte

[illegible] [Rad. [illegible]] Adj. intelligent, expérimenté, ingénieux, habile. | [illegible], erfahren, erfahren, scharfsinnig, [illegible] médecin habile | ein erfahrener Arzt.

[illegible] [Rad. [illegible]] Adj. [illegible] chaud. | warm, heiss. — Fem. [illegible] [illegible] die heisse Zeit

[illegible] Sbst. place d'une ville, grande rue | Platz, Strasse in einer Stadt. — Pl. [illegible]

[illegible] [Rad. [illegible]] Sbst. laboureur, cultivateur. | Ackerbauer

[illegible] — [illegible] oder [illegible] bâtir, [illegible] avec [illegible] | [illegible].

[illegible] [Rad. [illegible]] Sbst. [illegible] gardien, défenseur, commandant d'une ville, protecteur. | Wächter, Beschützer, Vertheidiger, Befehlshaber einer Garnison.

[illegible] [Rad. [illegible]] Adj. und Sbst. [illegible] avide, désireux, ambitieux | gierig, begierig, ehrgeizig. [illegible] nach einem Amte streben

[illegible] Sbst. [illegible], [illegible]., Mardane, Paltrane [illegible] [illegible] auf einem Schiffe.

[illegible] [Rad. [illegible]] Adj. [illegible], ardent | brennend.

[illegible] s. [illegible]

[illegible] s. [illegible]

[illegible] [Rad. [illegible]] Adj. u. Sbst. prudent, circonspect; [illegible]; homme d'un caractère ferme. | klug, vorsichtig, [illegible], von festem Charakter. — Pl. [illegible]

[illegible] [Rad. [illegible]] Sbst. arithméticien | ein Rechner.

[illegible] [Rad. [illegible]] Adj. qui sent, s'aperçoit, [illegible], wahrnehmend.

[illegible] Sbst. [illegible] faculté de sentir, sens | Empfindungsvermögen, Sinn. [illegible] mit Sinnen oder Empfindung begabt. [illegible] Sitz der Empfindung im Gehirn. [illegible] das allgemeine Empfindungsvermögen. — Pl. [illegible]

[illegible] [Rad. [illegible]] Adj. u. Sbst. envieux | neidisch, Neider. Pl. [illegible] [illegible]

[illegible] [Rad. [illegible]] Adj. und Sbst. [illegible], [illegible] | nicht, ohne Waffen (Helm und Panzer) — Pl. [illegible]

[illegible] [Rad. [illegible]] Adj. und Sbst. qui retranche, extirpe. | der abschneidet, gänzlich [illegible], ausrottet.

[illegible] Adj. [illegible] sensible, massif, [illegible] | sinnlich, empfindend, empfindlich. — Rel. abstr. [illegible] sensibilité | Empfindsamkeit. — Rel. concr. [illegible] sensuel. | sinnlich

[illegible] Adv. sensiblement. | empfindbar.

[illegible] oder [illegible] [Rad. [illegible]] Interj. [illegible] Dieu garde! que cela ne soit pas! Gott bewahre! das sei ja nicht! [illegible] refuser. | verweigern [illegible] avec notre permission | mit Ihrer Erlaubniss

[illegible] [Rad. [illegible]] Adj. und Sbst. qui rassemble, réunit, | der zusammenbringt, zusammenbringt.

[illegible] s. [illegible]

[illegible] s. [illegible]

[illegible] [Rad. [illegible]] Sbst. bord (d'un habit), marge (d'une page), postscriptum | Rand, Saum; Randglosse; Nachschrift zu einem Briefe. — Pl. [illegible] — Rel. concr. [illegible]

[illegible] [Rad. [illegible]] Adj. und Sbst. qui entoure, assiège. | umschliessend, belagernd. s. [illegible] — [illegible] astringent. | zusammenziehendes Heilmittel. — [illegible]

[illegible] [Rad. [illegible]] Adj. und Sbst. qui arrive, qui a lieu; produit, production, fruit, récolte; profit, résultat. | vorkommend, stattfindend, hervorgebracht; das Hervorgebrachte, Produkt, Frucht, Feldfrüchte, Ernte; Ergebniss, Resultat, Gewinn [illegible] — [illegible] provenir, résulter. | vorkommen, hervorgehen, sich ergeben aus. — [illegible] acquérir, recueillir. | erlangen, erwerben, zusammenbringen. [illegible] sans produit, sans résultat, inutile; stérile | ohne Erfolg, unnütz; unfruchtbar. [illegible] produit de multiplication | Produkt (bei Multiplication). [illegible] oder [illegible] sens, bref. | der sich aus den Worten ergebende Sinn, d. i. kurz, mit einem Worte [illegible] der vermittelte Sinn, kurz zusammengefasst. — Gramm. [illegible] le sens [illegible] | das Verbalnomen, insofern es den Sinn des Infinitive darstellt. — Pl. [illegible] und [illegible] produits du sol. | Erzeugnisse des Bodens. Ertrag des Landes.

[illegible] [Rad. [illegible]] Sbst. femme chaste et vertueuse. | tugendsame Frau

[illegible] [Rad. [illegible]] Adj. und Sbst. Pl. [illegible] présent; [illegible] prêt, préparé, prompt. | zugegen, nahe, bereit, fertig. — als Sbst. concr. ce qui est présent, argent comptant | das oder der Anwesende; baares oder bereitliegendes Geld. — [illegible] être présent, être prêt | zugegen sein, bereit sein. [illegible] homme prompt à répondre. | der immer eine Antwort bereit hat. — Gramm. le deuxième personne. | die zweite Person (eigentlich der Anwesende, als Gegensatz zu [illegible]) [illegible] die zweite Person des Imperativs eines activen Verbums. — Rel. abstr. [illegible] disposition, promptitude, préparatif | Bereitschaft, Vorbereitung

[illegible] Adj. und Adv. présent, disposé, prompt; promptement. | zugegen, bereit.

[illegible] Vb. act. [illegible] apprêter, préparer. | bereiten, zubereiten, in Bereitschaft setzen. — Deriv. [illegible] — Vb. refl. pass. [illegible] s'apprêter, se disposer; être prêt. | sich bereiten, sich bereit halten

[illegible] [Rad. [illegible]] Sbst. nourrice | Amme

[illegible] Partic. [illegible]

[illegible], vulg. [illegible] [Rad. [illegible]] Sbst. [illegible] bord, marge, côté | Rand, Seite. — Plur. [illegible] — Dual. [illegible] les deux côtés, les deux parties | die beiden Seiten, beide Theile.

[illegible] [Rad. [illegible]] Sbst. — [illegible] prix, file. | Kabel — Pl. [illegible]

[illegible] [Rad. [illegible]] Sbst. [illegible] premier état de q. ch., nature, naturel ou caractère inné. | das ursprüngliche oder angeborne Wesen einer Sache oder Person

[illegible] [Rad. [illegible]] Adj. und Sbst. [illegible] qui garde, conserve q. ch.; gardien, intendant, gouverneur, conservateur (se dit de Dieu); qui sait par cœur, spécialement qui sait par cœur le Koran | bewahrend, bewahrend; Wächter, Verwalter, Statthalter; der Bewahrer, d. i. Gott; der etwas im Gedächtnisse bewahrt, insbesondere der den Koran auswendig weiss. [illegible] Bibliothekar.

[illegible] und [illegible]. Adj. und Sbst. Fem. des Vorigen. mémoire. | das Gedächtniss, Vollständiger [illegible] das bewahrende Kraft.

[illegible] [Rad. [illegible]] Adj. [illegible] tout plein. | sehr voll. — Fem. [illegible] qui abonde en lait. | milchreich.

[illegible] [Rad. [illegible]] Adj. und

Sbst. داور ، والى ، [illegible] qui juge, décide; juge, arbitre, magistrat, gouverneur d'une ville ou d'une province; souverain, prince. | richtend, entscheidend; Richter, Schiedsrichter; obrigkeitliche Person; Statthalter oder Befehlshaber, Fürst. [illegible] ul-ZEMANT. le prince actuel, le prince d'alors | der in jetziger Zeit, oder in damaliger Zeit regierende Fürst. [illegible] ul-MUTLAK le juge absolu, c. à d. Dieu. der absolute Richter, d. i. Gott. — [illegible] être arbitre: dominer, commander; entscheiden, [illegible] herrschen.

[illegible] HÂKIMANE Adv. en juge, en maître, magistralement, royalement. | als Richter, [illegible], obrigkeitlich, fürstlich (z. B. eine Entscheidung, Handlung, Ausspruch u. s. w.)

[illegible] HÂKIME. Sbst. Fem. v. [illegible] princesse, souveraine | Fürstin.

[illegible] HAKI [Rad. حكى] Adj. und Sbst. [illegible] qui raconte, narrateur. | erzählend, Erzähler.

[illegible] HÂL. Sbst. état, condition, situation, position, disposition, circonstance, manière d'être, le temps présent, le mois courant, etc. Zustand, Lage, Umstände, in denen sich eine Sache oder Person befindet, Weise, Wesen, Befinden; die gegenwärtige Zeit, der laufende Monat, die laufende Woche. — Gramm. le présent; terme circonstanciel | das Präsens; Umstandsausdruck. — vgl. die arab. Gramm. — Theol. myst. [Pl. [illegible] HÂLÂT] extase, | der vorübergehende Zustand der inneren Begeisterung; vgl. [illegible]. — Pl. احوال AHWÂL, und [illegible] HÂLÂT, circonstances, affaires, Zustände, Lagen, Angelegenheiten, Umstände. — [illegible]

[illegible]

[illegible] HÂMAL Adj. und Sbst. Fem. [illegible]

[illegible]

[illegible] ILT. [illegible] s'informer les uns des autres; délibérer | sich nach einander erkundigen; sich berathen.

[illegible] HÂLI [Rad. حلى] Adj. orné; geschmückt. — Fem. [illegible] HÂLIE femme ornée, parée d'ornements | geputzte Frau.

[illegible] HÂLY. Sbst. arab. [illegible] und [illegible] Sbst. grand et gros tapis | grosser und grober Teppich.

[illegible] HÂLÎ Adj. und Sbst. von [illegible] qui a rapport à l'état: présent, actuel; le temps présent | zuständlich, gegenwärtig; die Gegenwart. — Adv. [illegible] HÂLIÂ actuellement, présentement | gegenwärtig, jetzt. — [illegible]

[illegible] Tahrif. v. [illegible]

[illegible] HÂMID [Rad. حمد] Adj. und Sbst. [illegible] qui loue, louangeur | lobend, ein Lobender. vgl. — [illegible]

[illegible]

[illegible] HÂN. Sbst. [illegible] lieu où l'on fait halte, station, auberge | Ort, wo man vom Wege abbiegt, d. i. absteigt, Halt macht; Station, Herberge.

[illegible] HÂIR [Rad. حير] Adj. u. Sbst. [illegible] qui s'étonne, erstaunend — vgl. [illegible]

[illegible] HÂIZ [Rad. حوز] Adj. u. Sbst. [illegible] qui possède q. ch. | besitzend — vgl. [illegible] und [illegible]

[illegible] Sbst. Tahrif v. [illegible] oder [illegible] [illegible]. | [illegible]

[illegible] HÂIZ. [Rad. حيض, [illegible]] Sbst. vulg. [illegible] Fem. femme qui a ses règles | Frau im Zustande der monatlichen Reinigung.

[illegible] HÂIL. [Rad. حيل] Sbst. [illegible] mur, muraille, cloison, [illegible] | Mauer, Wand, Ringmauer, Umzäunung.

[illegible]

[illegible] Sbst. [illegible] *filet, piège.* | Netz, Schlinge — Plur. [illegible] die Schlingen des Todes. [illegible] die Schlingen des Teufels, bild. die Frauen

[illegible] Sbst. Pl. v. [illegible]

[illegible] Sbst. Pl. v. [illegible]

[illegible] vulg. [illegible] Sbst. Nom. unit. v. [illegible] — Pl. [illegible] *un grain, une baie, une olive, une petite partie d'une chose, petite chose, un rien, petit points,* [illegible] | ein Korn, eine Beere, Theilchen, kleines Geldstück, ein Gran, [illegible] ein kleines Ding, Kleinigkeit, so viel wie nichts. [illegible] *absolument rien.* | nicht ein Körnchen, d. i. gar nichts. [illegible] *il ne vaut pas une obole.* | es ist keinen Heller werth. [illegible] *grain de chapelet* | ein Kügelchen des Rosenkranzes. [illegible] *le grain noir qu'on croit former le milieu du cœur; pensée intime; péché originel.* | das schwarze Korn (angeblich) in der Mitte des Herzens; innerster Gedanke; das ursprünglich Böse in der Natur des Menschen. [illegible] ein Körnchen zur Kuppel machen, — aus einer Mücke einen Elephanten machen.

[illegible] [Rad. [illegible]] Sbst. *amour.* | Liebe. — Adv. [illegible] *pour amour de* ... | aus Liebe zu ... [illegible] *pour l'amour de Dieu.* | um Gottes Willen. — [illegible]

[illegible] Interj. *bravo!* | gut! schön!

[illegible] Sbst. *savant, docteur, scribe (se dit des docteurs juifs).* | Schriftgelehrter (jüdischer)

[illegible] Sbst. [illegible] *cuirs.* | Häute.

[illegible] Sbst. [illegible] *action de retenir, d'arrêter; prison.* | das Festhalten, Anhalten; Gefangennahme, Haft. — [illegible] *retenir, arrêter, emprisonner.* | zurückhalten, anhalten, festhalten, einsperren; den Athem anhalten; das Geld zurückhalten, sparen. [illegible] polizeiliche Aufsicht, Stadtarrest.

[illegible] Sbst. [illegible] *legs pieux* | fromme Stiftung, Grundstück, dessen Ertrag zu frommen Zwecken bestimmt ist. — Plur. [illegible]

[illegible] N. pr. *Abyssinie, Abyssiniens.* | Abyssinien, Abyssinier.

[illegible] Adj. und Sbst. *abyssin; domestique, fille née d'un père blanc et d'une mère noire; teint de visage qui tient le milieu entre noir et blanc* | abyssinisch; Abyssinier; Diener im Hause; ein Mädchen, deren Vater ein Weisser und deren Mutter eine Schwarze; zwischen schwarz und weiss die Mitte haltende Gesichtsfarbe.

[illegible] Sbst. [illegible] *corde, câble* | Strick, Seil, Tau. — Pl. [illegible]

[illegible] [Rad. [illegible]] Sbst. *femme enceinte.* | schwangere Frau.

[illegible] Sbst. Plur. von [illegible] *grains* | Körner. Nom. unit. [illegible] *boulem de peste* | Pestbeule — davon der Pl. [illegible] *légumes secs, céréales.* | Körner für die Aussaat; Gemüsefrüchte, Hülsenfrüchte [illegible] Aufseher über die bebauten Gemüsefrüchte.

[illegible] [Rad. [illegible]] Sbst. [illegible] *joie, allégresse.* | Freude, Heiterkeit.

[illegible] v. [illegible]

[illegible] [Rad. [illegible]] Adj. und Sbst. [illegible] *aimé; ami chéri.* | geliebt; der Geliebte, Freund. [illegible] *le bien-aimé de Dieu, Mahomet.* | der Freund Gottes, d. i. der Prophet Mohammed. — Fem. [illegible]

[illegible] [Rad. [illegible]] Sbst. vgl. [illegible] *chose destinée à quelque usage pieux; crochet.* | zu frommen Zwecken bestimmte Sache; Klammer.

[illegible] Sbst. *la mort.* | der Tod. [illegible] *mort naturelle.* | natürlicher Tod. — Pl. [illegible]

[illegible] Sbst. [illegible] *écrit, ordre, édit.* | Brief, Erlass — Plur. [illegible]

[illegible] Adv. *même jusque, enfin.* — Im Übrigen vgl. die arabische Grammatik.

[illegible] Sbst. [illegible] *action de pousser, d'exciter q. qu. contre un autre; excitation, instigation, stimulation.* | Anreizung, Anregung, Aufhetzung.

[illegible] und [illegible] Adj. *excité, stimulé; vite, prompt.* | angetrieben, erregt; schnell, geschwind.

[illegible] Sbst. *le pèlerinage à la Mecque.* | die Wallfahrt nach Mecka. [illegible] *aller en pèlerinage.* | die Wallfahrt vollziehen. [illegible] *le commandant de la caravane des pèlerins.* | Anführer der Pilgerkarawane.

[illegible] v. [illegible]

[illegible] [Rad. [illegible]] Sbst. *esprit, intelligence; énigme.* | Geist, Einsicht; Räthsel.

[illegible] [Rad. [illegible]] Sbst. [illegible] *voile, rideau; amulette, préservatif; honte, pudeur.* | Vorhang; Amulett als Verwahrungsmittel; Scham, Bescheidenheit. — [illegible] *avoir honte, rougir.* | sich schämen [illegible] *sans honte, éhonté.* | schamlos, frech, unbescheiden. — Pl. [illegible] und [illegible]

[illegible] Sbst. Pl. v. [illegible]

[illegible] Sbst. *charge de* [illegible] | Dienst des [illegible]

[illegible] [illegible III.] Sbst. *action de disputer; argumentation, disputation* | das Streiten mit Gründen, Disputation.

[illegible] Adj. u. Sbst. 1. [illegible] *qui dispute avec véhémence, disputeur* | der heftig streitet, disputirt. — 2. (eigentlich Nom. propr. des durch Grausamkeit berüchtigten Statthalters von Irak, unter dem Khalifen Abd-ul-melik) [illegible] *homme cruel, injuste, tyran.* | ein Grausamer, Ungerechter, Unbarmherziger, Tyrann.

[illegible] Sbst. Pl. v. [illegible]

[illegible] und [illegible] Sbst. Pl. v. [illegible]

[illegible] Sbst. Pl. v. [illegible]

[illegible] [illegible] Sbst. *muselière,* | Maulkorb, Beisskorb (ein Strick, der dem Thiere um das Maul gebunden wird)

[illegible] Sbst. — [illegible] *scarificateur.* | Schröpfer.

[illegible] [Rad. [illegible]] Sbst. *emploi des ventouses, scarification.* | das Schröpfen. [illegible] *ventouse* | Schröpfkopf — [illegible] *mettre des ventouses, scarifier.* | schröpfen.

[illegible] Sbst. *scarificateur.* | Schröpfer.

[illegible] v. [illegible]

[illegible] Sbst. Pl. v. [illegible]

[illegible] Sbst. Pl. v. [illegible]

[illegible] Sbst. Nom. unit. v. [illegible] *pèlerinage à la Mecque.* | Wallfahrt nach Mecka. [illegible] vulg. [illegible] *douzième mois de l'année lunaire.* | Name des zwölften Monats des mohammedanischen Mondjahres.

[illegible] Sbst. [illegible] *argument, preuve; sentence du juge, acte authentique, certificat, acte d'un contrat; ordre, décret; dispute, altercation* | Argument, Beweis; schriftliches Beweisstück, Document, Eigenthumsurkunde, Contrakt; gerichtlich ausgefertigtes Urtheil; schriftlicher Befehl; Disputation, Wortstreit. — [illegible] *décider, décréter, prouver, démontrer.* | entscheiden, beweisen. [illegible] *procuration juridique, pleins pouvoirs.* | gerichtliche Vollmacht. — Pl. [illegible]

[illegible] Vb. recipr. *plaider l'un contre l'autre; produire des arguments l'un contre l'autre, disputer.* | mit einander vor dem Richter prozessiren; Beweisgründe gegen einander anführen, disputiren.

[illegible] Sbst. Pl. v. [illegible]

[illegible] Sbst. [illegible]

action d'empêcher, de défendre, d'interdire; empêchement, réclusion; action de garder; garde, conservation | Verhinderung, Untersagung, nicht zulassen; Obhut, Erhaltung — Jurisprud. interdiction prononcée contre une personne mineure ou imbécile ou prodigue, etc., Anordnung, durch welche einer minderjährigen oder verstandesschwachen oder verschwenderischen Person die Verfügung über ihr Vermögen entzogen wird — als Concret. chose interdite ou défendue | etwas Verbotenes, Verwehrtes

[illegible] Sbst. chose interdite ou défendue; min. giron; mur, muraille | etwas Verbotenes; Busen; Mauer. Pl. [illegible] [illegible], und [illegible] Mauern, Steinplatten. — [illegible] ein Theil der Mauer an der südlichen Seite des Tempels zu Mecka, auch [illegible] genannt

[illegible] Sbst. action d'empêcher | Verhinderung — [illegible]

[illegible] Sbst. [illegible] pierre, [illegible] | Stein; Steindamm. — Alchem. pierre philosophale, der Stein der Weisen. [illegible] el-eswed, der schwarze Stein am Tempel zu Mecka

[illegible] Sbst. Pl. v. [illegible]

[illegible] [[illegible] I.] Sbst. [illegible] action d'empêcher, d'interdire | Verhinderung, Untersagung.

[illegible] Sbst. [illegible] sein, giron. Busen.

[illegible] Sbst. [illegible] petite chambre, cabinet, cellule; niche | Kämmerchen, Kabinet, Zelle; Nische in der Wand. — Pl. [illegible] [illegible] u. [illegible] [illegible].

[illegible] [Rad. [illegible]] Sbst. chambre nuptiale | Brautkammer. [illegible] Sbst. — [illegible]

[illegible] Sbst. état d'être protubérant: élévation à la surface d'un corps, tumeur; épaisseur, embonpoint | das rund Hervorstehen, rund hervorstehende Erhöhung an der Oberfläche eines Körpers, Buckel u. dgl.; Dicke. [illegible] qui n'est pas protubérant, plat | nicht hervorstehend, flach. [illegible] eine Frau mit flacher Brust. — 2. action de mettre des ventouses, scarifier | Schröpfen, vgl. [illegible]

[illegible] Sbst. v. [illegible]

[illegible] Sbst. [illegible] action d'assigner des limites; borne, terme, limite, frontière, barrière qui s'oppose au progrès; district; degré; sphère ou place de chacun; pouvoir ou faculté de faire q. ch.; extrémité, bout; point ou degré jusqu'où l'on parvient, but qu'on se propose; pointe, tranchant; châtiment; définition | Begrenzung; Grenze, Schranke; Bezirk, Bereich; Grad, Stufe; Wirkungskreis, Kraftbereich, Möglichkeitssphäre; Platz der einem zukommt; äusserstes Ende, Spitze, Schneide; Punkt, zu dem etwas vordringt, Grad, den etwas erreicht. — Jurisp. Strafe, Züchtigung, insbes. die gesetzliche Züchtigung von bei Richtern. — Log. Definition. — Astron. das Bereich eines der zwölf Bilder des Thierkreises, — $^1/_{12}$ der Ekliptik oder 30 Grad. — Plur. [illegible] [illegible] — [illegible] [illegible], oder [illegible] [illegible] au-delà des bornes, excessif | übermässig —

[illegible] c'est en dehors de mon pouvoir. | das ist nicht mein Bereich, d. i. geht über meine Kräfte, ich darf nicht, kann nicht. [illegible] je sais ce qu'il me faut. | ich kenne meine Stellung, weiss, was mir ziemt. [illegible] [illegible] en vérité | in der That

[illegible] [illegible] [illegible] Dieu (incommensurable), [illegible], er ist unbegrenzt und unsichtbar. [illegible] [illegible] welche Macht (oder Recht) hat er denn. [illegible] [illegible], oder [illegible] [illegible], [illegible], [illegible] | [illegible], [illegible] [illegible] [illegible], dans l'intérieur d'un espace; pendant le cours d'un temps | innerhalb (von Raum und Zeit), vgl. Zeitschr. der D. M. G., V. 60. VIII. 505. IX. 823. 830.

[illegible] Sbst. Pl. v. [illegible]

[illegible] Sbst. Pl. v. [illegible]

[illegible] [[illegible] III.] Sbst. action de converser, de s'entretenir; conversation | Unterhaltung.

[illegible] [Rad. [illegible]] Sbst. nouveauté d'une chose; jeunesse | Neuheit; Jugend.

[illegible] [Rad. [illegible]] Sbst. [illegible], [illegible] deuil; vêtement de deuil | Trauer, Trauerkleidung. [illegible] Trauerzeit.

[illegible] [Rad. [illegible]] Sbst. [illegible] forgeron, [illegible]; [illegible] | Grobschmiedt, Hufschmied [illegible] Thürhüter.

[illegible] Sbst. Pl. v. [illegible]

[illegible] Sbst. Pl. v. [illegible]

[illegible] Sbst. élévation, terre élevée, [illegible], [illegible] du dos | Erhöhung, Buckel Nom. unit. [illegible] [illegible]

[illegible] [Rad. [illegible]] Sbst. [illegible] tranchant, l'aigu (de la lame); violence, véhémence, force, colère, emportement, impétuosité | Schärfe; Heftigkeit, Gewalt, Hitze, Zorn, Jähzorn. [illegible] se mettre en colère, | in Zorn gerathen. [illegible] [illegible], impétueusement, violemment | heftig. — Rel. concr. [illegible] [illegible], impétueux, violent, emporté, | heftig, zornig, hitzig

[illegible], [illegible], [illegible] Sbst. [illegible] [illegible], [illegible] filière (pour tirer les métaux). Ziebeisen (der Nadler, Drahtzieher). — Redhouse, a wire-drawer's gauge; a rolling machine for making wire, bars, plates, etc. of metal. [illegible] a rolling-mill [illegible] — [illegible] passer par la filière, | durch das Eisen ziehen

[illegible] Vb. refl. s'emporter, se mettre en colère. | in Zorn gerathen, heftig werden, — [illegible] [illegible]

[illegible] Sbst. chose nouvelle, accident, cas fortuit, changement du sort; tout inconvénient qui met l'homme dans l'impureté légale | etwas Neues, Begebenheit, Zufall, Wechselfall; zufällige Verunreinigung, die eine Abwaschung erfordert. — [illegible] einen Zufall haben, sich verunreinigen, — [illegible]. — Pl. [illegible] [illegible] und [illegible] [illegible].

[illegible] [Rad. [illegible]] Sbst. nouveauté d'une chose, apparition | Neuheit einer Sache, Erscheinung, zum Vorschein kommen

[illegible] Sbst. accidents qui mettent l'homme dans l'impureté légale; changement du sort, apparition d'une chose | Zufall | in euphemistischem Sinne, — [illegible] | Erscheinung, zum Vorschein kommen.

[illegible] Vb. [illegible] [illegible] s'embrouiller, se souiller | einen Zufall begegnen, sich verunreinigen.

[illegible] Sbst. [illegible] . [illegible] . [illegible] [illegible] . [illegible] . [illegible] action de descendre, de faire descendre; action de hâter, d'accélérer; action d'amener de q. ch. | herabsteigen, herablassen, Beeilung; Umwandung, eine Sache mit einer andern umgeben

[illegible] Sbst. [illegible] [illegible] descente, pente, penchant, vallon | Abhang, Vertiefung, Thal

[illegible] Sbst. [illegible] [illegible] action de supposer, de conjecturer | Vermuthung in B. über den Sinn eines Wortes oder einer dunklen Stelle.

[illegible] Sbst. [illegible] [illegible] prunelle, pupille de l'œil | Augapfel, Augenstern — Plur. [illegible] [illegible], [illegible] [illegible], und [illegible] [illegible].

[illegible] [[illegible] I.] Sbst. [illegible] être nouveau; provenir, arriver pendant le cours du temps; être temporel | das im Laufe der Zeit Beginnen, Entstehen, Stattfinden, sich ereignen, das Neusein einer Sache. — [illegible] arriver, survenir, avoir lieu | sich ereignen, vorkommen

[illegible] Sbst. descente, pente rapide | steiler Abhang vgl. [illegible]

[illegible] [[illegible] I.] Sbst. action de descendre | das Herabsteigen. vgl. [illegible]

[illegible] [Rad. [illegible]] Adj. & Sbst. [illegible] nouveau, récent; nouvelle, relation d'un fait, etc., tradition concernant les paroles ou les faits du prophète | neu; Neuigkeit, Bericht, Erzählung einer Begebenheit; Ueberlieferung der Aussprüche und Handlungen Mohammeds. — Pl. [illegible] [illegible].

[illegible]

[illegible] Sbst. [illegible] ce qui sert pour se garantir, lieu fortifié, [illegible] [illegible]; [illegible] Kaffeebrett, befestigter Ort; Amulet, Talisman u. dgl.

[illegible] Sbst. [illegible] action de garder, de garantir; action de défendre. | das Schützen, Beschützung einer Andern.

[illegible] Sbst. — [illegible]

[illegible] Sbst. [illegible] heftiger Wunsch, Begierde [illegible] ambition. [illegible] — Adv. [illegible]

[illegible]

[illegible] se mouvoir, agir. | sich bewegen, handeln. [illegible] se mettre en mouvement, s'effaroucher. | sich in Bewegung setzen, sich [illegible]. [illegible] mettre en mouvement, provoquer. | in Bewegung bringen [illegible] tremblement de terre. | Erdbeben. [illegible] Rel. concr. [illegible] mouvement. | beweglich.

[illegible] se mouvoir, sich bewegen.

[illegible] Sbst. Pl. [illegible] chose sacrée; lieu sacré; [illegible] les femmes de la famille; une femme [illegible] | eine geheiligte Sache; Ort [illegible]

[illegible]

[illegible] liberté, [illegible] libre. | Freiheit, freier Stand, freie Geburt.

[illegible] Sbst. [illegible] | Abmagerung, Kränklichkeit, Schwächlichkeit.

[illegible] Sbst. [illegible] d'être amoindri, [illegible] | schlecht, verdorben, gering sein.

[illegible] Sbst. Pl. v. [illegible]

[illegible] Adj. [illegible] réfractaire (un cheval). | [illegible], widerspenstig, stätig (ein Pferd). — Rel. abstr. [illegible] | Halsstarrigkeit.

[illegible] Adj. [illegible] digne de..., convenable, propre à ..., qui mérite que. | [illegible]

[illegible]

[illegible], [illegible]. | [illegible], [illegible]. [illegible].

[illegible]. [Rad. [illegible]] Sbst. [illegible] *[illegible]*. | [illegible].

[illegible] s. [illegible]

[illegible] Sbst *troupe d'hommes, cohorte; article: une des 120 sections du Coran.* | Abtheilung, Heeresabtheilung, ein Haufe [illegible]; Schaar; einer der 120 Abschnitte des Korans. — Pl [illegible] *parties, partisans, alliés* | Abtheilungen u. s. w., Parteigänger, Anhänger, Verbündete.

[illegible] Sbst *[illegible], considération, circonspection, précaution, jugement ferme.* | [illegible], Ueberlegung, [illegible], Umsicht, Vorsicht, Klugheit, sicheres Urtheil. — [illegible] *se résoudre, considérer.* | sich entschliessen, überlegen. vgl. [illegible]

[illegible] Sbst [illegible] *tristesse, affliction, mélancolie.* | Traurigkeit, Betrübniss, Qual. bildl., [illegible] | Fluss (die Quelle). — Plur. [illegible] *afflictions* | Betrübnisse, Verdriesslichkeiten, Ärgernisse. — Rel. [illegible] *triste*, traurig

[illegible] Adj und Sbst — [illegible]

[illegible] Sbst. *le mois de Juillet.* der Monat Juli des syrisch-römischen Jahres.

[illegible]. [Rad. [illegible]] Adj. und Sbst. [illegible] *triste, affligé, mélancolique.* | traurig; ein Trauernder, Betrübter.

[illegible]

oder — [illegible]. *rendre compte.* | Rechnung oder Rechenschaft ablegen. — [illegible] *régler un compte.* eine Rechnung niederschreiben, eine Rechnung bezahlen. [illegible] *[illegible]*. | [illegible] *livre de compte, compte par écrit.* | Rechnungsbuch, schriftliche Berechnung.

[illegible] [[illegible] I.] Sbst. [illegible] *action de compter, de calculer; fonction d'un calculateur, estimation.* das Zählen, Rechnen; Amt eines Calculators; Schätzung.

[illegible] Sbst., [illegible] *qui avait compte; arithméticien.* der Rechnung ablegt; Rechner.

[illegible] Sbst. [illegible] *teneur de livres.* | Buchhalter.

[illegible], und [illegible] [illegible]

[illegible] [[illegible] I.] Sbst. [illegible] *action de compter, de calculer* | Berechnung. — [illegible] *[illegible]*. Strafe.

[illegible]. [Rad. [illegible]] Sbst. [illegible] *l'action de compter sur la récompense de Dieu, récompense divine; [illegible]; fonction du [illegible].* | das Rechnen auf die göttliche Vergeltung; göttliche Vergeltung; [illegible], Rath; Amt des Marktmeisters.

[illegible], und [illegible] *en comptant sur la récompense de Dieu.* | in Rechnung auf Gottes Lohn.

[illegible] s. [illegible]

[illegible] Sbst. [illegible] *action d'envier; envie, malveillance.* | Beneidung; Neid, Missgunst. — [illegible], und — [illegible] *être envieux* | neidisch sein, einen beneiden.

[illegible]

[illegible] s. حسنى

[illegible] 1. Adj. Femin. von [illegible] 2. Sbst. [illegible] bonne action, bonne oeuvre, bienfait; fondation pieuse. | gute That, gutes Werk, Wohlthat; fromme Stiftung. — Pl. [illegible]

[illegible] 1. Adj. Femin. von احسن très-beau. | sehr schön. اسماء حسنى die 99 Namen Gottes. — 2. Sbst. [illegible] ce qui est beau et bon; bonne qualité, bonne action, bonne oeuvre, bienfait; [illegible] | alles, was schön und gut; gute Eigenschaft, gutes Werk, schöne Handlung; Schönheit, Tugend; Güte; Wohlthat; [illegible] Gut. — Duel. [illegible] vulg. Cas. obl. [illegible] les deux belles choses, c. à d. la victoire et le martyre | die beiden schönen Dinge d. i. Sieg und Märtyrerthum. — Pl. [illegible] vulg.

[illegible] bonne qualité de caractère. | gute Charaktereigenschaften.

[illegible] Sbst. action de humer. | das Schlürfen, Einschlürfung.

[illegible] Sbst. Nom. unit. un trait (en humant). | ein Zug beim Trinken, eine Einschlürfung.

[illegible] Adj. u. Sbst. curieux | neidisch; ein Neider.

[illegible] Sbst. s. [illegible]

[illegible] Adj. [illegible] [Ursprüngl. v. [illegible]] sensuel; sensible. | [illegible] [illegible]

[illegible]

Tage; Auferweckung der Todten. [illegible] der jüngste Tag.

[illegible] [Rad. حشر] Sbst. collect. (Pl. des Sing. [illegible]) petits animaux, insectes, reptiles; la canaille. | kleine Thiere, Insekten, Gewürm; Ungeziefer; allerlei [illegible] Volk, Gesindel.

[illegible] Sbst. (Bei [illegible]) [illegible] Regen, Gewimmel) [illegible] | [illegible] Ausgelassenheit, Sinnlichkeit, [illegible] Spielerei. Sadi. Comm. zu Gulist. S. 61. 122. [illegible] Sadi. l. c. [illegible]

[illegible] und [illegible] Adj. und Sbst. [illegible] [illegible]

[illegible]

[illegible] Sbst. [illegible] Lärmen, [illegible] eingeschobene Worte.

[illegible] [Rad. حشو] Sbst. viscères, intestins; gens de basse condition. Eingeweide; niederes Volk.

[illegible] s. حشو

[illegible] Sbst. [illegible]

[illegible] Sbst. viscères. Eingeweide (Lunge, Nieren, Leber). — Plur. احشا [illegible]

[illegible] [Rad. حشر] Sbst. [illegible] | Kinder, Weiber; Ausstaffirung; [illegible] der Frauen.

[illegible]

[illegible] [illegible]. [Rad. [illegible]] Sbst. [illegible] (pellicule séparée du grain). | Spreu. [illegible]

[illegible] [illegible]. Sbst. [illegible] femme chaste et vertueuse; épouse légitime. | tugendhafte, keusche, ehrsame Frau; die rechtmässige Gattin. — Pl. [illegible] [illegible], und [illegible] [illegible]. — Nom. unit. [illegible] [illegible].

[illegible] [illegible], auch [illegible] Sbst. [illegible] cheval entier, étalon. | Hengst.

[illegible] [illegible]. [[illegible] 4.] Sbst. [illegible] état d'être fort ou fortifié, d'être inexpugnable; fermeté, fortification; chasteté et vertu d'une femme | Festigkeit, Uneinnehmbarkeit einer Festung; Keuschheit und Tugend einer Frau.

[illegible] [illegible] Sbst. Pl. v. [illegible]

[illegible] [illegible] Sbst. Pl. v. [illegible]

[illegible] [illegible], vulg. [illegible]. Sbst. [illegible] rougeole (maladie). | die Röthel[n] od. Masern. — Plur. [illegible] [illegible] pétéchies | Fleckfieber. — Relat. [illegible] [illegible] qui a la rougeole. | an den Masern krank [illegible] [illegible] fièvre pétéchiale. | das Fleckfieber.

[illegible] [illegible], und [illegible]. [Rad. [illegible]] Sbst. [illegible] portion, quote-part, lot. | Theil, Antheil. — Plur. [illegible] [illegible]. [illegible] [illegible], oder [illegible] [illegible] récit[illegible] de l'histoire, affabulation | Nutzanwendung einer Erzählung [illegible] [illegible] participant; actionnaire. | Theilhaber; Actionär — [illegible]

[illegible] [illegible] Sbst. distributeur | Vertheiler, Zutheiler.

[illegible] [illegible] Adj. und Sbst. participant, theilhaftig, Theilhaber — [illegible] participer, prendre part. | theilnehmen, Theil haben. — [illegible] faire participer; communiquer. | theilnehmen lassen, mittheilen. [illegible] [illegible] actionnaire | Actionär. — Rel. abstr. [illegible] [illegible] participation. | Theilnahme, Mitgenossenschaft. [illegible] [illegible] qui prend part | Theilnehmer — [illegible]

[illegible] [illegible], und [illegible] Vb. recipr. [illegible] se partager [illegible], se communiquer. | unter einander theilen, einander theilnehmen lassen, einander mittheilen.

[illegible] Sbst. [illegible] action de moissonner, moisson, récolte. | Schneiden des Getreides, Ernte.

[illegible] [illegible]. Sbst. action de borner, de limiter, de resserrer dans une certaine étendue, entourer, cerner, assiéger, bloquer étroitement, restreindre, retenir, prendre, saisir. | Beschränkung, Einschränkung in bestimmte oder enge Grenzen; Belagerung, Zurückhaltung, Ergreifen, Nehmen, Festhalten. [illegible] fixer le regard sur q. ch. — [illegible] fixer l'attention sur q. ch. | seine Aufmerksamkeit auf eine Sache heften. [illegible] déterminer le sens d'un mot. | den Sinn eines Wortes genau bestimmen. — [illegible]

[illegible] [illegible]. Sbst. serrement, angoisse, difficulté de parler, langue embarrassée; [illegible] | Beklemmung, Angst, Hemmung der Sprache. [illegible] — [illegible] être embarrassé (dans sa parole, etc.). | [illegible], [illegible] sein, gehindert sein, z. B. im Ausdruck. [illegible] [illegible]

[illegible] [illegible] Sbstant. Tahrif. v. [illegible] natte. | Matte.

[illegible] [illegible]. Sbst. Pl. v. [illegible]

[illegible] [illegible]. Sbst. [illegible] fortifié, forteresse, citadelle. | befestigter Ort, Festung. Pl. [illegible] [illegible].

[illegible] [illegible]. Sbst. [illegible] chasteté, vertu (d'une femme). | Keuschheit (einer Frau).

[illegible] [illegible]. Adj. und Sbst. [illegible] femme chaste | tugendhafte Frau.

[illegible] [illegible]. [[illegible] 4.] Sbst. [illegible] action de parvenir, d'arriver (au résultat), d'avoir lieu; réalisation | das Vorkommen, Stattfinden, Eintreten einer Sache; Verwirklichung. [illegible] [illegible] naître, se réaliser, s'accomplir | entstehen, vorkommen, eintreten, sich verwirklichen, gelingen. [illegible] faire naître, produire, faire réussir, obtenir | hervorbringen, gelingen lassen, erlangen. [illegible] accomplissement d'un désir | Erfüllung oder Erreichung eines Wunsches.

[illegible] [illegible]. Adj. qui a lieu, qui s'accomplit, qui réussit. | stattfindend, gelingend. — Rel. abstr. [illegible] [illegible], réussite. | das Gelingen.

[illegible] [illegible]. Sbst. Pl. v. [illegible]

[illegible] [illegible]. [Rad. [illegible]] Adj. moissonné, fauché; coupé, détruit | gemäht, [illegible], vernichtet. [illegible] — Fem. [illegible] [illegible] grains récoltés | eingeerntetes Getreide.

[illegible] [illegible]. [Rad. [illegible]] Adj. [illegible] serré, étroit, qui éprouve de l'angoisse; triste, affligé | beengt, [illegible], bedrängt, betrübt. — 2. Sbst. — [illegible] (de jonc ou de roseaux). [illegible] Geflecht (von Rohr u. dgl.), Matte. [illegible] [illegible] [illegible] de roseaux. | Rohr [illegible] [illegible] Name verschiedener Arten Rohr, Schilf, der Papyrusstaude.

[illegible] [illegible]. Sbst. [illegible] nattier. | Mattenflechter, Korbflechter.

[illegible] [illegible]. [Rad. [illegible]] Adj. [illegible] doué d'un jugement solide; fest, entschieden, scharf im Urtheil.

[illegible] [illegible]. [Rad. [illegible]] Sbst. [illegible] râteau | [illegible], [illegible].

[illegible] [illegible]. [Rad. [illegible]] Adj. u. Sbst. [illegible] fortifié. forteresse; prison d'état. | befestigt, fest; Festung; Staatsgefängniss.

[illegible] [illegible] und [illegible]. Sbst. [illegible] action de pencher, de [illegible]; [illegible], [illegible]. | Anrufung, [illegible]. — 2. ce qui [illegible], qui [illegible], [illegible]. | das [illegible]; [illegible]

[illegible] [illegible]. Pl. v. [illegible]

[illegible] [illegible]. [Rad. [illegible]] Sbst. [illegible] présence (d'une personne ou d'une chose). | Gegenwart, das Zugegensein.

[illegible] [illegible]. [[illegible] 1.] Sbst. action d'élever ou de soigner un enfant. | Aufziehung, Pflege und Unterhalt eines Kindes.

[illegible] [illegible]. Pl. v. [illegible] u. [illegible]

[illegible] [illegible] Sbst. [illegible] [Gegentheil von [illegible]] action de se [illegible] en repos en campagne; état de paix et de repos. | das zu Hause oder daheim sein, nicht auf der Reise oder im Felde sein; im Kriege und Frieden [illegible] [illegible] in Krieg und Frieden. — Adj. relat. [illegible] [illegible], qui n'est pas en voyage ou à la campagne, domicilié, [illegible]. | zu Hause, nicht auf der Reise oder im Felde, wohnhaft [Gegentheil von [illegible]].

[illegible] [illegible] Sbst. Pl. [illegible] [illegible], und [illegible] présence; résidence, lieu de résidence; prince résident; majesté, excellence [avec comme terme de respect]. — [illegible] | Gegenwart; Residenz, Hauptstadt, fürstlicher Sitz; residirender Fürst; Majestät, Excellenz u. s. w., dient als Titel als Ausdruck der Hochachtung, in verschiedenen Graden, und steht vor dem Namen oder dem Worte im Singular, nach dem Wort. im Plural mit dem Suffix der Dritten Person des Pronom. [illegible] [illegible] [illegible], oder [illegible] [illegible] la majesté de Dieu. | die Majestät Gottes, oder die göttliche Majestät [illegible] [illegible] der heilige Psalter. [illegible] die heiligen Engel. [illegible] die Majestät des Kaisers [illegible] die Excellenz der Pascha — In der Anrede, mit dem Suffix der zweiten Person. [illegible]

[illegible] [wie das arabische [illegible]] wird es nur von den Armeniern gebraucht.

* [illegible] Sbst. action de prendre dans ses bras, embrasser de ses bras, étreindre | an die Brust, zwischen die Arme nehmen.

* [illegible] Sbst. [illegible] 1. sein | die ganze Brust zwischen den beiden Armen. — Pl. [illegible]. — 2. cuir, flanc; sein. — Pl. [illegible].

* [illegible] [Rad. [illegible]] Sbst. 1. présence. Gegenwart, Zugegensein [illegible] en votre présence | in Ihrer Gegenwart, vor Euren Augen. [illegible] zur Gegenwart, d. i. zum Vorschein kommen. — 2. — [illegible] tranquillité, bien-être, repos | Ruhe, Behaglichkeit, Seelenruhe. — [illegible] se reposer, vivre tranquillement, agréablement; | ausruhen, ruhig und ungestört, behaglich und bequem leben. [illegible] c'est beaucoup moins commode. | [illegible] [illegible] alles ruhig! — Rel. concr. [illegible]. — Adv. [illegible]. — Rel. abstr. [illegible] und [illegible]. — [illegible] sans repos, inquiété, offensé, fatigué. | ohne Ruhe, beunruhigt, beleidigt, gestört. — Rel. abstr. [illegible] inquiétude, offense, colère. | Unruhe, Beleidigung, Aufregung, Zorn. [illegible] er ist gegen uns aufgebracht.

* [illegible] Tahrif, v. [illegible].

* [illegible] vulg. [illegible] [Rad. [illegible]] Sbst. [illegible] und [illegible] [Gegentheil v. [illegible]] le bas, extrémité inférieure. | das Unten, unterste Ende, der niedrigste Punkt. — Astron. — [illegible] apogée, aphélie | grösste Entfernung eines Planeten von der Sonne; tiefster (von der Erde entferntester) Stand eines Sterns.

* [illegible] Sbst. [illegible] action de descendre, d'abaisser, de jeter ou de mettre à terre; penchant d'une montagne. | herab oder herniedersteigen; sich [illegible]: erniedrigen, herabbringen, niederwerfen; Senkung, Abhang eines Berges. — Im Schachspiel: eine besondere Art, den [illegible].

* [illegible] [Rad. [illegible]] Sbst. [illegible] bûcheron; marchand de bois à brûler. | Holzhauer; Händler mit Brennholz.

* [illegible] [Rad. [illegible]] Sbst. choses fragiles et périssables. | zerbrechliche, vergängliche Dinge [illegible] les choses de ce monde. | die vergänglichen Dinge dieser Welt.

* [illegible] Sbst. Nom. unit. des Vorigen. chose fragile et périssable. | leicht zerbrechliches, vergängliches Ding.

* [illegible] Sbst. [illegible] bois à brûler). | Brennholz. — Pl. [illegible] und [illegible].

* [illegible] Sbst. [illegible] briser, casser, rompre quelque chose de dur et de sec. | etwas Hartes und Trockenes zerbrechen.

* [illegible] oder [illegible] Sbst. (polnisch) hetman; maréchal de la diète de Pologne; titre des chefs des cosaques; titre des gouverneurs de plusieurs provinces de l'ancien empire de la Crimée. | Hetman; Titel der Kosakenhäuptlinge; Marschall des polnischen Reichstags; — im krimischen Reiche: Titel des Gouverneurs einiger Provinzen an der Grenze gegen Polen.

* [illegible] Sbst. l'enfer. | die Hölle (eine der sieben Abtheilungen der Hölle). Koran, Sur. 104.

* [illegible] Intransitivum v. [illegible] s. oben.

* [illegible]

* [illegible] [Rad. [illegible]] Adj. boisé, qui abonde en bois. | holzreich, reich bewaldet.

* [illegible] Sbst. Fem. des Vorig. [illegible] bois, forêt. | Gehölz, Waldung.

* [illegible] s. [illegible]

* [illegible] Sbst. lot, portion, sort, chance; bonheur; plaisir, jouissance, félicité, contentement, [illegible]. | Theil, Antheil, glückliches Loos, Glück, Vergnügen, Genuss, [illegible] an einer Sache. — Als Concret. l'objet dont on se réjouit. | der Gegenstand, an dem man Gefallen hat. — Plur. [illegible]. — [illegible] se réjouir, avoir du goût pour . . . | Lust haben, Gefallen haben an . . . [illegible] [illegible] er ist kein Freund von [illegible] [illegible] plaisir sensuel | sinnliches Vergnügen. — Adj. rel. [illegible] heureux, fortuné | glücklich. — [illegible]

* [illegible] s. [illegible]

* [illegible] Sbst. [illegible] action de prohiber, de défendre. | Verweigerung, Verbot.

* [illegible] u. [illegible] [Rad. [illegible]] Sbst. [illegible] faveur, estime, considération, honneur dont on jouit | Gunst, Achtung, Ehre, die man geniesst.

* [illegible] Sbst. Pl. v. [illegible]

* [illegible] [Rad. [illegible]] Adj. favori, favorisé, considéré, estimé | angesehen, geehrt.

* [illegible] [Rad. [illegible]] Adj. heureux, fortuné. | glücklich.

* [illegible] vulg. [illegible] [Rad. [illegible]] Sbst. [illegible] épouse ou maîtresse favorite. | die vom Manne vorgezogene Gattin oder Beischläferin.

* [illegible] [Rad. [illegible]] Sbst. [illegible] base, racine. | [illegible] [illegible] die heilige Umhegung, d. i. das Paradies.

* [illegible] [[illegible] III.] Sbst. [illegible] action de garder, de protéger, de défendre. | Beschützung, Bewahrung.

* [illegible] Sbst. Pl. v. [illegible]

* [illegible] [Rad. [illegible]] Sbst. [illegible] action d'accabler q. qn de questions incessantes, importunité d'un questionneur. | lästige Fragen.

* [illegible] und [illegible] [Rad. [illegible]] Sbst. [illegible] action de recevoir q. qn. avec grandes démonstrations de joie; de témoigner à q. qn des tendresses. | einen Besuch mit grosser Freude aufnehmen.

* [illegible] Sbst. Pl. v. [illegible]

* [illegible] Sbst. Pl. v. [illegible]

* [illegible] Sbst. Pl. v. [illegible] und [illegible].

* [illegible] Sbst. [illegible] action de creuser, de faire un trou. | das Graben, ein Loch machen, ein Grab machen. — [illegible] creuser. | graben, eingraben.

* [illegible] Sbst. Pl. des Vorig.

* [illegible] Sbst. [illegible] trou creusé en terre, fosse, fossé; [illegible] | in die Erde gegrabenes Loch, Graben, Grab; Grabhügel.

* [illegible] Sbst. 1. [illegible] action de courber. | Krümmung, krumm machen, biegen. — 2. [illegible] action de laisser tomber de la main, de laisser derrière soi. | fallen lassen aus der Hand, hinter sich lassen. — 3. falsche Schreibart für [illegible] der Genitiv in der arabischen Declination.

* [illegible] Sbst. [illegible] action de garder, de protéger, action d'apprendre par cœur; garde, défense, protection, conservation, préservation, mémoire. | Beschützung, Bewachung, Beobachtung, Auswendiglernen; Gedächtniss. — [illegible] conserver, garder; retenir dans la mémoire. | bewahren, behalten; im Gedächtniss behalten, sich merken. [illegible] eine Person vertheidigen. [illegible] zur Aufbewahrung übergeben. — Adv. [illegible] en garde, en défense, en préservation. | auf der Hut vor . .

* [illegible] Sbst. vor [illegible] gardien; [illegible]; ange gardien. | Wächter, Beobachter; Beschützer; Schutzengel.

* [illegible] Sbst. [illegible] ardeur, zèle. | Eifer. — [illegible]

[illegible] Sbst. [illegible] | Handvoll.

[illegible] [Rad. [illegible]] Sbst. [illegible] | Vereinigung, sich [illegible]; Zusammenraffen von Menschen.

[illegible] [Rad. [illegible]] Adj. und Sbst. [illegible] — qui reçoit q. qn. avec [illegible]; qui [illegible] sur la [illegible] de q. qn.; qui [illegible] de quelqu'un [illegible]; qui [illegible] une chose [illegible] à fond | der einen Besuch mit grosser Freude und Ehrenbezeugung aufnimmt; der sich [illegible] bei jemandem [illegible] erkundigt; der sich durch Fragen lästig macht; der eine Sache gründlich kennt.

[illegible] Sbst. — [illegible] petit fils, descendant. | Enkel, Nachkomme. — Pl. [illegible]

[illegible] Sbst. [Rad. [illegible]] fosse, Grube, Grab. — Pl. [illegible]

[illegible] Adj. und Sbst. [illegible] qui [illegible]; administrateur, gouverneur. | [illegible], behaltend, im Gedächtnisse behaltend; Bewahrer, Verwalter, Statthalter.

[illegible] Sbst. — [illegible] ardeur, colère, zèle. | Eifer, Zorn.

[illegible] [Rad. [illegible]] Adj. und Sbst. appliqué, [illegible]; application, [illegible] | [illegible]

[illegible] der die Wahrheit kennt, Gott kennt und sich ihm ergiebt; für Wohlthaten [illegible], dankbar. [illegible] oder [illegible]. Erkenntlichkeit, Dankbarkeit, Hingabe an Gott, Gottergebenheit. [illegible] der der Wahrheit gemäss spricht oder handelt [illegible] der nach Recht und Billigkeit handelt. [illegible] der sich unerschütterlich an die Wahrheit hält [illegible] der die Wahrheit spricht. — [illegible] Adv. justement, avec justice; Praepos. par (manière d'affirmer ou de conjurer) mit Recht; bei (als Schwur- oder Beschwörungsformel) [illegible] bei dem Propheten und seinem Geschlecht! — [illegible] Praepos. par rapport à. | in Beziehung auf, rücksichtlich [illegible] sans raison, injuste | ohne Recht, ungerecht, unbillig. [illegible]

[illegible]

Haben, oder Tausch des noch nicht reifen Getreides gegen reifes und gereinigtes: Pachtvertrag, nach welchem ein Antheil des Ertrages (gewöhnl. ein Drittheil) anstatt des Pachtzinses gegeben wird.

[illegible] [Rad. [illegible]] Adj. vrai, sincère, désintéressé. | wahr, recht, aufrichtig, uneigennützig; göttlich.

[illegible] Sbst. justice, équité, [illegible], charité parfaite | Gerechtigkeit, Redlichkeit, Billigkeit, [illegible] Menschenliebe. [illegible] gerecht und billig verfahren [illegible] billiger Weise. — Rel. concr. [illegible] juste, loyal. | gerecht, redlich, billig. — [illegible] injuste, ungerecht, unbillig. — Rel. abstr. [illegible] injustice | Ungerechtigkeit, Unbilligkeit.

[illegible]

d'accorder, s'ajouter [illegible] sich selbst zu seinem Rechte verhelfen, sich mit einem andern [illegible].

[illegible] Sbst. Pl. [illegible], [illegible] Klistier; Klistierspritze, Injektionsspritze, [illegible] ein Klistier geben.

[illegible] [Rad. [illegible]] Adj. [illegible] [illegible].

[illegible] Sbst. Plur. v. [illegible]

[illegible] Sbst. Pl. v. [illegible]

[illegible] und [illegible].

[illegible] [Rad. [illegible]] Sbst. [illegible] [illegible] Plur. [illegible].

[illegible] [Rad. [illegible]] Adj. [illegible] vil, [illegible], méprisé, pauvre. | schlecht, gering, verachtet, arm. [illegible] d. h. [illegible] de peu de valeur. | von geringem Werthe [illegible] — [illegible], mépriser, faire peu cas de q. ch. gering schätzen, [illegible].

[illegible] [Rad. [illegible]] Adj. vrai, véritable; digne de q. ch. | wahr, wahrhaft; einer Sache werth. — Adv. [illegible] oder [illegible] en vérité, vraiment, [illegible]. | wahrlich, wirklich.

[illegible] Sbst. Plur. [illegible] vérité, [illegible] qualité d'une chose; chose vraie; droiture, sincérité. | Wahrheit, Wirklichkeit, [illegible] Wesen oder [illegible] einer Sache, Echtheit, Realität; wahre Sache, wahre Begebenheit, Geschichte, Wahrhaftigkeit, Aufrichtigkeit [illegible]

[illegible] die Sache ist die, dass [illegible] [illegible] | [illegible] Sache. [illegible] der speculativen (philosophischen und theologischen) Wissenschaften. — [illegible] sens propre, signification propre, non métaphorique. | der eigentliche Sinn, der eigentliche, nicht bildliche Ausdruck (Gegentheil von [illegible]). v. Mehren Rhetor. d. Arab. S. 73. 75. — [illegible] eine der sieben Stufen der [illegible]. — [illegible] Realität der Realitäten, d. i. die Gottheit selbst; das [illegible] der [illegible] die höchste Stufe der [illegible] — Adj. [illegible]. — [illegible] en vérité, véritablement, en effet, effectivement | in Wahrheit, wahrlich, wirklich. — [illegible] vrai, véritable, [illegible], droit, | wahr, aufrichtig. [illegible] [illegible] faux. falsch, unwahr, [illegible].

[illegible] Adj. qui [illegible] le [illegible] de q. ch. [illegible] der Wahrheit [illegible].

[illegible] Adj., Fem. [illegible] vrai, véritable, réel | wahr, echt, nicht falsch; [illegible] dem Aeussern, [illegible] Ende dem Anfange [illegible]

[illegible] Sbst. [illegible] action de graver, de racler, d'effacer en raclant, de frotter, de creuser, de graver. Kratzen, überhaupt mit einem scharfen Instrumente etwas an der Oberfläche wegnehmen, abreiben, abschaben, [illegible], ein Petschaft u. dgl. stechen.

[illegible] [Rad. [illegible]] Sbst. [illegible] graveur, lapidaire, qui fait des [illegible]. | Petschaftstecher, [illegible], Steinschneider, Amuletverfertiger.

[illegible] [Rad. [illegible]] Sbst. [illegible] [illegible] | [illegible], was [illegible] Schalen oder Rinden abfällt.

[illegible] Sbst. Pl. v. [illegible]

[illegible] [illegible] 1.] Sbst. Pl. [illegible] action de rendre une chose telle qu'elle est, soit par le moyen de l'action, soit par la parole; imitation, représentation, action de raconter; relation, récit, histoire, conte, anecdote. Darstellung, Wiedergabe einer Sache, wie sie ist [illegible] oder [illegible], wie z. B. der Spiegel ein Bild, oder durch Worte. Erzählung, Geschichte (wahre oder erdichtete). — [illegible], raconter, faire récit | erzählen. [illegible] — [illegible] fondé sur l'histoire, faisant allusion à l'histoire | historisch begründet. [illegible] historiquement. | geschichtlich. [illegible] Nachahmung, Wiedergabe der Worte eines andern, oder einer Erzählung mit den eigenen Worten des Erzählers (oratio directa; imperfectum historicum). vgl. die arab. Gramm.

[illegible] Sbst. [illegible] [illegible] | [illegible].

[illegible] [Rad. [illegible]] Sbst. [illegible] [illegible]

[illegible] Sbst. juge, arbitre [illegible] | [illegible]. — [illegible] constituer ou reconnaître q. q. pour arbitre, pour juge, pour maître. | einen als Schiedsrichter, als Richter oder als Herrn anerkennen, wählen, oder [illegible]

[illegible] Sbst. Pl. v. [illegible]

[illegible] Sbst. Pl. [illegible] action de prononcer une sentence; de prédire q. ch. d'après les astres, jugement, arbitrage, commandement, gouvernement, ordre, loi, règle; influence des étoiles. Aussprechen eines Urtheils, einer Meinung, einer Behauptung; [illegible] des Sterndeuters, astrologische Vorhersagung, Urtheil, Behauptung, Verordnung, Entscheidung, Rechtsspruch [illegible], Gesetz, Befehl, Vorschrift, [illegible] Gebrauch, [illegible] Lebensregel; Vorherbestimmung, Einfluss der Gestirne. — Term. [illegible] Kategorie, Klasse von Personen und Dingen, von denen Ein und dasselbe gilt. — [illegible] juger, ordonner, gouverner. | urtheilen, behaupten, befehlen, regieren. [illegible] einer Provinz regieren. [illegible] [illegible] | [illegible]. — [illegible] être jugé, être prononcé comme sentence. | beurtheilt werden, als Behauptung aufgestellt werden. — [illegible], das Urtheil abgeben. — [illegible] durch Urtheil zugesprochen werden. — [illegible] als Gesetz gelten. [illegible] [illegible] | [illegible] [illegible] parce que | deshalb, weil. [illegible] par nécessité. | wie die Nothwendigkeit erfordert. — [illegible] | [illegible] bei der Geburt eines Kindes. [illegible]

[illegible] Sbst. Pl. v. [illegible]

[illegible] Sbst. [illegible]

[illegible] [illegible] qui [illegible] les deux [illegible] d'un [illegible] | Gaumen. — [illegible] rang, dignité | Rang, Ansehen.

[illegible] Sbst. sagesse, savoir, science, philosophie, [illegible], valeur d'une expression; mystère, raison [illegible] ou but [illegible]; la volonté [illegible] de Dieu. | Weisheit ([illegible] und menschliche), Wissen, Wissenschaft, Kenntniss, Philosophie; das geheime oder innere Wesen einer Sache; der dem menschlichen Verstande verborgene Grund oder Ursache oder verborgener Zweck; Gottes unbegreiflicher Wille. [illegible] la philosophie, physique, art médical. | Philosophie, Naturwissenschaft, Arzneikunst. [illegible] oder [illegible] — sagesse divine; raison surnaturelle, mystère de Dieu; métaphysique. | göttliche Weisheit; übernatürliche Ursache, Ursache, die Gott allein bekannt ist. — als Adv. [illegible] Gott weiss, warum. [illegible] raison naturelle; physique. | natürliche Ursache; Physik. [illegible] il y a q. ch. de mystérieux là-dedans. | in dieser Sache waltet ein Geheimniss ob. [illegible] der [illegible] Grund oder Ursache oder Zweck davon ist, dass ... [illegible] [illegible] ce dont il s'est est caché dans la sagesse divine, merveilleux. | in Gottes verborgener Weisheit begründet, wunderbar. [illegible] Weiser, Philosoph; Arzt.

[illegible] Sbst. [illegible] sage, philosophe, médecin. | ein Weiser, Philosoph, Arzt.

[illegible] Sbst. [illegible] souverain. | Herrscher, Befehlshaber. vgl. [illegible] — [illegible]

[illegible] Sbst. [illegible] [illegible] souverain | Herrscher.

[illegible] Sbst. souveraineté | Herrschaft. — 2. Adj. ce qui con-

[illegible] dem Herrscher [illegible], oberherrlich.

[illegible] Adj. [illegible] dem Befehle gehorchend, dem Befehle gemäss handelnd.

[illegible] Subst. ordre écrit. | schriftlicher Befehl.

[illegible] HUKUMET. [Rad. [illegible]] Subst. exercice du pouvoir de gouverneur ou de juge, autorité, gouvernement; jugement; empire, juridiction, état. | Ausübung der richterlichen Gewalt, Amt oder Stellung eines Richters, Statthalters u. s. w., Herrschaft, [illegible]; Urtheil; [illegible] eines Herrschers, Richters u. s. w., Reich, Staat. [illegible] gouverneur un pays. | [illegible] über ein Land haben, eine Provinz verwalten. [illegible] ses sujets. | die unter seinem Befehl stehenden: seine Unterthanen. [illegible] l'empire des Grecs passa aux Mongols · die Herrschaft der Griechen ging auf die Mongolen über. [illegible] chef-lieu du gouvernement, résidence du prince | Sitz der Herrschaft, Hauptstadt, Hauptort der Provinz, Residenz des Fürsten. [illegible] souverain. | Herrscher.

[illegible] HAKIM, [Rad. [illegible]] Adj. und Subst. sage (p. ex. un juge), savant (dans les sciences naturelles et exactes), philosophe, médecin. | weise (urtheilsfähig und gerecht entscheidend, von einem Richter); ein Gelehrter (besonders in den Naturwissenschaften und exakten Wissenschaften bewandert), Philosoph, Arzt. [illegible] le premier médecin de la cour. | Leibarzt des kaiserlichen Hofes. [illegible] Dieu. | der Allweise, d. i. Gott. — Rel. abstr. [illegible] l'art médical. | die Arzneikunst.

[illegible] Adj. sagement, comme un savant ou un médecin etc., d'une manière sage. | weise, wie einem Gelehrten, Arzte u. s. w. geziemt.

[illegible] HALL. Subst. [illegible] [Gegentheil von [illegible]] action de dénouer, de défaire, de dissoudre, de décomposer, de faire l'analyse chimique, de digérer, de résoudre une difficulté: dissolution, analyse, résolution d'un corps dans ses principes; explication, exposition. | Auflösung (eines Knotens, einer Binde, einer Schwierigkeit); Zerlegung eines Zusammengesetzten in seine Theile, chemische Zersetzung, Analyse; Verdünnung mit Wasser; Zerschmelzung; Erklärung, Auseinandersetzung — [illegible], dénouer, défaire, expliquer, etc. | auflösen, aufbinden, trennen, verdünnen, eine Schwierigkeit [illegible]; erklären. [illegible] [illegible] das Aufhauen des Eises. [illegible] Lösung schwieriger Fragen, oder schwieriger Lehrsätze. — S. a. [illegible]

[illegible] HALAT, oder [illegible] Subst. [illegible], cordage. | Tau, Strick, Tauwerk eines Schiffes.

[illegible] HALATĞI, oder [illegible] Subst. cordier. | Seiler.

[illegible] HALLAĞ, vulg. [illegible] [Rad. [illegible]] Subst. [illegible] cardeur de coton. | Krämpler. [illegible] instrument pour carder. | Werkzeug (Bogen) zum Krämpeln. — Rel. abstr. [illegible] HALLAĞLYK, Krämpelei.

[illegible] Subst. [illegible] cardage, métier de manier le coton, métier de cardeur. | Krämpelei, Reinigung der Baumwolle.

[illegible] Vb. act. carder, manier le coton. | krämpeln, die Baumwolle reinigen. — Passiv. [illegible] — Vb. pass. être cardé. | gekrämpelt sein oder werden. [illegible] gekrämpelte Baumwolle.

[illegible] s. [illegible]

[illegible] [[illegible] III.] Subst. action de se lier avec q. qu. par des serments. | sich mit Jemand durch Eid verbinden.

[illegible] HALAL, vulg. [illegible] [Rad. [illegible]] Adj. und Subst. [Gegentheil von [illegible]] permis, légitime; chose licite, action permise, légitime ou louable, propriété, possession légitime; époux ou épouse légitime. | erlaubt, gesetzlich, was man thun oder gebrauchen kann, ohne sich einer Sünde schuldig zu machen, gesetzliche oder löbliche Handlung, rechtmässiges Eigenthum, rechtmässiger Besitz; rechtmässiger Gatte oder Gattin. [illegible] bien légitime. | rechtmässiges Eigenthum. — [illegible] rendre légitime; permettre; pardonner. | als gesetzlich oder erlaubt erklären, erlauben; verzeihen. — [illegible] [illegible] q. ch. | seine Ansprüche auf eine Sache aufgeben, mit den Worten [illegible] d. i. es sei Dein gesetzliches Eigenthum. [illegible] légitimement, [illegible] auf gesetzliche Weise. — Rel. abstr. [illegible] légitimité; mariage légitime; pardon que l'on demande à q. qu. | Legitimität; rechtmässige Ehe; Verzeihung oder Verlaub, um den man bittet. [illegible] [illegible] der König hat alle [illegible] Verlaub zum Vezir [illegible]

[illegible] Subst. [illegible] eine Frau, die nach Auflösung der Ehe mit dem zweiten Manne sich wieder mit dem ersten verheirathet.

[illegible] Subst. [Gegentheil von [illegible]] fils légitime; naissance légitime. | rechtmässiger Sohn, ehelicher Mann. — Rel. abstr. [illegible] légitimité, naissance légitime; eheliche Geburt, Eigenschaft eines ehelichen Mannes. [illegible] légitimer. | legitimiren.

[illegible] Vb. recipr. se pardonner les uns aux autres; se congédier les uns des autres (en allant en voyage, au combat, etc.), se tenir quittes à la fin d'une société de commerce; einander gegenseitig verzeihen, bes. beim Abschiednehmen, bei Antritt einer langen Reise, vor einer Schlacht u. s. w., sich von einander verabschieden; sich geschäftlich trennen und Abrechnung halten.

[illegible] s. [illegible] Rel. abstr.

[illegible] Subst. état d'être permis. | das Erlaubtsein, nicht verboten sein. [illegible]

[illegible] oder [illegible] Subst. espèce d'étoffe légère de soie et de coton (Bianchi), garniture de tombac (Meninski). | Ein leichtes Gewebe von Seide und Baumwolle; Zierrath von Tombak.

[illegible] [[illegible] I.] Subst. [illegible] douceur, état de ce qui est doux et agréable au goût. | Süssigkeit, Wohlgeschmack. [illegible] douceur. | versüssen. [illegible] goûter la douceur de q. ch. au goût | eine Sache wohlschmeckend nennen. — Rel. [illegible] [illegible] [illegible] [illegible] eines Wortes.

[illegible] Adj. qui donne de la douceur, qui délecte | Süssigkeit und Wohlgeschmack gebend.

[illegible] Subst. Pl. v. [illegible]

[illegible] Subst. action de traire. das Melken.

[illegible] Subst. [illegible] [illegible] | frisch gemolkene Milch. — 2) Nom. propr. Aleppo.

[illegible] Subst. chaudière. | grosser metallener Kessel.

[illegible] [Rad. [illegible]] Subst. [illegible] auberge, habitation, séjour. | Herberge, Wohnort.

[illegible] [Rad. [illegible]] Subst. [illegible] | Mantel, Mantelmantel, [illegible] In [illegible] Bedeutung [illegible] der Mann, mit dem eine drei Mal Geschiedene sich verheirathen muss, um nach Auflösung der Ehe mit diesem den ersten Mann wieder heirathen zu können.

[illegible] s. [illegible]

[illegible] Subst. [illegible] [illegible] | Trödelstrasse. [illegible] [illegible] | Lauerkraut. — [illegible]

[illegible] Subst. [illegible] action de manier le coton, de carder. | Reinigung der Baumwolle von den Samenkörnern, Krämpeln.

[illegible] vulg. [illegible] Subst. [illegible] | Schnecke.

[illegible] Subst. [illegible] action de faire serment. | Schwören.

[illegible] Subst. Pl. v. [illegible]

[illegible] Subst. [illegible] gosier, | Schlund, Kehle. — Adj. relat. [illegible]

[illegible] | [illegible] — [illegible]

[illegible] guttural, [illegible] | Kehllaut, [illegible]

[illegible] Sbst. [illegible] action de [illegible] | das [illegible] vgl. [illegible]

حلقه [illegible], vulg. [illegible] [Rad. حلق] Sbst. 1. [illegible], anneau, [illegible] Ring [illegible] von Metall), Glied einer Kette; Rad. — 2 [illegible] cercle, réunion d'[illegible] [illegible] | Kreis, Gesellschaft, [illegible] [illegible] [illegible] qui [illegible] | der Ringe [illegible] [illegible] [illegible] Ring an [illegible] [illegible] | Bordell.

[illegible] Sbst. qui fait des anneaux; [illegible] | Ringmacher; [illegible]

[illegible] Vb. act. faire des anneaux, [illegible] à l'aide d'un anneau ou d'anneaux | Ringe machen, [illegible] mit Ringen befestigen, einen Ring (z. B. einem Thiere der [illegible]) anlegen. Kam.

[illegible] Sbst. Plur. [illegible] gorge, [illegible] | Schlund, [illegible] vulg. [illegible] [illegible] | Name einer [illegible] Speise von [illegible] mit Zucker, Mandeln und verschiedenen Gewürzen.

[illegible]

[illegible] Sbst. [illegible] | [illegible] Geduld

[illegible] Sbst.

[illegible] | Traum, [illegible]

[illegible] Sbst. [illegible] | [illegible]

[illegible] 1. Adj. doux, sucré, [illegible] — 2. Sbst. [illegible] | eine Art [illegible]

[illegible] [Rad. حلو] Sbst. [illegible] | Name verschiedener Arten [illegible] [illegible] Zucker [illegible] — [illegible]

[illegible] Sbst. Zuckerbäcker, Zuckerbäcker. — Rel. Sbst. [illegible] Zuckerbäckerei.

حلاوة [illegible] [Rad. حلو] Sbst. [illegible] état d'être doux et agréable; douceur, [illegible] | Süssigkeit, [illegible] und wohlschmeckend sein; Geschmack.

حلوانی [illegible] s. حلواجی

حلول [illegible] [Rad. حل 1.] Sbst. [illegible] action de descendre dans un endroit, de faire halte, de s'arrêter, d'arriver, d'entrer, de pénétrer, de paraître; [illegible] pénétration, incorporation (de Dieu dans un homme) | das [illegible] [illegible] Körper [illegible] [illegible]

[illegible] Sbst. Pl. [illegible] qui croit à l'incorporation de Dieu | der an die Incorporation der Gottheit glaubt

[illegible] Sbst. Plur. [illegible]

[illegible] Pl. [illegible]

[illegible] Sbst. [illegible] | Schmuck [illegible] — Pl. [illegible]

[illegible] Sbst. Pl. [illegible]

[illegible] Adj. [illegible]

[illegible] Sbst. [illegible] | [illegible]

[illegible] Körper [illegible] Propheten — Pl. [illegible]

[illegible] [Rad. حلف] Sbst. [illegible] | [illegible]

[illegible] [Rad. [illegible]] Adj. [illegible] | [illegible]

[illegible] [Rad. [illegible]] Sbst. [illegible]

[illegible] Sbst. Fem. des Vorig. 1. [illegible] — 2. — [illegible]

[illegible] [Rad. حلم] Adj. [illegible] Sbst. [illegible]

[illegible] doux, [illegible] (un des [illegible] de Dieu) | von [illegible] Vernunft; [illegible], mild, [illegible], geduldig, langmüthig (ein [illegible] Gottes).

[illegible] Vb. refl. — [illegible] être doux, se montrer doux et [illegible] | sich [illegible] Langmuth oder Milde zeigen. Kamus.

حمى [illegible] [Rad. حمى] Sbst. [illegible] défendu par Dieu ou la loi | Gehege, [illegible] [illegible]; [illegible] von Gott oder durch die Gesetze Verbotene.

[illegible] [Rad. [illegible]] Sbst. [illegible] | [illegible] — Pl. [illegible]

[illegible] Pl. [illegible]

[illegible] Sbst. Pl. [illegible] | Schwiegermutter. — N. pr. [illegible] in Syrien.

[illegible] Sbst. [illegible] | [illegible] wilde Esel.

[illegible] Adj. [illegible]

[illegible] [Rad. [illegible]] Sbst.

[illegible] | [illegible]

[illegible] [Rad. [illegible] 1.] Sbst. [illegible] bêtise, [illegible] | Dummheit, Thorheit.

[illegible] [Rad. [illegible]] Sbst. [illegible] | Lastträger. — [illegible]

[illegible] Sbst. [illegible]

[illegible] Sbst. Fem. [illegible]

[illegible] Sbst. [illegible]

[illegible] [Rad. [illegible]] Sbst. [illegible]

[illegible] [Rad. [illegible]] | [illegible] | der Tod.

[illegible] [Rad. [illegible]] | [illegible]

[illegible]

[illegible] Bauch, [illegible] die die Todte [illegible] in den Gebälde des Todes [illegible] d. h. [illegible]. — [illegible] eine Art Depilatorium. — [illegible] Name eines [illegible]

[illegible] unsterblich, keine Quelle, eigentl. Allmächtiger, auch [illegible] Gottesland.

[illegible] HAMMAMDJY Sbst. [illegible] maître baigneur | Badewärter, Badehalter [illegible] baigneuse | Badewärterin.

[illegible] HIMÂJET [Rad. 1.] Sbst. [illegible] action de défendre, de protéger, de préserver, défense, protection. Beschützung, Bewahrung vor Übel.

[illegible] HIMÂJETDJI Sbst. [illegible] protecteur, défenseur | Beschützer.

[illegible] HAMÂIM. Sbst. Pl. v. [illegible]

[illegible] HAMÂIL. Sbst. Pl. v. [illegible] oder [illegible] im Türk. als Singular gebräuchlich. ceinturon, baudrier; amulette qu'on porte au bras | Schulgurt, Wehrgehänge; ein am Arme getragenes Amulet u. dgl. — Adj. [illegible] en ceinturon | [illegible] über Brust und Rücken, wie ein Schulgehänge [illegible]

[illegible] HAMBER. [Rad. [illegible]] Sbst. [illegible] espèce d'une [illegible] | [illegible]

[illegible] HUMMET. [Rad. [illegible]] Sbst. 1. chaleur excessive, intensité de chaleur, fièvre, ardeur, ferveur | grosse Hitze; Fieber; Inbrunst. — 2. couleur brûlée entre le noir et le rouge, ou vert [illegible] | schwarzbraun, grünlich schwarz (Farbe des Todes). — 3. Pl. [illegible] HUMAM ce qui est décrété par Dieu, arrêts du ciel, sort. | Schicksal.

[illegible] HAMD. Sbst. [illegible] action de louer avec action de grâces; éloge, remerciement, grâce, louange, [illegible] | das mit Dank verbundene Loben, Lob und Danksagung. [illegible] EL-HAMDU LILLÂH, oder [illegible] Dieu soit loué! Gott sei Lob! [illegible] BI-HAMD ILLÂH par la grâce de Dieu. | durch Gottes Gnade. [illegible] Dieu merci | Gott sei Dank! — ETMEK louer et remercier. | loben und danken. — als Adv. [illegible] HAMDAN Dieu soit loué! fort bien! courage! | Gott sei Lob! sehr gut! nur Muth! [illegible] Dank (Lob) und nochmals Dank!

[illegible] HUMMADY Sbst. louangeur immodéré, grand admirateur. | der übermässiges Lob spendet, grosser Bewunderer einer Sache.

[illegible] HAMDELE. Sbst. action de prononcer ou de répéter les mots EL HAMDU LILLÂH | Aussprechen und Wiederholen der Worte [illegible] (Gott danken oder loben). — als Conv. première partie de l'introduction d'un écrit où l'on rend grâces à Dieu, après le BESMELE, die Danksagung, d. h. der zweite Theil der Vorrede, der dem BESMELE folgt.

[illegible] HAMR. Sbst. action de gratter, d'ôter l'épiderme | abschaben, abkratzen. — ETMEK écorcher | die Haut abziehen, abschinden.

[illegible] HAMRÂ 1. Adj. Fem. von [illegible] rouge | roth. — 2. Sbst. collect. — gens qui ont les cheveux rouges, c. à d. étrangers, non Arabes | die Rothhaarigen, d. i. Fremde, Nicht-Araber.

[illegible] HUMRET. Sbst. [illegible] couleur rouge, rougeur, érésipèle | rothe Farbe, Röthe; rother Fleck auf der Haut, Rothlauf; Erysipelas (von Schaam, Verlegenheit u. s. w.). [illegible] rougeur des lèvres. Röthe der Lippen. [illegible] rougeur des yeux. Entzündung der Augen. [illegible] rougeur du ciel. | Röthe des Himmels (Abendroth, Morgenroth).

[illegible] HUMQ. Sbst. [illegible] stupidité, brutalité, démence, aveuglement de la passion. Dummheit, Unvernunft, Brutalität, blinde Leidenschaftlichkeit.

[illegible] HAMQÂ. Adj. Fem. v. [illegible] stupide, dame.

[illegible] HAML. Sbst. [illegible] — Pl. [illegible] AHMÂL, und [illegible] action de porter, de supporter, de produire des fruits; action de charger, d'imposer un fardeau, d'attribuer, d'imputer à q. qn. q. ch.; de penser de supposer, fruit, grossesse | das Tragen, auf sich haben (z. B. ein Kleid, Waffen u. s. w.), ertragen, Früchte tragen; beladen, auflegen, beimessen, Schuld geben; meinen, dafür halten; Frucht, Zustand des Tragens, Schwangerschaft, Trächtigkeit, Leibesfrucht. — ETMEK porter, charger, [illegible] beladen. [illegible] mettre bas, enfanter | die Last abwerfen, gebären.

[illegible] HIML. Sbst. [illegible] charge, fardeau. | Last.

[illegible] HAMAL. Sbst. [illegible] agneau, bélier; spéc. signe du bélier. | Lamm, Widder; insbes. Sternbild des Widders. [illegible] plantain (plante). | Wegerich.

[illegible] HAMLET. verb. HAML. Sbst. [Nom unit. v. [illegible]] char, charge, attaque [illegible] | einmaliges Aufladen einer Last, Angriff, ein Zug, Stoss, Hieb u. dgl., z. B. beim Reiten.

[illegible] HAMLEDJI. Sbst. le [illegible] premier rameur. der Vorruderer auf einem Ruderschiff.

[illegible] HUMUWWET. Sbst. ardeur, ferveur. Hitze.

[illegible] HUMUZET [Rad. [illegible]] Sbst. [illegible] acreté, piquant, goût aigre. | Säure. — Rel. conv. [illegible] HUMUZETLU. aigre, sauer.

[illegible] HAMUL. Adj. und Sbst. [illegible] supportant, patient, [illegible] geduldig, [illegible]

[illegible] HAMULE. Sbst. [illegible] charge, fardeau, cargaison. | Last, Ladung, Schiffsladung, Fracht.

[illegible] HAMMY = [illegible]

[illegible] HIMIJJET [Rad. [illegible]] Sbst. [illegible] véhémence, violence, impétuosité, emportement. | Heftigkeit, Hitze.

[illegible] HAMIJJET. [Rad. [illegible]] Sbst. zèle, ardeur; sentiment d'honneur; honte. | Hitze, Eifer; starkes Ehrgefühl; moralische Entrüstung über etwas Unbrechenes. — Rel. conv. [illegible] HAMIJJETLU.

[illegible] HIMIJJETI. Sbst. [illegible]

[illegible] HIMÂ. [Rad. [illegible]] Sbst. chose défendue; abstinence. | Verbotenes; Enthaltung (von Verbotenem), Mässigkeit, Diät.

[illegible] HAMID. [Rad. [illegible]] Adj. [illegible] loué, louable, très-digne de louange; Dieu. | gelobt, löblich, sehr lobenswerth; Gott. — Fem. [illegible] HAMIDE — [illegible] lobenswerthe Eigenschaften. — als Sbst. action louable, | lobenswerthe Handlung. — Pl. [illegible] HAMÂIDE.

[illegible] HAMIS. [Rad. [illegible]] Adj. [illegible] vigoureux, ferme | kräftig, fest.

[illegible] HAMÎLE. [Rad. [illegible]] Sbst. ceinturon. | Wehrgurt, vgl. [illegible]

[illegible] HAMÎR. Sbst. [illegible] matière d'une fermentation | [illegible] — Nom. unit. [illegible] HAMÎRE.

[illegible] HINNA, u. [illegible] Sbst. [illegible] henné, poudre préparée des feuilles de la Lawsonia inermis. | Hennakraut oder Pulver, dessen man sich zum Färben der Fingernägel, auch der Mähnen der Pferde und des Bartes bedient und welches aus den Blättern der Lawsonia inermis bereitet wird. — Rel. conv. [illegible] HINNALY. [illegible] de henné, marchand de henné | mit Henna gefärbt; Hennahändler.

[illegible] HANÂT [Rad. [illegible]] Sbst. 1. vgl. [illegible] embaumement des morts, art d'embaumer. | Einbalsamirung der Todten. — 2. [illegible] commerce des grains. | Getreidehandel.

[illegible] HANÂN. [Rad. [illegible]] Sbst. pitié, compassion. | Erbarmen.

[illegible] HANNÂN. Sbst. le très-miséricordieux, Dieu. | der Allbarmherzige.

[illegible] HINÂJET. [Rad. [illegible]] Sbst. [illegible] courbure, courbement, [illegible] | Krümmung, Biegung, Krümme.

[illegible] HINS Sbst. [illegible] parjure; crime; péché | Meineid; Verbrechen.

[illegible] HANDJARAT, und [illegible] Sbst. [illegible] — Pl. [illegible] larynx. | Luftröhrenkopf; Luftröhre, Kehle.

[illegible] HANDJAREH, u. [illegible] HANDJAREH = [illegible] u. [illegible]

[illegible] Raum, [illegible], Platz.

[illegible] — [illegible] in die [illegible] des [illegible], oder in den Hof des [illegible] d. i. [illegible].

[illegible] Sbst. [illegible] 1. Sbst. [illegible] tort, dommage, injustice, violence, [illegible] | Unrecht, Unbill, [illegible], Ungerechtigkeit, Gewalt, Bedrückung. — [illegible] ihn bedrücken. [illegible] — 2. Interj. [illegible] à tort! à injustice! [illegible] dommage! hélas! au secours! pardon! [illegible] Hülfe! [illegible]

[illegible] Vb. intr. Adv. [illegible] — Deriv. [illegible] Vb. reflex. [illegible]

[illegible] Sbst. [illegible]

[illegible] Sbst. [illegible] force, puissance | Stärke, Kraft, Macht.

[illegible] Pl. v. [illegible]

[illegible] Adj. und Sbst. [illegible] | [illegible] — [illegible] — Rel. [illegible] | [illegible]

[illegible] Vb. intr. — [illegible]

[illegible] Vb. intr. [illegible]

[illegible] [Rad. [illegible]] Sbst. 1. [illegible] mouvement, [illegible] — 2. [illegible] ruse, [illegible], fraude, [illegible] | List, [illegible], Täuschung. [illegible] | mit List, listiger Weise. — [illegible]

[illegible] Adj. u. Sbst. — [illegible] rusé | ein Schlauer, Listiger, Betrüger, [illegible] — Rel. abstr. [illegible] | Betrügerei, [illegible].

[illegible] Sbst. [illegible] temps, époque, saison, heure, moment, [illegible] | Zeit, Zeitraum; [illegible] Zeit, Augenblick, die [illegible] Zeit. — [illegible] Pl. [illegible] | die Zeit [illegible].

[illegible] Adv. quelquefois, de temps en temps | zuweilen, von Zeit zu Zeit.

[illegible] Adj. [illegible] | dauernd.

[illegible] [Rad. [illegible]] Sbst. [illegible] animal; [illegible] | lebendes Wesen, Thier, [illegible] Mensch, [illegible] — Pl. [illegible] — Rel. abstr. [illegible] brutalité, bêtise, stupidité, [illegible] | Thierheit, [illegible], Tölpelhaftigkeit.

[illegible] Adj. animal, [illegible] | thierisch, viehisch; sinnlich.

[illegible] Sbst. — [illegible] stupidité, [illegible] | Dummheit; Tölpelhaftigkeit.

[illegible] vie. | Leben. — Adj. rel. [illegible] qui a rapport à la vie | auf das Leben bezüglich.

[illegible] Interj. LT. [illegible]

www.ingramcontent.com/pod-product-compliance
Lightning Source LLC
Chambersburg PA
CBHW051241300426
44114CB00011B/835
* 9 7 8 3 7 4 1 1 3 6 4 1 2 *